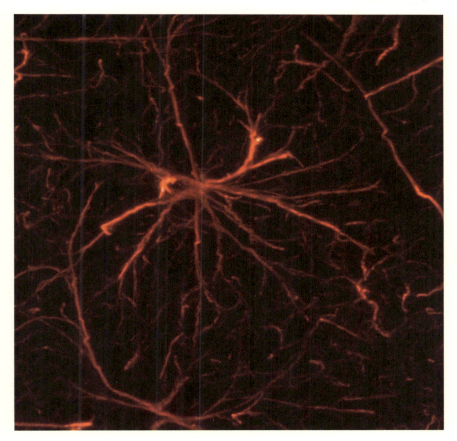

Bild eines Astrozyten (Sternzelle) im Cortex, entstanden im Rahmen des Stipendiums des Autors am Max-Planck-Institut für Neurobiologie in Martinsried

Gert Scobel

# WEISHEIT

Über das, was uns fehlt

Gert Scobel

# WEISHEIT

Über das, was uns fehlt

**DUMONT**

Erste Auflage 2008
© 2008 DuMont Buchverlag, Köln

Alle Rechte vorbehalten

Umschlag: Zero, München
Satz: Fagott, Ffm
Gesetzt aus der Adobe Garamond
Gedruckt auf säurefreiem und chlorfrei gebleichtem Papier
Druck und Verarbeitung: CPI – Clausen & Bosse, Leck
Printed in Germany

ISBN 978-3-8321-8016-4

*Für Hella und Konrad –*
*und all meinen Lehrerinnen und Lehrern*

# INHALT

Vorwort ... 11

Prolog ... 17

**Kapitel 1: Weisheit und Gesellschaft**
Rückkehr der Weisen? Von der Skepsis der Politik ... 32
Vom Verschwinden der Weisheit ... 42
Weisheit und Politik: Platon über
  Könige, Weise und Arbeiter ... 48
»Land der Ideen«
  1: Vom Bundespräsidenten und dem Nutzen
  als Idol der Zeit ... 53
  2: Das Jahr der Geisteswissenschaften als Irrtum ... 66
Das Tertium non datur ... 73

**Kapitel 2: Weisheit und Komplexität**
Zunächst einmal: Was bedeutet Komplexität?
  Und was heißt hier »und«? ... 81
Ist das so? Komplexität als »Dazwischen« ... 98
Die einfache Welt ist komplex –
  warum es keine Theorie von allem gibt ... 108
Weisheit ist weder esoterisch noch unwissenschaftlich –
  im Gegenteil! ... 113
Das Sternschnuppen-Prinzip oder
  Das Zickzack der Komplexität ... 119
Zickzack-Prinzip, Bildungsfernsehen und Weisheit ... 128

Kapitel 3: Die Psychologie der Weisheit ... 132

Kapitel 4: Weisheit als Erwachen –
Dōgen und Buddha
Der Mond im Tautropfen –
Dōgen Zenji ... 170
Weisheit und Erleuchtung
oder Die Buddha-Erfahrung ... 174
Sich selbst vergessen ... 189

Kapitel 5: Meditation – Der Weg der Weisheit
aus neurowissenschaftlicher Sicht
Die schlechte Nachricht zuerst ... 213
Und die gute Nachricht? ... 215
Meditation als Vollzug und Einübung
von Weisheit ... 217
40 Hz oder Die Einheit des Bewusstseins ... 228
Die neurowissenschaftliche Sicht
auf die Erfahrung der Erleuchtung ... 239

Kapitel 6: Weisheit, Leere, Mitleid ... 250

Kapitel 7: Weisheit und Glück
Nachrichten aus der Weltdatenbank
des Glücks ... 266
Bodhidharma und das Glück ... 272
Die Wurzel des (Un)Glücks ... 277
Positive Psychologie, Bewusstseinspolitik, Drogen
und die Kultivierung von Weisheit
an den Schulen ... 288
Glück, Flow und Weisheit ... 310

Kapitel 8: Nikolaus von Kues –
Der Zusammenfall der Gegensätze ... 324

**Kapitel 9: Weisheit und Dualismus –
Der Weg der Mitte**
Die Welt als unsere Welt ... 346
Noch einmal: Die Welt unseres Gehirns ... 351
Die dualistische Grundstruktur der Welt ... 356
Die nichtdualistische Grundstruktur der Welt –
  Mu-Erfahrung ... 364
Der Weg der Mitte ... 380
Noch einmal: Komplexität, Angemessenheit
  und die Dynamik der rechten Mitte –
  Bemerkungen zum ersten Bild des *I Ging* ... 384

**Kapitel 10: Religion, Vernunft, Weisheit**
»Wir sind Papst« – Die (scheinbare) Rückkehr
  der Religion und ihrer Bedeutung ... 390
Die Wiederentdeckung der Vernunft
  der (christlichen) Religionen ... 396
Die Zukunft der Religionen ... 400
Vernunftreligion – Das Projekt Weltethos ... 405
Das Projekt Weltweisheit ... 409
Wie Religion und das Geheimnis des Ichs
  aus der Täuschung über die wahre Komplexität
  der inneren und äußeren Welt entstehen ... 423

**Epilog ... 442**

**Anmerkungen ... 445**

# VORWORT

Einer der gegenwärtigsten, wachsten und zugleich freundlichsten Menschen, denen ich in den letzten Jahren begegnet bin (auch wenn er selbst bei einem solchen Satz abwinken würde), trägt zwei völlig verschiedene Namen, die für zwei sehr unterschiedliche Weisheitstraditionen stehen. In beiden ist er jedoch tief verwurzelt. Als Schweizer, der zwischen den Viertausendern des Wallis in einer Bergführer-Familie aufgewachsen ist, heißt er Nikolaus Brantschen und ist Jesuit. Seinen Vornamen teilt er mit einem der berühmten Weisheitslehrer des Christentums, dem Kardinal, Universalgelehrten, Wissenschaftler, Mystiker und Philosophen Nikolaus von Kues (1401–1464, mehr über ihn in Kapitel 8). Als Zen-Meister heißt Nikolaus Brantschen jedoch Goun-Ken, »Wolke der Erleuchtung«. Dieser japanische Name ist das Zeichen von *Inka* (wörtlich: »legitimes, klares Siegel und Beweis«), das ihn legitimiert, die Weisheitstradition der Meister des Buddhismus weiterzugeben. Erstaunlich ist, dass Brantschen seine Erleuchtungserfahrung gleich zweimal von zwei verschiedenen Meistern und Richtungen des Buddhismus bestätigt wurde. Das Beispiel zeigt sehr anschaulich, dass Weisheit alle amtlichen und an Dogmen orientierten Probleme unterläuft. Weisheit entwickelt sich nicht nur jenseits etablierter religiöser und kultureller Grenzen, sondern überschreitet auch innerhalb einzelner Religionen oder Weltanschauungen Grenzen. Diese oftmals sehr eng gesteckten Grenzen zwischen Kirchen, führten mehr als einmal zu Kriegen. Weise Menschen sind Gegner solcher Kriege, die Millionen von Menschen das Leben kosten. Weisheit steht auf der Seite des Lebens. Sie ist gewissermaßen eine evolutionäre Kraft, eine Überlebenskunst. Dabei ist sie allerdings keine Vision oder bloße Vorstellung, sondern eine Erfahrung, die diesseits etablierter Differenzen verläuft. Mit diesseits meine ich: Auf der Seite der Erfahrung, im Alltag, hier im Leben, nicht in einem fernen Jenseits oder sagenhaften Drüben.

Nikolaus Brantschen verbindet die christliche und die buddhistische Tradition mit der gleichen Leichtigkeit, mit der Weise sich generell durch ihr Leben zu bewegen scheinen: frei, wach, klar, schnell und dabei eine bestechende Freundlichkeit verströmend, die nicht aufgesetzt ist, sondern aus tiefem Herzen kommt. Der Weise – ist in Texten ganz verschiedener Traditionen zu lesen – hat Humor und mag Kinder. Er zeichnet sich dadurch aus, dass er viel und gerne lacht und völlig frei ist von Allüren, dem ›meditativen Getue‹, das zuweilen in esoterischen Zirkeln und Kontemplationskreisen wie Unkraut gedeiht. Der Weise, heißt es in einem indischen Text des Palikanon, ist nicht schlaff, aber auch nicht gierig. Wörtlich heißt es, die Weisen »seien energisch, aufrecht, unbeirrt, doch sanft und ansprechbar und ohne Stolz. Genügsam seien sie und bescheiden, nicht betriebsam, aber klug. Sie zügeln ihre Sinne, haben leicht genug«. So einfach konnte man das vor mehr als 2000 Jahren sagen. Die Frage ist nur, wie sich diese Sätze, die einem bestimmten Lebenszusammenhang entnommen sind, der oftmals jahrelange Meditation und Arbeit an sich selbst voraussetzt, in die Gegenwart übersetzen lassen.

Als ich Nikolaus Brantschen bei einer Fernsehsendung wiederbegegnete und wir uns unterhielten, erzählte ich ihm von meiner Zen-Meisterin. Jôun-An – mit bürgerlichem amerikanischen Namen Joan Rieck – lebte lange in Japan, was zunehmend seltener der Fall ist bei den Zen-Meistern der zweiten und dritten Generation in den westlichen Linien. In Japan verbrachte sie viel Zeit und Arbeit damit, die beneidenswerte Fähigkeit zu erlernen, altjapanische Texte im Original zu lesen – eine Fähigkeit, über die heute nur noch ein Teil der modernen Japaner verfügt. Joan Rieck übersetzte Texte von Dōgen Zenji (1200–1253, Kapitel 4), aber auch alte chinesische Grundtexte des Buddhismus wie das *Shodaka* oder das *Shinjinmei*. Sie lebte damals in der Nähe des Klosters von Yamada Kōun Roshi, mit dem sie über Jahre hinweg Zen studierte. Als ich Nikolaus Brantschen gegenüber erwähnte, dass meine Zen-Meisterin trotz ihrer umfangreichen Kenntnisse und brillanten Auslegungen der alten Texte bislang noch kein Buch veröffentlicht habe, nickte er und sagte, dass er das sehr gut nachvollziehen könne. Denn je tiefer man diese alten Texte verstehe und in sie eindringe, desto mehr erkenne man nicht nur, wie grandios sie seien, sondern auch, dass man ihnen nichts hinzufügen könne. Sie sind perfekt, genau so wie sie sind. Selbst der gelehrteste Kommentar oder ein *Teisho* (die mündliche Auslegung der alten Texte durch einen zeitgenössischen Zen-Meister während eines Sesshins, einer Woche intensiver Meditation und Arbeit) ändere daran nichts. Am Ende käme man immer wieder auf die alten Weisheitstexte zurück, die durchaus aus verschiedensten Traditionen stammen könnten, aber alle die Eigenschaft haben, auf unübertroffene Weise die Erfahrung von Weisheit und Einsicht, die wir noch heute machen können, in Worten auszudrücken. Je tiefer man vordringe, sagte Nikolaus Brantschen, desto schwerer werde es mit dem Schreiben.

Als er meinen fragenden Blick sah, erzählte er die Geschichte von einem Jesuiten-Bruder, der Brantschen empfing, als er zum ersten Mal nach Japan kam, um dort für längere Zeit zu leben. »Wenn du vorhast, ein Buch über Japan zu schreiben«, sagte ihm sein Ordensbruder, der bereits einige Zeit in Japan zugebracht hatte, »dann tue es jetzt, in den ersten drei Wochen. Später wird es dir nicht mehr gelingen.«

Das Buch, das Sie jetzt in der Hand halten und das Sie hoffentlich mit Gewinn und Freude lesen werden, versammelt Reflexionen, die – bildlich gesprochen – in ebendiesen ersten drei Wochen der Reise entstanden sind. Wer schon länger unterwegs ist, wird gerne darauf hinweisen, dass diese Reise lange andauern kann. Manchen Meistern zufolge braucht man eben mehr als ein Leben, um wirklich Mensch zu werden. Den Rat gilt es im Kopf zu behalten, vorausgesetzt, man vergisst nicht, dass es stets darum geht, hier und jetzt Mensch zu sein. Und das bedeutet, gerade im ganz normalen Alltag besser damit umgehen zu können, dass uns etwas fehlt und dieses Fehlen uns immer wieder quält.

Auch wenn das Buch einen gewissen Umfang bekommen hat (mein Rat: Man kann Kapitel auch gut einzeln lesen), werde ich Sie nicht mit persönlichen Erfahrungen (und somit Umwegen) aufhalten. Das Buch handelt auch nicht davon, wie man Weisheit oder so etwas wie die Erfahrung der Erleuchtung (was das ist, darüber erfahren Sie mehr in Kapitel 4), von der in Weisheitstexten vieler Kulturen die Rede ist, in die eigene Persönlichkeit integriert. Insofern ist *Weisheit* kein klassisches Ratgeberbuch. Worum es mir ging, war zu zeigen, was Weisheit eigentlich ausmacht und was wir über sie im Zusammenhang mit Politik und Gesellschaft (Kapitel 1), Psychologie (Kapitel 3), Neurowissenschaften (Kapitel 5) und anderen Disziplinen heute verlässlich sagen können. Ohne selber weise zu sein, stellt das Buch eine Analyse der Struktur von Weisheit dar und versucht zu zeigen, welche Bedeutung Weisheit für unser Leben, unsere Gesellschaft und Kultur hat. Oder, angesichts der gegenwärtigen Sachlage realistischer formuliert: haben sollte.

Der Titel des Buches bezieht sich auf zweierlei. Zum einen machen wir immer wieder die Erfahrung, dass uns trotz allem, was wir erreicht haben, etwas fehlt. Da wir weitersuchen, scheint es etwas Elementares zu sein, etwas von großer Bedeutung und großem Wert für unser Leben. Meine These ist, dass das, was uns fehlt, ganz fundamental mit Weisheit zu tun hat. Zum anderen spielt der Titel des Buches darauf an, dass Weisheit keine Vorstellung ist, keine Fiktion und kein bloßes Ideal, kein »nice to have«. Ich hätte dieses Buch vermutlich nie geschrieben, wenn ich nicht weisen Menschen begegnet wäre, die mir gezeigt haben, dass es Weisheit gibt, welchen Wert sie hat und dass sie sich im Leben bewähren kann, aller Skepsis zum Trotz. Beeindruckt hat mich etwa die Weisheit des durchaus nicht leicht zugänglichen, zuweilen schroffen, heute leider weitgehend vergessenen Schweizer Schriftstellers Ludwig Hohl. Ich hatte das Glück, ihn 1977 einige Jahre vor seinem Tod mehrere Tage lang besuchen zu können. Ähnlich hat mich die unvergleichliche Präsenz des Jesuitenpaters Hugo Makibi Enomiya-Lassalle tief berührt. 1898 in Deutschland geboren, war er bei seinem Tod im Jahre 1990 ein in Japan höchst geehrter, einflussreicher Zen-Meister. Ich durfte ihn zwei Tage nach meinem Abitur treffen. Lassalle war Augenzeuge des Atombombenabwurfs über Hiroshima und hat mir als Erster gezeigt, dass all das, wovon in den Weisheitstexten des Buddhismus die Rede ist, keine Metapher, keine leere

Rede ist (obwohl Zen-Texte paradoxerweise gerne behaupten, es gehe nur um diese Leere, aber das ist eine andere Sache). Es *gibt* meiner Erfahrung nach nicht nur weise Menschen, sondern, weil diese Menschen über Religionen, Kulturen und Zeitalter hinaus etwas gemeinsam haben, auch so etwas wie eine Struktur von Weisheit. Von ihr handelt dieses Buch. Und davon, dass Weisheit diesem elementaren Mangel – diesem Fehlen – etwas entgegensetzt.

Ich hoffe, dass die Lektüre für Sie gewinnbringend ist. Eine meiner Hauptthesen ist, dass Weisheit nichts mit Esoterik zu tun hat, aber viel, wenn nicht alles damit, die Komplexität des Lebens zu meistern. Weise Menschen können mit dieser Komplexität erstaunlich gut umgehen. Leider ist das Thema Komplexität selber nicht sehr einfach, auch wenn ich versucht habe, es möglichst anschaulich und eingängig an Beispielen zu erklären. Selbst wenn Sie der These mit einem Naserümpfen begegnen sollten (und Ähnliches gilt auch für die Kapitel über Psychologie, Neurowissenschaften, Glück und den Dualismus unseres Denkens): Die Beschäftigung mit diesen Themen, besonders mit Komplexität bzw. mit der komplexen Struktur der Welt, lohnt sich in jedem Fall, weil sie Ihnen einen Einblick gewährt in einen der spannendsten Prozesse des Umdenkens, der sich zurzeit in den Naturwissenschaften ereignet.

Dass es in diesem Buch gelegentlich Wiederholungen gibt, dient, so hoffe ich, dem besseren Verständnis, insbesondere für diejenigen, die das Buch nicht chronologisch lesen wollen. Bedienen Sie sich ruhig entsprechend Ihrer eigenen Interessen kapitelweise. Man muss ja auch einen Kühlschrank nicht von oben nach unten leer essen.

Ich würde mich freuen, wenn Sie die Entdeckungsreise in die über Jahrtausende zurückreichenden Weisheitstraditionen mit Spannung und Gewinn lesen – auch wenn es sich um einen ›Reisebericht‹ handelt, der in den ersten drei Wochen einer weitaus längeren Reise entstanden ist.

*Gert Scobel, im August 2008*

## PROLOG

Verstehen Sie wirklich, wie Ihr Handy funktioniert? Können Sie erklären, was Zeit ist? Oder was genau in Ihrem Computer, Ihrem Fernseher, Ihrem Auto vor sich geht? Wissen Sie, warum wir leben? Verstehen Sie, warum ein Flugzeug, wenn es zu langsam fliegt, abstürzt – und doch niemals schneller als mit Lichtgeschwindigkeit fliegen könnte? Verstehen Sie sich selbst? Oder die, die Sie lieben?

Und weiter: Ich nehme an, Sie haben heute bereits etwas gegessen. Doch warum essen Sie? Sicher, weil Sie hungrig sind – eine naheliegende Antwort. Und warum sind Sie hungrig, immer wieder? Sicher, die Energieversorgung, der Körper will ernährt werden, umsetzen, verdauen usw. Aber warum geben Sie dem nach? Warum essen Sie *tatsächlich*? Weil Sie leben wollen, vermute ich. Aber warum wollen Sie leben – genau jetzt?

Zugegeben: Wir verstehen dies und das und jenes sogar ganz genau, dank Wissenschaft und Kunst, Kultur oder Internet. Doch wie tief geht dieses Verstehen? Und sind es nicht gerade auch die Mittel, die uns beim Verstehen der Welt helfen, die uns andererseits neue Probleme schaffen – etwa wenn man an die Folgen technologischer Entwicklungen denkt, aber auch an die Folgen philosophischer oder politischer Theorien. Die handfesten materiellen Vorteile und Verbesserungen, die uns Wissenschaft und Technik gebracht haben, sind nicht zu leugnen. Selbstverständlich gibt es auch über das Materielle hinausgehende mentale oder kulturelle Vorteile. Und doch stoßen wir immer wieder auf dieselben alten Fragen, die mit dem Tod, mit Leiden, Angst, Beunruhigungen und Spannungen aller Art zu tun haben. Wer ihnen wirklich auf den Grund gehen möchte, wer die Welt, wer sich selbst verstehen will, der kommt weder an den Naturwissenschaften noch an den sich kontinuierlich verändernden Erklärungsmustern vorbei, die die Kulturen bereithalten. Früher oder später aber wird jemand, der sich diesen sogenannten letzten Fragen stellen will, damit beschäftigen, warum etwas ist und nicht nichts, und wenn etwas ist, warum ausgerechnet all dies und dann so, wie es ist. Warum haben wir solche Probleme herauszufinden, was unser Ich, unser Selbst ist? Warum gibt es keinen soliden Beweis dafür, dass die Außenwelt wirklich existiert? Woher wissen wir, wie andere Menschen fühlen und denken? Es ist nicht so, dass, wenn man nur die Naturwissenschaftler ›frei‹ gewähren ließe, um ihnen die Möglichkeit zu geben, sich mit derartigen philosophischen, letzten Fragen zu befassen, man dann eine richtige Antwort bekäme – eine bessere als die von Philosophen oder Theologen etwa. Zuweilen sind die Antworten von Naturwissenschaftlern auf die letzten Fragen erstaunlich unangemessen und naiv. Bei genauer Analyse zeigt sich, dass gerade bei ihnen die herkömmliche Herangehensweise selten zu einem guten Ergebnis führt.[1] Wissenschaft ist keineswegs die einzige Form intellektueller und vor allem existentieller Auseinandersetzung. Wer gleichsam existentiell oder philosophisch fragt, sieht sich bald unabänderlichen Tatsachen gegenüber wie der, dass unser Leben, so eindrucksvoll, so schön und entwickelt es auch sein mag, leider endlich und begrenzt ist. Und dass sich diese Grenzen nicht einfach aufheben lassen. Wir müssen lernen, mit diesen Begrenzungen ebenso umzugehen wie mit dem Wissen um unser Ende und die leidvolle Wirklichkeit von Krankheit, Einsamkeit und viele anderen Entbehrungen, mit denen wir leben. Aber wie? Weisheit kann da entscheidend helfen, etwa indem sie Wege aufzeigt, wie wir mit unserem Unverstehen, das nicht einfach Unwissen mangels Information, sondern viel grundsätzlicherer Natur ist, besser umgehen können.

Die elementaren Fragen bedrängen uns immer weiter – und mit zunehmendem Alter immer öfter. Meist haben wir bis dahin nicht oder nur schlecht gelernt, mit ihnen umzugehen. Kinderfragen frustrieren oft deshalb so, weil sie zum Ärger der Erwachsenen zeigen, dass sie selbst in philosophischen Dingen nicht erfahrener sind als Kinder, die das Problem nicht selten auch noch treffender, direkter erfassen. Hinzu kommt, dass die Antworten, die wir gefunden haben, meist Auslöser weiterer und präziserer Fragen sind (was ebenfalls frustrieren mag, aber immerhin weiterführt). Antworten stellen nicht selten Verzögerungen im Prozess des weiteren Fragens dar, zumindest wenn wir zu sehr an ihnen haften bleiben, nur weil wir das Gefühl haben, es käme vor allem darauf an, überhaupt eine Antwort zu haben, statt weiter im Leeren zu stochern. Mit der Beantwortung fundamentaler Fragen werden wir nie an ein Ende kommen. Man könnte Ideologie oder Fundamentalismus genau so definieren: Als Versuch, den Prozess willkürlich abzubrechen und, allen weiteren Fragen zum Trotz, auf *einer* endgültigen Antwort zu beharren. Ideologie ist insofern nur eine Form von Stillstand, ein Sperren gegen Werden und Veränderung von Meinungen, Verhaltensweisen oder Zuständen. Sie erwächst aus der Illusion, man packe das Leben falsch an, indem man immer weiterfrage. Doch genau an diesem Punkt, an dem Sie die Wahrheitssuche abbrechen, liegt vermutlich Ihre ganz persönliche Antwort. Sie brechen die Suche ab, weil Sie an einem Punkt angelangt sind, den Sie mehr oder minder willkürlich als Ihren »Schlusspunkt« ansehen. Sie handeln so, um sich weitere Fragen zu ersparen. Philosophen würden sagen, dass dieser Punkt die Stelle markiert, an der Sie entschieden haben, aus dem »Begründungsdiskurs« auszusteigen. Dieser Punkt ist zugleich Ihre Stärke (denn Sie sagen ja: Hier will ich abbrechen und tue es), aber auch Ihr wunder Punkt. Die Stelle, an der Sie abbrechen, kennzeichnet Sie. Sie ist Ihre Signatur, Ihr Fixpunkt, an dem Sie sagen: Hier stehe ich und kann (und vor allem: *will!*) nicht anders. Diese »letzte« Antwort ist genau die, die Sie (vorerst) am Ende Ihrer Zweifel auf drängende und manchmal nervende letzte Fragen geben. In der Philosophie zieht sich dieser Prozess gewöhnlich über ein ganzes Leben und nicht selten über Jahrhunderte hinweg. Doch das ändert an der grundsätzlichen Problematik eines letztlich unausweichlichen Abreißens der Begründungskette nichts.

So steht am Ende die Einsicht, dass wir bestimmte Dinge einfach so tun, wie wir sie tun. Weil wir so sind, wie wir sind. Sie, ich, wir alle brechen unser Denken, vor allem aber das Begründen, an einem bestimmten Punkt ab. Und doch suggeriert uns unser naturwissenschaftliches Weltbild, dass dies in Wahrheit falsch sei, dass es weitergehe und noch weitere Informationen und genauere Begründungen hinter den Antworten geben müsse, ebenso wie sich zeigte, dass auch Atome aus Teilchen bestehen. Sind wir nicht ein *Animal rationale* und damit zum Weiterzweifeln und Weiterfragen aufgefordert? Bedeutet rational zu sein nicht gerade, alles zu erklären, alle Informationen zu berücksichtigen, alle Fragen zu beantworten und einen Punkt außerhalb jedes Zweifels zu finden, der allein den Gesetzen der Logik und Empirie folgt? Als sei das überhaupt möglich. Prüfen Sie es nach! Jeder Zweifel setzt bereits einen Punkt voraus, von dem aus überhaupt gezweifelt werden kann. Der Prozess des Zweifelns setzt sein eigenes Ende voraus, noch ehe er zu einem Ende gekommen ist. Genauso wie Sie auf hoher See einen Fixpunkt brauchen, um einen Kurs berechnen zu können, um dann tatsächlich in die richtige Richtung zu segeln, genauso brauchen Sie ein inneres Koordinatensystem, das Sie an die Welt anlegen, um sich in ihr zu orientieren. Es geht nicht ohne – auch wenn Sie dieses Koordinatensystem aus guten Gründen immer und immer wieder austauschen und verbessern wollen.

Der Abbruch der weiteren Suche und die Vorstellung, man habe nun etwas Festes, Unveränderliches gefunden, etwas, das nicht mehr dem Wandel unterworfen ist – genau dieser Punkt ist es, um den es geht. Weil Sie glauben, diesen archimedischen Punkt gefunden zu haben, werden Sie Ihre Zeit mit Dingen verbringen, die es letztlich nicht lohnen. Sie werden glauben, dass Sie angekommen sind und nun endlich Zeit, unglaublich viel Zeit übrig haben. Nun können Sie sich den angenehmen Dingen des Lebens widmen. Tatsächlich aber sind nur Unbeständigkeit und der Wandel beständig. Ihre Einstellung hält Sie davon ab, diesem Wandel auf den Grund zu sehen. Sie glauben, festes Land unter den Füßen zu haben – und befinden sich in Wahrheit auf den abgekühlten Schichten heißer Magma. Sie glauben zu ruhen – und fliegen auf der Erde mit über 105.000 km/h durch den Raum. Wer tiefer bohrt und nicht den Fragen ausweicht, stößt immer wieder auf Veränderlichkeit und auf die Einsicht, dass die Dinge anders sind, als sie scheinen. Dieser Umstand bleibt der Punkt, an dem Sie sich reiben, über den Sie sich Rechenschaft abgeben wollen und müssen. Vor allem, wenn Menschen, die Ihnen nahestehen, Sie fragen und Sie sich den unvermeidlichen Problemen immer wieder von neuem stellen müssen – auch wenn Sie das nicht wollen. Vielleicht werden Sie im Verlauf Ihres Lebens unterschiedliche Antworten auf ein und dieselben fundamentalen Fragen wie die nach dem Sinn oder dem Umgang mit Leid geben. Ihre Antworten haben, wie Sie selbst, eine Geschichte. Ihr Leben ändert sich im Laufe der Zeit mit den Erfahrungen, die Sie machen. Die »alten« Antworten sind vielleicht nicht mehr so zutreffend, wie sie es einmal waren: Sie müssen Sie neu geben (auch wenn die »neuen« Antworten nur wieder wie die »alten« klingen und deshalb immer ein wenig banal wirken, so als habe man die ganze Zeit auf der Stelle getreten). Indem sich Ihr Bewusstsein verändert, machen Sie eine stetige Entwicklung mit, zumal Ihr Leben ein Zusammenspiel von persönlichen, aber auch von kulturellen, gesellschaftlichen, politischen, moralischen, religiösen, topographischen oder biologischen Faktoren ist. Sie sind von Bildung, Wissen und der Entwicklung der Gesellschaft und Kultur, in der Sie leben, ebenso abhängig wie von den Gegebenheiten Ihres Körpers oder dem Ort, an dem Sie sich gerade aufhalten.

Die Empfindung des Mangels ist eine Erfahrung, die die meisten Menschen machen. Fast alle kennen das Gefühl, wichtige Dinge zu entbehren. Und leiden daran. Es ist, als würde uns das Leben ständig etwas vorenthalten. Dieses Fehlen spielt eine nicht unbeträchtliche Rolle in der sogenannten Neidgesellschaft. Uns fehlt es an Geld, Gerechtigkeit, Wissen, Respekt, Liebe und vielem mehr. Andere aber scheinen ebendas, was uns fehlt, zu haben. Und darüber beklagen wir uns. Gleichzeitig haben wir jedoch auch das Gefühl, ob arm oder reich, im selben Boot zu sitzen, auch wenn die Ausstattung des Sitzes durchaus große Unterschiede aufweist. Wir schalten die Nachrichten ein – und es vergeht kein Tag, an dem nicht von einer Katastrophe, einem Krieg oder Gewalt berichtet würde. Offensichtlich bleiben diese Probleme erhalten, obwohl wir technologisch und wissenschaftlich ungeheure Fortschritte gemacht haben. Kein Wunder, dass wir das Gefühl nicht loswerden, dass etwas auf sehr grundsätzliche Art und Weise mit unserem Leben nicht stimmt. Denn auch in den sogenannten besser gestellten Gesellschaften leiden wir, weil wir immer noch – und trotz allem, was wir erreicht haben – weiterhin auf der Suche nach etwas sind. Doch nach was? Was fehlt uns? Und was wissen wir darüber?

Fest steht nur, dass es uns erfahrungsgemäß nicht auf Dauer glücklich macht, wenn wir haben, was wir glauben, unbedingt erstreben zu müssen; ich gehe auf diese seltsame Tatsache im Kapitel über Glück noch näher ein. Der Gedanke liegt nahe, dass das, was wir im Grunde suchen, etwas anderes sein muss als das, was wir normalerweise anstreben. Doch was? In einem alten chinesischen Text, dem *Shodaka* (Gesang vom Erkennen des Tao) des Chan-Meisters und Weisen Yung-chia Hsuan-Chueh (jap. Yoka Daishi, 665–713), wird das, was uns fehlt, als »die wahre Natur«, die »Wesensnatur« bezeichnet. Ohne sie zu finden, irren wir glücklos und leidend durch die Welt. Die Aussagen des *Shodaka* sind, wie alle Aussagen über das, was uns fehlt, eingebettet in eine bestimmte Tradition und damit in ein Handeln und eine bestimmte Lebenspraxis. Von der wahren Natur zu sprechen, ist zunächst nicht mehr, als einen Begriff unter vielen anderen zu benutzen. Über den chinesischen Autor wird berichtet, dass er gleich bei seinem ersten Besuch die Erleuchtung erlangte, bestätigt durch einen der bedeutendsten Meister der gesamten chinesisch-buddhistischen Tradition, Hui Neng (638–713). Er beschreibt seine Erfahrung so:

> *»Wenn wir plötzlich erwachen, ist das ganze Universum leer. Keine Sünde, kein Segen, kein Verlust und kein Gewinn: Suche solche Dinge nicht inmitten des vollkommenen Friedens. Solange wir Tao suchen und verdienstvolle Werke vollbringen, werden wir Erleuchtung nie erlangen. Ich suche weder Wahrheit noch weise ich Täuschungen ab. Der Geist, in Gegensätzen gefangen, bringt nur geschickte Lügen hervor. Ein Mond spiegelt sich in allen Wassern. Alle Wasser-Monde haben den einen Mond. Die Hungrigen kommen vor eine königliche Tafel – aber sie können nicht essen! Wenn du klar und deutlich siehst, gibt es nicht ein Ding. Schmälere den unermesslichen Himmel nicht, indem du ihn durch ein Schilfrohr betrachtest. Gehen ist Es, Sitzen ist Es, Sprechen*

*oder Schweigen, Bewegung oder Ruhe – die wahre Natur ist immer Frieden, selbst das Schwert des Todes vor Augen.«*[2]

Dem Text zufolge gleichen wir Suchende den Hungrigen, die vor einer gedeckten Tafel sitzen – aber nicht essen können. Ähnlich äußern sich Nikolaus von Kues und auch der indische Mystiker Kabir (1440–1518), der schreibt: »Wo suchst du Mich? Siehe, ich bin bei dir. Ich bin weder im Tempel noch in der Moschee, weder in der Kaaba noch auf dem Kailash. Weder bin Ich in Riten und Zeremonien, noch in Yoga oder Entsagung. Wenn du ein wahrhaft Suchender bist, wirst du Mich sogleich sehen, mir begegnen im gleichen Augenblick. Kabir sagt: O Sadhu! Gott ist der Atem allen Atems.«[3]

Geht es bei dem, was uns fehlt, also darum, in allen Lebenslagen bei sich zu Hause zu sein und gar nicht weiter suchen zu müssen? Bildhaft gesprochen: Geht es darum, dass wir das, was wir suchen, bereits unmittelbar vor uns finden, weil wir wie eine Schnecke das Haus mit uns tragen? Es gibt in Philosophien, Weisheitstraditionen und Religionen eine Vielzahl von Bildern und Metaphern für das, was uns fehlt und wo wir es finden können. Der Philosoph Ludwig Wittgenstein sprach davon, dass alles offenliege in der Philosophie. Insofern gebe es paradoxerweise gar nichts zu erklären. »Hier ist es schwer«, schreibt er, »gleichsam den Kopf oben zu behalten – zu sehen, dass wir bei allen Dingen des alltäglichen Denkens bleiben müssen, um nicht auf den Abweg zu geraten ... Dies drückt sich aus in der Frage nach dem *Wesen* der Sprache, des Satzes, des Denkens. Denn sie sieht in dem Wesen nicht etwas, was schon offen zutage liegt, sondern etwas, was *unter* der Oberfläche liegt. ›Das Wesen ist uns verborgen‹: das ist die Form, die unser Problem nun annimmt«.[4]

Ignatius von Loyola, der Gründer des Ordens der Jesuiten, prägte dafür die im Christentum einflussreiche Formulierung, dass der, der die Frage klären wolle, »Gott in allen Dingen finden«[5] müsse. Dem Rat zu folgen und ihn im Alltag umzusetzen ist eine Aufgabe, die tief in das Christentum hineinreicht. Gerade weil die seltsame Struktur unseres Begehrens sich nicht auflöst und das unzufriedene Weitersuchen nicht zur Ruhe kommt, scheint die Lösung, die wir suchen, jenseits zu liegen, in jenem Reich, das »nicht von dieser Welt« ist. Und doch lehrt Jesus von Nazareth nach Auskunft der Schriften, dass dieses Reich, das nicht von dieser Welt ist, »mitten unter uns« ist. Es ist also hier und jetzt und nicht in einem fernen Jenseits erfahrbar. Welche Kultur oder Religion immer man befragt, ob in Asien oder in unserem Kulturkreis, im Orient, bei den Schamanen, den Aborigines oder bei den Indianern Lateinamerikas: Immer scheinen die Weisen eine Antwort im Hier und Jetzt gefunden und den Frieden mit sich und der Welt gemacht zu haben. Aber wie?

Für die meisten Menschen ist die Erfahrung des Mangels bei weitem deutlicher als die von Weisheit. Damit ist nicht zuletzt auch die wachsende Kluft zwischen Arm und Reich in Deutschland gemeint, zwischen denen, die sich Bildung leisten können, und denen, die auf das angewiesen sind, was der Staat ihnen unter Bedingungen zunehmender finanzieller Knappheit bietet. Mangel leidet auch, wer versucht, allein von Hartz IV zu leben (es gibt Versuche, die zeigen, dass das auf Dauer nicht möglich ist). Mangel leiden aber auch Menschen, die unter Vereinsamung oder einer psychischen Erkrankung wie Depression oder Angststörung leiden. Hinzu kommt, dass wir in einer globalen Gesellschaft ständig neu in Gefahr sind, über Dingen, die zu ändern wir als Individuen zunächst nicht in der Lage sind, die vielfältigen Aspekte von Menschlichkeit zu vergessen. Verstöße gegen die Menschenrechte, Folter, Waffenhandel, Prostitution – und nicht zuletzt auch der immer härtere weltweite ökonomische Wettbewerb mit entsprechenden Einschränkungen der minimalen moralischen Standards für Arbeit bilden die Umgebung, in der andere Regeln als die der Menschlichkeit gelten. Deshalb braucht Menschlichkeit immer wieder aktive Stärkung und Förderung. Nicht zuletzt aus diesem Grund gibt es Kultur. Sie definiert die Art und Weise, wie wir miteinander umgehen. Und wie wir in Zukunft miteinander umgehen werden.

Doch abgesehen von den groben Verstößen gegen gerechte Grundbedingungen des Lebens ist mein Eindruck, dass es auch in vergleichsweise idealen Gesellschaften einen Mangel gibt. Obwohl alle tieferen Probleme des Lebens und die feineren Schichten unseres Zusammenlebens stets auch mit Weisheit zu tun haben, ist sie weitgehend aus dem Blick geraten. In der Komplexitätsforschung spricht man bei der Analyse von Systemen häufig von verdeckten Rückkopplungen und versteckten Mustern und Strukturen. Versteckt sind diese Muster deshalb, weil ihre Auswirkungen oftmals erst nach Jahren, d.h. mit großer Verzögerung deutlich werden. Nach Jahren erst hat sich zum Beispiel gezeigt, dass der Wirkstoff in der Arznei Thalidomid (Contergan) entgegen aller anfänglichen Hoffnung eben doch kein Segen ist. Wenn uns die Muster und die versteckten Rückkopplungen bewusst werden, ist es nicht selten bereits zu spät. Das Artensterben beispielsweise, an dem wir nicht unmaßgeblich beteiligt sind, hat mit einem Tempo zugenommen, das das Aussterben der Dinosaurier in den Schatten stellt. Als die Vorläufer des Menschen aufgrund der Veränderungen des Regenwaldes in Afrika vor einigen Millionen Jahren gezwungen waren, sich in die Steppe zurückzuziehen, hatten sie mehrere tausend Generationen Zeit für den Wandel, an dessen evolutivem Ende wir gegenwärtig stehen. Heutige Arten werden oftmals nicht während Jahren oder Monaten mit einer neuen Umwelt oder Lebensbedingungen konfrontiert, sondern lediglich während ein paar Wochen oder Tagen. Wenn wir ein Stück Regenwald abholzen, haben die Arten, die flüchten, keine Zeit, sich über einige hundert oder gar tausend Generationen neu anzupassen. Wir selbst wären in einer solchen Situation ausgestorben. Tatsächlich aber leben wir mit der Vorstellung, die für uns wichtigen Dinge seien dauerhaft, seien unabänderlich. Ein Blick in die Evolutionsgeschichte des Menschen zeigt, wie falsch diese Annahme ist. Seltsamerweise verzögern wir unser persönliches Leben in der Annahme, es gebe diese absolut festen Dinge, weil wir glauben, faktisch eben doch endlos viel Zeit zu haben. Aber Zustände und selbst Dinge sind nicht endlos da. Ihre Endlichkeit samt unserer eigenen ist ein Umstand, den wir auf massive Weise verdrängen. Ein Grund dafür ist, dass das Anerkennen der Wandelbarkeit allen Seins leidvoll ist. Die Veränderbarkeit der Welt tut nicht nur weh, weil sie uns ständig etwas streitig zu machen scheint – sie kränkt uns auch. Sie stellt eine Beleidigung für uns dar, der wir dadurch begegnen, dass wir uns die Unveränderlichkeit der Welt derart hartnäckig *vorstellen*, dass wir sie schließlich für Realität halten. Die Welt der Ideen scheint uns ebenso real wie die der Tische, Straßen und Autos. Weisheit hingegen hat mit dem Leben und seiner kontinuierlichen, unabänderlichen Veränderung zu tun. Sie ist eine Übung im Überleben, die paradoxerweise darin besteht, Veränderlichkeit, Vergänglichkeit und letztlich die Tatsache des Todes anzuerkennen. Wir können loslassen! Genau das befreit uns nach Meinung vieler Weiser und führt dazu, dass wir wieder auf das achten, was wirklich wichtig ist. Die Freiheit, von der Weisheitstexte immer wieder sprechen, ist also nicht die Freiheit zu unbegrenzten Möglichkeiten. Die Vorstellung, in jeder Phase des Lebens alle Möglichkeiten vor sich zu haben, ist eine Illusion. Die Freiheit des Weisen besteht darin, nicht mehr bis ins Mark hinein beeinflusst zu sein von dem, was war und dem, was erst noch kommen wird oder soll. Frei ist der Weise, weil er ganz den »gegenwärtigen Geist« hat und wo immer er sich befindet zu Hause ist.

Glück, heißt es in buddhistischen Texten, sei wie ein Tautropfen auf einem Blatt – es verdunstet schnell. Seltsamerweise liegt in dieser Erkenntnis, so deprimierend sie anfangs auch scheint, eine große Stärke und Kraft. Gerade weil Zeit so kostbar ist, lernen wir sie und ihre verschlungen Pfade der Veränderung zu schätzen. Und wir erkennen, dass wir damit alle in einem Boot sitzen – ausnahmslos, gleich ob wir mächtig oder unbedeutend scheinen. Bei Nāgārjuna, einem der größten Gelehrten und Weisen Asiens – er lebte um das 2. Jahrhundert n. Chr. –, heißt es: »Ihr alle lebt inmitten des Todes, wie eine Lampe, die in der Brise steht. Ohnmächtig gegenüber dem Tod müsst ihr nun woandershin gehen.« Doch ein »woandershin« scheint es nicht zu geben – es sei denn, Weisheit selber wäre dieses »woandershin«. Dann allerdings muss Weisheit eine reale Erfahrung sein, die trägt, obwohl es keinen der Veränderung restlos enthobenen Ort in unserem Leben gibt – sosehr wir ihn uns auch vorstellen können und wünschen. Daher wird Weisheit in den buddhistischen Traditionen mit dem »Erwachen« verbunden. Zu erwachen bedeutet vor allen Dingen aufzuwachen aus dem Traum, dass uns das Entscheidende noch fehlen würde. Wer eine Illusion wegnimmt, fügt damit noch keine weitere hinzu; und auch keine neue Wirklichkeit, erst recht kein Jenseits. Schenkt man Weisheitstexten Glauben, dann besteht die schwerwiegendste Illusion darin zu glauben, dass wir erst dann richtig leben könnten, wenn wir zuvor noch dieses gemacht, jenes erworben oder erreicht hätten. Das Aufwachen aus diesem Traum erscheint im Vergleich zu den utopischen Aussichten auf ein zu erwerbendes Paradies geradezu kläglich zu sein. Doch die ersten Schritte auf dem Weg zur Weisheit mögen noch so mühsam sein – sie gehören bereits zu dem »anderen«, »richtigen« Leben, das immer mit einem ersten Schritt beginnt. In Wahrheit gibt es keine »Vorbereitung« auf das Leben, sondern immer nur das Leben selbst. Es lässt sich nicht simulieren, auch wenn wir das gerne hätten (und inzwischen eine ganze Industrie erfolgreich von diesem Wunsch lebt). Das Leben ist kein Spiel, das wir dann, wenn es uns in die Sackgasse geführt hat, mit einem Druck auf die Reset-Taste neu starten können. Und deshalb beginnt jedes Aufwachen jetzt:

In unserer abendländischen Tradition wird dieses Aufwachen mit dem Prozess der Aufklärung weitgehend gleichgesetzt. Während das *Animal rationale*, das denkende Tier, von dem bereits Cicero vor der Zeitenwende lobend spricht, seiner »animal«-Natur zum Trotz allein die Rationalität bei der Lösung seiner Probleme zu bemühen sucht, zielt die Bestimmung des Menschen als *Homo sapiens* jedoch auf mehr als auf seine Rationalität. *Sapiens*, weise, bezieht sich auf etwas, das durch Logik und Denken, durch reine Verstandesarbeit weder hinreichend beschrieben noch erreicht werden kann. Schon das Spüren eines Sonnenstrahls auf der Haut ist eine Erfahrung, die mit Rationalität nicht viel zu tun hat. Die Neurowissenschaften haben gezeigt, dass unser Gehirn immer wieder Modelle der Welt schafft, schaffen muss, um die vielfältigen und neuen Erregungsmuster zu ordnen, die unaufhörlich auf uns einströmen. Indem diese Erregungen, die Muster der Wahrnehmung, fortwährend durch ein komplexes, veränderbares Netzwerk miteinander verwobener Neuronen entlang ihrer vielen Verästelungen laufen, werden sie aufs Neue geordnet und neu organisiert. Doch unser auf diese Weise entstandenes »ruhendes« Bild der Welt inmitten aller Veränderungen ist in Wahrheit eben nur ein Modell. Unsere Welt (das, was »da draußen« ist oder, im Sinne Kants das »Ding an sich«) ist jedoch, nicht zuletzt aufgrund der kontinuierlichen Arbeit des Gehirns selbst im Schlaf, niemals *die* Welt, sondern immer nur ein Bild oder Modell, das wir gerade von ihr haben. Und dieses Bild ändert sich immer wieder. Weisheit hat damit zu tun, diese Bild-Haftigkeit unserer »Welt« zu erkennen, sie zu durchschauen und die Konsequenzen daraus zu ziehen. Wenn man den Bildern schon nicht entkommt, kann man zumindest versuchen, weniger an ihnen zu kleben. Das Ergebnis ist verblüffend. Das Leben nimmt an Fülle zu. Wir sehen es wie in einem Spiegel – ohne der Illusion zu verfallen, es bereits im Ganzen verstanden zu haben.

In diesem Sinn schrieb Yôka Daishi, der vor rund 1300 Jahren lebte: »Es ist nicht schwer, das Bild im Spiegel zu sehen. Aber unmöglich, den Mond im fließenden Wasser einzufangen«.[6] Daishi ist der Verfasser eines der bedeutendsten und meistzitierten (obwohl mit nur 2000 Schriftzeichen zugleich auch kürzesten) buddhistischen Texte, des *Shōdōka* – was wörtlich übersetzt so viel wie »Gesang über die Klarheit hier und jetzt« bedeutet. Er hat für die Unmöglichkeit, den Mond im fließenden Wasser fangen zu können, noch weitere Bilder gefunden: »Man kann«, schreibt er, »nicht zur gleichen Zeit die Blätter sammeln und nach den Ästen Ausschau halten.«

Gerade weil Veränderliches und scheinbar Unveränderliches so schwer zusammenzubringen sind, neigen wir dazu, die Perspektive zu verengen. Auch vor dieser beliebten Strategie warnt der chinesische Weise. »Beurteile die Endlosigkeit des blauen Himmels nicht durch einen Strohhalm hindurch«, lautet sein Rat. Ihm geht es darum, nicht nur durch einen Strohhalm zu blicken, sondern die ganze Sicht auf Leben und Tod frei zu machen und endlich zu erwachen. Die Frage ist, wie man mit der Veränderlichkeit aller Erscheinungsformen und mit der Angst umgehen kann, die diese Erfahrung der Veränderung macht. Das Leben auf den Ausschnitt eines Strohhalms zu verengen, um dann mit ihm sicher in den Himmel zu schauen, scheint kaum die richtige Antwort zu sein. Doch wie erwacht man zu einem weiteren, freieren Umgang mit dem »Hier und Jetzt«, das sich genauer betrachtet von Moment zu Moment ändert? Es geht ja angesichts »letzter« Fragen nicht darum, einfach nur pragmatisch zu sein, sondern darum, im Wissen um die begrenzte Zeit zu verstehen, was unserem Denken (und Handeln) wirklich zugrunde liegt und wie wir uns diesen Einsichten entsprechend verhalten sollen. Kurz: Es geht darum, herauszufinden, wer wir sind. Und wie wir in diesem gewaltigen kosmischen Prozess, der nach allem, was wir heute wissen, vor rund 13,7 Milliarden Jahren mit einer Fluktuation im Quantenvakuum begann, zu uns selbst kommen und ein Zuhause finden können. Es geht darum, in einem seltsamen Universum, das wir ebenso wenig begreifen wie uns selbst, zu leben und herauszufinden, wie wir darin leben sollten.

Martin Heidegger definierte Philosophie – wörtlich eigentlich die Liebe zur oder die Lehre von der Weisheit – als »eine letzte Aussprache und Zwiesprache des Menschen, die ihn ganz und ständig durchgreift«.[7] Heidegger fragte dabei durchaus, ob diese Vorstellung nicht doch ein wenig romantisch sei. Schließlich war ihm zumindest in Umrissen bekannt, wie unser Gehirn die einströmende Welt ordnet und einen unmittelbaren Zugang zu ihr versperrt. Sämtliche Philosophien, Religionen und Kulturen stellen nur Ordnungssysteme und Koordinaten dar – nicht »das Sein« selbst. Selbst die »harten« Wissenschaften bieten letztlich nichts anderes, auch wenn sie uns zuweilen mehr (nämlich eine absolut richtige Erkenntnis der Welt) versprechen. Sollte der »städtische Mensch und Affe der Zivilisation«, das Tier, das rational sein will, so etwas wie Weisheit daher nicht abschaffen? Sind wir nicht zufällig »in das Weltall hineingestolpert«?

»Novalis sagt einmal«, fährt Heidegger fort, »die Philosophie ist eigentlich Heimweh, ein Trieb, überall zu Hause zu sein.«[8] Doch wie soll das gelingen – »überall zu Hause zu sein«? Und was für eine Art von Zuhause, was für eine Heimat in diesem seltsamen, von uns nur zu einem äußerst geringen Teil verstandenen Universum wäre das?

Weisheit ist in gewisser Weise die Kunst, sich solchen »letzten« Fragen richtig zu nähern.

Die Fragen, die der Weg der Weisheit zu beantworten sucht, sind zutiefst persönlich. Oder, wie Friedrich Nietzsche schrieb: »Niemand kann dir die Brücke bauen, auf der gerade du über den Fluß des Lebens schreiten mußt, niemand außer dir allein.«[9]

Der Weg des *Homo sapiens* führt über viele steinige Brücken. Jede Erfahrung ist eine Möglichkeit, tiefer einzutauchen in das Verstehen dieser Dimensionen des Lebens. *Homo sapiens* zu sein bedeutet, ein Mensch auf dem Weg zur Weisheit zu sein und einen Prozess der Erfahrung und Bewusstwerdung zu durchlaufen, dessen Ausgang ungewiss ist. Doch wie sieht dieser Weg, dieses Handeln, Denken und Fühlen aus, das zur Weisheit, zur Bestimmung des Menschen führt? Auf welchen Wegen wird Weisheit erlangt – und auf welchen verspielt?

Dieses Buch versucht, einige Antworten auf diese Fragen zu geben, indem es die Wissenschaft ebenso zu Rate zieht wie die unterschiedlichen Weisheitstraditionen, die vielfach noch tiefer in die Geschichte der Menschheit zurückreichen als die Religionen, die meist eine spätere, insofern »vernünftigere« und »bürokratisiertere« Form der Weisheit darstellen. Es werden die Einsichten der Psychologie – der empirischen Weisheitsforschung – ebenso zu Wort kommen wie die Einsichten der Neurowissenschaften, die beschreiben, was in uns vorgeht, wenn wir uns auf den Weg zur Weisheit machen und dabei eine der zentralen kulturellen Techniken anwenden, die mit Weisheit eng verbunden ist: Meditation. Vor allem aber geht es darum, Weisheit nicht zu isolieren und aus ihr eine esoterische Haltung zu machen. Im Gegenteil: Indem Weisheit in den Kontext einer der größten gesellschaftlichen und wissenschaftlichen Herausforderungen dieser Zeit gestellt wird, nämlich das Wesen komplexer Systeme zu verstehen und uns dabei zu helfen, sie besser zu steuern, zeigt sich ihre wahre Bedeutung. Weisheit ist eine Haltung, die nicht nur Körper und Geist umfasst, sondern auch die besten Erkenntnisse, die wir über uns und über die Welt haben, aufnimmt, um sie in einen menschlichen Zusammenhang zu stellen, der uns eine nachhaltige Zukunft eröffnet. So zeigt dieses Buch an der Geschichte dreier Männer exemplarisch, wie in verschiedenen Zeiten und Situationen mit Weisheit umgegangen wurde. Und was wir tun könnten, um uns selber in eine Richtung zu bewegen, die nicht nur weise, sondern auch klug ist.

Weisheit spielt in unserer Welt gegenwärtig keine Rolle. Die Energie- und Lebensmittelkrise, die drohende ökologische Katastrophe, Globalisierung, zu viel und zugleich nie genug an Information, zunehmende Eskalation der Gewalt und die damit einhergehende immer rigidere Generalüberwachung aller Bürgerinnen und Bürger, die Frage der gesunden Ernährung und vor allem auch der richtigen Erziehung der Kinder (immer wieder PISA: Gilt es vor allem die Kernkompetenzen zu fördern, also Mathematik, Physik, Englisch – oder auch die »weichen« Fähigkeiten wie Musik, Kunst, soziales Mitgefühl?) – das sind die beherrschenden Themen. Zugleich gilt es als ausgemacht – und auch das ist eine Form des Herrschens –, sie vor allem unter ökonomischen Gesichtspunkten zu betrachten und zu lösen. Etwa die Frage, wie wir damit umgehen, dass unsere Mittelschicht, die tragende Säule der deutschen Gesellschaft, ausdünnt und die Kluft zwischen Arm und Reich immer größer wird. Das soziale Klima und das, was Sozialforscher öffentliche Kultur nennen, ist längst in die Krise geraten. Nicht nur weil Heuschrecken ihr Unwesen treiben. Der Blick in einen durchschnittlichen Supermarkt einer Innenstadt zeigt es bereits im Kleinen klar und deutlich. Es gibt ein übergroßes Angebot an Tiernahrung, an Alkoholika, an Dosenfutter. In nicht wenigen Kantinen ist das Fleisch mit einer im Idealfall nach Gemüse aussehenden Sättigungsbeilage billiger als ein frischer Salat.

Mir scheint, dass wir in einer Welt leben, in der uns etwas Entscheidendes zunehmend fehlt: unsere Mitte. Das Klima ist entsprechend rauer, d.h. extremer geworden. Kampf ist die Parole, nicht, unsere Mitte (und das bedeutet auch immer: das rechte Maß) zu finden. Wer kann, setzt sich nach oben ab. Wer Geld hat, schickt seine Kinder auf die bessere Schule, isst das bessere Essen, fährt den besseren Wagen und bucht den besseren Urlaub, in dem man eben auch mal »andere Menschen« trifft, mit denen man sich »wirklich unterhalten« kann. Wer so denkt und in einen solchen Kampf verstrickt ist, wird kaum die alte, in Wahrheit aber höchst zeitgemäße Vorstellung von Weisheit hilfreich finden. Dabei haben all diese Themen, um es vorwegzunehmen, auf unterschiedliche Weise mit Weisheit zu tun. Weisheit ist eben nicht nur etwas für die Soften und Alten. Oder, um es noch deutlicher zu sagen: für die Verlierer, zu denen natürlich keiner gehören will.

Wie also ist es um Weisheit bei uns bestellt? Gilt sie zu Recht als überflüssig und unnütz? Was denkt die Politik von ihr – und wie machen die, die unsere Politik machen, von ihr Gebrauch (bzw. tun es gerade nicht)? Darum soll es jetzt im ersten Kapitel gehen. Beginnen möchte ich in der Gegenwart und mit einem Mann, der allein durch die Kraft seines Amtes eine übergeordnete Perspektive und gewisse Weisheit zu haben verspricht oder zumindest für die Idee steht, eine solche Weisheit zum Wohl aller einzusetzen.

# KAPITEL 1:
# WEISHEIT UND GESELLSCHAFT

### Rückkehr der Weisen? Von der Skepsis der Politik

Am 30. Mai 2005 war in der *Süddeutschen Zeitung* ein kleiner, eher unscheinbarer Artikel mit der Überschrift »Die Rückkehr der Weisen« zu lesen. Obwohl einige Zeitungen, von der *Ostsee Zeitung* über den *Kölner Stadt-Anzeiger*, die *Leipziger Volkszeitung* bis hin zur *Stuttgarter Zeitung*, dieses Thema aufgriffen, zog die Meldung erwartungsgemäß keine öffentlichen Diskussionen nach sich und verebbte im Meer der Meldungen. Ich muss zugeben, dass diese Idee wenn nicht einer »Rückkehr«, so doch eines öffentlichen Auftretens und Wirkens von Weisen für das Entstehen dieses Buches und die darin formulierten Ideen entscheidend war. Wenn uns Weisheit tatsächlich fehlt – wie wäre es dann möglich, sie wieder ins Spiel zu bringen, ihr eine Stimme zu geben und gesellschaftliches Gewicht zu verleihen? Obgleich sie keine Wirkung entfaltete, wies die Meldung in die richtige Richtung. Worum ging es genau?

Nachdem Bundeskanzler Gerhard Schröder Neuwahlen verordnet hatte, so hieß es in der *Süddeutschen Zeitung*, war mit einem Mal alles Taktik und Ranküne, alles Wahlkampf und musste deshalb mit Blick auf potentielle Risiken und Nebenwirkungen durchdacht werden. »Wie eine kühle Brise kam da an diesem hitzigen Wochenende eine Botschaft aus der Hauptstadt, die intellektuelles Aufatmen und neue Nachdenklichkeit versprach, einen eigenen, von den Zeitläuften unabhängigen Rhythmus. Wie schön wäre es, wenn wir einen Rat der Kulturweisen hätten.« Beim Berliner Jahresempfang der Mitglieder des Ordens Pour le Mérite, an dem qua Amt und Tradition stets der jeweilige Bundespräsident teilnimmt, hatte Kulturstaatsministerin Christina Weiss in einer Tischrede den Vorschlag gemacht, einen Kulturweisenrat ähnlich dem der Wirtschaftsweisen einzurichten. »Nutzen Sie Ihre Weisheit«, forderte sie die in der Tat beeindruckende und vielfach dekorierte Versammlung von Männern und Frauen auf, unter ihnen nicht weniger als zwölf Nobelpreisträger.

*»Nutzen Sie Ihre Weisheit, um Debatten anzustoßen, um Aufmerksamkeit zu erregen, uns über positive Entwicklungen, Stagnationen oder Missstände im geistigen Zustand unserer Gesellschaft aufzuklären und mehr Öffentlichkeit für ihre Reflexionen und Kommentare, die in prägnanter Weise Aussagen zur Lage der Kultur-Nation treffen, die uns aufrütteln, um die tieferen Ursachen der deutschen Befindlichkeit zu erkennen.«*

Horst Köhler war zu diesem Zeitpunkt der Vorschlag von Christina Weiss bereits bekannt. Tatsächlich war die Idee einen Weisenrat zu gründen einer der ersten offiziellen Vorschläge, die Köhler in seiner Amtszeit überbracht wurde. Köhler selbst wurde nicht müde, im Verlauf seiner Arbeit immer wieder die Bedeutung kompetenter Beratung hervorzuheben. Warum sollte ein weiser Ratschlag eine Ausnahme bleiben? Bei der Tischrede vor dem Orden Pour le Mérite am 30.5.2005 sagte Köhler wörtlich:

*»Ich habe ja als Bundespräsident – auch das ist schon kommentiert worden – nur die Macht des Wortes. Da ich kein Germanist bin, kein Literat, frage ich mich immer: Werde ich diesem Anspruch gerecht? Ich will gleich hinzufügen: Ich habe keinerlei Komplexe oder Minderwertigkeitsgefühle. Dazu habe ich in meinem Leben zu viel gesehen und erlebt und das auch bewältigen müssen. Aber ich will Ihnen doch sagen: Ich habe erlebt, dass niemand – ob er Ökonom ist oder Bundespräsident, Wissenschaftler oder Politiker – darauf verzichten kann und sollte, auf andere zu hören und sich immer zu fragen: Vielleicht gibt es noch andere, die mehr wissen. Ich bin ein bisschen besorgt, wenn ich mit Menschen zusammentreffe, die den Eindruck erwecken, sie wüssten alles.«*[1]

Und auch in seiner Ansprache anlässlich des fünfzigjährigen Bestehens des Wissenschaftsrates im Historischen Museum in Berlin am 5.9.2007, also ebenfalls vor einem Kreis auserlesener Wissenschaftler, Denker, Philosophen und Dichter, sagte er: »Wo Politik über komplexe Fragen entscheiden muss, will sie gut beraten sein.« Der Gedanke ist in der Tat naheliegend. Ihn zu betonen hat Tradition bei deutschen Bundespräsidenten. Tatsächlich aber haben von den letzten Bundespräsidenten nur Richard von Weizsäcker und Roman Herzog auf unterschiedliche, aber deutliche Weise Beratung genutzt und so umgesetzt, dass sie auf die Gesellschaft eine tatsächliche Wirkung gehabt hat. Horst Köhler hingegen, heißt es nicht nur bei Politikwissenschaftlern, igle sich bis zum heutigen Zeitpunkt ein. Zwar sei er allgegenwärtig und schüttle jeden Tag und mit großer Freundlichkeit viele Hände. Sein Sympathie-Faktor steht außer Frage. Doch die einzigartigen Möglichkeiten, die sein Amt bietet, um in aller Stille Informationen aus den verschiedensten Gebieten zu sammeln und die besten Fachleute aus nächster Nähe zu hören, um auf diese Weise nicht nur gut informiert, sondern gut beraten eine eigene Agenda zu finden und durchzusetzen – gerade das sucht man bei Köhler vergebens. Deshalb fällt die Antwort auf die Frage, was es über seine bisherige Amtszeit an Positivem zu sagen und an bleibenden, nachhaltigen Einflüssen hervorzuheben gebe, bei allem Wohlwollen, das ihm vor allem in den Medien entgegengebracht wird, eher knapp und spärlich aus. Köhler ist ohne Zweifel bei der Öffentlichkeit beliebt – ein Eindruck, der sich notwendig den Medien verdankt. Bei den Politikern jedoch stößt man bei Nachfrage unabhängig vom politischen Lager häufig auf zum Teil harsche Kritik. So zeichnet auch Gerd Langguth in seiner Biographie Horst Köhlers dessen Entwicklung im Privaten mit Wohlwollen nach und schildert im Detail seinen durchaus einnehmenden und sympathischen Lebensweg. In der politikwissenschaftlichen Analyse jedoch zeigt Langguth schonungslos, wie der Bundespräsident in Berlin das Ansehen seines Amtes verspielt hat, dessen Funktion eben auch ist: ein Vorbild zu sein, unabhängig von der reinen Tages- und Parteipolitik und selbst unabhängig von der Frage der eigenen Wiederwahl den Blick auf das zu richten, was uns wirklich fehlt. Köhler hat nicht nur das höchste Amt im Staat inne, er muss sich auch seiner realsymbolischen Kraft stellen und sich fragen lassen, wie er sie nutzt.[2]

Tatsächlich ist kein Amt den Niederungen der Politik derart enthoben wie das des Bundespräsidenten. Die gesetzlich garantierte Unabhängigkeit seines Amtes bei gleichzeitiger maximaler Aufmerksamkeit ist die Stärke des Bundespräsidenten. »Der Bundespräsident«, heißt es in Artikel 55 des Grundgesetzes, »darf weder der Regierung noch einer gesetzgebenden Körperschaft des Bundes oder eines Landes angehören. Der Bundespräsident darf kein anderes besoldetes Amt, kein Gewerbe und keinen Beruf ausüben und weder der Leitung noch dem Aufsichtsrate eines auf Erwerb gerichteten Unternehmens angehören.« Ziel seines Amtes ist es, seine Kraft dem »Wohle des deutschen Volkes« zu widmen. Das deutsche Volk ist tatsächlich gerade in Zeiten der Krise auf eine wohlwollende Stimme und gute Berater angewiesen, die nachhaltig zu denken in der Lage sind und vom bloßen Eigennutzen absehen. Wer die politische Entwicklung genau beobachtet, kommt kaum umhin festzustellen, dass Horst Köhler gerade dieser Bedeutung seiner Aufgabe nur wenig gerecht wird. Sein Motto scheint vielmehr zu lauten, bescheiden den Konsens zu vertreten und sanft zu beruhigen, statt aufzurütteln oder sich durch eigene inhaltliche Vorschläge zu empfehlen. Köhlers kritische Bemerkungen treffen oftmals nur das, was bereits Konsens von Kritik ist. Seine Kritik kommt dann, wenn andere sie bereits geübt haben und die Straßen geebnet sind. Sich in Zeiten der Politikmüdigkeit beispielsweise selber an der Kritik der Parteien zu beteiligen ist sicher mit Blick auf die öffentliche Aufmerksamkeit wirkungsvoll und darf auf die Zustimmung der Massen hoffen. Sie bestärkt, ja bedient die allgemeine Politikmüdigkeit. Wirkliche Parteikritik dürfte anders aussehen. Daher ist Köhlers Strategie, was die politische Kultur und die Förderung einer produktiven parlamentarischen Auseinandersetzung angeht, weder eine produktive noch hilfreiche, sondern eine Notlösung. Und was, wenn das Schweigen und auffällige Fehlen eines Impulses für den Ruck, der durch die Gesellschaft gehen soll, strategische Gründe hätte? Selbst eine Bundeskanzlerin, schrieb der Politikwissenschaftler Karl-Heinz Korte, kann wie jeder andere Politiker nur so lange ohne Prestige- und Gesichtsverlust agieren, solange unklar ist, was der Bundespräsident wirklich denkt und notfalls hinter geschlossenen Türen einfordert. Zwar gilt: Je populärer Köhler ist, umso weniger muss er riskieren, dass die Regierung oder die Kanzlerin einen Konflikt mit ihm eingeht. Doch seine Autorität wirkt gerade auch im Stillen: Genau das ist die Macht seines Amtes, die u.a. auch darauf beruht, nicht öffentlich werden zu müssen, sich aber stets die Möglichkeit vorzubehalten, von höchster Stelle aus öffentlich zu werden.

Doch hat Köhler nicht gerade das versucht? Ein typisches Beispiel ist Köhlers viel zitierte kritische Äußerung im Stern vom Mai 2008.[3] Von Köhler als erfahrenem Wirtschaftsmann hätte man sich derartige Äußerungen gerne bereits bei einer Reihe von Anlässen in den Jahren zuvor gewünscht, zumal es sie zur Genüge gab – Stichwort Managergehälter, Hedge-Fonds, Bestechungsskandale. Doch Köhler zog es vor, erst dann in die Kerbe zu schlagen, als der Baum beinahe gefällt und die Spuren der Verwüstung zu offensichtlich geworden waren. Es ist eben leichter, ins Schwarze zu treffen, wenn bereits alles schwarz ist. »Ich will hoffen«, sagte Köhler, »das Schlimmste ist überstanden. Doch wir waren nahe dran an einem Zusammenbruch der Weltfinanzmärkte. Das wird auch noch Schleifspuren in der Realwirtschaft nach sich ziehen« – ein Umstand, der ebenso wahr ist, wie er die Frage aufkommen lässt, warum der Bundespräsident nicht früher das Wort ergriffen hat, wenn wir doch so nahe am Zusammenbruch waren. Warum also hat Köhler gezögert? »Das einzig Gute an der Krise ist«, fährt Köhler versöhnlich fort: »Jetzt muss jedem verantwortlich Denkenden in der Branche klar geworden sein, dass sich die internationalen Finanzmärkte zu einem Monster entwickelt haben, das in die Schranken verwiesen werden muss. Nötig sind eine strengere und effizientere Regulierung, mehr Eigenkapitalunterlegung für Finanzgeschäfte, mehr Transparenz und auch eine globale Institution, die unabhängig über die Stabilität des internationalen Finanzsystems wacht. Ich habe schon vor einiger Zeit vorgeschlagen, den Internationalen Währungsfonds mit dieser Aufgabe zu betrauen. Die Überkomplexität der Finanzprodukte und die Möglichkeit, mit geringstem eigenen Haftungskapital große Hebelgeschäfte in Gang zu setzen, haben das Monster wachsen lassen. Es hat kaum noch Bezug zur Realwirtschaft. Dazu gehören auch bizarr hohe Vergütungen für einzelne Finanzmanager. Die Lehre ist: Die Politik muss sich jetzt mit Entschlossenheit und Nachdruck der Krisenprävention widmen.« Abgesehen davon, dass Politik sich ohnehin mit der Abwehr von Krisen befassen sollte, weist Köhlers eigener Vorschlag nur in die eine bekannte Richtung des Währungsfonds und damit von Deutschland weg ins Ausland. Die Vereinten Nationen seien die Lösung. Dies als Hinweis zu verstehen auf das, was im eigenen Land zu tun sei, fällt schwer. Welchen pragmatischen Wert hat Köhlers Äußerung also, zumal ihr insofern ein Beigeschmack anhaftet, als Köhler selbst geschäftsführender Direktor des Internationalen Währungsfonds war. Genügt der Verweis auf die eigene, ehemalige Wirkstätte?

Noch ein Beispiel. »Es ist ein Gebot der Gerechtigkeit, allen die Chance zu geben, ihre Talente zu entwickeln und durch Leistung sozialen Aufstieg zu erreichen«, sagte Köhler am 19. Mai 2008 bei einem Festakt zum 50-jährigen Bestehen der FDP-nahen Friedrich-Naumann-Stiftung. »Wer also glaubwürdig für Freiheit in einer offenen Gesellschaft werben will, der muss für Durchlässigkeit der Gesellschaft sorgen. Beweglichkeit von unten nach oben: Auch daran macht sich der Wert der Freiheit für den Einzelnen fest. Da haben wir bei uns leider noch Nachholbedarf.« Zu diesem Zeitpunkt hatten bereits mehrere Studien, darunter die Studie der Quandt-Stiftung zur Erosion und Erneuerung der Mittelschicht gezeigt, wie kritisch die Lage der Mittelschicht tatsächlich ist, auch wenn sich Politiker im Verbund mit Medien wie *Focus* Mühe gaben zu zeigen, dass es gar kein Problem gebe. Die Gesellschaft ist hysterisch in ihrer »apokalyptischen Weinerlichkeit«. Die Armut steige nur, weil wir insgesamt mehr Einkommen haben und damit die Armutsgrenze nach oben verlagert wird.[4] Zudem sei von einer Erosion der gesamten Mittelschicht kaum die Rede, weil man dabei vor allem die Alleinerziehenden überproportional berücksichtige. Faktisch ist es nicht nur schwieriger geworden, von unten in die Mittelschicht aufzusteigen, sondern auch, in ihr zu bleiben. Die geforderte gerechte Verteilung von Chancen ist mehr denn je eine Illusion. Die PISA-Studien, aber auch andere haben wiederholt darauf hingewiesen. Die Analysen zeigen, dass es leichter geworden ist, aus der sogenannten Mittelschicht, die das Rückgrat der deutschen Gesellschaft ausmachte, herauszufallen. Gesellschaftspolitisch stellt diese Analyse ein bedenkliches Signal dar. Ihre Brisanz liegt in dem Umstand, dass zunehmend mehr Menschen der Ansicht sein könnten, individuelle Anstrengung, Engagement und Arbeit lohnten sich nicht mehr. Faktisch bringt unser Bildungssystem weder mehr Abiturienten hervor noch die Exzellenzinitiative mehr Hochschulabsolventen. Stattdessen stagnieren oder fallen die Zahlen sogar, wie der Soziologe Stefan Hradril zeigte. Bildungsferne Milieus bleiben nicht nur bildungsfern, sondern rücken in noch weitere Ferne. Was besagen Köhlers Worte also in einer solchen Situation, die er selbst ja kennen muss? Wofür tritt Köhler eigentlich ein – außer, ganz allgemein, für eine Verbesserung der Situation? Auch hier ist sein Rat wieder der kostenneutrale Konsens. Was bleibt, ist der Wunsch nach einem Bundespräsidenten, der in dieser angespannten Lage anders denken und reden würde.

Die Frage nach »anders denken« und nach anderen Ratschlägen ist dabei nicht reines Wunschdenken. Der Wirtschafts- und Sozialwissenschaftler Fredmund Malik, ehemaliger Direktor des Management-Zentrums St. Gallen und heute ein international erfolgreicher Unternehmensberater, stellt eine allgemeine, gut anwendbare Regel vor, um Verbindlichkeit, Relevanz und Informationsgehalt von Aussagen zu ermitteln. Die Regel lässt sich auch auf die Aussagen des Bundespräsidenten anwenden. Nach Malik sind Aussagen, die weder verbindlich sind noch Informationsgehalt haben, Leerformeln – wie sie in der Politik häufig benutzt werden. Die Testfrage für das Erkennen solcher Leerformeln lautet: »Ist das logische Gegenteil einer Aussage eine Alternative, die … vernünftigerweise in Betracht kommt?«[5] Tatsächlich fällt die späte Warnung vor den Monstern, die längst entlarvt und benannt waren, ebenso wenig ins Gewicht wie die Aufforderung, sie erneut zu vertreiben. Legt man Maliks Messlatte an Reden von Horst Köhler an, dann fällt auf, wie sehr klare und präzise Analysen und Ratschläge fehlen, die sich nicht an der Verbesserung des Image (hierzu dient u.a. die nachträgliche Kritik) oder an Strategien zur Bundespräsidentenwahl orientieren. Es wäre längst an der Zeit, auch die kulturelle Verfasstheit des Landes genauer zu analysieren und ihre Verbesserung in Angriff zu nehmen. Von der Kultur, von ihren mentalen

Reserven aus werden die Kräfte freigesetzt, die wir brauchen und die auch in andere – die »harten« – Bereiche hineinwirken, von denen sonst fast ausschließlich die Rede ist. Ein Weg in Richtung auf eine solche Verbesserung könnte darin bestehen, das Amt des Bundespräsidenten zu nutzen, um vermögende kluge (und durchaus weise) Menschen wie die Mitglieder des Ordens Pour le Mérite zu bitten, neue Ideen zu generieren, um die kulturelle und mentale Verfasstheit des Landes besser zu verstehen und vor allem zu verbessern. Würde sich der Orden einer ernsthaften Anfrage und Bitte seines obersten Schutzherrn entziehen?

Wer den Gedanken ablehnt, stelle sich nur für einen Moment vor, dass ein Zusammenschluss einiger der Mitglieder (die ja nicht für den Orden an sich sprechen müssten) dazu führen würde, eine ebenso fesselnde wie wahre und ins Herz der Dinge zielende Analyse der kognitiven und emotionalen, der seelischen Verfassung unseres Landes vorzulegen. Bliebe diese Studie ohne Wirkung? Und wie wäre es, wenn es sich einbürgern würde, jenseits der Finanz-, Steuer-, Energie- und Bildungsdebatten hinaus von der mentalen Lage des Landes und vom Zustand seiner Kultur zu sprechen? Es geht dabei nicht um die Frage, ob wir genug Theater haben (die Antwort lautet vermutlich ja). Kultur, wie sie hier gemeint ist, hat vor allem mit der Frage zu tun, wie wir faktisch miteinander umgehen und wie wir in Zukunft miteinander umgehen wollen, um gemeinsam (und besser) Probleme zu lösen. Könnte nicht, wenn die Politik in gewisser Weise beratungsresistent ist und sich in den ewig gleichen Gesprächsschleifen der Talkshows wiederholt, gerade der Bundespräsident die Kraft seines Amtes nutzen, um etwas anderes zu sagen und die Besten des Landes, jene, die klug und im Idealfall sogar weise sind, zu befragen? Was denken diese Menschen, die in der Öffentlichkeit keine Stimme haben, tatsächlich? Was würden sie uns raten – und wie würden sie handeln? Stünde nicht eine solche qualifizierte Beratung in Sachen Weisheit der Beratung in Sachen Finanzen in nichts nach? Wäre sie nicht vielleicht sogar wichtiger und weitreichender, nicht zuletzt, weil sie auf eine andere Weise auch die Welt der Finanzen berührt? Genau von diesen Überlegungen ging die Idee eines Weisenrates aus, von der in der *Süddeutschen Zeitung* und anderen die Rede war.

Dieser Weisenrat sollte sich in gewisser Weise zumindest in der Begrifflichkeit an die Konstruktion des sogenannten »Wirtschaftsweisenrates« anlehnen. Zwar ist klar, dass die Wirtschaftsweisen nicht wirklich im Sinne der traditionellen Weisheitstraditionen weise Menschen sind. Doch sie sind mit guten Fachleuten besetzt, die zumindest eines machen, was der Aufgabe und Wirkung von Weisheit nahekommt: Sie greifen Probleme auf, die dringlich sind und gelöst werden müssen, tatsächlich aber nicht behandelt und ignoriert werden. Die offizielle Bezeichnung dieses Gremiums der Wirtschaftsweisen, das 1963 eingesetzt wurde, lautete ursprünglich »Sachverständigenrat zur Begutachtung der gesamtwirtschaftlichen Entwicklung«. Berufen werden die fünf Mitglieder, die sogenannten Wirtschaftsweisen, nach Vorschlag der Bundesregierung jeweils für die Dauer von fünf Jahren vom Bundespräsidenten. Warum also nicht auch ein Weisenrat in Sachen Kultur, in Sachen seelische und mentale Verfassung des Landes?

Die Idee für einen solchen Weisenrat entstand im Frühjahr 2004. Die Diskussion um die Wahl für das Amt des Bundespräsidenten war damals ebenso wie 2008 in vollem Gange. In den Jahren der Bundespräsidentenwahl bietet sich die Gelegenheit, auch zwischen den Parteien und politischen Ideen stehende Themen und sogenannte »Metathemen« zu Gehör zu bringen. Immer wieder gab es 2004 Diskussionen über die Ausrichtung des Staates, über Leitkultur, Integration, über Gewalt oder das Verhältnis von Wirtschaft, Gesellschaft und Moral. Solche Diskussionen, wenn sie ernsthaft geführt werden und nicht nur der eigenen oder parteilichen Profilierung dienen, sind keineswegs politischer Alltag. Ein herausragendes Beispiel für eine solche Diskussion, die bis heute nachwirkt, war die der Ethikkommission über die Stammzellenforschung. Auf einmal waren Aspekte des Lebens auf die politische Bühne gelangt, die sonst ein Dasein im Keller fristen. Und in diesem Frühjahr 2004 entstand auch die Idee eines Weisenrates, die eine gemeinsame Idee der Kulturstaatsministerin Christina Weiss, ihrer Berater und Referenten – allen voran Ingolf Kern –, weiterer Ideengeber aus dem Bundeskanzleramt, aber auch aus dem Bundespräsidialamt war. Überraschend schnell herrschte Einigkeit darüber, dass diese Idee nicht nur ein notwendiger

Schritt zur Verbesserung unserer gesellschaftlichen Situation wäre, sondern auch eines Bundespräsidenten in höchster Weise würdig ist. Mehr noch: Ein solcher Weisenrat, der keine Parteipolitik, sondern eine andere Form von Wohl und Würde im Auge hat, braucht den Bundespräsidenten unbedingt. Es ging ja nicht darum, eine philosophische Fakultät zu adeln. Vielmehr sollte die Idee aus dem unzweifelbar gegebenen Sachverstand so verschiedener geistiger Väter und Mütter entstehen, wie sie etwa im Orden Pour le Mérite vertreten sind, um ihr dann durch die Stimme des Bundespräsidenten zumindest Gehör zu garantieren. Denn nur die Person und das Amt des Bundespräsidenten und die Beratung anerkannter, über allen Zweifeln der Parteiinteressen stehender Menschen kann der politischen Verfahrensordnung etwas entgegenhalten, das sie selbst kaum abzubilden und damit umzusetzen in der Lage war und ist. Das größte Problem einer solchen Idee, die sich nicht unmittelbar durch bereits gegebene politische Verfahren abbilden lässt, besteht darin, den Vorschlag (in diesem Fall eines Weisenrates) in ein politisch realisierbares Verfahren zu überführen.[6]

Im November 2004 lag der Entwurf für eine entsprechende Satzung eines Weisenrates vor. Eine zentrale Struktur, die sich in den Diskussionen bald herausgeschält hatte, war, die Mitglieder des Rates statt vom Parlament wie bei den Wirtschaftsweisen vom Bundespräsidenten vorschlagen und berufen zu lassen, um die politische Unabhängigkeit des Rates zu sichern. Nur wenige Tage nachdem der Amtswechsel von Johannes Rau zu Horst Köhler erfolgt war – Köhler wurde damals mit 602 Stimmen gewählt; seine Gegenkandidatin Gesine Schwan erhielt 589 Stimmen –, unterbreitete Kulturstaatsministerin Christina Weiss dem neuen Bundespräsidenten den Vorschlag.

Die grundsätzliche Skepsis, die einem solchen Weisenrat nicht nur von Seiten der Politiker entgegengebracht wird, hat vielfältige Gründe. Weisheit, so lautet zumeist das gängige Vorurteil, sei unverbesserlich esoterisch und daher keinesfalls geeignet, im öffentlichen Diskurs oder gar in der Politik eine ernsthafte Rolle zu spielen. Genau das Gegenteil ist jedoch der Fall. Die Frage, die es zu beantworten gilt, lautete daher, wie Weisheit einem Politiker oder einer Partei tatsächlich von Nutzen sein könnte. Wie können Menschen, die wir für weise halten, auch dem Staat dienen? Der Verdacht, dass Weisheit eine völlig überschätzte philosophische Erfindung und eine Arbeitsbeschaffungsmaßnahme für abgelegte Geisteswissenschaftler ist, steht in unserer Gesellschaft klar und deutlich im Raum. Auf diese Frage muss man antworten. Ist Weisheit eine Un- oder Nicht-Kategorie, etwas, das im »wirklichen Leben« unbrauchbar und daher erst recht im politischen Bereich überflüssig ist? Richtig ist, dass Weisheit in keiner Weise ins politische Tagesgeschäft passt. Auch für Wirtschaft, Verwaltung, Innenpolitik, ja selbst für Kultur und Bildung scheint Weisheit kaum etwas abzuwerfen.

Das Buch, das Sie gerade lesen, wird Ihnen hoffentlich zeigen können, dass Weisheit zwar vieles, aber gerade all dies nicht ist. Weisheit ist nichts Esoterisches, Unbrauchbares, Alltagsfernes. Im Gegenteil: Weisheit ermöglicht uns wie kaum sonst eine andere Fähigkeit, einen realistischen Umgang mit der Komplexität des Lebens in all seiner Vielfalt zu finden. Seltsamerweise erscheint gerade dieser Realismus – der mit einer grundsätzlichen Grenze unseres Erkennens zu tun hat – unrealistisch. Man könnte es so formulieren: Mag sein, dass die Idee, dass es weise Menschen gibt, tröstlich ist. Doch man sollte es lieber bei der Idee belassen, statt diese Menschen aufzusuchen oder ihnen eine Stimme zu geben. Denn das könnte dazu führen, dass wir in entscheidenden Dingen lernen müssten umzudenken.

### Vom Verschwinden der Weisheit

Es scheint also, als mache Weisheit die Dinge kaum einfacher, sondern eher schwerer. Umzudenken erfordert Selbstkritik, Wille zur Verbesserung und Kraft. Es ist dem bis heute wirksamen geistigen Erbe der griechischen Philosophen und einer seit über zwei Jahrhunderten auch im Westen wachsenden Verbreitung des Buddhismus zu verdanken, dass überhaupt noch von Weisheit gesprochen wird. Allein Namen wie Plato oder Buddha halten zumindest eine vage intuitive Vorstellung von Weisheit wach, die im Alltag kaum noch lebendig ist. »Vom Weisen und seiner Weisheit traut sich kaum noch einer zu reden in den Post-PISA-Jahren«, hieß es in dem eben zitierten Artikel der *Süddeutschen Zeitung*. Was mit Weisheit verbunden wird, ist vage und deutet in den Bereich der Esoterik. »Nicht von dieser Welt«, überspannt, vergeistigt, ohne großen Realitätssinn, kurz: eine brotlose Kunst. Das sind heutige Assoziationen des Wortes. Weisheit ist zu einem Fremdwort in der deutschen Sprache geworden. Ich vermute, dass auch Sie in den letzten Monaten, vielleicht sogar Jahren, den Begriff »Weisheit« weder in einer politischen Diskussion noch bei einer kulturellen Debatte von Relevanz und erst recht nicht in den Medien, in Politrunden oder Talkshows gehört haben. Gerade die Medien haben eine stark meinungsbildende Wirkung. Was in ihnen nicht vorkommt, existiert für viele Menschen nicht mehr. Dass Weisheit faktisch keine Rolle mehr spielt, verstärkt den Eindruck der Bedeutungslosigkeit einer Weisheitspraxis, die etwa als *Vita contemplativa* einst die *Vita activa* und damit auch das politische Handeln ganz selbstverständlich ergänzte. Gegenwärtig dominiert eine von der Weisheit völlig unberührte, gänzlich anderen Kriterien verpflichtete »Ökonomie der Aufmerksamkeit«. Georg Franck, der kein Philosoph im klassischen Sinne ist, sondern Professor für digitale Methoden in Architektur und Raumplanung, prägte diesen Begriff. Er bezeichnet damit die immer weiter fortschreitende Entwicklung, in erster Linie ökonomische Modelle und Begriffe zu verwenden, um uns die Wirklichkeit zu erschließen. Diese Modelle legen sich über die kulturellen, politischen, gesellschaftlichen und künstlerischen Prozesse und dringen schließlich bis in unser Privatleben vor. Die Schulung der Aufmerksamkeit, die im Buddhismus etwa der Selbsterkenntnis und Kontemplation dient, gerät in unserer Gegenwart zu einem ganz anders gearteten ›Investment‹ von Lebenszeit und Konzentration. Denn die entscheidende Frage lautet heute, wem wir auf dem knappen Markt unserer Lebensressourcen optimal unsere Zeit verkaufen können (wie im Beruf) oder, seltener geworden, schenken (wie in der Freundschaft). Der Kampf um Aufmerksamkeit als entscheidender Faktor unseres Lebens hat sämtliche Bereiche der Gesellschaft erfasst und spielt längst eine größere Rolle als der um Geld. Was diese politisch und wirtschaftlich dominierte

Ökonomie des Geistes für Auswirkungen hat, beschreibt Franck in seinem Buch *Mentaler Kapitalismus*. Beispielsweise erfasst sie auch den Begriff der geistigen oder künstlerischen Arbeit. Was in gewisser Weise eine immaterielle Qualität hat – eben die Immaterialität einer »Arbeit am eigenen Leben« –, wird zunehmend wie eine Ware betrachtet. Man kann diese innere Arbeit kopieren (indem man Kurse besucht oder seine Wohnung durch Feng-Shui-Experten »innerlicher« macht). Und man kann sie im Sinne einer Ökonomie der Ware gegen andere Arbeit austauschen oder sie einfach konsumieren oder sogar simulieren.

Die oben skizzierte Entwicklung ist nicht zuletzt der Tatsache geschuldet, dass die Wissenschaften und mit ihnen die Kultur längst die Perspektive der dritten Person für verbindlich erklärt haben. Was sich in einem Gehirn von außen messbar ereignet, wird für wichtiger erachtet als die interne Beschreibung ebendieses Zustands. Damit ist die »Dritte Person-Perspektive« an die Stelle des Behaviorismus getreten, der vor mehr als zwanzig Jahren eine ähnliche Funktion erfüllte, indem er einen scheinbar objektiven Blick auf das Verhalten zuließ, gleich was sich in der inneren Blackbox abspielte. Zwar ist es nach wie vor möglich, von sich, vom *Ich* zu sprechen. Vor allem die Werbung benutzt den Begriff des Individuellen nach wie vor in einem emphatischen Sinn, wenn es beispielsweise darum geht, uns Accessoires zu verkaufen, die – obwohl sie Massenware sind – versprechen, das Ich unverwechselbar zu machen. In gewisser Weise wird das Individuelle durch einen Massengeschmack festgelegt – der seinerseits auf materielle Prozesse reduziert wird. In gewisser Weise ist es daher» verboten, die Rede von Intentionen und Emotionen, von Ideen und Erlebnissen im ontologischen Sinn wörtlich zu nehmen«, so Franck.[7] Aber die Sehnsucht nach der Rolle des Seelenlebens ist nur dann annehmbar, wenn sie für bare Münze genommen wird. Das Problem des mentalen Kapitalismus, das Franck beschreibt, steht in Zusammenhang mit den seltsamen Phänomenen des Augenblicks, des Gegenwärtigen und der Präsenz, von der die Natur- und zunehmend auch die Kulturwissenschaften absehen, weil sie nicht definiert oder nur schwer definierbar sind. Daran ist nicht zuletzt eine Übermacht der naturwissenschaftlichen Lebensdeutung schuld. Das Leben wird in der Metapher der Physik, eines Computers oder bestenfalls biologischen Systems gesehen. Ein Jetzt gibt es im strengen Sinne der Physik nicht – ebenso wenig wie es im strengen Sinne Zeit gibt. Zeit vergeht auch nicht. »In der Physik kommt keine Existenz vor, deren Intensität durch Tempora moduliert wäre, wie sie die Grammatik kennt. In der physikalischen Raumzeit existieren die Zustände des Universums, die wir subjektiv als Sequenz erleben, in existentiell ununterscheidbarer Weise nebeneinander.«[8] Tatsächlich ist in einem Einsteinschen Universum, in dem sich Gegenstände oder Personen relativ zueinander bewegen, eine Gleichzeitigkeit des »Jetzt«, der Präsenz, nicht mehr möglich. Es gibt kein objektives Jetzt. »Das Jetzt und der spontane Wechsel seiner Positionen entlang der Achse der Zeit gelten als Phänomene, die zwar subjektiv erlebt werden, denen außer ihnen aber nichts Wirkliches entspricht.« Dass es Menschen gibt, die auf die Präsenz und damit ihren eigenen, subjektiven Modus des Existierens pochen, bringt die Wissenschaft in arge Verlegenheit. Die Einheit von subjektivem Erleben und objektiver Zeit, d.h. der Einfluss unseres Ich, das uns sagt, dass nicht nur die Zeit, sondern auch unser Leben vergeht und endet: Das ist das Problem, das uns zu schaffen macht, obwohl es uns bei rein wissenschaftlicher Betrachtung gar nicht beschäftigen dürfte. Und genau das hat Weisheit zum Thema, die stets die Gegenwart, das Leben in diesem einen unwiederholbaren Augenblick betont. Weisheit legt zudem Wert auf ein »Wir«, in dem lauter subjektiv erlebte Zeitzustände und Wirklichkeiten, ihrer scheinbar unüberbrückbaren Distanz zum Trotz, synchronisiert und zusammengebracht werden. Denn Franck stellt zu Recht fest, »daß die mentale Präsenz nur in der Perspektive der ersten Person existiert, heißt doch, daß die Erlebnissphären voneinander isoliert sind. Wir haben effektiv keinen Zugang zum fremden Bewußtsein, wir können nur indirekt über physische Reize kommunizieren.« Wie also entsteht ein solches Wir? Und wie, zuvor noch, wirkliche Ichs? Die schnell gefundene Antwort, dass nämlich auch der Augenblick und sein Erleben nichts anderes sind als ein Prozess der Informationsverarbeitung in unserem Nervensystem und dem hochkomplexen Organ Gehirn, ist bei näherem Hinsehen keine wirkliche Erklärung. Sie bleibt, wie Franck sagt, »in einem radikalen Sinn unvollständig«, eben im wörtlichen Sinn sinnlos – auch wenn wir noch so gerne die erprobten Konzepte insbesondere der physikalischen Realität auf die Kultur und unser Innenleben übertragen. »Sie bleibt unvollständig, solange nicht auch erklärt wird, warum das Gehirn, statt nur Information zu verarbeiten, auch mentale Präsenz und bewußtes Erleben herstellt.«[9] Es bleibt dabei, dass das Mentale eine eigene Wirklichkeit ist und zu sein beansprucht. Die Frage, warum die äußere Beschreibung des Menschen samt seines Gehirns – sollte sie eines Tages vollständig sein – so wenig zur Deckung gebracht werden kann mit der inneren Wahrnehmung der Welt (in der philosophischen Fachterminologie ist dies das Qualia-Problem: Die Frage, wie sich etwas und insbesondere mentale Zustände auf eine bestimmte Weise anfühlen) ist eines der großen ungelösten Probleme der Bewusstseinsphilosophie und der Neurowissenschaften. Klar ist, dass sich der faule Ausweg in eine unscharfe, beliebige Begrifflichkeit und Rede von Gegenwart und Subjektivität verbietet. Philosophen, aber auch Schriftsteller wie Marcel Proust haben demgegenüber versucht, in ihren Beschreibungen so exakt wie nur möglich zu sein und das Verschwinden der Zeit ebenso wie die noch nicht gegenwärtige Zukunft sprachlich einzufangen, ohne sich in scheinbar zeitlose Objektivität zu flüchten. Heidegger hat in diesem Zusammenhang von »Seinsvergessenheit« gesprochen. Er meinte damit genau jenen schwer zu beschreibenden Unterschied, der zwischen einer Beschreibung des Daseins (etwa eines biologischen Organismus) und dem *Da*sein, seiner Präsenz besteht. Jeder von uns kennt das: Unser Dasein ändert sich – und unser Gefühl zu sein dauert an. Der Sache nach besteht Heideggers Seinsvergessenheit weiter – auch wenn der Begriff antiquiert wirkt. Denn nach wie vor geht es in unserem Leben um den Sinn von Sein. Zwar mag diese Frage nach diesem »Sinn des Seins« die universalste und damit leerste sein. »In ihr liegt aber zugleich die Möglichkeit ihrer eigenen schärfsten Vereinzelung auf das jeweilige Dasein«, d.h. die Existenz eines jeden einzelnen Menschen, vor die er und kein anderer gestellt ist und um die er sich bis in die Todesangst hinein sorgt.[10] Der Schriftsteller, Philosoph und Religions- und Weisheitsexperte Ken Wilber, Gründer des *Integral Institute*, wies darauf hin, dass nicht erst die Moderne die Idee der Subjektivität ›verboten‹ und sie gleichsam mit einem Tabu umgeben hat. Auch die Postmoderne, die von der kulturellen Bedingtheit jeder Subjektivität ausging und zunächst fälschlich mit einem platten Relativismus (d.h. der Gleich-Gültigkeit all dieser Subjektivitäten) verwechselt wurde, hat ihrerseits zu einem Tabu der »intersubjektiven« Faktoren beigetragen. Die konfessionellen Kirchen haben dieses Tabu noch verstärkt, indem sie tendenziell fundamentalistisch reagierten. Ein schwarzes Schaf war und ist ebenjener, der seine eigene Richtung sucht und findet: Wer protestantisch ist, sich aber auch in Zen-Meditation übt oder wer ein orthodoxer Muslim ist und nebenbei Yoga praktiziert. Damit werden nicht nur die traditionellen Wege zur Weisheit wie Kontemplation oder Meditation innerhalb der eigenen Traditionen versperrt, sondern auch die Wege zu anderen Traditionen. Wer hier »mischt«, handelt in den Augen der Kirchen zu relativistisch oder intersubjektivistisch. Erst ein methodologischer Pluralismus verspricht, mit diesem höchst komplexen Problem überhaupt umgehen zu können.[11] Faktisch aber haben derzeit Naturwissenschaft und postmoderne Tendenzen in Philosophie und Kulturwissenschaft ein Sprechen über Weisheit und Weisheitspraktiken nahezu unmöglich gemacht. Während die Positivisten noch an die Möglichkeit glaubten, alle Empfindung empirisch untersuchen zu können, bestreiten die Postmodernisten selbst die »Existenz des Gegebenen« als Mythos. Keine Erfahrung sei einfach nur eine Erfahrung, lautet das Argument. Vielmehr ist jede Erfahrung stets abhängig von einer manchmal tatsächlich auf den ersten Blick ›unsichtbaren‹ Einbettung in eine Epoche, eine Sprache, eine Kultur, in Wertvorstellungen, Überzeugungen oder Handlungsweisen. Kurz: Das Gegebene hängt ab von seinem Kontext. Ein reines Gegebenes gibt es nicht. Für den postmodernen Denker machen Streiter gegen die Wissenschaft – darunter auch manche Vertreter der Weisheitstraditionen – häufig den Fehler, ebendiese Intersubjektivität allen Wissens zu verdrängen, und argumentieren selber von einer absoluten, »evidenten« Perspektive aus. Doch weder eine wissenschaftliche noch eine subjektive Tatsache existieren ohne einen weit verzweigten Zusammenhang, in den sie eingebettet sind. Das Ergebnis dieser Fehlentwicklung war, so Wilber, der Tod aller Weisheitsstudien in der akademischen Welt des Westens.

Für den Moment bleibt festzuhalten, dass das Verschwinden des Wortes »Weisheit« aus der öffentlichen Wahrnehmung zunächst keineswegs bedeuten muss, dass damit auch die Sache selbst obsolet geworden und verschwunden ist. Doch wie lassen sich die Ursachen für das Verschwinden der Weisheit aus der öffentlichen Wahrnehmung verstehen? Und wie ist ihr Rückzug selbst aus dem religiösen Diskurs zu werten? Hängt all das damit zusammen, dass im Kontext der weltweiten Fundamentalismusdiskussion auch Religionen zunehmend Wert darauf legen müssen, zuallererst rational und damit ›wissenschaftskompatibel‹ zu erscheinen? Und was bedeutet das für die Weisheit – insbesondere im Zusammenhang mit einer politischen Debatte, auf die die Rede von einer »Rückkehr der Weisen« verweist?

## Weisheit und Politik: Platon über Könige, Weise und Arbeiter

Für Platon, der einen Zusammenhang zwischen Weisheit und Gesellschaft bzw. Politik sah, hatte Weisheit entscheidend mit der Sorge um die Seele zu tun, die Seele des Einzelnen, aber auch die einer Gemeinschaft. Die Philosophen, jene »Freunde der Weisheit«, sollten diese Seele ergründen und mit ihr die Idee des Guten – dessen, was Leben wirklich mehrt und trägt und am Ende im besten Fall sogar glücken lässt. Aus dieser Erkenntnis des Guten gehen bei Platon die sogenannten *Aretai* (gr. ἀρετή) hervor, die Urbilder oder Ideen, die die Seele bestimmen. Arete meint die Qualität oder Eigenschaft des Hervorragenden. Sofern etwas existiert, kann es prinzipiell über diese Qualität verfügen. Damit kann Arete nicht nur Menschen und anderen Lebewesen, sondern auch Dingen zugesprochen werden. Sokrates – der keine Schriften hinterließ und dessen Lehren durch die Schriften seines Schülers Platon überliefert sind – verwendet das Wort zuweilen aber auch im Sinne unseres heutigen Wortes »Tugend«. Die Arete, die die Seele ausmacht und damit das Wohl des Menschen bestimmt, gliedert sich nach Platon in vier Kardinaltugenden (von lat. *Cardo*, Türangel, Dreh- und Angelpunkt): Die Weisheit (*sophia*, gr. Σοφία), die Tapferkeit (*andreia*, gr. Ανδρεια), das Maßhalten bzw. die

Besonnenheit (*sôphrosynê*, gr. Σωδροσύνη) und die Gerechtigkeit (dikaio-synê, gr. Δικαιοσύνη). Für Aristoteles kam zu den Tugenden noch etwas Entscheidendes hinzu: die Klugheit, die ein ›gutes Leben‹ will. Und dieses gute Leben ist stets in der Mitte zu finden. So ist die Tugend der Tapferkeit die goldene Mitte zwischen zwei Extremen, den Lastern der Tollkühnheit und der Feigheit. Die Klugheit liegt im Vermögen, diese Mitte zu finden. Weisheit ist demnach nicht nur das Aufspüren der Mitte, sondern zugleich auch das angemessene Handeln aus dieser Mitte heraus. Wie aber lässt sich das auf Staat und Politik übertragen?

Für Platon ist Weisheit mit beidem eng verbunden. Obwohl sein Werk zu den Grundpfeilern der abendländischen Kultur gehört, könnte man Platons Vorstellungen bei genauem Hinsehen heute als darwinistisch bzw. sozialdarwinistisch diskreditieren. Was Plato meint, schildert er im fünften Buch seiner Schrift *Der Staat* (*Politeia*), die 370 v. Chr. entstand. Seine utopische Gesellschaft ist im Wesentlichen in drei Klassen unterteilt: den Handwerker- und Bauernstand, den Stand der Wächter und den der Regenten bzw. Philosophen. Jeden dieser Stände zeichnen besondere Tugenden aus, die jeweils miteinander in Harmonie gebracht werden müssen. Wer welchem Stand angehört, das entscheidet sich erst aufgrund individueller Leistung, nicht aber durch Vererbung. Damit das Miteinander fair und gerecht vonstatten geht und der Zugang zur Bildung nicht vom Einkommen oder sozialen Ansehen abhängt, werden die Neugeborenen den Eltern abgenommen und völlig gleichberechtigt erzogen. Für ihr Wohl wird gesorgt, Säuglinge werden gestillt und gepflegt, was in Platons Worten »den Frauen das Kinderbekommen gar leicht macht«. Allerdings können, wie in Sparta, Kinder, die nicht aus ›legalen‹ Beziehungen erwachsen sind, sofort getötet werden. Plato hat zudem sehr rigide Vorstellungen beispielsweise davon, wie alt ein Vater zu sein hat, um ein Kind zu zeugen (»wo er des Laufes schärfste Höhe hinter sich hat, bis zu seinem fünfundfünfzigsten Jahre«) und wie alt eine Mutter (»Beim Weibe vom zwanzigsten bis zum vierzigsten, um für den Staat zu gebären«). Kinder, die nicht von solchen idealen Eltern gezeugt und in geordnete Verhältnisse hineingeboren werden, bei denen man also nicht weiß, von wem sie abstammen, können als »nichttaugliche« Kinder getötet werden.

Dennoch kennt auch das Stufensystem Platons eine gewisse Durchlässigkeit. Wer aus dem Bildungssystem frühzeitig ausscheidet – auf unsere Verhältnisse übertragen: wer kein Abitur macht oder keine Fachhochschulreife erlangt –, wird Bauer oder Handwerker. Angehörige dieses Standes, die eine gewisse Begabung an den Tag legen, können allerdings weiter in die oberen Klassen aufsteigen, etwa in die der »Wächter«, deren Aufgabe die Verteidigung des Staates nach innen (entsprechend der Gesetze) und nach außen ist. Die Tüchtigsten unter diesen wiederum werden in die Klasse der Herrschenden aufgenommen. Sie müssen allerdings, um zu den Regierenden zu gehören, nicht nur sportlich fit sein (d.h. exzessiv Gymnastik betreiben), sondern auch Mathematik, Geometrie, Messkunde und Naturwissenschaften erlernen sowie künstlerisch, insbesondere in der Musik als »Wissenschaft der Harmonie«, geschult sein. Die Herrschenden soll in erster Linie die Liebe zur Weisheit auszeichnen, die sie erst zu wahren Philosophen macht. »Werden wir nun diese alle und andere, die nach etwas dieser Art lernbegierig sind, und die, welche es in Bezug auf die kleinen Künste sind, Weisheitsfreunde nennen?«, fragt Platon und gibt gleich die Antwort: »Keineswegs, sondern Weisheitsfreunden ähnlich. Welche nennst du aber die wahren? Diejenigen, erwiderte ich, welche die Wahrheit zu schauen begierig sind.«[12]

Diese Einsicht in die Wahrheit darf jedoch nicht verwechselt werden mit der Haltung eines heutigen Wissenschaftlers oder Intellektuellen. Wahrheitssucher zeichnet eine andere Qualität aus: menschliche Veränderung. Im siebten Buch der *Politeia* beschreibt Platon mit dem berühmten Höhlengleichnis, wie diejenigen, die Weisheit und mit ihr Wahrheit suchen, zu wirklichen Menschen werden, indem die Erziehung zu einer »Umlenkung der Seele« führt und damit zu einer entscheidenden Veränderung, einer buchstäblichen Erleuchtung. Nur wer die Scheinhaftigkeit erkennt, wird aus der Welt der Schatten, der Höhlenwelt, hinaustreten in die wahre Welt, ins Sonnenlicht (die Welt des Seins, wie Platon sagt), das nun die Dinge erleuchtet und sie zeigt, wie sie sind. »Meinung hat mit dem Werden zu tun«, sagt Platon, »Erkenntnis aber mit dem Sein; und wie sich Sein und Werden verhält, so Erkenntnis zur Meinung, und wie Erkenntnis zur Meinung, so Wissenschaft zum Glauben und Verständnis zur Wahrscheinlichkeit.« Ein Standpunkt, der dem heutigen, von den Naturwissenschaften dominierten Verständnis gar nicht unähnlich ist. Für Platon kommt es darauf an, »wer Augen und die andern Sinne fahren lassend auf das Seiende selbst und die Wahrheit loszugehen vermag«. Zunächst, sagt Platon, blendet das grelle Licht der Wahrheit – man muss die Menschen buchstäblich aus der Höhle zerren, an der sie hängen. Wer ans Licht kommt, kann zunächst »nicht das Geringste sehen von dem, was ihm nun für das Wahre gegeben wird. Zuletzt aber, denke ich, wird er auch die Sonne selbst, nicht Bilder von ihr im Wasser oder anderwärts, sondern sie als sie selbst an ihrer eigenen Stelle anzusehen und zu betrachten imstande sein.« Wer aus der Gefangenschaft im Reich der Schatten und des Scheins ans Sonnenlicht gelangt und von ihm erleuchtet ist, der wird die Weisheit preisen. Ein solcher Weiser würde allerdings, wenn er in die Welt der Schatten wieder eintaucht, zunächst vor lauter Dunkelheit wieder nichts sehen können.

> *Und wenn er wieder in der Begutachtung jener Schatten wetteifern sollte mit denen, die immer dort gefangen gewesen, während es ihm noch vor den Augen flimmert, ehe er sie wieder dazu einrichtet, und das möchte keine kleine Zeit seines Aufenthalts dauern, würde man ihn nicht auslachen und von ihm sagen, er sei mit verdorbenen Augen von oben zurückgekommen und es lohne nicht, daß man auch nur versuche hinaufzukommen; sondern man müsse jeden, der sie lösen und hinaufbringen wollte, wenn man seiner nur habhaft werden und ihn umbringen könnte, auch wirklich umbringen?«[13]*

Nicht nur der biblische Prophet, auch der Weise und der Philosoph gelten nicht viel im eigenen Land. Sie laufen Gefahr, bei ihrer Rückkehr umgebracht zu werden – gerade weil sie verändert und »erleuchtet« sind.

Und doch sind es genau diese Weisen, die für Platon entscheidende Bedeutung beim Aufbau des Staates haben sollen. Im fünften Buch schreibt er:

»Wofern nicht, begann ich, entweder die Philosophen Könige werden in den Staaten, oder die, welche jetzt Könige und Herrscher heißen, echte und gründliche Philosophen werden, und dieses beides in einem zusammenfällt. Macht im Staate und Philosophie, den meisten Naturen aber unter den jetzigen, die sich einem von beiden ausschließlich zuwenden, der Zugang mit Gewalt verschlossen wird, gibt es, mein lieber Glaukon, keine Erlösung vom Übel für die Staaten, ich glaube aber auch nicht für die Menschheit, noch auch wird diese Verfassung, wie wir sie eben dargestellt haben, je früher zur Möglichkeit werden und das Sonnenlicht erblicken. Aber das ist es, was ich schon lange auszusprechen Bedenken trage, weil ich sehe, wie sehr es der gewöhnlichen Ansicht zuwiderläuft; denn es ist schwer zu begreifen, daß keine andere glücklich sein kann, weder im einzelnen noch im ganzen.«*

Die Philosophenherrschaft ist das Ideal in Platons Staatsphilosophie, obgleich er später manches korrigiert. Angebliche Weisheit und Tyrannei liegen, wie die Geschichte zeigt, eben doch zu dicht beieinander. Allerdings sollte man berücksichtigen, dass Tyrannen dieser Art weit davon entfernt sind, jene Schulung und Erziehung genossen zu haben, die sie erst zu Weisen machen würde. Ebenso wenig wie ›normale‹ Politiker, die eine solche Schulung ebenfalls nicht durchlaufen haben. Ihnen bleibt nur ein Motto des Apostels Paulus, das Horst Köhler gerne zitiert: »Prüfet alles – und behaltet das Gute.« Köhler prüfte zu Beginn seiner Amtszeit 2004 das Projekt des Kultur-Weisenrats. Er lehnte ab. Der Bundespräsident, dem als studiertem Politikwissenschaftler, Diplom-Volkswirt und geschäftsführendem Direktor des nicht unumstrittenen Internationalen Währungsfonds der Ruf eines CDU-nahen Wirtschaftsmannes vorausging, hatte eine andere Idee: Er bot »konzeptionelle und intellektuellgeistige Führung an«. »Der Bundespräsident kann sich nicht verstecken, wenn es darum geht, aus der Vielfalt von Meinungen, Vorschlägen und Forderungen herauszuarbeiten, was letztlich dem Wohl des Volkes dient.« Seine Vision war es, Deutschland zu einem »Land der Ideen« zu machen. Denn, so Köhler, »es läuft etwas schief in diesem Land«. Bloß mit Weisheit, entschied er, habe das ganz und gar nichts zu tun.[14]

## »Land der Ideen« 1:
## Vom Bundespräsidenten und dem Nutzen als Idol der Zeit

Köhler hätte, wenn schon nicht mit Weisheit, dann doch mit einem ausdrücklichen Engagement für Kultur das nötige Gleichgewicht, eine Mitte zwischen Wirtschaft und Seele herstellen können. Tatsächlich hatte Köhler maßgeblich den Vertrag von Maastricht und nach der Wende den Abzug der Sowjetarmee ausgehandelt. Nun wollte er »verständlicherweise schnell weg vom Image des Verlegenheitskandidaten und Nur-Ökonomen« – was er vor allem mit Hilfe einer journalistischen Aufmerksamkeit schaffte, die »in der Geschichte dieses Amtes einmalig ist«. Nachdem *Bild* am 5. März 2004, als Köhlers Kandidatur offiziell bekannt wurde, getitelt hatte: »Horst ... WER?«, würdigte die Zeitung den Bundespräsidenten bereits 2006 als »Super-Horst«, der endlich allen die Leviten lese: den Bossen wie den Gewerkschaftlern, den Bürokraten wie den Parteipolitikern. *Bild*, *Der Spiegel*, *Die Zeit* und auch der *Stern* schafften es gemeinsam, aus Horst Köhler innerhalb von zwei Jahren zum Verdruss von Angela Merkel den beliebtesten Politiker Deutschlands zu machen. Und doch war sie selbst es, die, laut Heribert Prantl in der *Süddeutschen Zeitung*, Horst Köhler »in rücksichtsloser und zynischer Manier ohne Rücksicht auf menschlichen Anstand gegenüber Wolfgang Schäuble« durchgesetzt hatte. Moralischer Fragen ungeachtet gilt die Wahl des Bundespräsidenten vielen Beobachtern als eine der politischen Großtaten Angela Merkels. Die Einsetzung in ein Amt, das über allen anderen steht, entscheidend mitbestimmt zu haben ist nicht nur ein strategischer Vorteil, sondern birgt auch ungeheures symbolisches Kapital – und eine gewisse Verpflichtung der Person gegenüber, der man zum Amt verholfen hat. Die Wahl eines Bundespräsidenten ist stets auch eine Machtprobe der Parteien und der Politiker. Wie der Präsident dieses Amt schließlich in den Augen der Öffentlichkeit ausfüllt, hängt jedoch nicht alleine vom Urteil der Meinungsmacher ab. Der Philosoph Jürgen Habermas fühlte sich durch die Umstände verpflichtet, genau diese Zusammenhänge in einem Essay zu monieren.[15] Gezerre gebe es verständlicherweise um die Wahl des Bundespräsidenten immer. Denn trotz beschränkter Kompetenzen im Amt verfüge der Bundespräsident uneingeschränkt »über das symbolische Kapital, das seine Vorgänger angespart haben.« Und gerade »weil es darum geht, symbolisches Kapital zu nutzen, kommt es dabei mehr als sonst auf das persönliche Format des Amtsinhabers an.« Habermas zollt dem persönlichen Schicksal und der persönlichen Lebensleistung Köhlers ausdrücklich Respekt und Anerkennung. Und dennoch war das Schauspiel, das sich – von Köhler persönlich unverschuldet – um seine Wahl bot, ein Ersatzwahlkampf – und des Amtes eigentlich nicht würdig. Habermas' Urteil ist eindeutig:

> *»Nun könnte man denken, dass der Entschluss von Berufspolitikern, zwei ›Quereinsteigern‹ den Vortritt zu lassen, wenigstens einer verbreiteten Kritik am so genannten Parteienstaat entgegenkommt. Vielleicht kann man von Leuten, die nicht zur politischen Klasse gehören und in zivilen Berufen eine erfolgreiche Karriere gemacht haben, eine größere Unabhängigkeit des Urteils und des Handelns erwarten als von Politikern. Aber wer würde nicht beim Vergleich von Horst Köhler mit Geistern wie Heinemann oder Weizsäcker ins Grübeln geraten? Der Kandidat ließ eilfertig seine Präferenz für Frau Merkel als Bundeskanzlerin erkennen. Er verletzte in vorauseilendem Gehorsam das Neutralitätsgebot des angestrebten Amtes, als er in einer polarisierenden Grundsatzfrage wie der EU-Anwartschaft der Türkei auf Parteilinie einschwenkte. Auch mit seiner Kritik an der amerikanischen Irak-Politik, die sich ja nicht auf die völkerrechtswidrige Intervention, sondern auf die anschließenden Misserfolge bezog, ist der Kandidat nicht etwa aus dem CDU-Schatten herausgetreten.«*

Wie wenig politisch Horst Köhler im gesellschaftstheoretischen Sinn denkt, zeigen manche seiner Reden, auch wenn die ökonomistischen Anfangsreden bald durch eine abwägende Haltung angereichert wurden, vermittels derer es ihm gelang, die Entgrenzungen der Globalisierung hin zur Regellosigkeit anzuprangern, ohne damit zugleich den Kapitalismus per se in Frage zu stellen (so im *Spiegel*-Gespräch 2005).[16] Thomas Assheuer kommentierte in der *Zeit*, dass so ein Denken für den Zeitgeist typisch sei. Demnach steht Köhlers Denken »für das störungsfreie Funktionieren der Volkswirtschaft, und ihr einziges utopisches Element ist die Idee, dass Arbeit für alle überhaupt noch existiert.« Die »neoliberale Seelenmassage des Volkes in Talkshows mit Olaf Henkel« reicht eben nicht aus, wie auch Jürgen Habermas feststellt:

> *Ich verachte keineswegs das Rückgrat der Ökonomie gegenüber dem schöngeistigen Überbau und bin der Letzte, der Intellektuelle in öffentlichen Ämtern sehen möchte. Aber das dislozierte, an falscher Stelle angewendete wirtschaftliche Denken, das die nicht in Geld zu messenden Leistungen – ob nun in Psychiatrien und Kindergärten oder in Universitäten und Verlagen – den schlichten Maßstäben McKinseys unterwirft, ist zum gesellschaftlich wirksamen Kategorienfehler geworden. Der eigentliche Skandal besteht darin, dass die Westerwelles nun auch noch mit einem passend zurechtgestutzten Image des Bundespräsidenten für eine Politik werben möchten, die zentrale gesellschaftliche Bereiche einer Regulierung durch den Markt überlässt – und damit aus ihrer eigenen, demokratisch kontrollierten Verantwortung herausnimmt.*«

Tatsächlich ist es eine solche zeitgeistbedingt »an falscher Stelle angewendete wirtschaftliche« – und man darf hinzufügen: machtpolitische – Denkweise, die dazu verführt, die Idee eines Kulturweisenrates vorschnell abzulehnen. Ein Rat der Weisen, hieß es, stelle einen unguten politischen Zentralismus zur Schau. Dabei sollte er gerade kein Gremium der Namen und erst recht keines der Parteien und Institutionen sein. Unabhängig zu sein bedeutet in den Augen vieler Politiker bereits, zentralistisch zu denken (wohl in der heimlichen Befürchtung, dass dort, wo Macht nicht die erste Geige spielt, auch das wahre Zentrum einer besseren Politik sein könnte). Der Weisenrat hätte sich durch die Auswahl der Frauen und Männer definiert, die diesem Gremium angehören sollten, und durch seine unabhängige Beratungskompetenz. Geplant war, dass sich auch der Kulturweisenrat ähnlich den sogenannten Wirtschaftsweisen mit der »gesamtdeutschen Entwicklung« befassen sollte, aber nicht die wirtschaftliche und politische, sondern die kulturelle, sozusagen ›seelische‹ und mentale Verfassung des Landes nachhaltig im Auge haben sollte. Die Idee war, Menschen zu finden, die in einer dem Gemeinwohl (repräsentiert durch den Bundespräsidenten, der den Rat einfordert) dienenden Weise beraten, statt mit autoritärem Gehabe und medienwirksamen Inszenierungen in Erscheinung zu treten. Pathetisch formuliert könnte man von einer Haltung der Demut sprechen – einer Haltung, wie sie für weise Menschen charakteristisch ist. »Paradoxerweise stärkt Demut den Charakter«, erläuterte der tibetische Mönch und Molekularbiologe Matthieu Ricard, ein enger Vertrauter des Dalai Lama, »Der demütige Mensch trifft seine Entscheidungen auf der Grundlage dessen, was er für richtig hält, und dabei bleibt er, ohne sich Gedanken über sein ›Image‹ oder die Meinung der anderen zu machen. In einem tibetischen Sprichwort heißt es: ›Äußerlich ist er sanft wie eine schnurrende Katze, innerlich unbeugsam wie der Nacken eines Yak‹ – eine Haltung, die nichts mit Sturheit, aber viel mit notwendiger Einsicht, mit Konsequenz und Unerschrockenheit zu tun hat.«[17]

So sollten auch die Gutachten oder Berichte des Weisenrates unabhängig sein von der Vielzahl regional geprägter und vor allem auch temporärer Überlegungen, Gutachten, Eingaben und Vorlagen. Was die Kulturweisen damit von anderen Gremien wohltuend unterschieden hätte, wäre ihre Fähigkeit gewesen, unabhängig von Politik auch über Politik laut nachzudenken mit dem Interesse einer umfassenden Betrachtungsweise, die auch so etwas wie die sogenannte Dritte Kultur ins allgemeine Bewusstsein zu heben sucht, eine Kultur, die die vermeintlichen Gegensätze von Geistes- und Naturwissenschaften, aber auch von Kunst und Forschung überwindet. Derartiges Denken unterscheidet das Modell des Kulturweisenrates grundlegend von der völlig anders konzipierten Arbeit der Enquêtekommission »Kultur in Deutschland«, die nach der Ablehnung des Kulturweisenrates im Jahr 2005 begründet wurde. Ihre Aufgabe bestand laut Auftrag lediglich darin, eine Bestandsaufnahme der »Infrastruktur, Kompetenzen und rechtlichen Rahmenbedingungen für Kunst und Kultur in Staat und Zivilgesellschaft« zu erarbeiten, über »die öffentliche und private Förderung und Finanzierung von Kunst und Kultur« nachzudenken und die Analyse der genauen »wirtschaftlichen und sozialen Lage der Künstlerinnen und Künstler« voranzutreiben. All das sind durchaus wichtige politische und wirtschaftliche Gesichtspunkte, die aber für die Arbeit des Kulturweisenrates nicht bestimmend gewesen wären. Die Ziele des Kulturweisenrates wären weiter gesteckt gewesen. Denn er sollte vielmehr all das im Auge behalten, was die beiden mächtigen Systeme Politik und Wirtschaft immer wieder außer Acht lassen. Denn gerade in der Kampfzone, im Niemandsland zwischen den Fronten, bleibt vieles liegen. Sicher haben Ökonomen ebenso wie Politiker ihre eigenen und auch berechtigten Themen. Und doch neigen sie dazu, aus ihrem jeweiligen Blickwinkel auf den stets defizitären Charakter des anderen hinzuweisen. Gründe dafür gibt es, auch jenseits persönlicher und struktureller Eitelkeiten, viele. Einer liegt in der notorischen Neigung wirtschaftlicher (und politischer) Systeme, eher kurzfristig zu denken und sich auf den schnellen Return on Investment zu konzentrieren. Fragen der Gerechtigkeit werden dabei gerne der Politik zugeschoben – die sie ihrerseits nur selten lösen und daher meist nur verwalten kann. Gerade das, was hier den Unterschied der Betrachtungsweisen ausmacht – der Blick auf Gerechtigkeit etwa –, erscheint aus der Binnensicht der jeweiligen Beteiligten kaum. Es ist der blinde Fleck, weil diese Themen, die »zwischen« die Fronten ins Niemandsland geraten, von niemandem richtig in den Fokus genommen werden. Es gibt für diese Themen keine klar geregelte Zuständigkeit. Im Sinne strenger Verwaltungsverfahren existieren sie daher nicht. Das, was wirklich von den verschiedenen Ressorts jeweils unterschieden ist – sich beispielsweise für einen Ökonomen eben nicht als wirtschaftliches Thema darstellt, obwohl es durchaus mit Wirtschaft zu tun hat wie etwa das Thema »Gerechtigkeit« –, verschwindet von der Bildfläche und aus der öffentlichen Diskussion. Diese Differenzen im Interesse der Bevölkerung zu benennen – was zugegebenermaßen eine extrem differenzierte Sicht der Dinge jenseits bestimmter Einzelinteressen erfordert – wäre eine der wesentlichen Aufgaben der Kulturweisen gewesen. Sie wären für das zuständig gewesen, für das es keine eigene Zuständigkeit gibt.

Auch die sogenannten Wirtschaftsweisen thematisieren im Idealfall präzise und von unabhängiger Warte aus einen solchen blinden Fleck im

Denken und Handeln der Politik – jedoch nur in Bezug auf die Wirtschaft und die mit ihr verbundenen Subsysteme. Zu benennen, was sich der Wahrnehmung beider Systeme und ihrer Binnenlogik entzieht, ist eine andere Aufgabe. Der Kulturweisenrat sollte im Idealfall präzise das zur Sprache bringen, was in den etablierten Systemen nur am Rande diskutiert wird, aber dennoch für Gesellschaft und Kultur – d.h. für unser Zusammenleben und unsere mentale Verfassung als Nation – durchaus entscheidend ist. Die Wirtschaftsweisen sind Fachleute für Wirtschaft. Am Ende bleibt auch für sie, wie Friedrich Schiller im zweiten seiner Briefe über die ästhetische Erziehung des Menschen schrieb,

»*der Nutzen das große Idol der Zeit, dem alle Kräfte fronen und alle Talente huldigen sollen. Auf dieser groben Waage hat das geistige Verdienst der Kunst kein Gewicht, und, aller Aufmunterung beraubt, verschwindet sie von dem lärmenden Markt des Jahrhunderts. Selbst der philosophische Untersuchungsgeist entreißt der Einbildungskraft eine Provinz nach der andern, und die Grenzen der Kunst verengen sich, je mehr die Wissenschaft ihre Schranken erweitert.*«

Ob die Wissenschaft oder auch die Wirtschaft nicht nur ihre Macht, sondern auch ihre Schranken tatsächlich zum Wohle aller erweitert, das sei dahingestellt. Faktisch beengen Zeitgebundenheit und rascher Wandel etwa in den Informationstechnologien den Rahmen nicht nur der Einbildungskraft, sondern auch der Handlungsmöglichkeiten, die unserer Kultur als System noch offenstehen.

Köhler nahm am 17. April 2005 anlässlich der Schillermatinée im Berliner Ensemble Bezug auf Schillers Kritik und seinen Gedanken der ästhetischen Erziehung. »Deutschland war einmal stolz darauf, eine ›Kulturnation‹ zu sein«, sagte Köhler.

»*Schiller gehört – mit seinem Freund Goethe – zu deren Begründern, aber auch so viele andere: Künstler, Philosophen, Schriftsteller, auch Naturwissenschaftler und Forscher. Irgendwann begann man, sich darüber lustig zu machen; das Wort vom Land der ›Dichter und Denker‹*

*wurde zunehmend ironisch gebraucht. Gibt es irgendeinen Grund, sich dessen zu schämen? Ich denke: nein. Wir sollten vielmehr diesen Begriff der Kulturnation neu prüfen. Wir sollten uns überlegen, wie wir ihn neu produktiv erschließen können. Ich glaube, er taugt noch etwas. Er kann uns einerseits an ein sehr kostbares Erbe erinnern. Vor allem aber kann er uns zu eigener Kreativität herausfordern. Vielleicht kann er uns auch aus einer selbstvergessenen Verschlafenheit aufwecken und uns eine Aufgabe vor Augen führen, der wir alle uns zu stellen haben.«*[18]

Der Weisenrat war für Köhler jedoch nicht Teil der Lösung dieser Aufgabe. Sein Widerstand dagegen hatte wohl zwei hauptsächliche Gründe: einen politischen und einen gedanklichen. Diese möchte ich kurz beleuchten.

Der politische Gedanke ist schnell benannt. Laut vorgeschlagener Satzung sollen die Kulturweisen »zur Unterstützung bei den kulturpolitisch verantwortlichen Gremien, Instanzen und Entscheidungsträgern in Bund, Ländern und Gemeinden wie auch in der Öffentlichkeit« Rat geben. Ihre Aufgabe ist es, »in Gutachten komplexe Analysen zur kulturellen Situation der Bundesrepublik Deutschland« zu erstellen und jährlich dem Bundespräsidenten zu übergeben, der das Gutachten dann »dem beim Bund für Kultur zuständigen Minister oder Staatsminister zuleitet, der es innerhalb von Wochen dem Bundeskabinett vorstellt. Nach Befassung des Bundeskabinetts wird das Gutachten den bei den Ländern für Kultur zuständigen Ressortministern zugeleitet.«

Das Ganze roch für Köhlers Umfeld vor allem in den Monaten unmittelbar nach seiner Amtsübernahme, die stark von der Bundeskanzlerin und der CDU dominiert wurden, verdächtig nach Zentralismus. So wird in dem Briefwechsel, den es damals gab, vom Bundespräsidialamt festgestellt: »Vor dem Hintergrund der gegenwärtigen Föderalismusdebatte, der gescheiterten Reform und der erheblichen Widerstände der Länder gegen das Gesetz ist nach Ansicht des Bundespräsidialamtes das Verhältnis zwischen Bund und Ländern derart gespannt, dass eine Initiative des Bundespräsidenten zum jetzigen Zeitpunkt nicht sinnvoll wäre.« Dieser »jetzige Zeitpunkt« dauert leider bis heute an. Das eigentlich

Erstaunliche ist weniger die Formulierung der Ablehnung, sondern der Anhang. Er zeichnet das Ergebnis einer telefonischen Meinungsumfrage bei den Kulturministern der Länder Nordrhein-Westfalen, Sachsen, Hamburg, Sachsen-Anhalt, Berlin, Brandenburg und Schleswig-Holstein nach, deren erstaunliches Ergebnis lautet: nur in einem Fall leichte Bedenken. Ansonsten Zustimmung. Und warum auch nicht? Schließlich ist das Ziel des Kulturweisenrates ja ein positives, ein Rat, der selbst keine Instanz politischer Macht darstellt. Im Gegenteil: Er fördert die Sache der Kultur, indem er Analyse und Arbeit an unserem geistigen, seelischen und intellektuellen Potential als Staat anbietet. Hinzu kommt, dass es nicht einfach darum gehen sollte, das (meist ohnehin vorhandene) Wissen der Parlamentarier zu speisen – und zusätzliche Informationen aus Gesprächen, Berichten, dem Internet, den Medien oder Fachtagungen aufzubereiten. Vielmehr sollte es um eine Frage gehen, die in gewisser Weise von Information unberührt bleibt und völlig »quer« dazu steht. Es geht um die Frage, was weise Menschen raten würden. Und darum, woher die Parlamentarier ihre Weisheit beziehen könnten. Oder brauchen sie sie gar nicht? Falls doch: Woher kommt sie dann? Fest steht, dass sie nicht einfach vom Himmel fällt und über Nacht da ist. Auch Weisheit braucht nicht nur ihre Zeit, sondern Übung und Training. Doch auf welchen Wegen gelangen politische Entscheidungsträger gleich welcher Ebene zu jenem kostbaren Rohstoff, der die Basis jeder guten politischen Entscheidung bilden sollte? Mag sein, dass es einige wenige gute politische Entscheidungen gibt, die weise zu nennen falsch wäre. Doch die meisten Entscheidungen, die nachhaltig und in einem umfassenden Sinn für die Menschen gut sind, tragen zumindest den Keim von Weisheit in sich. Um es noch einmal zu betonen: Es geht nicht um Information oder deren optimale Verarbeitung – das ist sozusagen das Handwerk und Alltagsgeschäft, das schwer genug ist. Salomons Urteil – und auch Politiker müssen zuweilen derartige Urteile fällen – ist kein Ergebnis der richtigen Informationslage. Es ist ein Ausdruck von Weisheit.

Wenn das Ziel des Weisenrates also eine Öffnung unseres Denkens – und, pathetisch formuliert, auch unserer Herzen – wäre, müsste ihm dann nicht eine größere Bedeutung zugemessen werden? Ist es nicht geradezu lächerlich, angesichts der Förderung von Weisheit strategisch – und das heißt ja immer auch: parteipolitisch – angesichts einer Föderalismusdebatte vor der Gefahr einer zentralistischen Perspektive zu warnen? Ist Weisheit anti-föderal? Ist sie gar zentralistisch? Es hat etwas Kabarettistisches, wenn aus einem ernsthaften Bemühen um Weisheit ein Angriff auf die Hoheit der Länder in Sachen Bildung, Wissenschaft und Kultur konstruiert wird. All das wollte ein Weisenrat keineswegs in Frage stellen. Der Einwand, die Gründung eines Weisenrates gefährde den Föderalismus und seine Reform, ist ein leicht durchschaubares, machtpolitisches Argument, das in Wahrheit jeder Grundlage entbehrt. Es bedeutet übersetzt nur so viel wie: »Das Tagesgeschäft ist uns wichtiger. Was ist schon Weisheit! Bringt uns das auch nur eine einzige Wählerstimme?« Der Streit um den Weisenrat oder ähnliche Einrichtungen fördert zutage, worum es im Politzirkus in erster Linie geht (auch wenn das wahrlich keine Neuigkeit mehr ist): Um das eigene Interesse, das Interesse der Partei, statt um das reale Wohl vieler. Weisheit sieht sich der Frage verpflichtet, welche Folgen etwas in der Zukunft haben wird und wie die unvermeidbaren negativen Nebenwirkungen unserer Handlungen in einem so komplexen System wie der Politik, Gesellschaft oder Kultur im Auge behalten und notfalls korrigiert werden können. Weises Denken ist ein Denken in kleinen Schritten und nicht im Stechschritt von Revolutionen und Jahresplänen. Faktisch spielt Weisheit keine Rolle im politischen Diskurs. Das wäre nicht weiter schlimm – wäre damit die Sache selber nicht aus und vorbei. Wenn überhaupt von Weisheit die Rede ist, dann in Form strategisch geschickten Vorgehens. »Das war ein weiser Schachzug«, heißt es dann. Mit Weisheit ist aber die Frage verbunden, ob man letztlich nur von sich selbst aus denkt – und damit einer politischen Kultur des Narzissmus folgt, deren Wuchern der amerikanische Soziologe Christopher Lasch bereits in den siebziger Jahren diagnostizierte – oder ob man bereit ist, auch eine Wahrheit über sich (und seine Partei) von außen anzunehmen.[19] Es geht darum, ob man sich Wahrheit nur selber ausdenkt, oder ob sie den Test der Kommunikation besteht, was immer die Möglichkeit beinhaltet, von anderen Wahrheit gesagt zu bekommen. Der andere ist eben nicht (nur) die Hölle, wie Sartre formulierte, sondern zugleich ein Mitmensch, der mich zur Wahrheit (und zu anderem) befähigt. Genau das, was Grundlage demokratischen Denkens ist – nämlich nicht selber und alleine im Besitz einer letzten Wahrheit zu sein, aber darauf vertrauen zu können, zuweilen von anderen Menschen Wesentliches, ja das Entscheidende gesagt zu bekommen, etwas, das man sich selbst nicht einmal hätte ausdenken können. Genau das wird paradoxerweise gerade mit dem Argument aufs Spiel gesetzt, man halte sich an die demokratischen Spielregeln und brauche deshalb keinen Weisenrat, weil er ja den Föderalismus hemme.

Der verstorbene Jurist Dieter Suhr, Professor für öffentliches Recht, Rechtsphilosophie und Rechtsinformatik an der Universität Augsburg, legte in seinem Werk dar, dass die Idee der Demokratie gerade in einer Förderung des Menschen durch den Menschen bestehe. Es geht um die Anerkennung als freier Mensch durch andere Menschen. In diesem Sinne bedeutet Freiheit dann allerdings auch nicht in erster Linie Freiheit von den anderen – Freiheit von der Lobby der Weisheitsräte –, sondern Freiheit *durch* andere. Suhr, der eine Zeitlang Richter am Bayerischen Verfassungsgerichtshof war, betont auch die letztlich im Gesetz indirekt festgehaltene Einsicht in die Abhängigkeit aller Menschen voneinander – ihre Koexistenz in Bezogenheit. Dabei kommt es beim Gewinn von Freiheit darauf an, dass der Beitrag eines jeden Einzelnen »erwartungssicher« ist, d.h., dass es zu einer wechselseitigen Entfaltung des Menschen durch den Menschen kommt. Dieter Suhr nannte das die »Freiheitserweiterung auf Gegenseitigkeit«.[20] Genau diese Gegenseitigkeit aber ist es, die auch Weisheit im Auge hat. Es genügt eben nicht, scheinbar im Sinne des Gesetzes auf Individualität und insofern auch auf Föderalismus zu pochen. Vielmehr gilt es zu bedenken, wie sich dieses Ich, wie sich Individualität und Subjektivität konstituieren. Es wäre naiv anzunehmen, dies geschähe unabhängig von anderen Menschen, ohne ihre Zuwendung und ohne Abhängigkeiten. So wie der Mitmensch in mir repräsentiert wird, so werde ich – im Idealfall – auch im anderen mitbedacht. Dieses Modell der »multiplen Repräsentanz« liegt unserer Gemeinschaft zugrunde. Es funktioniert nur durch Kommunikation und Anerkennung – die ein Gesetz zwar fordern, aber eben nicht auch qua Gesetz automatisch fördern kann. Dazu bedarf es mehr – und nicht zuletzt einer gewissen Weisheit, die unserer Demokratie zugute kommt.

Wie auch immer ein Weisenrat im Einzelnen konzipiert sein kann: politischer Zentralismus ist ihm fern. In sich selbst sollte er vielstimmig, gewissermaßen föderal sein – in keinem Fall aber aus Mitgliedern bestehen, die lediglich *pro domo* denken und sprechen. So hieß es im Ethikratgesetz: »Der Deutsche Ethikrat verfolgt die ethischen, gesellschaftlichen, naturwissenschaftlichen, medizinischen und rechtlichen Fragen sowie die voraussichtlichen Folgen für Individuum und Gesellschaft, die sich im Zusammenhang mit der Forschung und den Entwicklungen insbesondere auf dem Gebiet der Lebenswissenschaften und ihrer Anwendung auf den Menschen ergeben«.[21] Damit formuliert der Ethikrat Ideen, die auch den Weisenrat bestimmen sollten. In der Vorlage zum Gesetzentwurf des Ethikrates (EthRG) heißt es: »Um klar zwischen Beratung der Politik und politischer Entscheidung zu trennen, können die Mitglieder einer gesetzgebenden Körperschaft des Bundes oder der Länder sowie Mitglieder einer Bundes- oder Landesregierung nicht Mitglieder des Ethikrats sein.«[22] Kritiker vermuteten auch in diesem Fall nicht nur einen Angriff auf die Hoheit der Länder, sondern sogar eine »Verräterung der Republik«, wie es Reinhard Loske von den Bündnisgrünen formulierte. Rat bedeutet hier Verrat. Von einer Räterepublik im Sinne der russischen Revolution nach dem Vorbild der Pariser Kommune, bei der die Herrschaft von »Basiseinheiten« übernommen wird, sind wir allerdings meilenweit entfernt. Es geht ja auch beim Weisenrat nicht um die Außerkraftsetzung des demokratischen Systems durch ein elitäres Gremium, sondern um einen Ratschlag, um ein Anhören von Menschen, von denen man annehmen kann, dass sie über eine gewisse Weisheit verfügen. Möglicherweise ist ihr Rat wertvoll – nicht zuletzt, weil mehrere Stimmen weiser Menschen mehr zählen dürften als die eines einzelnen. Warum soll ausgerechnet ihre Stimme, die keine politische Lobby hat (aber auch keine politische Macht anstrebt), systematisch ausgeschlossen werden? Der für Politiker typische Vorschlag, man solle doch eine »Weisenlobby« gründen, wäre in der Tat abwegig und absurd. Lobbyarbeit ist nicht die Sache der Weisen, sondern die von Macht- und Realpolitikern.

Wer immer noch wie das Umfeld des Bundespräsidenten im Jahr 2005 zur Ablehnung des Weisenrates neigt, und dies aufgrund des fadenscheinigen Zentralismusargumentes, tut gut daran, sich zu erinnern, unter welchen Voraussetzungen der einst ebenfalls umstrittene Nationale Ethikrat am 11. September 2007 zum letzten Mal zu einer Plenarsitzung zusammenkam. Nach dem sogenannten Ethikratgesetz vom April 2007, das wenige Monate später im August 2007 in Kraft trat, wird seine Arbeit durch den sogenannten »Deutschen Ethikrat« fortgesetzt werden. Als dieser Übergang geplant wurde – zu einer Zeit, als auch das Konzept des Weisenrates auf dem Tisch lag –, wurde auch dieses neue Gremium wie sein Vorläufer als ein »unabhängiger Sachverständigenrat« in Angriff genommen. Kein Abgeordneter sollte – sehr zum Missvergnügen der Parlamentarier – Mitglied werden. Der Grund ist einfach: Wer dort denkt und Vorschläge ausarbeitet, darf kein vom Lobbyismus getriebener Machtpolitiker sein. Stattdessen sollte er im Idealfall den ›gesunden Menschenverstand‹ anwenden und in seinem Ratschluss tatsächlich das Wohl des Menschen in den Mittelpunkt stellen – gleich, wie das Resultat dieses Denkens innerparteilich aufgenommen wird. Gegen diesen Sachverständigenrat regte sich jedoch wie auch gegen den Weisenrat heftiger Widerstand (wobei dieser im Fall des Weisenrates aus dem CDU-Umfeld des Bundespräsidenten kam, dem man zur Ablehnung riet). Der Widerstand aus den eigenen Parteireihen veranlasste schließlich sogar die Spitze von CDU/CSU und SPD, explizit auf Disziplin (und das bedeutet in diesem Fall: Selbstdisziplin) zu drängen. Vergessen sollte man in diesem Zusammenhang nicht, dass CDU/CSU zu Oppositionszeiten Sturm liefen gegen Gerhard Schröders »Politik der Runden Tische«.

Der Ethikrat ist im Grunde eine Manifestation der grundlegenden und im Wesentlichen sehr einfachen Idee, dass Menschen, auch wenn sie Politiker sind oder im Machtfeld der Politik leben, dennoch in der Lage sein müssten, sich mit Fachleuten an einen runden Tisch zu setzen, d.h. an einer Runde teilzunehmen, in der nicht bereits im Vorfeld markiert ist, wer das Sagen hat und wer nicht. In der *Süddeutschen Zeitung* war zu diesem Thema ein Artikel von Alexander Kissler zu lesen. Er schrieb:

»*Woher beziehen Parlamentarier ihr Wissen? Auf welchen Wegen gelangen sie zu jenem kostbaren Rohstoff, der die Quelle sein soll einer jeden politischen Entscheidung? Diese grundsätzliche Frage wird am kommenden Donnerstag den Bundestag spalten. In erster Lesung wird ein Gesetzentwurf beraten, dessen Umsetzung trotz gegenteiliger Absichten das Parlament schwächen und die Regierung stärken dürfte. Nach dem Willen von Forschungsministerin Schavan soll von Juli 2007 an ein ›Deutscher Ethikrat‹ den von Gerhard Schröder ersonnenen ›Nationalen Ethikrat‹ ersetzen ... Die 24 Experten sollen beraten und bewerten, Stellungnahmen verfassen und ›jedes Jahr mindestens eine öffentliche Veranstaltung zu ethischen Fragen im Bereich der Lebenswissenschaften‹ durchführen. Die Abgeordneten werden demnach auf dem Postwege unterrichtet von Debatten, an denen sie nicht teilnehmen dürfen. Verbirgt sich dahinter, wie Reinhard Loske von den Bündnisgrünen argwöhnt, ›Schmalspur-Ethikberatung statt Meinungsvielfalt‹, ja eine ›Verräterung des politischen Systems‹? Der Gleichklang von Rat und Verrat kommt Schavans Kritikern gelegen. Auch unvoreingenommene Beobachter können aber zu dem Schluss gelangen, hier werde eine wohlbegründete diskursethische Position an die Machtpolitik verraten. Darum sah es bis vor wenigen Wochen nach einem Showdown im Parlament aus. Ein Gruppenantrag aus den Reihen von SPD, PDS, Bündnisgrünen soll 170 Unterstützer gehabt haben; auch mancher CDU'ler liebäugelte damit. Dieser alternative Antrag, der Schneisen schlug in die Große Koalition, plädierte für ein ›Ethik-Komitee des Deutschen Bundestages‹, besetzt aus Abgeordneten und Sachverständigen. Statt des ›Nationalen Ethikrates‹ sollte also die Enquêtekommission fortgeführt werden.*«[23]*

Genau das ist, aus gutem Grund, nicht passiert.

Neben der politischen Ablehnung des Weisenrates gab es noch einen zweiten gedanklichen Argumentationsstrang im Bundespräsidialamt, der zur Reserviertheit Horst Köhlers gegenüber dem Weisenrat führte. Dieser zweite Gedanke ist komplexer als der erste und schwerer zu durchschauen.

## »Land der Ideen« 2:
## Das Jahr der Geisteswissenschaften als Irrtum

»Land der Ideen« – so lautet, Horst Köhlers Idee entsprechend, der Name einer Initiative, die von der Bundesregierung und der Wirtschaft getragen und vertreten wird durch den *Bundesverband der Deutschen Industrie* (*BDI*), das Auswärtige Amt, die Auslandsvertretungen, das *Goethe-Institut, Invest in Germany*, verschiedene Unternehmen, Organe und Nachrichtendienste wie *Deutsche Welle, Deutsche Presse-Agentur* (*dpa*) und einige andere. »Land der Ideen« ist eine löbliche Sache. Sie sollte Deutschland, deutsche Kultur, Geist und Kreativität gleichermaßen nach vorne bringen, die Stärken des Standortes Deutschland betonen und zugleich im höchsten Amt verankert sein. Auf der Internetseite *http://www.land-der-ideen.de/CDA/die_initiative,14,0.de.html*, Stand Juli 2008) lässt der Bundespräsident als Schirmherr dieser Initiative Folgendes verlauten: »Deutschland – ein Land der Ideen: Das ist nach meiner Vorstellung Neugier und Experimentieren. Das ist in allen Lebensbereichen Mut, Kreativität und Lust auf Neues, ohne Altes auszugrenzen«. Dort ist auch zu lesen:

> *»Zur Fußball-Weltmeisterschaft 2006 war Deutschland Gastgeber der Welt. Unseren Gästen haben wir unser Land von seiner besten Seite gezeigt. Mit den Ideen der Menschen, die hier leben. Wir haben der Welt gezeigt, wie deutsche Dichter und Denker, Forscher und Erfinder, Künstler und Komponisten das Leben seit Jahrhunderten bequemer, sicherer und schöner machen. Hierfür wurde die Initiative ›Deutschland – Land der Ideen‹ ins Leben gerufen.«*

Eine Idee im Jahr der Geisteswissenschaften: Das Land der Ideen! Und doch hat ausgerechnet dieses Jahr der Geisteswissenschaften wie kaum eine öffentliche, von der Regierung geförderte Aktion den Geisteswissenschaften geschadet. Zunächst: Wer wäre auf die Idee gekommen, ein Jahr der Naturwissenschaften zu veranstalten? Dass es dies aus gutem Grund nicht gab, hängt damit zusammen, dass es Naturwissenschaftlern unlauter erscheinen würde, sämtliche Naturwissenschaften über einen Leisten zu scheren und in ein »Jahr der Naturwissenschaften« zu stecken. Genau das aber geschah mit den Geisteswissenschaften. Hinzu kam, dass just in ebendiesem Jahr eine Vielzahl von Stellen an Universitäten abgebaut wurden. Auch die Exzellenzinitiative hat, allen Beteuerungen zum Trotz, den Geisteswissenschaften eher geschadet als genutzt. Ihr Ziel war vor allem Exzellenz in Fächern und Projekten, die einen unmittelbaren – auch wirtschaftlich nutzbaren – Fortschritt versprachen. Gespräche mit vielen Wissenschaftlern aus unterschiedlichen Fachrichtungen haben mich in den letzten Jahren davon überzeugt, dass wirkliche interdisziplinäre Arbeit an deutschen Universitäten mit der Lupe gesucht werden muss. Wer nach anderen, gelungeneren Modellen fragt, sollte sich an der Arbeit des Schweizer *Collegium Helveticum* orientieren. Interdisziplinarität bedeutet in Deutschland zumeist, zwar zusammen ein DFG-Projekt zu beantragen, faktisch aber weitgehend isoliert voneinander zu arbeiten (jedenfalls dort, wo es um wirklich interdisziplinäre Arbeit geht und nicht nur darum, dass die Abteilung für Innere Medizin mit der Neurologie zusammenarbeitet). Die Ausnahmen sind die Ausnahmen, nicht die Regel.

Das Jahr der Geisteswissenschaften – ein Jahr, das das Land der Ideen feierte – bestärkte die Öffentlichkeit in der Meinung, es gebe »die« Geisteswissenschaften, obwohl fast allen klar ist, dass es auch »die« Naturwissenschaften nicht gibt. Mehr noch: 2007 zementierte in den Köpfen der Bevölkerung die Vorstellung, dass Kultur und Geisteswissenschaften im Grunde ein und dasselbe seien. Aktionen wie »Alphabet der Menschheit« förderten diesen Irrglauben massiv. »Von Aufklärung bis Zukunft, von Utopie bis Courage reichen die Themen, mit denen sich die Geisteswissenschaften beschäftigen«, heißt es vielversprechend auf der Internetseite von »abc-der-menschheit.de« – so als ob diese Vielfalt der Themen der Geisteswissenschaften neu und überraschend sei. »Kaum ein anderer Wissenschaftszweig zeichnet sich durch eine vergleichbare Pluralität von Methoden und unterschiedlichen Forschungsgegenständen aus«, heißt es. Falsch an diesem schönen Statement ist, dass die Geisteswissenschaften eben kein (d.h.: nicht ein einziger) Wissenschaftszweig sind, sondern eine Vielzahl von unterschiedlichen Wissenschaften in sich vereinen, darunter Disziplinen wie Indologie, Sinologie, Linguistik, Ideengeschichte, Geschichtswissenschaften, Soziologie, Pädagogik oder Islamistik. Doch der Irrtum sitzt tief. »Das verbindende Element der Geisteswissenschaften ist ihre Beschäftigung mit dem Menschen und seinen zeichenhaften Ausdrucksformen«, heißt es im Text – als sei dies spezifisch für die Geisteswissenschaften. Seltsam mutet auch die Erkenntnis an, dass »der menschliche Geist hinter den Werken der Weltliteratur wie der Musik« steht. Er steht genauso hinter den Werken der Physik und Biochemie, abgesehen davon, dass auch diese eine Sprache – und nicht nur die Kunstsprache der Mathematik – benötigen, um ihre Erkenntnisse zu kommunizieren. Hans-Ulrich Gumbrecht machte im Jahr der Geisteswissenschaften darauf aufmerksam, dass *Kultur*, insbesondere der Umgang mit Sprache und Schreiben zwar Dichten und Denken, Vermitteln, Gestalten, Erinnern oder Phantasieren beinhalten mag. Geisteswissenschaften als Wissenschaften aber sind etwas fundamental anderes als Kultur. Geisteswissenschaften haben – im Unterschied zu Kultur und Sprache – die ganz spezifische Aufgabe, innerhalb der Kultur die diese Kultur konstituierenden Prozesse reflexiv zu erfassen. Genau diese Ebenen wurden – auch auf höchster politischer Ebene und in zahlreichen Veranstaltungen, an denen ich zum Teil selber beteiligt war – verwechselt. Etwa vom Bundesministerium für Bildung und Forschung, das auf seiner Homepage behauptete: »Das Alphabet greift symbolhaft das zentrale Thema des Jahres auf: Sprache. Sprache in all ihren Ausprägungen hat als Gegenstand und Medium große Bedeutung für geisteswissenschaftliche Forschung.« Als gelte diese große Bedeutung der Sprache nicht auch für die Naturwissenschaften und die Kunst und vieles im »Land der Ideen«. Zumal auch Naturwissenschaftler, Künstler und Politiker sprechen müssen.

Immerhin: Die Fußball-WM war tatsächlich gut für Deutschland. »Wir« haben uns der Welt nicht nur als äußerst gut organisierte Gesellschaft gezeigt, sondern darüber hinaus auch noch als unerwartet nett und freundlich, sogar gut gelaunt und dank des guten Sommers als geradezu südländisch präsentiert. Bleibt angesichts der Erfolge des Fußballs zu fragen, was mit dem Land der Ideen ist. Gibt es erste Anzeichen von Weisheit? Unsere Geistesgrößen machen die Welt also »bequemer, sicherer und schöner«. Dieser Begriff von Geistesgröße ist ein seltsames Gemisch. Er assoziiert einerseits einen Komplex bestehend aus Verteidigung, Terrorpanik, Überwachung, latenter Angst, Ruhe, Ordnung und Airbags. Und andererseits ist er – Stichwort ›Alles wird schöner‹ – ästhetischer Natur. Der Kulturbegriff, der dem Land der Ideen zugrunde liegt, für das Köhler als Galionsfigur nicht nur auf der Internetseite eintritt, entspricht in etwa einer Kombination der Verteidigungs- und Lebensmittelbranche mit der Süßwaren-, Möbel- und Autoindustrie. Sicher, bequem, schön. Lecker vielleicht noch. Und schnell. Was man dagegen vergebens sucht, ist die Frage danach, wie sich dieses Land durch seine Kultur definiert, wie es in einer globalisierten Welt auch ideell seine Konturen findet. Denn gerade diese bestimmen die genauen Grenzen dessen, was ein solches Land konkret zu einer »besseren« Welt beizutragen nicht nur bereit, sondern auch fähig ist. Diese Grenzen zu bestimmen ist eine zentrale Aufgabe des Staates, wenn Kultur am Ende – wie beim deutsch-chinesischen Kulturaustausch 2009 – nicht nur Beiwerk sein soll, bloße Garnitur für Wirtschaft und Industrie. China schreibt Kultur groß, wie Mark Siemons in der *F.A.Z.* treffend analysierte.[24] Siemons berichtet über die Ratlosigkeit der Deutschen angesichts der Kulturwochen in Nanking im Sommer 2007. Die Wirtschaftsvertreter, die Angela Merkel in China auf ihrer Reise begleiteten – eine Reise, die durch die chinesische Computerspionage-Affäre überschattet wurde –, hatten erklärt, dass sie eine Kulturveranstaltung nicht mittragen würden. Wenn überhaupt, dann sollte der Bereich Kultur – so hatte es der Asien-Pazifik-Ausschuss der deutschen Wirtschaft bestimmt – in die nationale PR-Initiative »Deutschland – Land der Ideen« eingebettet werden. »So erfuhr das Konzept seine zweite Korrektur«, schreibt Siemons. »Nicht die deutsche Kultur soll nunmehr präsentiert werden, sondern Deutschland insgesamt mit seinen drei Säulen Wirtschaft, Wissenschaft und Kultur entlang des thematischen Schwerpunktes ›Stadt der Zukunft‹ und dessen Unterabteilungen ›Umwelt‹ und ›Corporate Social Responsibility‹.«

Vielleicht sind derartige Vorgänge normal, weil sich kaum jemand vorstellen kann, was es bringen soll, Kultur unabhängig von Wirtschaft zu promoten und dafür Geld auszugeben. In diesem Zusammenhang sei angemerkt, dass die öffentlichen Ausgaben des Staates für Kultur rund 0,4 Prozent des gesamten Bruttoinlandsprodukts betragen. Das ist die letzte vor Drucklegung dieses Buches verfügbare offizielle Zahl des statistischen Bundesamtes. In Euro: 8,2 Milliarden bei einem Gesamthaushalt in dreistelliger Milliardenhöhe.

Allerdings geht es, gerade wenn sich deutsche Kultur jenseits von Fußball im Ausland präsentiert, um mehr als nur um einen beschämenden Geldmangel. Es kommt, so Siemons, »eine gewaltige Verlegenheit bei den politischen und wirtschaftlichen Entscheidungsträgern zum Vorschein. So attraktiv für sie die Förderung kultureller Ereignisse geworden ist, solange deren Lebensstilmarkierungen sie mit ihren Wählern und Kunden verbinden, so ratlos macht sie offenbar die Vorstellung einer Kultur im nationalen Kontext – mit entsprechend uneindeutiger Zielgruppe.«

Die Kultur, die zwischen einer machtorientierten Logik der Politik und einer profitorientierten Logik der Wirtschaft buchstäblich zerrieben wird, kommt kaum als eigener Faktor vor. Die Idee, »dass die Kultur im Verhältnis der Nationen noch etwas Drittes sein könnte: eine Form der Auseinandersetzung mit dem allen gemeinsamen Leben nämlich, die in den wechselseitigen wirtschaftlichen und geopolitischen Interessen nicht aufgeht und deshalb, fern davon, harmloser Schmuck zu sein, eigenständige Möglichkeiten der Verständigung und Kritik eröffnet (Siemons): Genau diese Idee scheint verloren gegangen zu sein.

So scheiterte der Kulturweisenrat auch am Anspruch, eine eigenständige, aber durchaus im Parlament verankerte Säule der Gesellschaft sein zu wollen und damit eine Möglichkeit der Verständigung und der Kritik von außen, d.h. von Nicht-Politikern einzurichten, die dennoch auf Politik wirkt, ohne dass dies pure Lobby-Arbeit ist. Diese funktioniert dann, wenn Geld zur Verfügung steht oder ohnehin große Kreise der Bevölkerung betroffen sind und die Politiker daher Reaktionen befürchten müssen. Kultur, erst recht Weisheit, haben jedoch in diesem Sinne keine Lobby. In einer rein nach Rendite- und Kapitalgesichtspunkten organisierten Gesellschaft kommt sie nicht oder nur am Rande, sozusagen als gesellschaftliches Hobby vor. Der Rat hätte dem entgegenwirken und eine Art Kristallisationspunkt werden können, ein real existierendes »Tertium datur«. Denn für das Dritte, das Kampfgebiet im Niemandsland, das keines der Systeme, weder Ökonomie noch Politik noch eine Enquêtekommission für Kultur, aus seiner Perspektive heraus sehen kann, findet ohne den parlamentarischen Willen, es tatsächlich einzurichten, nicht statt. In seinem Bericht sollte der Weisenrat in wechselnder Besetzung im Laufe der Jahre all das ansprechen, was in der politischen Debatte aus geradezu strukturellen Gründen nicht oder nicht mehr thematisiert werden kann und dennoch für die Gesellschaft als Ganze, für ihre Verfasstheit, ihre Stimmung und seelische Lage wichtig ist. Es gibt Probleme, aber auch Erkenntnisse, die weder Gesellschaft noch Politik und auch nicht der Kultur, die kein offizielles Ministerium hat, zugerechnet werden können – nicht zuletzt, weil das zu Sagende eben gerade nicht in den gängigen politischen oder wirtschaftlichen Diskurs passt. Dies meine ich völlig wertneutral, sozusagen als systemtheoretische Beobachtung im Sinne Niklas Luhmanns. Es geht schlicht um das, was in einem System nicht mehr wahrgenommen werden kann – um seinen blinden Fleck. Jedes System hat diesen Fleck. Aber aus der Tatsache, dass man etwas nicht sieht, leiten nur Kinder die Schlussfolgerung ab, dass es folglich auch nicht existiere. Was uns durch die systembedingte Unfähigkeit an Realitäten und Einsichten über uns selbst und unsere Beziehung zur Umwelt vorenthalten wird, ist durchaus real. Zumal auch Beobachtungen reale Ereignisse und gesellschaftliche Operationen sind, die durchaus Veränderungen nach sich ziehen und, wie es sprichwörtlich heißt, einen Unterschied machen können.[25] Nach Niklas Luhmann trifft jedes System immer wieder Unterscheidungen, die es nicht genau beobachten kann, eben weil in einem solchen Fall ein Teil der real existierenden Umwelt noch nicht im System selbst (Luhmann sagt: als »Reentry«) abgebildet ist. So kennt Politik philosophische Betrachtungen sozusagen von Berufs wegen nicht. Sie kann sie nur dann als valide Argumente zulassen, wenn sie in ihre Sprache, und das bedeutet immer in die Verfahren der Politik, »übersetzt« sind. Ähnlich ist die Marktwirtschaft ein in sich geschlossenes System, von dem man nicht erwarten kann, dass es zugleich auch das ökologische System optimiert (obwohl das in Ansätzen neuerdings passiert). Politik erkennt wie jedes System nur das an, was sie selbst als

Verfahren begreift, d.h. in ein politisches Verfahren übersetzen kann. Doch wie lässt sich eine wissenschaftliche Erkenntnis, eine philosophische Maxime, wie lässt sich Weisheit als bürokratisches Verfahren verstehen? Gerade bei der Übersetzung – und das ist einer der Hauptgründe der grassierenden Politikverdrossenheit – geht eben oftmals Entscheidendes verloren. Manchmal muss man auch riskieren, ohne Übersetzung, direkt und ›verfahrenstechnisch naiv‹ zu sprechen. Dass das Sprechen selbst nicht naiv, sondern höchst kompetent und auf die Sache selbst bezogen ist, versteht sich von selbst. Naiv erscheint solches Sprechen nur in den Augen politischer Verfahrenstechnik.

Niklas Luhmann würde dazu vermutlich sagen, dass Entscheidungen immer Routinen vorgeschaltet sind, die angeben, wie ein Änderungsbedarf überhaupt artikulierbar ist und wie ein möglicher Eingriff angesetzt und gesteuert werden kann. Ob der Eingriff selbst richtig, wünschenswert oder sogar notwendig ist, kann aus der Routine selbst nicht gefolgert werden. Sie ist demgegenüber operativ neutral, will sagen: blind. Ein System ist eben immer gezwungen, die für das System spezifischen Unterscheidungen zu machen. Entsprechend kann das System nur das sehen, was es aufgrund der eigenen Unterscheidung wahrnimmt. Es sieht eben genau das nicht, was es nicht unterscheidet – sozusagen den unmarkierten Raum hinter der Entscheidung. Der blinde Fleck ließe sich aber gleichsam korrigieren, würde man ihn von verschiedenen Perspektiven aus suchen und schließlich untersuchen. Wir brauchen also gesellschaftlich eine Vielfalt von Perspektiven und Sichtweisen auf das System, aber auch von anderen Systemen auf uns. Dieser »integrative Pluralismus« der Beobachter mag zwar eine zunächst verwirrende Ansicht ergeben, eine Art kubistische Weltsicht, die wie auf ein Picasso-Gesicht zugleich von vorn und von der Seite schaut. Doch genau diese Vielfalt ermöglicht erst Erkenntnis[26] und einen Blick weiser Menschen auf unseren Seelenzustand.

Vielleicht hatte Platon, auch wenn er in einer völlig anderen Form von Gesellschaft lebte, die sich heute aus gutem Grund nicht mehr realisieren lässt, etwas Ähnliches im Sinn. Der Bundespräsident verkörpert in gewisser Weise diesen Blick des Systems auf sich selbst aus der Vogelperspektive: aus einer unabhängigen, gütigen und im Idealfall weisen Sicht, die im Unterschied zu ähnlichen Sichtweisen einen wesentlichen Unterschied aufweist – und der liegt in der politischen Bedeutung dieser Sicht, die mit dem obersten Amt im Staat verbunden ist. Mag sein, dass hinter dieser Idee nicht nur platonische, sondern auch säkularisiert christliche Ideen stecken – darüber wird noch zu sprechen sein. Festzuhalten aber bleibt, dass der Weisenrat keineswegs wie behauptet dem Föderalismus schaden würde und einen fatalen Zentralismus predigt, der von der Errichtung einer platonischen Republik träumt. Das Gegenteil ist der Fall. Was zu sagen ist und an Erkenntnissen hätte gewonnen werden können, sollte in einem demokratischen Prozess dem Parlament vorgelegt und von ihm diskutiert werden. Die Hoheit der Politik selbst – und mit ihr die Idee der Demokratie – sollte in keiner Weise in Frage gestellt werden.

## Das »Tertium datur«

Sicher ist der blinde Fleck eine – wenn auch in der Biologie fest verankerte – Metapher, die sich auf ein körperliches Phänomen bezieht. Die Fasern des Sehnervs, die zunächst auf der Seite des Augeninnern an den eigentlichen Sehzellen ansetzen, laufen schließlich an einem Punkt zusammen. Dort, wo sie aus dem Auge austreten, um gebündelt ins Gehirn zu gelangen, in der Papille, kann das Auge nicht sehen: Es gibt dort schlicht keinen Platz mehr für Sehzellen. Der Grund für diese Entwicklung ist vermutlich, dass das Auge als eine Art direkte Ausstülpung des Gehirns in die Welt entstanden ist, weil das Gehirn eben sehen können wollte. Ein kleiner blinder Fleck spielte da keine Rolle, zumal der kleine Schwachpunkt im Laufe der Evolution einfach weggerechnet wurde. Unser Gehirn gleicht das fehlende Bild einfach der Bildinformation an, die seine Umgebung liefert.

Und doch macht die biologische Metapher auf ein viel grundlegenderes, zentrales Problem aufmerksam, das mit Weisheit in Zusammenhang steht. Dieser Tatbestand ist nicht ganz offensichtlich oder sofort zu durchschauen. Verkürzt gesagt, läuft es darauf hinaus, dass jedes System zunächst als System erster Ordnung funktioniert und den Beobachter dieses Systems eliminiert. Im System erster Ordnung kommt kein Beobachter vor – weder einer, der es von außen betrachtet, noch einer, der das System aus der Perspektive innerhalb des Systems analysiert. Das System ohne Beobachter ist aber immer ein unvollständiges System – ein System, das, in Anlehnung an den berühmten Satz des Mathematikers Kurt Gödel, entweder mit Notwendigkeit Paradoxien hervorbringt oder aber sich selbst nicht vollständig beschreiben kann.

Betrachten wir ein Beispiel, um den Sachverhalt zu verstehen: Ein System arbeitet vor sich hin – wie eine Waschmaschine etwa, deren Programm abläuft. Das System vollzieht Operationen, für die es gemacht ist, die es aber selbst nicht ›verstehen‹, nicht wahrnehmen oder beobachten kann. Man spricht dann von einem System der ersten Ordnung. ›Sinnvoll‹ wird das Treiben dieses Systems erst, wenn es einen Beobachter gibt, der dieses Funktionieren betrachtet und sagen kann: »Dies ist eine Waschmaschine und sie wäscht meine Wäsche«, also ein System, das bestimmte Operationen vollzieht und andere nicht (es ist zum Beispiel kein Trockner). Man spricht in diesem Fall von einem System zweiter Ordnung.

Auf diese Weise bauen sich höchst komplexe Systeme auf. Freilich kann auch auf einer noch höheren Ebene, wie sie für komplexe Systeme typisch ist, auch der Beobachter selbst wieder beobachtet werden (eine Beobachtung zweiter Ordnung). Wenn beispielsweise ein Fernrohr auf einen Stern gerichtet ist und ihn abbildet, handelt es sich um ein System erster Ordnung, das operiert und nun von einem Beobachter genutzt werden kann. Ein komplizierteres Fernrohrsystem, das etwa über die Abtastung elektromagnetischer Wellen im Weltraum funktioniert, kann jedoch nicht ohne Weiteres durch Sehen Daten liefern, die sofort erkannt und ›gelesen‹ werden können. Natürlich kann auch ein System wie ein Fernrohr ohne einen Beobachter ungestört vor sich hinarbeiten. Doch erst wenn man das System gleichsam auf den Beobachter ausweitet, ihn zum System hinzuzählt, als die Instanz, die überhaupt erst in der Lage ist, die Zahlen, die das System hervorbringt, auszuwerten und in ›sinnvolle‹ Ergebnisse zu ›übersetzen‹, funktioniert das System. Man braucht sozusagen das elektronische Fernrohr plus das Wissen, was es ist und wie es funktioniert, um mit ihm etwas zu sehen. Dieses »höhere« Sehen arbeitet dann jedoch bereits auf einer höheren Ebene – als System zweiter Ordnung, das in der Lage ist, sich selbst zu beobachten. Wissen über das, was das System eigentlich abbildet – nicht nur helle Lichtpunkte oder Zahlenkolonnen, sondern tatsächliche Ereignisse im Weltraum –, gibt es somit erst in einem System von mindestens zweiter Ordnung, wenn das System (Astrophysiker plus Fernrohr bzw. Teleskop) sich also mit Hilfe eines Beobachters selbst beobachten kann. Der Beobachter innerhalb des Systems kann wiederum von einem anderen Beobachter – einem Kollegen oder auch beispielsweise einem Psychologen, der innerhalb eines anderen Systems agiert – beobachtet werden. Aus der Vernetzung und Verkopplung all dieser Systeme ergibt sich die Komplexität der Welt. In der Psychologie bezeichnet der Begriff des blinden Flecks, von dem wir ausgegangen sind, daher jenen Teil des »Systems« des Selbst, der von der Person an sich selbst nicht wahrgenommen wird bzw. wahrgenommen werden kann.

Mit Weisheit hat diese Beobachtung des blinden Flecks insofern zu tun, als wir alle dazu neigen, ebendiese blinden Flecken zu akzeptieren und damit das, was wir nicht sehen, als nicht existent zu betrachten. Gesellschaftlich gewendet: Die Frage nach Gerechtigkeit kann in einer rein marktwirtschaftlichen Ökonomie zunächst nicht abgebildet werden. Erst ein Beobachter des Systems kann – von seinem System aus – diese Frage stellen. Das System der Marktwirtschaft kann dann diesen Standpunkt eines nicht zum System gehörenden Beobachters ablehnen oder aber übernehmen, d.h. in sein System integrieren. Es ist jedoch stets die Vielzahl der Beobachtungen, die es möglicht macht, blinde Flecke auszumachen und möglichst plastisch, vieldimensional zu sehen. *Theoria* bedeutet im Griechischen so viel wie schauen, sehen. Im Gegensatz zu den Theorien, die wir meist verwenden und die ein Sehen durch *eine* bestimmte Brille darstellen, weil *ein* Set von Kategorien und Unterscheidungen sie bestimmt, ist die tatsächliche Welt aus einer Vielzahl von Systemen, Dimensionen, Räumen und Zeiten aufgebaut. Die Umwelt, sagt

Luhmann, ist immer komplexer als das System, das innerhalb dieser Umwelt existiert und versucht, sie für seine Zwecke tauglich zu machen – meist, indem es die Komplexität der Umwelt reduziert und in das überführt, was das System verarbeiten kann. Weisheit aber hat damit zu tun, über den Tellerrand des eigenen Systems zu sehen.

*»Will man ein Urteil über die Möglichkeiten der Selbstbeschreibung der modernen Gesellschaft gewinnen, muß man vor allem bedenken, daß sie nicht mehr als Weisheitslehre mündlich tradiert wird und nicht mehr als Philosophie hohe Abschlußgedanken artikuliert, sondern den Eigengesetzlichkeiten der Massenmedien folgt. Jeden Morgen und jeden Abend senkt sich unausweichlich das Netz der Nachrichten auf die Erde nieder und legt fest, was gewesen ist und was man zu gewärtigen hat.«*[27]

Faktisch bestimmen weder der Logos der Philosophie noch die Lehren und die Praxis der Weisheit das soziale System, sondern die Logik der Massenmedien und die Ökonomie der Aufmerksamkeit, der sich auch die Politik zunehmend beugt. Weisheit ist eben keine automatisch gegebene Errungenschaft unserer modernen Gesellschafts- und Kultursysteme. Sie muss erarbeitet werden. Und diese Arbeit braucht in einer »Kulturnation« wie Deutschland, in einem »Land der Ideen«, die richtige demokratische Unterstützung und Förderung. Weisheit wäre in diesem Zusammenhang nichts anderes als der angemessene Umgang mit der Komplexität der realen Welt. Da Wissen alleine bekanntlich nicht hilft, bleibt angemessenes, d.h. nachhaltig gutes Handeln auch auf andere Faktoren angewiesen. Wissen muss zu ›weisem‹ Wissen werden. Wenn Politiker und selbst der Bundespräsident davon ausgehen, dass sich das gleichsam von selbst reguliert, erliegen sie einem folgenschweren Irrtum, ebenso wie sie irren mit der Annahme, dass zulässig, verlässlich und existent nur das sei, was ihr System, ihre Verfahrensweisen hervorzubringen in der Lage sind.

Wissen und Weisheit sind u.a. dort aufeinander verwiesen, wo mit Blick auf gesellschaftliche und kulturelle Phänomene die Struktur des blinden Flecks unerkannt bleibt. Es geht dabei um das Prinzip des sogenannten *Tertium non datur*, des Dritten, das scheinbar weder A noch sein Gegenteil und daher ausgeschlossen ist. Für die Arbeit des Weisenrates bedeutet das, dass ein Gutachten noch so genau und zutreffend die wunden Punkte ansprechen mag: Es ist damit längst noch nicht in einem politischen, demokratischen Sinne operabel. Es gilt ja das Prinzip, das dem politischen wie jedem System eigen ist, all das nicht sehen und insofern auch nicht verarbeiten zu können, was nicht innerhalb des Systems in die entsprechenden Verfahrensweisen überführt werden kann. Eine Maschine, die Kaffee machen soll, kann kein Eis herstellen. Jede Neuerung muss ebenso wie jede Erkenntnis, die nicht nur auf reines Wissen, sondern auch auf ein dem Wissen entsprechendes Handeln hinaus will, gesellschaftlich, kulturell und politisch zuallererst in ein Gesetz überführt werden, das regelt, wie man mit dem entsprechenden Wissen, der Lage, Idee oder Verfahrensweise umgeht. Ein Bericht kann daher nicht einfach dem Parlament vorgelegt und dort diskutiert werden – selbst wenn es um die Entdeckung des Steins der Weisen selbst ginge. Etwas, das es noch nicht gibt, muss erst durch ein Gesetz geregelt werden, um politisch zu existieren, sodass Staat und Bürokratie damit umgehen können.

Der Weisenrat sollte, wie ansatzweise auch das Gutachten der Wirtschaftsweisen, das nicht vorgesehene *Tertium non datur* thematisieren, etwas, das weder vom Bereich der Wirtschaft noch von dem der Politik erfasst und insofern von beiden gleichermaßen systematisch vernachlässigt wird. Der Philosoph und Sozialwissenschaftler Theodor W. Adorno hätte in diesem Zusammenhang vermutlich vom »Inkommensurablen« gesprochen. Damit meinte er eben das, was sich der Abstraktion und der Vereinheitlichung durch die Normen der Bürokratie, aber auch des Denkens überhaupt entzieht. Das noch Begrifflose, das Einzelne und Besondere ist es, das es innerhalb des komplexen Systems eines Staates und seiner Subsysteme, wie die Politik eines ist, in den Blick zu bekommen gilt. Die Identität und damit das zu sehen, was eins mit dem Bekannten, eins mit dem System oder den Systemen ist, genau das war für Adorno die Urform von Ideologie. Gegen diese Totalität, wie es in der Sprache der Frankfurter Schule hieß, galt es zu opponieren. Allerdings hatte die Philosophie

77

dabei für Adorno längst auf die Tröstung verzichtet, dass Wahrheit unverlierbar sei.[28] Umso größere Anstrengungen sollten unternommen werden, das Nicht-Identische, das nicht durch den Nenner der Politik und Wirtschaft Geteilte und damit Gleichgemachte zu verstehen und ihm zum Recht zu verhelfen. Jean-François Lyotard sprach in diesem Zusammenhang vom Widerstreit. »In einem Unterschied zu einem Rechtsstreit«, schrieb Lyotard, »wäre ein Widerstreit ein Konfliktfall zwischen (wenigstens) zwei Parteien, der nicht angemessen entschieden werden kann, da eine auf beiden Argumentationen anwendbare Urteilsregel fehlt. Die Legitimität der einen Argumentation schlösse nicht auch ein, dass die andere nicht legitim ist. Wendet man dennoch dieselbe Urteilsregel auf beide zugleich an, um ihren Widerstreit gleichsam als Rechtsstreit zu schlichten, so fügt man einer von ihnen Unrecht zu.«[29] Dieser Widerstreit ereignet sich in Handlungen und Entscheidungen, aber auch in unserem Sprechen, das Teil unserer gesellschaftlichen Machtausübung ist. »Zwischen zwei Partnern besteht ein Widerstreit, wenn die ›Lösung‹ des Konflikts, der sie einander entgegensetzt, im Idiom des einen Partners erfolgt, während das Unrecht, das dem anderen widerfuhr, in diesem Idiom nicht in Erscheinung tritt.«[30]

Dass der Weisenrat nicht ins Leben gerufen wurde, hatte nicht zuletzt auch mit dieser Machtfrage zu tun. Eine Aktivität im Bereich der Kultur, im weitesten Sinn, meinte man abwägen zu müssen gegen einen möglichen machtpolitischen Vorteil in Bezug auf die Chance, die Föderalismusreform im Sinne einer CDU-Lösung zu beeinflussen. Dabei wurde diese Reform mit der höchst positiven Erwartung aufgeladen, dass Deutschland durch sie nicht nur wettbewerbsfähiger und moderner gemacht werden könne, sondern durch sie auch einen Wertewandel vollziehen könne, der dringend nötig sei. Der Soziologe Tim Allert vom *Institut für Grundlagen der Gesellschaftswissenschaften* des Fachbereichs Gesellschaftswissenschaften der Frankfurter *Johann Wolfgang Goethe Universität* gab in einem Interview mit dem Wirtschaftsmagazin *brand eins* (6/2007) auf die Frage, ob der Wertewandel in der Gesellschaft heute noch eine Rolle spiele, zur Antwort:

*»Ja. Wichtig scheint mir, dass der Wert der Erfahrung an Bedeutung einbüßt. Weisheit oder auch nur Lebenserfahrung sind disqualifiziert und werden durch Wissenschaft ersetzt. Schon der Soziologe Max Weber hat darauf hingewiesen, dass Wissenschaft unser Schicksal ist, aber Wissenschaft setzt auf Widerlegung, nicht auf verlässliche Orientierung, beseitigt also nicht Unsicherheit, sondern erhöht sie. Ohne Weisheit und Lebenserfahrung verlieren die Menschen ihre Toleranz gegenüber Ungewissheit und Imperfektion. Für Imperfektion hat nur ein Gespür, wer erlebt, erfahren oder erzählt bekommen hat, dass das eigene Leben in eine Vorgeschichte eingebettet ist.«*[31]

Um die Aufarbeitung solcher Imperfektionen wäre es im Kulturweisenrat gegangen. Was der Bundespräsident damals ablehnte, war eine Möglichkeit, auf eine höchst demokratische, zugleich aber auch kompetente Weise Orientierung zu finden und in der breiten Öffentlichkeit und den Medien darüber zu diskutieren. Weisheit, Politik und Kultur sollten zusammengeführt werden.

In gewisser Weise geht es ja bei der Frage nach der Weisheit immer auch um das Glück – das des Einzelnen und das einer Gemeinschaft. »Weisheit«, schrieb Matthieu Ricard,

*»bezeichnet genau jenes Unterscheidungsvermögen, das uns erkennen lässt, welche Gedanken und Handlungen zu echtem Glück beitragen und welche es zerstören. Weisheit beruht immer auf unmittelbaren Erfahrungen, nicht auf Lehrsätzen. Mit alldem soll keinesfalls gesagt sein, Verhaltensregeln und Gesetze seien überflüssig. In diesen Regeln ist der Weisheitsgehalt vergangener Erfahrungen zusammengefasst. Aber es sind eben nur Regeln. Hier lässt uns die Weisheit erkennen, wann Ausnahmen notwendig sind. Das Gesetz behält im Großen und Ganzen seine Gültigkeit, aber mitfühlende Weisheit hat der Ausnahme zugestimmt. Wie Martin Luther King einst sagte: ›Die Unmenschlichkeit des Menschen gegen den Menschen manifestiert sich nicht nur durch die schrecklichen Taten der Bösen, sondern auch durch die lähmende Tatenlosigkeit der Guten.‹«*[32]

Wenn Weisheit das Unterscheidungsvermögen beinhaltet, das uns erkennen lässt, welche Gedanken und Handlungen zu echtem Glück beitragen, dann muss Weisheit mehr sein als nur ein bloßes Vermuten, eine Art esoterisches Stochern im Nebel. Das nächste Kapitel zeigt, worin der kognitive Kern der Weisheit besteht – ihr Wissen gleichsam. Es geht der Frage nach, was Weisheit im Kern eigentlich ist. Die darauf folgenden Kapitel nehmen dann das, was Weisheit ausmacht, auch psychologisch und neurowissenschaftlich unter die Lupe. Doch zunächst zu der Frage, mit welcher Art von Unterscheidungsvermögen, Erkenntnis und Erfahrung Weisheit zu tun hat. Meine Antwort lautet: Weisheit antwortet auf die Komplexität des Lebens und die immer neuen Ansprüche an uns, die aus dieser Komplexität erwachsen. Doch was bedeutet Komplexität in diesem Zusammenhang?

## KAPITEL 2:

## WEISHEIT UND KOMPLEXITÄT

**Zunächst einmal: Was bedeutet Komplexität?**
**Und was heißt hier »und«?**

Sinnvoll über etwas zu sprechen setzt voraus, dass man klar definieren kann, wovon man spricht. Lässt sich von Weisheit klar sprechen? Der Begriff stellt für viele, die sich in ihrem Denken an den Wissenschaften orientieren und auf ihren kritischen Rationalismus großen Wert legen, eine Schwierigkeit dar. Zu behaupten, dass Weisheit etwas ist, das uns fehlt, macht die Sache nicht leichter. Denn auch das, was fehlt, sollte genau bestimmt werden können, zumal von einem Fehlen zu sprechen voraussetzt, dass man eine gewisse Übereinstimmung über das erzielen kann, was den Menschen ausmacht oder was er dringend benötigt. Aber an diesem Punkt klein beizugeben und den Prozess der Verständigung frühzeitig abzubrechen kommt nicht in Frage. Und es genügt nicht, das Gespräch über Weisheit im Kreis von Gleichgesinnten oder in esoterischen Zirkeln zu führen. Ein solcher Rückzug in eine geschlossene Gruppe oder in die Innerlichkeit kann kein Ausweg aus dem Dilemma sein. Ganz im Gegenteil: Es ist notwendig, darauf zu beharren, dass Weisheit tatsächlich mehr ist als eine esoterische Spielerei, mehr als ein Interesse für Yoga oder Philosophie (so verdienstvoll beides am Ende auch sein mag). Weisheit bezeichnet nichts, wonach es uns zwischendurch »mal eben« gelüstet – so wie wir uns manchmal nach einer frischen Meeresbrise sehnen oder nach einem Abend in den Bergen oder vielleicht nach einem Rheinischen Sauerbraten. Aber was bezeichnet Weisheit überhaupt?

Weisheit ist eine wesentliche Dimension unseres Lebens, die in Vergessenheit geraten ist und uns auf eine sehr existentielle, fundamentale Weise fehlt. Das erklärt, warum Weisheit selbst ein »verschwundenes« Wort, ein Fremdwort in der eigenen Sprache geworden ist. Weisheit ist weder en vogue noch erscheint sie für einen modernen Menschen erstrebenswert. Mit den Worten einer berühmten Gedichtsammlung, die in der Blütezeit des Chan-Buddhismus in China entstanden ist, könnte man sagen: Zugegeben. Von Weisheit zu reden mag angesichts der Unpopularität des Begriffs gegenwärtig etwas von geistiger Armut an sich haben – aber keineswegs von Elend. Hanshan, der weitgehend unbekannte Verfasser der berühmten *150 Gedichte vom Kalten Berg* bezieht sich mit dieser Unterscheidung von Armut und Elend auf eine Geschichte von Meister Zhuang. Der taoistische Heilige Zhuang Zhou lebte um 365 bis 290 v. Chr. und war ein bekannter chinesischer Philosoph und Dichter. Ihm wird die Textsammlung *Zhuangzi* oder *Wahres Buch vom südlichen Blütenland* zugeschrieben. Sie gilt nach dem Tao Te Ching als zweitwichtigster taoistischer Text. Die Sammlung enthält u.a. Geschichten von Konfuzius, Laotse oder von Dschuang Dschou selbst, wie der Verfasser mit Rufnamen hieß. Dieser fragt sich in einer der bekannteren Geschichten beim Erwachen aus einem Traum, in dem er ein Schmetterling war, ob er nun tatsächlich von einem Schmetterling geträumt hat oder in Wahrheit ein Schmetterling ist, der träumte, Dschuang Dschou zu sein.[1] Eine andere Geschichte von Meister Zhuang, auf die Hanshan sich bezieht, berichtet von dessen Zusammentreffen mit dem König von Wei – und in ihr wird der Unterschied zwischen Armut und Elend gemacht. Meister Zhuang trug zerlumpte, aus grobem Tuch gemachte Gewänder und Schuhe, die mit Zwirn zusammengebunden waren, um zu halten. »Wie kommt es, Meister, dass ihr in solchem Elend seid?«, fragte der erstaunte König von Wei. »Das ist Armut«, sagte Meister Zhuang, »nicht Elend. Wenn ein Gelehrter im Besitz von Weg (Tao) und Tugend ist, sie jedoch nicht praktizieren kann, dann ist er elend. Wenn seine Kleidung hingegen verschlissen ist und seine Schuhe Löcher haben, mag das nicht schön sein und er ist arm – aber nicht elend!«[2] Hanshan will darauf hinweisen, dass es ihm in erster Linie um eine Haltung geht, in der keine verwirrenden Gedanken mehr quälen und »das Herz ohne Zweifel ist. In Seelenruhe die Dinge lassen, gehen wie ein Boot ohne Leine, kommen«. Hanshan sagt: Ihr habt mich zwar verworfen und haltet mich für einen Narren, zumal ich nicht die beste Kleidung trage. Dafür aber gleicht mein Sinn dem Mond im Herbst und es gibt nichts, das vergleichbar wäre. Ihr hingegen beginnt die Brunnen erst zu graben, wenn ihr durstig seid. Schade, dass ihr eure Tage vertrödelt und keinen Frieden findet, weil ihr »nicht bemerkt, wie Jahr um Jahr das Alter naht«, aber ständig nach Kleidung und Essen trachtet.[3]

Das, was als Nachlässigkeit und Zumutung erscheint, ist in Wahrheit etwas, zu dessen Realisierung man Mut braucht. Für Menschen wie Meister Zhuang ist es lebensnotwendig. Verpassen oder missachten wir Weisheit, so geraten wir in Gefahr, das Leben selbst zu verpassen, jedenfalls dann, wenn wir es in einem umfassenden Sinn verstehen und nicht einfach »hinter uns bringen« wollen. Wir müssen uns Weisheit erarbeiten – wissen aber nicht, wie. Seltsamerweise sorgt gerade die Vorstellung, dass Weisheit auch in jüngeren Jahren erlernbar ist, bei vielen für noch mehr Befremden und Verwirrung. Und doch verhält es sich so, dass man Weisheit früh erlernen und kultivieren kann, wie die Untersuchungen von Paul Baltes zeigen, auf die ich im nächsten Kapitel eingehen werde. Man bekommt Weisheit weder einfach in die Wiege gelegt wie ein Wunderkind seine Begabung – noch kommt sie, der weit verbreiteten Meinung zum Trotz, automatisch mit dem Alter. Sie alle kennen ältere und alte Menschen, die meilenweit davon entfernt sind, weise zu sein. Mit der (empirisch belegbaren) Behauptung, dass Weisheit erlernt oder besser kultiviert werden muss, widerspreche ich also der weitverbreiteten Ansicht, dass man Weisheit mit zunehmendem Alter von alleine erwerbe. Weisheit ist eben kein mentaler Rentenanspruch, für den es einfach genügt, auf eine Art »Bildungskonto« einzuzahlen, um dann am Ende Weisheit als Zins abheben zu können. Insofern beinhaltet Weisheit tatsächlich eine doppelte Zumutung: Durch die Behauptung, dass sie unser Leben entscheidend zum Besseren hin verändern würde, letztlich lebensnotwendig ist und dass sie kultiviert werden muss. Aber Weisheit ist, daran führt kein Weg vorbei: Arbeit. Nun werden Sie fragen: Arbeit woran? Und vor allem: Ist Weisheit dann nicht wie so vieles andere nur ein weiterer Punkt auf der To-Do-Liste, auf der oben Joggen und Sport, maßvolles Essen, Golf, die Kunst der Selbstbeherrschung und je nach Beruf und Lebenssituation bereits weitere Punkte stehen? Was also »macht« Weisheit? Was verbessert Sie eigentlich?

Meine Antwort ist einfach: Weisheit ist die Fähigkeit, die wir benötigen, um mit Komplexität umgehen zu können.

Die harmlos erscheinende Konjunktion »und« in der Kapitelüberschrift bedeutet tatsächlich mehr als nur eine bloße Aufzählung oder Aneinanderreihung. Es besteht vielmehr ein wesentlicher Zusammenhang zwischen Weisheit und Komplexität. Sie verbindet unser rationales Verstehen, unseren Umgang mit Komplexität mit etwas, das je nach Tradition Einsicht, Herz, Mitleid und »Erkenntnis der wahren Natur der Dinge«, zuweilen auch Erwachen aus dem Traum der Illusionen genannt wird. Was damit gemeint ist, soll im Laufe des Buches mehr und mehr entschlüsselt werden. Zu Anfang bleibt als Faustregel festzuhalten: Weisheit und Komplexität gehören in gewisser Weise zusammen wie Bruder und Schwester. Beide stammen sozusagen aus demselben Elternhaus – mit allen Problemen, aber auch Freuden, die damit verbunden sind.

Weil der Zusammenhang von Weisheit und Komplexität möglicherweise zu den überraschendsten und deshalb auf den ersten Blick am schwersten nachzuvollziehenden Gedanken dieses Buches gehört, werde ich im Folgenden beide Begriffe und vor allem ihre Beziehung zueinander möglichst exakt beschreiben. Doch ich gebe zu, dass das Kapitel, das Sie nun zu lesen begonnen haben und das diese einfache Antwort entfaltet, vermutlich das schwerste des ganzen Buches ist. Dass es so ist, hängt mit dem Umstand zusammen, dass Komplexität und die Erforschung des Verhaltens von komplexen Systemen gegenwärtig zu den schwierigsten Forschungsgegenständen gehört, die es gibt.

Meine Überlegungen knüpfen dabei keineswegs an bloß theoretische, philosophische Konstrukte an, sondern vielmehr an harte Empirie und an neueste Entwicklungen in den Naturwissenschaften. Es ist kein Zufall, dass die Frage nach dem Verstehen von Komplexität und danach, wie wir in komplexen Systemen am besten handeln und wie wir sie am besten steuern sollen, zu einem Hauptthema der Naturwissenschaften geworden ist. Und es erscheint seltsam, dass die Philosophie diesen Fragen bisher so wenig Beachtung schenkt.

Meiner journalistischen Arbeit verdanke ich die Möglichkeit, die verschiedensten Geistes-, vor allem aber auch Naturwissenschaftler danach fragen zu können, was ihrer Meinung nach die größte wissenschaftliche Herausforderung der kommenden Jahrzehnte sein wird. Erstaunlicherweise antworteten sie bis auf ganz wenige Ausnahmen einhellig nicht mit Themen ihrer jeweiligen Fachrichtungen, etwa mit erwartbaren Sätzen wie »Die genauere Bestimmung des menschlichen Genoms!« oder »Das Besiegen von Krebs und AIDS« (obwohl das ohne Zweifel ein wichtiges Ziel der Wissenschaften ist und sein sollte). Die Antworten waren auch nicht »Zu erkennen, wie das Gedächtnis und das Bewusstsein funktionieren« oder »Zu erklären, wie Materie wirklich aufgebaut ist«. Die weitaus meisten Naturwissenschaftler – unabhängig ob Molekularbiologen, Astrophysiker, Experten für Logistik und Verkehrssteuerung oder Neurowissenschaftler – nannten spontan ein großes, die Zukunft beherrschendes Thema: Ob und wie es uns gelingen wird, Komplexität wirklich zu verstehen und komplexe Prozesse besser und effizienter zu steuern.

Derartige komplexe Prozesse sind äußerst vielfältig. Die verwickelten, mit sich selbst rückgekoppelten hormonellen Kreisläufe gehören ebenso dazu wie die Verkettungen von Genen bzw. Gensequenzen bei der Herstellung von Proteinen, Zellen, Botenstoffen und allem, was das Leben in seiner Vielfalt ausmacht. Aber auch die Entstehung der Galaxien lässt sich wie die Musterbildung aus den kleinsten Grundbausteinen der Materie als ein Vorgang sich steigernder Komplexität betrachten. Ebenso nahezu alle Evolutionsprozesse und sicher auch die Art und Weise, wie Millionen von mehr oder minder ähnlichen Zellen im Gehirn – also: biologische Materie – so miteinander interagieren können, dass dabei etwas entsteht, das wir als Bewusstsein, Willen oder sogar als »Ich« bezeichnen. Komplexität ist in der Mathematik ebenso zu finden wie bei Verkehrsprozessen, etwa den seltsamen »Staus aus dem Nichts«, die immer wieder auf der Autobahn entstehen, weil kleinste Schwankungen des Abstands zwischen den Fahrzeugen sich zu einer großen Störung, einem Stau aufschaukeln können. Das Klima, die Ökologie der Welt, Prozesse der Energiegewinnung, Gesundheit und Ernährung, die Entstehung von Sprache, die Steuerung gesellschaftlicher Prozesse oder der Zusammenhang zwischen Steuerreform, steigendem Durchschnittsalter der Bevölkerung und Gesundheitsreform: Die zentrale Eigenschaft all dieser Systeme, die wir nur zum Teil verstehen – geschweige denn nachhaltig und gut steuern können –, ist Komplexität.

Eine Gesellschaft als komplexes Beziehungsgeflecht von Individuen und Institutionen oder ein Prozess wie das Autofahren als Aufeinandertreffen von freier, mehr oder weniger zufälliger Interaktion einzelner Verkehrsteilnehmer, geregelt durch ein kompliziertes Geflecht von Vorschriften – all das sind komplexe Prozesse, die nachhaltig zu steuern ebenso schwer fällt wie der Versuch, mit einem Eingriff in die genetischen Prozesse etwa von Stammzellen oder anderen Zellstrukturen des Körpers zu verhindern, dass Krebs entsteht oder sich Metastasen weiter ausbreiten.

Seltsamerweise hat der Begriff der Komplexität ungeachtet der enormen Bedeutung in den Naturwissenschaften keinen Einzug in unser allgemeines Bewusstsein gehalten. Die einzig wirklich populäre Form, in der das Thema eine breitere Öffentlichkeit erreichte und für eine kurze Zeit geradezu Popstatus erhielt, waren die Abbildungen von fraktalen Strukturen, insbesondere von Julia-Mengen, umgangssprachlich »Apfelmännchen« genannt, die im Zusammenhang mit der Chaostheorie eine Zeitlang durch alle Magazine geisterten. Es gab zahllose Computerprogramme, die Fraktale erzeugten, Uhrenarmbänder, mit fraktalen Landschaften bedruckte T-Shirts, Poster und paisleymusterähnliche Stoffe, Bildschirmschoner, psychedelische Videos und vieles mehr. Fraktale sind, vereinfacht gesagt, sichtbar gemachte selbstähnliche Strukturen, die als grundlegende Muster in komplexen Strukturen überall in der Natur auftauchen – in der Bildung von Wolken ebenso wie in Wachstumsprozessen oder in den Schwankungen der Börsenkurse. Doch Ende der achtziger Jahre ebbte die Mode allmählich ab, obwohl die eigentliche Erforschung von Komplexität gerade erst begonnen hatte. Neue Institute und Forschungseinrichtungen entstanden, die sich, meist unbeachtet von der Öffentlichkeit, der Erforschung von Komplexität und den Strukturen der sogenannten Selbstorganisation mit großem Elan widmeten.

Ablesen lässt sich das vielleicht an drei Neugründungen der *Max-Planck-Gesellschaft*: Am 1992 in Dresden gegründeten *Max-Planck-Institut für Physik komplexer Systeme*, dem 1996 in Magdeburg gegründeten *Max-Planck-Institut für Dynamik komplexer technischer Systeme* und dem 2004 gegründeten Göttinger *Max-Planck-Institut für Dynamik und Selbstorganisation*.

Der Urknall für diese und ähnliche weltweit entstehende Institute fand wohl am berühmten *Santa Fe Institute* statt, das ursprünglich in einem Kloster untergebracht war. Es entstand als eine Art ausgelagertes (oder besser: vorgelagertes) privates Non-Profit-Bildungs- und Forschungszentrum im Umfeld des *Los Alamos National Laboratory* in Los Alamos, New Mexico. Los Alamos gelangte zu trauriger Berühmtheit, weil in der Kernforschungsanlage die beiden Atombomben konzipiert wurden, die 1945 auf Japan abgeworfen wurden. Gegenwärtig befindet sich seit dem Juni 2008 in Los Alamos der schnellste Rechner der Welt, der IBM Roadrunner mit einer Maximalleistung von 1,026 Peta-FLOPS. Das *Santa Fe Institute* wurde berühmt durch die freie Denkweise und fächerübergreifende, interdisziplinäre Zusammenarbeit von Disziplinen wie Künstliche-Intelligenz-Forschung, Physik, Biologie, nichtlineare Thermodynamik, Strömungsforschung, Ökologie, Wirtschaftswissenschaften und verschiedener sozialer und kultureller Wissenschaftsdisziplinen. Alle Forscher, so unterschiedlich auch ihre Schwerpunkte sein mochten, verband ein gemeinsames Ziel: Sie wollten verstehen, wie sich komplexe, anpassungsfähige (sogenannte adaptive) Systeme bilden und selbst organisieren. Für sie war klar, dass die reale Welt – im Gegensatz zur Welt der Laboratorien, die von der Präzision eines Uhrwerks beherrscht schien – nicht nur komplexer war als die der damals geltenden physikalischen Vorstellungen, sondern vor allem in der Lage, lebendige, anpassungsfähige Systeme hervorzubringen. Biologie aber war mit den Mitteln damaliger Physik nicht zu denken. Beide Bereiche trennte eine unüberwindbar erscheinende Kluft. Heute gehört das *Santa Fe Institute*, das auf eine Reihe bahnbrechender Symposien und Veröffentlichungen zurückblicken kann, zu den innovativsten Instituten der Welt.[4] Dass hängt mit der konsequent interdisziplinären Erforschung von Komplexität zusammen.

Inzwischen gibt es auch im deutschsprachigen Raum einige hervorragende einführende, aber auch weiterführende Bücher zum Thema. Ich möchte kurz einige der Merkmale komplexer Systeme zusammenfassen, wobei ich das wichtige Thema von Komplexität als Maß von Berechenbarkeit und Information auslasse.

Der Begriff Komplexität, der auf eine sehr vielfältige Weise verwendet wird, führt verschiedene Denkansätze und wissenschaftliche Erkenntnisse zusammen, die auf sehr unterschiedlichen Gebieten gewonnen wurden und werden. Sie reichen von der Physik über die Biologie bis hin zur Neurowissenschaft und Psychologie oder in scheinbar so fern liegende Bereiche wie Städte- und Verkehrsplanung hinein. Ursprünglich geht der Begriff Komplexität auf das lateinische Wort »complexio« zurück. Es bedeutet so viel wie Umschlingung, Verbindung und Verknüpfung, seltener auch Verschmelzung. In der Regel bezieht sich der Begriff heute auf dynamische, also sich ständig verändernde Systeme verschiedenster Art wie Gehirne, Computer, Ökosysteme, Zellen, Bienen, Organsysteme, Musterbildung bei Muscheln, Gesellschaftssysteme, Gene, das Internet und vieles mehr. Unter einem dynamischen System versteht man im streng wissenschaftlichen Sinn das mathematisch-physikalische Modell eines zeitabhängigen Prozesses. Der Systemtheoretiker Niklas Luhmann hat die vielleicht klassischste, sich gleichzeitig auf die Tradition wie auf die moderne Begrifflichkeit beziehende Definition von Komplexität geprägt: »Komplexität ist die Einheit einer Vielheit«.[5] Was zunächst mystisch klingt und eher bei Meister Eckhart, oder von der Theologie so heftig inspirierten Philosophen wie Hegel zu erwarten wäre, ist tatsächlich ebenso mathematisch wie naturwissenschaftlich gemeint. Die Definition verweist auf ein in vielen Aspekten bis heute ungelöstes Rätsel – in der Form des Paradoxes, wie Luhmann schnell hinzufügen würde, mit dem weiteren Hinweis, dass eben das Paradox die angemessene Form der Darstellung sei und mit der Sache selbst zusammenhängt. Das Problem lautet: Wie kann Vielheit Einheit sein? Wie kann etwas, das doch unterschieden ist, also eine Vielheit darstellt, zugleich eine Einheit, also eins sein, wenn es doch ebenso auch zwei oder mehr ist? Ist es also in Wahrheit gar nicht zwei, sondern eins? Warum aber treffen wir dann Unterscheidungen? Konkret: Wie kann ein Organ, das zum Körper gehört, so etwas wie Bewusstsein, das zur Welt des Geistes gehört, hervorbringen oder zumindest doch eine Bedingung dafür sein? Die Frage ist also, wie man diese Paradoxie der Einheit von Vielheit auflöst, ohne den Begriff der Komplexität seines exakten Bedeutungsgehaltes zu berauben.

Zunächst gilt es eine häufig gemachte Verwechslung auszuräumen und Kompliziertheit und Komplexität klar zu unterscheiden. Es mag kompliziert sein, eine mechanische Armbanduhr auseinanderzunehmen und wieder zusammenzusetzen. Und doch ist die Armbanduhr, obwohl sie ein System ist, das sich aus einer Vielheit von Komponenten zusammensetzt, nicht komplex. Dazu fehlen ihr einige entscheidende Merkmale, allen voran die Nichtlinearität. Die Aufgabe einer Uhr ist es, so verlässlich wie möglich Zeitintervalle zu reproduzieren. Egal wodurch man einer Uhr Energie zuführt – sei es durch eine Batterie, sei es durch Aufziehen von Hand –, sie soll ein und denselben messbaren Effekt oder Output bringen: eine kontinuierliche Zeitmessung. Man spricht in diesen Zusammenhang von einem linearen System. Ein System ist dann linear, wenn ein und dieselbe Ursache stets denselben Effekt hat. Ich ziehe die Uhr auf – und wenn sie nicht kaputt ist, dann wird sie bis in alle Ewigkeit unverändert funktionieren. Die Zeiger werden sich auf eine völlig determinierte Art und Weise verhalten. Hat eine Uhr genügend Energie zur Verfügung, kann ich theoretisch voraussagen, was sie in hundert Jahren machen wird.

Im Unterschied dazu stellen nichtlineare Verknüpfungen einer Vielzahl von Elementen Wirkungen dar, die nicht mehr »proportional« sind. Ursache und Wirkung sind nicht einfach »linear« miteinander verknüpft, sodass ich sagen kann: Wenn ich A mache, passiert immer B. Vielmehr kommt es zwischen den einzelnen Elementen eines nichtlinearen Systems zu einer Wechselwirkung und Rückkopplung. Es ist so, als würde auf einmal der Sekundenzeiger beginnen, mit dem Minutenzeiger in einem freien Spiel neue Verbindungen auszuhandeln. Diese neuen Wechselwirkungen, zu denen es in nichtlinearen Systemen kommt, können zuweilen völlig überraschende, chaotische und nicht vorhersehbare oder planbare Effekte zur Folge haben. Eine Welle, die sich bildet, kann plötzlich zu einem Tsunami werden. Kleine Abbrüche von Schnee führen mit einem Mal zu einer Lawine. Im Fall des sogenannten »Deterministischen Chaos« spricht man davon, dass ein System zwar klare, bekannte Regeln hat (d.h. ich weiß, wie sich Lawinen bilden), aber zum Teil nur geringe Abweichungen der Ausgangsbedingungen und Rückkopplungen zwischen den einzelnen Elementen zu völlig anderen Effekten führen. Kleinste Schwankungen der Ausgangsbedingungen (Temperatur, Dichte des Schnees) können sich mit einem Mal zu einer »Gesamtwirkung« addieren, die zu unterschiedlichsten Entwicklungen führt. Man kann die Zahl der Hasen geringfügig vermehren oder einige wenige Exemplare neuer Tierarten in einem Land wie Australien einführen – und plötzlich vermehren sich diese Tiere auf eine Weise, die explosionsartig erscheint. Mathematisch gesprochen zeichnen sich nichtlineare Systeme dadurch aus, dass eine Differenz zwischen Werten, ein $\Delta x$, eine exponentielle Funktion ist. Der eine Tropfen, der das Fass zum Überlaufen bringt, kann ungeahnte Folgen haben. Man spricht – symbolhaft – vom Schmetterlingseffekt: Der Flügelschlag eines Schmetterlings, den Vladimir Nabokov in den Alpen jagt, führt zu einem Unwetter in einer amerikanischen Universitätsstadt. Gemeint ist damit, dass in einer instabilen Wetterlage die geringfügige Änderung nur eines Faktors eine globale Wetterveränderung auslösen kann. Grégoire Nicolis vom *Center for Nonlinear Phenomena and Complex Systems* der Universität Brüssel machte dabei mit Blick auf den Schmetterlingseffekt auf einer internationalen Komplexitäts-Tagung der *Academia Europaea* im April 2008 folgende Unterscheidung im Sprachgebrauch. Zunächst gebe es das subtile Spiel von Anwendungen solcher Begriffe (die bereits Lösungen von Problemen sind). Weiter benutze man Analogien (eine Art Suche nach qualitativ richtigen Vergleichen) und Metaphern, deren Sinn es ist, unser Denken zu inspirieren. Diese drei Verwendungen gilt es streng zu unterscheiden. Der wahre Kern der Metapher vom Schmetterlingseffekt liegt in der messbaren nichtlinearen Wirkung kleiner Schwankungen in instabilen Systemen.

Eine Festnahme in einem Stadtteil von Los Angeles löst – in einer instabilen gesellschaftspolitischen Lage – Straßenschlachten und Plünderungen aus. Kleine Veränderungen der Informationen an der Börse – Insiderwissen, das durchsickert – führen zu explosionsartigen Stürzen oder Höhenflügen von Aktienkursen. All diese Effekte sind real und messbar und beschreiben die Wirkung minimaler lokaler Schwankungen auf globale Systeme.

Ein zweites Merkmal komplexer Systeme ist ihre Fähigkeit zur Selbstorganisation. Diese erscheint auf den ersten Blick oft völlig unverständlich und wie ein Wunder. Tatsächlich handelt es sich um eine nachvollziehbare Eigenschaft. Ohne die Fähigkeit zur Selbstorganisation würde es niemals gelingen, Systemen, die ständig in Bewegung sind und deren Teile sich neu bilden, »automatisch« Stabilität zu verleihen. Ein Bienenstaat, der zusammenstürzt, wenn nur eine Arbeiterin nicht mehr zurückkehrt, ist in hohem Maße lebensunfähig. Ohne dass wir es merken, organisieren sich die Zellen unseres Körpers, die ständig neu gebildet werden, zu dem Körper, den wir kennen. Noch nach Jahren sagen wir »Ich« – obwohl es so gut wie keine Zelle mehr gibt, die mit der, die es vor sieben Jahren gab, identisch ist. Inzwischen ist die Verwendung des Begriffs der Selbstorganisation, der von romantischen und unwissenschaftlichen Vorstellungen klar zu unterscheiden ist, auch in der Philosophie Mode geworden.[6]

Verkürzt lässt sich sagen, dass selbstorganisierende dynamische Systeme die Fähigkeit besitzen, sogenannte Attraktoren zu bilden. Ihre Trajektorien (Ort-Raum-Kurven) laufen auf einen bestimmten Zustand hinaus und haben eine bestimmte Entwicklungslinie in einem sogenannten Phasenraum (dem Raum, der von den zeitlich veränderbaren Elementen eines dynamischen Systems aufgebaut wird). Attraktoren bezeichnen Zustände der Stabilität, auf die dynamische Systeme immer wieder zulaufen. Man mag einen Bach leiten, wie man will, am Ende bewegen sich die Milliarden von Wassermolekülen doch auf einen Attraktor zu: den tiefsten Punkt. Allerdings gibt es auch Systeme, die zwei oder mehr Attraktorzustände aufweisen. Diese weisen wie sogenannte Doppelpendel (zwei aneinander befestigte und verkoppelte Pendel) eine hohe Komplexität auf. Sie vermögen zwar zu pendeln, schwingen aber zwischen Polen hin und her, die aufeinander rückwirken und miteinander verkoppelt sind. Auf diese Weise können chaotische Bewegungsabläufe erzeugt werden. Die Pendel können entsprechend der Ordnungsparameter (kleine Schwankungen in den Ausgangsbedingungen!) sehr verschiedene Ordnungszustände einnehmen.

Selbstorganisation entsteht also durch die Wechselwirkung nichtlinearer Prozesse. Keine übergeordnete Instanz »plant«, lenkt oder leitet sie. Gelangt ein dynamisches System in die Nähe eines Zustandes, der es instabil werden lässt, findet ein Phasenübergang statt, der dieses System automatisch in einen neuen, stabileren Zustand überführt, in den das System langfristig hineingezogen wird und in dem es weiter funktionieren kann. Dieser »neue« Attraktor ist insofern ein neuer Gleichgewichtszustand. Er verändert sich selbst im Laufe der Zeit nicht, es sei denn, das gesamte System geht in einen neuen Zustand mit einem neuen Attraktor über. Nichtlineare Systeme besitzen sogenannte Grenzzyklen, in denen sich Vorgänge periodisch wiederholen oder, wie im Fall sogenannter chaotischer Attraktoren, in völlig unregelmäßige, irreguläre Entwicklungen abgleiten, die sich jedoch alle innerhalb eines sogenannten Zustandsraumes verdichten. Das System mag, wie das Wetter, durch verschiedene Entwicklungsgesetze eindeutig determiniert sein. Die kleinste Veränderung der Ausgangsbedingungen führt jedoch im Laufe der Zeit zu Abweichungen, die immer größer werden. Kleinste Unterschiede schaukeln sich hoch, entwickeln sich nichtlinear – und führen zu unerwarteten und vor allem unberechenbaren Ergebnissen. Deshalb nutzt es uns nichts, alle Ausgangsbedingungen eines so komplexen Systems wie das des Wetters zu kennen: Wir müssten alle Ausgangsbedingungen auf dem gesamten Planeten kennen – ebenso wie ihre exakten Rückkopplungsprozesse. Genau damit aber stoßen wir an eine prinzipielle Grenze, die wir nicht überschreiten können. Selbst wenn die Ausgangsbedingungen bekannt wären: Kleine Veränderungen in ihrer Dynamik würden schnell zu unvorhersehbaren Entwicklungen führen.

Ein drittes Merkmal komplexer Systeme ist, dass es sich um dissipative Systeme handelt. Diese Systeme nehmen Energie aus ihrer Umgebung auf oder geben Energie an sie ab. Insofern tauschen diese Systeme Informationen mit der Umgebung aus (denn auch Energie lässt sich als Information darstellen). Wie bei Sandhaufen oder Dünen handelt es sich dabei um offene Systeme, denen von außen Materie oder Energie zugeführt wird, etwa durch Wind oder dadurch, dass jemand im Sand geht. Dissipativ bedeutet wörtlich »zerstreut«. Zerstreut wird die Energie im System, etwa durch Reibung, durch die ein Rad zum Stillstand kommt oder ein Pendel aufhört zu schwingen. Die ursprüngliche Energie wird dann in allmählich ermüdende Bewegungsenergie und Reibungsenergie verteilt. In der Physik bezeichnet man Vorgänge in dynamischen Systemen also dann als dissipativ, wenn sie nicht geschlossen sind, sondern mit der Umgebung im Austausch stehen, etwa indem sie durch Reibung Wärmeenergie abgeben wie beim Bremsvorgang. Die Energie einer makroskopisch gerichteten Bewegung wird dabei meist in andere Energieformen umgewandelt, etwa in thermische Energie (die Energie einer ungeordneten Bewegung der Moleküle, die dann nur noch teilweise umwandelbar ist). Das beste Beispiel für ein dissipatives System ist jedes Lebewesen: Es nimmt Energie aus der Umwelt um, verwandelt sie – und gibt auf seine Weise damit Energie an die Umwelt ab. Durch einen bereits auf physikalischer oder chemischer Ebene stattfindenden Selektionsvorgang wird bestimmt, welche Energien aufgenommen und abgegeben werden. Es gibt Selektion also bereits auf der Ebene nicht lebender Systeme. Sie findet aufgrund der schwachen Wechselwirkungskräfte auf molekularer Ebene statt und ist die Grundlage für viele Prozesse bei höheren, auch lebenden Systemen.[7]

Mit diesen Merkmalen ist ein viertes verbunden: Die Fähigkeit eines komplexen Systems, selbst dynamisch zu reagieren und neue Verhaltensweisen aufzubauen. Auch dieser Begriff, oft als Emergenz bezeichnet, findet inzwischen eine weite Verwendung bis in die Philosophie.[8] Gemeint ist mit Emergenz die makroskopische Eigenschaft einer »Einheit aus Vielheiten«, die selbst weder in den mikrokosmischen Systemelementen auftritt noch daraus ableitbar ist. Vereinfacht gesagt: Das Ganze ist mehr als die Summe seiner Teile. Dass dies keine symbolische Redens-

93

weise, sondern eine exakt nachvollziehbare, wenn auch mathematisch im Einzelfall oft nur sehr aufwendig zu beschreibende Eigenschaft ist, mag erstaunen. Doch ein Wassermolekül, das aus zwei Gasen – den »Vielheiten« der Elemente Sauerstoff und Wasserstoff – gebildet ist, ist selbst nicht flüssig. Flüssig zu sein ist eine Eigenschaft, die erst im Verbund, als Einheit und makroskopische Struktur vieler Wassermoleküle, auftritt. Ebenso können einzelne Neuronen oder selbst kleine Neuronengruppen nicht denken. Und doch scheinen diese »mikroskopischen« Einheiten und die noch kleineren biochemischen Prozesse in ihnen die zentrale Rolle bei der Entstehung von Gedanken zu spielen.

Emergenz entsteht oftmals durch die Anwendung von einfachen Regeln in einem System mit vielen Elementen, die miteinander wechselwirken. Auf diese Weise lässt sich beispielsweise das Schwarmverhalten von Vögeln oder Fischen simulieren. Die Regeln sind, wie Computersimulationen gezeigt haben, höchst einfach. Regel 1: Bewege dich in Richtung des Mittelpunkts derer, die du in deinem Umfeld siehst. Regel 2: Bewege dich weg, sobald dir jemand zu nahe kommt. Regel 3: Bewege dich in etwa in dieselbe Richtung wie deine Nachbarn. Was sich daraus ergibt, ist die uns bekannte Gesamtstruktur eines Schwarms, einer Einheit aus Vielheit.

Eine fünfte Eigenschaft komplexer Systeme ist, dass sie über ein »Gedächtnis« verfügen. Damit sind auch einfache physikalische Systeme gemeint, die keinerlei mechanischen oder biologischen Apparat zur Gedächtnisbildung besitzen. Vielleicht sind diese als Attraktorzustände interpretierbar – etwa wenn in der Geschichte der Evolution das Auge oder andere Sinnesorgane mehrfach und manchmal auf einem völlig anderen Weg »wieder«-erfunden wurden. Selbst physikalische Systeme (etwa Quantensysteme mit verkoppelten Zuständen) verfügen über die Eigenschaft, Information über Zustände und Eigenschaften bzw. Funktionen weiterzugeben und diese Information entweder zu verstärken oder aber, weil sie nicht verstärkt wird, allmählich zu vergessen. Elastische Gegenstände, die man verformt, nehmen wieder ihre ursprüngliche Gestalt an: Sie haben ein »Gedächtnis« für ihren »ursprünglichen« Zustand.

Sechstens scheinen komplexe Systeme bei der Analyse ihres Verhaltens fraktale Stukturen aufzuweisen. Fraktale sind, wie bereits oben beschrieben, geometrische Objekte, die sich selbst ähnlich bleiben, auch dann, wenn man sie verkleinert oder vergrößert. Ein Beispiel sind Wolken, die Linien von Küsten, bestimmte Broccoli-Arten oder aber Zeitreihen, etwa der Entwicklung von Aktienkursen.[9] Man kann gleichsam als Faustregel sagen: Je fraktaler der Phasenraum eines Systems ist, umso mehr ändert sich. Eine Forschergruppe um den Physiker Hermann Haken und den Psychologen Günter Schiepek hat gezeigt, dass dies beispielsweise in therapeutischen Prozessen unabhängig von der Wahl der Therapieform der Fall ist. Untersuchungen der Finanzmärkte haben gezeigt, dass die Bewegungen an der Börse bei Veränderungen und Annäherungen an einen heiklen Kipppunkt fraktale Entwicklungsstrukturen aufweisen.

Nach dieser Definition von Komplexität ist deutlich geworden, dass es sich nicht um metaphorisches oder philosophisches Reden handelt, sondern um ein Phänomen, das sich im Sinne naturwissenschaftlicher Untersuchungen analysieren lässt. Interessant ist dabei, welche weitreichenden Folgen die Analyse komplexer Systeme für unser Handeln haben kann. Ein strategisch nachhaltiges Vorgehen in komplexen Systemen – und jedes Unternehmen, jeder Wirtschaftszusammenhang ist ein solches komplexes System – bedarf eines an Komplexität orientierten Managements.[10] Fallbeispiele für ein Handlungsversagen, weil Komplexität nicht beachtet wurde, kennt vermutlich jeder aus seinem eigenen Arbeitsbereich. Oftmals muss eine Arbeitsgruppe erst ein »Gefühl« für Komplexität aufbauen, ehe eine Organisationsstruktur wirklich verbessert werden kann. Ein gutes Beispiel für die weitreichende Bedeutung des sogenannten Musterorientierten Modellierens von Systemen sind Einheiten, die aus einer Vielzahl von einzelnen »Agenten« aufgebaut sind.[11] Agenten sind dabei selbstständig handelnde Einheiten. Wenn Modelle realer Prozesse zu einfach sind (und nicht wenige Gesellschaftstheorien neigen zu einer solchen Vereinfachung), vernachlässigen sie meist entscheidende Aspekte und mindern die theoretische Schlagkraft des Modells. Schlimmer noch ist, dass sie auch falsche Schlussfolgerungen in Bezug auf die

Handlungsanweisungen liefern. Wer Komplexität nicht erkennt, wird sich in der Regel auch falsch in ihr verhalten.[12] Deshalb ist es von entscheidender Bedeutung, die tatsächlich in der Natur vorkommenden Muster ausfindig zu machen und zu verstehen. Diese Muster enthalten Informationen über die interne Organisation des Systems – allerdings in einer codierten Form. Wie also macht man sie ausfindig, wenn man den Code noch nicht kennt und sie daher vielleicht lange Zeit übersieht? Ein Beispiel, wie das gehen kann, legte ein Team des Umweltforschungszentrums Leipzig-Halle in Zusammenarbeit mit dem Department of Applied Biology in Seville, dem Zentrum für Marine Tropenökologie, sowie verschiedenen botanischen und mathematischen Instituten in den Niederlanden, Kalifornien, Dänemark und Florida vor. Ihr Modell für Musterbildung und komplexe Organisation hat den Vorteil, dass es mit einer Vielzahl von tatsächlichen Daten abgeglichen und daher überprüft werden konnte. Auch in der Wetterforschung greift diese Überlegung immer weiter um sich: Statt das Wetter vorauszusagen, bestimmt man aufgrund des Modells, das man erarbeitet hat, das Wetter, das beispielsweise vor einem Monat herrschte. Der klare Vorteil ist, dass man Prognosen an vergangenen Ereignissen direkt messen kann. Im Beispiel des Forscherteams ging es darum, die Wirksamkeit des Modells in Bezug auf die Siedlungsstrategie der indianischen Anasazi im Long-House Valley im nordöstlichen Arizona zu prüfen, die bis ins Jahr 1500 v. Chr. zurückreicht. Wie sah diese Strategie aus? Das Modell erlaubt es, sie mit dem archäologisch herausgefundenen Muster der Entwicklung in Übereinstimmung zu bringen und diese so zu erklären. Die Anwendung von Computermodellen zum besseren Verständnis gesellschaftlicher Prozesse ist ein relativ neuer und Erfolg versprechender Zweig der Komplexitätsforschung.[13] Eindrucksvoll sind auch Versuche, mit Hilfe solcher Modelle das komplexe Wachstum von Wäldern zu verstehen oder die bislang unklare Verteilung von Bären in den slowenischen Alpen. Welches Problem dahintersteckt, wird deutlich, wenn man bedenkt, dass Forscher 557 verschiedene Parameter fanden, die das Verhalten der Bären potentiell beeinflussen. Wie sollte man daraus ein Modell machen? In der Folge benutzte man aufgrund der Komplexitätsanalyse lediglich fünf verschiedene Muster, die man aus der Beobachtung der Bären gewonnen hatte. Diese Muster benutzte man gleichsam als »Filter« für die anderen Daten. Es zeigte sich, dass mit diesen wenigen Mustern die Vielzahl der Parameter auf 10 reduziert werden konnte. Diese reichten mit Hilfe des Modells nun aus, das Verhalten der Bären exakt vorauszusagen. Obwohl das Modell »global sensitiv« blieb, also keine Anzeichen einer Vernachlässigung von Komplexität aufwies, konnte man dennoch die Anzahl der Variablen durch geeignetes Erkennen von Mustern – d.h. codierter Information – erheblich reduzieren. Umgekehrt lassen sich solche Modelle natürlich auch dazu benutzen, Verhaltensweisen besser vorherzusagen bzw. effizienter und nachhaltiger zu steuern. Muster, so scheint es, sind die eigentlichen Wirk- und Steuermechanismen komplexer (auch komplexer sozialer) Systeme. Weisheitstraditionen betonen seit langem die Bedeutung solcher Muster, die häufig aus der Natur abgeleitet werden. Diese Betonung findet sich in der symbolhaften Sprache von Weisheitstexten, aber auch in sogenannten Volksweisheiten wieder. In gewisser Weise ist ihre Sprache zuweilen weniger unscharf als es auf den ersten Blick scheinen mag. Nicht selten trifft sie die Funktionsweise komplexer Systeme.

Zusammenfassend bleibt festzuhalten, dass sich komplexe Systeme, obwohl sie aus einer Vielheit von Elementen bestehen, manchmal durch die Untersuchung von nur wenigen Mustern sehr gut verstehen und abbilden lassen, ohne dabei – und das macht den entscheidenden Unterschied zu bisherigen Modellen aus – die tatsächliche Komplexität oder die Dynamik der Entwicklungen aus den Augen zu verlieren und zu vernachlässigen. Mit Weisheit wird häufig nichts anderes als ein angemessenes Verstehen und Umgehen mit dieser Komplexität bezeichnet, die für unser menschliches Leben so charakteristisch ist. Weisheit beinhaltet sowohl auf sozialer und kultureller Ebene wie auch auf der Ebene persönlicher Lebensbewältigung eine gelassene Haltung gerade angesichts der Komplexität des Lebens. Diese stellt uns immer wieder vor schier unlösbare Probleme. Zusammen mit der Komplexität ist eine Welt entstanden, die uns höchst widersprüchlich erscheint. Weisheit hilft uns, wie Raimon Panikkar sagt, so zu denken und zu handeln, dass uns dieses weise Handeln »mehr Leben gibt« und uns nicht »auf Abwege bringt, die wir nicht gehen wollten, obwohl wir es tun – vielleicht wegen des Ansehens oder des Geldes«.[14]

## Ist das so? Komplexität als »Dazwischen«

Der Weise ist jemand, der scheinbar immer zwischen den Stühlen sitzt und keiner Richtung eindeutig angehört, aber dennoch ganz im »Fluss der Dinge« ist. Weise sind Wanderer zwischen den Welten. Genau das weckt Misstrauen und lässt sie naiv und zuweilen weltfremd erscheinen. Denn wer etwas von einer Sache versteht, glaubt in der Regel einen klar definierten und damit festgelegten Standpunkt haben zu können und gehört entschieden einer Denkrichtung, einem Pol, einer Fraktion weltanschaulicher oder politischer Richtung an. Demgegenüber ist Gleichmut, in den buddhistischen Pali-Schriften Upekkhā genannt, gerade eine an Weisen besonders hoch geschätzte, heilsame Eigenschaft. Die Frage liegt nahe, inwiefern das Verhalten der Weisen und ihr Gleichmut etwas mit dem Verstehen und der Struktur von Komplexität zu tun hat.

Zenmeister Hakuin Ekaku (1686–1769) ist einer der großen Weisen des japanischen Zen-Buddhismus. Er gehörte jedoch nicht nur zu den wichtigsten Meistern der japanischen Tradition, sondern war darüber hinaus auch ein begabter Kalligraph und Maler. Bekannt wurde er vor allem als der große Erneuerer der Rinzai-Tradition des Zen-Buddhismus, auf die ich später im Zusammenhang mit Dōgen Zenji noch zu sprechen komme. Bekannt war Hakuin bei den Menschen vor allem für die durchdringende Kraft seiner Erleuchtungserfahrung, die im Alltag deutliche Spuren hinterließ. Diese müssen ebenso sichtbar gewesen sein wie die Veränderungen in den Tuschezeichnungen, die nach seiner großen Erleuchtungserfahrung entstanden sind und in einer elektronenmikroskopischen Untersuchung nachgewiesen wurden.[15] Die unterschiedliche Verteilung der Tusche am Anfang des Schriftzuges seines Namens dient geradezu als Maß für die Datierung seiner Werke.

Aufgrund seiner Weisheit und Erleuchtung, die den Alltag durchdrang, war Zenmeister Hakuin hoch geachtet. Die Menschen schätzten ihn als jemanden, der ein reines Leben führt. Eines Tages kam heraus, dass ein schönes Mädchen, das in der unmittelbaren Nachbarschaft Hakuins wohnte, schwanger war. Ihre Eltern waren aufgebracht. Das Mädchen wollte nicht sagen, wer der Erzeuger ihres Kindes war. Ihr Vater schlug sie, und erst auf Androhung weiterer Strafen nannte sie Hakuins Namen. Voller Zorn gingen die Eltern zu Hakuin, doch alles, was er sagte, war: »Ist das so?« Nachdem das Kind geboren war, brachte man es zu Zenmeister Hakuin. Dieser hatte durch den Vorfall sein ganzes Ansehen verloren, doch auch das schien ihn ähnlich wie Hanshan, von dem oben schon die Rede war, nicht sonderlich zu berühren. Hakuin entwickelte sich zu einem liebevollen Vater und sorgte rührend für das Kind. Immerhin erhielt er von den Nachbarn und aus dem Dorf Milch und andere Nahrungsmittel, die er und das Kind brauchten. Ein Jahr später konnte das Mädchen, die Mutter des Kindes, es nicht länger ertragen und gestand ihren Eltern die Wahrheit. Der wirkliche Vater war ein junger Mann, den sie liebte und der auf dem Fischmarkt arbeitete. Die Eltern des Mädchens gingen erneut zu Hakuin, erzählten die Geschichte, rechtfertigten sich ausführlich, baten ihn dann um Vergebung und forderten ihr Kind zurück, damit es in der leiblichen Familie aufwachsen könne. Hakuin übergab ihnen das Kind bereitwillig. Alles, was er sagte, war: »Ist das so?«[16]

Reinheit ist im Fall Hakuins keine Frage von Askese und Moral, sondern hängt vor allem davon ab, auf welche Weise ein Mensch mit sich selbst im Reinen ist. Wer wie die junge Frau unter Umweltdruck seine Reinheit behalten will, riskiert, dass das Verdrängte an anderer Stelle wiederkehrt. Die eigene Zuschreibung, »gut« zu sein, setzt geradezu voraus, dass es andere gibt, die »böse« sind. Hakuin zeigt, dass derjenige rein ist, der zugleich auch nicht rein ist und in gewisser Weise »jenseits« oder »zwischen« rein und unrein. Mit dem lapidaren »Ist das so?« macht Hakuin keinerlei Zugeständnisse. Er weist die Anschuldigung weder zurück noch bestätigt er sie. Er tut das, was getan werden muss – und kümmert sich um das Kind, ohne darauf zu achten, dass andere ihn deshalb verachten. Ein Leugnen der Vaterschaft hätte dem jungen Mädchen und dem Kind geschadet. Ein »Ja« dazu wäre nicht nur eine Lüge gewesen, sondern hätte auch den tatsächlichen Vater und damit die ganze Familie getroffen. Gut zu erscheinen ist Hakuin weniger wichtig als das zu tun, was notwendig ist. Und das bedeutet eben, zwischen den Stühlen zu sitzen. Eine andere Möglichkeit gibt es für Hakuin in dieser Lage nicht. Nur mit sich selbst ist er im Reinen – sitzt sozusagen auf keinem der Stühle, die andere ihm hingestellt haben. Hakuin ist weder wirklich berührt noch dickfellig. Er ist im Gegenteil voller Mitleid.

Die Haltung des »Ist das so?« deutet auf eine Position, die ein »Wedernoch« ist und beide Pole umspannt. Tatsächlich ist sie ein »Dazwischen«. Auf diesen Aspekt möchte ich mit Blick auf Niklas Luhmann kurz eingehen und am Beispiel von Sigmund Freud zeigen, wie sich diese Form des Denkens auch in der Wissenschaft und Psychologie einen Weg bahnt. Komplexität hat nach Luhmann vor allem mit der Beziehung, der Relation von Vielheit zu tun. Sowohl die Elemente als auch Relationen der Elemente können dabei als Aspekte von Komplexität unterschieden werden. Diese Aspekte der Elemente einerseits und der Verbindungen andererseits sind für Luhmann von elementarer Bedeutung. Ein komplexes System weist eine Vielheit von wie auch immer gearteten Elementen auf, die eine Einheit bilden, die durch die Wahl der Verbindungen zwischen den Elementen konstituiert wird. Damit verliert man allerdings die Fähigkeit, Komplexität nach »größer« oder »kleiner« zu vergleichen. Die Frage, ob ein Gehirn komplexer ist als eine Gesellschaft, ist nach Luhmann wenig sinnvoll: weil sich sowohl die Elemente der betrachteten Systeme unterscheiden als auch ihre Verbindungen.[17] Damit die Verknüpfungen zwischen den Elementen nicht beliebig werden – zumal die Natur zu faktischen Begrenzungen zwingt –, zeichnen sich komplexe Systeme insbesondere im Bereich der Biologie, aber nicht nur dort, dadurch aus, dass die Beziehung ihrer Elemente zueinander und zur Umwelt durch Selektion geregelt ist. Insofern stellt die Form eines komplexen Systems immer eine Auswahl der möglichen Verknüpfungen seiner Elemente dar. Jede Ordnung schafft durch Auswahl Unterscheidungen, die die Verknüpfungsfähigkeit der Elemente limitiert. Luhmann spricht von »Relationierungsverlust«. Gerade diese Reduktion von Komplexität macht es möglich, sie zu strukturieren und »anschlussfähig« für weitere Entwicklungen zu halten. Viele dieser Entwicklungen ergeben sich durch Rekursion, d.h. Anwendung eines Verhaltens auf sich selbst. Die Gesellschaft beispielsweise lebt in erster Linie von Kommunikation. Jedem Akt von Kommunikation, auch ihrer Verweigerung, geht eine Anwendung von Kommunikation voraus. Von diesem Sachverhalt gibt es keine Ausnahme. »Wollte ein Kommunikationsversuch sich dieser Form von reflexiver Rekursivität entziehen, würde er nicht als Kommunikation gelingen, wäre er nicht als solche erkennbar. Die Folge dieser Antwort auf das Komplexitätsproblem ist eine nicht eliminierbare *Unendgültigkeit* der Kommunikation. Es gibt kein letztes Wort. (Es gibt allerdings die Möglichkeit, Menschen zum Schweigen zu bringen.) Das heißt auch, dass die Darstellung der Komplexität des Systems und seiner Umwelt im System offenbleiben kann als ein immer weiter zu klärendes Phänomen.«[18]

Hakuins Verhalten zeichnet sich dadurch aus, dass er gar nicht erst versucht, den Fallstricken einer »reflexiven Rekursivität« zu entgehen. Wenn er sagt: »Ich bin gut, das Kind ist nicht von mir«, so entkommt er nicht der Konsequenz, diesen Satz bzw. sein Verhalten auf sich selbst anzuwenden. Wäre es tatsächlich gut, das Mädchen in solcher Weise bloßzustellen? Offensichtlich waren zu diesem Zeitpunkt weder sie noch ihre zornigen Eltern dazu in der Lage, diese Bloßstellung auszuhalten. Hakuin verschließt sich jedoch nicht. Er weiß um die Unendgültigkeit der Kommunikation. Kein Wort ist in diesem Sinn das letzte. Und genauso geschieht es. Der Weise ist in diesem Fall derjenige, der sich dieser Unabgeschlossenheit stellt, statt darauf zu bestehen, den gesamten Prozess zu beenden. In jedem Moment ist die ganze Welt präsent, schreibt Luhmann.[19] Nicht in ihrer gesamten Fülle, der *plentitudo entis*, sondern als der Unterschied, der zwischen dem, was ist, und dem, was möglich ist bzw. möglich wird, bestehen bleibt. Um von der einen Seite der Form auf die andere zu gelangen, die Grenzen zwischen den Polen zu verlassen und den Raum zu kreuzen, braucht man – Zeit. Sie ist das Medium, in dem sich Sinn erfahren lässt. Unser gegenwärtiges Lebensgefühl jedoch ist, dass gerade Zeit knapp geworden ist (obwohl sie, nüchtern betrachtet, nie knapp sein kann). Was damit gemeint ist, ist in Wahrheit der Widerstreit der Prioritäten und Dinge, nach denen wir glauben uns richten zu müssen. Tatsächlich lebt, zumindest in der sogenannten industriellen Welt gerade die Generation, die gegenwärtig den Planeten bevölkert, länger als je Menschen vor uns.

Luhmann legt Wert darauf, dass nicht nur die einzelnen Elemente in einem komplexen System gezählt und qualitativ beschrieben werden, sondern auch die Art und Weise ihrer Verbindungen, die sich als zeitliche Entwicklung, als Verknüpfungsmuster, realisiert. Beschreibungen von komplexen Systemen sind daher, ebenso wie ihr Verhalten, multidimensional. Das eigentliche Geheimnis der Struktur komplexer Systeme, der Schlüssel zu ihrem Verstehen, liegt demnach nicht wie in anderen, linearen Systemen in erster Linie in ihren Elementen, sondern in dem, was sich zwischen ihnen abspielt. Komplexität entsteht durch die spezifischen Verbindungen, durch die Selektion der Verknüpfungsmöglichkeiten zwischen den Elementen. Aus der Vielzahl der genetischen Information, die überhaupt abgerufen werden kann, werden nur bestimmte Elemente des genetischen Codes miteinander verknüpft, damit sich beispielsweise eine Nierenzelle bilden kann. Auf ähnliche Weise verhält sich der Weise: Auch er wählt aus, aber so, dass die weitere Entwicklung nicht behindert wird, sondern voranschreiten kann. So wie in Hakuins Geschichte, die nur deshalb einen guten Ausgang nimmt, weil Hakuin sich in den Lauf der Dinge fügt. Nur so werden die losen Enden verbunden.

Erkennt (und anerkennt) man Komplexität, hat man die Wichtigkeit der Relationen, der Verknüpfungen besser im Blick und unterscheidet sich allein dadurch von herkömmlichen Sichtweisen. Eine Leber oder ein Gehirn sind nur deshalb funktionsfähig, weil sich Millionen von Zellen auf eine ganz bestimmte Weise miteinander verbinden. Komplexes Denken ist daher nicht in erster Linie ein Denken in Substanzen und in Einheiten, sondern in Relationen. Ich möchte die Bedeutung dieses Punktes an einem weiteren Beispiel klarmachen. Es zeigt, dass die Psychoanalyse in gewisser Weise nur entstanden ist, weil Freud am entscheidenden Punkt relational statt substanzbezogen dachte. Sicher blende ich viele ideen- und zeitgeschichtliche Aspekte aus, die auch zur Entstehung der Psychoanalyse beigetragen haben. Hier soll es nur darum gehen, den Aspekt der Wichtigkeit von Relationen deutlich zu machen und zu betonen.

Sigmund Freud entwickelte die psychoanalytische Theorie und Praxis in den Jahren 1885–1900. Über zwanzig Jahre lang war Freud, ehe er die Psychoanalyse erfand, als Neurowissenschaftler, genauer als Neuroanatom tätig. 1877 begann Freud mit der Untersuchung von Mikrostrukturen der Spinalganglien primitiver Organismen. Mit den Jahren wandte er sich dann zunehmend der Untersuchung struktureller Eigenschaften von Nervensystemen, insbesondere von Krustentierchen und Fischen zu, ehe er versuchte, diese Erkenntnisse auf den Menschen zu übertragen. Sein bevorzugtes Forschungsgebiet beim Menschen war die *Medulla Oblongata*. Dieses sogenannte verlängerte Rückenmark bildet den hintersten Gehirnteil und gehört zum Hirnstamm und damit zum Zentralnervensystem. Die Medulla bildet das *Myelencephalon* oder Nachhirn und wird auch als *Bulbus medullae spinalis* oder *Bulbus cerebri* bezeichnet. Nach unten hin, in Richtung des Körpers zum Rückenmark hin, ist die *Medulla oblongata* nicht scharf abgrenzbar. Um die Zusammenhänge besser zu verstehen, wandte Freud sich daher direkt dem Gehirn, dem zerebralen Cortex, zu. Er versuchte die Funktionsprinzipien isolierter Nervenzellen zu verstehen, zugleich aber auch die komplexe anatomische Organisationsstruktur des gesamten Gehirns zu untersuchen.

Freud arbeitete dabei mit einem Mikrotom, einem Gerät, mit dem man feste Proben von Gewebe so dünn schneiden kann, dass man diese dünnen Scheiben unter einem Lichtmikroskop betrachten und die Feinstrukturen des Gehirns sehen kann. Freud knüpfte dabei an die Arbeiten des italienischen Physiologen und Gehirnforschers Camillo Golgi (1844–1926), der u.a. den Malariaerreger entdeckte, und an die des spanischen Histologen Santiago Ramon y Cajal (1852–1934) an. Er kannte die Arbeit der beiden, die 1906 zusammen den Nobelpreis für ihre Forschung erhielten, gut und machte ausgiebig Gebrauch von ihren Methoden der Einfärbung von Nerven und Zellstrukturen. Die große Hoffnung der Zeit war (ähnlich wie heute mit den modernen bildgebenden Verfahren der Magnetresonanztomographie), sehen zu können, wie das Gehirn aufgebaut ist und wie es funktioniert. Die gängige Theorie war damals, dass das Gehirn für unser Verhalten zuständig ist, dieses reguliert und steuert – ähnlich einem Staatengebilde, indem es einzelne lokale Zentren gibt. Zwischen diesen Zentren – den Städten – bestehen Verbindungen. Freuds Zeitgenossen waren ausgeprägte Anhänger dieser sogenannten Lokalisationstheorie. Forscher wie der französische Arzt Paul Broca (1824–1880) hatten die Sprachzentren entdeckt und gezeigt, dass deren Störung etwa durch Kriegsverletzungen zu Aphasien (Sprachverlusten) führten, die die Artikulation von Sprache verhindern. Ich selber kenne den Fall eines fließend mehrsprachigen Mannes, der u.a. lange in Italien gelebt hatte und fließend Italienisch sprach. Nach einem Schlaganfall erholte er sich zwar gut, hatte aber die italienische Sprache komplett verloren, während er andere Fremdsprachen nach wie vor sprechen konnte. Selbst die Namen italienischer Städte, die er gut kannte, waren wie ausradiert aus seinem Gedächtnis. Auch der Neurologe und Psychiater Carl Wernicke (1848–1905) entdeckte Zentren – die nach ihm benannten Wernicke-Areale – im Gehirn, die für das Verstehen von Sprache zuständig sind. Ihre Zerstörung führt zur Unfähigkeit, Sprache zu verstehen.

Man kann also sagen, dass Freud und seine Zeitgenossen beim Verstehen des komplexen Systems »Gehirn« tief eingetaucht waren in das Studium seiner anatomischen Elemente und Strukturen. Entsprechend war die gängige Theorie: eine mechanistische Theorie der Gegenden und der Zonen, den sogenannten phrenologischen Kopfmodellen nicht unähnlich, mit denen Philosophen und Wissenschaftler versucht hatten, Charakter, Gefühlen und mentalen Fähigkeiten bestimmte Hirn- und Schädelregionen zuzuordnen. Doch damit gelangte Freud an seine Grenzen. Er steckte fest. Und das hatte einen Grund.

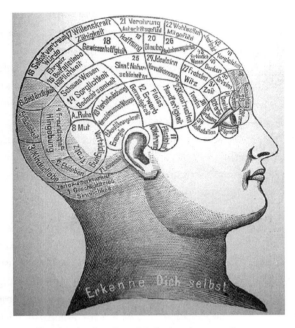

*Quelle: Friedrich Eduard Bilz (1842–1922):
Das neue Naturheilverfahren (1894)*

Während seiner Pariser Zeit (1885) verabschiedete sich Freud in gewisser Weise von der deutschen Neurowissenschaft und vertiefte sich ganz in die Welt der klinischen Symptome. In Frankreich herrschte die Phänomenologie.[20] Die Franzosen beschäftigten sich mit Erkrankungen, die heute wieder stark verbreitet sind: bestimmte Formen von Hysterien, vor allem aber Neurosen, Aphasien, also Sprachstörungen und Angstzustände. Das Problem der Erkrankungen war, dass man bei der Sektion verstorbener Patienten keinerlei anatomische Störung lokalisieren konnte. Man fand – nichts. Enttäuscht schrieb Freud 1886, dass er nichts mehr von der deutschen Schulmedizin lernen könne.[21] Für die deutsche Neurologie war das Problem unlösbar: Während die Franzosen Störungen einfach beschrieben, sie klassifizierten und identifizierten, wollten die deutschen Forscher unbedingt eine einheitliche Theorie auf exakter wissenschaftlicher Basis und nicht aufgrund von Beschreibungen und Kategorien finden. Eines Tages, da waren sie sich ebenso wie Freud sicher, würden anatomische und physiologische Tatsachen gefunden werden. Doch die Störungen, mit denen Freud in Frankreich konfrontiert war, waren keine lokalisierbaren physiologischen Störungen. Freud war ratlos. Offensichtlich handelte es sich hier um ein viel tieferes Problem, als dass man es mit dem feinsten Mikroskop erkennen konnte. Mit Luhmann gesprochen: Man hatte zwar die Elemente isoliert und erkannt. Aber gegenüber der Struktur ihrer Verbindungen war man blind. Und das bedeutet: Man hatte die tatsächliche Komplexität des dynamischen Systems »Gehirn« überhaupt noch nicht erkannt.

Für Freud jedenfalls war klar: Die Anatomie konnte für ihn keine befriedigende Erklärung der Krankheiten bieten, deren Zeuge er wurde. Aus diesem Grund entwickelte Freud eine Theorie der *psychischen* Störungen, d.h. eine Theorie der Verbindungen. Er lokalisierte die Störung *zwischen* den anatomischen Elementen und nicht mehr in ihnen. Diese Störungen in den Beziehungen der Elemente waren für Freud zunächst physiologische Störungen. Er war der Ansicht, dass er diese eines fernen Tages als physikalisch-chemische Prozesse würde erklären können. Und weil das mit den ihm zu seiner Zeit zur Verfügung stehenden Möglichkeiten noch nicht möglich war, erfand Freud eine Theorie, die psychisch Kranken bis heute hilft, obwohl sie im strengen Sinn keine natur- (oder besser: neuro-)wissenschaftliche Theorie ist. Freud beschritt den Weg vom Neurowissenschaftler zum Psychoanalytiker. »Er folgerte«, schreiben Kaplan-Solms und Solms, »dass psychische Funktionen über eine innere komplexe Organisation verfügen, die nach eigenen funktionellen Gesetzen ein kompliziertes Ganzes ergibt und aus einem vielfältigen Wechselspiel von Wirkfaktoren besteht, das sich zwischen seinen elementaren Komponenten vollzieht. Solche komplexen Prozesse sind Produkte eines dynamischen Funktionssystems, das sich durch die Fähigkeit auszeichnet, sich ständig wechselnden Umweltbedingungen anzupassen und sich neu zu organisieren. Folglich liegt die Vorstellung nahe, dass diese Prozesse zwischen den statischen Elementen des Nervensystems ablaufen und nicht innerhalb diskreter anatomischer Zentren liegen.«[22] Das Geheimnis des komplexen Systems »Psyche« und seiner Erkrankungen liegt demnach im »Dazwischen«.

Eine ähnliche Erkenntnis gibt es in der Ökonomie. Dort sind statistische Modelle im Gebrauch, die mit Wahrscheinlichkeiten arbeiten. Sie entsprechen in gewisser Weise den lokalen Eigenschaften von Netzwerken, wie Freud sie im Gehirn beobachtete. Doch Benoit Mandelbrot zeigte, dass solche Netzwerke sich nur bedingt zur Abbildung von Wirklichkeit eignen.

*»Der Aktiencrash vom 19. Oktober 1987 hätte nie passieren dürfen. Zumindest dann nicht, wenn man der Theorie der statistischen Normalverteilung folgt. Die Wahrscheinlichkeit für einen Tagesverlust im Dow Jones in Höhe von knapp 30 Prozent lag bei 1 zu 1050, eine Eins mit 50 Nullen. Genauso frappierend ist der Unterschied zwischen Theorie und Praxis, wenn kleinere Kursschwankungen betrachtet werden. Nach konventionellem Modell hätte der Dow Jones zwischen 1916 und 2003 nur an 58 Handelstagen um mehr als 3,4 Prozent steigen oder fallen dürfen. In Wirklichkeit zählt man 1001 Tage mit derart starken Schwankungen.«*

Mandelbrot setzt seine Theorie der Fraktale gegen die Normalverteilung, wobei er nur ungern das aus seiner Sicht euphemistische Wort Normalverteilung benutzt. Fraktale sind die bereits beschriebenen Muster oder Formen, die das Gesamte in kleinerem Maßstab widerspiegeln. So wie beim Blumenkohl, wo jedes Röschen der Gesamtgestalt des Blumenkohls gleicht, verhalte es sich auch an den Finanzmärkten, schreibt Mandelbrot in seinem Buch *Fraktale und Finanzen*. »In den Handelsbewegungen von zwei Stunden sind nach dem fraktalen Modell bis zu 180 Tage abgebildet. In den Bewegungen eines Tages spiegelt sich ein Handelsjahr oder Jahrzehnt wider. Zwar wird die fraktale Geometrie bereits heute eingesetzt, um Hirnwellen zu analysieren, Daten zu komprimieren oder Turbulenzen in der Meteorologie zu messen. Doch am Finanzmarkt fristet sie noch ein Schattendasein«.[23]

## Die »einfache« Welt ist komplex –
## warum es keine Theorie von allem gibt

Welche Weltsicht ergibt sich nun aus diesen Überlegungen zur Komplexität? Denken Sie an das Wetter. Sind präzisere Voraussagen mit einer Zunahme der wissenschaftlichen Möglichkeiten vorzustellen? Die Antwort lautet – nein. Wir kennen heute bereits alle Gleichungen, die das Wetter bestimmen. Aber nutzt es uns etwas? Wissen wir, weiß auch nur ein Wetterdienst, welches Wetter wir in vier Wochen haben werden? Oder denken Sie an die besorgniserregende Zunahme von klinischen Angststörungen und Depressionen von mehr als zwanzig Prozent in den letzten Jahren. Die meisten Forscher vertreten die Ansicht, dass dies nicht allein an einer verbesserten Diagnostik liegt (denn je mehr »Instrumente« man hat, desto mehr findet man auch). Sicher gibt es einige genetische Komponenten, die dabei eine Rolle spielen. Doch die Erkrankungen selbst sind sogenannte »multifaktorielle Leiden«: komplexe Symptome, die sich aus dem Verhalten komplexer Systeme (in diesem Fall dem Zusammenspiel von Gen, Gehirn, Gesellschaft, körperliche Verfassung) ergeben.[24] Im Klartext: Es gibt kein Depressionsgen. Und Depressionen lassen sich auch nicht auf *eine* Ursache zurückführen, sondern nur auf ein komplexes Zusammenspiel von verschiedenen das Leben prägenden Faktoren. Das Wetter, die Depression, die Entstehung des Bewusstseins oder des Universums: All diese und weitere Phänomene sind mit einer wie auch immer verbesserten reduktionistischen Herangehensweise nicht in den Griff zu kriegen, auch wenn uns allen genau das der Physikunterricht nahegelegt hat. Leider ist diese Ansicht selbst auf der Ebene einfacher physikalischer Strukturen falsch. Es gibt nicht nur einen, sondern immer mehrere richtige Wege, unsere Welt zu beschreiben und zu analysieren.

Die Wissenschaftstheoretikerin, Philosophin und Wissenschaftshistorikerin Sandra Mitchell, die an der *University of Pittsburgh* lehrt, benennt es klar und deutlich: Wir sind es einfach gewohnt, bestimmten Faktoren – etwa den Genen – die Rolle bedeutsamer Ursachen zuzuschreiben. Im Zuge dessen sind jedoch all die Faktoren, die in der Vergangenheit kaum Gegenstand der Forschung waren (und für die es beispielsweise wenig

Forschungsgelder gab), »auf einen allgemeinen, formlosen Zusammenhang oder Hintergrund geschoben worden.«[25] Viele der Erkenntnisse über komplexe Systeme verdanken sich dabei der jüngeren biologischen Forschung. Das Verhältnis hat sich umgedreht: Galt Anfang des letzten Jahrhunderts die Biologie noch als die ›unwissenschaftliche‹ unter den Naturwissenschaften, weil sie keine Gesetze im Sinne der Newtonschen Physik formulieren konnte, spielt heute der Gedanke biologischer Dynamik und Evolution wiederum in die Physik hinein.

Tatsächlich hat Komplexität seltsame Eigenschaften. Zellen, die absolut gleich sind, bringen, wenn sie auf eine komplexe Weise miteinander interagieren, die vielfältige Rückkopplungen und Verbindungen zwischen ihnen zulässt, etwas hervor, das man in der Ursprungszelle zunächst einmal nicht vermuten würde: Bewusstsein. Druck, Temperatur, Luftgeschwindigkeit, Feuchte und einige andere Parameter, die wir gut kennen, führen zu einem verwirrenden Spiel der Materie, das uns als Wetter einiges Kopfzerbrechen bereitet – nicht zuletzt, weil wir es nicht vorhersagen können. Weitere Beispiele, vor allem aus dem Bereich der Biologie, lassen sich leicht finden – man denke etwa an die Selbstorganisation von Bienen oder Ameisen zu Staaten. Doch egal wie illustrativ diese Beispiele sein mögen, universell übertragbar sind sie deshalb noch lange nicht. Es gibt keine ›Übertheorie‹ der Komplexität, keine ›Theorie von allem‹ – auch wenn Verfechter der »klassischen« Physik uns dies immer noch (und zuweilen sehr überzeugend) nahebringen wollen. Manfred Eigen, der 1967 mit dem Nobelpreis für Chemie ausgezeichnet wurde, erzählte mir folgende Geschichte:

*»Schauen Sie«, sagte er, »die Physiker versuchen die sogenannte ›TOE‹, die ›Theory of Everything‹, eine Theorie von allem, zu erarbeiten. Das ist natürlich Unsinn. Was sie wirklich machen, oder besser versuchen, ist, die Grundwechselwirkungen in einer einzigen Theorie zu vereinigen. Das heißt also, die starken elektromagnetischen Wechselwirkungen mit den schwachen – das ist bereits gelungen. Die elektrisch schwachen mit den starken Wechselwirkungen, die im Atomkern wirksam sind. Und*

*am Ende all diese mit der Gravitation. Diese Vereinigung aller Wechselwirkungen in einer Theorie: Das wäre die ›Theorie von allem‹. Auf der Nobelpreisträgertagung in Lindau habe ich einem dieser Physiker gesagt: ›Ja, aber das Wetter können Sie damit auch nicht vorhersagen!‹ Da haben sie zwar alle gelacht – aber es ist doch so. Warum? Weil beim Wetter solche Fragen keine Rolle spielen. Und ebenso ist es einem Lebewesen ganz egal, wie die Atomkerne in seinem Inneren funktionieren. Selbst wenn wir diese physikalische TOE hätten, dann würde die uns gar nichts darüber sagen, wie ein Lebewesen entsteht.«*[26]

Auch hier schlägt eine Eigenschaft komplexer Systeme durch: die Emergenz und insbesondere der sogenannte Strukturemergentismus, der mit der Unbestimmtheit oder Unvorhersehbarkeit der unteren Ebenen eines Systems zusammenhängt.[27] Aus dieser Unvorhersehbarkeit ergibt sich, dass auch die darübergelagerten Ebenen mit ihren »supervenierenden systemischen Eigenschaften« unvorhersehbar und völlig neuartig sein können. »Die emergenten Systemeigenschaften höherer Ebenen«, schreibt Mitchell, »ergeben sich aus den Wechselbeziehungen zwischen Komponenten auf niedrigen Ebenen sowie aus dem Wechselspiel dieser Komponenten mit ihrem inneren und äußeren Umfeld«.[28] Auch an dieser Stelle gilt: Komplexität hat mit dem Netz der Wechselwirkungen, der Relationen und Verknüpfungen zu tun. George Ellis, Professor für angewandte Mathematik an der südafrikanischen *University of Cape Town,* legte unlängst schlüssig dar, warum die Physik zwar viele Phänomene unserer komplexen Welt erklären kann, jedoch an der Erklärung einer einfachen Teetasse scheitert.[29] Vereinfacht gesagt argumentiert Ellis, dass Komplexität eine Hierarchie verschiedener aber miteinander verbundener Ebenen ausmacht. Diese reichen von der physikalischen über die chemische, biologische bis hin zu psychologischen, sozialen, kulturellen, religiösen oder anderen systemischen Ebenen, die jeweils eigene Gesetze haben. Obwohl der menschliche Geist auf die Physik und ihre streng kausalen (und somit auch deterministischen) Gesetze gründet – denn ohne Gehirn lässt sich nicht denken und Gehirne funktionieren nach physikalisch-biochemischen Gesetzen –, gibt es Ellis zufolge keinerlei Hoffnung, eine rein physikalische

Theorie eines Fußballspiels, einer Teezeremonie oder auch nur einer Teetasse zu entwickeln. Das wäre – wie auch Manfred Eigen behauptet – selbst dann der Fall, wenn wir eine sogenannte Theorie von Allem (TOE, Theory of Everything) besitzen würden. Vorausgesetzt die gegenwärtigen Theorien der Entstehung des Weltalls wären korrekt und der Big Bang verdankt sich einer Vakuumquantenfluktuation vor rund 14 Milliarden Jahren: Impliziert diese die strenge Notwendigkeit der Entstehung dieses Buches? Oder eines Werkes wie der Mona Lisa? Die gegenwärtige Physik hat nichts zur Erklärung intentionaler Objekte – wie Gebäude, Bücher, Kunstwerke, Musik oder auch Teetassen – beizutragen. Der Grund dafür ist einfach: Die höheren Ebenen in der Hierarchie komplexer Systeme haben eine *autonome kausale* Kraft. Sie funktionieren unabhängig von den »lower-level« Prozessen. Das erklärt, in aller Einfachheit, warum ein Determinismus, eine reduktionistische Theorie unserer Psyche, unseres Willens oder unserer Absichten nicht funktioniert. Es handelt sich nur scheinbar um eine wissenschaftliche Theorie. In Wahrheit gründet sie sich aber auf die alten (heute als überholt geltenden) Vorstellungen Newtons und der Cartesischen Maschinen. In komplexen Systemen determiniert die Funktionsweise von Systemen auf der unteren Ebene in keiner Weise die Eigenschaften auf höheren Ebenen.

Um es zu veranschaulichen: Der strenge Determinismus der Funktionsweise eines Motors oder eines Autos, der es jedem Mechaniker (zumindest im Prinzip) möglich macht, jeden Fehler zu beheben und jedes Verhalten eines Autos vorauszusagen, ist nicht die Ursache dafür, dass ich zur Arbeit fahre. Im Gegenteil: Dass ich ein Auto benutze, um zur Arbeit zu fahren, ist im Grunde ein Fall von »Top-Down« Kausalität, die ein Kennzeichen komplexer Systeme ist. Die obere Ebene entscheidet, wie von den unteren Bereichen Gebrauch gemacht wird. Obwohl die unteren Ebenen (z.B. die Ebene des Motors) durch und durch determiniert sind, sind es die oberen, die von ihnen Gebrauch machen. Weisheit hängt meiner Ansicht nach mit dieser Einsicht in die Struktur komplexer Systeme zusammen. Sie ist nicht Produkt platter Lernvorgänge im Stil von »Tue dies, und du wirst automatisch weise«. Es kommt vielmehr auf der Ebene unserer inneren Vorstellung, unserer Selbsterkenntnis und unseres Verhaltens darauf an, eine Art von Geschmeidigkeit zu entwickeln, die es uns ermöglicht, die verschiedenen Ebenen zu »verstehen« und zwischen ihnen hin- und herzuwechseln. Auch in diesem Sinne ist Weisheit ein »Dazwischen«. Dieses geschmeidige Denken und situative Handeln, das kennzeichnend ist für das Vermögen der Weisheit, setzt eine unideologische Haltung voraus – eine Offenheit der wahren Komplexität des Lebens gegenüber. Der Weise hängt, mit den Worten von François Julliet, an keiner Idee. Der Weise neigt, anders als der Politiker, nicht zu Radikallösungen (auch wenn er in seinem Verhalten selbst durchaus radikal ist), d.h. nicht zu einer Alles-oder-nichts-Politik und unwiderruflichen (eben an eine Ideologie gebundenen) Entscheidungen, sondern zu einem Verhalten der kleinen Schritte. Vermutlich ist das der Grund, warum der chinesische Kaufmann, Politiker und Philosoph Lü Bu Wei (300–236 v. Chr.) schrieb: »Immer wenn ein Reich zugrunde geht, so gehen seine Weisen erst fort. Das ist dieselbe Sache zu allen Zeiten gewesen«.[30] Man sollte nicht gleich den ganzen Wald abholzen, um einen Palast zu bauen, oder den gesamten Ackerbau auf Mais, Soja oder Raps umstellen. Stattdessen sollte man schrittweise Erfahrungen sammeln mit den Auswirkungen, die solches Verhalten in einem bestimmten Bereich hat. Alles-oder-nichts-Entscheidungen, d.h. Festlegungen auf einen Pol sind nicht geeignet, uns in einer komplexen Welt wirklich zu helfen. Sie sind kein Leitfaden für rationales Verhalten – und erst recht nicht für weises Handeln.[31]

Das (komplexe) Universum, in dem diese Einsicht von der Ebene der physikalischen Welt aufwärts bis in unser alltägliches Handeln hinein berücksichtigt wird, ist nicht mehr das Universum, das sich einst Isaac Newton oder René Descartes vorgestellt haben: ein durch und durch von denselben einfachen Regeln beherrschtes, deterministisches Universum, in dem alle Entwicklungen vorauszusagen wären, wenn man nur die Ausgangsbedingungen kennen würde. Komplexität – und dies ist nicht nur die Sicht moderner Wissenschaften, sondern auch die Perspektive der Weisheit – markiert mit jeder Festlegung, jeder Selektion einer Struktur notwendig auch einen Raum des Nichtwissens und der (noch nicht realisierten) Möglichkeiten. Weisheit und Komplexitätsforschung signalisieren uns in gleicher Weise, dass wir uns von der Vorstellung eines klaren, allumfassenden, zeitlosen, ewigen Wissens verabschieden müssen. Unsere Welt wird Lücken haben – ständig! Nichtwissen gehört zu unserem Wissen. Mit diesem Nichtwissen klug umzugehen ist aber gerade ein Merkmal von Weisheit (und leider weniger von Wissenschaft oder Philosophie oder Politik). Weisheit kann uns Wege aufzeigen, mit der Unvollständigkeit und Begrenztheit unseres Wissens umzugehen, an der wir ohne sie verzweifeln. Denn wir neigen dazu, die Lücken im Verstehen und im Umgang mit uns selber und der Welt unter allen Umständen schließen zu wollen – auch auf die Gefahr hin, unseren begrenzten Kapazitäten und der Endlichkeit all unserer Fähigkeiten gegenüber blind zu werden. Nichtwissen wandelt sich dann in Scheinwissen. Die Lücken werden durch Ideologien, und das bedeutet immer auch durch illusionäre Kulissen, ersetzt. Auf diese Weise sind wir uns sicher, sicher zu sein. Doch wir haben nur aufgrund von Illusionen das Gefühl, im weiten Raum der Erkenntnis und des Handelns alle Fäden in der Hand zu halten. Die Wahrheit ist anders. Denn auch die Fäden sind, wie alle unsere illusionären Haltegriffe und wir selbst, dem Wandel unterworfen. Mit ihm setzt das Leiden ein, das von der Veränderlichkeit der Welt ausgeht. Mit diesem Leiden besser umzugehen ist eine der Fähigkeiten, die wir erwerben, wenn wir Weisheit kultivieren. Sich dieser Aufgabe zu stellen ist genau das Gegenteil von einer durch Illusionen bestimmten Verhaltensweise. Weisheit ist daher keine Vorstellung in weiter Ferne. Sie ist eine höchst naheliegende Fähigkeit und Haltung, die es zu erwerben gilt, weil sie uns hilft, in einer realen und nicht in einer eingebildeten Welt zu leben. Und diese Welt ist nun einmal komplex.

**Weisheit ist weder esoterisch
noch unwissenschaftlich – im Gegenteil!**

Die Verbindung von Weisheit und Komplexität, die ich versucht habe aufzuzeigen, hat zweierlei zur Folge. Beides scheint auf den ersten Blick der Intuition und dem allgemeinen Bild, das wir zunächst von Weisheit haben, zu widersprechen.

Zum einen unterscheide ich Weisheit bewusst von dem Bereich, der die Sphäre der Religion kennzeichnet oder die Welt des Esoterischen. Auf die Unterscheidung zwischen Religion und Weisheit gehe ich an späterer Stelle noch ein. Wichtig ist zu verstehen, warum man Weisheit aus gutem Grund und mit guten Argumenten (wir leben nun einmal in einer komplexen Welt) aus der »Schmuddelecke« des Vagen herauszuholen in der Lage ist und den Begriff nicht dem nebulösen Feld des Esoterischen zu überlassen braucht. Weisheit hat in diesem Sinne auch nichts mit Eingebungen, Offenbarungen oder anderen rein subjektiven Vorstellungen, mit Wünschen oder Unklarheiten zu tun. Im Gegenteil: Weisheit ›weiß‹ sehr vieles. Und sie weiß vieles sehr genau. Und das zeigt sich nachweisbar im Handeln. Weisheit ist sichtbar – und nicht, wie manche Gottesvorstellung behauptet, etwas, das man weder sehen noch irgendwie überprüfen kann.

Zum anderen sehe ich eine direkte Verbindung zwischen Weisheit bzw. dem Bemühen um Weisheit und zentralen Fragen der Naturwissenschaften. Zwar stellt Weisheit diese Fragen in einem anderen Zusammenhang, als die Forschung es tut – nämlich in Beziehung auf unser Alltagsleben und unsere Frage nach dem »Sinn von Sein«. Doch Weisheit ist in meinem Verständnis weder eine rein religiöse Kategorie (obwohl von ihr häufig im religiösen Kontext die Rede ist), noch handelt es sich dabei um eine wissenschaftsfeindliche Position. Sie ist aber auch nicht einfach wissenschaftlich oder mit wissenschaftlichen Mitteln zu erringen. Es gibt keine Weisheitsspritze, keinen Nürnberger Trichter. Weisheit darf daher nicht verwechselt werden mit einer neuen Form von Wissenschaft oder gar mit einem neuartigen Wissen. Weisheit geht in keinem dieser Bereiche ganz auf. Obwohl Weisheit zu Wissenschaft und Religion gewissermaßen eine ›freundschaftliche‹, familiär-verwandtschaftliche Beziehung unterhält, steckt sie dennoch einen eigenen Bereich ab.

Anzumerken ist auch, dass Weisheit zwar häufig als eine Form religiöser Rede im angepasst säkularen Gewand betrachtet wird. Weisheit, so lautet ein gängiges Vorurteil, ist sozusagen religiöses Sprechen ohne Kirchenjargon, dafür aber mit einem gehörigen Touch von Esoterik und Spiritualität (ein Begriff, den man vielleicht übersetzen sollte als »Art und Weise des Nachdenkens und Lebens im Angesicht der Tatsache, dass wir vergänglich sind«). Gerade dieses Vorurteil lässt Weisheit für Entscheidungsträger in Politik, Wirtschaft oder dem ›harten Management‹ völlig ungeeignet und unbrauchbar erscheinen. Wann immer ich im Kreis von solchen Männern (denn in der Regel waren und sind es nach wie vor Männer, die den Bereich der Wirtschaft, der Unternehmen und der Politik bestimmen) das Thema Weisheit angesprochen habe, war das Geräusch der inneren Rollläden, die augenblicklich heruntergelassen wurden und auf das in der Regel peinliches Schweigen folgte, überdeutlich zu hören. Allein das gelassene, deutliche und keineswegs schamhafte Aussprechen des Wortes »Weisheit« führt dazu, jeden, der dieses Unwort in den Mund nimmt, mit dem Stigma des Unseriösen (weil Irrationalen und Unwissenschaftlichen) zu versehen. Wer Weisheit ins Spiel der Wirtschaft, der Politik, der Wissenschaft, kurz: der Weltlenkung zu bringen versucht, erweckt schnell den Anschein eines Irren (Hanshan sprach von Narren), der versucht, mit Tai Chi oder Homöopathie die Probleme der Weltpolitik zu lösen. Und doch kann es kein Ausweg sein, Politikern, Unternehmern, Managern, Wirtschaftsführern und anderen wichtigen Leuten kleine esoterische Weisheitskügelchen unbemerkt ins mentale Futter zu mischen und dann auf eine heimliche Wirkung zu hoffen. Es geht überhaupt nicht um Esoterik, auch nicht in homöopathischen Dosen.

Wenn Weisheit überhaupt den Anschein des Esoterischen hat, dann in genau dem Sinn, in dem auch Komplexität scheinbar esoterisch ist. Aber ist die Betrachtung der Milchstraße, die man in klaren Nächten sehen kann, tatsächlich etwas Esoterisches? Oder die Formation eines großen Vogelschwarms, der über einem See kreist und sich immer wieder neu bildet? Um bei den Sternen und der Milchstraße zu bleiben: Mit der Weisheit verhält es sich wie mit den Verzweigungen unserer Galaxie. Sie mögen weit weg erscheinen – aber sie existieren und sind da. Und zwar auch am helllichten Tag, wenn wir keinen einzigen Stern sehen. Doch gerade das, was sich zeigt, wird nicht selten übersehen, nur schwer verstanden und weitgehend ignoriert. Von daher sollte man Weisheit nicht beiseite schieben wie die zu Recht bedenklichen Auswüchse des Okkulten. Weisheit ist weder so etwas wie Voodoo noch eine Art unbrauchbarer Philosophie, die im Abstrakten stecken bleibt. Und erst recht ist Weisheit kein bloßes Gutmenschentum. Vielmehr geht es bei der Frage nach Weisheit darum, ob wir die Komplexität, die wir tagtäglich sehen und die uns umgibt, tatsächlich wahrnehmen und verstehen wollen. Und es geht, in einem zweiten, anschließenden Schritt, um unser diesem komplexen Universum entsprechendes Handeln. Tatsächlich ist dieses Handeln, das von einer Logik des Misslingens geprägt zu sein scheint (Dörner), der Komplexität der Welt heutzutage nur wenig angemessen. Ein typisches Beispiel für ein allzu vereinfachendes Denken und Handeln ist die Anwendung des hochtoxischen Insektizids DDT, das zunächst als Wundermittel erschien. Wie so oft zeigte sich jedoch erst nach Jahren, welche fatalen Nebenwirkungen der Einsatz dieses (und anderer) angeblicher ›Hilfsmittel‹ hat. Im Fall von DDT hatte der Einsatz dieses Hilfsmittels massive genetische Veränderungen mit tödlicher Folge im gesamten Tier- und Pflanzenreich zur Folge. Statt einer »Politik der kleinen Schritte«, d.h. statt eines Vorgehens, das zunächst kleine Veränderungen vornimmt, um genau zu beobachten und abzuwarten, welche Nebenwirkungen unsere Eingriffe in eine höchst komplexe, uns zu einem großen Teil wenig bekannte Welt haben, tun wir so, als seien die Folgen unseres Handelns leicht berechenbar, vorhersehbar und geradezu determiniert. Der von Computerherstellern wie von Steuerberatern, Krankenkassen und Versicherungen verwendete Slogan »Mit uns können Sie rechnen« ist die Generaldevise unserer Zeit – dabei könnte nichts falscher sein. Es mag zwar zutreffen, dass viele der Abläufe, die unsere Welt und unser Leben bestimmen, einfachen Gesetzen folgen. Doch mit ihrer Hilfe lässt sich »das Ganze«, d.h. die Summe der Gesamtwirkungen (wie beim Wetter) längst noch nicht »ausrechnen«. Auch das Leben lässt sich nicht auf simple Gesetze reduzieren. Obwohl die Gesetze der Evolution beispielsweise durchaus klar beschreibbar sind, sind ihre Ergebnisse ganz und gar unvorhersehbar und werden es vermutlich auch immer bleiben. Es war nicht klar, wie viele

Formen von Dinosauriern sich entwickeln sollten, wie viele Arten von Insekten oder wie viele individuelle Menschen. Die Existenz eines allgemein gültigen, ewigen, statischen Wissens (anstelle eines dynamischen und veränderlichen), »das keine Ausnahme kennt«, so Sandra Mitchell,

»*ist ganz einfach eine falsche Vorstellung. Die traditionellen Methoden des Zergliederns und Analysierens ›reduzieren‹ ein komplexes System auf seine Teile; man untersucht die Einzelkomponenten und will so das Verhalten des Ganzen verstehen. Aber wie wir noch genauer erfahren werden, ist ein System auf unterschiedliche Arten aus seinen Teilen aufgebaut, von der einfachen Anhäufung bis zu dynamischen Rückkopplungsstrukturen. Deshalb kann die Geschichte, die man in der Sprache der Einzelteile erzählt, unterschiedliche Erkenntnisse für das Verstehen des Ganzen liefern. Die Reduktion auf ›nichts anderes als‹ die Dinge, die kausal bedeutsam, ›wirklich‹ oder für eine Erklärung ausreichend sind, kann wichtige Verhaltensmerkmale komplexer Systeme nicht erfassen. Die Vorstellung, es gebe für die Welt nur eine einzig wahre Abbildung, die genau ihrem natürlichen Wesen entspricht, ist vermessen.*«[32]

Komplexität mag ein dynamischer Begriff mit einer Vielzahl von Verwendungen sein – ein vager, unscharfer ist er keinesfalls. Indem ich eine wesentliche, natürliche Verbindung zwischen Weisheit und dem Verstehen und dem Umgang mit komplexen Systemen gezogen habe, bietet sich die Möglichkeit, Weisheit für eine kritische Diskussion auch mit Blick auf naturwissenschaftliche Fragen zu öffnen. Weisheit bezieht sich nicht auf ein sagenhaftes Drüben, sondern auf das Hier und Jetzt – und zwar das Hier und Jetzt in seiner ganzen Komplexität. Und diese beinhaltet eine oftmals widersprüchliche Vielfalt von Mustern, Deutungen, Strukturen, Erkenntnissen, aber auch Löcher, die unser Wissen in hohem Maße aufweist und stets haben wird. Wir sind und bleiben endliche Wesen. Das Leben selbst aber ist nicht einfach. »Und deshalb können auch unsere Abbildungen des Lebens, unsere Erklärungen und Theorien über seine Funktionsweise nicht einfach sein.«[33] Darüber hinaus waren es stets ausgerechnet die ›kleinen‹ Löcher, die zu den großen Umbrüchen und

Revolutionen im Denken auch der Wissenschaften geführt haben. Das Weltbild der Physik im 19. Jahrhundert war in Ordnung – hätte es nicht diese kleinen, aus damaliger Sicht aber bald gelösten Probleme mit dem Raum, dem Licht und der Materie gegeben. Deren Auflösung führte letztlich zur Relativitätstheorie und Quantenphysik und damit zu einer grundlegenden Revolution der klassischen Physik. Eine ähnliche Wende steht möglicherweise bevor, weil sich die – weitgehend immer noch an der klassischen Physik orientierte – Wissenschaft inzwischen der Komplexität und damit der Vielfältigkeit der Strukturen zuwendet, die kennzeichnend ist für das Leben, für die Biologie und die Entwicklung der Vielfalt der Arten, aber auch der Gemeinschaften und Individuen. Ich vermute, dass diese Veränderung auch in anderen, geisteswissenschaftlichen Disziplinen spürbar werden wird. Durch die Klärung, dass Weisheit eine bestimmte Weise des Verstehens von Komplexität und eines sich daraus ergebenden Umgangs mit ihr ist, wird die Verwirrung, wie ich hoffe, jedoch nicht größer, sondern kleiner werden. Dass mit dem Verschwinden gewisser Schwierigkeiten neue Probleme auftauchen können, liegt in der Natur des Fragens, denn jede Frage ist ja stets nur eine weitere Antwort auf die letzte Antwort. Der Begriff der Komplexität bringt in gewisser Weise ein Moment der Falsifikation, der Überprüfbarkeit in die Diskussion um Weisheit ein, die ihr sonst möglicherweise fehlen würde.

Weisheit, so wie ich sie verstehe, ist dasjenige menschliche Verhalten, das am besten geeignet ist, mit der komplexen Vielfalt der Welt erfolgreich umzugehen, adaptive Lösungen zu finden und so letztlich zu überleben. Weisheit ist die ideale Antwort auf komplexen Pluralismus.

Die Frage, die dem Problem und dem Gebrauch von Weisheit zugrunde liegt, lautet daher präzise: Wie können Menschen die tatsächliche Komplexität ihrer Umwelt richtig verstehen? Und wie, trotz möglichst wenig Illusionen, dennoch überlebensfähig sein und den Alltag auf eine menschliche Weise bestehen? Mit diesem Fragekomplex wird Weisheit einbezogen in einen (in Teilen durchaus biologischen, vor allem aber mentalen, spirituellen und kulturellen) Prozess der Adaption, der mental-intellektuellen, kognitiven, aber auch pragmatischen Anpassung unseres Lebens an die Komplexität der Umwelt. Komplexität ist, obgleich noch nicht auf allen Führungsetagen von Banken, Abgeordnetenhäusern, Parteien, Gremien etc. anerkannt, dennoch auf dem Weg, zu einer der zentralen Kategorien der Naturwissenschaften der nächsten Jahrzehnte zu werden. Weisheit wird unverzichtbar bei der Umsetzung und Anwendung der so gewonnenen Erkenntnisse in unserem alltäglichen Leben sein – vorausgesetzt wir wollen tatsächlich, dass auch kommende Generationen überleben. Sie sollte daher eine zentrale Kategorie in Bereichen wie Kultur, Pädagogik, Management und vielen anderen werden.

Nach diesen eher abstrakten, notgedrungen theoretischen Überlegungen, mit denen ich an dieser Stelle schließen könnte, möchte ich den Zusammenhang noch einmal aus einer anderen, anschaulicheren Perspektive erläutern. Ausgangspunkt war ein Erlebnis, das mir geholfen hat, viele dieser Zusammenhänge besser zu verstehen. Ich nenne es das Sternschnuppen-Prinzip.

## Das Sternschnuppen-Prinzip
## oder Das Zickzack der Komplexität

Es muss zu der Zeit gewesen sein, in der ich alle nur verfügbaren Geschichten von Eugene Wesley »Gene« Roddenberry las. Roddenberry erfand Mitte der sechziger Jahre eine amerikanische Fernsehserie, die bis heute Kultstatus besitzt, obwohl sie unmittelbar nach der Erstausstrahlung beinahe ein vorzeitiges Ende durch Absetzung gefunden hätte: Star Trek.

In dieser Zeit liebte ich es, Sterne und vor allem Sternschnuppen und die periodisch wiederkehrenden Meteorschauer zu beobachten, wann immer der Himmel es erlaubte. Was mich daran besonders faszinierte, war die Vorstellung, mit einem simplen Fernrohr in Wahrheit eine Zeitmaschine in der Hand zu halten. Denn das Licht, das mich in der Nacht von einem fernen Stern aus erreichte, war in vielen Fällen ja schon Tausende von Lichtjahren unterwegs. Der Stern konnte in der Zwischenzeit bereits verglüht sein. Zumindest hatte er die Position, an der ich ihn ausgemacht hatte, längst verlassen und befand sich bereits an einem völlig anderen Ort.

Was man sieht, wenn man in den Himmel schaut, ist ja nicht nur die Vergangenheit, sondern ein Zugleich verschiedener Zeitzonen und Vergangenheiten, da das Licht der einzelnen Sternennebel, Sterne und selbst Planeten je nach deren Entfernung vom Beobachterstandpunkt auch unterschiedlich lange braucht, bis es das Auge des Betrachters erreicht.

Eines Nachts, es war mitten im Winter und ziemlich kalt, sah ich etwas, das mich über Tage hinweg in Bann halten sollte – hatte es sich bei dem Ereignis doch, zumindest dem ersten Anschein nach, um eine »Begegnung der dritten Art« gehandelt. Tatsächlich war meine »UFO«-Sichtung eine absolut irritierende Erscheinung, und ich wollte zunächst nicht glauben, was ich doch klar und deutlich mit meinen eigenen Augen gesehen hatte.

Die Zweifel an meiner eigenen Beobachtung waren entstanden, weil das Gesehene allen mir bekannten Gesetzen der Physik widersprach. Ich hätte es also eigentlich gar nicht sehen dürfen, weil es schlicht unmöglich war.

In der Nacht hatte ich bereits einige Sternschnuppen beobachten können. Ich wollte gerade den kalten Wald verlassen, als plötzlich weithin sichtbar und mit großer Helligkeit eine Sternschnuppe vom einen Ende des Horizonts quer über den Himmel fast bis zu seinem anderen Ende flog – und dann wieder zum Ausgangspunkt zurück. Diese Zickzack-Bewegung wiederholte sich in einer unglaublich schnellen Folge mehrmals, bis die Leuchtkraft der Sternschnuppe nachließ und sie irgendwo verglühte und vermutlich weit von mir entfernt in tausend Teilen zu Boden fiel. Tatsächlich kann man solche kleinen Meteoritensteine in den Sammlungen naturkundlicher Museen häufiger finden.

Was mich daran so aus der Fassung brachte, war die Helligkeit und damit Klarheit der Erscheinung – vor allem aber der schnelle Zickzack-Kurs. Nach allen Regeln der Schulphysik hätte ein sich auf diese Weise bewegender Himmelskörper immer wieder zunächst langsamer und dann schneller werden müssen. Das zweite Newtonsche Axiom, ein Grundprinzip der Dynamik, lautet: »Die Änderung der Bewegung einer Masse ist der Einwirkung der bewegenden Kraft proportional und geschieht nach der Richtung derjenigen geraden Linie, nach welcher jene Kraft wirkt.« Körper verharren aufgrund des Trägheitsgesetzes im Zustand einer gleichförmigen Bewegung – es sei denn, sie werden durch eine andere Kraft abgebremst oder beschleunigt. Wie hätte aber ein Meteor aus eigener Kraft zunächst abbremsen und dann beschleunigen können? Und das wäre für eine Richtungsänderung zwingend notwendig gewesen. Damit ein Flugzeug in die entgegengesetzte Richtung fliegen kann, muss es abbremsen, drehen und in die andere Richtung beschleunigen. Der Flug der Sternschnuppe hätte also zunächst in eine Bremsbewegung übergehen und zum Halt kommen müssen, ehe der Himmelskörper wieder in die entgegengesetzte Richtung beschleunigte und in die Richtung davonflog, aus der er gerade gekommen war. Stattdessen flog diese Sternschnuppe in einer weiten Bahn und mit atemraubender Geschwindigkeit im Zickzack über den gesamten Himmel – ohne dabei aber jemals ihr Tempo zu verändern.

Erst Tage später fand ich mit Hilfe mehrerer Bücher die verblüffend einfache Lösung für das Phänomen, das mich so elektrisiert hatte: Bei der unglaublichen schnellen Zickzack-Bewegung, die vom Horizont über die Himmelsmitte zum entgegengesetzten Horizont führte und dann wieder zurück quer durch den Sternenhimmel, handelte es sich in Wahrheit gar nicht um eine Zickzack-Bewegung, sondern vielmehr um eine gleichförmige Kreisbewegung. Allerdings sah ich diese Bewegung nicht von der Seite, also in all ihren drei Dimensionen, sondern einzig und allein aus einer Ebene heraus, von unten, von der Erde aus. Auf diese Weise waren mir nur zwei Dimensionen einer scheinbaren Fläche zugänglich, ähnlich wie auch das Meer, das in Wahrheit ja ein dreidimensionales Gebilde ist, bei Windstille wie eine plane Fläche wirkt. Dieser Wegfall einer Dimension führte dazu, dass ich nur die Projektion der gesamten dreidimensionalen Kreisbewegung auf eine Ebene wahrnahm, nicht aber die Kreisbewegung selbst. Was ich gesehen hatte, war eine Bewegung in zwei, nicht in drei Dimensionen. Die Welt hatte sich für mich perspektivisch verengt – und mir damit ein Rätsel aufgegeben, das mich zunächst an meinen eigenen Sinnen zweifeln ließ.

Man kann sich den Vorgang leicht in einem Experiment verdeutlichen: Stellen Sie sich vor, Sie befestigen einen Ball an einem Metallstab und lassen den Ball dann mit Hilfe eines Motors im Kreis rotieren. Der Ball dreht sich nun an der Metallstange um einen Mittelpunkt und beschreibt mit gleichbleibender Geschwindigkeit eine Kreisbahn. Diese Kreisbewegung scheint sich zu verändern, wenn Sie auf die eine Seite eine Lichtquelle stellen und lediglich die Schatten betrachten, die der rotierende Ball auf eine gegenüberliegende Wand wirft. Hier werden Sie nun einen Punkt sehen, der sich mit gleichbleibender Geschwindigkeit auf einer geraden Linie hin und her bewegt. Die in Wahrheit dreidimensionale Bewegung wird auf eine zweidimensionale Ebene projiziert. Das eigentliche Geheimnis der verblüffenden Beobachtung ist also, dass in dieser (zweidimensionalen) Betrachtung eines Schattens verborgen eine weitere Dimension der realen Gegenstände steckt: die Kreisbewegung des Balles um einen Mittelpunkt. Ohne diese in Wahrheit dreidimensionale Wirklichkeit oder Struktur wäre das (mir als zweidimensional erscheinende) Phänomen tatsächlich völlig absurd und widersprüchlich, ja unmöglich gewesen.

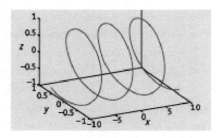

*Abb. aus: Cottrell, Garrison W.: »New Life for Neural Networks«, Science Vol. 313 (2006), S. 454 f.*

Heute weiß ich, dass diese »perspektivische Verkürzung des Verstandes«[34], wie Robert Musil solche Phänomene treffend nannte, uns häufig in die Irre führt. Sie kommt nicht nur in Science-Fiction-Romanen oder bei Beobachtungen im Weltall vor, sondern ist vielmehr Teil unseres alltäglichen Lebens. In gewisser Weise machen Romane, aber auch Disziplinen wie die Philosophie und selbst die Naturwissenschaften nichts anderes, als die tatsächliche Komplexität der Welt so zu reduzieren, dass wir etwas sehen können, das zu begreifen wir in der Lage sind. Doch was wir sehen, ist nur eine ihrer wahren Dimensionen beraubte Wirklichkeit – ein Bild, in dem verborgen ein weiteres steckt, das sich unserer Wahrnehmung entzieht. Wir reihen stattdessen, wiederum mit den Worten Robert Musils, die unendliche Vielfalt und Gleichzeitigkeit der Welt an einem erzählerischen Faden auf, erfinden ein Vorher und ein Nachher, Ursache und Wirkung, Kausalitäten, Motive und so weiter. Allerdings vergessen wir dabei häufig, dass das, was wir auf diese Weise gewinnen, eben nicht die Welt selbst ist, sondern nur unser vereinfachtes (also weniger komplexes) Modell von ihr. Genau diese Verwechslung liegt jenem Reduktionismus zugrunde, der den ganzen Menschen in all seinen Verhaltensweisen mit einem Mal nur noch als biologische Maschine, als kybernetischen Organismus, als 3-Stufen-Psychomodell (mit dem Über-Ich im Dachgeschoss, dem Ich in einer kleinen Etagenwohnung und dem Es in einem gigantischen Keller), als neurowissenschaftlichen und hormonellen Prozess usw. in den Blick nimmt. Tatsächlich besteht eines unserer größten wissenschaftlichen Probleme eben darin, die ungeheure Komplexität der Welt zu verstehen und in eine Theorie – und damit letztlich in ein mathematisches Modell – zu übersetzen, so unangemessen und provisorisch es vielleicht auch ist. Philosophen, religiöse Lehrer, Weise, vor allem aber auch die größten Wissenschaftler der Vergangenheit und Gegenwart, darunter Nobelpreisträger wie Max Planck, Albert Einstein, Ilya Prigogine, Manfred Eigen, Leon Cooper, Christian de Duve und viele andere mehr, haben bis heute immer wieder an dieser einen Aufgabe gearbeitet: Komplexität und ihre Strukturen zu verstehen. Das hängt unter anderem auch damit zusammen, dass sich die Ansicht immer mehr durchsetzt, die gesamte Evolution von der Entwicklung kleinster Elementarteilchen bis hin zum Menschen, der in der Lage ist, einen freien Parkplatz in der Frankfurter Innenstadt ausfindig zu machen, sei letztlich ein Prozess der Entwicklung von Information. Atomare Teilchen tragen ebenso Informationen (etwa über ihren Spin, also ihren Drehimpuls, und andere quantenmechanische Eigenschaften) in sich wie die DNA, der Stoffwechsel- und Energiekreislauf einer Zelle oder die Ansammlung von Menschen, die in einem riesigen Stadion verfolgt, mit welchem Impuls ein Ball von welchem Spieler ins Tor geschossen wird (oder auch nicht).

Heute ist es eine der schwersten Aufgaben, denen sich die Wissenschaft gegenübersieht, die komplexen Netzwerke, d.h. die unterschiedlichen Ordnungen von Wechselwirkungen, zu verstehen, die beispielsweise zwischen verschiedenen Genen bzw. Abschnitten von Genen in unseren Zellen existieren, um schließlich Proteine herzustellen. Ein weiteres Beispiel ist das hochkomplexe Netzwerk des interaktiven Zusammenspiels der Hormone in unserem Körper. All diese Netzwerke bis auf die biochemische Ebene hinunter im Detail zu verstehen, erfordert ein absolutes Höchstmaß an Abstraktionsfähigkeit, bei dem die Wissenschaft immer wieder an ihre Grenzen gelangt. Dabei helfen computergestützte Visualisierungen und intelligente Computerprogramme, neue Strukturen in den gigantischen Datenmengen ausfindig zu machen, die längst schon kein einzelner Mensch, aber auch keine Gruppe von noch so klugen Menschen zu verstehen und zu finden in der Lage sind.

Während man in den Pionierjahren der Genetik und zuweilen auch noch zurzeit der Entschlüsselung des menschlichen Genoms der Ansicht war, dass ein Gen jeweils nur ein bestimmtes Protein – einen für die Zelle lebenswichtigen Baustein – kodiert, stellte sich zur großen Überraschung der meisten Forscher heraus, dass dies zumindest für das menschliche Genom unmöglich zutreffen kann. Erstaunlicherweise weist nämlich das menschliche Genom weniger Gene auf als das mancher Pflanzen. Nahm man ursprünglich an, der Mensch habe mindestens 100.000 Gene, so stellte sich bald heraus, dass es faktisch weniger als ein Viertel dessen, d.h. unter 25.000 sind. Zum Vergleich: Reis hat mehr als 40.000, Mais mehr als 50.000, die Maus immerhin 30.000 Gene – und doch hat keines dieser Lebewesen auch nur ansatzweise ein so komplexes Denkorgan hervorgebracht, wie es das menschliche Gehirn ist. Mit einem Wort: Obwohl es weniger von etwas gibt (Gene), resultiert daraus ein Mehr (etwa an Gehirnmasse). Doch wie ist das möglich? Die Antwort ist ebenso einfach wie verwirrend: Weil es eben nicht auf die Summe der Teile ankommt, sondern auf die Art und Weise, wie sie miteinander in Beziehung treten. Es ist die größere Vielzahl der genetischen Kombinationsmöglichkeiten – technisch durch das Verfahren des sogenannten Spleißens verwirklicht –, die schließlich mit weniger Teilen ein Mehr an Effekt schafft. Die komplexe Struktur der Kombination von Genen zu durchschauen ist tatsächlich zu einem der interessantesten Gebiete der heutigen Biologie und Molekulargenetik geworden – ein Gebiet, das ohne den Einsatz der Bioinformatik, d.h. der automatisierten, computergestützten Suche nach sogenannten »Patterns«, also Mustern, gar nicht denkbar wäre. So betrachtet ist auch die gesamte moderne Wissenschaft im Grunde nichts anderes als ein Versuch, die Strukturen ausfindig zu machen, die diesen Bewegungen in Wirklichkeit zugrunde liegen – auch wenn diese Wirklichkeit nie vollständig erkannt werden kann. Das schließt nicht aus, dass die Wissenschaften eine Fülle von Erkenntnissen gewinnen können und sich diese Erkenntnisse auch anwenden lassen. Dennoch ist alles, was wir mit Hilfe der Wissenschaften erkennen, nur ein Modell der Welt, nicht die Welt selbst. Die Suche muss freilich weitergehen. Die Wissenschaften sind somit dem im Bild versteckten Bild, dem erzählerischen Faden, dem verborgenen, aber höchst wirksamen Schatten auf der Spur. Wissenschaft ist die Suche nach Mustern – ebenso wie die Frage, warum wir eigentlich existieren, in gewisser Weise die Suche nach einem Muster in unserem Leben oder im kosmischen Gewebe ist.

Inzwischen hat sich die Wissenschaft von der Komplexität zu einem eigenen, vielversprechenden und in hohem Maße interdisziplinären Forschungszweig entwickelt, der »Science of Complexity«. Die Komplexitätstheorie untersucht u.a. das Entstehen von robusten Strukturen in stark veränderlichen, hochdynamischen, fließenden Prozessen und stellt auch die fakultäten- und disziplinenübergreifende Frage, wie Organisation, Anpassung oder Selektion entstehen, die einerseits Veränderung, andererseits aber auch stabile Strukturen ermöglichen. Im Umfeld wissenschaftlicher Erforschung von Komplexität entstand dabei eine Theorie der Selbstorganisation von Materie, Energie und Information, die u.a. von Ilya Prigogine und Manfred Eigen entwickelt und ausgearbeitet wurde. Zurzeit schreibt Eigen an einem großen, die bisherigen Erkenntnisse zusammenfassenden Buch über die Entwicklung und Selbstorganisation komplexer Strukturen, vor allem in der Biologie. Eigentlich aber beginnt diese Selbstorganisation des Lebens im Reich der Physik und Chemie. Das bedeutet freilich auch, dass sie ihren Ausgang im Reich des Unsichtbaren nimmt. Wir dagegen sehen von der Welt gleichsam nur den deterministischen und mechanischen Schatten, den die Dinge an die Wand werfen. Was wir nicht sehen, ist die Feinheit und Schönheit, die alldem innewohnt, unseren Blicken aber weitgehend entzogen ist. Es ist, als betrachteten wir unser Leben so wie ich damals die Sternschnuppe: Wir wundern uns, wie so etwas möglich ist (daran werden alle Erkenntnisse der Welt nichts ändern), raufen uns die Haare über die Widersprüche und Ungereimtheiten – und können einfach nicht erkennen, was sich doch klar und deutlich unseren Augen zeigt.

»Es gibt Wechselwirkungen zwischen den Materieteilchen«, so erklärte mir Manfred Eigen in einem Gespräch den Prozess der Selbstorganisation.

*»Und diese Wechselwirkungen gehen in Strukturen über. Sie bilden Strukturen aus, die oftmals Gleichgewichtsstrukturen sind. Das heißt: Die Teilchen nehmen aufgrund all der möglichen Wechselwirkungen, die sie mit ihrer Umgebung tätigen, genau jene günstigste Position ein, in der die Kräftewirkungen ausgeglichen sind. Das ist Selbstorganisation. Und die gesamte physikalische Entwicklung unseres Universums vom Urknall an war eine Selbstorganisation. Insofern war eine wesentliche Voraussetzung für die Entstehung des Lebens, dass sich eine komplexe Chemie entfalten konnte. Aber diese komplexe Chemie war nicht geordnet. Sie musste also erst einmal geordnet werden. Und da kommt die Selbstorganisation, von der ich spreche, ins Spiel. Sie kommt durch Reproduktion zustande. Zunächst konnte sich die praktisch unbegrenzte Komplexität der Chemie entfalten – und geriet dabei zunehmend unter die Kontrolle selektiver Prozesse, d.h. der Selektion. Dieser Schritt war notwendig. Ansonsten wären die komplexen Gebilde, die wir heute sehen, wäre das ganze Leben in seiner Vielfalt, wären wir selber oder so etwas wie Bewusstsein nie entstanden.«* [35]

Die Konsequenzen, die sich daraus ergeben, sind weitreichend und stellen das herkömmliche Denken über die Entwicklung des Lebens auf den Kopf. Denn Eigen zufolge bilden sich gleichzeitig mit den komplexen Substanzen auch die Selektionsmechanismen aus, die ohne Eingriff von außen – denn es gibt kein Außen in diesem das gesamte Universum umfassenden Prozess – dafür sorgen, dass sich genau diese Strukturen entwickeln, reproduzieren – und wieder weiterentwickeln.

*»Das kann aber erst geschehen, wenn diese Prozesse eine chemische Struktur gefunden haben, die sich reproduzieren kann. Sonst wäre das nicht möglich. Das ist eine absolute Voraussetzung. Hinzufügen sollte man aber, dass sich diese Selbstorganisation in der Biologie ganz eindeutig weitab vom chemischen Gleichgewicht ausbildet. Sie vollzieht sich am Rande des Chaos. Im reinen Gleichgewicht würde sie nicht funktionieren, weil dort bereits alles festgelegt und zur Ruhe gekommen wäre.«*

Einschränkend sollte man vielleicht anmerken, dass eine Theorie, die diese Phänomene erläutert, sie damit keineswegs zu festgelegten und damit vorhersagbaren Erscheinungen erklärt. Vielmehr gibt es, wie Eigen und andere längst gezeigt haben, selbst in einem streng determinierten System viele Prozesse, die allein aufgrund der quantenmechanischen Abläufe nicht vorhersagbar sind und deshalb niemals rein deterministisch sein können. Genau darin lag ja, wie bereits beschrieben, eine der paradoxen Erkenntnisse der Komplexitätsforschung: dass ein System zwar deterministisch sein und sich aus komplett determinierten Elementen und Teilchen aufbauen kann, in seiner Gesamtheit und auf längere Zeit betrachtet aber trotzdem nicht vorhersagbar ist. Winzigste Abweichungen und kleinste Eingriffe in die Wechselwirkungen eines Systems verändern seine Abläufe grundlegend. Verhielte es sich anders, dann wären wir nicht nur alle längst Lottomillionäre (beziehungsweise das Spiel schon lange eingestellt); es gäbe auch eine verlässliche Wettervorhersage, viel effizienteres Management und vor allem eine klare und deutliche Einschätzung auch der versteckten Faktoren und Nebenwirkungen unseres Handelns auf die Umwelt.

Noch eine weitere Einsicht lässt sich aus diesem Umstand ziehen: dass im Grunde viele von der Religion inspirierte Theorien – unter ihnen »Intelligent Design« – auch nur Varianten reduktionistischer Theorien sind. Die Behauptung, die Welt sei Ausdruck eines göttlichen, intelligenten Machens ist eine Anschauung, ein Modell von der Welt, das ihre wahre Komplexität nicht zutreffend abbildet bzw. sogar ganz leugnet. »Was man sich nicht vorstellen kann, das kann es auch nicht geben«, lautet das Motto. Wissenschaftliches, aber auch philosophisches Denken versucht hingegen auch das Andere, das noch nicht Gedachte, das Mögliche, zu erfassen. Eine Theorie wie die des »Intelligent Design« scheint aber bereits alles, was wichtig wäre und in Zukunft wichtig sein wird, im Voraus zu kennen. Eine derartige theologische Gesamttheorie der Entstehung der Welt »ist vor allem die größte Gottlosigkeit, die ich mir vorstellen könnte«, sagt Manfred Eigen dazu.

> *»Wenn ein Mensch glaubt, er sei so klug, dass er bestimmen könnte, was oder wie Gott sein muss. Sie wissen, dass Einstein den Satz geprägt hat: ›Gott würfelt nicht.‹ Weil Einstein an einen Determinismus geglaubt hat, konnte er noch nichts mit der Unbestimmtheit der Quantenmechanik anfangen. Niels Bohr jedenfalls soll irgendwann Einstein, der wieder einmal sagte, ›Nein, Gott würfelt nicht‹, entgegnet haben: ›Einstein, hör endlich auf, Gott vorzuschreiben, was er zu tun hat.‹«*

## Zickzack-Prinzip, Bildungsfernsehen und Weisheit

Ein typisches Beispiel für die perspektivische Verkürzung des Verstandes, der wir in unserem Alltag ausgesetzt sind, sind die Medien und insbesondere das Fernsehen. In gewisser Weise ist das Fernsehen nichts anderes als der Versuch, vom Menschen und seiner Welt ein Abbild zu schaffen – ein Bild des (dreidimensionalen) Menschen und seiner Welt auf einer (zweidimensionalen) Fläche, die zudem in der Regel auch noch kleiner ist als er selbst und in jedem Fall deutlich kleiner als die Welt. Dabei ist ein Fernseher am Ende auch nur ein Teil des Zimmers, in dem man sich befindet. Es handelt sich um nichts anderes als die Produktion eines in der Regel möglichst einfachen Bildes der Welt und des Menschen von sich selbst. Vielleicht liegt darin der Grund, dass das Fernsehen an der Abschaffung der Komplexität des Menschen mitgearbeitet hat. Ob ein Gegensteuern, d.h. eine Herausnahme des Fernsehens aus dem ökonomischen Geschehen, um es als »Public Value« und Medium der Bildung und Aufklärung einzusetzen noch erfolgreich sein kann, bleibt abzuwarten. Auf Dauer jedoch werden sich die, die mit Komplexität umgehen müssen, diesem in Wahrheit vereinfachten Bild des Fernsehens entziehen. Als reine Geldmaschine wird Fernsehen damit vermutlich auf lange Sicht hin noch mehr verflachen. Bis dahin wird der Kampf in den Irrungen und Wirrungen der Rückkopplungen und Spiegelungen weitergehen: Wir sehen das zweidimensionale Bild und versuchen, uns ihm anzugleichen, etwa indem wir reden oder uns verhalten wie »die im Fernsehen«: wie TV-Stars, Serienhelden und TV-Vorbilder. Doch Deutschland ist vermutlich am Ende doch nicht das Land, das nichts Besseres zu tun hat als unentwegt Topmodels und Superstars zu suchen, Politiktalkshows mit vorgefertigten Parteidrehbüchern zu sehen oder zu überlegen, wie man Frauen tauschen und die geniale Idee, auf Mallorca eine Frittenbude am Strand einzurichten, endlich in die Tat umsetzen kann.

Fernsehen ist lediglich eine Dienstleistung. Die Frage ist nur, in welchem Dienst Fernsehen steht: dem der Wirtschaft oder dem der Bildung. Der beste Fall scheint mir – so oder so – die Arbeit am Bild des Menschen zu sein. Solches Bildungsfernsehen kann meiner Meinung tatsächlich dazu beitragen, die eigene Urteilskraft zu bilden (statt lediglich Schein-Wirklichkeiten abzubilden), die Komplexität der Welt besser wahrzunehmen. Doch das ist, wie das Leben selbst, für viele zu ermüdend und anstrengend. Es scheint einfacher zu sein, Menschen mit all ihren Bedürfnissen und Verhaltensweisen dem Diktat der Vereinfachung zu unterwerfen. Diese gehorcht im Fall des kommerziellen Fernsehens dem Idol des Nutzens, wie Schiller sagte, d.h. allein den Gesetzen des Marktes und damit des Kapitals. Wenn unsere Welt, wie empirische Untersuchungen zeigen, vor allem durch das Leitmedium Fernsehen bestimmt wird und ein großer, zunehmender Teil der Menschen ihr Weltwissen und damit ihre Bildung einzig und allein aus dem Fernseher bezieht, dann besteht die spezifische Aufgabe von öffentlich-rechtlichem bzw. Kulturfernsehen genau darin, diesen selbstverständlichen Prozess der Ökonomisierung und Vereinfachung des Menschen zu unterbrechen. Öffentlich-rechtliches Fernsehen im eigentlichen/besten Sinne wäre dann bildhaft gesprochen der Versuch, von innen kleine Steine gegen die Mattscheibe zu werfen, damit die Scheibe einen Sprung bekommt. Auf diese Weise wird wieder sichtbar, dass dieser Ausschnitt der Welt, den man gerade im Fernsehen sieht, wie faszinierend er auch sein mag, eben doch nur die Welt als Projektion auf eine flache Scheibe ist. Diesseits des Fernsehers ist die Welt vieldimensional und deutlich komplexer als all das, was sich auf einer auf nur zwei Dimensionen reduzierten Fläche abspielen kann. Wenn kommerzielles Fernsehen die Komplexität der Welt scheinbar durch die Vielzahl der Programme fördert, sie tatsächlich aber reduziert, dann sollte Kulturfernsehen im Idealfall an die Komplexität der Welt erinnern, der man in dem Moment begegnet, wo man den Fernseher wieder abschaltet. Sogenanntes Bildungsfernsehen hat Minderheitenstatus nicht deshalb, weil es schlecht gemacht ist, sondern weil es, wie Untersuchungen zeigen, die Welt realistischer, komplexer abbildet. Doch genau diese Erfahrung der Bewusstwerdung von Komplexität ist es, der viele durch das Fernsehen entkommen wollen. Insofern schalten sie um, um weiter abschalten zu können.

Um noch einmal auf den Ausgangspunkt meiner Überlegungen und das Zickzack-Prinzip zurückzukommen: Probleme, die scheinbar ganz eindeutig innerhalb bestimmter Dimensionen unserer Erfahrung zu lösen sind (und in diesem Fall zweidimensional erscheinen), sind in Wahrheit, wenn überhaupt, nur von einer Ebene höherer Komplexität aus zu lösen (in diesem Fall von der Ebene einer dreidimensionalen Kreisbewegung aus). In Wahrheit ist das, was wir sehen, das Abbild eines mehrdimensionalen Prozesses, dessen tatsächliche Komplexität wir zunächst nicht erkennen. Solange wir uns jedoch bildhaft gesprochen um eine zweidimensionale Erklärung der Welt bemühen, können wir sie nicht erfassen. Weisheit ist eine Erinnerung an die Mehrdimensionalität dieser Welt und an die Wirklichkeit unseres Nicht-Wissens. Der Weise weiß das. Daher setzt er darauf, zwischen den Polen zu leben.

Nachdem in diesem Kapitel die Frage beantwortet wurde, was Weisheit bzw. das zentrale Thema von Weisheit überhaupt ist, wendet sich das nächste Kapitel der Frage zu, welche Art von Mensch ein Weiser ist. Gibt es spezifische Eigenschaften, die einen weisen Menschen ausmachen, ein typisches Persönlichkeitsprofil? Und wenn ja, existieren Versuche, dieses psychologische Profil weiser Menschen gründlicher zu erforschen? Gibt es also so etwas wie bestimmte psychologische Strukturen, durch die weise Menschen sich auszeichnen und von anderen unterscheiden? Unterscheiden sich die Weisen unterschiedlicher Kulturen voneinander? Ist ein Weiser in Indien zugleich auch ein Weiser in Italien und umgekehrt?

# KAPITEL 3:

## DIE PSYCHOLOGIE DER WEISHEIT

Tatsächlich wurden diese Fragen nicht nur gestellt, sondern auch, zum Teil jedenfalls, beantwortet. Untersucht hat sie der 2006 verstorbene Psychologe und Psychopathologe Paul Baltes, der von 1980 an als Direktor das *Max-Planck-Institut für Bildungsforschung* und den Forschungsbereich Entwicklungspsychologie leitete. Die englische und vielleicht auch angemessenere Bezeichnung für dieses Institut lautet *Max-Planck Institute for Human Development*, also Institut für menschliche Entwicklung. Paul Baltes, der tief in die internationale und interdisziplinäre Forschung eingebunden war, arbeitete u.a. am renommierten *Center for Advanced Studies in the Behavioural Sciences* im kalifornischen Stanford und leistete auf verschiedenen Gebieten Pionierarbeit. International machte er sich vor allem in den letzten Jahren durch seine bahnbrechenden Untersuchungen zum Alter, insbesondere zu den Bewusstseinsleistungen und kognitiven Veränderungen im Alter, einen Namen. Bis zuletzt erregten seine Bücher Aufsehen – auch in der breiten Öffentlichkeit. Sein letztes Buch erschien in seinem Todesjahr 2006 und behandelt, vielleicht erstmals in dieser Form, den inneren Zusammenhang zwischen geistiger Entwicklung und dem dynamischen Zusammenspiel von Kultur, Umgebung und Gehirn.[1] Baltes war Autor oder Herausgeber von weiteren 20 Büchern, veröffentlichte mehr als 250 wissenschaftliche Artikel und war u.a. auswärtiges Mitglied der *American Academy of Arts and Sciences* und der *Königlich Schwedischen Akademie der Wissenschaften*. Im Jahr 2000 wurde er in Deutschlands bedeutendsten Orden, den *Orden Pour le Mérite* der Wissenschaften und Künste, aufgenommen. Als er 2006 starb, galt er als einer der führenden Gerontologen weltweit.

Die Menschen, die mit dem Psychologen Paul Baltes zusammenarbeiteten und ihn auch im Privaten kannten, schildern ihn gerne nicht nur als einen gelehrten und sehr klugen, sondern auch als einen weisen Menschen. In der Zeit, in der ich ihn, leider nur flüchtig, bei einem Treffen des *Orden Pour le Mérite* kennenlernte, gründete er gerade das Internationale Max-Planck-Forschungsnetzwerk zur Altersforschung. Ich bedaure es bis heute, meinem Tischnachbarn bei diesem Essen, das zugegeben in erster Linie der Erholung diente, nicht nach dem Thema gefragt zu haben, das auch ihn so viele Jahre beschäftigt hatte. Über Jahre hinweg hatte Paul Baltes bereits in großer Detailarbeit Weisheit erforscht. Mit im Blick hatte er dabei auch andere Kulturen. Von allen Forschern weltweit war Baltes vermutlich derjenige, der am meisten über die Psychologie der Weisheit und die psychologische Struktur weiser Menschen wusste.

Für die meisten Menschen erscheint Weisheit als eine ferne Perspektive, die erst am Ende des Lebens, dann allerdings mit einer gewissen Notwendigkeit, aufscheint. Weisheit, sagen viele, das sei doch die einzige positive Eigenschaft, die das Alter zu bieten hat. Aber ist Weisheit die Spitzenleistung des Alters? Die Verbindung von Alter und Weisheit war tatsächlich einer der Gründe, warum Weisheitsforschung im Kontext der Gerontologie und nicht im Zusammenhang mit einer anderen Disziplin stattfand. Welche Disziplin wäre für Weisheit auch zuständig gewesen? Weisheit, so schien es, sei eben tatsächlich der einzige Lichtblick, die einzige positive Besonderheit, die das Alter mit seinen zunehmenden Beschwerden gleichsam als Kompensation zu bieten hat. Wenn unserer heutigen Zeit das Alter nur als Last und Strafe für ein Vergehen erscheint, das keiner kennt, dann ist die einzige positive Eigenschaft, die auch jüngere Menschen heute noch mit dem Alter verbinden, die der Weisheit. Doch leider ist auch das biologische Alter kein automatisch durch die Natur vorgegebener Weg zur Weisheit. Nicht jeder, der alt wird, ist auch weise. Zwar wäre Weisheit des Alters mit dem Blick auf das Durchschnittsalter gerade von Politikern oder Managern wünschenswert. Aber bereits der Blick in den Kreis der Menschen, die man kennt, reicht aus, um die bittere Erkenntnis zu gewinnen, dass der Satz, das Alter mache weise, kaum wahr sein kann. Alter führt keineswegs automatisch zu mehr Weisheit, sondern zuweilen sogar zum Gegenteil. Doch das stellt kein Hindernis, sondern einen Ansporn dar, um die Frage zu stellen, was denn auch im Alter zu Weisheit führen kann. Denn dass es die »weisen Alten« gibt, in allen Kulturen, ist keine Frage. Was also macht Menschen weise?

Auf der Webseite des Max-Planck-Instituts findet sich unter http://library.mpib-berlin.mpg.de/ft/pb/PB_Wisdom_2004.pdf ein im Jahre 2004 ins Netz gestelltes, 275 Seiten starkes Manuskript von Paul Baltes. Es ist in Englisch verfasst und trägt den Titel »Wisdom as Orchestration of Mind and Virtue. Max Planck Institute for Human Development, Berlin«. Direkt unter diesem Titel findet sich der Hinweis »Buch in Vorbereitung, 2004«. In Baltes' Internet-Manuskript ist seine langjährige Beschäftigung mit Weisheit eingeflossen, die er mit der Psychologin und Bildungsforscherin Ursula Staudinger systematisch und empirisch zu erforschen begann. Ursula Staudinger lehrt heute als Professorin für Psychologie und ist Vizepräsidentin der internationalen *Jacobs University* in Bremen. Am *Jacobs Center on Lifelong Learning and Institutional Development* befasst sie sich mit den Möglichkeiten lebenslangen Weiterlernens und den Fähigkeiten zur Veränderung bis ins hohe Alter. Diese Forschung ist vor allem für Unternehmen und Institutionen von Bedeutung, die sich trotz nachlassender Geburtenraten auf die Fortführung eines zukunftsorientierten Wachstums einlassen möchten.

Paul Baltes wies häufig darauf hin, dass zwar bestimmte Anteile von »kristallisierter Intelligenz« bis ins hohe Alter stabil blieben, sie aber dennoch keinen Aufschluss geben könnten über die Frage, ob im Alter nicht vielleicht verfeinerte oder sogar neue Intelligenzformen entstehen bzw. bestehende erweitert werden können. Doch Weisheit ist für Baltes keine Spitzenleistung von Intelligenz – gleich ob in jungen Jahren oder später im Alter. Er beschreibt Weisheit auch nicht als besondere Lernfähigkeit oder als spezielle intelligente Verhaltensweise. Für ihn erscheint Weisheit vor allem als Orchestrierung von Geist und Tugend, von »Mind and Virtue«. Doch was bedeutet das? Was haben er und Ulrike Staudingers herausgefunden? Baltes behandelt in seinem Manuskript zunächst ausführlich die Geschichte der philosophischen Auseinandersetzung mit dem Thema. Frühe Weisheitsliteratur aller Kulturen, des alten Ägypten, des Konfuzianismus, Buddhas, des Alten und Neuen Testaments, der frühen und späteren griechischen Philosophie, der christlichen Theologie bis zu Renaissance und Humanismus und schließlich die europäische und amerikanische Tradition der Aufklärung bis zur modernen Philosophie: Mit all dem beschäftigt sich Baltes, bevor er sich der Frage zuwendet, wie denn eine psychologisch validierte Beschreibung von Weisheit aussehen könnte und in welchem Rahmen sie zu leisten wäre. Auf diese Weise kommt Baltes zu sieben Bestimmungen.

Weisheit, so lautet Baltes' erste Bestimmung, ist die meisterhafte Lösung eines bedeutsamen und schwierigen Lebensproblems, nämlich der Frage sowohl nach dem Sinn als auch nach Anleitungen zur praktischen Lebensführung. Geradezu sprichwörtlich ist die biblische Geschichte von Salomon, dem weisen König und Richter in Israel (1 Könige 3), und seinem »Salomonischen Urteil« geworden: Zwei Frauen kommen zu Salomon, beide wollen die Mutterschaft ein und desselben Kindes beanspruchen. Der traurige Hintergrund der Geschichte scheint zu sein, dass die beiden Frauen – zwei Huren, die im selben Haus wohnen – zur gleichen Zeit ein Kind geboren haben, das Kind der einen aber nach wenigen Tagen verstarb. Salomon lässt ein Schwert bringen. Dann sagt er zu den beiden Frauen: »Teilt das Kind mit dem Schwert in zwei Teile und gebt dieser die Hälfte und jener die Hälfte.« Die eine Frau reagiert sofort: »Gebt der anderen das Kind lebendig!« Der Verzicht, der das Leben des Kindes über das eigene Wohl stellt, zeigt, wer sie in Wahrheit ist: Eine wahre Mutter liebt ihr Kind über alle Maßen. Die Weisheit Salomos bestand darin, auf diese erwartbare Reaktion zu spekulieren. Die Bibel berichtet, dass ganz Israel von Salomons weisem Urteil beeindruckt war. Das Volk »fürchtete den König, denn es sah, dass die Weisheit Gottes in ihm war, Gericht zu halten.« Wenn im selben Kapitel berichtet wird, dass der aufstrebende Salomon, der nach Weisheit suchte, die Tochter des Pharaos, des ägyptischen Königs, heiratete, dann ist das bestimmt kein Zufall. Auch wenn er vor allem den biblischen Gott um Weisheit, Wahrheit und Gerechtigkeit bittet: Einen guten Schuss ägyptischer Weisheitslehre wird er durch seine Frau schon abbekommen haben.

Baltes jedenfalls nutzt die biblische Geschichte von Salomon, um zu zeigen, dass Weisheit nicht nur im klugen Lösen von Problemen (ob nun diesseits oder jenseits dualistischer Vorstellungen) liegt, sondern vor allem darin besteht, im Interesse eines ›guten Lebens‹ eine alle Parteien überzeugende praktikable Lösung zu finden. Entscheidend ist, so Baltes, dass sich Weisheit einerseits tatsächlich im Alltagsleben findet und bewährt, andererseits aber immer wieder neu auf kreative Weise entsteht. Weisheit lässt sich nicht konservieren. Auch einmal fixierte Lebensweisheiten verlangen kreative Anwendungen. Ist Salomons Strategie erst einmal in Form einer Geschichte festgehalten und damit ein für alle Mal bekannt, lässt sie sich in derselben Weise kein zweites Mal erfolgreich verwenden. Denn durch die Kenntnis der Geschichte wäre theoretisch jede Frau imstande, ungeachtet einer tatsächlichen Mutterschaft so zu reagieren wie die echte Mutter in der Geschichte. Damit wäre Salomon jedoch keinen Schritt weiter: Er hätte vor sich wieder zwei Frauen, die auf die gleiche Weise reagieren und behaupten, die wahre Mutter zu sein. In gewisser Weise besteht das dualistische Dilemma fort, bis jeweils neu eine Lösung gefunden ist. Baltes hält fest, dass derartige Geschichten, vor allem aber das tatsächliche Verhalten weiser Männer und Frauen, als Kristallisationspunkt tiefer menschlicher Einsichten dienen – die dann auch häufig in den Weisheitssprüchen aller Religionen und Weltanschauungen ihren Niederschlag gefunden haben.

Kehren wir zurück zu Baltes' sieben Bestimmungen jener Merkmale von Weisheit, die vermutlich allen Menschen gemeinsam sind, denen Weisheit zugesprochen wird. Baltes' erstes Merkmal war, dass Weisheit wichtige und schwierige Fragen der Lebensführung und des Sinns im Leben anspricht. Das unterscheidet Weisheit von anderen Formen des Wissens.

Was Weisheit zweitens wesentlich ausmacht, ist, dass sie ein Wissen über die Grenzen des Wissens und die Unsicherheit in der Welt beinhaltet. Weisheit ist in diesem Sinne kein technologisches Wissen, etwas, das man einfach anwenden kann wie eine Formel. Vielmehr spricht Weisheit gerade das an, was nicht erforscht, was unsicher und unbekannt ist und deshalb jeweils neu ausgelotet werden muss. Obwohl Weisheit die Grenzen des Wissens anerkennt, scheint sie trotz der Unsicherheiten eine hilfreiche und verlässliche Orientierungshilfe zu bieten – vor allem, weil sie uns davor bewahrt, zu vorschnellen und übereilten Lösungen zu greifen – so verführerisch gerade diese auch sein mögen.

Drittens repräsentiert Weisheit einen wahrhaft überragenden Grad von Wissen, Urteilskraft und Ratschluss. Weisheit ist in gewisser Hinsicht das Höchste, wozu unsere Urteilskraft und unser Geist fähig sind. Aus diesem Grund wird sie zwar gern in die Sphäre des Überirdischen oder Göttlichen enthoben – doch das ist kein zwingendes Kriterium. Weisheit ist vielmehr eine Art regulative Idee, etwas, das erstrebenswert bleibt, auch wenn es nicht von allen zur Gänze realisiert werden kann. In jedem Fall aber ist sie eine besondere Form von Urteilskraft – ein Begriff mit einer eigenen, vor allem auf Kant zurückgehenden, langen Tradition.

Viertens schließt Weisheit ein Wissen um die außerordentliche Fülle von Anwendungsmöglichkeiten, zugleich aber auch um deren Tiefe und Ausgewogenheit ein. Baltes will mit dieser vierten Charakterisierung darauf aufmerksam machen, dass Weisheit eine in hohem Maße integrative Qualität zukommt. Einige Untersuchungen weisen darauf hin, dass insbesondere die Fähigkeit zur Herstellung von Balance eine entscheidende Eigenschaft weiser Menschen ist, denen es gelingt, etwa in einem System mit grundsätzlich festgelegten moralischen Regeln dennoch ein Maximum an Toleranz zu verwirklichen.

Fünftens beinhaltet Weisheit eine perfekte Synergie von Geist (*mind*) und Charakter – d.h. eine ideale »Orchestrierung von Wissen und Tugend«. Dieser Punkt unterstreicht noch einmal, dass Weisheit sich von herkömmlichem Wissen unterscheidet. Von der begrifflichen Geschichte her betrachtet, schließt diese Beobachtung an die religiösen Wurzeln des Weisheitsbegriffes an. Gerade den asiatischen Formen der Weisheit

gelingt es heute, moderne wissenschaftliche Erkenntnisse und altherge-
brachte, tradierte religiöse oder quasireligiöse Formen der Weisheit miteinander zu verbinden. In seiner sehr tiefsinnigen Analyse des wichtigen
tibetischen Textes *Die mittleren Stufen der Meditation* von Kamalashīla,
einem Gelehrten des 9. Jahrhunderts, betont der Dalai Lama immer wieder, dass keine Notwendigkeit besteht,

> *»sich allein auf die Autoritäten der kanonischen Schriften zu verlassen.*
> *Was in solchen Texten gelehrt wird, kann im Licht der Vernunft analy-*
> *siert werden, und die Gültigkeit ihrer Inhalte kann erwiesen werden.*
> *Auch die Worte Buddhas stehen der Prüfung offen. Eines der großartigs-*
> *ten Merkmale der buddhistischen Kultur ist, dass der Praktizierende das*
> *Recht hat, die Lehren zu prüfen. Auch die Worte des Lehrers können ge-*
> *prüft werden.«*[2]

Mit dieser Einstellung findet sich der Dalai Lama in perfektem Einklang
nicht nur mit der gesamten buddhistischen Tradition, die stets den Vorrang der eigenen Erfahrung vor dogmatischer Festlegung betont hat, sondern auch mit einem Grundgedanken des Kritischen Rationalismus (Sir
Karl Popper, Hans Albert etc.) und der modernen Wissenschaftstheorie:
Dass grundsätzlich alles zur Prüfung offenstehen muss, um Aussagen vor
Ideologie, Missbrauch und dogmatischen Festlegungen zu bewahren und
Erkenntnisfortschritt zu ermöglichen. Jeder Versuch, ein Problem zu lösen, kann ein Fehler sein und bedarf der kritischen Überprüfung, denn
auch die sicherste Theorie kann sich irgendwann als falsch erweisen. Weisheit beinhaltet diesen Gedanken kritischer Prüfung, ohne jedoch das Kind
der Erkenntnis mit dem Bade der Falsifikation auszuschütten.

Sechstens versammelt Weisheit ein Wissen in sich, das im Sinne des
eigenen Wohlergehens wie auch dem anderer seine Verwendung findet.
Auch dieser sechste Punkt betont die Einbettung von Weisheit in den
Kontext von Leben und Moral. Weisheit operiert aus der Erkenntnis der
grundsätzlichen Verwobenheit des Lebens heraus: Das Wohl eines einzelnen Menschen ist, genau betrachtet, nie nur ein individuelles Wohl,
sondern betrifft auch sein Umfeld. In seinen Analysen der Weisheit weist

der Dalai Lama darauf hin, dass alle Weisheit auf dieser Einsicht in die grundsätzliche Einheit des Lebens fußt, die zugleich eine zutiefst ethische Dimension hat: das Mitleid mit allen Lebewesen. Weisheit und Egoismus schließen sich somit letztlich aus.

Nach Baltes wird schließlich siebtens Weisheit, so schwer sie auch zu beschreiben und vor allem zu erlangen ist, sofort erkannt, wenn sie sich manifestiert. Weisheit ist somit keine Qualität, die außerhalb unseres alltäglichen Lebens und unserer normalen menschlichen Möglichkeiten liegt. Dazu passt gut eine Bemerkung im Vorwort von Hanshans Gedichtsammlung vom *Kalten Berg*. Weil er krank ist, begibt sich der Herausgeber des Buches zu einem Zen-Meister, der ihn tatsächlich heilt. Weiter heißt es: »Ich fragte ihn: ›Ich kenne diese Gegend nicht. Gibt es dort weise Männer, die ich als Lehrer ansehen könnte?‹ Der Meister antwortete: ›Wer sie ansieht, erkennt sie nicht. Und wer sie erkennt, braucht sie nicht anzusehen.‹«[3]

Wie auch immer man Weisheit verstehen mag: Die Weisheit eines guten Pferdezüchters oder Weinbauern mag mit Weisheit im umfassenden Sinn zwar etwas zu tun haben – und doch beinhaltet Letztere eben mehr. Dem weisen Menschen ist es um die umfassende Kontextualisierung der menschlichen Existenz zu tun – und damit um eine Expertise, ein Wissen und eine pragmatische Intelligenz, die weit über das begrenzte Gebiet eines Experten hinausgeht. Das Patchworkleben in modernen Familien – das bereits im Mittelalter das gängigste Familienmodell überhaupt war aufgrund des statistisch gesehen früher eintretenden Todes der Frauen, die von ihren Kindern und den Vätern dieser Kinder überlebt wurden –; die Wende vom frühen Erwachsenenleben zur Lebensmitte und schließlich zum Tod hin; die Einsicht in die unverrückbaren Grenzen des Lebens und das individuelle Scheitern vieler Lebenspläne; der Verlust einer Balance zwischen Vorstellung und Wirklichkeit, Arbeit und Leben, Familie und Job, Sex und Liebe, Gewinn und Niederlage; die Suche nach dem Sinn des Lebens in einer sich immer schneller verändernden Welt – diese und andere Herausforderungen kann man besser meistern, wenn man sich um Weisheit bemüht. Damit hat Weisheit, auch wenn man sie wissenschaftlich zu erfassen sucht, eine kulturen- und zeitenübergreifende Dimension. Weisheit markiert die mögliche Exzellenz menschlicher Entwicklung. Vor allem aber bindet Weisheit die Komplexität des menschlichen Lebens, die das Bemühen um Ethik ebenso umfasst wie unmoralisches Verhalten, Vernunft und Intuition, Gefühl und Rationalität, Person und Gesellschaft, Trennung und Gemeinschaft und viele andere Lebensaspekte. Doch wie sieht dies aus? Welchen Zweck erfüllt Weisheit aus wissenschaftlicher Sicht? Welche Fähigkeiten und Anlagen, welche persönlichen Merkmale umfasst sie? Gelten diese für alle Kulturen in gleicher Weise?

Baltes weist immer wieder darauf hin, dass seine Analyse von Weisheit weder den Anspruch hat, ein letztes Wort in dieser Sache noch eine umfassende Anleitung zur ›praktischen‹ Weisheit zu sein, wie sie beispielsweise im Feld der Beratung von Unternehmen 1:1 einsetzbar wäre. Und doch wird jeder, so Baltes, von einer solchen Studie über Weisheit profitieren können – als einzelner Mensch ebenso wie als Gruppe bzw. gesellschaftliches System. Gerade Gesellschaften könnten in hohem Maße von Weisheit profitieren, weil sie mit ihrer Hilfe in die Lage versetzt würden, ein gutes, solides Wissen von kultureller Unterschiedenheit und der Relativität von Werten zu entwickeln, und doch zugleich lernen, eine Balance zu halten, die Menschlichkeit und Gerechtigkeit im Alltag möglich macht, ohne zu einer Hegemonie der einen oder anderen Form von Ziel, Wertvorstellung oder Vernunft zu führen. Dies ist möglich, glaubt Baltes, während sich die moderne Philosophie von einer derartig weitreichenden Vorstellung von Weisheit längst verabschiedet hat. Weisheit bleibt eine realistische Voraussetzung für gutes, ausgewogenes Urteilen und wohltätiges ebenso wie wohltuendes Handeln. Gerade im Hinblick auf schwierige Lebensentscheidungen und Probleme, d.h. bei komplexen Fragestellungen im Leben, unterstützt Weisheit die Fähigkeit, sich einerseits zwar die Relativität eigener, aber auch gesellschaftlicher und kultureller Wert- und Zielvorstellungen bewusst zu machen, andererseits aber eine eigene, vertretbare und kohärente Position zu finden. Gerade dieser Konflikt macht ja einen entscheidenden Teil gesellschaftlicher Probleme aus: zu wissen, dass es andere, berechtigte Ziel- und Wertvorstellungen bzw. Bewertungsmuster als die eigenen gibt – und es doch notwenig ist, entsprechend eigener Prioritäten zu einer Entscheidung zu kommen und dabei auch für andere akzeptabel zu leben. Nach Baltes zeichnet sich der weise Mensch dadurch aus, dass er nicht nur in der Lage ist, sich in einen Bereich jenseits von Unsicherheit und Konflikt zu begeben, sondern auch dadurch, all diese Konflikte und Unsicherheiten zugleich im Gedächtnis zu behalten, sie also weder zu verleugnen noch zu verdrängen. Weisheit beinhaltet eine ausgewogene Toleranz gegenüber Verschiedenheit und ein Wissen über Grenzen (nicht nur über die Grenzen des Alters, des Körpers oder allgemein der eigenen Weltsicht, sondern auch über die Grenzen ganz grundsätzlicher Natur.) Weise wissen um die Tatsache, dass Leben nicht nur höchst veränderlich, sondern allen Gewissheiten letztlich immer auch die Ungewissheit eingeschrieben ist. Nach der Definition der Philosophin Sharon Ryan wird eine Person »weise« genannt, wenn sie

1. ein freier Mensch ist, der
2. gut zu leben weiß,
3. tatsächlich auch gut lebt und
4. diese Lebensweise auf ein Wissen darüber gründet,
   wie man gut lebt.

Insofern ist Weisheit nicht nur Wissen, sondern zugleich auch Wissen, das zum Handeln führt. Zugleich ist Weisheit dieses Tun selbst, insofern es »gutes« Handeln ist. Und Weisheit ist Nicht-Wissen. Auf diese Weise sind Wissen, Urteil und Handlung in der Weisheit eng miteinander verbunden. Im Taoismus ist für diesen Zusammenhang der Begriff des Nicht-Handelns von Himmel und Erde, Wu Wei, geprägt worden. Himmel und Erde stehen für die Orte des sichtbaren und des unsichtbaren (noch unbekannten) Weltgeschehens. »Das Leben der Herrscher und Könige hat Himmel und Erde zum Vorbild«, schreibt Dschuang Dsi, hat das Tao, den Weg, »*Sinn* und *Leben* zum Herrn, hat das Nicht-Handeln zum Gesetz. Wer nicht handelt, dem steht die Welt zur Verfügung und er hat Überfluss. Wer handelt, der steht der Welt zur Verfügung und hat

Mangel. [...] So heißt es: Der Herren und Könige *Leben* ist in Gemeinschaft mit Himmel und Erde. Das ist der *Sinn*, der alle Geschöpfe im Lauf erhält und die menschliche Gesellschaft in Dienst nimmt.«[4]

Doch welche Fähigkeiten und Ressourcen sind notwendig, um einen solchen Zustand der Weisheit zu erreichen, den Dschuang Dsi vor beinahe 2500 Jahren und Sharon Ryan heute beschreiben? Was zeichnet Weisheit, was zeichnet das Wissen um ein »gutes Leben« und seine Anwendung aus psychologischer Sicht aus? Kann Weisheit auch unabhängig vom Handeln oder Denken einer Person existieren – etwa in einem Text? Und was ist mit einem »guten Leben« gemeint? Das Wissen um Tugend und eine positive Lebensweise ist nicht denkbar ohne ein Wissen um Laster und Verfehlungen. Weisheit beinhaltet beides: Wissen um Tugend und Laster, positive und negative Auswirkungen unseres Handelns – und zugleich ein Wissen darüber, wie die menschliche Natur diesen Konflikt moderieren kann auf eine Weise, die nachhaltig Leben fördert.

Die Forschergruppe um Baltes entwickelte das nach seinem Entstehungsort benannte *Berliner Weisheitsmodell*, um diese Fragen besser beantworten zu können. Weisheit wird, um sie besser erfassen zu können und psychologisch zu verstehen, als Expertenwissen aufgefasst, das jedoch kein ›wissenschaftliches‹ Wissen ist, sondern sich auf die fundamentale Pragmatik des Lebens bezieht. Dieses »Expertenwissen« schließt all das mit ein, was mit dem Verstehen und Beurteilen unseres Verhaltens, aber auch mit dem (wie auch immer gearteten) Lebenssinn zu tun hat. Dieser Wissensschatz beinhaltet laut Berliner Weisheitsmodell neben dem Wissen um Veränderung etwa auch die Einschätzung, wie die Bedingungen und die Geschichte lebenslanger Veränderungen sich entwickeln. Darüber hinaus bezieht sich das Weisheits-Expertenwissen darauf, Lebensziele und deren Wandel zu kennen – denn sie ändern sich in der Lebensgeschichte je nach Prioritäten oder der sozialen Lage mit der Position, die jemand in der Gesellschaft einnimmt. Teil dieses Wissens ist auch, wie man mit den entscheidenden (und damit konflikt- und folgenreichen) Lebensstationen wie Geburt, Pubertät, Sexualität oder Tod umgeht. Weiter ist für Weisheit ein Wissen um die Grenzen von Wissen und um die Veränderung und Endlichkeit des Lebens entscheidend (ein

Aspekt, der bei Dōgen, den ich im nächsten Kapitel behandle, wie im gesamten Buddhismus stark betont wird). Weisheit steht insofern zwar in einem Verwandtschaftsverhältnis mit Wissen und verfügt damit über wirksame kognitive Elemente, ist aber stets auch auf die existentielle Dimension bezogen. Weisheit wäre damit laut Baltes ein komplexes, gut nutzbares Wissen, das durch Erfahrung und gezieltes ›Üben‹ erworben wurde. Die Beurteilungen, zu denen Weise kommen, d.h. »weise Aussagen«, folgen nach Baltes und Staudinger folgenden Kriterien:

1. reiches Faktenwissen,
2. reiches prozedurales Wissen,
3. Werte-Relativismus und Toleranz,
4. Lebensspannen-Kontextualismus sowie
5. Wissen um und Umgang mit Unsicherheit.

Mit »Lebensspannen-Kontextualismus« soll dabei ein Wissen und Denken umschrieben sein, das nicht nur Ereignisse oder Personen isoliert betrachtet, sondern die vielfachen thematischen (wie Familie, Beruf, Freizeit, Freunde, Sexualität, Tod) und lebenszeitlichen Bezüge (Vergangenheit, Gegenwart, Zukunft) berücksichtigt. Während die Faktoren 1 und 2 noch direkten Bezug auf die traditionelle Kategorie »Wissen« nehmen, fließt mit dem Werte-Relativismus bereits eine ethische Komponente mit ein – gemeint ist ein Wissen um die bei aller Bedingtheit doch zwingende Notwendigkeit von Normen des Handelns. So betont der Dalai Lama – wie auch die gesamte buddhistische Tradition – immer wieder, dass das »große Mitleid«, eine fundamentale ethische Verpflichtung, stets aller weisen Erkenntnis voraus- bzw. mit ihr einhergeht. Relativismus beinhaltet aber die Fähigkeit, sich in einer Welt sich widersprechender Lebensziele, Standpunkte, Sinnentwürfe etc. dennoch orientieren zu können. Weise Menschen sind Ansprechpartner gerade deswegen, weil sie in ungewöhnlichen und widersprüchlichen Situationen – d.h. im Sinne der Komplexität in einer Situation des »Dazwischen« – Orientierung geben können, zugleich aber auch den Wandel des Lebens, die Relativität des Wissens miteinbeziehen.

Das Interessante an diesem Berliner Modell ist, dass es als bislang einziges tatsächlich empirisch untersucht wurde. Die beiden anderen Hauptmodelle – die »Balancetheorie der Weisheit« von Robert J. Sternberg, IBM Professor of Psychology and Education am Department of Psychology der *Yale University* sowie Professor für Psychologie an der *Tufts University* und die »Dreidimensionale Weisheitstheorie« von Monika Ardelt, die in Frankfurt am Main promovierte und Professorin am Department of Sociology der *University of Florida* ist – sind bislang nicht empirisch überprüft worden,[5] was sich vermutlich angesichts der Formulierungen dieser Theorien auch schwierig gestalten dürfte. Warum?

Das Modell von Sternberg hebt die »Balance« des Weisen hervor. Sternberg versteht darunter ein Austarieren von Gegensätzen, das er für verschiedene Ebenen beschreibt, etwa die Ebene der Interessen, die Ebene der Problemlösungsansätze, die Ebene der Zeitvorstellungen (wie beim lang- und kurzfristigen Handeln). Weisheit besteht für Sternberg in der Anwendung eines »schweigenden Wissens« (»tacit knowledge«) auf ganz konkrete Lebensprobleme.[6] Das Erreichen einer optimalen Lösung ist es, was Weisheit ausmacht. Innerpersonale wie außerpersonale bzw. Umweltaspekte fließen beispielsweise zu diesem Zweck zusammen. Insbesondere aber beinhaltet Weisheit die Verbindung (Balance) von Wissen und Wert, Ethik und Kenntnis in Bezug auf Situationen und Verfahrensweisen. Das Problematische an diesem Modell ist, dass das »schweigende Wissen« darum, wie man innerhalb eines Systems« eine bestimmte optimale Balance erreicht, in gewisser Weise lediglich ein fest bestimmtes (und trainierbares) Expertenwissen ist. Sternberg will nun ähnlich wie die Berliner Gruppe Tests entwickeln, in denen er Situationen zur Prüfung vorlegt, um ihre Weisheitsfähigkeiten zu testen. Nur kann und sollte Weisheit ja gerade nicht im Abarbeiten von Multiple-Choice-Aufgaben bestehen, sondern darin, die Antworten auf die komplexen Herausforderungen aus eigener Kraft zu finden. Gerade an dieser Stelle aber weist Sternbergs Modell erheblichen Nachholbedarf auf.

Monika Ardelts Modell der Dreidimensionalen Weisheitstheorie wiederum, das in Variationen auch als Neun-Felder-Modell mit der Unterscheidung dreier Funktionsbereiche vorliegt (W. Andrew Achenbaum und Lucinda Orwoll), sieht eine Integration der drei Dimensionen der kognitiven, affektiven und reflexiven Qualitäten des Menschen vor. Diese in Einklang zu bringen hieße Weisheit zu verwirklichen. Während die kognitive Dimension vor allem auf Wahrheit in Form von Wissen über die persönliche Situation aus ist, bezieht sich die reflexive Dimension auf die Fähigkeit, das Leben aus verschiedenen Blickwinkeln wahrnehmen zu können. Die affektive Dimension schließlich beinhaltet die mitfühlende Liebe zu anderen Menschen. Auch diese Aspekte werden von Baltes integriert und keineswegs übersehen. Ardelts Verfahren der Selbstbefragung (per Fragebogen) hat jedoch den Nachteil – darauf weist z.b. die Entwicklungspsychologin Judith Glück von der Universität Wien hin –, dass derartige Selbstberichte stets ein verfälschendes Element oder zumindest die Möglichkeit der falschen, idealisierten Selbstdarstellung in sich tragen. Im Sinne empirischer Vergleiche ist diese eher hermeneutische Methode sicher in einer deutlich schwächeren Position.

Wie fand nun die Überprüfung von Weisheit im Berliner Modell statt? Zunächst gab man Versuchspersonen sogenannte »Weisheitsaufgaben« zur Lösung. Die Lösungen wurden dann in Form von Tonbandtranskripten trainierten Beurteilern und Beurteilerinnen vorgelegt, die diese Antworten nach den fünf bereits genannten Weisheitskriterien beurteilten. Für sie gab es jeweils eine siebenstufige Skala (von »sehr wenig« bis »sehr stark« der Vorstellung einer idealen, das heißt einer weisen Antwort entsprechend). Am Ende wurde eine Art »Weisheitswert«, ein Mittelwert über die fünf Kriterien, ermittelt. Als »weise« wurden die Personen eingestuft, die eine relativ hohe Beurteilung in allen fünf Kriterien erhielten (>5 auf der 7-Punkte-Skala). Ein typisches Beispiel für eine zu beurteilende Situation lautet: »Jemand erhält einen Telefonanruf eines guten Freundes, der sagt, er könne so nicht mehr weiterleben und habe sich entschieden, Selbstmord zu verüben. Was würden Sie in einer solchen Situation in Betracht ziehen? Was würden Sie in so einer Situation tun?«[7]

Wichtig dabei ist, dass die Teilnehmerinnen und Teilnehmer des Tests dazu angeregt wurden, laut statt wie sonst üblich schweigend zu denken. Selbst bei einfacheren Aufgaben – 24 mit 36 zu multiplizieren – zeigt sich bereits, wie schwer es sein kann, jeden Gedankenschritt in Worte zu fassen. Im Berliner Test gibt es zudem hinführende Problemstellungen, die auf die eigentlichen »Weisheitsaufgaben« vorbereiten. Ein Beispiel ist die Planung eines Abendessens für acht Personen oder eines Umzugs. Was muss dabei alles (laut) bedacht werden? Wie sehen die Gedankengänge aus? Auch bezüglich der Lebensplanung – und das gehört bereits zu den eigentlich zu lösenden Aufgaben des Weisheitstests – geht es schließlich darum, einen »realistischen Plan« für eine Person bzw. für sich selber zu entwickeln. Eine der vielen Aufgaben lautet:

> *»Hans, 63 Jahre alt und verheiratet, hat bisher seiner Pensionierung im Alter von 65 mit einiger Besorgnis entgegengesehen. Vor kurzem wurde die Firma, in der er arbeitet, verkauft. Die neue Geschäftsführung hat beschlossen, die am Stadtrand gelegene Zweigstelle, in der Hans arbeitet, zu schließen. Hans denkt über folgende Möglichkeiten nach: Er kann planen, sich vorzeitig pensionieren zu lassen, wobei er als Ausgleich zwei Jahre volles Gehalt bekommen würde, oder er kann planen, für weitere zwei, drei Jahre in der Hauptgeschäftsstelle der Firma zu arbeiten. Was sollte Hans in Zusammenhang mit seiner Planung tun und berücksichtigen? Welche zusätzlichen Informationen werden benötigt?«*[8]

In Bezug auf das Thema Krankheit gibt es u.a. folgenden Fall:

> *»Bei Marianne wurde Krebs diagnostiziert. Die Ärzte haben ihr mitgeteilt, daß sie nur noch ein Jahr zu leben hat. Marianne überlegt nun, was sie tun soll. Unter anderem kann sie versuchen, ihr Leben, soweit es möglich ist, so weiterzuleben wie bisher, oder sie kann ihr Leben stark verändern. Was sollte Marianne im Zusammenhang mit ihrer Lebensplanung tun und berücksichtigen? Welche zusätzlichen Informationen werden benötigt?«*

Die Teilnehmer an dem Test lernen nun – ebenso wie die Diskussionsleiter – die Kriterien für und charakteristischen Merkmale von idealen Antworten kennen. Wenn ein 14-jähriges Mädchen von zu Hause ausziehen will, so führt eine Reaktion wie: »Eine 14-Jährige und ausziehen? Unmöglich!« zu einem geringeren Weisheitswert als eine Antwort, die in Betracht zieht, dass das Mädchen womöglich Probleme haben könnte, die diesen Wunsch legitimieren.

Zu den idealen Antworten gehören je nach Fragestellung unter anderem (aber nicht ausschließlich) solche, die erkennen lassen, dass beispielsweise über zentrale Schwierigkeiten des Lebens nachgedacht und zu zentralen Teilen des Problems gezielt Nachfragen gestellt wurden, umfangreiches Wissen in Bezug auf Lebensgestaltung vorhanden ist und alternative Optionen für die Hauptperson gesehen oder Erfahrungen systematisiert und bewertet werden – inklusive der Möglichkeit, dass vergangene Erfahrungen aufgrund der Analyse auch für das eigene Leben neu evaluiert werden können.

Das erste wichtige Ergebnis der Untersuchungen war, dass es in den »Weisheitsleistungen« einen steilen Anstieg zwischen dem 15. und 25. Lebensjahr gibt – danach jedoch nicht mehr in einem signifikanten Ausmaß. Vermutlich hängt dieser Aspekt mit dem benötigten theoretischen Kontext zusammen, der in weise Beurteilungen einfließt und nach Abschluss der Adoleszenz im Allgemeinen weitgehend aufgebaut ist. Inzwischen wird in Bezug auf dieses Wissen eher von »weisheitsbezogenem Wissen« statt von Weisheit gesprochen. Man kann diese Art von Wissen als »fluide Intelligenz« bezeichnen, also die Fähigkeit, Zusammenhänge richtig zu erkennen und Problemlösungen zu finden, sprich: sich seines Verstandes zu bedienen. Diese sehr allgemeine Form der Intelligenz lässt ab einem Alter von etwa 75 Jahren messbar nach. Nicht zuletzt deswegen ist das empirische Ergebnis, dass es keinen sogenannten »Altersgradienten« für Weisheit gibt, erstaunlich. Es lässt sich mit anderen Worten kein spezieller Wert anzeigen, der einen klaren Hinweis darauf geben würde, wie ein bestimmtes Alter sich auf Weisheit auswirkt – außer dass dieser Wert bis zum 25. Lebensjahr ansteigt. Bereits an dieser Stelle zeigt sich, dass Weisheit ein sehr komplexes Zusammenspiel vieler Faktoren ist, bei dem Alter eben nur eine untergeordnete Rolle spielt. Allerdings lässt sich diese Einsicht auch in die umgekehrte Richtung lesen – und wirft damit eine höchst praktische Erkenntnis ab. Die Grundlagen für

Weisheit entstehen im Alter von 15–25 Jahren, d.h. mit der späten Adoleszenz. Entsprechend sinnvoll ist es auch, gerade in dieser prägenden Zeit neben dem Sporttraining und der Förderung der in der Schule erwarteten kognitiven, emotionalen und sozialen Leistungen besonders Weisheit zu fördern. Und wer unsicher ist, aus welchen Fähigkeiten (*skills*) sich Weisheit zusammensetzt: Aus den Weisheitsschulen unserer, aber auch anderer Kulturen ist zumindest nach einer mehr als 2000 Jahre alten Erfahrung über Generationen hinweg bekannt, dass meditativen Techniken bei der Ausbildung von Weisheit eine Schlüsselrolle zukommt. Auch wenn Baltes diese Techniken nicht eigens untersucht hat – neurowissenschaftlich orientierte Forscherteams wenden sich diesem Thema inzwischen vermehrt zu –, konnte das Berliner Weisheitsmodell dennoch deutlich zeigen, dass Weisheit sich in dieser Altersphase entwickelt. Warum sollte nicht gerade diese Entwicklungsphase pädagogisch begleitet werden?

Nach dieser Erkenntnis liegt eine Frage auf der Hand: Warum spielt das Alter konventionell eine so große Rolle im Zusammenhang mit Weisheit? Viele Kulturen der Welt schreiben den ›Alten‹ Weisheit in besonderer Weise zu. Möglicherweise gibt es dafür einen sehr einfachen und einleuchtenden empirischen Grund, der nicht in einer »magischen«, mit dem Alter in Verbindung stehenden Eigenschaft zu suchen ist. Baltes und sein Team haben zahlreiche und klare Belege dafür gefunden, dass es in jedem Lebensalter weisheitsbezogene Spezifika gibt. Das Alter scheidet wie gesagt als Kernmerkmal aus. Bei der Untersuchung von Menschen, die einen hohen Weisheitswert erzielt hatten, zeigte sich jedoch, dass ein ganzer Komplex anderer Faktoren eine Rolle spielte, dabei insbesondere psychologische, soziale, emotionale und zuweilen auch berufsbezogene. Soll nach der Adoleszenz Weisheit weiterentwickelt werden, dann gilt es vor allem, mit diesen Faktoren zu arbeiten. Und eines wächst im Laufe des Alters tatsächlich, wenn auch nicht notwendigerweise, weil es mit der Einstellung der jeweiligen Persönlichkeit zu tun hat: die Anzahl der Kontakte und Begegnungen mit anderen Menschen. Durch sie können gleichsam stellvertretend mehr Lebenserfahrungen gemacht und mehr emotionale Situationen (und Krisen) durchlebt werden. Nur insofern, und zwar als Indikator einer möglichen Erfahrungsspanne durch die Zunahme von Kontakten und Begegnungen, gibt es tatsächlich einen Zusammenhang zwischen Weisheit und Alter. Doch dieser Zusammenhang ist, den kulturellen Erwartungen zum Trotz, kein entscheidender Faktor!

Ein zweites Ergebnis der Berliner Untersuchungen war, dass bestimmte Gruppen wie zum Beispiel Therapeuten in einigen Untersuchungen zwar besser abschneiden als ›normale‹ Kontrollgruppen – sie tatsächlich aber nur selten hohe Weisheitswerte aufweisen. Wenn diese Gruppen mit Menschen verglichen werden, die als besonders weise gelten, gibt es keine nachweisbaren Unterschiede etwa zugunsten der Psychotherapeuten. Höheren Voraussagewert für die Entwicklung von Weisheit haben auch in diesem Fall andere Faktoren – wenn auch spezifische Lebenserfahrungen, vor allem dort, wo sie auch beruflich erforderlich sind (Psychotherapie, Sterbebegleitung, Seelsorge, Krisenintervention), durchaus einen Effekt auf die Aktivierung weisheitsbezogenen Wissens haben. Einer der Gründe dürfte sein, dass in therapeutischen Berufen beispielsweise sowohl die Selektion möglicher Lösungen als auch die Erfahrung im Umgang mit Problemen und Finden von Lösungswegen, vor allem aber auch die Motivation, überhaupt angesichts der Probleme Lösungen zu finden und anderen zu vermitteln, stärker gefordert sind als vergleichsweise in anderen Gruppen.

Ein drittes Ergebnis ist, dass ein bestimmter ›Denkstil‹ klar im Zusammenhang mit sozialer Intelligenz, Lebenserfahrung und persönlicher Offenheit steht – durchaus erwartbare Eigenschaften. Doch machte das Ergebnis in empirischer Weise klar – und das ist das Entscheidende daran –, dass keiner dieser Faktoren alleine ausreichen würde, um so etwas wie Weisheit hervorzubringen oder zu erklären. Wer weise ist, der verfügt über mehr als nur *eine* bestimmte Form von Intelligenz oder Persönlichkeit. Das war eines, wenn nicht sogar das überraschendste Ergebnis der Studie: Weder Intelligenz alleine noch kognitive Fähigkeiten an sich erlauben Rückschlüsse auf die »Weisheitsleistung«! Es sind vielmehr verschiedene, auf die Persönlichkeit selbst bezogene Faktoren, die eine ausschlaggebende Rolle spielen, etwa die Offenheit neuen Erfahrungen

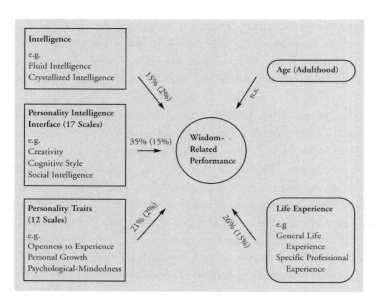

gegenüber, ein höheres kreatives Potential eines Menschen oder das, was Baltes und andere einen »gerichtsorientierten Denkstil« (»judicial style«) nennen. Sie bezeichnen damit eine am Umgang mit der Rechtsprechung geschulte Denkart. Personen mit einem solchen Denkstil – Familienrechtler etwa – fragen eher nach dem Warum und Wie eines Hergangs, statt möglichst umgehend zu einem Urteil in der Form eines bloßen »richtig« oder »falsch«, »gut« oder »böse« zu kommen. Diese Form des Denkens ist vor allem im Vergleichen und Evaluieren (und weniger im schematischen Lösen z.B. mathematischer Aufgaben) geübt.

Baltes und Staudingers Hypothese war, dass nur das Zusammenspiel einer Vielzahl von Faktoren Weisheit ausmachen kann. Ihre Tests konnten das im Nachhinein tatsächlich präzise belegen. Für die Wissenschaftler erstaunlich und überraschend war jedoch, dass selbst genauere Untersuchungen einzelner dieser Faktoren keine ausreichende Vorhersagekraft für Weisheit hatten. Das war ein stärkeres und überraschenderes Ergebnis, als sie erwartet hatten.

Verknappt lässt sich der Sachverhalt so zusammenfassen: Weisheit ist eine *einzigartige* Qualität und Eigenschaft. Sie mag sich aus einem Komplex, aus einer Vielzahl von Eigenschaften zusammensetzen, die ihre Bestandteile bilden. Und dennoch stellt sie etwas Neues, Unverwechselbares, Eigenes dar.

Die Eigenschaften, die Weisheit jenseits vorhersagbarer Qualitäten ausmachen, konnten jeweils nur durch den Weisheitstest selbst bestimmt werden – und eben nicht nur durch das Testen der zuvor festgelegten einzelnen Faktoren. In Zahlen ausgedrückt: Nur rund 40 Prozent dessen, was Weisheit ausmacht, ist durch die 33 speziellen »psychometrischen Indikatoren« (von denen zehn besondere Vorhersagekraft hatten) ›vorhersagbar‹. Wer also mit einem oder mehreren dieser zehn Indikatoren ausgestattet ist, hat gute Chancen, tatsächlich auch von anderen Menschen als weise bezeichnet zu werden. Doch keiner dieser Faktoren konnte im Idealfall – d.h. selbst bei optimalen Werten – mehr als 18 Prozent des »Gesamtweisheitswertes« ausmachen. Baltes und Staudinger veranschaulichen das in folgendem Schaubild:[9]

Das Bild zeigt, dass Weisheit in hohem Maße abhängig ist vom Zusammenspiel mehrerer Faktoren. Weisheit ist in hohem Maße »koordinativ«. Erstaunlicherweise ist der Einfluss von herkömmlicher Intelligenz und Persönlichkeit eher gering im Vergleich zu den Faktoren, die als »Persönlichkeits-Intelligenz« bezeichnet werden. Die in Klammern gesetzten Zahlen geben die Wahrscheinlichkeit einer Vorhersage anhand dieser Faktoren an (jeweils nur zwei Prozent). Bei den Faktoren wie »Denkstil« (»cognitive style«, also Sternbergs Maß für Weisheit) oder »Kreativität« – beide treten besonders hervor – sind es jedoch 15 Prozent. Diese beiden Faktoren spielen demnach eine besondere Rolle beim Zustandekommen von Weisheit.

Von entscheidender Bedeutung ist ein Resultat, das ebenso überraschend ist. Entscheidend für die »Weisheits-Performance« ist nicht das Individuum selbst, sondern das »kollektiv verankerte« Geschehen. Individuen sind nur »schwache« Träger von Weisheit. Baltes und Staudinger fanden heraus, dass die Fähigkeit zur Zusammenarbeit – der »interaktive Geist« – eine zentrale Rolle spielt. Dabei macht es keinen großen Unterschied, ob diese Zusammenarbeit in Form eines tatsächlichen Gespächs mit anderen Menschen oder in Gestalt virtueller, »interner« Auseinandersetzungen mit ihnen stattfindet. Dieser soziale Dialog fördert sozusagen eine innere Stimme, die im Nachhinein als eine Art von Modell für menschliches Denken und Handeln (»human functioning«) betrachtet werden kann. Für das Entstehen von Weisheit ist daher das Zusammenspiel von individueller Denkzeit (Zeit der Auseinandersetzung mit einem Problem) und interaktiver Auseinandersetzung von entscheidender Bedeutung. Gerade in dieser Beziehung schnitten ältere Versuchspersonen besser ab als jüngere – was die Altersfrage erklärt. Sie profitierten offenbar von einer lebenslangen Form der Auseinandersetzung und des (virtuellen oder realen) Dialogs mit anderen Menschen. Entscheidend für eine größere Weisheit im Alter ist also vor allem jenes Wissen, das sich aus den zwischenmenschlichen Erfahrungen, Dialogen und Beratungen im Laufe der Zeit ergeben hat. Dazu passt, dass Weisheit sich in gewisser Weise trainieren und verbessern lässt, wenn Menschen von und mit als weise qualifizierten Mentoren zusammen lernen und Erfahrungen machen können. Dieser Umgang ist in hohem Maße ›weisheitsfördernd‹. Mit Blick auf die Anwendung – ich komme zu den Konsequenzen noch in einem späteren Kapitel – bleibt festzuhalten, dass es wichtig ist, den »interaktiven Geist«, den Sinn für Zusammenarbeit und (konstruktive!) Auseinandersetzung zu stärken. Diese Faktoren spielen eine größere Rolle für das Zustandekommen von Weisheit als individuelle Intelligenzleistungen herkömmlicher Art, wie sie in einer PISA-geschockten und an der Leistung in den Kernfächern orientierten Schule üblich sind. Umdenken und vor allem: Ein anderes Handeln wären hier notwendig, wenn man tatsächlich Weisheit fördern will. Doch das setzt voraus, Weisheit überhaupt erst einmal als Wert anzuerkennen.

Baltes und sein Team jedenfalls konnten zeigen, dass viele Menschen offenbar ein viel höheres Weisheitspotential haben, als es sich in ersten Tests offenbarte. Dass sie die Grenzen herkömmlicher Testverfahren in Bezug auf Weisheit überhaupt deutlich hervortreten lassen, ist ein wesentliches Verdienst ihrer jüngeren Versuche. »Diese Ergebnisse geben Hinweise darauf«, schreiben Baltes und Staudinger, »dass weisheitsbezogenes Wissen und Urteilen nicht nur eine andere Variante von Intelligenz oder sozialer Intelligenz ist. Vielmehr scheint es eine Konfiguration psychologischer Funktionsfähigkeit zu messen, die in dieser Weise bisher von keinem Intelligenz- oder Persönlichkeitsmaß so erfasst wird.«[10] Die sich anschließenden Untersuchungen mit »Intervention«, d.h. mit der Möglichkeit, Weisheit zu erlernen und zu fördern, ergaben, dass »Dialoge mit bedeutsamen Anderen« (»dialogues with significant others«) die Fähigkeit fördern, weise zu denken und zu handeln.[11] Dies kann sowohl ein Umgang mit (von einer unabhängigen Gruppe ausgewählten) weisen Menschen sein als auch die Auseinandersetzung mit einem ›verinnerlichten‹ weisen Mentor. Förderlich ist auch die Fähigkeit, sich an solche Dialoge und Gespräche erinnern zu können.

Es liegt daher nur nahe, einen weiteren Weisheitsfaktor in Betracht zu ziehen, der diesen realen Dialog zwar nicht vollständig ersetzen, aber doch in gewisser Weise simulieren kann: das aktive Studium, die Auseinandersetzung mit Weisheitsquellen in Gestalt von Texten, wie sie etwa als Weisheitssprüche oder Weisheitstraktate überliefert sind. Diese sind zwar kein Ersatz für den wirklichen Dialog mit einer Person, die weiser ist als man selbst, etwa einem Zen-Meister. Aber Weisheitsgeschichten und Erzählungen stellen, ebenso wie Aphorismen der Lebensweisheit, immerhin eine Art von kondensiertem kulturellen Wissen, eine Kristallisationsform von Weisheit dar, die helfen kann, ein »gutes Leben« nicht nur theoretisch zu interpretieren und zu verstehen, sondern auch zu leben. Den drei Faktoren »Selektion«, »Optimierung« und »Kompensation« kommt nach Meinung von Baltes und seinem Forscherteam in diesen Sentenzen und Geschichten eine besondere Bedeutung zu. Auch das ist eine Konsequenz, die im Auge zu behalten sich lohnt, wenn man daran interessiert ist, Weisheit schon in jungen Jahren zu schulen. Dabei spielt die »weiche Bildung« eine zentrale Rolle: Ich denke mit diesem Begriff etwa an die klassische Konfliktlinie zwischen denen, die »nur« sprachbegabt sind oder »nur« in Deutsch, Religion und Philosophie »gut« sind, und denen, die in den »harten« Fächern wie Mathematik, Physik oder Chemie brillieren. Was bedeuten die drei Faktoren, die wichtig sind? Selektion beinhaltet das Finden richtiger Ziele und Aufgaben. Optimierung fragt nach den Mitteln, die dazu angetan sind, diese Ziele zu erreichen. Und

Kompensation wird dann wichtig, wenn sowohl Ziele (zunächst) nicht erreicht wurden und die Mittel, sie zu erreichen (zunächst) als die falschen erscheinen. In gewisser Weise helfen Weisheitsgeschichten dabei, diese drei Faktoren kennenzulernen und die Entwicklung weisen Verhaltens zu fördern. Die Ergebnisse der Untersuchungen darüber, inwiefern die Kompetenz in Sachen Weisheitsliteratur und Sprichwörter bei der Erlangung von Weisheit auch tatsächlich (über die bereits ausgemachten Faktoren hinaus) eine signifikante Rolle spielt, stehen noch aus. In diesem Zusammenhang sollte auch untersucht werden, inwiefern sich die Weisheitssprüche auf den Lebensverlauf (»lifespan contextualism«), den Relativismus der Werte und Lebensprioritäten und das Management von Unsicherheit auswirken. Es liegt daher nahe, eine Verbindung zu sehen

»zwischen Weisheit und Pädagogischer Psychologie. Schon in der Funktion der Weisheitsliteratur und der Weisheitssprüche des Altertums spielt die erzieherische Funktion von Weisheit eine wichtige Rolle. Dies wird auch in der historischen Bedeutungsanalyse der Begriffe Weisheit und weise in Wörterbüchern deutlich. Die Pädagogische Psychologie entzieht sich präskriptiven Fragen nach Erziehungszielen und der Frage nach dem, was ›optimale‹ Entwicklung sein könnte, nicht. Zielfragen und -kritik sind Bestandteil Pädagogischer Psychologie. Mit dem Problem der letztlichen empirischen Nicht-Begründbarkeit von Zielen wird so umgegangen, daß ein einmal festgelegter Wertekanon offen bleibt für Revision und Kritik. Hier treffen in der Pädagogischen Psychologie und Pädagogik Theorienbildung und bildungspolitische Praxis aufeinander.«

Aus psychologischer Perspektive lassen sich drei Formen, drei Konzeptionstypen unterscheiden, die eine optimale Entwicklung vorbereiten. Dies sind zuallererst Modelle, die all jene Bedingungen berücksichtigen und deutlich machen, »unter denen eine möglichst konflikt- und leidensfreie Verwirklichung menschlicher Grundbedürfnisse möglich ist«. Zweitens sind Modelle optimal, die »Grundmuster gelingender und misslingender Entwicklung zu verschiedenen Lebensaltern formulieren« und vermitteln. Drittens gehören all jene Modelle dazu, die »Bedingungen formulieren, unter denen es zu moralisch höherwertigen Urteils- und Interaktionsformen« kommen kann. Gerade weil Weisheit nicht eindeutig festgelegt wird auf eine *einzige* Form der Kompetenz und auch nicht auf bestimmte (weltanschauliche oder religiöse) Denk*inhalte*, sondern stattdessen die Positionierung auf einer Art Metaebene, eine Metakompetenz verlangt, kann sie effizient gefördert werden. Baltes und Staudinger schreiben: »Man könnte sich etwa vorstellen, dass die Vermittlung von Wissen und Urteilsfähigkeit auf den weisheitsbezogenen Qualitätskriterien Eingang in die Lehrerausbildung oder auch das Curriculum eines Faches wie ›Lebensgestaltung‹ oder ›Lebenskunst‹ findet.« Ich möchte auf diesen Punkt später noch einmal im Hinblick auf den Zusammenhang von Weisheit und Glück und die Positive Psychologie eingehen, aus der sich meiner Ansicht nach klar die – in einigen Schulen auch bereits umgesetzte – Forderung nach einem Unterrichtsfach »Lebensgestaltung«, »Meditation« oder »Lebenskunst« ergibt. Es ist aufgrund der Ergebnisse von Baltes und anderen nicht auszuschließen, dass auch Tests mit Patienten vor und nach einer Therapie ergeben könnten, dass ihr Weisheitsvermögen gewachsen ist – und damit ein Faktor, der in herkömmlichen Messungen und Überlegungen bislang noch keine Rolle spielt und therapeutisch nur selten gezielt genutzt wird. »Weisheitsintervention« könnte sich durchaus in Ergänzung zu bestehenden klinischen und therapeutischen Modellen anwenden lassen. Dazu gehört auch der Einsatz von meditativen Techniken und Aufmerksamkeitsübungen, der bereits mit Erfolg an einigen – wenn auch nur wenigen – Kliniken in Deutschland und anderen Ländern erprobt wird.

Fest steht, dass weise Personen »in bestimmten Aspekten ähnlich beschrieben werden wie kreative oder intelligente Personen; allerdings haben nach diesen Befunden […] weise Personen auch eigenständige Merkmale, wie sie in Lebensklugheit, in Wissen, das das Bestehende transzendiert, und in der gelungenen Koordination von Denken, Fühlen und Wollen zum Ausdruck kommen.« Das eindeutige Ergebnis der Untersuchungen ist, dass Weisheit als eine »kognitive, motivational-emotionale Heuristik wirkt«, die das Zusammenspiel von Geist und Tugend (»Mind and Virtue«) »orchestriert«.[12] Was ist mit dieser formelhaften Zusammenfassung gemeint?

Der Psychologe Gerd Gigerenzer, ein Kollege von Baltes am *Max-Planck-Institut für Bildungsforschung*, hat die Bedingungen untersucht, wie wir zu guten Entscheidungen kommen (die ja meist in Situationen mit begrenztem Spielraum getroffen werden müssen). Es wäre an dieser Stelle hilfreich, Gigerenzers Konzept der »begrenzten Rationalität« und seine weitreichenden Folgen darzustellen, die er u.a. mit dem Volkswirt und Mathematiker Reinhard Selten, Nobelpreisträger für Wirtschaftswissenschaften, erarbeitet hat.[13] Stattdessen möchte ich auf sein leichter zugängliches Buch *Bauchentscheidungen* zurückgreifen.[14] Gigerenzer vertritt die Ansicht, dass auch Intuition »nicht nur ein Impuls oder eine Laune ist, sondern ihre eigene Gesetzmäßigkeit hat. Die menschliche Intelligenz lässt sich meiner Meinung nach als ein *adaptiver Werkzeugkasten* verstehen, der über genetisch, kulturell und individuell hervorgebrachte und übermittelte Faustregeln verfügt.« Gute Expertenurteile sind in der Regel intuitiv. Aber auch dieses unbewusste Schließen, Urteilen oder Denken folgt Regeln oder einer Heuristik. Gigerenzer definiert diesen Begriff wie folgt: »Als Heuristik bezeichnet man eine Methode, komplexe Probleme, die sich nicht vollständig lösen lassen, mit Hilfe einfacher Regeln und unter Zuhilfenahme nur weniger Informationen zu entwirren. In einer ungewissen Welt können einfache Faustregeln komplexe Probleme ebenso gut oder besser vorhersagen als komplexe Regeln.« Leider misst unser Bildungssystem dieser Kunst der Intuition, die man wie das Fangen eines Balles lernen muss, keinerlei Bedeutung zu. Gigerenzer zeigt am Beispiel des Ballfangens, aber auch anhand moralischer Urteile, wie wir eine »Blickheuristik« oder eine »Rekognitionsheuristik« ausbilden – und es gibt noch weitere interessante Heuristiken, die zeigen, wie Menschen komplexe Probleme lösen. Wir können, obwohl wir in bestimmter Hinsicht weit weniger gut rechnen können als ein Roboter, mit Leichtigkeit einigermaßen Fußball spielen. Roboter hingegen bringt das, zumindest beim heutigen Stand der Dinge, an den Rand des Möglichen. Wir machen uns, wie Gigerenzer eindrucksvoll zeigt, mit Bauchgefühlen die evolutiven Fähigkeiten des Gehirns zunutze. Dabei gründen sich Bauchgefühle auf zwei Faktoren. Der erste beruht »auf logischen Grundsätzen und der Annahme, Intuition löse ein komplexes Problem durch eine komplexe Strategie.« Der zweite »bezieht psychologische Prinzipien ein, die auf Einfachheit setzen und die Fähigkeit unseres evolvierten Gehirns ausnutzen.« Eines der überraschenden, aber empirisch gut belegten Ergebnisse der Untersuchungen ist, dass wir es in der Tat hauptsächlich mit dem Problem zu tun haben, komplexe Fragen zu lösen, dabei aber bei den guten Lösungen sehr häufig Verfahren anwenden, die mit den Prozessen der rationalen Entscheidungsfindungen nicht zu vereinbaren sind! Das redet keinem Irrationalismus das Wort, sondern im Gegenteil einem Gebrauch der tatsächlichen Wirklichkeit, die unser Leben bestimmt. Getreu der von Gigerenzer zitierten Faustregel Albert Einsteins: »Man soll die Dinge so einfach wie möglich machen, aber nicht einfacher.«[15] Komplexe Probleme sind keineswegs immer durch allumfassende, möglichst alle Informationen berücksichtigende ebenso komplexe Methoden zu lösen. Im Gegenteil: Bereits die Untersuchung der Spielweise von Schachspielern oder Baseballspielern zeigt, dass es so nicht geht. Sie benutzen andere (und einfachere) Strategien, die aber offensichtlich geeignet sind, die anstehenden Probleme zu lösen (jedenfalls besser als die meisten Roboter und Tiere).[16] Gigerenzer rät (und das entspricht dem tatsächlichen Verhalten von Sportlern, Künstlern, selbst Schachspielern und Wissenschaftlern) das Denken zu lassen, wenn man geübt ist in dem, was man tut.[17] In Situationen mit begrenzten Möglichkeiten – und die meisten problematischen Situationen sind von dieser Art – kommt es auf einfache, aber fruchtbare Heuristik an. Natürlich kann man eine fruchtbare Heuristik – ein erfolgreiches Verfahren, das einer Intuition zugrunde liegt – weitergeben, man kann sie erlernen: wenn man sie sich bewusst gemacht hat. Dass das im Einzelfall höchst schwierig und oft überraschend einfach ist, zeigen die Untersuchungen von Gigerenzer und seinen Kollegen. Im Gegensatz zur vorherrschenden Philosophie in der westlichen Welt – vor allem auch in der Finanzwelt, die diese regiert, ohne die Erkenntnisse zur Kenntnis zu nehmen, was immer wieder zu scheinbar überraschenden Pleiten in Milliardenhöhe führt – und auch zur Auffassung vieler Politiker oder Lehrerinnen und Lehrer an unseren Schulen funktioniert unsere Urteilskraft, wenn sie erfolgreich ist, keineswegs immer wie eine Rechenmaschine, die alle Informationen kalkuliert. Selbst die besten Rechenmaschinen selbst wären angesichts einfacher Alltagsprobleme überfordert. Statt zu rechnen setzen wir auf andere kognitive Fähigkeiten und auf die Möglichkeiten, die die Evolution unseres Gehirns und unseres Gefühls mit sich gebracht haben. Beide verdanken sich jedoch nicht zuletzt dem sozialen Instinkt und dem Lernen in Gemeinschaften. Fest steht: Es gibt eine »Kunst der Intuition«, und man kann sie erlernen!

Ohne auf Gigerenzer und auf die regelgeleitete Intelligenz unseres Unbewussten weiter einzugehen, kann man nach alldem Weisheit mit gutem Recht definieren als die Fähigkeit, mit komplexen Problemen auf eine (erfolgreiche!) Weise so umzugehen, dass Geist und Wert, Denken und Handeln, Sein und Sollen in ein hohes Maß von Übereinstimmung und Kohärenz gebracht werden. Dieser – wie mir scheint, zentrale – Aspekt von Weisheit wurde jedoch, gerade wenn es um Fragen des Umgangs mit Komplexität ging, bislang weitgehend unterschätzt. Auch wenn es Menschen gibt – etwa in der Politik –, die der Ansicht sind, Weisheit könne sich ja irgendwann als etwas durchaus Brauchbares erweisen, dann übersehen diese erstens, dass es sich bei Weisheit tatsächlich schon immer und per se um etwas Nützliches *handelt* (und eben nicht um ein esoterisches, schwer nachvollziehbares, vages Etwas), und zweitens, dass Weisheit etwas ist, das sich bis zu einem gewissen Grad durchaus einüben und kultivieren lässt. Abgesehen davon gilt, und auch das muss man allein dem Nutzdenken verpflichteten Wissenschaftlern, Politikern und sonstigen Zeitgenossen immer wieder sagen: Intuition und Weisheit müssen nicht (aber können zuweilen durchaus) der Logik folgen, wie sie sich rationale Operatoren ausgedacht haben. Gigerenzer bietet genug Beispiele, um dies eindeutig und klar belegen zu können.

Zur Illustration dieses Umstands, dem auch Gigerenzer ein ganzes Kapitel widmet, lässt sich ein Beispiel nennen, das vor allem in der Wirtschaft und der allgemeinen Gesellschaftstheorie eine Rolle spielt, bislang aber – obwohl es von dem »rationalen Nutzen« verpflichteten Ökonomen empirisch überprüft wurde – von einer breiten Öffentlichkeit nicht zur Kenntnis genommen wurde.[18] Das absolute Niveau von Konsum und damit die für die Wirtschaft bedeutendste Determinante für das Treffen von Entscheidungen (jedenfalls in den traditionellen Modellen der Ökonomie) ist laut gängiger Lehre der meisten Wirtschaftstheoretiker völlig unabhängig vom sozialen Vergleich des Einzelnen. Menschen, so lautet die Annahme, verhalten sich als Konsumenten in ein und derselben Situation gleich. Und gleich bedeutet: gleich rational. Sie versuchen ihre Situation zu optimieren – unter allen Umständen. Das ist letztlich das Credo aller kapitalistischen Theorien und Gesellschaftsvorstellungen. Es spielt diesem Ansatz zufolge keine Rolle, wenn Sie etwas konsumieren oder eine Wirtschaftsentscheidung treffen, was Ihr Nachbar verdient, was für ein Haus er bewohnt oder welches Auto er fährt bzw. was er von Ihnen erwartet. Sie werden sich in Ihrem eigenen Konsumverhalten immer rational entscheiden, denn Wirtschaft ist das Zusammenspiel rational handelnder Individuen (eine Behauptung, die bereits ein etwas intensiverer Blick auf den Aktien- oder Immobilienmarkt widerlegen sollte, die aber trotzdem von den Theoretikern hartnäckig weiter aufrechterhalten wird, vielleicht weil ausgerechnet sie als letzte Mohikaner immer noch an die Rationalität als herausstechende Eigenschaft des Menschen glauben). Menschen, so lautet die Prämisse, entscheiden unabhängig davon, wo sie wohnen und wie ihr soziales Umfeld aussieht. Doch das ist, jedenfalls aufgrund neurowissenschaftlicher Untersuchungen, völlig falsch. Nicht die objektiven Faktoren sind entscheidend, sondern der soziale Vergleich ist ausschlaggebend für Entscheidungen aller Art, insbesondere für Entscheidungen, die Konsum, Werte und Wirtschaft betreffen. Genau das bestätigen in gewisser Weise auch die Untersuchungen von Baltes und Gigerenzer, in denen es um kollektive Intelligenz, um Interaktion und den Dialog mit dem »bedeutenden Anderen« geht. Die neurowissenschaftlichen Untersuchungen zeigten genau das. Der Faktor des sozialen Vergleichs macht bei scheinbar »rationalen«, an reiner Gewinnmaximierung ausgerichteten Entscheidungen einen messbaren Unterschied im Gehirn aus. Einen Unterschied, der die bisherigen Annahmen und auch normativen Voraussagen gängiger Wirtschaftstheorien massiv

159

in Frage stellt. Ein Forscherteam der Universität Zürich um den Wirtschaftswissenschaftler Ernst Fehr, der unlängst in den erlauchten Kreis der *American Academy of Arts and Sciences* aufgenommen wurde und seit 1994 Direktor des *Instituts für Empirische Wirtschaftsforschung* in Zürich ist, hatte bereits auf ähnliche Zusammenhänge hingewiesen.

Zurück zu Baltes und Staudinger und ihren Ergebnissen. Weisheit fußt also auf der Basis der Urteilskraft in Bezug auf die grundlegenden Fragen des Lebens – der Lebenspragmatik, könnte man sagen. Das beinhaltet:

1. Strategien zur Erreichung der Ziele, die mit Selbstverwirklichung und der Lebensführung in Bezug auf einen Sinn des Lebens in Verbindung stehen,
2. das Akzeptieren nicht nur der Grenzen unseres Wissens, sondern auch der für uns als endliche Wesen niemals auszuräumenden Unsicherheiten des Lebens,
3. Urteils- und Beratungskompetenz,
4. ein Wissen von außergewöhnlicher Reichweite und Tiefe sowie
5. die Suche nach einer nahezu perfekten Synergie, einem Zusammenspiel von Geist und Charakter, das
6. das eigene Glück oder Wohl und das anderer ausbalanciert.

Verschiedene andere Aspekte spielen hier hinein. Wenn Philosophen der Postmoderne die Fragmentierung unseres Wissens analysiert haben, den – in der Formulierung Lyotards – Zusammenbruch der großen Erzählungen diagnostiziert, die einst unser Leben zusammengehalten haben, und nun der Begriff der Vernunft als große einende Kraft selbst zunehmend fragmentiert erscheint – so der amerikanische Philosoph Steven Stich von der Philosophischen Fakultät des *Center for Cognitive Science* der *Rutgers University*[19] –, dann ist Weisheit das unromantische, unsentimentale Gegengift. Weisheit bündelt verschiedene Faktoren, weil sie einen Umgang mit Komplexität nicht nur ermöglichen soll, sondern auch tatsächlich unterstützt. In gewisser Weise arbeitet Weisheit gegen die Fragmentierung der Vernunft, gegen einen Zerfall des Wissens und bezieht dabei den Faktor des guten, gelingenden Lebens in das wissenschaftliche Kalkül mit ein. Zugleich ist weises Verhalten geschmeidig. Lyotard verwendete dafür das schwer zu übersetzende italienische Wort *sveltezza*, das sich mit Gewandtheit, Aufmerksamkeit, Elan übersetzen lässt. Es bezeichnet die Fähigkeit, zwischen den einzelnen Kulturen, den Lebensformen oder Weltanschauungen umherzusegeln und sie miteinander ins Spiel zu bringen. Diese Fähigkeit, sich flexibel und adaptiv verhalten zu können, erinnert geradezu an Grundeigenschaften evolutiven – und überhaupt jedes komplexen, sich entwickelnden – Verhaltens. Zugleich aber ist – darin stimmt Baltes mit Gigerenzer überein – Weisheit eine schnelle und dabei uneitle Form der Heuristik und des Umgangs mit Komplexität. Im Angesicht begrenzter Vernunft (und nur wer maßlos oder ängstlich ist, glaubt noch, dass Vernunft und ihre Macht grenzenlos sei) ist Weisheit in der Lage, hochkomplexe Informationen über die Bedeutung des Lebens, über Lebensführung und Sinn auf ihre essentiellen Grundlagen herunterzubrechen. Mag Weisheit auch grenzenlos sein – sie ist, wenn es um ihre Anwendung geht, stets ein endlicher Prozess der Verarbeitung und Anwendung von Information. Genau das ist, im Gegensatz zur hypothetischen Unendlichkeit von Wissen, das Angenehme, Menschliche, Hilfreiche an Weisheit. Wie komplex das Problem auch sein mag: Seine Grundlage ist letztendlich, wenn man die grundsätzliche Begrenztheit jedes Lebens einmal akzeptiert hat, doch überraschend einfach. Insofern ist Weisheit eine »meta-heuristische« Qualität eigen, wie Baltes es nennt: die Fähigkeit, über die Heuristik einzelner Gebiete oder Sichtweisen eine Art Zusammenschau zu finden, die das disparate Wissen zu einem einheitlichen Körper organisiert.

An dieser Stelle, und darauf weisen Baltes und Staudinger ausdrücklich hin, berühren sich jahrhundertealte philosophische Einsicht und moderne psychologische Forschung. Interessant ist, und auch das hat die empirische Forschung ergeben, dass Weisheit, so schwer sie zu definieren und zu verstehen und erst recht zu erlangen sein mag, dennoch mit großer Leichtigkeit zu erkennen ist. Wer weise ist und wer nicht, das merkt man sofort. Die Forscher selbst fanden diese »hohe kulturhistorische Konvergenz« verblüffend. Dies gilt umso mehr, als Wissen eine sich immer schneller verkürzende Halbwertszeit hat – was aber offensichtlich nicht für weisheitsbezogenes Wissen gilt. »Der Kern weisheitsbezogenen Wissens und Urteilsfähigkeit, der unter anderem die Grundbedingungen menschlicher Existenz wie beispielsweise Emotionalität, Sterblichkeit, Verletzlichkeit, soziales Angewiesen-Sein auf andere und Lernfähigkeit umfasst, zeichnet sich gerade dadurch aus, dass er gesellschaftlichen Wandel überdauert.« Weisheit hat einen anderen Zeitfaktor als herkömmliches, insbesondere empirisches Wissen. Altes und Neues, Tradition und Moderne – diese konventionellen Gegensätze spielen in Bezug auf Weisheit keine zentrale Rolle. Im weisen Menschen berühren sie sich in einer Art zeitloser Gleichzeitigkeit – ähnlich wie ein Augenblick die ganze Konzentration eines Menschen bündeln kann. Statt auf Theorien kommt es darauf an, Weisheit hier und jetzt zu zeigen und auszuüben, im Angesicht unserer Endlichkeit und so drängender Fragen wie der nach Sinn inmitten aller Veränderung.

Die Ergebnisse der empirischen Weisheitsforschung der Berliner passen außerordentlich gut zu einer Definition von Weisheit, die man als eine zunehmend komplexer werdende, dialektische Form des Umgangs mit der Welt beschreiben könnte. Weisheit leugnet die Komplexität der Welt nicht. Sie stärkt vielmehr die Sensibilität und das Gespür, auch die theoretische Durchdringung der Tatsache, dass unser Leben voller Paradoxien und Widersprüche steckt und sich tagtäglich als ein Gemisch multipler Einflüsse, Ursachen und Lösungen präsentiert. Die Fähigkeit, mit dieser Unsicherheit und Veränderlichkeit des Lebens umzugehen und auch mit Ambiguität gut leben zu können, ist in hohem Maße kennzeichnend für weise Menschen. Im Berliner Weisheitsparadigma kommt ihnen eine hohe Kompetenz oder Expertise zu in Sachen »Fundamentalpragmatik des Lebens«. Auch Sternberg und andere betonen diese pragmatische Dimension der Weisheit. Ein weiser Mensch kann durchaus zufrieden mit der sich aus dem Widerstreit eigener Interessen mit denen anderer ergebenden Ambiguität leben – im Gegensatz zum weniger weisen Menschen, der stets das Bedürfnis haben wird, diese Ambiguität aufzulösen. Die Anerkennung von Nicht-Wissen und das Management von Unsicherheit, d.h. die Fähigkeit, hier und jetzt angemessen (d.h. erfolgreich im Sinne einer nachhaltigen Lösung des Problems) zu reagieren, zeichnen den Weisen aus. Die Berliner Forschergruppe betont, dass weise Menschen eine Persönlichkeitsstruktur auszeichnet, die weniger auf Bewahren als vielmehr auf Wachsen und Entwicklung – und damit neuerliche Veränderung – aus ist. Weise Menschen sind in der Lage, eine Reihe unterschiedlicher Ziele zu verfolgen, ohne dabei die Übersicht zu verlieren oder den klaren Blick für die Prioritäten. Weise Menschen gelten – und das weitgehend unabhängig von einer bestimmten Kultur – als gebildet, als friedvoll und gelassen. Ihnen wird in gleicher Weise Intuition wie auch die Fähigkeit zur Reflexion zugesprochen. Sie sind diskret, sensitiv, nicht wertend und – auch das eine immer wieder genannte Qualität – gute Zuhörer. Und sie akzeptieren sich selbst, ohne ihr Ego automatisch über das der anderen zu stellen. Aus dieser Annahme ihrer selbst gestalten sich die Beziehungen zu Mitmenschen positiv, was in der Regel zu einem höheren oder häufigeren Gefühl des Glücks im alltäglichen Leben führt.[20] Auf das Thema »Glück« soll im Folgenden noch eingegangen werden. Wichtig für die Überleitung zur neurowissenschaftlichen Forschung ist an dieser Stelle der Hinweis, dass weise Menschen äußerst gut in der Lage sind, ihre Emotionen zu verstehen und zu regulieren. Dieses Selbst-Wissen – philosophisch gesprochen die Fähigkeit zur Selbsterkenntnis – geht in hohem Maße einher mit der Einübung in Meditation. Humor, die Fähigkeit, sich selbst zu relativieren und dennoch klar zu erkennen und zu verhalten, sind damit verbundene Eigenschaften. Man könnte sagen, dass Selbsterkenntnis nichts anderes ist als eine Form der integrierten und verstandenen »Selbst-Komplexität« – ein Begriff, der in der psychologisch orientierten Weisheitsforschung häufiger fällt. Diese Selbstkomplexität kann sich sowohl auf die Emotionen und deren Regulation beziehen als auch auf den ›Inhalt‹ des Selbst – was auch immer das sein mag.

Zur Weisheit gehört die Bändigung der Komplexität und Vielfalt nicht nur der äußeren, sondern vor allem auch der inneren Welt und unseres Selbst mit all seinen Widersprüchen. Die Frage ist allerdings, wie eine stimmige Verbindung all dessen, was sich in uns als widersprüchlich erweist, aussehen könnte. So geht es vor allem darum, diese »Zerrissenheit in ihrer Herkunft, ihrer Logik und Dynamik zu verstehen« – eine Zerrissenheit, die oft als Mangel an innerer Selbstbestimmung und als große Unfreiheit erlebt wird. In der Psychoanalyse geht es, Sigmund Freud zufolge, um nichts anderes als eben darum,»meinen Patienten die verlorene innere Freiheit wiederzugeben«. Fortschreiten in der Selbsterkenntnis heißt entsprechend fortschreiten in die Freiheit. Nicht nur die Psychoanalyse, sondern gerade auch der Buddhismus mit seinen Formen der Meditation behauptet, dass er die Menschen seit 2500 Jahren die Möglichkeit zur persönlichen Befreiung lehrt – eine Befreiung, die an die Erkenntnis, das Aufwachen zur wahren Natur gebunden ist. Die innere Freiheit wächst auch nach westlicher Meinung in dem Maße, in dem es uns gelingt, neue und treffendere Beschreibungen des Inneren zu finden und zu lernen, mit ihrer Hilfe (aber: nicht *nur* mit ihrer Hilfe) sich selbst und andere besser zu verstehen.»Sich zu kennen«, so Bieri, »heißt, zwischen der Art unterscheiden zu können, wie der Andere ist, und der Art, wie man ihn gerne hätte. Es heißt, seine eigenen Projektionen durchschauen zu können. Und es hilft auch, die Projektionen der Anderen zu erkennen und nicht blind ihr Opfer zu werden.« Meditation ist ein Weg, diese Projektionen zu erkennen. Ein anderer, nicht zur Weisheit führender Weg ist die Immunisierung des Denkens und schließlich auch der Persönlichkeit gegen jegliche Form von Kritik. Dieses ›Einigeln‹ geht meist einher mit der Ausbildung privater oder kollektiv unterstützter Vorstellungen, die jedoch zunehmend dazu führen, den tatsächlichen Kontakt zur Wirklichkeit zu verlieren.

Der Neurophilosoph Thomas Metzinger kommentierte diese Entwicklung so:

*»Weil unser eingebautes existentielles Bedürfnis für emotionale Sicherheit in der physikalischen oder sozialen Welt niemals befriedigt werden kann, neigen wir zu Wahnvorstellungen und bizarren Glaubenssystemen. Es sieht so aus, als hätte die psychologische Evolution uns mit einer starken Tendenz versehen, unser gefühlsmäßiges Bedürfnis nach Stabilität und Bedeutung zu erfüllen, indem wir metaphysische Welten und unsichtbare Personen erschaffen.«[21]*

Die evolutionäre Entstehung von Religion in nahezu allen Kulturen und ihre Deutung ist ein sehr vielfältiges und kontroverses Thema. Fest steht, dass gerade die Entthronung des Menschen durch die Neurowissenschaften tiefe Spuren in der Kultur hinterlassen hat. Das hat nicht zuletzt die zuweilen kaum noch nachvollziehbare Diskussion um den freien Willen gezeigt, die nicht nur in den Feuilletons, sondern in der generellen Öffentlichkeit bis in Kreise der Justiz und Politik hinein für Zündstoff sorgte. Nach der Kopernikanischen Wende (wir sind nicht das Zentrum des Universums), nach der Darwinschen Evolutionslehre (ebenfalls einer Wende, denn mit einem Mal galten wir Menschen als völlig eingebettet in den Prozess der natürlichen Entstehung der Arten und des Lebens), der Freudschen Wende (das Ich und mit ihm die Rationalität sind nicht länger Herr im eigenen Haus) brach mit dem Aufstieg der Neurowissenschaften zur heimlichen Leitkultur die vierte große, definitive Kränkung des Ego in unsere Kultur ein. Ein freier Wille existiere gar nicht, ebenso wenig wie ein fest umrissenes Ich. Letzteres ist eine Einsicht, die im Gegensatz zur ersten Behauptung, es gebe keinen freien Willen, immerhin seit 2500 Jahren Grundlage buddhistischer Philosophie ist und einen nachvollziehbaren Erfahrungswert besitzt. Doch was zerstört diese letzte neurowissenschaftliche Wende wirklich? Am ehesten noch eine Illusion – nämlich die, das Ich als Substanz mit dem Modell der Welt und von sich selbst zu verwechseln, das das Gehirn ständig produziert. Aus der Perspektive der Weisheit löste diese neurowissenschaftliche Wende, wenn überhaupt, nur ein Selbstbild des Menschen durch ein weiteres ab. Die Zwiebel ist ein weiteres Mal gehäutet worden. Wieder hat sich herausgestellt, dass das Bild, das wir uns von der Welt und uns selbst machen, keineswegs die Welt und uns selber abbildet. Systemtheoretisch gesprochen: Wir erkennen nie die Umwelt, sondern immer nur den Teil der Umwelt, den wir innerhalb unseres Systems abgebildet haben. Dieses Abbild, dieses Modell ist für uns die Welt. Die Umwelt bleibt jedoch stets größer und im Letzten unerkannt. Alle Bilder, inklusive des jetzt gerade vorherrschenden, sind nur theoretische Modelle. Weisheit selbst ist jedoch etwas anderes – etwas, das sich über Jahrhunderte gehalten hat und weiter tradiert wurde. Weisheit ist kein Bild, kein Modell – zumindest hängt sie an keinem. Weisheit ist die Bewährung im Umgang mit Komplexität.

Doch die Neurowissenschaften mit dem Siegeszug ihrer Erkenntnisse scheinen die kulturellen Diskussionen ebenso wie das Bild des Menschen von sich selbst, zumindest in den westlichen, an den Naturwissenschaften orientierten Industrienationen, zunehmend zu prägen. Sie haben damit die lange Zeit bestimmende Psychologie weitgehend abgelöst. In den letzten zwanzig Jahren galt es im Gegenteil zunehmend als unwissenschaftlich, zuweilen sogar als akademisches Tabu, sich mit Fragen der Introspektion als Mittel von Erkenntnis zu befassen. Herkömmliche, nach innen orientierte psychologische Methoden wurden zunehmend durch äußerliche, neurowissenschaftliche Verfahren ersetzt. Komplexe Phänomene (darunter auch das Bewusstsein als ein uralter Gegenstand der Philosophie, der Mythen und der Literatur) galten nicht nur als schwierig, sondern zunehmend als unerforschbare Nebelkerzen, deren Streulicht man erst einmal in seine empirischen Komponenten zerlegen müsse, ehe man es wirklich untersuchen könne. Die Abneigung dem Komplexen, damit auch Unscharfen, aber Lebendigen gegenüber und das damit verbundene Schicksal der Abwertung teilte die Psychologie in dieser Zeit mit der Biologie, die in Augen vieler Physiker – und Physik war das bestimmende Forschungsparadigma – nicht als wirkliche Wissenschaft gelten konnte. Das Blatt hat sich inzwischen nahezu völlig gewendet. Heute werden komplexe Systeme als die eigentliche Herausforderung für die Wissenschaften betrachtet. Allerdings dauerte es einige Zeit, bis einst verschmähte Begriffe wie Bewusstsein, Unbewusstes, Gedächtnis und andere wieder die Agenda der Naturwissenschaften weltweit erobern konnten. Inzwischen sind Bewusstseinsthemen geradezu die Nummer eins in der Forschung, nicht zuletzt aufgrund der massenwirksamen Inszenierung dieser Fragestellungen in den Medien. Physiker wie der Nobelpreisträger Leon Cooper oder Biologen und Immunforscher wie der Nobelpreisträger Gerald Edelman (Gründer und Direktor des *Neurosciences Institute* im kalifornischen San Diego, das die biologischen Grundlagen menschlicher Gehirnfunktionen erforscht) wechselten ostentativ die Fronten. Die vorherrschende Rolle der Neurowissenschaften ist jedoch sicher einer der Gründe, warum als weise geltende Menschen wie der Dalai Lama zunehmend den Kontakt zu Gehirnforschern, zu kognitiven Psychologen, Computerfachleuten, Bioinformatikern und anderen Wissenschaftlern suchen. Sie, die in langer Schulung einem der traditionellen Wege der Weisheit gefolgt waren, erhoffen sich ebenso wie die (zunächst meist äußerst skeptischen) Wissenschaftler entscheidende neue Erkenntnisse von der Erforschung der Weisheit mit den Mitteln der Neurowissenschaften. Weisheit zu erforschen bedeutete vor allem, all jene Bewusstseinszustände extern zu erklären, die seit jeher mit Weisheit in Verbindung gebracht wurden – intern aber als Samadhi, Erleuchtung, Rausch und insbesondere als Zustände tiefer Meditation erlebt werden, in denen die Einheit der Welt erfahren und der Dualismus überwunden wird. Doch genau diese Interpretation ihrer inneren Erfahrung machte Phänomene wie Meditation oder gar Erleuchtung für Naturwissenschaftler über Jahrzehnte hinweg in hohem Maße verdächtig. Sich mit derart windigen Phänomen zu befassen galt lange Zeit als unseriös und bestenfalls als esoterisches Hobby. Auch heute noch können Einladungen wie die des Dalai Lama zum Jahrestreffen 2005 der *Society for Neurosciences* (SfN's) die Gemüter heftig erregen und die Wellen bis in die publizistischen Leuchttürme *Science* und *Nature* schlagen lassen. Und doch hat damit so etwas wie die zeitgemäße Erforschung von Weisheit begonnen, wobei die Neurowissenschaften als Vorreiter in sich einen höchst interdisziplinären, vielstimmigen Kosmos von Wissenschaften und Wissenschaftlern beherbergen.

Nach dem Kapitel über den fundamentalen Zusammenhang zwischen Weisheit und Komplexität habe ich in diesem Kapitel zu zeigen versucht, wie die »innere« Komplexität, die psychologische Struktur weiser Menschen sich aus heutiger Sicht darstellt. Sie werden sich vielleicht nun fragen, wie beides, Komplexität und Psychologie, im Alltag tatsächlich zusammenfinden und sich bewähren. Was heißt es, ein Weiser zu sein? Welcher Weg führt dorthin – und wohin führt einen dieser Weg? Vor allem aber wird Sie die Frage interessieren, welche *Erfahrung* mit der Verwirklichung von Weisheit verbunden ist. Wie fühlt sie sich von innen an? Gerade der Buddhismus hat in seinen vielfältigen Traditionen die Bedeutung der Erfahrung gegenüber dem reinen Wissen und der Theorie stark betont. Während in unserer griechisch-christlich geprägten Tradition eher das Denken, Lesen, Wissen und Frömmigkeit im Sinne der Einhaltung von Geboten betont werden, ist es – neben Wissen, Denken und Fühlen – in der buddhistischen Tradition vor allem die Erfahrung der Erleuchtung, die mit Weisheit in Verbindung gebracht wird. Doch was bedeutet Erleuchtung tatsächlich? Um es noch deutlicher zu sagen: Wie viel Wahrheit, wie viel Fleisch ist eigentlich an dem, was über Komplexität und Psychologie der Weisheit gesagt worden ist? Sind Weisheit und Erleuchtung nicht nur eine Metapher für eine vorgestellte Erfahrung und einen zwar angestrebten, am Ende aber doch nur in einem sagenhaften »Drüben« liegenden Zustand?

Ich glaube, dass es diese Fragen verdienen, äußerst ernst genommen zu werden. Am Ende muss Weisheit sich in diesem Leben verwirklichen können, im Hier und Jetzt. Als Umgangsweise mit Komplexität ist Weisheit in gewisser Weise eine Strategie des Überlebens. Dieses in ein Jenseits verlagern zu wollen wäre ein schlechter Rat. Demgegenüber muss betont werden, dass Weisheit keine Theorie oder Abhandlung ist (was sie von einem Buch über Weisheit wie diesem fundamental unterscheidet). Ich möchte daher den Faden, der von der Komplexität zur Psychologie der Weisheit geführt hat, kurz liegen lassen, um Ihnen im nächsten Kapitel anschaulicher vor Augen treten zu lassen, um welche Erfahrung es geht. Erst anschließend möchte ich den hier liegen gelassenen Faden wieder aufnehmen, der von der Psychologie zu den Neurowissenschaften weiterführt. Ich glaube, dass mit dem anschaulichen Wissen über die Erfahrung anhand einer tatsächlichen Biographie viel deutlicher werden kann, wovon die neurowissenschaftlichen Erkenntnisse eigentlich sprechen, wenn sie die Methoden – genauer die Methoden der Meditation – untersuchen, die es als einen Weg zur Schulung und Ausbildung von Weisheit gibt.

Es gibt in den zahlreichen buddhistischen Schriften Indiens, Chinas, Japans, Koreas, Thailands und Tibets eine Fülle von beispielhaften Leben, die erläutern könnten, in welchem Zusammenhang Erleuchtung, d.h. Erfahrung und Weisheit stehen. Ich habe mich für das Leben eines Mannes entschieden, der vor rund 800 Jahren lebte und den Zen-Buddhismus bis heute entscheidend prägte. Das Leben dieses Mannes hat den Vorteil, dass es sich nicht in Geschichten und Anekdoten auflöst, weil historisch ausreichend viele Details bekannt sind. Sich mit dem Leben dieses Mannes zu beschäftigen, dessen Schriften ich für die herausragendsten ihrer Art halte, bietet noch einen weiteren Vorteil: An ihnen lässt sich gut verdeutlichen, wovon der Buddhismus spricht, wenn er von Weisheit redet. Insofern geht es im folgenden Kapitel auch um die Erfahrung, die den historischen Buddha zur Weisheit brachte.

# KAPITEL 4:

## WEISHEIT ALS ERWACHEN – DŌGEN UND BUDDHA

### Der Mond im Tautropfen – Dōgen Zenji

>»Ein Mensch, der Erwachen (Erleuchtung) erlangt hat,
gleicht dem Mond, der sich im Wasser spiegelt: Der Mond
wird nicht nass und das Wasser wird nicht bewegt. Obgleich
das Mondlicht groß und weit scheint, spiegelt es sich auf
einer winzigen Wasserfläche. Der ganze Mond und der ganze
Himmel spiegeln sich in einem einzigen Tautropfen auf einem
Grashalm und in einem einzigen Wassertropfen.«[1]

>Eihei Dōgen

Meister Eihei Dōgen ist einer der bedeutendsten Gelehrten, Religions-
philosophen, Dichter, Zen-Mönche und Weisen Japans. Dennoch trifft
man nicht selten moderne Japaner, denen sein Werk völlig unbekannt
ist. Tatsache ist, dass Dōgens Schriften, die innerhalb der Traditionslinie
der Sōtō-Zen-Schule über Jahrhunderte hoch geachtet und sorgfältig
weitergegeben wurden, über einige wenige Klöster kaum hinausgelang-
ten. Dort aber entfalteten sie über Jahrhunderte in den innersten Zirkeln des Zen ihre große Wirkung. Vielleicht ist diese zunächst auf einen
kleinen Kreis von Klöstern beschränkte Wirkung der Tatsache geschuldet, dass erst zu Dōgens Lebzeiten sich die heute noch bekannte höfische
Kunst der Dichtung und Literatur entwickelte. Sie ging politisch, gesellschaftlich und kulturell einher mit dem Aufstieg der Samurai-Familien
und der Bildung des ersten Shogunats, des ganz Japan einenden »Kaisers« in der sogenannten Kamakura-Epoche (1192–1333 n. Chr.).

Erst Jahrhunderte später, um 1920 herum, wurde Dōgens beeindruckendes, eine Vielzahl von Bänden umspannendes Gesamtwerk in seiner
über die Grenzen Japans hinausreichenden Bedeutung erfasst. Heute ist
Dōgen weltweit als einer der wichtigsten Zen-Mönche und Weisen des
Buddhismus bekannt; tatsächlich hatten seine Schriften Jahrzehnte vor

seiner japanischen Wiederentdeckung bereits bei der Einführung des Zen-Buddhismus im Westen, insbesondere in Amerika, eine zentrale Rolle gespielt. In gewisser Weise ist die heutige Anerkennung Dōgens in Japan also ein kultureller ›Re-Import‹.

Wer sich in diese Schriften vertieft, ohne sich von der buddhistischen Terminologie und der spezifischen, durch Dōgens Zeitalter geprägten Erzählweise irritieren zu lassen, der wird schnell erkennen, dass viele Aspekte von Dōgens Leben und Denken aus heutiger Sicht ungeheuer modern, lebendig und gegenwärtig sind. In *Fukanzazengi*, der »Allgemeinen Anleitung zum Zazen«, die Dōgen 1227 kurz nach seiner Rückkehr aus China in Japan schrieb, rät Dōgen gegen Ende des kurzen Textes, der bis heute zu den wichtigsten des Zen gehört: »Vergeude deine Tage nicht« – eine Anspielung auf einen älteren, ebenfalls wichtigen und viel zitierten Zen-Text, das *Sandokai*.[2] Wörtlich heißt es bei Dōgen:

> *»Verschwendet nicht eure Zeit. Bewahrt und behütet den Kern der Buddha-Wahrheit (den gegenwärtigen Augenblick). Wenn ihr einen einzigen falschen Schritt tut, geht der jetzige Augenblick an euch vorbei. Wer wollte da flüchtige Freuden genießen, die wie Funken vom Feuerstein springen? Nicht nur das, euer Körper (Form und Substanz) ist wie ein Tautropfen auf einem Grashalm. Das Leben gleicht einem aufblitzenden Lichtstrahl. Plötzlich ist es verschwunden und verloren in einem Augenblick.«*[3]

Diese Erfahrung der unabwendbaren und alles in Frage stellenden Veränderlichkeit steht nicht nur in paradigmatischer Weise für Dōgens Lebensweise und Einsichten, sondern zugleich auch für die epochalen Veränderungen seiner Zeit, in der sich eine grundlegende Veränderung des Denkens wie auch des alltäglichen Lebens und der kulturellen Entwicklung sowohl in China als auch in Japan ereignete. Gerade weil Dōgen die Erfahrung der Sinn- und Grundlosigkeit des Lebens nicht fremd war, bedeutete Weisheit für ihn eine Form von Erlösung. Er verstand darunter ein Leben »Augenblick für Augenblick«, in einem »Handeln, das frei von Hindernissen[4] ist«. Die schrankenlose, d.h. unbehinderte Weisheit ist für Dōgen, auch wenn es so klingt, kein fernes Ziel, sondern eine Wirklichkeit, zu der man »erwachen« kann. Als bloßes Ziel wäre eine solche Weisheit nichts anderes als ein erträumtes Ziel, ein weiterer »Dämon«, der sich Stück für Stück über das eigene Leben stülpt und es unfrei macht. Weisheit, so Dōgen, darf kein Leben meinen, das das Jetzt in ein zukünftiges »Irgendwann« oder gar Jenseits zu verlegen sucht: Das wäre nicht nur reine Ideologie, sondern tiefste Unfreiheit. Weisheit ist vielmehr ein freies Gehen inmitten einer nicht selten schwierigen Welt; die Kunst, überall Heimat zu finden. »Wenn du nach Glück suchst«, schreibt Dōgen, »läufst du zunächst deinem Glück davon. Erst wenn du diesen Augenblick als dein Glück erkennst, wirst du eins mit dir sein.«[5]

Eihei Dōgen wurde im Jahr 1200 westlicher Zeitrechnung in Kyoto geboren und wird heute zu den hellsten und klarsten Köpfen der Ideen- und Geistesgeschichte nicht nur Asiens, sondern der Menschheit gezählt. Im Westen ist er bislang jedoch als Philosoph kaum wahrgenommen worden. Dōgen lebte in einer kulturell wie politisch wirren, starken Veränderungen unterworfenen Zeit. Japan machte damals in gewisser Weise eine Art von früher Globalisierung durch. Doch auch Dōgens persönliches Leben war geprägt von Wagnissen, einschneidenden Veränderungen und immer wieder von der Erfahrung des Todes und der Veränderlichkeit. Bis heute ist spürbar, wie stark Dōgens Einfluss auf die Weisheitstraditionen Japans ist. Dōgen war es, der die chinesische Koan-Tradition in Japan einführte: die Unterweisung mit Hilfe von paradoxen Sätzen, Aussprüchen und überlieferten Zen-Geschichten, die teils historischen Ursprungs sind, zum Teil auch Legenden entspringen. Kern solcher Koans sind vor allem die Dialoge und Begegnungen der Zen-Meister, die laut Überlieferung nicht selten zu einem Erleuchtungserlebnis führten. Dōgen war damit wie sein Zeitgenosse, der Zen-Mönch Myōan Eisai (1141–1215), ein Grenzgänger zwischen der chinesischen und der neu entstehenden japanischen Kultur, die er maßgeblich prägte. Von Myōan Eisai, der wie Dōgen ebenfalls erst in China zum Zen-Meister wurde, heißt es, er habe als Erster den grünen Tee von China nach Japan gebracht, damit die Grundlage für die Teezeremonie geschaffen und zugleich die wichtige Rinzai-Tradition des Zen in Japan begründet, die ne-

172

ben der Sōtō-Schule die größte Zen-Richtung Japans ist. Ob Dōgen und Eisai sich persönlich begegnet sind, ist historisch nicht abschließend geklärt. Überhaupt wurde Dōgens erste Biographie überraschenderweise nicht vor dem 15. Jahrhundert geschrieben – und erst Hunderte von Jahren später einer breiteren Öffentlichkeit bekannt.

Dennoch gibt es zwischen den beiden wichtigen Gründern des japanischen Zen eine indirekte Verbindung, denn Eisais Schüler Butsuju Myōzen wurde zu einem der Lehrer Dōgens. Gemeinsam brachen beide im Jahr 1223 nach China auf, wo Myōzen 1225 im Alter von nur 41 Jahren verstarb. Kurz nach dem Tod seines Meisters traf Dōgen dann auf den für ihn entscheidenden Lehrer, den chinesischen Mönch Tiantong Rujing (1163–1228), dessen japanischer Name Tendō Nyojō lautet und der in der Tradition der Sōtō-Linie stand.[6] Unter Nyojōs Führung erlebte Dōgen den Durchbruch und erlangte Erleuchtung.

Als Dōgen in seine Heimat zurückkehrte, gelangte mit ihm der Chan-Buddhismus, der sich in China entwickelt hatte, nach Japan und entwickelte sich dort zum Zen-Buddhismus, der heute in Europa und Amerika bekannt ist.[7] Das Wort *Zen* ist nichts anderes als die japanische Entsprechung des chinesischen Schriftzeichens Chan, das so viel wie Versenkung, Meditation bedeutet. Der Ursprung dieses Begriffs ist – wie der des Buddhismus selbst – indisch und leitet sich aus dem Sanskrit-Wort *Dhyāna* ab, das in der Philosophie der indischen Yogis den höchsten Bewusstseinszustand bezeichnet. Es taucht an vielen Stellen der *Bhagavad Gita* und in verschiedenen Yoga-Sutren des *Patanjali* auf. *Dhyāna* bedeutet Übung, Disziplin. Das Wort ist damit ausdrücklich nicht auf den Buddhismus beschränkt – im Gegenteil. Der chinesische Chan-Buddhismus als Vorläufer des Zen in Japan hat mit seinen verschiedenen Schulen allein in China bereits eine lange und verwickelte Vorgeschichte. Letztendlich reicht auch sie zurück bis zurzeit Buddhas und zu seiner Erfahrung der Erleuchtung. Um Dōgens Lebensweg zu verstehen, der eng mit seiner Vorstellung von Weisheit verbunden ist, möchte ich kurz auf diese Erfahrung Buddhas, das Erwachen zur eigenen Natur – auch Erleuchtung genannt – eingehen, die von Buddhas Zeit an bis heute weitergegeben wird und mit dem, was Weisheit bedeuten könnte, eng verbunden ist.

## Weisheit und Erleuchtung
## oder Die Buddha-Erfahrung

Die Geschichte der Weisheit im buddhistischen Sinne hat tiefe Wurzeln, die über die Vorgeschichte des sogenannten Mahayana-Buddhismus hinausreichen, wie ihn Dōgen in China kennenlernte und mit nach Japan brachte. Sie reichen zurück bis in das Jahr 563 v. Chr., in dem Buddha geboren wurde – und noch weiter bis zu den indischen Weisheitstraditionen. Doch der Buddhismus verbindet diese Traditionen mit einer ganz bestimmten Erfahrung, die Buddha machte und die bis heute prinzipiell jeder Mensch als je ganz eigene Erfahrung machen kann – begünstigt durch ein bestimmtes Training, das sich zwar je nach Schule und Richtung ein wenig unterscheidet, aber in seiner Essenz bis heute weitergegeben wird. Der Erzählung nach wurde in Nordindien, genauer im heutigen indisch-nepalesischen Grenzgebiet, im Schatten des Himalaya im Jahr 563 vor unserer Zeitrechnung Siddhartha Gautama, der Buddha, geboren. Seine Geburtsstadt Lumbinī liegt im heutigen Hoheitsgebiet des Staates Nepal in unmittelbarer Nähe zu den indischen Bundesstaaten Uttar Pradesh und Bihar. Neuere Forschungen deuten darauf hin, dass dieser Siddhartha Gautama, der nach seiner Erleuchtungserfahrung *Buddha Shakyamuni* genannt wurde, tatsächlich eine historische Person war. Allerdings wurde er vermutlich ein wenig später geboren als bislang angenommen. Das genaue Datum seiner Geburt ist unbekannt – ein Umstand, den er mit anderen, nach ihm lebenden Religionsgründern teilt.

Der Beiname *Shakyamuni* spielt auf das Adelsgeschlecht an, dem der historische Siddharta entstammte. Das Wort bedeutet so viel wie »der Weise aus dem Geschlecht von Shakya«. Der Begriff *Buddha* hingegen bezeichnet jemanden, der die Erfahrung des *Bodhi*, des Erwachens, gemacht hat. Als historische Person gehörte Siddharta – dieser Vorname, den seine Eltern ihm gaben, bedeutet im Sanskrit »der sein Ziel erreicht hat« – zur Familie der Gautama. Der Legende nach wurde Siddhartha bei seiner Geburt vorausgesagt, dass aus ihm entweder ein Weltenherrscher werden würde oder aber, sofern er das Leid der Welt wirklich erkennen und durchdringen könnte, jemand, der mit seiner Weisheit die ganze Welt erleuchten könne.

Soweit dies historisch bekannt ist, scheint Siddhartha ein begabter Prinz aus einer reichen Familie gewesen zu sein. Er führte zunächst ein für die damalige Zeit typisches aristokratisches Leben – gekennzeichnet von viel freier Zeit, Jagd, Unterhaltung und sexuellen Vergnügungen. Mit 19 Jahren heiratete er seine bildschöne Cousine Yashodara. Das Paar blieb mehrere Jahre kinderlos, bis schließlich Siddharthas einziger Sohn Rahula geboren wurde. Das Familienleben war weitgehend frei von Sorgen und Problemen: ein angenehmes, erfülltes Leben, wie es sich Millionen von Menschen auch heute noch wünschen würden.

Inmitten dieser Idylle scheint Siddhartha irgendein nicht näher bekannter Umstand, irgendeine Erfahrung zunächst nachdenklich und dann zunehmend unzufrieden gemacht zu haben. Offenbar spürte er, dass sein Leben einem permanenten Urlaub glich; ein zufriedener Dämmerzustand, der durch ausreichende Nahrung, Zeit zum Schlafen und luxuriöse Vergnügungen aufrechterhalten wurde, hinter dem sich aber noch etwas anderes, Wichtigeres verbergen musste. Der Legende nach traf Siddhartha, als er einmal zu einer Erkundungsreise den Palast verließ, zunächst auf einen verkrüppelten Greis, dann auf einen Fieberkranken und einen verwesenden Leichnam, der auf der Straße lag, und schließlich auf einen Yogi, einen Asketen. Diese vier Begegnungen symbolisieren, in einer Geschichte vereint, die allgemeinen menschlichen Erfahrungen von Alter, Krankheit, Tod und Schmerz. Sie verdeutlichten Siddhartha, dass sein glückliches und luxuriöses Leben mitsamt Reichtum und Wohlstand keinen Bestand haben würde, dass es derselben Vergänglichkeit unterworfen und ebenso untrennbar mit Leiden verbunden ist wie das Leben aller Menschen.

Dieses Leiden ereignet sich auf einer dreifachen Ebene: als Leiden auf der sinnlich-sensorischen, körperlichen Ebene; als Leiden an der Veränderung und dem Vergehen aller Dinge und Lebewesen und als Leiden an der Unwissenheit hinsichtlich unserer Natur und der Wirklichkeit aller Dinge. »Wenn wir höchste Weisheit kultivieren wollen«, schreibt der Dalai Lama in Bezug auf die drei Ebenen des Leidens, »müssen wir das Leiden auf seiner tiefsten, durchdringendsten, allgegenwärtigen Ebene verstehen.«[8] Genau diese Einsicht in die grundlegenden Wurzeln des Leides wie der Existenz scheinen auch den historischen Siddhartha bewegt zu haben. Wie auch immer seine Wirklichkeit beschaffen war: Siddhartha beschloss, nach einem bleibenden Weg aus dem Leiden zu suchen. Er hatte bemerkt, dass etwas Fundamentales in seinem Leben fehlte – ohne dass er genau hätte sagen können, was es war.

Siddhartha schloss sich den Bewegungen religiöser Suchender an und durchlief die klassischen Ausbildungen der Asketen, der Lehrer und Yogis seiner Zeit. Diese waren vor allem bestimmt durch streng regulierte Übungen sowie klare Vorschriften, speziell die Nahrungsaufnahme, aber auch die allgemeine Lebensführung betreffend, und wurden begleitet von Diskussionen, der Erörterung der Yogi-Lehren über die »wahre Wirklichkeit« und der Einweisung in die metaphysischen Theorien der Zeit. Siddhartha suchte in alldem eine Antwort auf die beunruhigende Frage nach dem Leiden, nach Alter, Krankheit und nach dem, was am Ende jedes Lebens, auch des glücklichsten, steht.

Die historischen Umstände, die nach der Geburt seines Sohnes zu Siddharthas Entschluss führten, den fürstlichen Palast und seine Familie zu verlassen, sind von vielen Legenden und Ausschmückungen verdeckt. Offensichtlich hielten jedoch die vielen Lehrer, denen Siddhartha begegnete, weder seiner Intelligenz noch seiner umfassenden Bildung lange stand. Aus diesem Grund zog Siddhartha immer wieder weiter Richtung Süden und begegnete dabei einer Vielzahl einander oft widersprechender Formen der Lehre und des strengen asketischen Lebens, das die Religionen der damaligen Zeit prägte. Das Ertragen von Schmerzen, das Fasten und die Einübung verschiedener Yoga-Praktiken sollten dabei helfen, spirituelle Kraft zu wecken und aufzubauen, um so dem Leiden zu entkommen. Doch die Wurzeln des Leidens lagen tiefer, wie Siddhartha erkannte.

Zunächst aber übte er sich in Askese. Die ersten Jünger fanden zu ihm und zogen mit ihm weiter. Offensichtlich war ihm jedoch am geistlichen Ruhm wie zuvor auch am weltlichen wenig gelegen. Anstatt sich mit seinem im Laufe der Übungen erlangten Status zufriedenzugeben, setzte er seine Suche unermüdlich fort. Der Legende zufolge – und möglicherweise zeichnet diese eine in neurowissenschaftlicher Hinsicht höchst interessante und folgenreiche historische Begebenheit nach – wurde Siddhartha eines Tages bewusstlos, nachdem er gestolpert war. Sein Erwachen war von einer Erkenntnis begleitet: Ihm wurde mit einem Schlag klar, wie grotesk der Versuch war, durch letztlich magische Übungen, Vorstellungen und Riten Weisheit und Erlösung vom Leiden zu erlangen. Zum Entsetzen seiner Gefolgsleute aß er daraufhin wieder ganz normal und gab seine asketischen Übungen auf. Er erlangte dadurch eine neue Balance, vor allem zwischen seinem gesundenden Körper und seinem Geist. Siddharta nannte dies den »Mittleren Weg«, weil er die Extreme anderer religiöser Lehren zu meiden versuchte, ebenso wie die Extreme der nur auf den Körper oder nur auf den Geist gerichteten Konzentration. Seine Gefolgsleute verließen ihn daraufhin, weil er in ihren Augen schwach geworden war und versagt hatte.

Siddhartha setzte seinen Weg alleine fort. Statt dem Ideal des großen Asketen nachzueifern, der sich mit seiner Enthaltsamkeit in Sachen Essen und Schlaf oder mit spektakulären Yoga-Übungen brüsten kann, versuchte er nun, seiner eigenen Intuition zu folgen. Wenn die bisherigen Übungen ein zwar notwendiger Umweg gewesen waren, der sich aber letztlich als Irrweg erwiesen hatte, dann musste er sie nach und nach ebenso hinter sich lassen wie alles andere, das ihn nicht weiterbrachte. Loszulassen, leer zu werden, das wurde seine Aufgabe. Erst der Mut, seinen eigenen Weg zu gehen, sich selbst zu trauen und sich mehr und mehr von den eingetretenen Pfaden fortzubewegen, scheint im Nachhinein betrachtet den historischen Siddhartha auf den richtigen Weg gebracht zu haben. Siddhartha praktizierte damals keinen »Buddhismus«, er übte gar keine Religion aus. Er ging einfach den Weg seines eigenen Lebens, das er bis auf den Grund auszuloten versuchte.

Dieser leidvolle Prozess gilt noch vor jeder formalen Übung im Buddhismus als ein, wenn nicht der entscheidende Schritt auf dem Weg, Weisheit zu finden oder, in buddhistischer Terminologie, zu seiner wahren Natur zu erwachen. Dieses Erwachen bezeichnet die Erfahrung der Erleuchtung. Sie besteht also nicht darin, etwas Neues oder Zusätzliches zu finden, das bislang verborgen war. Stattdessen ist Erleuchtung nichts anderes als die umfassende Verwirklichung dessen, was immer schon als Anlage da war – buddhistisch gesprochen: der wahren Natur. Diese Erfahrung wird in buddhistischen Texten häufig verglichen mit dem Erwachen zur Wirklichkeit nach einem langen und intensiven Traum, der einen über Nacht gefangenhielt. Siddhartha scheint diese Suche nach der wahren Natur mit dem Einsatz seines ganzen Körpers und Geistes unternommen zu haben. Der Legende nach erreichte er 528 v. Chr. mit 35 Jahren am Ufer des Neranjara-Flusses bei Gaya die vollkommene Erleuchtung. Sie ereilte ihn unter einer Pappelfeige (deren botanische Bezeichnung daher *Ficus religiosa* lautet). Der bis heute als Baum der Weisheit verehrte Bodhi-Baum gehört als Ficus zu den Maulbeergewächsen, wird oft bis zu dreißig Meter hoch und hat eine Vielzahl von Luftwurzeln. Während der ursprüngliche, indische Baum, unter dem der historische Siddhartha die Erleuchtung erlangte und zum Buddha erwachte (*Buddha* bedeutet wörtlich:»der, der erwacht ist«), von einem späteren Herrscher gefällt wurde, heißt es, dass ein Ableger dieses Feigenbaumes auf Ceylon eingepflanzt wurde. Der ceylonesische *Sri Mahabodhi* kann als dieser angeblicher Nachfahre des historischen *Ficus religiosa* bis heute in der Königsstadt Anuradhapura bewundert werden und ist damit ein wichtiges buddhistisches Pilgerziel.

Den Erzählungen zufolge erforschte Buddha in der Meditation unter dem Bodhi-Baum den Strom der Wahrnehmungen und des Bewusstseins und erkannte, dass falsche Wahrnehmungen und Gedanken nicht nur die Wirklichkeit verschleiern, sondern zu weiterem Leiden führen. All die herkömmlichen Methoden und Techniken, auch negative Gefühle wie Gier, Hass, Neid und andere zu überwinden hatte zu keinem Ergebnis geführt. Die Erleuchtung und damit Befreiung, die er suchte, konnte demnach nicht das Ergebnis von Askese bzw. asketischen Methoden sein. Das bloße Unterdrücken vorhandener Impulse beispielsweise, das die verschiedenen Schulen lehrten, führte in keiner Weise weiter (eine Einsicht, die die Freudsche Psychoanalyse mit dem Begriff der Verdrängung erklären würde). Erst die vollständige Auflösung der Unwissenheit, des »Schleiers der Illusion« als ein Aufwachen, das sich aus der immer tiefer werdenden Konzentration und Meditation Siddharthas ergab, enthielt die ersehnte

Lösung: das vollständige Versinken in der Gegenwart. Den Schilderungen zufolge half ihm beim Erreichen dieses Versinkens und der damit verbundenen Erkenntnis der Morgenstern. Diese Erfahrung Buddhas ist in verschiedenen buddhistischen Texten beschrieben worden, aber auch von säkularen Autoren – allen voran Hermann Hesse. Laut des vietnamesischen Zen-Meisters und Lyrikers Thich Nhat Hanh, der 1926 in Zentralvietnam geboren wurde und seinen aus der Erfahrung des Vietnamkrieges geprägten »engagierten Buddhismus« lebt und lehrt (er ist bis heute in der Friedensbewegung höchst aktiv), gehörte es zu den wesentlichen Entdeckungen Siddharthas, dass es ohne Liebe, ohne Mitgefühl kein Verstehen gibt. Thich Nhat Hanh, der gerne den Vorrang der Praxis vor Lehre, Wissen, Philosophie und intellektueller Auseinandersetzung vertritt, betont als Weg zur Weisheit die Kunst der Achtsamkeit – die Kunst, in jedem Augenblick mit Körper und Geist ganz präsent zu sein. Aus seiner Sicht ist es, wie auch bei Siddhartha, eine kontinuierliche meditative Praxis, die zu wirklicher spiritueller Reife, zu Weisheit und einem der Weisheit entsprechenden Leben führt. Dass die Gemeinschaft der Übenden bzw. Erwachten (Sangha) eine zentrale Rolle spielt, steht dabei außer Frage. Auch der Dalai Lama und buddhistische Meister anderer Traditionen betonen immer wieder, wie entscheidend der Punkt sei, dass es mit einsamer meditativer Übung und abgeschiedenem spirituellem Training alleine nicht getan ist. Die Übung der Aufmerksamkeit muss in den Alltag eingebettet sein und verbunden werden mit einer Ethik, einer Praxis des Mitleidens. Diese besteht nicht nur in dem Wunsch, dass andere Wesen frei von Leiden sein mögen, sondern wird vor allem auch vom alltäglichen Engagement getragen, selbst für diese Befreiung aktiv die Verantwortung zu übernehmen und alle Wesen einschließlich seiner selbst vom Leiden zu befreien. Ohne diese Nähe, ohne die Vertrautheit und Verbundenheit mit anderen ist Erleuchtung nicht möglich. Der entsprechende Begriff im Buddhismus – *Bodhicitta* – bedeutet »Erleuchtungs-Geist« und meint die Entschlossenheit, Erleuchtung zu erlangen, jedoch nicht ausschließlich zum eigenen Wohl, sondern zu dem aller Wesen.

Als sich Siddharta also, es war der frühe Morgen des 8. Dezember, unter dem Bodhi-Baum am Ufer des Neranjara-Flusses bei Gaya von der

Meditation erhob, erfuhr er beim Anblick des funkelnden Morgensterns eine außergewöhnlich tiefgreifende Erleuchtung, die sein Leben fundamental verändern sollte. Das Mitleid, die Fähigkeit, im Sitzen zu meditieren und Gedanken und Gefühle loszulassen, sowie eine sich vertiefende Achtsamkeit waren es, die Thich Nhat Hanh zufolge Siddharthas Fähigkeit stärkten,

»*genau hinzuschauen, tief in das Herz der Dinge hinein. Achtsam zu sein stärkt unsere Fähigkeit, genau hinzuschauen, und schauen wir tief in das Herz der Dinge hinein, so werden sie sich von selbst enthüllen. Siddhartha erlangte so eine Einsicht in den Geist eines jeden Wesens, wo immer es sich auch aufhalten mochte. Es war nun das Ende der dritten Wache. Es hatte aufgehört zu donnern, die Wolken verzogen sich und enthüllten den strahlenden Mond und die funkelnden Sterne. Siddhartha hatte die Empfindung, als sei ein Gefängnis, das ihn Tausende von Lebzeiten umschlossen hatte, nun aufgebrochen. Unwissenheit war der Wärter dieses Gefängnisses gewesen. Unwissenheit hatte seinen Geist verdunkelt, so, wie die stürmischen Wolken den Mond und die Sterne verbargen. Von endlosen Wogen täuschender Gedanken getrübt, hatte der Geist die Wirklichkeit in Subjekt und Objekt geteilt, in Selbst und Andere, Sein und Nicht-Sein, Geburt und Tod. Und aus diesen Unterscheidungen entstanden die falschen Sichtweisen – die Gefängnisse von Empfindung, Begierde, Ergreifen und Werden. Siddhartha schaute auf, und er sah den Morgenstern am Horizont aufgehen; er funkelte wie ein gewaltiger Diamant. So viele Male hatte Siddhartha diesen Stern schon gesehen, wenn er unter dem Baum saß, aber an diesem Morgen war ihm, als sähe er ihn zum ersten Mal. Lange betrachtete Siddhartha den Stern, und aus tiefstem Mitgefühl heraus rief er aus: ›Alle Wesen tragen in sich die Samen der Erleuchtung, und doch ertrinken wir seit so vielen tausend Lebzeiten im Meer von Geburt und Tod.‹ Siddhartha wusste, dass er den Großen Weg gefunden hatte.*«[9]

Der vierfache Weg, den Siddhartha nunmehr als der Buddha lehrte, ist eine Entfaltung dieser grundlegenden Erfahrung. Alles Leben ist Leiden –

und die Ursache des Leidens das Begehren. Es ist möglich, dieses Leiden hinter sich zu lassen und zu überwinden. Um das Leiden aufzuheben, hilft der sogenannte Edle Achtfache Pfad: das rechte Verstehen, das rechte Denken, die rechte Rede, das rechte Handeln, der rechte Lebenserwerb, das rechte Bemühen, die rechte Achtsamkeit und die rechte Konzentration. Dieser Weg ist ein Weg der Bewusstheit, der achtsamen Konzentration im alltäglichen Leben, die dazu führt, Konzentration und Achtsamkeit weiterzuentwickeln, zu vertiefen und auf diese Weise befähigt zu werden, Einsicht und Weisheit zu erlangen und wahre Freude, wahren Frieden entstehen zu lassen. Die buddhistischen Texte betonen dabei, dass mit der Erleuchtung Buddhas der ganzen Welt eine generelle, allumfassende Erleuchtung zuteil wurde. Buddha selbst sprach der Überlieferung zufolge, die dies ausdrücklich festhält, im Augenblick der Erleuchtung: »Zusammen mit mir erlangen alle Lebewesen der Erde zur selben Zeit die Erleuchtung.«

Die Lehre, die sich aus dieser Erfahrung ergab, war die Frucht einer direkten Erfahrung und speiste sich als solche gerade nicht aus einer Weltanschauung oder philosophischen Theorie. All das gilt es im Gegenteil zunächst hinter sich zu lassen. Nach mehr als vierzig Jahren Lehrtätigkeit, dem sogenannten ersten, zweiten und dritten Ingangsetzen des Rades der Lehre, starb Buddha in der Nähe des Dorfes Kushinagara. Seine körperlichen Überreste wurden nach Art von Großkönigen verbrannt. Interessant ist, dass der Buddhismus sich ohne eine zentrale kirchliche Gewalt entwickelte (deren Existenz der Einsicht in die zentrale Bedeutung der eigenen Erfahrung auch widersprochen hätte). Dennoch gab es verschiedentlich Konzile, in denen man versuchte, die unterschiedlichen Meinungen über das Gesetz Buddhas, die Wirklichkeit Buddhas (Dharma) und die Gemeinschaft Buddhas (Sangha) – die drei wichtigen Pfeiler des Buddhismus – zu einer Einheit zu bringen. Auch wenn der Buddhismus sich dann in verschiedenen Kulturen auf sehr unterschiedliche Weise ausprägte und das Alltagsleben in vielen Ländern Asiens bis heute bestimmt, blieb doch die Lehre vom *Mahayana* zentral: Die Ansicht, dass das Ziel nicht sei, nur ein einziges Wesen (vor allem also: sich selbst) vom Leiden zu befreien und zur Erleuchtung zu führen, sondern alle lebenden Wesen.

Deshalb wird Mahayana auch »das große Fahrzeug« oder »der große Weg« genannt – im Unterschied zum *Hinayana*, dem kleinen Fahrzeug. Die Lehre Buddhas soll nicht als vereinzelte Lehre, als philosophische Weltanschauung missverstanden werden, sondern als Erfahrung des Lebens selbst. Es geht nicht darum, über den Geschmack von Schokolade zu debattieren, sondern darum, sie selbst zu schmecken.

Drei erstaunliche Dinge sind mit der zentralen Erfahrung Buddhas verbunden. Zunächst, dass der Begriff Buddha selbst tatsächlich den Erleuchteten bezeichnet und wenig später bereits die Existenz der erleuchteten Natur – die, nach der Erfahrung und Lehre des historischen Buddha, jedem Lebewesen und jedem Ding innewohnt. Buddha selbst ist jedoch kein Gott, nicht einmal ein göttliches Prinzip. Zuweilen gibt es zwar mit verschiedenen Formen von Volksglauben und regionaler Volksfrömmigkeit vermischte Richtungen und Schulen des Buddhismus, deren Lehren und Rituale tatsächlich als Religion im herkömmlichen Sinn angesehen werden können. Für den ursprünglichen Buddhismus gilt das jedoch nicht. Interessanterweise scheint Buddha selbst über die Frage nach dem Ursprung des Universums – und damit nach Gott – weitgehend geschwiegen zu haben, vielleicht weil er befürchtete, dass die Beantwortung solcher Fragen ablenkt von der eigentlichen Aufgabe: dem Beschreiten des Weges der Erlösung und der Befreiung vom Leiden. Der Weg, den die westliche Philosophie und Wissenschaft, vor allem aber auch die christliche Theologie (sie zeigt besonders eindrucksvoll, wie beherrschend für den Westen die Frage nach der Ursache der Schöpfung ist) genommen hat, bestätigt, dass diese Befürchtung Buddhas nicht ganz unberechtigt war. Für Buddha steht die Erfahrung der Erleuchtung, nicht die theoretische Auseinandersetzung im Vordergrund. Diese Lebendigkeit ist gerade in der Tradition des höchst einflussreichen chinesischen Zen-Meisters Lin Chi bzw. Linji Yixuan (jap. Rinzai Gigen) zu spüren, von dem allein das Todesdatum des 10. Januar 866 n. Chr. bekannt ist. Wie alle Buddhisten stand auch Lin Chi fest in der Tradition Buddhas und war bestens vertraut mit den buddhistischen Schriften, die er intensiv studiert hatte, bevor er Erleuchtung erlangte. Lin Chis bzw. Rinzais Zen, das sich von China aus nach Korea, Japan und Vietnam verbreitete, ist bis heute höchst lebendig geblieben und hat eine große Zahl von berühmten Zen-Meistern wie Hakuin Ekaku (1686–1769) hervorgebracht. Die Schüler von Rinzai haben seine Aussprüche und Lehren für die Nachwelt festgehalten. Im *Rinzai Roku*, den »Aussprüchen und Handlungen des Ch'an-Meisters Lin-Chi I-hsüan« heißt es wörtlich:

*»Weggefährten, der wahre Buddha hat keine Gestalt. Ihr macht nichts anderes, als auf die Spitze eures Wahngebildes vom Leben noch weitere Einbildungen draufzusetzen. So verläuft euer Lebensweg in der genormten Welt des Scheins, nicht des Seins. Es gibt da gewisse Mönche, die ihren Schülern weismachen wollen, der Buddha sei das Höchste der Weisheit. Wie kommt es dann, dass er im Alter von 80 Jahren starb und nun zwischen zwei Bäumen in der Stadt Kushinagara begraben liegt? Wo ist er jetzt, der Buddha? Es ist doch wohl deutlich geworden, dass er wie wir lebte und schließlich starb. Auf diese Weise unterscheidet er sich gar nicht von uns. Weggefährten, laßt euch nicht täuschen. Innerhalb und außerhalb der Welt gibt es nicht ein einziges Ding, das ein eigenes Selbst, eine Seele, hat, noch gibt es einen Schöpfer. Alles sind leere Namen. Diese leeren Namen für die Wirklichkeit zu halten, lässt euch einen folgenschweren Fehler begehen. Wenn ihr nach dem Buddha sucht, wird euch der Buddha-Teufel holen. Sollte es euch wahrhaftig darum gehen, den Buddha zu suchen, so wird Buddha nichts als ein Name bleiben. Der wahre Zen-Schüler klammert sich nicht an Buddha. Was immer ihr suchen werdet, es lässt euch leiden. Hört auf zu suchen. Sitzt in Zazen-Haltung auf dem Sitzkissen, und lasst nichts anderes zu als nur sitzen.«[10]*

Eine ähnliche Position – die zugleich als eine der Lehre Buddhas angemessene Haltung verstanden und gelebt wird – wäre vermutlich weder im Christentum noch in Judentum oder Islam möglich, zumal die Betonung der eigenen Erfahrung – obwohl strukturell der Vorstellung Luthers von der direkten Beziehung eines jeden Gläubigen zu Gott nicht unähnlich – gerade in der christlichen Tradition als etwas Bedrohliches erscheint. Wer die Erfahrung betont, der relativiert scheinbar die Bedeutung des Wortes und damit auch der Heiligen Schrift (statt sie im Leben zu verwirklichen, d.h. in Erfahrung umzuwandeln, »Fleisch werden zu lassen«). Zudem – und das ist bis heute einer der Hauptgründe für die Verdächtigung der mystischen Bewegungen und der christlichen Kontemplation weltweit – gehört zur mystischen Erfahrung eben auch die Erfahrung der Einheit mit allen Lebewesen. Dieser zentrale Aspekt des Mitleids legt es nahe, im Verhalten sensibel zu bleiben für alle Formen der Unterdrückung, Sklaverei, Folter und Verfolgung, die traditionell von den Mächtigen ausgeht. Diese machen einen klaren Unterschied zwischen den Bereichen des »reinen« und des »unreinen«, des im Sinne einer vorgegebenen Dogmatik richtigen und des falschen Glaubens. Diese Solidarität mit den Armen und Unterdrückten, die im Grunde alle mystischen Traditionen des Christentums auszeichnet, war der Kirche ein Dorn im Auge. Denn eine solche Bewegung räumt, indem sie den Wert der Erfahrung *jedes* Menschen legitimiert, auch der Meinung von Laien Bedeutung ein und gibt denen ein Wort, die als gesellschaftlich unterdrückte Schicht keine Stimme haben. Der chinesische Dichter und Zen-Meister Hanshan, zu dessen Lebzeiten es harte Auseinandersetzungen zwischen den verschiedenen Schulen des Buddhismus, Taoismus und Konfuzianismus gab, bringt diese Einstellung der Betonung der Erfahrung anstelle der Dogmen in einem Gedicht auf den Punkt.

*»In Muße wandernd auf dem Gipfel des Huading,*
*die Sonne klar, ein strahlend lichter Tag,*
*Sah ich mich um – im blauen Firmament*
*Flogen vereinigt Kranich und Weiße Wolke.«*[11]

Der Huading als höchster Berg des Tiantai-Gebirges, in dem Hanshan sich aufhielt, steht für die höchste Erfahrung. Sie ermöglicht die Wahrnehmung der Welt wie an einem klaren, lichten Tag – ohne jede Illusion, die das Bewusstsein trübt. Man kann schauen, wohin man will – nichts stört den Blick. Was denen, die die Unterschiede zwischen den Religionen und Wegen betonen, der Kranich ist – ein Symbol für die Erleuchtung im Taoismus – oder die Weiße Wolke – ein Symbol für die Er-

184

leuchtung im Buddhismus –, das fließt in dieser Erfahrung im blauen Firmament friedlich zusammen. Kranich und Wolke ziehen in dieselbe Richtung. Aus Sicht der Erfahrung bedarf es keiner oberflächlichen, d.h. dogmatischen Unterscheidungen.»Wir vertrauen einzig dem reinen Geist von Augenblick zu Augenblick«, kommentiert Dōgen in Anspielung auf den von Denken und Fühlen unberührten Geist den Geisteszustand des Zazen, in dem Körper und Geist ausgefallen und damit beide im Gleichgewicht sind.»Deshalb solltet ihr euch nicht sorgen, wenn euer Geist manchmal verwirrt ist.« In der tiefen Einheit, die jenseits von Körper und Geist und damit auch jenseits von Weisheit ist, wird die eigentliche Weisheit erfahren, die Prajñā ist: Weisheit jenseits der (Vorstellungen von) Weisheit.»Dass ihr euch alle dieser Buddha-Weisheit öffnet, ist die Bestätigung. Denn tatsächlich ist diese Weisheit die vollkommene Verwirklichung selbst, die nur ein Buddha zusammen mit einem Buddha verwirklicht.«[12]

Der zweite Aspekt von Buddhas zentraler Erfahrung steht mit dem zuletzt Gesagten in Verbindung. Buddhas Verwirklichung, die kein fernes Jenseits, sondern eine Erfahrung des Erwachens zur wahren Natur hier und jetzt ist, entsprach in der Wahrnehmung des historischen Buddha einer Erfahrung des Erwachens der gesamten Natur, aller Lebewesen mit ihm. Das Umgekehrte gilt für Buddhisten, die die Erfahrung des Erwachens heute machen: Sie ist eine Erfahrung ›zusammen mit Buddha‹. Buddhas Erfahrung ist eine (historisch verwirklichte) Erfahrung der Befreiung, die zugleich mit ihm (auch heute noch) alle Lebewesen teilen können. Gerade deshalb aber bleibt im Unterschied zu den fast ausnahmslos die gedankliche Arbeit betonenden westlichen Philosophien und Weltanschauungen für den Buddhismus die Übung selbst, die Erfahrung zentral. Es geht stets um das Erwachen und um die eigene, direkte Erfahrung, die zur»wahren Natur«, der»Buddha-Natur«, führt. Das Sanskrit-Wort *Prajñā*, von dem in indischen Texten immer wieder die Rede ist, umschreibt die große, alles umfassende Weisheit, die alle Dinge und Phänomene im ganzen Universum durchdringt. Die Vorsilbe *Pra* bedeutet dabei»vor« und *jñā* entspricht dem Wort»wissen«. *Prajñā* ist also das, was all unser Wissen im Sinne von Wissenschaft und ra-

185

tionaler Erkenntnis antizipiert und begründet. Prajñā ist »vor« diesem rationalen Wissen – und zugleich eine (intuitive) Weisheit, die jede bloße Vorstellung von Weisheit übersteigt. Die Schulen, die sich auf Buddha, seine Lehren und die später einsetzende vielfältige Überlieferung beziehen, mögen sich zuweilen in Details der Form, d.h. der Übung der Weisheit, des Sitzens oder Meditierens, unterscheiden. Dennoch sind sie sich alle – sei es Rinzai, Soto oder die anderen Traditionen des Zen, die es gab und gibt – insofern einig, als sie das Sitzen in Meditation (Zazen) für einen wesentlichen Teil der Erfahrung der wahren Natur halten. Diese Erfahrung aber ist eine so ›natürliche‹ wie alltägliche Erfahrung – und keine eigentlich religiöse. »Wolkenloser Herbsthimmel, unendlich weit und leer«, antwortet Bodhidharma, der den Buddhismus von Indien nach China brachte, auf die Frage des Kaisers Bu nach dem Wesen des Buddhismus. »Weit und leer, nichts von heilig.«[13] Jeder kann diese Erfahrung des Erwachens, des Zustands »wolkenloser« Klarheit machen – ungeachtet der Religion, Lebensanschauung, Herkunft oder Kultur, der ein Mann oder eine Frau angehört. Insofern ist die Erfahrung der Erleuchtung, die im asiatischen Kulturraum eine Grundlage für Weisheit bildet, eine universale und eben nicht auf einen einzelnen Kulturraum oder gar ein dogmatisches Lehrgebäude beschränkt.

Noch ein dritter Punkt verdient Beachtung. Die Erfahrung der Einheit und der Leere, von der Buddha spricht, ist in gewisser Weise kompromisslos: nämlich kompromisslos nondualistisch. Von Dōgen über Hakuin bis hin zu modernen Lehrern wie Yamada Ryo'un Roshi, einem Oberhaupt der Sanbo-Kyodan-Schule des Zen, machen die Zen-Meister darauf aufmerksam, dass diese Einheit, so unterschiedlich sie auch von Mensch zu Mensch erfahren und weitergegeben wird, selbst nicht nur wirklich, sondern zugleich auch jenseits von Begrifflichkeit ist. Sie darf, in den Worten von Dōgen, nicht mit einer Denkbewegung verwechselt werden. Wer der Lehre der Einheit und der Erfahrung, dass alles eins und zugleich auch vieles ist, zustimmt – Niklas Luhmann verwandte eine ähnliche Formulierung, um Komplexität zu definieren –, wird nicht wie westliche Theologen behaupten können, dass dies natürlich nicht für Gott gelte. Gott ist von solchen Überlegungen in der westlichen Theologie stets ausgenommen, da sich mit ihm alles anders verhalte. Das zu sagen bedeutet einen Kompromiss einzugehen und einen bestimmten Bereich der Wirklichkeit – wenn wir Gott einmal als einen solchen betrachten wollen – von der Erfahrung des Erwachens auszuklammern. Einer der größten Zen-Meister der Geschichte, Hakuin, betont im *Lobgesang des Zazen* (*Zazen Wasan*), diesem bis heute in den Rinazi-Klöstern – aber nicht nur da – tradierten und häufig rezitierten Text:»Alle Wesen sind von Natur aus Buddha, wie Eis seiner Natur nach Wasser ist. Getrennt vom Wasser gibt es kein Eis, getrennt von den Lebewesen keinen Buddha«.[14] Genau auf diesen Zusammenhang wies der historische Buddha mit seiner Äußerung hin, dass mit ihm zusammen alle Wesen Erleuchtung erlangt haben. Die wahre Natur ist überall. Sie fehlt nie.»Jeder Mensch besitzt diesen Dharma im Überfluss«, schreibt Dōgen in Bendōwa.

>*»Aber wenn er ihn nicht übt, kann der Dharma sich nicht offenbaren, und wenn der Mensch ihn nicht in sich selbst erfährt, kann er nicht verwirklicht werden. Wenn ihr nur richtig sitzt, kommt ihr in den Zustand, in dem ihr Körper und Geist fallen lasst. Wenn jedoch Fühlen und Denken diese unteilbare Erfahrung trüben, entspricht dies nicht mehr dem Prinzip der direkten Erfahrung, das jenseits täuschender Gefühle und Gedanken ist. Das Zazen auch nur eines einzigen Menschen in einem einzigen Augenblick stellt unsichtbare Harmonie mit allen Dingen her und hallt wider [...] durchdringt alle Zeiten. So vollendet Zazen im grenzenlosen Universum das ewige Werk Buddhas in der Vergangenheit, Zukunft und Gegenwart. Für jeden ist es das gleiche Üben und die gleiche Erfahrung [...] Ihr dürft nie vergessen, dass die höchste Wahrheit uns seit Anbeginn niemals fehlte; wir empfangen und benutzen sie fortwährend. Da wir aber nicht fähig sind, direkt zur höchsten Wahrheit vorzustoßen, neigen wir dazu, in abstrakten Vorstellungen zu leben, denen wir nachjagen, als ob sie wirklich wären, und gehen so an der großen Wahrheit vorbei.«*[15]

Etwa zur selben Zeit, zu der Siddhartha lehrte und in der die historischen Ursprünge des Buddhismus mit seinen späteren Schulen liegen, begann Tausende von Kilometern entfernt im antiken Europa die Entwicklung der abendländischen Geistesgeschichte. In dieser Zeit wurden die entscheidenden Ideen geprägt, in deren Schatten wir bis heute leben. Es ist eine regelrechte kulturelle und mentale Explosion, die die Anfänge des europäischen Denkens kennzeichnet. Sie ist eng verbunden mit den Namen von Buddhas griechischen Zeitgenossen, mit Philosophen und Gelehrten wie Thales von Milet, Parmenides, Anaximander, Pythagoras von Samos, Xenophanes von Kolophon, Aischylos, Sophokles, Zeno oder Heraklit. Pythagoras wird die Begriffsprägung »Philosoph«, d.h. »Freund der Weisheit«, zugeschrieben, auch wenn er nach dem, was heute noch bekannt ist, den Begriff kaum in seiner heutigen Bedeutung verwendet haben dürfte. Viel wahrscheinlicher ist, dass der griechische Historiker und Völkerkundler Herodot (484–425 v. Chr.) der Erste war, der das tat. Zu der Zeit, als Buddha die Erfahrung der Erleuchtung machte, gründete Tausende von Kilometern entfernt der persische König Kyros II., auch Kyros der Große genannt (601 v. Chr. – 530 v. Chr.), das persische Weltreich, das bis zum Jahre 330 v. Chr. andauern sollte. Sein Herrschaftsbereich dehnte sich bis nach Kleinasien aus und umfasste mit Ausnahme von Milet die meisten in Kleinasien gelegenen griechischen Städte. Mit der von verschiedenen Quellen gut dokumentierten Eroberung Babylons im Jahre 539 v. Chr. erreichte Kyros II. den Höhepunkt seiner Macht. Dieses Datum ist zugleich von welthistorischer Bedeutung, weil der Perserkönig den Juden nach Jahrzehnten der Gefangenschaft durch Nebukadnezar II. erlaubt, Babylon zu verlassen, in ihre Heimat zurückzukehren und dort den Jerusalemer Tempel wieder aufzubauen.

Zu Buddhas Lebzeiten zeichnet man in Persien Zarathustras Lehren auf, während Laotse das *Tao Te Ching* schreibt und Heraklit in seinen grundlegenden, das Abendland bis heute prägenden Schriften das Wesen der Veränderung und die Einheit in den Gegensätzen zu erfassen sucht. Der Sehnerv wird entdeckt und Hekataios beschreibt in seiner Fahrt um die damals bekannte Welt erstmals Asien und Europa. Die verschiedenen Sphären des Denkens und die zeitgleich entstehende Wissenschaft von der Natur rücken, obgleich auf verschiedenen Kontinenten von höchst unterschiedlichen Gelehrten betrieben, erstmals spürbar näher zusammen. Dabei erweisen sich die Strömungen der Weisheit als ebenso vielfältig wie die des herkömmlichen Wissens.

Entscheidend bleibt aus Sicht des Buddhismus, dass Weisheit keine abstrakte Lehre und kein System bestimmter Verhaltensweisen ist, sondern eine natürliche Erfahrung kennzeichnet, aus der sie und alles andere erwächst. Weisheit ist, im buddhistischen Sinn, von dieser Erfahrung nicht zu trennen. Das Erwachen bleibt die Grundlage alles Weiteren, auch wenn Texte, Reden, Gleichnisse oder Gespräche helfen, der Erfahrung näherzukommen. Gleich ob vom »Erkennen der wahren Natur«, dem »Realisieren der Buddha-Natur«, von »Einkehren in das Nirvanā« oder »Stillsitzen nach der Heimkehr ins Vaterhaus« (Meister Keizan Jōkin) die Rede ist: In all diesen Metaphern ist stets von der Erfahrung des Erwachens die Rede, das sich in einem Zustand des Nicht-Denkens (Dōgen), des Selbst-Vergessens ereignet. Aus diesem Zustand resultiert weises Handeln. Wörtlich heißt es bei Dōgens Nachfahren Keizan: »Wenn die Trübung aufhört, so entsteht Stille. Wenn die Stille entsteht, so scheint Weisheit auf. Wenn Weisheit aufscheint, so offenbart sich das wahre Wesen. Wenn du die Trübung des Geistes überwinden willst, musst du das Denken an Gut und Böse aufgeben. Auch musst du alle Gegenstandseindrücke von dir werfen, dein Geist darf nichts denken und dein Leib darf nichts tun. Weisheit bedeutet Wählen und Verwerfen in vollkommener Erkenntnis. Beim Zazen erlöscht von selbst die Erkenntnis von Gegenständen, die Bewusstseinstätigkeiten fallen in Vergessenheit. Der ganze Leib wird zum Weisheitsauge und schaut ohne Wählen und Werten klar die Buddha-Natur. Ohne Verwirrung durch eine ursprüngliche Trübung schneidet Weisheit die Wurzeln des Bewusstseins ab, alles klar durchdringend. Dies ist die Weisheit ohne die Form der Weisheit. Weil die Form der Weisheit fehlt, heißt sie die ›große Weisheit‹.«[16]


### Sich selbst vergessen

Doch was heißt es, wenn davon die Rede ist, dass Weisheit die Wurzeln der Illusion abschneidet? Oder wenn Buddha sagt, dass zusammen mit ihm alle Lebewesen der Vergangenheit, Gegenwart und Zukunft Erleuchtung erlangten und zu ihrer wahren Natur erwachten? Was bedeutet dieses »Erwachen der gesamten Natur«, und vor allem: Von welchem Ich spricht Buddha dann? »Es gibt zu viele Intellektuelle auf der Welt«, schreibt Hanshan als Antwort auf diese und ähnliche Fragen. »Die haben ausgiebig studiert und wissen einfach alles. Doch kennen sie ihr ursprüngliches wahres Wesen nicht und wandeln fern so fern auf dem Weg. Wie eingehend sie auch die Wirklichkeit erklären – was nutzen ihnen all die leeren Formeln denn? Wenn du ein einziges Mal dein Selbst-Wesen erinnerst, dann tut sich dir die Einsicht eines Buddha auf.«[17] Der Buddhismus unterscheidet sich tatsächlich von vielen westlichen, durch die griechischen Philosophen oder das Christentum geprägten Theologien einschließlich der gnostischen Varianten dadurch, dass im Buddhismus der Weg auf eine eigene Erfahrung aus ist. Nicht von einer durch Theorie vermittelten Einsicht ist die Rede, sondern von einer Erkenntnis durch Erfahrung. Diese Art von Erfahrung wird durch das Training der Meditation gemacht: Es ist die Erfahrung, durch und durch nur im »Hier und Jetzt« zu existieren. Diese Erfahrung beinhaltet Dōgen und anderen zufolge gleichermaßen ein Erwachen des Ichs zu seiner wahren Natur wie auch ein Erwachen der gesamten Welt. Aus der Verbindung von beidem resultiert das Gefühl der Einheit.

Dōgen bemerkt zu diesem Umstand im *Shōbōgenzō*:

*»Wie können wir die Berge, Flüsse und die Erde eins mit uns machen? Wie können wir uns selbst eins mit den Bergen, Flüssen und der Erde machen? Dies bedeutet, dass wir schon auf natürliche Weise wir selbst sind. Hier wird uns gelehrt, dass wir die Berge, Flüsse und die Erde nicht mit den Begriffen verwechseln dürfen, die sie erklären. Die Erde und alle Lebewesen verwirklichen zusammen die Wahrheit. Es gibt viele Buddhas, die erwachen, wenn sie den hellen Morgenstern erblicken. Die Buddhas durchdringen Himmel und Erde. Die Frische der Kiefer im Frühling und die Vortrefflichkeit der Chrysantheme im Herbst sind wirklich – und sie sind nur im Hier-und-Jetzt.«[18]*

Soll diese Einheit, das gleichzeitige Erwachen aller Wesen, als reine Metapher verstanden werden – oder ist es ein exakter Ausdruck der Erfahrung, die mit dem Erwachen verbunden ist? Und wie ist das Sein »nur im Hier-und-Jetzt« tatsächlich zu erreichen? Auch Dōgen Zenji trieben diese Fragen um. 1700 Jahre waren seit dem Tod des historischen Buddha (und den Anfängen der europäischen Tradition) vergangen. Während die Kreuzfahrer Konstantinopel eroberten und in Ägypten landeten, während Dschingis Khan in Asien seine Eroberungszüge begann und dabei bis nach Russland vordrang, während Franz von Assisi den Franziskanerorden gründete und die Kaiserdynastie der Staufer zu Ende ging, brachte Dōgen den Chan-Buddhismus von China nach Japan und begründete dort kurz nach der Einführung der Rinzai-Tradition durch Myōan Eisai die Soto-Richtung des Zen. Mit seinem berühmten Werk *Shōbōgenzō*, einer Sammlung von 95 Essays, schrieb er die ersten auf Japanisch verfassten philosophischen und religiösen Schriften überhaupt. Dabei nehmen die beiden Texte »Bendōwa« und »Genjō kōan«, die Dōgen 1231 und 1233 verfasste, eine besondere Bedeutung ein.[19]

Während seine Vorgänger ausschließlich in Chinesisch schrieben, ähnlich wie viele mittelalterliche Theologen Latein gebrauchten und Texte nicht in ihren Regionalsprachen abfassten, verwendete Dōgen im *Shōbōgenzō* erstmals das japanische Silben-Alphabet zusammen mit den chinesischen Schriftzeichen. Er revolutionierte das Japanische in einer ähnlichen Weise wie Luther das Deutsche durch seine Bibelübersetzung. Mit Dōgen brach nicht nur ein neuer, bis heute spürbarer Impuls in die Religionen und das Denken seiner Zeit ein. Mit ihm veränderte und entwickelte sich zugleich auch die Sprache selbst, ähnlich wie Luther mit seiner Übersetzung der Bibel ins Deutsche das Hochdeutsche begründete.

Ich erwähnte am Anfang dieses Kapitels, dass Eihei Dōgens Leben geprägt war von einer fundamentalen, für ihn erschreckenden Einsicht in die Veränderungen des Lebens, die ihm Angst bereitete. Verursacht wurde diese Angst wohl durch die wiederholte Berührung mit dem Tod. Dōgen verlor seinen Vater im Alter von drei Jahren. Seine Mutter starb, als er sieben war. Ein kleiner Junge noch, sah er bei ihrer Beerdigung den

Rauch der Zeremonienstäbchen zum Himmel aufsteigen. In diesem Moment, berichtet er später, wurde ihm die Veränderlichkeit und Unbeständigkeit des Lebens, überhaupt von allem, was es gibt, zutiefst bewusst. Diese Erfahrung, seine frühe Einsicht in die Vergänglichkeit und das damit verbundene Leid, prägte sein gesamtes Leben und ließ den Entschluss in ihm reifen, Mönch zu werden. Damit schloss er unmittelbar an die Motivation an, die auch Siddhartha mehr als 1500 Jahre vor ihm dazu brachte, sich aufzumachen, um die Wurzeln des Leidens zu erkennen und abzuschneiden. Mit 12 Jahren trat Dōgen in das Kloster Enryaku ein und wechselte einige Jahre später von der Tendai-Schule zum Kloster Kennin-ji, das Meister Eisai zugeordnet war und zur Rinzai-Schule gehörte, die in der chinesischen Lehre von der »plötzlichen Erleuchtung« wurzelte. Dōgen studierte im Kennin-ji neun Jahre unter Busutsu Myōzen. »Myōzen war der hervorragendste unter den Schülern des ehrwürdigen Gründermeisters Eisai«, schrieb Dōgen.[20] »Unter ihm lernte ich ein wenig über die Geschichte der Rinzai-Linie. Neun Jahre gingen dabei rasch vorüber.« Doch auf seine große Frage fand er auch hier keine Antwort. Dabei wurde ihm immer klarer, dass sich die Praktiken nicht nur auf die Zeit des eigentlichen Meditierens, auf das Sitzen allein, beschränken. Vielmehr durchdringt das Üben »den Raum und hallt wider, ähnlich wie der wunderbare Klang einer Glocke vor und nach dem Anschlagen klingt. Wie könnte sich das Üben nur auf diesen Ort beschränken? Alle Dinge haben diese ursprüngliche Praxis als ihr Ur-Angesicht: Es ist jenseits unseres verstandesmäßigen Begreifens.«[21] Doch wie konnte es gelingen, das verstandesmäßige Begreifen, dem Dōgen durch sein Studium der Schriften immer noch große Bedeutung beimaß, zu durchbrechen? Und was würde dann sein? Immerhin war ihm von frühster Kindheit an bewusst geworden, dass die klare Einsicht in die unabänderliche Wirklichkeit von Leben und Tod das Wichtigste in einem buddhistischen Leben ist. Alle Dinge sind vergänglich – und doch ist dieses Vergängliche nichts anderes als die Buddha-Natur selbst. Wie aber können Menschen und Dinge, Lebewesen und Berge, Erde und Flüsse, wie können Denken und Fühlen vergänglich und zugleich Buddha-Natur sein? »Die Zeit vergeht wie im Flug«, schrieb Dōgen.

*»Leben und Tod sind von grundlegender Bedeutung. Wollt ihr in eurer kurzen Lebensspanne etwas erforschen oder irgendeine Tätigkeit ausüben, so übt den Buddha-Weg und erforscht das Buddha-Dharma. Da Literatur und Dichtung keinen Nutzen bringen, solltet ihr sie aufgeben. Ich brauche wohl nicht hinzuzufügen, dass ihr euch nicht mit dem Studium der exoterischen und esoterischen Schriften der Lehr-Schulen befassen solltet. Gebt euch nicht übermäßig dem Lernen hin, nicht einmal dem Studium der Äußerungen der Buddhas und unserer Dharmavorfahren.«*[22]

Zu dieser Zeit, im Alter von vierundzwanzig Jahren, war Dōgen bereits bestens ausgebildet, trainiert im akademischen Disput und der Analyse buddhistischer Texte. Auch seine Übungserfahrung, die er bei verschiedenen Meistern erworben hatte, war umfassend. Er hatte Zazen geübt, einige Koans gelöst, esoterische und exoterische Rituale gemeistert, und selbst mit tantrischen Übungen war er bestens vertraut. Er hatte sich mit buddhistischem Mystizismus umgeben – und ihn in seine Persönlichkeit zu integrieren verstanden. Und doch blieben seine Zweifel. Dōgen beschloss, seinen Lehrer Busutsu Myōzen zu fragen, ob er nach China reisen dürfe, um vor Ort die Ursprünge der buddhistischen Lehre und sich selbst besser verstehen zu lernen. Myōzen stimmte der nicht ungefährlichen Reise zu und entschloss sich sogar, seinen Schüler Dōgen selbst zu begleiten. Einige der Mönche protestierten und forderten ihn auf, seinen im Sterben liegenden Meister nicht zu verlassen. »Wertvolle Zeit zu verschwenden einer Person wegen ist nicht Buddhas Weg«, gab Myōzen zu Antwort. »Daher will ich, wie vorgesehen, nach China gehen. Denn auch wenn ich ihn auf seinem Sterbelager trösten würde, könnte ich ihm nicht helfen, dem Kreislauf von Leben und Tod zu entkommen. Wenn ich mich dagegen auf die Reise nach China begebe und nur ein klein wenig Erleuchtung erlange, so wird dies zum Wohl vieler Menschen sein.«[23] Die beiden Mönche verließen Japan Ende März im Jahr 1223 und landeten einige Wochen später im chinesischen Hafen von Mingchou. Dōgen zog es anscheinend vor, zunächst einige Monate auf dem Schiff zu bleiben und von dort aus die Menschen und Klöster der Umgebung

193

behutsam kennenzulernen. Nachts kehrte er stets zum Schiff zurück. An einem Julitag desselben Jahres unterhielt er sich gerade mit dem japanischen Kapitän, als sich ein alter Mönch dem Schiff näherte und fragte, ob man dort japanische Shitake-Pilze zum Verkauf anböte. Dōgen lud ihn zu sich auf das Schiff ein. Während der folgenden Unterhaltung stellte sich heraus, dass der Mönch bereits in vielen Klöstern gelebt hatte, 61 Jahre alt war und im nahe gelegenen Ayuwang-Shan-Kloster den zweithöchsten Rang bekleidete – den des Kochs. Dōgen – der diese Begegnung später in seinem Buch »Anweisungen für den Koch« wiedergeben sollte – fragte den Koch, wann er sich auf den Weg gemacht hatte und wie weit das Kloster entfernt sei.[24]

»So um die Mittagszeit«, antwortete der Koch. »Rund 12 Meilen entfernt von hier.« »Und wann gehen Sie zurück?« »Sobald ich die Pilze habe«, antwortete der Mönch. »Wir haben uns völlig unerwartet getroffen«, sagte Dōgen zu ihm. »Ist das nicht eine großartige Gelegenheit? Erlauben Sie, dass ich Ihnen etwas zu essen anbiete?« »Tut mir leid«, antwortete der Mönch. »Aber wenn ich heute nicht für das Essen von morgen sorge, wird es schlecht gekocht sein.« »Aber gibt es in einem so großen Tempel wie dem Ayuwang nicht ein paar Leute, die sich darum kümmern können? Die können doch sicher auch ohne den obersten Koch auskommen.« »Obwohl ich alt sein mag, bin ich der oberste Koch-Mönch«, sagte der alte Mann. »Und das ist meine Übung während meines Alters. Wie könnte ich diese Übung anderen überlassen? Ich übe mit ganzem Herzen. Abgesehen davon habe ich beim Weggehen nicht danach gefragt, eine ganze Nacht über wegzubleiben.« Dōgen blieb hartnäckig. »Wenn Ihr doch den Weg mit ganzem Herzen übt«, fragte er, »warum übt Ihr dann nicht Zazen und bemüht euch darum, zur Wahrheit der alten Lehren und Geschichten, den Worten der Meister durchzudringen? Warum quält Ihr euch stattdessen damit, Koch zu sein und nur zu arbeiten? Was nutzt euch das?« Als der Koch das hörte, brach er in lautes Lachen aus. »Lieber junger Mann aus einem fremden Land«, sagte er. »Ihr habt überhaupt noch nicht verstanden, was es bedeutet, mit ganzem Herzen den Weg zu üben. Und Ihr wisst auch nicht, was Worte und Sätze wirklich sind.« Dōgen war beschämt und fragte: »Was sind dann Worte und Sätze? Was bedeutet es, mit ganzem Herzen den Weg des Buddha zu gehen?« Da antwortete der Koch: »Erst wenn Ihr nicht mehr über diese Frage fallt, seid Ihr wirklich ein wahrer Mensch, der den Weg Buddhas verwirklicht hat.« Wenn Ihr es immer noch nicht ganz verstanden habt – kommt einfach in die Berge und besucht das Kloster. Wir werden uns dann weiter über Worte und Sätze unterhalten.« Damit stand er auf und verabschiedete sich höflich und ging.

Die Geschichte zeigt, dass Dōgen zu Beginn seines Aufenthalts in China tatsächlich noch nicht zum Kern der Erleuchtungserfahrung vorgestoßen war. Alltag und Zen, tägliches Handeln und Meditation, Schriftenstudium und Weisheitspraxis waren für Dōgen immer noch völlig verschiedene Tätigkeiten. Genau diese Einheit von Alltag und Erleuchtung, von Meditation und alltäglichem Handeln sollte später zum Kennzeichen von Dōgens Zen werden. Als Dōgen später einige Monate im als besonders streng bekannten Kloster auf dem Berg Tendō (T'ien-t'ung) in der Nähe weilte – eine Zeit, die ihn dieser Erfahrung bereits um einiges näher brachte –, suchte der alte Koch-Meister Dōgen dort überraschenderweise auf. Dieser war höchst erstaunt darüber, dass der alte Mann ihn dort überhaupt aufgespürt hatte. »Wie hätte ich Euch nicht zum Abschied treffen und verabschieden können?«, gab der Koch zur Antwort. »Ich habe die Zeit der intensiven Meditationsübungen im Sommer hinter mir und ziehe mich nun zurück, um die Zeit in meinem Heimatdorf zu verbringen. Ich habe durch Zufall erfahren, dass Ihr hier seid, und wollte mich verabschieden. Menschen, die Worte und Sätze studieren, sollten wissen, was Worte und Sätze sind. Und Menschen, die den Weg mit ganzem Herzen üben, sollten wissen, was diese Übung eigentlich ist.« »Und was bedeutet es, den Weg mit ganzem Herzen zu üben?« »In der ganzen Welt ist er nie verborgen«, sagte der Koch-Meister. Die beiden trennten sich daraufhin. Im dortigen Kloster machte Dōgen eine weitere Erfahrung, die ihn buchstäblich zum Weinen brachte: Er sah eines Tages durch Zufall, mit welcher Konzentration ein Mönch sein Gewand nach dem Meditieren faltete. Kesa, das buddhistische Gewand, symbolisiert im Buddhismus die Erfahrung Buddhas. In seiner

Schrift über die Verdienste des Gewandes legte Dōgen später dar, dass der Umgang mit Kleidung, aber ebenso mit Essen, täglicher Arbeit, den Mitmenschen und vielem anderen nicht nur ein wesentlicher Bestandteil der buddhistischen Praxis ist, sondern die Essenz der Weisheit und Erfahrung Buddhas.

Das Gewand ist dabei ebenso wie die Essschale mehr als ein Symbol des klösterlichen Lebens. Beides steht für die Verwirklichung der Erfahrung der Erleuchtung und den entsprechenden Umgang mit allem im alltäglichen Leben. Dōgen sah, wie der Mönch seine Kesa faltete und dabei ein Gedicht rezitierte: »Erhaben ist das Gewand der Befreiung, formlos und doch ein Glück bringender Acker. Dankbar trage ich des Buddhas Lehre und gelobe alle Lebewesen allerorts zu retten.« Dōgen wurde mit großer Traurigkeit bewusst, dass es in seinem Heimatland niemanden gab, der ihn genau das gelehrt hatte. Er gelobte, ein wirklicher Nachfolger Buddhas sein zu wollen. Sollte ihm das Gewand der Lehre weitergereicht werden, dann werde er es voller Mitgefühl allen Mitmenschen auch in seinem Heimatland ermöglichen, das Gewand der authentischen Weitergabe der wahren Erfahrung durch Buddha und die Patriarchen selbst zu tragen. Vor dem Hintergrund dieses Erlebnisses beklagt sich Dōgen später, dass die Köche in den japanischen Klöstern ihre Aufgabe anderen übertragen und sie nie wirklich dazu anleiten, die Arbeit so zu tun, wie sie in Wahrheit ausgeführt werden sollte. Stattdessen delegierten die Mönche und schliefen in der Zeit, die sie nicht im Alltag übten. In den chinesischen Klöstern schien das anders zu sein: Dōgen beobachtete, wie jeder im Kloster, unabhängig von seiner Stellung und Tätigkeit, mit ganzem Herzen versuchte, wach und konzentriert zu sein in allem, was er tat. Statt die Arbeit als lästige Pflicht zu sehen, ging es in Wahrheit darum, sie als Übung, als Weg zur Weisheit zu begreifen. Der alte Koch-Meister schien ihm sagen zu wollen, dass es keine Überholspur gibt, keinen anderen Weg als den, der durch den Alltag führt. Und dieser Weg ist nie esoterisch, nie verborgen, führt nicht über Geheimwissen. Er ist stets das, was hier und jetzt zu tun ist – mit der Haltung eines freudigen, alles pflegenden Geistes. Jede Zeit gilt es zu schätzen – denn sie ist alles, was wir haben. Es geht nicht darum, bloßen Ideen und Vorstellungen nachzuhängen, während man etwas ganz anderes gleichsam unbewusst und ›schlafend‹ ausführt. »Hofft nicht auf das große Erwachen«, notierte Dōgen. »Das große Erwachen ist nichts anderes als euer täglicher Tee und Reis.«[25]

Dōgen besuchte nach dieser Erfahrung, die ihn tief beeindruckte und ihm klarmachte, dass das Üben sich wie das Tragen eines buddhistischen Gewandes mit Freude und aufmerksamer Konzentration im gesamten Alltag verwirklichen muss, weitere Klöster auf, um diese Erfahrung zu vertiefen. Wie eng körperliche Arbeit, überhaupt alltägliche Verrichtungen mit der Erfahrung der Erleuchtung zusammenhängen, Alltag und Weisheit also keineswegs unvereinbar sind, das erfuhr Dōgen mit zunehmender Deutlichkeit. Und doch fand er immer noch keine wirkliche Ruhe. Seine grundlegenden Zweifel, das Leiden an der Veränderlichkeit aller Dinge legten sich nicht. Kurz bevor er aufgeben und nach Japan zurückfahren wollte, kehrte er noch einmal in das Kloster Tendō zurück, dessen damaliger Meister Musai inzwischen verstorben war und dessen Nachfolger Meister Tendō Nyojō (1163–1228) seine Position eingenommen hatte.[26] Nyojō war für sein ernsthaftes Training bekannt und galt als bedeutender Zen-Meister, der noch mit seinen siebzig Jahren täglich übte. Aus diesem Grund verlieh ihm der Kaiser ein purpurnes Gewand und den Titel eines Zen-Meisters. Nyojō lehnte jedoch das Gewand höflich ab und trug weiterhin seine alte, schwarze Kesa, das übliche Mönchsgewand – zur Freude der »Flickenmönche«. Der Kaiser, der dieses Verhalten sehr schätzte, revanchierte sich damit, dass er Nyojō wertvollen Tee zukommen ließ. Offensichtlich schätzten sich Nyojō und Dōgen von Beginn an. Dōgen erkannte in dem neuen Abt seinen lang gesuchten Meister – der ihn wiederum schätzte, weil er das in Dōgen schlummernde große Potential erkannte. Nyojō, den Dōgen später »großen Buddha« nannte, nahm ihn als seinen Schüler an. Die vielen Dialoge zwischen den beiden zeichnete Dōgen in seiner Schrift *Hōkyōki* auf. Nyojō scheint in ebendem Maße streng gewesen zu sein, in dem sein Mitgefühl groß war. Er bestand auf einer soliden Zeit in der Haltung der Meditation. »Wenn du noch nicht den eigentlichen Entschluss hast, den Weg zu suchen, wirst du einschlafen, auch wenn die Zeit gekürzt wird, hast du hingegen die richtige Einstellung und Entschlossenheit, so wirst du die Gelegenheit zum Üben begrüßen, ganz gleich wie lange sie dauert.«[27] Nyojō selber scheint es bei seiner Suche nach dem richtigen Meister nicht anders gegangen zu sein als Dōgen. »Seit meinem neunzehnten Lebensjahr habe ich viele Klöster in allen Regionen Chinas besucht«, schildert Meister Nyojō eines Tages seine Suche den Mönchen gegenüber, unter ihnen auch Dōgen. »Aber es gab keinen Meister, der die anderen Menschen lehren konnte. Und seit meinem neunzehnten Lebensjahr verbrachte ich keinen einzigen Tag und keine einzige Nacht, ohne das Sitzkissen zu drücken. Mein Hintern hat sich manchmal entzündet und ich bekam Hämorrhoiden. In solchen Zeiten schätzte ich Zazen umso mehr. Nun sind meine Knochen alt und mein Gehirn müde. Ich verstehe Zazen nicht. Aber weil ich mit meinen Brüdern fühle, habe ich mich in diesem Kloster niedergelassen, um jene zur Klarheit zu führen, die von überall herkommen, um den versammelten Mönchen die Wahrheit weiterzugeben. Seit dreihundert Jahren gab es keinen Lehrer, wie ich einer bin. Ihr solltet alle große Anstrengungen unternehmen, um die Buddha-Natur zu verwirklichen.«[28]

Obwohl Dōgen getrieben war von der Vorstellung, dass das Leben von kurzer Dauer sei, hatte er erfahren, dass der Wille zur Weisheit nur insofern das Wichtigste war, als er den Ausgangspunkt darstellt, Weisheit zu finden. Der Wille dorthin zu gelangen war der Motor für den ersten Schritt. Doch wie sollte er weitergehen? Wie konnte man Weisheit erlernen und die Erfahrung des Erwachens machen? Etwa durch Willenskraft, durch geradezu zwanghaftes Sitzen und Üben, um tatsächlich den Durchbruch zu erzwingen? Meister Nyojō lehrte Dōgen, seine Bindungen und Vorlieben radikal abzubrechen und sich in die Übung zu versenken. Doch das »Wie« war auf diesem Weg entscheidend: Denn Nyojōs Aufforderung an Dōgen war das exakte Gegenteil protestantischer Arbeitsethik – einer Haltung, die uns heute in einer zunehmend an Leistung und eigener Willenskraft orientierten Gesellschaft stärker denn je prägt. »Gerettet ist das edle Glied der Geisterwelt vom Bösen«, spricht der Engel (und damit immerhin jemand, der von ganz oben bevollmächtigt ist) im zweiten Teil von Goethes Faust, wohl in Kenntnis dieser Werkethik, die am Erfolg der Werke glaubt ablesen zu können, wer in der Gnade steht:»Wer immer strebend sich bemüht, den können wir erlösen.« Unsere gegenwärtige Kultur ist vom genauen Umkehrschluss wie getrieben und stellt den Gedanken auf den Kopf. Wer demnach nicht erlöst ist, der hat sich nicht genug bemüht. Mehr bemühen, mehr Arbeit, mehr Pflichtprogramm ist demnach der Weg zur Erlösung. Nyojō hingegen lehrte – anders als die wesentlichen, aber auch damaligen chinesischen Tugend- und Pflichtethiken der Konfuzius-Anhänger – die Grenzen des eigenen Willens anzuerkennen. Die wahre Aufgabe ist die Selbstaufgabe.»Zen zu erfahren«, sagte er zu Dōgen,»heißt Körper und Geist fallen zu lassen. Es ist nicht nötig, Räucherstäbchen zu verbrennen, sich niederzuwerfen, Buddhas Namen zu rezitieren, zu bekennen oder die Sutren zu lesen. Wenn ihr einfach nur sitzt, ist dies von Anfang an die Verwirklichung.«[29]

Dōgen unterzog sich dieser Übung der Selbstaufgabe. Doch wie soll man diese Aufgabe, sich selbst aufzugeben, lösen? Eines Tages, fast zwei Jahre nach Dōgens Ankunft im Kloster, während des Sommer-Sesshins, einer intensiven Sommertrainingsperiode, des Jahres 1225, übte Dōgen im noch dunklen, sehr stillen Zendo. Es war gegen drei Uhr morgens.[30] Der Mönch, der direkt neben ihm saß, war eingeschlafen.

Nyojō trat hinter den Mönch und sagte laut:»Beim Zazen sind Körper und Geist abgefallen. Wieso schläfst du dann?« In diesem Moment wurde Dōgen erleuchtet. Während er neben einem schlafenden Mönch meditierte, öffnete sich sein Geist. Seine Zweifel fielen ab. Später ging Dōgen in Nyojōs Zimmer, um sich seine Erfahrung bestätigen zu lassen und zu überprüfen, ob sie Einbildung sei. Er entzündete Weihrauch und warf sich vor ihm nieder.»Warum machst du das?«, fragte ihn der Meister.»Ich habe das Abfallen von Körper und Geist erfahren«, gab Dōgen zur Antwort.»Ich bin hierhergekommen, befreit von Körper und Geist.« Nyojō erkannte, dass Dōgens Erfahrung authentisch war.»Du hast tatsächlich Körper und Geist fallen lassen!«, sagte er.»Aber ich habe nur Erleuchtung erlangt«, protestierte Dōgen.»Bewertet das nicht zu hoch.«»Ich bewerte es nicht zu hoch«, erwiderte Nyojō. Dōgen insistierte.»Auf welcher Grundlage sagt ihr das, dass ihr meine Erfahrung nicht leichtfertig bestätigt?« Nyojō antwortete: »Körper und Geist sind abgefallen.« Dōgen verbeugte sich in tiefem Respekt, um auf diese Weise zum Ausdruck zu geben, dass er tatsächlich sein unterscheidendes Denken aufgegeben hatte. Nicht intellektuelles Wissen brachte den Durchbruch zur Weisheit, zur Klärung der Frage nach Leben und Tod, sondern das Fallenlassen von Körper und Geist, d.h. aller dualistischen Vorstellungen. »Um den Weg zu studieren, musst du eins werden mit dem Weg«, schrieb Dōgen später. »Vergiss dabei selbst die kleinste Spur von Erleuchtung und dem Denken an Erleuchtung.«[31] Die Erfahrung selbst ist jenseits von Gedanken, Unterscheidungen, Vorstellungen, aber auch Einsichten, Wahrnehmungen und intellektuellen Erkenntnissen. Der Weg zur Weisheit führt über das Vergessen des Selbst. Wenn man in diesem Sinne richtig sitzt, d.h. meditiert, kommt jeder zur Erfahrung des Zustandes, in dem Körper und Geist fallen gelassen, d.h. Gedanken, Vorstellungen und Gefühle abgeschüttelt sind. Die korrekte körperliche Haltung des Zazen – der Meditation, die auch Siddhartha übte – ist für Dōgen direkter Ausdruck einer Geisteshaltung, die das Erwachen charakterisiert: ein Zustand, der jenseits aller Ich-bezogenen Vorstellungen und Gefühle ist und zugleich eine Einheit von körperlicher und geistiger Wirklichkeit. Richtig zu sitzen, durch und durch, bedeutet nichts anderes, als ein Buddha zu sein: Nicht im Sinne einer Werkethik, sondern in dem Sinne, dass alltägliche Praxis wie das Sitzen und die Erfahrung der Erleuchtung am Ende eins werden. Die direkte Erfahrung der Weisheit meint einen Zustand, in dem Körper und Geist hier und jetzt eins sind mit der jeweiligen Handlung des Übenden. »Man tut es einfach, ohne auch nur das geringste Gefühl, dass man es tut. In diesem Augenblick gibt es kein Subjekt, das etwas tut, keine Tat als Objekt und auch keinen Begriff des Tuns. Erst im nächsten Augenblick, wenn man die Sache analysiert, wird sie zum Begriff. Beim Zazen üben wir diese Form der direkten, nicht begrifflichen Handlung, in der wir untrennbar eins sind mit dem, was wir tun.«[32] Genau das ist für Dōgen Verwirklichung höchster Weisheit: ein Zustand großer Befreiung, frei von allen Hindernissen, kurz *bodhi* – das Erwachen zur Wahrheit. In seinem berühmten Text *Genjō kōan* schreibt Dōgen:

*»Jene, die vollkommen aus der Täuschung erwachen, sind Buddhas. Jene, die sich im Erwachen ganz und gar täuschen, sind gewöhnliche Lebewesen. Den Buddha-Weg zu ergründen heißt sich selbst ergründen. Sich selbst ergründen heißt sich selbst vergessen. Sich selbst vergessen heißt eins mit den zehntausend Dingen sein. Eins mit den zehntausend Dingen sein heißt Körper und Geist von uns selbst und Körper und Geist der Welt um uns fallen zu lassen. Die Spuren des Erwachens ruhen im Verborgenen, und die im Verborgenen ruhenden Spuren des Erwachens entfalten sich über einen langen Zeitraum. Ein Mensch, der das Erwachen erlangt hat, gleicht dem Mond, der sich im Wasser spiegelt: Der Mond wird nicht nass und das Wasser wird nicht bewegt. Der ganze Mond und der ganze Himmel spiegeln sich in einem einzigen Tautropfen auf einem Grashalm in einem einzigen Wassertropfen. Leben ist ein Augenblick in der Zeit. Tod ist ein Augenblick in der Zeit. Das Gleiche gilt zum Beispiel auch für Winter und Frühling. Im Buddha-Dharma denken wir nicht, dass Winter Frühling wird, und wir sagen nicht, dass Frühling zu Sommer wird. Brennholz wird zu Asche, und die Asche kann niemals wieder zu Brennholz werden.«[33]*

1227, ein Jahr vor Nyojōs Tod, kehrte Dōgen nach Japan zurück. Dōgen hatte nahezu zwei weitere Jahre unter Nyojō geübt, um seine Erfahrung zu erweitern. Inzwischen war sein japanischer Begleiter und einstiger Lehrer Myōzen erkrankt. Er starb im Alter von nur 42 Jahren in China. Nach beinahe fünf Jahren entschied sich Dōgen, nach Japan zurückzukehren. Vor seiner Abreise sagte Nyojō ihm,

*»dass man, um Buddhas Erleuchtung weiterzugeben, alle Vorstellungen über Vergangenheit, Gegenwart und Zukunft transzendieren und erkennen müsse, dass Erleuchtung immer da ist, gerade jetzt, und niemals endet. Nyojō gab Dōgen das Siegel der Übertragung und sagte: ›Wenn du nach Japan zurückkehrst, arbeite daran, den Geist aller Menschen im ganzen Land zu erleuchten. Lebe nicht in der Nähe der Hauptstadt oder bei reichen und machtvollen Personen. Meide Herrscher, Minister und Generäle. Bleibe tief in den Bergen, abseits von weltlichen Geschäf-*

*ten und widme dich ganz der Entwicklung junger Mönche, auch wenn du nur einen Schüler hast. Setze der Übertragung, die ich dir gegeben habe, keine Grenzen.‹«*[34]

Dōgen kehrte, wie er selber schrieb, mit leeren Händen nach Japan zurück.[35] Weder Kultgegenstände noch große Sutren-Sammlungen brachte er mit, stattdessen aber eine Erfahrung, die zu vertiefen und weiterzugeben er entschlossen war. Die Essenz des Zen war *Shin Jin Datsu Raku*: Körper und Geist abwerfen, und *Hishiryo* – das Denken ohne zu denken, »aus der Tiefe des Nicht-Denkens«.[36] Dōgen kehrte zunächst zum Ausgangspunkt seiner Reise, dem Rinzai-Kloster Kenninji, zurück, wo er drei Jahre lang blieb. Dort setzte er auch Myōzens Asche bei und begann mit dem Schreiben seiner ersten Abhandlung. Die Lage im Kloster hatte sich inzwischen verschlechtert – die Übungsmoral der Mönche ließ viel zu wünschen übrig. Als Dōgen die Nachricht erhielt, dass sein Meister Nyojō am 17. Juli 1228 gestorben war, verließ er das Kloster, um sein Versprechen zu erfüllen, nun Schüler zu unterweisen:

*»Ich bin nicht in vielen Zen-Klöstern herumgekommen. Nun, als ich dem verstorbenen Meister Nyojō begegnete, da verstand ich durch und durch und unmittelbar, dass die Augen waagerecht liegen und die Nase senkrecht steht. Seitdem wurde ich von niemandem mehr betrogen. Mit leeren Händen kehrte ich in die Heimat zurück. Deshalb besitze ich überhaupt nichts als das, was Buddha-Dharma genannt wird. Ich verbringe die Zeit, wie sie von selbst vergeht. Morgens geht die Sonne im Osten auf. Nachts geht der Mond im Westen unter. Wenn die Wolken verschwunden sind, zeigen sich die Berge klar. Nach dem Regen erscheinen die Gebirge in den vier Himmelsrichtungen näher. Jedes vierte Jahr gibt es ein Schaltjahr. Und der Hahn kräht gegen Sonnenanbruch.«*[37]

Die Erfahrung der Erleuchtung, die die Grundlage für Weisheit im buddhistischen Sinn darstellt, ist für Dōgen nichts Außergewöhnliches. Sie gipfelt vielmehr im wohlwollenden Anerkennen der Tatsache, dass die Dinge so sind, wie sie nun einmal sind: Der Hahn kräht am Morgen.

Und wenn die Wolken verschwunden sind – der Wind die Illusionen beiseite gefegt hat –, zeigen sich die Berge klar: Berge, die immer da sind, gleich ob die Wolken sie nun verdecken oder nicht.

Dōgen brach also wieder auf. Er lebte zunächst allein und schrieb 1230 den berühmten Text *Bendōwa*, ehe er 1233 südlich von Kyoto sein eigenes Kloster Kōshōji gründete. Dort lebte, übte, lehrte und schrieb Dōgen bis zum Jahr 1243 – vermutlich die fruchtbarste Zeit in seinem Leben, wenn man von der Erfahrung des Durchbruchs in China absieht. Dōgen unterrichtete – auch das ein Novum für die damalige Zeit – nicht nur nicht-geweihte Laien, sondern auch Frauen, die er ausdrücklich genauso behandelte wie die Männer. Von Kyoto aus brach Dōgen in das Berggebiet von Echizen im äußersten Norden auf. Die genauen Gründe für seinen Weggang sind unklar.[38] Im Norden übernahm er zunächst den Daibutsuji oder »Großer-Buddha-Tempel«, den er im Herbst 1244 in Eiheiji umbenannte, was so viel wie »Tempel des ewigen Friedens« heißt. Nur ein einziges Mal noch, 1247, reiste er für sieben Monate in Japans neue Hauptstadt Kamakura.

Dōgens Ziel in Lehre und Schreiben war es weiterhin nicht, philosophische Lehrgebäude zu errichten, sondern die religiöse Übung, das Leben aus der Praxis der Meditation und die daraus resultierende Weisheit zu vertiefen. Anfänglich halfen dabei das intensive Studium und wiederholte Lesen der alten Schriften und Weisheitslehren, die sich in den vielfältigen Traditionen des Buddhismus, aber auch in seinen Vorläufern finden. All diese Texte münden in die Gegenwart der unmittelbaren Erfahrung des »Nicht-Denkens«, der Erleuchtung im Hier-und-Jetzt, die der Ausgangs- und Endpunkt des Buddhismus ist. Im Mittelpunkt steht für Dōgen immer wieder die zentrale Erfahrung des »Abfallens von Körper und Geist«. Sowohl in der langjährigen Übung der Meditation als auch im Laufe der vielfachen Prüfung im Denken wie im alltäglichen Verhalten versucht Dōgen eine Haltung der Wachheit und Aufmerksamkeit zu fördern. Denn der rechte Geist wirkt sich laut Dōgen im alltäglichen Handeln aus und verändert die Beziehungen zu anderen Menschen positiv.

Dōgen schreibt, dass der Zustand vollkommenen Erwachens sich auf natürliche Weise verwirklicht: eine Erfahrung, in der sich das Selbst des gesamten Universums selbst empfängt und erfährt. Um diese Erfahrung zu machen, setzen die Erwachten »die Praxis des Zazen in der aufrechten Sitzhaltung als das wahre Tor zum Dharma ein. Jeder Mensch besitzt diesen Dharma im Überfluss, aber wenn er ihn nicht übt, kann der Dharma sich nicht offenbaren, und wenn der Mensch ihn nicht selbst erfährt, kann er nicht verwirklicht werden.«[39] Mit *Dharma* ist die letzte Wahrheit oder Wirklichkeit gemeint. Zuweilen bezeichnet das Wort, das aus dem Sanskrit stammt und je nach Kontext eine Vielzahl von Bedeutungen hat, sowohl die universellen Gesetzmäßigkeiten des Kosmos, das Universum und seine Gesetze selbst, wie auch die Lehre und Erfahrung Buddhas.

Die Lebewesen, die erwachen, schreibt Dōgen, erleben einen Zustand der großen Befreiung und ihr ursprüngliches Angesicht wird offenbar: das Gesicht vor ihrer Geburt. Wenn sie richtig in der körperlichen und geistigen Haltung des Zazen sitzen, lassen sie Körper und Geist fallen. Diese Haltung, in der Körper und Geist zusammenfallen und die Welt loslassen, ist jenseits von ichbezogenen Vorstellungen und Gefühlen. »Mit einem Mal überschreiten sie die Grenzen herkömmlicher Erfahrung und Erkenntnis. Sie sitzen aufrecht wie der König unter dem Bodhibaum«, schreibt Dōgen direkt an die Erfahrung Buddhas anknüpfend, die seither von einer Generation der Erwachten und Zen-Meister an die nächste weitergegeben wird. Dieses Sitzen ist »der rechte Samen der Weisheit«. Auf diese Weise durchquerte das »Siegel der Erleuchtung«, von Buddha ausgehend, ganz Indien und erreichte durch Bodhidharma, den 28. indischen Patriarchen, vom Westen aus China, sodass Bodhidharma zugleich der erste Patriarch der chinesischen Linie wurde. Dōgen sieht sich in dieser Tradition. Das »von Buddha Erhaltene«, der ursprüngliche Zustand der Erfahrung der wahren Natur, zeichnet sich dadurch aus, dass er jenseits von Trennung ist und das Innen mit dem Außen vereint. In der gegenseitigen Durchdringung von Äußerem und Innerem, von Schein und wahrer Natur ereignet sich diese direkte Erfahrung »der Wirklichkeit jenseits aller Begriffe. Deshalb bewegen Geist und Außenwelt kein Staubkorn und beeinträchtigen keine Form. Überall dort, wo diese Wirkung sich zeigt, strahlen Gras, Bäume, Erde und Boden in hellem Licht und verkünden für alle Zeiten den tiefen und erhabenen Dharma. Gras, Bäume, Hecken und Mauern verkünden ihn für alle Wesen, gewöhnliche und heilige. Wenn die Erfahrung da ist, erlaubt sie keinen Moment der Nachlässigkeit, durchdringt alle Zeiten und vollendet im grenzenlosen Universum das ewige Werk Buddhas in der Vergangenheit, Zukunft und Gegenwart.«[40] Dōgen meint damit, dass diese Erfahrung, so unterschiedlich auch die Berichte sein mögen, der Grund für ein und dieselbe Weisheit ist, die damals in Buddha, heute in einem Erwachten und morgen in denen, die erwachen werden, gegenwärtig ist. Und noch etwas spricht Dōgen an, etwas, das im letzten Jahrhundert erst physikalisch beschrieben wurde durch die Unschärferelation und die Quantenmechanik: Alle Dinge, alle energetischen Zustände, erst recht die Formen von Systemen sind abhängig voneinander. Das einfachste Beispiel für diesen Zusammenhang bilden ökologische Systeme. So ist das ›System Biene‹ bezogen auf das ›System Mensch‹, das seinerseits von den Bestäubungsleistungen der Biene abhängig ist, ohne die seine Landwirtschaft, auf längere Zeit betrachtet, unmöglich wäre. Auch diese Form der Durchdringung – wie sie der Quantenphysiker Anton Zeilinger und andere für weit entfernte »verschränkte« Teilchen und ihre Zustände beschreibt – meint Dōgen an dieser Stelle, auch wenn er sie poetisch und nicht wissenschaftlich beschreibt. Dennoch scheint sie eine grundlegende Struktur der Wirklichkeit zu treffen.

Dōgen weiß um die Relativität der Beschreibungen. In der Erfahrung selbst gibt es weder Subjekt noch Objekt und kein Unterscheiden, das erst in dem Moment wieder einsetzt, wenn die Erfahrung analysiert und damit zum Begriff gemacht wird. Dōgen nennt diese Analysen häufig »Blüten im Himmel« (jap. Kūge), d.h. Worte und Erklärungen, die nicht die Wirklichkeit selbst sind. »Wie viele Male ließ ich Blüten in den Himmel hineinwachsen, in dem es keine Blüten gibt«, so Dōgen selbstkritisch über seine eigenen Werke. Für ihn macht es deshalb auch keinen Sinn, die Erfahrung des Buddha – das, was die buddhistische Philosophie *Buddha-Dharma* nennt, die Erfahrung der Weisheit – in verschiedene Schulen und Wege aufzuteilen. Immer wieder betont er, dass Begriffe und philosophische Theorien wie gemalte Reiskuchen sind – die den Hunger nicht stillen. Stattdessen kommt es darauf an, »Haut, Fleisch, Knochen und Mark, die die Schatzkammer des wahren Dharma-Auges sind, beim Sitzen festzuhalten. Frühere und heutige Buddhas sollten den sich offenbarenden Körper wirklich erfahren und sich nicht am Abbild gemalter Reiskuchen erfreuen.«[41] Um Weisheit zu erlangen – und darum geht es ja schließlich –, genügt es nicht, einem Gelehrten zu folgen. Lehrer kann nur sein, wer die Erfahrung selbst direkt verwirklicht hat und im Leben, d.h. in seinem Mitleiden und alltäglichen Verhalten, immer wieder aufs Neue Wirklichkeit werden lässt. Der Alltag ist die Bewährung von Erleuchtung und Weisheit. Magie hilft auf keine Weise. Und auch die Meditation als wesentlicher Schritt auf dem Weg zur Weisheit darf nicht mit einem magischen Ritual verwechselt werden. Die Illusion, die es zu überwinden gilt, der Traum, aus dem man noch nicht erwacht ist, besteht vielmehr darin, dass man glaubt, erst noch etwas erreichen zu müssen, was einem fehlt, um die wahre Natur zu verwirklichen und wahrhaft man selbst zu sein. »Ihr dürft nie vergessen«, schreibt Dōgen und steht damit im Einklang mit der buddhistischen Tradition bis heute,

>*dass die höchste Wahrheit uns seit Anbeginn niemals fehlte; wir empfangen und benutzen sie fortwährend. Da wir aber nicht fähig sind direkt zur höchsten Wahrheit vorzustoßen, neigen wir dazu in abstrakten Vorstellungen zu leben, denen wir nachjagen, als ob sie wirklich wären, und gehen so an der großen Wahrheit vorbei. Wenn ihr Euch der Zazen-Übung hingebt, Euch jetzt genau der gleichen Sitzhaltung wie Buddha anvertraut und die unzähligen persönlichen Dinge ablegt, dann geht ihr weit über Täuschung und Erwachen, Fühlen und Denken hinaus, dann werden weltliche und heilige Wege bedeutungslos. Mit einem Mal wandert ihr gelassen in der Welt jenseits aller Grenzen und ihr könnt die große Wahrheit empfangen und sie benutzen.«[42]*

Zu benutzen bedeutet: Nicht über sie nachdenken – denn kein Verstand kann sie völlig begreifen –, sondern »üben, selbst erfahren und erforschen«. Es kommt dabei nicht einmal darauf an, ob man einen starken

Willen hat oder nicht oder zu Hause bleibt oder in ein Kloster geht: eine für Dōgens Zeit revolutionäre Haltung. »Die Menschen hängen an Ruhm und Gewinn und können sich schwer von ihren Täuschungen befreien. Die Länder haben eine große Vielfalt; nicht alle besitzen Tugend und Weisheit. Wenn die Menschen nur mit dem wahren Glauben Zazen praktizieren, werden Kluge wie Dumme ohne Unterschied die Wahrheit erlangen. Deshalb dürfen wir, um in den Buddha-Dharma einzutreten, nicht immer auf das weltliche Wissen der Menschen und Götter bauen und es als Floß zur Überwindung der Welt benutzen. Es mag jedoch sein, dass nur wenige von uns diese Weisheit direkt verwirklicht haben und wir noch nicht reif sind sie zu nutzen.«[43] Weder göttliches (theologisches) noch anderes Wissen helfen! Wer sich in philosophischen Erörterungen ergeht, mag dies tun – es gibt sicher Schlechteres. Aber ein Floß, d.h. ein Weg über die Turbulenzen des Lebens und seine fließenden Veränderungen hinweg bilden sie nicht.

Die Buddha-Natur, von der Dōgen spricht, ist weder ein Ich, d.h. ein fester Wesenskern, eine Substanz noch ein Wissen, eine Information oder eine Vorstellung. Es geht vielmehr um ein völliges Erfassen des – nach Dōgen unfassbaren – Augenblicks, der weder Ich noch Nicht-Ich kennt. »In diesem Augenblick gibt es keine Spaltung in zwei Teile des Menschen«, schreibt Dōgen: Es gibt keine zweite Person mehr, keinen weiteren internen Beobachter oder ein Bewusstsein, das Subjekt und Objekt unterscheiden könnte oder ein Subjekt unterscheidet in das, was es war, und eines, das jetzt ist. Aus diesem Grund betont Dōgen auch, dass die Buddha-Natur nichts Esoterisches ist, nichts, was verborgen wäre, »weil es in der ganzen Welt nichts Verborgenes gibt«. Vielmehr ist die Buddha-Natur ein Sein. Aber dieses Sein ist kein »gedachtes anfangsloses Sein, denn es ist etwas Unfassbares«: Es ist einfach das, »das so kommt« und sich in der Unfassbarkeit des gegenwärtigen Augenblicks, in dem nichts verborgen ist, zeigt.[44] Der Zeitvorstellung des Buddhismus nach ist dieser Augenblick kein Werdeprozess, sondern etwas, das sich von Augenblick zu Augenblick zeigt und alle Existenz(en) umfasst. Das Früher ist demnach nicht der Grund für das Später – so wie ein Samenkorn der »Grund« für die spätere Pflanze ist. Dōgen legt diesen Zusammenhang im Kapitel »Uji – Sein-Zeit« dar. Sein und Zeit gehören derart zusammen, dass sich alles, was ist, jedes Tun, nur im Hier-und-Jetzt, genau im gegenwärtigen Augenblick ereignet. »Alles, was in diesem ganzen All existiert, ist eine Kette von Augenblicken.«[45] Entsprechend ist weises Leben ein Leben, das von Augenblick zu Augenblick ganz und vollständig ist – so, dass kein Rest bleibt. Dōgen vergleicht das mit einem Stück Holz, das restlos zu Asche wird. Deshalb kommt es in der täglichen Übung darauf an, den Augenblick »immer wieder aufzugreifen und loszulassen«.[46] Brennholz wird zu Asche – die niemals wieder zu Brennholz werden kann. Asche ist Asche. Dies ist auch das Vorbild für die Zen-Meditation, die der Aktivität eines guten Feuers gleichen sollte, das brennt, ohne Spuren oder Rauch zu hinterlassen: von Augenblick zu Augenblick ganz da. Der Weise ist der, der an keiner Idee, weder an Gegenwart, Vergangenheit noch Zukunft hängt – auch nicht an der Vorstellung von dem, was er zurückgelassen oder gerade erreicht hat. Es kommt darauf an, sich von Moment zu Moment ganz zu verbrennen, ohne auch nur die geringste Spur zurückzulassen. Das wird erreicht, indem man sich ohne Anhaften loslässt und vollständig auf das konzentriert, was man tut: mit ganzem Körper und ganzem Geist. Dies und nichts anderes ist die eine Praxis des Buddha, die zum Erwachen führt.[47]

»Ihr müsst an euch selbst erfahren«, schreibt Dōgen,

> *»dass es ohne die Kontinuität eurer Anstrengungen, Augenblick für Augenblick, nicht einen einzigen Dharma, nicht ein einziges Ding gäbe, das sich verwirklicht und von einem Augenblick zum nächsten übergehen könnte. Das ganze All bewegt sich nicht – und steht auch nicht still, und es strebt weder vorwärts noch rückwärts; es geht einfach von einem Augenblick zum nächsten. Dies müsst ihr gründlich erforschen, indem ihr es immer wieder aufgreift und loslasst.«[48]*

Gudō Wafu Nishijima, der Übersetzer Dōgens und selbst ein bedeutender Zen-Meister der Sōtō-Schule, beschreibt es so: »Auf eine kurze Formel gebracht: Alles ist so, wie es ist.«[49] Buddhas zentrale Erfahrung beim Anblick des Morgensterns, dass zusammen mit ihm die ganze Erde und alle Lebewesen die Wahrheit verwirklichen, deutet Dōgen so, dass Siddhartha zur Wahrheit erwachend mit »Körper und Geist« zugleich erkannte, dass die gesamte Erde und alle Lebewesen mit ihr nichts anderes sind als die ganze und ungeteilte Wahrheit. »Es ist höchst selten«, bemerkt Nishijima, »jemanden zu finden, der sagt, dass diese Welt, so wie sie ist, die Wahrheit darstellt. Die meisten Menschen haben sich seit Jahrhunderten daran gewöhnt zu glauben, dass nur hervorragende Ideen und Philosophien diese Welt erklären können.«[50] Doch es geht nicht um eine Erklärung der Welt, sondern darum, sie zu durchdringen und alle Fragen hinter sich zu lassen. Beim Zazen, schreibt Nishijima, sind Denken und Tun völlig eins. Und genau dies ist der natürliche, ursprüngliche Zustand der Einheit von Körper und Geist.

Ganz ohne tägliche Übung lassen sich Weisheit und Erwachen nicht erreichen. Dōgen nennt diese Übung *Shikantaza*, »nichts anderes tun als sitzen«. Dieses Sitzen bedeutet allerdings nicht Träumen oder die Gedanken wandern lassen, auch kein Nachdenken im eigentlichen Sinn, sondern eine konzentrierte Übung, die dazu dient, alle Gedanken fallenzulassen. Dōgens Leitsatz ist das Hishiryō, das Nicht-Denken, das darauf beruht, dass man im Zazen nicht denkt, sondern etwas tut, nämlich sitzen. Man könnte auch sagen: leben. Unmittelbar nachdem Dōgen aus China zurückkehrte, schrieb er 1227 das einflussreiche Werk *Fukan Zazengi*. Dieser knappe Text von wenigen Seiten, die *Allgemeinen Richtlinien für Zazen*, sind im Original zwar nicht mehr erhalten, aber Dōgen überarbeitete den Text zweimal, 1233 und 1243, kurz bevor er Kyoto verließ und nach Echizen aufbrach. Diese beiden Bearbeitungen sind bis heute erhalten. Dōgen bemühte sich, in *Fukan Zazengi* so gut und so genau es ihm möglich war, unmittelbar nach seinem Training in China sowohl die körperliche wie die geistige Haltung zu beschreiben, die ein Fortschreiten auf dem Weg zum Erwachen ermöglicht.[51] Auch wenn die Buddha-Wahrheit »jenseits von Reich und Arm ist«, ist sie im direkten Handeln im Hier-und-Jetzt erfahrbar. »Sie basiert auf der Tatsache«, schreibt Nishijima, »dass, wenn wir vollkommen im gegenwärtigen Augenblick handeln, wir Teil einer nahtlosen Ganzheit sind, die wir begrifflich die Wirklichkeit oder Dharma nennen. Das Handeln ist der Schnittpunkt, wo sich das Ich (Subjekt) und die Welt (Objekt) berühren. Die Wahrheit ist für Meister Dōgen kein Suchen nach etwas Jenseitigem, sondern sie verwirklicht sich in jedem Augenblick im Handeln selbst.«[52]

Im Frühjahr 1253 starb Dōgen. Die genauen Umstände sind nicht überliefert, nur dass seine körperliche Verfassung bereits seit geraumer Zeit schlecht war. Es ist vermutlich kein Zufall, dass sich ausgerechnet die beiden letzten überlieferten Texte von Dōgen mit Buddhas Erleuchtung befassen. Am für den Buddhismus wichtigen 8. Dezember, an dem Buddha erleuchtet wurde, hielt Dōgen 1252 in der Dharma-Halle seines bis heute existierenden Klosters Eiheiji seine letzte überlieferte Ansprache an die Mönche. »In dieser Nacht vollendete Buddha sein wahres Erwachen«, sagte er zu den versammelten Mönchen. »Im Bemühen, Körper und Geist abfallen zu lassen, wurde sein Auge klar. Zusammen mit ihm lächelten all die verschiedenen Lebewesen in den dreitausend Welten. Obwohl das so ist: Was *ist* die Situation von euch studierenden Mönchen mit dem Flickengewand hier in Eiheiji?« Dann machte Dōgen eine Pause. Erst dann fuhr er fort mit dem Satz: »Die Frühlingsfarbe der Pflaumenblüten im Schnee ist wundervoll. Der schwarze Glanz des Stocks eines einzigen Mönches ist rein.«[53]

Abgesehen von dieser mündlichen Ansprache, die schriftlich überliefert ist, verfasste Dōgen unmittelbar vor seinem Tod am 6. Januar 1252 einen letzten geschriebenen Text, das *Hachidainingaku*. Darin erläutert er im vorletzten Paragraphen, der mit »Weisheit kultivieren« überschrieben ist, zum letzten Mal die Wirkung von Weisheit. Dōgen knüpft dabei an die Erfahrung Siddharthas an, jene erste Begegnung mit dem Leiden, die in Siddhartha große Unruhe verursachte und Auslöser für seine weitere Suche waren und zum Erwachen führten. »Verliert die Weisheit nicht. Nur so könnt ihr Befreiung erreichen. Ein wirklich weiser Mensch ist wie ein stabiles Schiff, das die Gewässer des Alters, der Krankheit und des Todes kreuzt; wie ein leuchtendes Licht in der Dunkelheit des Unwissens, wie gute Medizin für die Kranken; und wie eine scharfe Axt, die den Baum der Täuschungen fällt.«

Diese Befreiung zu realisieren und sich dieser Erfahrung anzuvertrauen ist bis heute die Quelle der Weisheitstraditionen des Buddhismus weltweit. Das Nirvanā ist deshalb kein jenseitiger Ort, kein sagenhaftes Drüben oder ein wie auch immer gearteter ›Himmel‹, ein Paradies im Jenseits, sondern der Zustand vollkommener geistiger Freiheit, der Leben und Tod im Hier und Jetzt transzendiert. Dōgen ist an diesem Punkt, der häufig missverstanden wird, von außerordentlicher Klarheit. Die Erfahrung des Nicht-Denkens, des Hier-und-Jetzt Erkennens (*hishiryo*) sind das Geheimnis des Zen. Dieses Nicht-Denken kann sich bei den alltäglichsten Verrichtungen, mitten im Leben ereignen. Und dort ist der Ort, die Erfahrung des Erwachens zu kultivieren und zu entwickeln. Alle »platonischen« Ansichten des Lebens aber lehnt Dōgen entschieden ab – samt der für viele sicher tröstlichen Vorstellung, dass der Körper zwar vergehe, der Geist aber ewig lebe.[54] Solche Sichtweisen gebe es zwar immer wieder – Dōgen verweist insbesondere auf den Brahmanen Senika –, aber sie sind grundfalsch. Es lohnt sich an dieser Stelle, Dōgen selbst zu Wort kommen zu lassen:

> *»Wenn dieser Körper stirbt, streift das Bewusstsein die Haut ab und wird in einer anderen Welt wiedergeboren; wenn deshalb hier das Bewusstsein auch zu sterben scheint, lebt es dort weiter, daher nennen wir es unsterblich und ewig. Dies ist die Sicht eines Nicht-Buddhisten. Wenn wir dies aber für den Buddha-Dharma halten, so sind wir törichter als jemand, der einen Dachziegel oder einen Ziegelstein aufhebt und glaubt, es sei ein goldener Schatz. Wären wir nicht töricht, wenn wir die falsche Sicht, dass der Körper vergeht, während der Geist ewig währt, dem wunderbaren Dharma des Buddhas gleichstellen und denken, dass wir Leben und Tod entrinnen können, während wir die ursprüngliche Ursache von Leben und Tod erst selbst durch diese Seinsweise erschaffen? Dies wäre wirklich schade. Da wir wissen, dass dies die verkehrte Sichtweise von Nicht-Buddhisten ist, sollten wir ihr kein Gehör schenken. Ihr müsst wissen: In der Buddha-Lehre sind Körper und Geist immer eine unteilbare Wirklichkeit ... Ferner müssen wir begreifen, dass Nirvanā nichts anderes ist als unser Leben und Sterben;*

*Buddhisten haben das Nirvanā niemals als etwas betrachtet, das außerhalb von Leben und Tod existiert.*«

Was bleibt, so Dōgen, ist das Erwachen hier und jetzt. Manchem mag das wenig erscheinen – zu wenig. Doch »die Torheit der Menschen beruht wohl auf ihrem Mangel an Vertrauen«, schreibt Dōgen. »Sie verwerfen das Wirkliche und jagen Vergänglichem nach, sie reißen die Wurzel aus und suchen dann nach den Zweigen.«[55] Erfahrung ist die Wurzel der Weisheit.

»Ich bin viel zu dumm, um Buddha zu werden«, notiert Dōgen. »Aber ich möchte den anderen helfen, ans andere Ufer zu gelangen«[56] – auch wenn dieses andere Ufer nirgendwo anders ist als im Hier und Jetzt. Es ist von Augenblick zu Augenblick, zwar alltäglich, aber grenzenlos und klar.

KAPITEL 5:

MEDITATION – DER WEG DER WEISHEIT
AUS NEUROWISSENSCHAFTLICHER SICHT

## Die schlechte Nachricht zuerst

In diesem Kapitel möchte ich den Faden wieder aufnehmen, der von der psychologischen Untersuchung der Weisheit zu den Neurowissenschaften führte. Auch im Oktober 2008 findet, diesmal in Berlin, eine Tagung statt, auf der der Dalai Lama, der tibetische Mönch Matthieu Ricard, Philosophen und Neurowissenschaftler, darunter Wolf Singer, über Meditation und Aufmerksamkeitstraining diskutieren und Forschungsergebnisse austauschen. Meditation ist im Zusammenhang mit der Erforschung des Bewusstseins zu einem Thema geworden, das eher unerwartet in den Blickpunkt wissenschaftlichen Interesses gerückt ist. Jahrzehntelang galt das Befassen mit Meditation als Weg zur Weisheit als unwissenschaftlich und esoterisch. Und doch kommt der Veränderung und Vertiefung der Aufmerksamkeit, die das Meditationstraining mit sich bringt, offenbar eine zentrale Rolle im Verstehen von Bewusstsein zu. Abgesehen davon mehren sich die Hinweise darauf, dass Meditation tatsächlich zu nachweisbaren Veränderungen im Gehirn und im Verhalten führt. Diesen Erkenntnissen will ich in diesem Kapitel nachgehen.

Wie sieht die neurowissenschaftliche Sicht, die Außenperspektive auf Meditation als Weg zur Weisheit aus, die Weise wie Dōgen aus ihrer inneren Perspektive beschrieben haben?

Die kurze und bündige Antwort lautet: Es gibt keine direkte neurowissenschaftliche Untersuchung von Weisheit. Es kann sie nicht geben, zumindest ist sie mit heutigen Verfahren nicht zu erreichen. Selbst wenn man all die Areale messen könnte, die bei weisen Menschen aktiv sind, wenn sie handeln (und vermutlich sind es die meisten, wie bei anderen Menschen auch): Was hätte man damit wirklich gemessen oder bewiesen? Dass Weisheit ein »guter« Gehirnzustand ist? Dass sich in Menschen und ihren Gehirnen durch Weisheit etwas verändert? All das wusste man auch schon zuvor. Der Grund dafür, keine direkte neurowissenschaftliche Untersuchung von Weisheit durchführen zu können, ist schnell erklärt: Weisheit ist ein komplexes Gefüge und Zusammenspiel von unterschiedlichen Eigenschaften, Merkmalen, Fähigkeiten und Handlungsweisen. Einzelne Tests können lediglich eine oder zwei isolierte Eigenschaften untersuchen, etwa bestimmte Intelligenzleistungen – aber gerade nicht das, worüber man eigentlich mehr herausfinden möchte, nämlich das gesamte Zusammenspiel, die Orchestrierung ebendieser Leistungen. Wer umgekehrt versuchen würde, alles zugleich zu testen, könnte nur ein heilloses Chaos messen, sozusagen ein Aufleuchten des Gehirns an allen Ecken und Enden und auf allen Ebenen. So würden zwar Messwerte und Bilder erzeugt – sie hätten aber keine spezifische Aussagekraft. Und zudem: In welchem Setting und mit wem wollte man überhaupt – und was genau – testen?

Erschwerend kommt hinzu, dass die funktionelle Magnetresonanztomographie, das Verfahren der Stunde, magnetische Felder und hochfrequente elektromagnetische Wellen nutzt, um Bilder des Gehirns mit einer Auflösung unter 0,02 mm zu erreichen. Zum Herstellen dieser Felder, eines Hauptmagnetfelds und sogenannter Gradientenfelder, müssen jedoch innerhalb von Millisekunden starke Magnetfelder auf- und wieder abgebaut werden. Da auch diese Geräte mit Spulen arbeiten und die elektromagnetischen Kräfte auf diese Spulen rückwirken, entstehen zum Teil sehr laute und unangenehme Klopfgeräusche. Gerade bei schwierigen Aufgaben lenken diese aber erheblich ab. Das ist eines der vielen konkreten Probleme, die es so schwer machen, beispielsweise Meditation auf eine wissenschaftlich auswertbare Weise mit genügend Probanden zu untersuchen. Nur höchst erfahrene Meditierende können sich gut genug konzentrieren. Das Problem ist aber, dass man aus rein wissenschaftlicher Sicht nur schlecht oder gar nicht sagen kann, wer zu den sehr erfahrenen und wer zu den weniger erfahrenen Meditierenden gehört – abgesehen davon, dass auch die Tagesform eine Rolle spielt.[1]

Bei allen Vorteilen der Methode und trotz all der Erkenntnisse, die Magnetresonanztomographen im Laufe der Jahre erbracht haben, produzieren sie außerdem eine Vielzahl von sogenannten Artefakten, d.h. Ergebnissen, die erst durch die technische Einwirkung und die Messung selbst entstehen. Außerdem sind die fraglichen Messungen alle indirekt. Man sieht also nicht sozusagen direkt in ein Gehirn, sondern nutzt stattdessen zur Herstellung der Bilder den Umstand, dass Blut je nach Zustand unterschiedliche magnetische Eigenschaften annimmt. Kommt es zu einer erhöhten Aktivität in einem Gehirnbereich, d.h. zu einer Steigerung des Stoffwechsels, dann erhöht sich damit auch der Blutfluss. Die Konzentration des oxygenierten (sauerstoffreichen) steigt im Verhältnis zum desoxygenierten (sauerstoffarmen) Blut an. Diese Zustandsänderung des Hämoglobins, des roten Blutfarbstoffs, an den sich Sauerstoff gebunden hat (den »BOLD-Effekt«), kann man sichtbar machen. Was man tatsächlich misst, ist also lediglich eine Erhöhung des Blutflusses – nicht mehr und nicht weniger.

Wenn dennoch einige Techniken, die in den meisten, vor allem vom Buddhismus geprägten Kulturen mit Weisheit eng in Verbindung gebracht werden, besonders untersucht wurden und dabei überraschende Ergebnisse zutage traten, dann ist das durchaus kritisch zu betrachten. Was, muss man sich immer wieder fragen, wird durch solche Untersuchungen tatsächlich gemessen oder bewiesen? Und ist es nicht viel eher so, dass diese Untersuchungen mit viel Aufwand einzig und allein dazu dienen, etwas akademisch salonfähig zu machen, das Millionen von Menschen seit Jahrhunderten kennen, etwas, das sie zum Teil tagtäglich nutzen und üben, um ein besseres Leben zu führen? Ist die Frage nicht eher, warum wir dieses Wissen bislang in der intellektuellen Schmuddelkiste versteckt haben? Immerhin: Mit diesem neuen Interesse an Weisheitstechniken und der Rolle, die sie bei der Erlangung von Glück spielen könnten, kündigt sich ein Wechsel in der Einstellung zur Weisheit an.


**Und die gute Nachricht?**


Allein das wäre bereits eine gute Nachricht: Eine Rehabilitation von Methoden zur Schulung des Geistes, die bislang als esoterisch galten und wenn überhaupt, dann allenfalls als Mittel zur Leistungssteigerung im Management (und neuerdings als hilfreich im Rahmen der Schmerztherapie) anerkannt wurden. Obwohl es bereits in den siebziger Jahren interessante Forschungsergebnisse gab, spricht es sich erst seit wenigen Jahren herum, dass es durchaus erstaunliche Erkenntnisse aus dem Bereich der Erforschung meditativer Zustände gibt. Damals versuchte man die Frage zu beantworten, was eigentlich während der Meditation passiert. Wie beispielsweise schaffen wir es, uns so stark auf etwas zu konzentrieren, dass die Umwelt förmlich verschwindet? Wie unterscheiden sich normale und meditative Bewusstseinszustände voneinander? Können wir EEG-Muster oder Aufnahmen aus der fMRT (funktionelle Magnetresonanztomographie) nutzen, um sie zu unterscheiden und zu verstehen? In der Tat gibt es auf diesem Gebiet Fortschritte, doch ist das kein Grund, in vorschnellen Jubel auszubrechen. Wolf Singer vom Frankfurter *Max-Planck-Institut für Hirnforschung*, der sich in den letzten Jahren zunehmend auch mit Fragen der Meditation befasste, hält es für äußerst schwierig, wirklich verlässliche Daten zu erhalten. Zum einen ist in fast allen bisherigen Experimenten die Anzahl der Probanden viel zu gering – man bräuchte ganze Heerscharen meditierender Mönche, um wirklich statistisch relevante und reproduzierbare Ergebnisse zu erzielen. Und zweitens ist die Qualität der Probanden, d.h. der Grad ihrer Expertise in Sachen Meditation und der Fähigkeit, verlässlich auch unter schwierigen Laborbedingungen immer wieder dieselben mentalen Zustände hervorzubringen, zu unterschiedlich. So zeigen die neueren Untersuchungen in Sachen Meditation und Weisheit, wenn überhaupt, im Grunde nur zweierlei: Erstens, dass die Veränderungen der inneren Zustände, die von Meditierenden erlebt werden, nicht auf Illusionen beruhen, sondern faktisch vorhanden sind und zu messbaren Veränderungen im Gehirn und im Verhalten führen. Und zweitens, dass durch langjährige Meditation tatsächlich grundlegende Veränderungen im Gehirn stattfinden können. Nun ist zu prüfen, wie sich diese von Veränderungen unterscheiden, wie sie beispielsweise die herkömmliche Psychoanalyse hervorbringt. Der relativ junge Zweig der Neuropsychotherapieforschung hat aber gezeigt, dass es ebenso bei Verwendung der klassischen analytischen Verfahren – wenn auch nicht auf identische Weise – zu messbaren Veränderungen kommt.

Viel wissen wir also nicht. Und doch sind, diese generellen Einschränkungen einmal akzeptiert, einige der Ergebnisse hochinteressant.

## Meditation als Vollzug und Einübung von Weisheit

Meditation und Weisheit sind seit Jahrtausenden eng miteinander verbunden. In gewisser Weise ist Meditation Training und Vollzug von Weisheit. Dieser Gedanke entspringt keineswegs esoterischer New-Age-Philosophie, sondern reicht tief in die westliche Kultur zurück. Thomas von Aquin schreibt, dass Kontemplation im strengen Sinn derjenige Akt des Verstehens ist, der sich darauf konzentriert, das Göttliche zu denken. Insofern aber sind Meditation und Kontemplation im umfassenden Sinn »der eigentliche Actus«, also das Handeln der Weisheit.[2]

Aber auch in den Traditionen des Hinduismus und des Yoga, im Mahayana-Buddhismus ebenso wie im tibetischen Buddhismus, im Sufismus, bei verschiedenen Formen christlicher Kontemplation ebenso wie in schamanischen Ritualen (mit und ohne Drogengebrauch) gilt Meditation als der Königsweg zur Weisheit.

Gleich welche buddhistische Richtung, gleich welche Form der hinduistischen, christlichen oder islamischen Mystik: Immer ist der Weg über die Konzentration, die Schulung der Aufmerksamkeit und die Verbindung von Körper (Körperhaltung) und Geist der entscheidende Weg zur Erkenntnis, zu Gott oder zum (höheren) Selbst, je nach Terminologie. Inzwischen arbeiten Neurowissenschaftler und Vertreter der alten Traditionen, die Geist und Bewusstsein auf ihre Weise seit Jahrtausenden erforschen, wieder Hand in Hand. Während die einen sich also auf den Weg nach innen begeben, versuchen die anderen, mit hohem apparativem und theoretischem Aufwand von außen zu erklären, was dabei vorgeht. Als hätten sie sich den Satz des Dalai Lama zu Herzen genommen, es sei doch seltsam, dass die Menschheit Milliarden von Euro ausgebe,

217

um den Weltraum zu erforschen, aber vergleichsweise nur wenig täte, um jenen inneren Raum zu erkunden, der doch eine Fülle noch unentdeckter Dinge birgt.[3]

Von einem nicht geringen Teil dieser im Dunkeln liegenden Bereiche verspricht man sich im Übrigen einen direkten medizinischen Nutzen.[4] Dieser Zusammenhang hat eine lange Geschichte, auf die u.a. der angesehene Mediziner Fred Rosner, Professor am *Albert Einstein College of Medicine* und an der *Mount Sinai School of Medicine*, hinwies. »Religion und Heilung«, sagte er, »waren früher eng miteinander verwoben und Priester und Arzt oft ein und dieselbe Person. Die moderne wissenschaftliche Medizin hat Spiritualität und Medizin voneinander getrennt, wodurch die Heilkunde eine Dimension verloren hat, die für viele Menschen bedeutsam ist.« Jetzt wäre die Zeit, um diese verlorene Dimension neu zu entdecken – vor allem in der Schmerzmedizin, die sich bei allen Fortschritten zumindest in Deutschland immer noch weitgehend auf dem Stand eines Entwicklungslandes befindet.

Gerade in diesem Bereich entdecken immer mehr Fachärzte weltweit die Bedeutung von Meditation, aber auch von religiösen Praktiken wie dem Gebet. Dieser Umstand, dem man im Grunde ein eigenes Kapitel widmen müsste, soll und kann natürlich keinesfalls als ein Beweis für die Existenz höherer Mächte dienen. Er belegt allenfalls eine gewisse therapeutische Funktion bzw. zeigt, dass innere Einstellungen und Übungen der Konzentration, der Meditation etc. positive Auswirkungen nicht nur auf die Gestaltung des Lebens haben – sozusagen auf den philosophischen Überbau – sondern auch auf die Gesundheit. »Als Dozent an der Medizinischen Fakultät begegnete ich oft Patienten mit chronischen Schmerzen, die auf kein Medikament ansprachen. Für diese Menschen gab es damals keine Hilfe«, erinnert sich der Molekularbiologe Jon Kabat-Zinn, der heute als Pionier der sogenannten »Achtsamkeitstherapie« gilt. »Als ich Ende der 1970er-Jahre anfing, mit Meditationstechniken zu arbeiten, erschien die Idee, sie mit der westlichen Schulmedizin zu verbinden, vollkommen abwegig – beinahe lächerlich. Heute sind solche Methoden zumindest in US-amerikanischen Kliniken gang und gäbe. Das hätte ich mir damals nie träumen lassen.«[5]

Eine Pionierstudie aus dem Jahr 1988 brachte seiner Forschung, die inzwischen eine Reihe anderer Wissenschaftler wie Richard Davidson oder Daniel Goleman aufgenommen haben, einen gewissen Durchbruch, der eine breite Anerkennung dieser Arbeit nach sich zog. Kabat-Zinn studierte die Auswirkungen von Meditation auf Kranke. Ende der achtziger Jahre erarbeitete er mit Patienten, die an Schuppenflechte litten und sich einer langwierigen UV-Licht-Therapie unterzogen, ein einfaches Meditationsprogramm. »Wie sich zeigte, genasen die meditierenden Patienten viermal schneller als die in der Kontrollgruppe. Auch die Quote der Hauttumoren, eine häufige Nebenwirkung der Bestrahlung, war geringer.«

Studien, die einen Zusammenhang zwischen Meditation und positiven Effekten bei verschiedenen Erkrankungen des Herz-Kreislauf-Systems belegen, gibt es inzwischen einige. Offensichtlich wird das Herz-Kreislauf-System durch Meditation besonders entlastet und geschützt.[6] Auch dass durch Meditation Herzfrequenz und Blutdruck willentlich gesenkt werden können, ist seit längerem dokumentiert.[7] So soll eine Untersuchung an über zweihundert mehrheitlich älteren Bluthochdruckpatienten ergeben haben, dass Meditation das Risiko eines Herzinfarkts um 23 Prozent senkt. Laut einer anderen Forschergruppe reichten tägliche Meditationssitzungen von einer halben Stunde, um die Beschwerden von Jugendlichen mit Hypertonie zu lindern. Natürlich gibt es immer noch eine gewisse Ablehnung gegenüber diesen Methoden (die jedoch in der Palliativmedizin und bei der Betreuung von Schmerzpatienten zunehmend Eingang in den Therapieplan finden), was angesichts der Ungeklärtheit der medizinischen Zusammenhänge und der Reserviertheit insbesondere der Pharmaindustrie auch nicht erstaunt. »Heilung von innen« klingt in der Tat wie ein esoterisches Konzept – auch wenn viele akzeptierte Therapieformen wie nicht zuletzt auch die kognitiven, emotiven und verhaltenstherapeutischen genau über solche Veränderungen des Innenlebens funktionieren. »Meditieren kostet nichts und ist nicht patentierbar«, wie Kabat-Zinn hervorhebt. Insofern mag »eine gewisse Zurückhaltung bei Medizinern noch nachvollziehbar sein. Doch inzwischen begreifen ja immer mehr Kranke selbst, wie wichtig es ist, die mentalen Ressourcen in den Heilungsprozess einzubeziehen.«

Bekannt geworden sind jedoch vor allem die Untersuchungen, die Kabat-Zinn zusammen mit Richard Davidson im Laboratory for Affective Neuroscience des Department of Psychology an der *University of Wisconsin* machte.[8] Ziel der Gruppe um Davidson und Kabat-Zinn war es, die biologischen Prozesse zu verstehen, die mit den Veränderungen durch Meditation einhergehen. Ergebnis dieser Untersuchungen war ein messbares Anwachsen der Gehirnaktivität in Teilen der linken Gehirnhälfte bei Menschen, die meditieren, im Unterschied zu solchen, die es nicht tun. Diese Aktivität ist mit positiven Gefühlen verbunden. Ebenso zeigte sich eine gesteigerte Immunabwehr (erhöhter Antikörper-Titer auf Grippeimpfstoff). Das Erstaunliche an dem Ergebnis ist, dass selbst ein relativ kurzes Training diese Auswirkungen auf die Gehirntätigkeit und das Immunsystem hat. Dennoch sind die genauen Wirkmechanismen, die es nachweisbar zwischen positiver Einstellung, Meditation, Glücks- und Sinnerfahrungen und Heilungen gibt, im Detail kaum ausreichend erforscht. Offensichtlich gibt es eine deutlich stärkende Wirkung, die nicht nur mit einem Wandel im Krankheitsbild und einer entsprechend veränderten Einstellung diesen Erkrankungen gegenüber (vor allem Krebs und AIDS) zu erklären ist. Psychosoziale Faktoren, innere Motivation und Lebenswille, der Umgang mit psychischer Belastung, das Persönlichkeitsmodell und ähnliche Faktoren spielen dabei durchaus eine Rolle.[9] Als gesichert gilt heute, dass es eine direkte Wechselwirkung zwischen Emotionen und kognitiven Einstellungen und der molekularen Ebene gibt (über β-Endorphin, Adrenalin, Noradrenalin, Enkephaline, Cortisol). Diese wiederum wirkt in vielfältiger Weise auf das Hormonsystem (und umgekehrt), das eine Vielzahl von Reaktionen im Körper beeinflusst, in Gang setzt oder aber stoppt und blockiert. Insofern gibt es Rückkopplungsschleifen, in denen Einstellungen und Emotionen und deren Kontrolle, hormonelle und molekulare Ebene und das Immunsystem miteinander verbunden sind und einander wechselseitig beeinflussen. Insbesondere in Bezug auf die Komplexität des Hormonsystems und seine Wechselwirkung mit der Psyche und bestimmten kulturellen und Weisheitstechniken wie der Meditation bedarf es ohne Zweifel eingehender weiterer Forschung.

Ein höchst überraschendes Ergebnis und einige neue Erkenntnisse lieferte 2005 eine Gruppe von Forschern des Psychiatric Neuroimaging Research Program am *Massachusetts General Hospital* in Boston.[10] Ihre Ausgangsüberlegung war eine denkbar naheliegende: Wenn es Langzeitmeditierenden gelingt, ihre Gehirnzustände zu verändern, dann, so argumentierten sie, müssten sich diese Veränderungen auch in der physischen Struktur des Gehirns niederschlagen und nachweisen lassen. Mit Hilfe von Magnetresonanztomographie wurde daraufhin die Dicke bestimmter Gehirnareale ihrer Probanden untersucht. Tatsächlich ergab die Messung, dass bei Langzeitmeditierenden die mit den Fähigkeiten zur Kontrolle verbundenen Gehirnregionen am dicksten waren – darunter Regionen des präfrontalen Cortex und der rechten Anterior Insula. Das galt erstaunlicherweise auch für ältere Meditierende, was die Forscher als Hinweis darauf werten, dass Meditation möglicherweise die natürliche, altersbezogene Verdünnung von Hirnarealen aufzuhalten in der Lage ist. Offensichtlich korreliert auch die Dicke zweier besonderer Regionen mit den Meditationserlebnissen. Die Untersuchungen zeigten, so die Forscher, zum ersten Mal, dass es tatsächlich eine meditationsbedingte, physisch messbare Veränderung der Plastizität des Gehirns gibt.

Noch lässt die Lücke der Erklärungen, die sich vermutlich in der Zukunft weiter schließen wird, Raum für ideologische Spekulationen. Und doch liegt eine Beobachtung sehr nahe, die der deutsche Neurologe und Psychiater Robert Reining, beratender Arzt der Deutschen Schmerzliga, so formulierte:»Wir leben in einer antireligiösen Zeit. Viele Leute treten aus den Kirchen aus und denken, sie seien frei. Dann erst merken sie, dass das, was sie eigentlich suchen, nicht in den Erklärungen zu finden ist, die etwa Naturwissenschaftler haben, sondern dass es noch etwas geben muss, was dahinter liegt.« Es geht um die Frage, so Reining,»ob es irgendetwas gibt, was mein Leben sinnvoll macht, und ob meine Krankheit in diesem Konzept eine Bedeutung hat.«[11]

Zugegeben: Die Sinnfrage angesichts von Krankheiten zu stellen ist heikel. Dennoch sehen sich Kranke und Ärzte ihr gleichermaßen immer wieder ausgesetzt. Wäre mehr berufliche Offenheit hier angebracht? Andererseits gilt es, sich vor verqueren Übergriffen etwa der Art zu wehren, denen etwa die amerikanische Schriftstellerin und Essayistin Susan Sontag ausgesetzt war, als man ihr versuchte einzureden, Krebs habe eben doch eine tiefere Bedeutung. Krebs, hieß es, sei eine Metapher, die dem Erkrankten etwas sagen wolle. Genau dagegen gilt es sich zu schützen – zu Recht, wie man heute weiß. Die Überpsychologisierung von Krankheiten ist zuweilen ebenso folgenreich wie eine falsche Medikamentation. Gilt hier der Satz, dass der, der heilt, im Recht ist? Wenn Prozesse der Sinnfindung helfen bei der Heilung und Meditation Schmerzen tatsächlich lindern kann: Sollte man sie dann nicht nutzen? Tatsächlich hat sich auch die akademische Medizin Techniken wie der Meditation geöffnet, vielleicht aufgrund der positiven Erfahrungen mit der zunächst abgelehnten chinesischen Lehre der Akupunktur und den inzwischen insbesondere in der Rehabilitation und in der Orthopädie auch im Westen bewährten Übungen von Qigong und Tai Chi. Doch bringt dieser Import auch ein Problem mit sich, denn die Kompetenz westlicher Ärzte auf diesen Gebieten ist naturgemäß limitiert. Für mentale Übungen, geistiges und geistliches Training oder Meditation, die zuweilen jahrelange Übung erfordern, war in der westlichen Medizin und im Selbstverständnis westlicher Ärzte bislang kein Platz. Und dennoch hat die positive Erfahrung eines »sinnvollen Zusammenhangs im Leben« offenbar bei vielen Menschen tatsächlich großen Einfluss auf den Heilungsprozess. Es gibt also auch für Neurowissenschaftler viele Gründe, sich mit den Techniken der Konzentration, der Meditation und auch des Gebetes zu befassen und zu klären, welche psychischen und sonstigen Veränderungen sich im Gehirn ergeben. Meditation, darauf deuten Studien seit den siebziger Jahren hin, aktiviert messbar die Schmerzhemmung (wie es im Übrigen auch Akupunktur und Placebo-Präparate tun, was die Frage aufwirft, inwiefern all diese Prozesse zusammenhängen). Doch woher kommt diese Wirkung, die offensichtlich besonders stark ist bei Menschen, die Erfahrung im Umgang mit Meditation haben?

Der Radiologe Andrew Newberg, der inzwischen auch Dozent für Religionswissenschaften an der *University of Pennsylvania* ist, schrieb zusammen mit Eugene D'Aquili und Vince Rause das Buch *Der gedachte Gott. Wie Glaube im Gehirn entsteht*, in dem es vor allem um eine neurobiologische Beschreibung mystischer Erfahrungen geht. Mag das Ziel Newbergs und seiner Forschergruppe auch eine allzu eng definierte biologistische »Erklärung« von Religion und der Entstehung des Glaubens an Götter oder einen Gott sein – interessant sind ihre Überlegungen in jedem Fall, nicht zuletzt, weil sie eine massive Herausforderung für die traditionelle Theologie und Religionswissenschaft darstellen, die bisher wenig ernst zu nehmende Antworten geben konnten.[12] Natürlich kann man fragen, ob es wirklich sinnvoll ist, sich Gott als im rechten Schläfenlappen sitzend vorzustellen oder Transzendenzerfahrung und sexuelle Höhepunkte in einer rein evolutionsbiologischen Entwicklungslinie zu sehen, nur weil beides offensichtlich mit »der gleichzeitigen Stimulation des Erregungs- und auch des Beruhigungssystems« und dem Einsatz des limbischen Systems zu tun hat. Einer solchen Sichtweise zufolge dürfte das Gehirn als des Menschen größtes Sexualorgan im Grunde zu kaum etwas anderem zu gebrauchen sein. Doch auch bei jeder Form von Lernen spielt das limbische System eine Rolle. Es ist gerade ein Kennzeichen des Gehirns, ein und dieselben Reizwege und Neuronen in höchst unterschiedlichen Zusammenhängen zu jeweils neuen Neuronenverbänden zusammenschließen zu können, um dadurch höchst unterschiedliche und erstaunliche Leistungen mit durchaus begrenzten Ressourcen zu erzielen. Gerade weil das Gehirn flexibel bleiben muss, gibt es auch kein festes Modul für Wörter, etwa für Großmutter, das man sich dann als »Großmutterzelle« im Gehirn vorstellen müsste, deren einzige Funktion darin bestehen würde, dieses Wort abzubilden.

Immerhin räumt auch Newberg ein, dass speziell in Bezug auf die Verknüpfung von Spiritualität, Gesundheit und Neurowissenschaften noch eine Vielzahl von Fakten und Zusammenhängen geklärt werden müssen. Dennoch konnte das Team um Newberg immerhin zeigen, dass Meditation das Schmerzhemmsystem aktiviert.[13] Dabei spielen offensichtlich insbesondere Regionen im Stirnhirn eine Rolle, die mit Aufmerksamkeit zusammenhängen. In Verbindung damit kommt es zu einer Reduktion der Hirntätigkeit in den Bereichen, die Informationen über die dreidimensionale Orientierung des Körpers im Raum verarbeiten. Dieses Ergebnis steht im Einklang mit der Erfahrung Meditierender, das Gefühl für die räumliche Wahrnehmung zu verlieren und geradezu mit ihrer Umgebung zu verschmelzen. Newberg fand jedoch nicht nur bei Buddhisten, sondern auch bei anderen Meditierenden diese typische Deaktivierung des sogenannten Orientierungs-Assoziations-Areals (OAA), einer Region im Lobus parietalis superior, dem oberen Scheitellappenteil in der hinteren Großhirnrinde. Offensichtlich ist das OAA maßgeblich daran beteiligt, in unserer Selbstwahrnehmung eine feste Grenze zwischen eigenem Körper und Umwelt zu erzeugen, d.h. eine Grenze abzubilden, die letztlich eine Interpretation des gesamten Sinnensystems ist. Gäbe es diese Grenzen bzw. diesen Fundamentalunterschied zwischen Ich und Umwelt nicht, würde jede Orientierung im Raum unmöglich – weswegen stationäre Patienten mit einer OAA-Schädigung zum Beispiel große Probleme haben, ihr Bett zu finden oder sich hineinzulegen.

In jedem Fall müssen Meditierende vor allem zwei Dinge bewältigen: Zum einen müssen sie die eigene Aufmerksamkeit auf einen bestimmten Punkt fokussieren – offenbar mit Hilfe eines im Stirnhirn gelegenen Abschnitts des präfrontalen Cortex (DLPFC genannt). Zum anderen müssen sie, um sich konzentrieren zu können, störende Umweltreize ausblenden, wobei ihnen offensichtlich der anteriore cinguläre Cortex (ACC) hilft. Im Jahr 2000 entschlüsselte Sara Lazar an der *Harvard Medical School* mittels funktioneller Magnetresonanztomographie (fMRT) außerdem weitere Hirnareale, die beim Meditieren eine Rolle spielen. Außer im präfrontalen und anterioren cingulären Cortex stellte sie »erhöhte Aktivierungen im parietalen Cortex, im Hippocampus sowie im zu den Basalganglien zählenden Streifenkörper (Striatum) fest. Neurowissenschaftler des *Massachusetts General Hospital* zeigten 2005 zudem, dass regelmäßiges Meditieren auch Veränderungen im Kleinhirn bewirkt – und zwar in jenen Teilen der cerebellaren Rinde, die an Wahrnehmung und emotionalen Prozessen beteiligt sind.«[14]

Einer der Forscher, die der »Neurophysiologie der Erleuchtung« schon auf der Spur waren, ehe sich amerikanische Kollegen wie Richard Davidson an der *University of Wisconsin* in Madison damit befassten, ist der Deutsche Ulrich Ott. Während sein Kollege Davidson unter anderem den bekannten französischen Molekularbiologen Matthieu Ricard – der zugleich tibetischer Meister am Shechen-Kloster in Katmandu ist – im Magnetresonanztomographen untersuchte, hat Ott sich der vergleichsweise alten Technik des EEG verschrieben. Ott ging es darum zu klären, »ob tiefe Meditationszustände von einer globalen Synchronisierung des EEG im Gamma-Band begleitet sind« – ein Umstand, der auch Davidson interessierte.[15] Ott verglich in seinen Untersuchungen jedoch die EEG-Muster, die sich bei der Beobachtung des Gehirns während so unterschiedlicher Aktivitäten bzw. Zustände wie Kopfrechnen, Ruhezustand oder Meditation ergeben. Der Vorteil des EEG im Unterschied zu den bildgebenden Verfahren, die heute überwiegend Verwendung finden, besteht darin, dass man Veränderungen der Gehirnaktivitäten im Millisekundenbereich messen kann. Beide Forscher kamen jedoch zu ähnlichen Ergebnissen: Meditation und andere Formen der geistigen Sammlung führen zu beobachtbaren und grundlegenden Veränderungen im Gehirn.

Einer der ersten Mönche, die der Neurowissenschaftler Davidson untersuchte, war ein Abt aus einem indischen Kloster, der bereits an die 10.000 Meditationsstunden absolviert hatte. »Im Labor sorgte er dann auf Anhieb für eine Überraschung. Der linke Frontalcortex – ein Teil der Großhirnrinde links hinter der Stirn – zeigte sich bei ihm sehr viel aktiver als bei den 150 Vergleichspersonen ohne Meditationserfahrung.« Ein solches Erregungsmuster zeichnet in der Terminologie des Emotionsforschers einen »positiven Gefühlsstil« aus. Nach Davidson ist

*»das Aktivitätsverhältnis zwischen linkem und rechtem Stirnhirn entscheidend. Bei eher unglücklichen und pessimistischen Zeitgenossen dominiert die rechte Seite – im Extremfall leiden sie unter Depressionen. Optimistische Typen dagegen, die mit einem Lächeln durchs Leben gehen, besitzen einen aktiveren linken Frontalcortex. Negative Emotionen, wie sie beispielsweise beim Betrachten von Katastrophenfotos zwangsläufig aufkommen, überwinden solche Menschen schneller, das haben Experimente gezeigt. Offenbar hält das Hirnareal die schlechten Gefühle im Zaum – und sorgt auf diese Weise vielleicht auch für die*

*heitere Ausgeglichenheit und Gemütsruhe, die so viele Buddhisten auszeichnet.«[16]*

Dieses Ergebnis, das wie jedes Einzelergebnis in den Wissenschaften nur einen bedingten Erkenntniswert hat, wurde jedoch bei der Untersuchung mit Ricard bestätigt. Mit ihm haben sich auch die beiden Forscher Tania Singer vom *Center for the Study of Social and Neural Systems University of Zürich* und Fellow des transdisziplinären *Collegium Helveticum* in Zürich sowie Wolf Singer vom *Max-Planck-Institut für Hirnforschung* in Frankfurt am Main befasst. Ricard bietet sich als Proband an, da er über ein entsprechend langjähriges Training verfügt und somit das Problem der mangelnden Meditationstiefe weitgehend ausgeschlossen werden kann. Besonders erstaunlich waren bei der Untersuchung Ricards, aber auch anderer Mönche die Ergebnisse, die während der Ausübung einer Meditationsform erzielt wurden, die als »Meditation des vorbehaltlosen Mitgefühls« bekannt ist. Bei dieser Art der Meditation sollen Liebe und Mitleid den gesamten Geist durchdringen. Gerade Mitleid ist in den Meditationsformen der tibetischen, aber auch der Mahayana-Traditionen, zu denen auch der Zen-Buddhismus gehört, der entscheidende Beginn und zugleich auch das Ziel der Meditation und des Verhaltens – ein Umstand, auf den insbesondere der Dalai Lama immer wieder hingewiesen hat. Davidson

*»registrierte mit 256 über den gesamten Schädel verteilten Messfühlern die Hirnströme. Eine Gruppe Meditationsnovizen diente zum Vergleich. Der Blick auf die Messwerte offenbarte eklatante Unterschiede. Im Gehirn der Mönche stieg die so genannte Gamma-Aktivität während der Meditation stark an, während sie sich bei den ungeübten Probanden kaum erhöhte. Außerdem waren diese schnellen, hochfrequenten Hirnströme besser organisiert und koordiniert. Und die Wellen huschten über das gesamte Denkorgan.«[17]*

Ulrich Ott von der Fakultät für Klinische und Physiologische Psychologie der *Justus-Liebig-Universität Gießen* kennt dieses Phänomen. Er hat in seiner Dissertation *Merkmale der 40-Hz-Aktivität im EEG während Ruhe, Kopfrechnen und Meditation* vor allem diesen Zustand untersucht und mit ähnlichen Zuständen verglichen. Seine Doktorarbeit ist wohl die immer noch umfassendste Darstellung von Untersuchungen der Meditation im deutschen Sprachraum, und sie hat den zusätzlichen Vorteil, auch historische Aspekte zu behandeln, wie etwa die Hochzeit der Meditationsforschung in den siebziger Jahren samt einer Diskussion der methodischen Mängel dieser und späterer Untersuchungen. Die Gamma-Aktivität – die 40-Hz-Schwingung als Grundbass der bewussten Wahrnehmung – ist in der Regel zeitlich wie räumlich begrenzt und taucht meist nur kurz im Gehirn bei Zuständen extremer Wachheit auf, die Meditierende jedoch häufig gerade in Zuständen tiefster Versenkung erfahren. Im Zen ist vom »herbstklaren Bewusstsein« die Rede. Gemeint ist ein Zustand der Aufmerksamkeit und Konzentration, bei dem der weite Bereich des Bewusstseins noch nicht einmal durch die »Wolken« der vorbeiziehenden Gedanken und Gefühle gestört wird. Der Berg des Bewusstseins ist, bildhaft gesprochen, stets sichtbar. Man braucht keinen Finger, der auf den Mond zeigt.

»Zunächst ist folgendes Experiment sehr interessant«, sagte Ulrich Ott im Gespräch. »Sie machen mit Photodioden, d.h. durch Augenreizung, in unterschiedlichen Frequenzbereichen von 1–100 Hz Untersuchungen, um festzustellen, wie das Gehirn reagiert. Was Sie finden, ist höchst eigenartig. Wie bei einem Oktavsprung in der Musik befindet sich auch das Gehirn in bestimmten Bereichen in ›Resonanz‹ – nämlich in den Bereichen bei 10, 20 und 40 Hz.« Alpha-Wellen (8–13 Hz), mittlere Beta-Wellen (15–21 Hz) sowie Gamma-Wellen (38–42 Hz) stehen für die drei verschiedenen Zustände, die eine wichtige Rolle beim bewussten Erleben spielen. Sie bilden im Wesentlichen die Bereiche Entspannung (Alpha), hellwache und erhöhte Aufmerksamkeit und Konzentration (Beta) sowie anspruchsvolle Tätigkeit mit hohem Informationsfluss (Gamma) ab.[18] Delta-Wellen (0,5–3,5 Hz) treten dabei nur im Tiefschlaf auf – und die Theta-Wellen, die sich zuweilen auch während der Meditation zeigen, sind normalerweise (trotz des wachen Zustands in der Meditation) Kennzeichen für tiefe Entspannung und Wachträume.[19]

# 40 Hz oder Die Einheit des Bewusstseins

Schwingungen dieser unterschiedlichen Art zu erzeugen – wobei ihre genauen Funktionen bei weitem noch nicht vollständig erkannt sind – ist eine typische Eigenschaft des Gehirns von Säugetieren. Große Verbände von Nervenzellen schwingen dann in ein und demselben Rhythmus. Dabei sind die Gamma-Wellen ein besonders heiß diskutierter Forschungsgegenstand. »Zum einen schwingen bereits Zellmembranen in einer 40-Hz-Frequenz«, erläutert Ulrich Ott. Das ist an sich bereits ein seltsames Phänomen, zumal wenn man es in Beziehung zum Gehirn setzt. »Vor allem aber sind die sogenannten thalamokortikalen Schwingungen, das heißt die Schwingungen im Thalamus, genau in dieser Frequenz von 40 Hz zu finden. In diesen Bereich des Thalamus gehen alle Sinneseindrücke bis auf Riechen ein. Der Frontalcortex« – man könnte ihn umgangssprachlich auch als Bereich des rationalen Denkens bezeichnen – »inhibiert, das heißt hemmt die Schwingungen im Thalamus und macht dann, je nach Bedarf, bestimmte ›Fenster‹ auf.«

Thalamus bedeutet wörtlich übersetzt »Schlafgemach« oder »Kammer«. Diese Region bildet den größten Teil des Zwischenhirns. In ihm befinden sich eine Fülle sogenannter Nuclei (Kerne), d.h. Ansammlungen und Gruppen von Zellkörpern, die oftmals in der weißen Substanz des Gehirns zu finden und deshalb auch unter dem Mikroskop zu sehen sind. Gruppen dieser Art sind häufig noch einmal unterteilt – offenbar in verschiedene funktionale Bereiche. Im Thalamus, wo diese Gebiete in wechselnden Bändern gut sichtbar organisiert sind, weisen die Kerne besonders starke Verbindungen zur Großhirnrinde auf. Die Großhirnrinde, auch Neocortex genannt, ist der jüngste Hirnteil in der Evolutionsgeschichte des Menschen.

Man kann daher sagen, dass der Thalamus wie ein erstes Filtersystem der Information wirkt, denn von hier aus werden die einlaufenden Rohdaten der Sinnesreize zur weiteren Verarbeitung ins Großhirn geschickt. Dabei entscheidet sich bereits im Thalamus, welche Informationen von den Nuclei ans Großhirn weitergeleitet und damit als wichtig betrachtet werden und welche nicht. Insbesondere die sogenannten Basalganglien, die traditionell als zentrales Element willkürlicher Bewegungen angesehen werden, scheinen durch ihre Verbindung zum Gehirn noch eine Fülle weiterer, darunter auch kognitiver und emotionaler Aufgaben zu übernehmen.[20] Besonders die sogenannten »Verstärkerneuronen« im Thalamus können dabei auf bestimmte Weise schwingen. Aufnahmen der Schwingungen innerhalb dieser Zellen des Thalamus zeigen, dass es häufig zu spontanen »Ausbrüchen« (»bursts«) von Schwingungen kommt. Um es noch komplizierter zu machen: Ein und dasselbe Neuron kann auf ganz verschiedene Art und Weise schwingen! Wie es das tut, hängt vom jeweiligen Potential, der Ladung seiner Zellmembranen, ab. Die auf diese Weise erzeugten Potentiale können regelrecht pulsen und »depolarisieren« – ein Vorgang, der vor allem in der Thalamus-Region beim Übergang vom Wachzustand in den Schlaf mit Traum (REM) zu beobachten ist.[21] Wichtig für die Entstehung von Informationsprozessen höherer Ordnung und insbesondere für Phänomene des Bewusstseins ist, dass die verschiedenen Wellen der Umkehrung von Potentialen in einzelnen Zellen sich auf andere Nervenzellen übertragen können und damit rhythmische Oszillationen mit großer Reichweite aufbauen – ähnlich wie sich am Strand eine Menge kleinerer Wellen manchmal zu einer größeren addieren.

Den Gamma-Wellen kommt also zum einen durch ihre Verbindung zum wichtigen Zentrum des Thalamus eine besondere Bedeutung im Bewusstseinsprozess zu. Die Gamma-Aktivität steht dabei nicht nur für den Zustand höchster Aufmerksamkeit und Wachheit. Ott schreibt, dass die Gamma-Wellen in gewisser Weise als Anzeichen oder Begleiter konzentrierter Aufmerksamkeit anzusehen sind. Dabei synchronisieren sich ganze Zellverbände bei der Wahrnehmung von Objekten in diesem Frequenzbereich. »Demnach sollte zwischen dem raumzeitlichen Muster, mit dem 40-Hz-Aktivität im Gehirn auftritt, und dem, was ein Individuum erlebt, ein enger Zusammenhang bestehen.« In gewisser Weise kann man behaupten, dass die 40-Hz-Schwingungen verschiedene Bereiche zusammenbinden und deshalb für das Entstehen von Bewusstseinszuständen ebenso wie für die Kognition eine wichtige, wenn nicht die entscheidende Rolle spielen. Doch wie geschieht dies? Wie organisieren sich die über das gesamte Gehirn verteilten 40-Hz-Aktivitäten? Und wie sieht ihre Beziehung zum bewussten Erleben aus? Welche Regulationsmechanismen steuern sie auf neurophysiologischer Ebene? Erschwerend kommt hinzu, dass, wie Ott formuliert, »in Untersuchungen an Personen in verschiedenen Bewusstseinszuständen gezeigt werden konnte, dass im Wachzustand, während REM-Schlaf und Tiefschlaf die 40-Hz-Aktivität markante Unterschiede aufweist.« Eine der zu lösenden Aufgaben war daher, die genauen Resonanzschleifen, die Verkopplungen zwischen Thalamusregionen und dem Cortex zu beschreiben – was zum Teil auch gelungen ist.[22]

So faszinierend die Funde im Einzelnen sein mögen, es gibt Unterschiede in den Modellen, die die Ergebnisse erklären sollen.

Es ist vor allem das Verdienst von Wolf Singer und seinem Team vom *Max-Planck-Institut* in Frankfurt, dieses zentrale, sogenannte Bindungsproblem erkannt und formuliert zu haben. Wenn das Gehirn tatsächlich eine Vielzahl von Sinneseindrücken als Input aus der Umwelt erhält und selber eine Fülle von Informationen nicht nur verarbeitet, sondern auch innerhalb des Gehirns ›errechnet‹ und diese ›Zwischenergebnisse‹ an verschiedene Hirnregionen weiterverteilt, wie entsteht dann der Eindruck eines einheitlichen Bewusstseins? Wie kann das Ich sich als einheitliches Ich erkennen und zudem auch noch die sich verändernde Umwelt als konstante Welt interpretieren? Was schafft diese Einheit der verschiedenen Hirnregionen, die alle einem einzelnen Ich unterstehen, das jedoch im Sinne Descartes nirgendwo im Gehirn als Kommandogeber ausgemacht werden kann? Diese Frage ist sicher nicht nur eine der spannendsten in der Gehirnforschung überhaupt. Von ihrer Beantwortung wird auch entscheidend jede Theorie des Bewusstseins abhängen. Wolf Singer hatte früh den Vorschlag gemacht, die Gamma-Oszillationen zu beobachten, während Probanden besonders schwere Aufgaben und Probleme lösen. Dann ist die Chance höher, diese Zustände öfter beobachten zu können. Doch gerade die Denk- und Wahrnehmungsprozesse während des Problemlösens führen dazu, dass die Aufmerksamkeit sich immer wieder anderen Inhalten zuwendet und daher verändert. Hinzu kommt – und das ist eines der größten Probleme bei den Messungen überhaupt und eine große Fehlerquelle – dass auch Muskelbewegungen Reaktionen im 40-Hz-Bereich auslösen können. Von daher ist Videoüberwachung ein notwendiger Teil der Versuche, um später Muskelbewegungen wie Schlucken, Kopfdrehen etc. als mögliche Ursache einer Gamma-Aktivität lokalisieren und als Artefakt ausschließen zu können. So ist es kein Wunder, dass der Vorschlag gemacht wurde, das Phänomen statt beim Problemlösen doch lieber bei der Tätigkeit zu erkunden, die offensichtlich am ehesten konsistente und wiederholbare Ergebnisse ermöglicht: der Meditation. Diesen Weg haben Ott und auch Singer eingeschlagen.

Erstaunlich ist in diesem Zusammenhang, dass mit einem Schlag Gehirnforschung, Physik, die Theorie komplexer dynamischer und adaptiver Systeme und auch Weisheit, wie ich sie verstehe, eng miteinander in Berührung kommen. Die Phänomene der Oszillation, die Singer und andere beobachten, sind Phänomene der Selbstorganisation und als solche wiederum ein typisches Merkmal komplexer Systeme.[23] Selbstorganisationsprozesse finden sich, wie ich in Kapitel 2 gezeigt habe, in Bienenschwärmen, im Verkehr, bei der Programmierung komplexer Software, aber auch bei der Entstehung von Materie, Sternen und Leben. Das Besondere an diesen Prozessen ist, dass sie keine Einheit, keine oberste hierarchische Ebene voraussetzen, die sie steuert. Genau das gilt auch für unser Gehirn. Und noch etwas zeichnet Selbstorganisationsprozesse im Gehirn aus: Sie sind stabil. Und sie ermöglichen es, unterschiedliche und zum Teil weit entfernte Hirnareale und damit die neuronalen Zustände, die in ihnen verarbeitet werden, zu verbinden. Um zum Beispiel dieses Buch gerade lesen zu können, muss eine Vielzahl von Prozessen in Ihnen ablaufen und koordiniert werden: Sie müssen eine Sprache sprechen können (was unter anderem auch ein funktionierendes Gedächtnis erfordert), Sie müssen sehen und erkennen können, Ihre Aufmerksamkeit fokussieren können und vieles mehr. Am Ende muss all das zusammengebunden sein. Erst dann können Sie sagen: Ich lese und verstehe dieses Buch.

Immer wieder führen die Erklärungen dabei zum Thalamus zurück. Der Medizinnobelpreisträger Francis Crick – einer der Entdecker der

DNS – wandte sich in seinen späteren Jahren der Gehirnforschung zu und gründete das bekannte Institut im kalifornischen La Jolla. Seine letzten Forscherjahre – er starb 2004 im Alter von 88 Jahren – widmete er dem Rätsel des Bewusstseins und der Frage, wie man Geist verstehen und theoretisch erklären kann. Crick ist es vor allem zu verdanken, dass die Gehirnforschung, aber auch andere Bereiche der Naturwissenschaften sich ernsthaft dem als rein philosophisch und tendenziell esoterisch gebrandmarkten Thema des menschlichen Geistes zuwendeten. Von Crick stammt die bemerkenswerte Metapher vom Thalamus als Suchscheinwerfer. Er ist sozusagen das Licht, das auf bestimmte Objekte oder Zustände unserer Wahrnehmung gelenkt werden kann. »Gemäß der alten Metapher des Thalamus ›als Tor zum Bewusstsein‹«, schreibt Ott, »erfüllt der retikuläre Thalamus die Aufgabe eines ›Torhüters‹ in Zusammenarbeit mit weiteren Hirnstrukturen, wobei insbesondere der Frontalcortex, das limbische System und die Basalganglien zu nennen sind.« Die entsprechende Region des Thalamus (Nucleus retikularis) wird sowohl vom präfrontalen Cortex wie von den Basalganglien (Striatum) gehemmt oder aktiviert. »Dieses Gleichgewicht zwischen hemmenden und selektiv aktivierenden Mechanismen führt im normalen Wachzustand zu einem adaptiven Wechsel von Bewusstseinsinhalten; das schnelle Wandern des Aufmerksamkeitsfokus, das rasche Wahrnehmen und Verblassen erkannter Objekte, führt zu 40-Hz-Potentialen von kurzer Dauer (wenige Schwingungen von 25 ms).«

Wie auch immer die Details aussehen, es bleibt dabei, dass die Gammawellen das Problem der Gestaltwahrnehmung zu lösen scheinen. Nicht nur werden auch räumlich entfernt liegende Bereiche synchronisiert, sodass eine große Anzahl von Neuronen mit gleicher Frequenz schwingen kann. Hinzu kommt noch, dass dies auch für einzelne Neuronen in Verbänden gelten kann. Ein Reiz – sagen wir die Wahrnehmung der Sätze in diesem Buch – wird in bestimmte Merkmale innerhalb des Gehirns übersetzt, die dann eine gleiche Schwingung haben. Die Neuronen weisen, wie Singer sagt, eine »innere Bindung« auf. »Dies bedeutet, dass sich Neuronengruppen, die sich an der Kodierung einer Figur [etwas Gesehenem, GS] beteiligen, durch die Phasenkohärenz der oszillatorischen

Antworten [d.h. aufgrund ihrer Bindung durch die Synchronizität der Phase, GS] auszeichnen. Es lassen sich auf diese Weise mehrere Ensembles gleichzeitig aktivieren, ohne dass diese sich miteinander vermischen.«[24]

Kurzum: Das Gehirn bildet die Welt und ihre Zusammenhänge auf eine sehr eigene, aber ihm verständliche Weise ab – ähnlich wie eine Digitalkamera mit Hilfe von mathematischen Prozessen Bilder der Welt in Verhältnisse von Bildpunkten, von Pixeln übersetzt – was allerdings ein wesentlich primitiverer Vorgang ist. Die Verbindungen der Neuronen sind es am Ende, die die Zustände herstellen. Es kommt also nicht auf einzelne Zellen an, sondern auf die Verwendung dieser Zellen in der Sprache der Oszillationen. Diese Erkenntnis hat weitreichende philosophische Implikationen, auf die nur am Rande hingewiesen sei: Die Welt besteht, jedenfalls in unseren Köpfen, nicht aus Substanzen und Entitäten, sondern aus Verbindungen und Relationen. Nur diese schaffen die Wirklichkeit und machen sie aus. Man könnte sagen, dass damit die Substanzlehre auf eine weitere Weise ad absurdum geführt ist. Die Welt ist das, was die Beziehungen der Elemente in ihr schaffen. Und das Gehirn ist in der Lage, auf diese Beziehungen auf eine Weise zu reagieren, die uns unterscheiden lässt zwischen dem Wort »Buch« und dem realen Buch, das vor uns liegt. Die Gammawellen verlaufen also nicht nur über oder durch das gesamte Gehirn, durch seine Neuronenverbände; sie fassen auch die einzelnen Aspekte zu einer Welt zusammen, in der es zunächst keinen Dualismus gibt. Wenn die Schwingungen die äußeren Signale für »heiß«, »aromatisch«, »hell«, »Teekanne« und anderes abbilden, dann weiß ich: Es handelt sich um Tee und ich kann ihn trinken – weil mein Gehirn in der Lage ist, mittels der Gammawellen als übergeordneter Steuerfrequenz verschiedene Hirnareale zu synchronisieren und zusammenzuführen.

Und die extremen Gamma-Oszillationen, die Davidson und andere an den meditierenden Mönchen während ihrer Weisheitsübungen beobachtet haben? Für Ulrich Ott sind dies synchrone Schwingungen, die Subjekt und Objekt eins werden lassen. Entscheidend ist dabei – und das belegen alle Untersuchungen einhellig! –, dass das Gehirn eben nicht statisch ist. Es kann durch Übung lernen, diese Bewusstseinszustände herzustellen. Die Gamma-Aktivität lässt sich durch mentale Arbeit beeinflussen. Was genau das im Detail bedeutet, werden weitere Untersuchungen noch zu zeigen haben. Doch auch Davidson hält daran fest, dass die ganze Person durch Meditation gezielt beeinflusst werden kann. »Die Verschaltungen in unserem Gehirn sind nicht fixiert. Es muss also niemand als der enden, der er heute ist. Es gibt Hinweise, dass sich diese Wellen während der Meditation im Hirn großflächig synchronisieren.« Damit sei zwar keine sinnvolle Verarbeitung von Informationen mehr möglich, »aber das passt zur Erfahrung von Einheit und zu dem veränderten Zeitgefühl«.[25]

Zu ähnlichen Schlüssen gelangten auch zwei Forscher der russischen *Akademie medizinischer Wissenschaften* in Novosibirsk. Sie untersuchten zum einen, wie sich Langzeitmeditation im Umgang mit künstlich erzeugten negativen Emotionen auswirkt. Dabei stellten sie zunächst die vielfach beobachtete Fähigkeit der Meditierenden fest, ihre elektrische Gehirnaktivität willkürlich beeinflussen und ändern zu können. Die beiden Forscher behaupten darüber hinaus jedoch, mit ihren EEG-Untersuchungen zum ersten Mal überhaupt gezeigt zu haben, dass Menschen, die in Meditation geübt sind, die Intensität emotionaler Erregung besonders gut moderieren und steuern können.[26] Dieses Ergebnis passt zu den Untersuchungen von Davidson bezüglich der Aktivierung von Gehirnarealen, die mit »positiven Gefühlszuständen« in Verbindung gebracht werden.

Noch wichtiger aber sind die Ergebnisse einer früheren Untersuchung des sibirischen Teams.[27] Im Mittelpunkt standen diesmal die dynamischen Eigenschaften der EEG-Muster. Um die Bewegungsmuster zu erkennen, leiteten die Forscher bei ihren Probanden die Gehirnströme über 62 verschiedene Kanäle ab (was ein Bild ergibt, das einer sehr komplexen Orchesterpartitur ähnelt). Sie untersuchten dabei die Muster, die sich bei einer bestimmten Form der Yoga-Meditation einstellen. Ihr besonderes Augenmerk galt der Komplexität der neuronalen Berechnungen. Das Ergebnis: Tiefe Meditation scheint von einer geringeren Komplexität der EEG-Dynamik begleitet zu sein. »Offensichtlich schalten sich während des Vorgangs der Meditation Netzwerke ab, um eine stärkere Fokussierung der inneren Aufmerksamkeit zu ermöglichen«, vermuten die beiden Forscher. Es scheint, als würde unliebsame Information einfach ausgeblendet. Diese Beobachtung passt zu der von Ott geäußerten Überlegung. Die beiden russischen Forscher schlagen aufgrund ihrer Untersuchungen vor, in Zukunft nicht nur die linearen, sondern auch die nichtlinearen EEG-Muster mit besonderer Aufmerksamkeit zu studieren. Diese Vorgänge, denen komplexere, sich überlappende Prozesse im Gehirn zugrunde liegen, die nicht vorhersehbare Effekte hervorbringen, entgehen häufig der Wahrnehmung. Entsprechend sind sie viel schwerer zu verstehen als die vergleichsweise einfachen linearen Prozesse, die wir aus dem Alltag kennen.

Was haben die Untersuchungen über Meditation als einen der Königswege zur Weisheit gezeigt? Zuweilen vor allem, dass die methodischen Probleme bei der Untersuchung enorm sind – einer der Gründe, warum Wolf Singer seine Untersuchungen weitgehend ausgesetzt hat. Ein Blick in die Vielfalt der Veröffentlichungen zeigt, dass die Parameter höchst verschieden sind und man am Ende den Wald vor lauter Bäumen nicht mehr sieht. Weisheit selbst kommt in ihrer Komplexität aus der pragmatischen Perspektive der Wissenschaften kaum in Sicht. So zielt Elkhonon Goldberg, Klinischer Professor für Neurologie am *New York University Medical Center* und Direktor des *Institute of Neuropsychology and Cognitive Performance*, in seinem Buch *Die Weisheitsformel* letztlich vor allem auf die Frage der mentalen Fitness im Alter ab. Weisheit ist für ihn vor allem eine Frage der erworbenen Fähigkeit, Muster zu erkennen.[28] Er schildert die neurowissenschaftlichen Grundlagen und Funktionsweisen des Gehirns verständlich und pointiert. Und doch kreist sein Buch um die eher traditionellen Fragen wie die Verbesserung des Gedächtnisses, die Funktionsweise von Sprache und Spracherkennung oder das Zustandekommen von Entscheidungen. Am Ende läuft es auf ein – wenn auch kompetent vermitteltes – »Nutze Dein Gehirn und mach mehr daraus« hinaus. So wertvoll dieser Rat auch sein mag, in Sachen Weisheit hilft er kaum weiter. Festzuhalten bleibt: Die Untersuchungen an Meditierenden haben gezeigt, dass Meditation tatsächlich nachhaltige Veränderungen im Gehirn und mehr noch in der Einstellung der Menschen (und folglich auch in ihrem Umgang miteinander) bewirkt. Aber selbst ambitionierte Forschungsberichte wie der über den Dalai Lama am *MIT* zeigen, wie viel noch zu tun und wie komplex das Phänomen der Weisheit eigentlich ist. Mit einer Betrachtung der Funktionsweisen des Gehirns ist noch wenig gewonnen. Zwar mag dadurch gezeigt werden, was Zustände der Versenkung und die zentralen Techniken des Erlernens von Weisheit, die Hinführung zur Erleuchtung, körperlich begleitet – sowohl was den gesamten Körper betrifft als auch vor allem sein Zentralorgan, das Gehirn. Doch eine umfassende Beschreibung ist damit noch nicht gegeben. Die naturwissenschaftlichen Erkenntnisse über Erleuchtungserlebnis und Weisheit bleiben lückenhaft. Wer sie sucht, wird sie nicht in den Wissenschaften finden – allein schon deshalb nicht, weil Weisheit nicht nur eine Art von Wissen, sondern ein den gesamten Menschen mitreißender Umgang mit der Komplexität der Welt ist.

So bleibt am Ende die Einsicht, dass wir unsere Bewusstseins-, ja unsere Seinszustände durch Training verändern können. Der Neurophilosoph Thomas Metzinger stellte die entscheidende Frage so: »Was ist überhaupt ein ›guter Bewusstseinszustand‹? Gibt es Formen des subjektiven Erlebens und der Selbsterfahrung, die ›besser‹ sind als andere?«[29]

Solche Fragen treffen ins Zentrum nicht nur medizinischer Debatten, sondern auch Diskussionen pädagogischer (welchen Geisteszustand brauchen Kinder, um gut lernen zu können) oder politischer Natur. Wenn wir unseren Bewusstseinszustand verändern und körpereigene Endorphine ausschütten können, Stoffe, die identisch mit Opiaten sind – brauchen wir dann nicht auch eine andere Drogenpolitik? Und ist nicht letztlich jede Form von Politik ohnehin Bewusstseinspolitik, weil Politiker, die wiedergewählt werden wollen, mit ihren Entscheidungen Einfluss auf unseren Zustand, unser Bewusstsein nehmen?

Zu Recht fordert Metzinger – und er ist in dieser Beziehung seit Jahren die konsequenteste Stimme in Deutschland – eine neue Bewusstseinskultur. Doch gerade das Nachdenken darüber wird von der Politik weggeschoben – entweder in die Bereiche akademischer Diskussionen oder in die Privatsphäre und Subkultur. Dabei gehört die Pflege unseres Bewusstseins entscheidend zu den Aufgaben unserer Kultur, denn sie bestimmt die Art und Weise, wie wir miteinander umgehen und in Kontakt treten. Tatsächlich aber geht es bei den meisten Förderprogrammen lediglich um Geld. Aber Geld allein fördert keine Weisheit. Ein Weisenrat wäre da durchaus hilfreicher – oder aber der Unterricht von Fächern wie »mental wellness« und Meditation, wie es ihn an englischen Schulen beispielsweise schon gibt. »Bewusstseinskultur wird darin bestehen, Individuen zu ermutigen, die Verantwortung für ihr eigenes Leben zu übernehmen«, schreibt Metzinger.

*»Den gegenwärtigen Mangel an echter Bewusstseinskultur kann man als gesellschaftlichen Ausdruck des stecken gebliebenen Projekts der Aufklärung deuten: Was uns fehlt, ist nicht Glauben, sondern Wissen; nicht Metaphysik, sondern eine neue Variante praktischer Rationalität. Im Bereich der neuen Medien ist die Kultivierung einer bestimmten Art von psychohygienischer Intelligenz am wichtigsten: Wir werden zum Beispiel lernen müssen, mit vielen hundert Fernsehprogrammen und Abermillionen von Seiten im World Wide Web umzugehen, ohne abzustumpfen oder süchtig zu werden. Wir werden auch lernen müssen, weltweit vertrauensvoll mit Menschen zu kommunizieren, die wir niemals persönlich kennenlernen.«*

Doch all das berührt nur die Aspekte von Weisheit, die das eigentliche Zentrum eines angemessenen Umgangs miteinander und mit der Komplexität der Welt darstellen. Wie zerstritten die Fraktionen sind, zeigt die Drogenpolitik mit ihren zum Teil absurden und geradezu brutalen Auswirkungen auf den Bereich der Palliativ- und Schmerzmedizin.[30]

Die Frage ist nicht nur, wie viel Geld in die neurowissenschaftliche Untersuchung unseres Bewusstseins und die philosophische Begleitung dieser Forschung gesteckt wird. Die Frage ist auch, welche Rolle Selbsterkenntnis oder Erleuchtung als ein natürlicher Zustand des Menschen jenseits aller religiösen Überschattungen spielen soll. Wer für eine Trennung von Kirche und Staat optiert, muss auch gegen eine Vermischung von Weisheit und Religion sein. Und wer Aufklärung will, darf nicht vor dem Zentralorgan der Aufklärung, dem Gehirn, Halt machen. Insofern ist es nur konsequent, wenn Metzinger sagt:

> *Wichtig ist, dass Bewusstseinskultur nichts mit organisierter Religion oder einer bestimmten politischen Vision zu tun hat. Eine neue Bewusstseinskultur in der Schule müsste über das akademisch-intellektuelle Bildungsideal hinausgehen, indem sie frühzeitig wirksame Techniken vermittelt, mit denen Schülerinnen und Schüler ihre Autonomie beim Umgang mit dem eigenen Geist und Gehirn erhöhen können. Insbesondere die Werbe- und Unterhaltungsindustrie attackiert unsere Erlebnisfähigkeit, unsere ›attentionale Sensibilität‹ immer heftiger – und natürlich macht auch sie sich neue Erkenntnisse aus der Kognitionswissenschaft und der Hirnforschung zu Nutze. Die Antwort auf dieses Problem könnte ›modernes Aufmerksamkeitsmanagement‹ heißen, das man womöglich mit der Neuropädagogik – einem zweiten konkreten Anwendungsfeld – kombinieren sollte: Aufmerksamkeitsmanagement in Form von weltanschaulich neutralem Meditationsunterricht an Schulen wäre ein Werkzeug, um Kindern frühzeitig die wichtige Fähigkeit zu vermitteln, den Grad ihrer Bewusstheit gezielt zu steuern.*«

Doch was sind uns die Ergebnisse solcher Arbeit am Selbst wert? Welche Rolle spielt es in einer an Leistung und Konsum orientierten Welt, welche bewusste Form des eigenen Erlebens, der subjektiven Erste-Person-Perspektive wir kultivieren? Sind »Mindjogging« oder Neurotuning, sind Gehirnprothesen oder Mind-Enhancer wirklich die richtigen Mittel, um mit unserem Selbst und seiner seltsamen Beziehung zur Welt fertig zu werden? Müsste die entscheidende Frage nicht statt »wie gehe ich mit meinem Körper, mit meinem Gehirn um« vielmehr lauten, »wie gehe ich zum eigenen Wohl und zum Wohl anderer mit meinem Leben, mit meiner Person um?«

Doch bevor ich auf diese Aspekte einer besseren Bewusstseinspolitik eingehe, möchte ich die jüngste neurowissenschaftliche Sicht auf Meditation und die Erfahrung der Erleuchtung vorstellen – eine Sicht, die wenige Monate alt ist und zurzeit für einigen Zündstoff sorgt.

## Die neurowissenschaftliche Sicht auf die Erfahrung der Erleuchtung

Weisheit hängt damit zusammen, sich in komplexen Systemen optimal zu orientieren und Entscheidungen zu treffen, die nachhaltig sind, d.h. tatsächlich über längere Zeiträume hinweg Bestand haben und »halten«. Insofern ist mit Weisheit ein empirisches Ergebnis verbunden. Im Grunde ist erst durch die Einsichten in die Struktur komplexer Systeme deutlich geworden, welche zentrale Rolle Weisheit spielt. Die Frage ist, ob man die Erfahrung der Erleuchtung, die nicht nur im asiatischen Kulturraum eng mit Weisheit verknüpft wird, auch neurowissenschaftlich mit Fragen komplexer Problemlösung in Verbindung bringen kann. Genau diesen Zusammenhang hat Wolf Singer im Auge, wenn er erklärt, eine mögliche neurowissenschaftliche Beschreibung für die Erfahrung der Erleuchtung gefunden zu haben.[31] Wie sieht diese Erklärung aus?

Singer geht von dem Umstand aus, dass jeweils nur ein Teil des Gehirns damit beschäftigt ist, Sinneseindrücke zu verarbeiten. Ein ebenso großer, wenn nicht sogar größerer Teil ist damit beschäftigt, den internen Informationsaustausch zu organisieren und die verschiedenen Ergebnisse, den Output, den verschiedenste Hirnareale generieren, unter einen Hut zu bringen. Obwohl ein großer Teil der Aktivität des Gehirns beispielsweise mit der kontinuierlichen Verarbeitung visueller Reize beschäftigt ist, machen die Verbindungen zwischen den Augen und den Neuronen in der primären Sehrinde lediglich ein Prozent aller Synapsen aus. Synapsen sind die Kontakte zwischen den Nervenzellen. Geht man von 1011 Nervenzellen mit im Schnitt 1000 Verbindungen (und es sind eher 10.000) aus, dann erhält man ein Minimum von 1014 möglichen Verbindungen – ein Möglichkeitsraum von dynamischen Zuständen, in denen sich das Gehirn befinden kann. Um beim Sehen zu bleiben: An der Tätigkeit der entsprechenden Zellen in der Sehrinde alleine ließe sich nicht ablesen, ob der Mensch, der gerade visuelle Empfindungen hat, träumt oder sich in einem wachen Zustand befindet. Um das herauszufinden, ist wesentlich mehr Wissen über den gesamten Zustand des Gehirns notwendig. Ein wesentlicher Teil der Aktivität des Gehirns betrifft die Verarbeitung aller internen Informationen, die nicht nur durch die Sinnesorgane, sondern durch die Eigenleistungen des Gehirns produziert werden. Das sogenannte »Bindungsproblem« bezeichnet die Frage, wie diese Informationen bzw. Aktivitäten der einzelnen Zellverbände zu einem Gesamteindruck verbunden und kohärent gemacht bzw. in eine gemeinsame Weltwahrnehmung integriert werden. Der Schlüssel dazu ist die Synchronisation der Hirnbereiche. Mit ihrer Hilfe wird ein kohärenter Zustand ermöglicht. »Wir haben vor mehr als einer Dekade beobachtet«, schreibt Singer,

*»dass Neuronen in der Sehrinde ihre Aktivitäten mit einer Präzision von einigen tausendstel Sekunden synchronisieren können, wobei sie meist eine rhythmisch oszillierende Aktivität in einem Frequenzbereich um 40 Hertz annehmen, die sogenannten Gamma-Oszillationen. Wichtig war dabei die Beobachtung, dass Zellen vor allem dann ihre Aktivität synchronisieren, wenn sie sich an der Kodierung des gleichen Objekts beteiligen. Wir leiteten daraus die Hypothese ab, dass die präzise Synchronisierung von neuronalen Aktivitäten die Signatur dafür sein könnte, welche Zellen sich temporär zu funktionell kohärenten Ensembles gebunden haben. Wie so oft erwies es sich, dass die ursprüngliche Beobachtung nur die Spitze des Eisbergs war und dass die funktionellen Bedeutungen der beobachteten Synchronisationsphänomene weit über die zunächst vermuteten hinausgehen«.[32]*

Diese Herstellung von Kohärenz zwischen den einzelnen Gebieten geschieht dabei über Mechanismen der Selbstorganisation – ohne übergeordnete Metaebene. Einzig ein theoretischer Ansatz, der die Struktur komplexer Systeme berücksichtigt, ist überhaupt in der Lage, diesen ›Mechanismus‹ zu beschreiben, der so gut wie nichts ähnelt, was wir aus unserer alltäglichen Welt kennen. Die Ansicht, dass es bei all diesen Vorgängen einen obersten Befehlshaber oder eine übergeordnete Instanz im

Gehirn gäbe, die alles koordiniert, erweist sich neurowissenschaftlich als unhaltbar, auch wenn sie der subjektiven Eigenwahrnehmung zutiefst entspricht. Das, was das Gehirn faktisch tut (indem es nichtlinear arbeitet), und das, was wir dabei erleben (eine weitgehend linear aufgebaute Welt), darf daher nicht verwechselt werden. Nur weil man einen Computer ebenso wie ein modernes Auto oder Motorrad mit einem Knopfdruck anlässt, darf man nicht vermuten, auch der Computer habe wie das Auto einen Anlasser, der den »Motor« in Bewegung setze.

Auf der Ebene der alltäglichen Erfahrung gibt es tatsächlich ein uns kohärent erscheinendes und vor allem ›festes‹ Ich. Da es konstant ist, erscheint es wie eine Substanz – sozusagen das feste Wesen inmitten allen Wandels der Welt. Im letzten Kapitel werde ich auf die Bedeutung dieser Diskrepanz zwischen der inneren Beschreibung und der äußeren Beschreibung des Zustands, in dem sich das Gehirn dabei befindet, noch einmal genauer eingehen. Sie spielt eine entscheidende Rolle nicht nur bei der Entstehung (und im Sinne der neurowissenschaftlichen Erklärung auch Fehldeutung) des Ichs, das uns höchst real, um nicht zu sagen als das höchste Reale erscheint, sondern auch bei der Entstehung des Gottesbegriffs bzw. der Idee Gottes – zumindest insofern Gott als »schützende Hand« vorgestellt wird, als Wesen, das im Universum für Kohärenz und eine Art roten Faden sorgt. Für den Moment genügt es festzuhalten, dass die Herstellung eines hochkohärenten Zustands für das Gehirn notwendig ist, und er mit einer synchronen Gamma-Oszillation einhergeht. Ein großer Teil der Gehirnaktivität besteht darin, den kontinuierlichen Prozess der Entstehung aller Muster und Informationen auch aus den Sinnesorganen zu ebendieser ›Einheit‹ zu verrechnen und anschließend in eine konkrete Handlung zu überführen. »Dort ist das Essen«, erkennen wir. »Ich bin hungrig« – also greife ich zu!

Irgendwann in diesem Prozess der Verrechnung, bei der Suche nach Kohärenz, geschieht es dann, dass das Gehirn zu einem Ergebnis kommt. Wir selber spüren dieses Ergebnis, weil wir das Gefühl haben, etwas gelöst zu haben: eine Rechenaufgabe, das Problem des Hungers, den wir stillen wollen und deshalb zum Kühlschrank gehen. Wenn wir an einen Ort gelangen wollen, an dem wir noch nie waren, von dem wir aber eine Beschreibung und eine Karte haben, wissen wir, wann wir dort angekommen sind. Auch das Gehirn muss ein solches »Ich habe es gefunden«-Signal produzieren und erkennen, d.h. den Erfolg seiner Suchaktionen auch als solchen ausweisen können. Wäre das nicht der Fall, würde sich das Gehirn in eine endlose Suchschleife begeben und darin verlaufen: Wir würden ewig weitersuchen. Das Gehirn muss daher in der Lage sein, jene Aktivitätsmuster, die Lösungen darstellen, von solchen Mustern zu unterscheiden, die keine Lösungen sind. Am Ende »konvergieren« die Zustände – und genau diese Konvergenz entspricht der Lösung. Das Gehirn »bewertet« in gewisser Weise den Erfolg bisheriger Rechenoperationen und »sagt«, um diese anthropomorphe Formulierung zu gebrauchen, was eine Lösung ist und was nicht. Eine solche Bewertung leisten zu können ist nicht nur für unser Überleben, sondern für jeden Akt des Lernens unverzichtbar. Ich muss wissen, ob ich das neu erlernte Rechenverfahren der Addition richtig anwende oder eine Farbe sprachlich korrekt bezeichne: »Das ist grün« statt »Das ist grau«. Wolf Singer spricht von einer »Signatur« derjenigen neuronalen Zustände, die der Lösung entsprechen. Zurzeit arbeitet er u.a. daran, nachzuweisen, dass sich diese Signatur nicht nur bei unterschiedlichen Formen von Problemlösungen findet, sondern dass sich dieses Muster, die Signatur des Problemlösens, bei Menschen und bei Affen gleicht. Dass es so sein könnte, liegt nahe. Denn das Lösen von Problemen (und das Erkennen, was eine Lösung ist) dürfte eine der ältesten, wenn nicht die primäre Aufgabe von Bewusstseinsprozessen in der Evolution gewesen sein. Es dürfte nicht erstaunen, wenn wir die Mechanismen dazu mit anderen Lebewesen gemeinsam haben.

Genau an diesem Punkt setzt Singers Interpretation der Erleuchtungserfahrung bzw. der Einheit der dualistischen Welt im Zustand tiefer Meditation ein. Es geht auch bei dieser Art der Problemlösung – etwa in der Koan-Schulung des Zen – darum, die komplexe innere und die komplexe äußere Welt miteinander in Übereinstimmung zu bringen. Beide Welten sind nicht nur unterschiedlich, sondern erscheinen uns in vielem auch widersprüchlich (etwa, wie gerade angedeutet, in Bezug auf das Wesen des

Ichs, das von »innen« und von »außen« sehr verschieden erlebt und beschrieben werden kann). Man könnte hinzufügen – und das soll nur eine Andeutung sein, nicht mehr –, dass in allen Systemen, die sich über komplexe Regeln steuern und mindestens die Komplexität des Systems der natürlichen Zahlen haben, nach den Erkenntnissen der Mathematiker Kurt Gödel und Alonzo Church Widersprüche auftauchen. Mehr noch: Es gibt in diesen Systemen wahre Sätze (Lösungen logischer Probleme sozusagen), deren Wahrheit nicht mit den Mitteln (der Axiomatik) des Systems selbst nachgewiesen werden kann. Kurz: Es gibt prinzipiell unentscheidbare Probleme, deren Lösung mathematisch nicht berechenbar ist. Und dennoch leben wir mit dem Gefühl, Probleme gelöst zu haben.

Für Singer steht fest, dass die Kohärenz der Muster, sozusagen die allgemeinste Struktur des »Problem gelöst«-Zustandes, mit einem Zustand hoher Synchronizität einhergeht, in den

*»weit verteilte Ensembles von Neuronen in gut synchronisierte oszillatorische Aktivitäten einschwingen. Die Bewertungssysteme müssten dann lediglich fähig sein, solche kohärenten Zustände zu entdecken. Hierfür würde es genügen, Stichproben der in der Großhirnrinde verteilten Aktivitätsmuster zu nehmen und deren Kohärenz zu bestimmen [...] Falls zutreffen sollte, dass die Signatur eines Ergebnisses, einer Lösung, die Kohärenz eines dynamischen Zustandes ist [...] dann würden die Evaluationssysteme aktiviert, wenn dieser Zustand genügend lange anhält, um als stabil zu gelten. Das Gehirn als Ganzes würde die Mitteilung erhalten, dass ein Ergebnis erzielt worden ist, und die Lernmechanismen würden aktiviert, damit dieser Zustand in der Architektur der Verbindungen festgeschrieben wird, sodass er später wieder erinnert werden kann. Dabei würden genau die Verbindungen verstärkt, die diesen speziellen Zustand begünstigt haben.«[33]*

Genau das geschieht in der tiefen Versenkung der Meditation, in der sich ein Erlebnis der Alleinheit, des »Erwachens« einstellt, das als Lösung eines grundlegenden Problems, etwa eines Koans, erfahren wird. Das Gehirn befindet sich dabei sozusagen im Zustand der allgemeinsten Problemlösung. »Die Lösung des Problems des Lebens merkt man am Verschwinden dieses Problems«, wie Ludwig Wittgenstein sagen würde.[34] Ebenso wie es charakteristische Signaturen für die Widersprüche und Konflikte im Leben gibt, existieren auch Signaturen für deren Lösung. Die damit verbundenen Gefühle der Problemlösung begleiten diesen Zustand positiv, weil sie an das Belohnungssystem weitergereicht werden, das dann den Prozess mit einem Wohlgefühl abschließt. Singer sieht in diesem Umstand einen Grund für die potentielle Abhängigkeit bzw. das Suchtpotential der Meditation.

Die Erfahrung, die ein tibetischer Mönch wie Matthieu Ricard in tiefer Versenkung macht, entspricht in gewisser Weise dem Erreichen eines möglichst umfassenden »Problemgelöst«-Zustandes im Gehirn. Es ist der generellste Rahmen, der »Frame of Mind«, in dem das Gehirn sich selbst signalisiert, dass es seine zentrale Aufgabe gelöst hat. »Ich habe die Antwort auf deine Frage« – und zwar so, dass ich sie immer wieder beantworten kann. Die Antwort ist in einen stabilen Zustand überführt worden, weil der Zustand der Lösung von Problemen umfassend und stabil erreicht wurde – für diesen Zustand sind oft Jahre des Trainings vonnöten. In diesem Geisteszustand erscheint jede konkrete Wahrnehmung, jede Idee, jeder Gedanke, jedes Gefühl im Kontext des allgemeinen »Problemgelöst«-Rahmens. In diesem Rahmen, der die allgemeinste Form der Problemlösung darstellt, sind Widersprüche der Alltagswahrnehmung wie »Dies ist ein Berg« und »Dies ist Wasser«, »Dies ist stabil« und »Dies verändert sich unablässig« aufgelöst. Berg und Wasser sind, wie in Dōgens Sutra von Bergen und Wasser, eins. Im Zustand des Nicht-Denkens sind Berge Wasser und Wasser Berge – und doch sind Berge Berge und Wasser Wasser. »Viele vergangene Meister haben geschickt die Knoten der Verwirrung aufgelöst, indem sie Aussagen jenseits logischer Erwägungen gemacht haben.« Da Wasser und Berge bereits vor dem individuellen Bewusstsein eines Einzelnen existieren, sind sie nichts anderes als »kraftvolle Aktivität in der Gegenwart«. Die große Gegenwart aber, die sich im Nicht-Denken erschließt, ist die der Einheit der Gegensätze: die Leere.[35]

244

Ließe sich empirisch zeigen, dass die Erfahrung tiefer Meditation notwendig mit einer messbaren Synchronisation im Bereich um 40 Hz einhergeht, wäre die These von Wolf Singer weitgehend bestätigt. Noch steht für Singers Theorie, dass das Erlebnis der Erleuchtung mit einem umfassenden »Problemgelöst«-Gehirnzustand zusammenhängt, die endgültige Überprüfung aus. Herauszufiltern, welche der vielen Signale tatsächlich im hochkomplexen Zusammenspiel des Gehirns als eindeutige »Lösungsmarker« dienen, ist keineswegs einfach. Doch angenommen, die Theorie wäre bereits in ihren Einzelheiten bestätigt: Ist diese Entdeckung eines Mechanismus der Erleuchtung oder zumindest der tiefen Meditationserfahrung der Einheit aller Dinge ernüchternd? Auf den ersten Blick scheint es so zu sein. Auf den zweiten ist diese Erklärung eben nur eine Erklärung – die in Bezug auf das Leben selbst keinen großen Unterschied macht. Das Gehirn ist ständig in Aktion und tut etwas, ohne dass wir seinen Zuständen besondere Beachtung schenken. Egal ob wir essen, lernen, eine Reise machen oder einen Orgasmus erfahren: Das Gehirn befindet sich immer in einem entsprechenden Zustand – d.h. in einem Zustand, der ebendieses Erlebnis neben allen anderen Faktoren möglich macht. Bedeutet es eine Schmälerung des Erlebnisses, zu wissen, in welchem Zustand sich das Gehirn befindet? Zwar sind wir uns der genauen Umstände eines Zustandes beim Gehirn wie auch bei der Tätigkeit anderer Organe oder Körperfunktionen meist nicht bewusst – doch diese Zustände existieren und die Organe, die sie durchlaufen, tun unentwegt ihre Arbeit. Stört es Sie beispielsweise wirklich, dass Sie, wenn Sie essen, regelmäßig eine ganze Horde von Enzymen freilassen und Magen und Darm selbst nach einem wunderbaren Essen ihre zum Teil wenig appetitliche (aber notwendige) Arbeit für Sie verrichten? Mag sein, dass wir nicht daran erinnert werden wollen. Und doch finden all diese Prozesse statt, wenn wir verdauen.

Die Frage ist, warum es uns dann stören könnte, wenn während der Meditation das Gehirn auf eine bestimmte Weise aktiv wird. Erst nach einer langen Zeit des Übens (denn um Übung kommen wir nicht herum, auch wenn wir ›wissen‹ sollten, was unser Gehirn im Detail macht) wird es unserem Gehirn gelingen, wie von selbst in einen Zustand der »allgemeinen Problemlösung« überzusetzen und entsprechende Signale an unser Belohnungssystem zu senden. Warum sollte Sie das stören – nicht aber der Genuss einer Crème brulée, für den neben dem Koch und manchem anderen nicht zuletzt auch Ihr Gehirn sorgt? Mir selbst hat der Vergleich mit einem Fernseher geholfen. Wenn Sie eine Nachrichtensendung oder ein Fußballspiel zu Hause sehen wollen, gleich ob digital, per Satellit oder im Internet – stets brauchen Sie einen Bildschirm und die entsprechende Software, die Ihnen die Bilder liefert. Selbst wenn Sie Ihr jeweiliges Fernsehgerät vollständig verstanden hätten und sogar selber nachbauen könnten: Sie könnten mit diesem Wissen noch keine einzige Nachrichtensendung und kein einziges Fußballspiel sehen. Dazu gehört eine Aktivität und ein Zusammenspiel vieler Menschen. Den Fernseher zu verstehen bedeutet nicht, ein Fußballspiel sehen zu können. Karl-Heinz Brodbeck fasst den Zusammenhang knapp so zusammen: »Ein Fernsehgerät ist die Bedingung (eine Möglichkeit) dafür, dass man eine Nachrichtensendung sehen und hören kann, nicht aber die Ursache der Nachrichten, schon gar nicht ihres Inhalts und ihrer Bedeutung.«[36]

Singers Antwort auf die Frage nach dem neurowissenschaftlichen Status tiefer Meditationserfahrung unterscheidet sich in diesem Aspekt nicht wesentlich vom Beispiel des Fernsehers. Am Ende, so Singer, wirkt sich eben jede unserer Tätigkeiten auf das Gehirn aus – auch die Erleuchtung. Umgekehrt gilt dasselbe: Der Zustand, in dem sich unser Gehirn befindet, wirkt auf unsere Erfahrung, unsere Wahrnehmung und schließlich auch auf unser Verhalten zurück. Warum sollten Erleuchtung oder die Erfahrung des Nicht-Zwei nicht auch mit einem bestimmten Zustand des Gehirns korrelieren – während andere Zustände eben anders aussehen? Was ist so ernüchternd daran, dass das, was Sie jetzt gerade beim Lesen erfahren, eben auch ein bestimmtes Muster der Aktivität des Gehirns erzeugt? Das nimmt weder dem »intersubjektiven« Bereich der Sprache noch dem Buch und erst recht Ihnen nichts. Verstehen herzustellen – das allerdings ist ein ganz anderes Problem. Es zu lösen verlangt den persönlichen Einsatz, das Üben in Meditation als ein aktives Kultivieren eines Bewusstseinszustandes über einen langen Zeitraum hinweg. Aus dieser Arbeit wird Sie, wie in vielen anderen Bereichen auch, die Gehirnforschung nicht entlassen! Wenn Sie sich dem entziehen, sind Sie es, die sich entziehen – nicht Ihr Gehirn.

Hält man sich die Tatsache vor Augen, dass das Gehirn immer aktiv ist (auch wenn wir uns dessen nicht bewusst sind) – was sollte dann eine neurowissenschaftlich zutreffende Beschreibung der Erfahrung des Loslassens, der Erleuchtung in der Meditation ›verderben‹? Die neurowissenschaftliche Beschreibung von außen wird immer eine Form der Beschreibung bleiben, die sich von der inneren Erfahrung, die Sie machen, unterscheidet. Sie ist eine externe Zuschreibung – die sich »von innen« ganz anders anfühlt. Die Farbwerte eines Gemäldes zu messen und sie zu beschreiben ist etwas anderes – eine andere Kategorie, ein anderer Bereich des Lebens – als die emotionale Reaktion, die dieses Gemälde in Ihnen auslöst. In der Philosophie ist dieses Auseinanderfallen von äußerer Beschreibung und innerem Empfinden bis heute das vielleicht wichtigste ungeklärte Problem der Bewusstseinsphilosophie. Es wird unter dem Begriff »Qualia« (d.h. »wie etwas ist«) diskutiert. Man versteht darunter den subjektiven Erlebnisgehalt einer Erfahrung bzw. eines mentalen Zustandes, der sich von außen durchaus – wenn auch ganz anders – beschreiben ließe. Mit der Qualia-Debatte bezeichnet man präzise das Problem, dass sich die objektive oder auch intersubjektive Beschreibung der subjektiven Sicht (der Innenansicht der Welt) widersetzt. Wie sich etwas auf eine bestimmte persönliche Weise anfühlt, ist eben doch etwas anderes als zu wissen, in welchem Zustand sich jemand befindet. Zu wissen, was passiert, wenn das Belohnungszentrum aktiviert wird, oder was passiert, wenn man endlich isst, ist etwas anderes, als diese Erfahrungen selbst zu machen. Mit keinem Argument der Welt kann dieses Gefühl auf ein »objektives Maß« gestutzt werden. Wenn mir Vanilleeis schmeckt: Warum sollte ich umlernen und sagen: »Mir schmeckt ein Gehirnzustand?« Schmälert es den Genuss von Vanilleeis, wenn ich wüsste, in exakt welchem Zustand jedes einzelne Neuron in meinem Gehirn wäre und was es gerade macht? Ich würde immer noch Vanilleeis essen und es mögen!

Im Grunde bleibt das, was Singer möglicherweise in Kürze als weitgehend vollständige neuronale Entsprechung des Erleuchtungszustandes zu beschreiben in der Lage sein wird, nach wie vor das Ergebnis einer langen kulturellen Tradition, Übung und der eigenen Arbeit. Die Qualia-Frage müsste daher um eine »ex quo«-Frage ergänzt werden: Wie kam es zu dem Erlebnis? Denn offensichtlich spielt es nicht nur eine Rolle, wie sich etwas von innen anfühlt und welchen Unterschied diese Erfahrung im Leben macht, sondern auch, auf welche Weise diese Erfahrung gemacht wurde und wie sie entstanden ist. Könnte man diesen Zustand auch mit Hilfe einer sogenannten Gehirnprothese erreichen – einer Veränderung des Gehirns entweder durch Implantation von Chips und Elektroden, durch Magnetstrahlen oder durch Psychopharmaka? Bislang kann er, bis auf wenige Ausnahmen, nur durch jahrelanges Training erzielt werden. Die Frage ist, wie die einzelnen Zustände neurowissenschaftlich klar voneinander unterschieden werden könnten. Ken Wilber weist in seiner Analyse der acht möglichen Perspektiven der Betrachtung von Ich (innen und außen) bzw. Wir (innen und außen), darauf hin, dass es verschiedenste Formen und Methologien, aber auch entsprechende Messverfahren für die jeweilige Wahrnehmung gibt – und warum diese sich unterscheiden. Meditation etwa ist die innere Sicht auf die innere Wahrnehmung des Ichs. Die neurobiologische Beschreibung ist die äußere Sicht der inneren Wahrnehmung eines Ichs. Aus diesem Grund lassen sich beide Perspektiven – die Innen- und Außensicht auf das Ich – nicht völlig ineinander abbilden. Sie bleiben verschieden.[37] Zu sagen, die eine Beschreibung hätte eine Berechtigung, die andere hingegen nicht, ist reine Willkür – auch wenn sich diese Willkür im Rahmen von Paradigmenverschiebungen etwa von der Vormoderne zur Moderne durchaus erklären, nicht aber begründen lässt.

Dennoch ist für mich nach wie vor die Frage weitgehend ungeklärt, ob die Neurowissenschaften jemals in der Lage sein werden, einen Zustand tiefer Meditation, der keine Erleuchtungserfahrung ist, von einem Zustand des tiefen »Nichtbeobachtenden Beobachtens« und einer Erfahrung von Erleuchtung in tiefer Meditation zu unterscheiden.[38] Die Forschung wird auf diese Fragen eine Antwort geben. Denn es sind im

Unterschied zu der Frage nach den Perspektiven rein empirische und keine philosophischen Fragen.

Im Zen-Buddhismus wird großer Wert auf den Umstand gelegt, dass selbst dann, wenn eine plötzliche Erleuchtungserfahrung gemacht wurde (und man könnte sich rein theoretisch vorstellen, dass sie sogar durch eine bestimmte Droge ausgelöst werden könnte, die das Gehirn in den passenden Zustand versetzt), diese so lange keinen Bestand und Wert hat, solange sie nicht in das Leben integriert und vertieft wird. Es genügt nicht, einmal im Zustand der großen Problemlösung gewesen zu sein. Es kommt darauf an, diesen Zustand in allen alltäglichen Verrichtungen zu erfahren und im Sinne des Mitleids nutzbar zu machen. Das Besondere am Zustand der Erleuchtung ist, dass er durch eine kulturelle Technik – durch das Sitzen in Meditation – systematisch erlernt und dann auch angewendet werden kann. Die entscheidende Frage ist also weniger, wie der Zustand der Meditation aussieht, sondern ob wir ihn wollen und was wir mit dieser Erfahrung machen. Fest steht, dass die Möglichkeit, sich immer wieder in diesen Zustand zu versetzen und aus ihm heraus zu handeln, unser Handeln und unser Leben verändert. Diese Erfahrung erst ermöglicht das, was der Dalai Lama als Kultur des umfassenden Mitleids bezeichnet – die Erkenntnis einer fundamentalen Einheit aller Menschen und Dinge. Die Erfahrung tiefer Meditation selbst, die mit einer Erhöhung und völligen Klarheit des Bewusstseins einhergeht, könnte für unser Überleben eine zentrale Rolle spielen – gleich wie wir sie »von außen« beschreiben. Nur wenn es möglich ist, den Individualismus zu überwinden, der maßgeblich bei einer Fülle von Problemen wirksam ist, könnte es tatsächlich gelingen, auch komplexere gesellschaftliche und ökologische Probleme zu lösen, vor deren Bewältigung wir und die nächsten Generationen stehen. In diesem Sinn ist Meditation als Weg der Weisheit tatsächlich zentral, da sie helfen kann, einen Zustand zu erreichen, der es ermöglicht, eine andere Perspektive auf unsere Probleme – eine Perspektive der Lösung – einzunehmen.

# KAPITEL 6:

## WEISHEIT, LEERE, MITLEID

Was Weisheit ausmacht, ist der richtige, angemessene Umgang mit Komplexität, der von einer Haltung der Aufmerksamkeit, Leichtigkeit und Gelassenheit geprägt ist im Bemühen darum, die Mitte zu finden. Weisheit stellt ein Bemühen dar, die zuweilen undurchschaubare Komplexität der Welt nicht auf unzulässige Weise zu reduzieren, sondern vielmehr zu versuchen, ihr Gerechtigkeit widerfahren zu lassen, ohne sie und die damit verbundenen Probleme einfach zu ignorieren. So bewegt sich der Weise frei und gelassen in der Welt, ohne sich klein oder groß zu machen. In den Geschichten über Zen-Meister Ryōkan heißt es:

> »Wenn Ryōkan kommt, so ist es, als sei der Frühling an einem dunklen Wintertag gekommen. Sein Wesen ist rein, und er ist ohne jede Verstellung und Falschheit. [...] Er strahlt Wärme und Mitgefühl aus. Er wird nie ärgerlich und überhört die Kritik der anderen. Die bloße Begegnung mit ihm weckt das Gute in den Menschen.«[1]

Der Taoist und Philosoph Dschuang Dsi sagt es so: Der Weise

> »urteilt ohne Falsch und lässt sich nicht durch Gewinn berücken. Er kennt der Dinge wahres Wesen und vermag ihre Wurzel zu wahren. Darum ist er jenseits von Himmel und Erde und lässt alles Wesen hinter sich. [...] Er passt sich in Freiheit der Welt an und verhüllt doch sein wahres Wesen. [...] Fehlt den Geschöpfen der rechte Sinn (Weg, Tao), so ist er vorbildlich in seinem Benehmen, um sie dadurch zu erwecken. Aber man kann keines seiner Worte auswählen, um es zu zitieren«.[2]

Man darf nicht vergessen, dass diese Beschreibung des Weisen mehr als 300 Jahre v. Chr. entstanden ist. Dennoch lässt sich ihr Inhalt durchaus ins Heute übersetzen. Wesentlich für das Leben in Weisheit ist die Kenntnis der »Wurzel« der Dinge und das Erwachen zur wahren Natur. Wenn man die Weisheitstexte des Buddhismus analysiert, um herauszufinden, was der Buddhismus im Handeln und in der Haltung an die oberste Stelle aller Erkenntnis, aller Meditation und aller Philosophie setzt, dann erkennt man, dass das Konzept des Mitleids mit dem der Weisheit in engem Zusammenhang steht.

Mit dem Begriff Mitleid ist allerdings nicht in erster Linie Mit*gefühl*, ist eigentlich gar kein Gefühl gemeint. Das englische Wort »compassion« trifft die Sache vielleicht besser als das deutsche »Mitleid«, oft auch »Mitgefühl«, das eher den Aspekt der Emotion betont. Doch genau das ist nicht primär gemeint, wenn in den buddhistischen und vedischen Traditionen von »compassion« gesprochen wird.

Wie sieht es in der christlichen Tradition aus? Die spezielle Verbform »Mitleid haben«(griechisch εσπλαγχνισθη) findet sich in der Bibel nur in den Evangelien. Doch auch dort wird sie höchst selten verwendet. Sie bezieht sich in allen Fällen ausschließlich auf Jesus selbst, der seinerseits Gottes Mitleid mit der gesamten Schöpfung und insbesondere mit den Menschen vergegenwärtigt (Mt 9, 36; 14, 14; 15, 32; 20, 34; Mk 1, 41; 6, 34; 8, 2 sowie Lk 7, 13). Die einzigen Abweichungen von dieser »Regel« sind neben Mt 18, 27 noch die Stelle Lk 10, 33 im Gleichnis vom barmherzigen Samariter (Lk 10, 29–37) sowie Lk 15, 20. Im Gleichnis vom barmherzigen Vater (Lk 15, 11–32), das fälschlicherweise oft auch das Gleichnis vom verlorenen Sohn genannt wird, bezeichnet der Ausdruck »Mitleid haben« wie in den entsprechenden anderen Stellen der Evangelien eine entscheidende Veränderung der Haltung, einen dramatischen Aspektwechsel, der ein verändertes Verhalten der Menschen untereinander und zu ihrem eigenen Leben zur Folge hat.

Im bekannten Gleichnis vom barmherzigen Samariter lassen der Priester und der Levit (die im religiösen Sinne »Guten« und »Vorbildlichen« also) den schwer Verletzten, nachdem sie ihn gesehen haben, am Wegrand liegen. Bei ihnen kommt es zu keiner Veränderung des Verhaltens – sie gehen vorüber. Sie »sehen« den anderen – nehmen ihn aber nicht als ein verwandtes Wesen wahr, das leidet und Hilfe braucht. Ausgerechnet für den Samariter – zurzeit Jesu geradezu ein Synonym für einen Juden, der nicht auf dem rechten Pfad wandelt – wird der fremde Verletzte zum Nächsten. Der Samariter sieht – und nähert sich. Damit überwindet er die gesetzten Grenzen, obwohl für ihn durchaus die bekannte Gefahr bestand, dass der verletzte Mann in Wahrheit Teil einer räuberischen Bande war und als Köder diente. Dass ausgerechnet ein Samariter (und nicht der Priester oder Levit als vorbildlicher Jude) hilft, kommt einer Umwertung der anerkannten Werte gleich. Das Gleichnis vom barmherzigen Vater, das Jesus selbst in den Mund gelegt wird, nimmt diese Umwertung gleichsam kommentarlos vor. Es zeigt einfach und stellt fest, dass sich jemand auch über die Gesetze seiner Religion hinwegzusetzen in der Lage ist – denn der Verletzte war damaliger Anschauung zufolge durch sein Blut zugleich auch ein »Unreiner«, den zu berühren dem religiösen Code nach problematisch ist, insbesondere wenn man sich – wie möglicherweise der Levit – auf dem Weg zu einer religiösen Zeremonie befindet, die rituelle Reinheit zur Voraussetzung hat.

Doch auch der barmherzige Vater überwindet die traditionellen Konventionen, die es ihm nicht erlauben, seinerseits auf den Sohn zuzugehen, der sich zuvor aus eigenen Stücken von ihm getrennt und damit das Band der Familie zerschnitten hat. Mitleid zu haben meint, jedenfalls in der Verwendung des Wortes im Gleichnis von Lukas, eine Brücke zu finden, die zwischen der bloßen Wahrnehmung von Leid und der das Leid mindernden Tat eine Verbindung schafft. Der Samariter wie auch der barmherzige Vater bauen auf ihre Weise durch ihre Selbstlosigkeit, die die bewusste Missachtung bestimmter gesellschaftlicher und religiöser Regeln beinhaltet, eine Brücke zum anderen. Sie sehen sich nicht als getrennt von seinem Schicksal. Ihr Mitleid macht eine Heilung vom Leiden möglich – zum einen physisch wie beim Samariter, zum anderen psychisch in der Form der Wiederaufnahme in die familiäre Gemeinschaft wie beim Vater. Die buddhistischen und vedischen Traditionen sehen im Mitleid mehr als einen Faktor, der »eine Brücke schlägt«. In ihnen

252

verbinden sich Weisheit (*prajñā*) und das Bestreben des Mitleids (*bodhicitta*) zu einer neuen Einheit. Der Erleuchtungsgeist oder *bodhicitta* ist ein wesentlicher Aspekt der Weisheit. Er zielt auf die Verwirklichung der Leere oder Leerheit (der »Essenz« der wahren Natur), die untrennbar ist vom allumfassenden Mitleid allen Lebewesen gegenüber. Dieses Mitleid ist jenseits aller dualistischen Vorstellungen von »Ich« und »Du«. Erst wenn Erwachen und Mitleid zusammentreffen, d.h. Buddhaschaft zum Wohle aller Lebewesen erlangt wird, erwacht der Geist eines weisen Menschen vollständig. Was einen solchen Weisen wirklich ausmacht, schreibt der Dalai Lama in seiner Interpretation eines Textes von Āchārya Kamalashīla, einem Gelehrten des 9. Jahrhunderts,

*»ist unter diesem Gesichtspunkt zu sehen: Werden unsere störenden Gefühle vermindert, dann sind die Übungen wirksam gewesen. Das ist das Hauptkriterium, das den wahren Praktizierenden auszeichnet, ganz gleich, wie fromm wir nach außen erscheinen mögen. Der ganze Zweck der Meditation ist der, die verblendeten Trübungen unseres Geistes zu verringern und sie schließlich an ihrer Wurzel auszumerzen.«*[3]

Und genau das führt zu einer tätigen Selbstlosigkeit, die allen Lebewesen dient. An ihr misst sich als sehr alltagsbezogener Maßstab jeder Fortschritt auf dem Weg der Weisheit. Mitleid, *compassion* als Erwachen des erweckenden Geistes von *bodhicitta* ist laut dem Dalai Lama und vielen Texten des Buddhismus »die *einzige* Wurzel oder Grundlage von Allwissenheit«.[4] Und damit eine notwendige Bedingung für Weisheit.

In allgemeinster Form meint Mitleid daher eine Haltung, die darauf ausgerichtet ist, zu erkennen, dass alle lebenden Wesen leiden und sich ein Ende dieses Leids wünschen. Weisheit, das betonen die buddhistischen Schriften immer wieder, ist ohne die Ausübung von Mitleid nicht möglich. Es ist die Grundbedingung für die Erlangung von Weisheit – ihr Ausgangs- und in gewisser Weise auch ihr Endpunkt. Diese Konzeption des Mitleids ist nicht ablösbar von einer Einsicht in das grundsätzliche Leiden aller Lebewesen. Mitleid bedeutet, dieses Leid zu erkennen und in ihm die *Einheit* aller lebenden Wesen und Dinge. Genau diese Verbindung macht Mitleid zu etwas anderem als einem reinen Ausdruck von Gefühl. Insbesondere der Dalai Lama, aber auch andere buddhistische Autoren machen in ihren Schriften immer wieder auf diesen elementaren Zusammenhang zwischen Mitleid und der Erkenntnis der Einheit aufmerksam. Das Mitleiden ist eng mit der Vorstellung von Erleuchtung verbunden. Deshalb geloben die Bodhisattvas, anders als viele Heilige der abendländischen Tradition, erst dann im Zustand der absoluten Einheit aufzugehen (symbolisch gesprochen: in das Nirvana einzutauchen), wenn alle lebenden Wesen die gleiche Befreiung erreicht haben. Die Analogie erscheint geradezu absurd: der christliche Heilige, der nicht ins Himmelreich eintritt, solange nicht alle Seelen gerettet sind.

Eine der für mich überraschendsten Einsichten während der Arbeit an diesem Buch war, dass Meditation als ein wichtiger Weg der Einsicht in die eigene Natur nicht ohne die Übung von Mitgefühl zu denken (und zu leben) ist. In sie ist letztlich jede Form der Meditation oder Kontemplation eingebettet. Dabei ist Mitleid oder Mitgefühl kein Ergebnis einer ethischen Maxime – auch wenn Mitleid vielleicht zunächst auf diese Weise, d.h. als moralischer Appell, entstehen mag. Doch während wir in den westlichen Traditionen Zuwendung zu anderen in erster Linie als Pflicht und damit als einen moralischen *Akt* begreifen, erscheint sie im Buddhismus als Konsequenz aus der Einsicht in die wahre Natur der Dinge, d.h. als ein Vollzug von Weisheit. Mitgefühl/Mitleid ist die handelnde Entsprechung des gemeinsamen Erwachens aller lebenden Wesen, das Buddha bei seiner Erleuchtung erlebte und um das es beim Bemühen um Weisheit geht. »Von Mitgefühl bewegt, legen Bodhisattvas das Gelübde ab, alle fühlenden Wesen zu befreien«, heißt es in Kamalashīlas Text über die mittleren Stufen der Meditation. Mitleid ist von wesentlicher Bedeutung auf allen Stufen des Weges: am Anfang, in der mittleren Stufe und nach dem Erwachen. Der Text Kamalashīlas aus dem 9. Jahrhundert gibt folgende Anleitung:

*»Betrachte alle wandernden Wesen als in ein großes Feuer des Elends versunken. Denke, dass sie dir alle darin gleichen, dass sie keinerlei Leid*

*erfahren wollen. Meditiere jederzeit über Mitgefühl, und richte dich auf alle fühlenden Wesen aus mit dem Wunsch, dass sie alle frei von Leiden sein mögen. Beginne mit dem Meditieren über deine Freunde und Verwandten. Erkenne, wie sie die verschiedenartigen Leiden erfahren. Nachdem du nunmehr alle fühlenden Wesen als gleich betrachtet hast, ohne jeglichen Unterschied zwischen ihnen, sollst du über fühlende Wesen meditieren, denen gegenüber du gleichgültig bist. Sobald dein Mitgefühl ihnen gegenüber dasselbe ist wie gegenüber deinen Freunden und Verwandten, meditiere über Mitleid für alle fühlenden Wesen in allen zehn Richtungen des Universums. Genauso wie eine Mutter auf ihr kleines, geliebtes und leidendes Kind reagiert – du hast die Übung des Mitgefühls vervollkommnet, wenn du ein spontanes und gleiches Mitgefühl gegenüber allen fühlenden Wesen entwickelst. Und das nennt man das große Mitgefühl.«[5]*

Ich muss gestehen, dass ich diesen Ratschlag für einfacher und wirkungsvoller halte als den Kategorischen Imperativ oder die Goldene Regel. Wer in einer Situation der Entscheidung ist, rät der Dalai Lama, sollte sich überlegen, wie eine Mutter (oder ein Vater) ihrem bzw. seinem Kind gegenüber reagiert. Dies ist vielleicht noch weitreichender, als das Notwendige zu tun. Wie komplex der Umgang mit Kindern ist, weiß jeder, der mit ihnen zu tun hat. Genau auf diese Umgangsweise will der Text hinaus. Im tibetischen Buddhismus gibt es eine Anleitung für diese Übung des Mitleids, die von der Einsicht getragen ist, dass alle fühlenden Wesen gleich sind, indem sie nach Glück streben und Leid und Elend vermeiden wollen. Wir stehen alle in diesem Zusammenhang. Glück oder Elend anderer wirken auf uns ein. Davon getrennt zu sein ist nur eine Illusion, die bestehen kann, weil wir Türen – mentale wie wirkliche – schließen.[6] Wenn die Befürworter einer ethnischen Säuberung glauben, die wahre Natur gefunden zu haben und den Weg zu einem idealen, besseren Staat in eine bessere Welt – eine Welt ohne die anderen –, dann säen sie auf diese Weise Tod und Zerstörung. Sie foltern, morden, vergewaltigen, oft angeheizt durch Propaganda.[7] Dass Glück so nicht entstehen kann, erscheint allen, die nicht unmittelbar damit zu tun haben, völlig klar. Doch das Perverse ist, dass selbst die Mörder für sich selbst in Anspruch nehmen, Glück zu suchen und zu finden. Allerdings, und das ist der Punkt, in völliger Unkenntnis ihrer Natur und vor allem der tieferen Strukturen des Leidens. Politische Aufklärung, Analyse und Ähnliches, aber eben auch Kontemplation und Meditation sind die Wege, die tatsächlich aus diesem Dilemma helfen. Sie machen die Abhängigkeit von uns allen erlebbar. Jede legitime politische Intervention ist letztlich nichts anderes als eine Form der in Handlung umgesetzten Analyse dieses Zusammenhangs der Gleichheit aller Menschen. Sie beruht auf einer Anerkenntnis der Menschenrechte, die zu begründen im Detail schwer sein mag, jedoch am Ende nicht ohne einen Begriff von Wahrheit, von wahrer Natur, auskommt. Im Grunde ist es so einfach wie die Tatsache, dass eine Mutter ihrem Kind hilft, jedenfalls dann, wenn sie nicht krank und selber mental und emotional dazu in der Lage ist.

Matthieu Ricard schildert in seinem Buch über Glück mehrfach, wie neurophysiologische Untersuchungen bei ihm und bei anderen Mönchen, die jahrzehntelang diese Übung des Mitgefühls praktiziert haben, signifikante Unterschiede in der Funktionsweise des Gehirns ergaben.[8] Damit ist natürlich nichts wirklich bewiesen. Aber es zeigt doch, dass diese Form der Meditation kein Phantasma ist, sondern einen bis in den Körper hinein nachweisbaren Unterschied ausmacht. Es ist gut zu denken, dass auch andere Lebewesen vom Leiden befreit sind – selbst die, die uns Leid zufügen. Auch sie handeln letztlich als von Begehren und Unwissen Getriebene. Die Haltung einer Mutter (eines Vaters) gegenüber ihrem Kind ist Selbstvergessenheit in Aktion. Genau dies wäre einigen Weisheitstraditionen zufolge die richtige Haltung dem Leben gegenüber. »Was sind die geschickten Mittel eines Bodhisattva, und welche Weisheit wird verwirklicht?«, lautet die Frage im »Sutra über die Unterweisung des Akshayamati«. »Die geschickten Mittel«, lautet die Antwort, »das bedeutet, in der meditativen Versunkenheit an die fühlenden Wesen zu denken und den Geist ganz eng und mit großem Mitgefühl auf sie zu lenken. Und sich in meditativem Gleichgewicht mit Frieden und äußerstem Frieden zu befassen, das ist Weisheit.«[9] Auch dabei geht es langfristig nicht darum, bestimmte Vorstellungen zu hegen. Im Gegenteil: Die Verwirklichung von Leerheit erst ermöglicht eine solche Einstellung. Nach und nach verbessert Meditation die Fähigkeit, sie zu erreichen.»Ähnlich wie beim Anzünden von Feuer durch das Reiben von Holzstücken wirst du dann deine Meditation vollenden. Du wirst dadurch eine äußerst klare Kenntnis der Sphäre der Phänomene erlangen, frei von begrifflichen Hinzufügungen – die transzendentale Weisheit frei von den hinderlichen Netzen des begrifflichen Denkens. Auf diese Weise ist ein Geist in den Pfad des Sehens einbezogen, der die selbstlose Natur aller Phänomene begreift.«[10]

Die Buddhas, heißt es bei Kamalashīla, bleiben im Kreislauf der Existenz – d.h. der Welt des Leidens unterworfen –, solange es noch fühlende Wesen gibt. Dieses Nicht-Eingehen ins Nirvana setzt eine klare und logische Analyse des Leidens und der Ursache des Leidens voraus. Das Mitleid der Bodhisattvas bezieht sich auf die verschiedenen Dimensionen des Leidens, das aus der Endlichkeit, der daraus resultierenden Veränderlichkeit des Lebens und der eigenen Täuschung über die Natur der Dinge resultiert. Diese Lehre geht auf Buddhas »Vier Edle Wahrheiten« zurück: Das Kernstück der ersten Lehrrede Buddhas, der berühmten Predigt von Benares, in der er durch die Verkündigung dieser vier Wahrheiten das »Drehen des Rades der Lehre (*Dharmacakrapravartana*)« auslöste. Buddhas Lehre vom Leiden beinhaltet die Einsicht in die grundlegende Natur des Leidens, in die Entstehung des Leidens, die Aufhebung des Leidens und den Weg zur Aufhebung des Leidens. Während alles Leben, das der Veränderlichkeit und damit auch der Endlichkeit unterworfen ist, zugleich auch Leiden ist, neigen wir dazu – sozusagen als eine Form der perspektivischen Verkürzung des Verstandes – diese grundlegende Leidensstruktur, die alles durchzieht, zu verdrängen. Und doch steht Leiden unwiderruflich sowohl am Anfang unseres Lebens – der Geburt, an die wir uns nicht erinnern – wie auch an seinem Ende – dem Tod, dem oftmals Krankheit und das Alter mit seinen vielfältigen Beeinträchtigungen vorausgehen. Leiden zu erkennen ist demnach zentral – eine Einsicht, die auch im Kapitel über Dōgen von zentraler Bedeutung war. Es geht langfristig nicht darum, hier und da Leiden zu vermeiden oder zu lindern, sondern um einen grundsätzlichen Umgang mit der Tatsache des Leidens. Es ist äußerst wichtig, schreibt der Dalai Lama, die Möglichkeiten zu erkunden, ein anhaltendes – nachhaltiges – Glück zu erreichen.[11]

Auf das Thema Glück werde ich im nächsten Kapitel gesondert eingehen. Hier genügt es festzuhalten, dass das Leiden, das diesem Glück im Wege steht, genau analysiert und erkannt werden muss. Es ist wichtig zu wissen, was aufgegeben und was weitergeführt werden muss; was Leiden verursacht und nachhaltig beseitigt. Und weil das so ist, ist es entscheidend, selber den Durchbruch zu erfahren und zu verstehen. »Du musst den Sinn des Weges kennen, den du anderen fühlenden Wesen zeigen willst.«[12] Deshalb führt Mitleid zum Erwachen.

In der Hektik des Lebens vergessen wir oftmals nicht nur diese Grundkoordinaten des menschlichen Lebens, sondern auch die Notwendigkeit, das Erwachen zu üben. Wie alle nach Glück zu streben und Leid nach Möglichkeit zu vermeiden ist das eine. Doch das Problem ist, dass, selbst wenn die äußeren Ursachen für Glück – Geld, Ansehen, eine gewisse Sicherheit, Arbeit, Besitz – erreicht sind, zugleich damit auch andere, neue Probleme geschaffen werden, die durch materiellen Fortschritt allein nicht in den Griff zu bekommen sind. Fortschritt beispielsweise bewirkt nicht automatisch überall auch Frieden. Vertrauen, Respekt, Mitgefühl, Güte, Freundlichkeit – all das und mehr muss hinzukommen. Eine Welt, die trotz wirtschaftlichen und technologischen Fortschritts zunehmend von Strukturen einer neoliberalen Globalisierung bestimmt ist, leidet unter der sogenannten Prekarisierung (stetiger Zunahme der Zahl von Arbeitsplätzen mit geringer Arbeitsplatzsicherheit und niedrigem Lohn) und den Folgen atypischer Arbeitsverhältnisse. Die modernen Produktionsbedingungen zeigen, dass selbst bei Zunahme des Bedarfs an Arbeitskraft keineswegs die Arbeiter profitieren. Stattdessen übernehmen Maschinen und Niedriglohnarbeiter die Tätigkeiten, gleichzeitig werden Arbeitsplatzsicherheit, langfristige Perspektiven (etwa sichere Arbeitsverträge), Lohn und Kündigungsschutz reduziert. Insgesamt kommt es zu einer Zunahme von Teilzeitbeschäftigungen, Beschäftigung mit geringeren Löhnen und höherem eigenen Risiko. Der renommierte französische Sozialwissenschaftler Pierre Bourdieu, bis zu seinem Tod 2002 Mitglied des *Collège de France*, zeigte zusammen mit anderen Wissenschaftlern in seiner Studie über die Vororte von Paris unter dem Titel *Das Elend der Welt. Zeugnisse und Diagnosen alltäglichen Leidens an der Gesellschaft*, wie die entsprechenden Gesellschaftsgruppen (und zunehmend auch die, die noch über ein gesichertes Einkommen verfügen) an den Rand gedrängt werden. Das Gegeneinander der Lohnabhängigen ist, so eines der Ergebnisse der Studie, in gewisser Weise das organisierte Gegeneinander, das einer neoliberalen Grundstruktur entspricht. Wenn sich etwas verändern soll, so folgerte Bourdieu, dann muss dieser strukturellen Gewalt und Vorherrschaft der Konkurrenz vor der Solidarität der Menschen ein Denken und Handeln entgegengesetzt werden, das sich an den gemeinsamen Interessen aller Menschen orientiert. Diese zu erkennen ist einer der Eckpunkte von weisem Denken und Handeln, gerade auch in der Politik.

Leben ist Leiden – selbst das »gute Leben«, das unweigerlich mit der Begrenztheit der Ressourcen zu kämpfen hat. Sich in allen Aspekten damit abzufinden, auch in denen, die sich verändern lassen, wäre sicher falsch. Zwar läuft das Leben auf den Tod zu. Es ist aber nicht selten auch erkauft mit dem Leiden anderer, etwa in Form von Ausbeutung in sogenannten Dritt- und Viertweltländern. Wer die Einheit mit dem, der leidet, erfährt, wird versuchen zu helfen und den Unterschied, der zwischen Menschen besteht, so gering wie möglich werden zu lassen. Gerechtigkeit ergibt sich in gewisser Weise natürlich aus dieser Erfahrung der Einheit.

Von großer Wichtigkeit ist bei diesen Überlegungen der Gedanke, »undisziplinierte Geisteszustände« (Dalai Lama) zu verringern. Im Alltag neigen wir dazu, bei persönlichen Schwierigkeiten selbstsüchtig, aufbrausend und barsch zu reagieren. Die Übung von Weisheit verweist, ohne mit dem moralischen Zeigefinger zu drohen, in eine andere Richtung, nämlich auf das Loslassen und die Erfahrung der Nicht-Getrenntheit, die nur in der täglichen Übung realisiert werden kann. Wer eins ist mit seinem Leben samt seiner Lebensumstände, der neigt kaum dazu, die Lösung einzig und allein in der gewalttätigen Veränderung der Umwelt zu sehen. Zwar mag die Umwelt veränderungsbedürftig sein (und sollte auch verändert werden, wenn es notwendig ist). Doch diese Veränderung allein bringt keine letzte Erlösung. Sie kann im Idealfall Erleichterung schaffen, nicht aber die Wurzeln des Leidens beseitigen. Anzunehmen, dass sich wie durch ein Wunder, durch eine so plötzliche wie tiefgreifende Veränderung der sozialen oder natürlichen Umwelt alle Probleme über Nacht lösen, ist möglicherweise tröstlich, aber keine wirklich hilfreiche Einstellung. Die bestünde eher darin, sich Tag für Tag Übungen zu unterziehen, die die Wurzeln des Leidens mitbedenken, statt sie zu verdrängen.

Ohne diese Übung mehrt sich das Leiden immer weiter, da unsere von allerlei Verlangen und Wünschen, Vorstellungen und Empfindungen verwirrten Geister eine unproduktive Haltung zur Folge haben. Dass jedoch Begierde oder Abneigung als eine Form »negativer Begierde« unser Handeln steuern, resultiert laut buddhistischer Lehre aus einer fundamentalen Unwissenheit. Sie ist mitverantwortlich für die »leidbringenden Emotionen«, die uns steuern und unser Verhalten beeinflussen. Während Leiden (*dukkha*) tatsächlich überall in der Welt anzutreffen ist, liegen die Ursachen unseres Leidens (*samudaya*) in Begehren und Unwissenheit – sowohl in Bezug auf die wahre Natur aller Lebewesen als auch in Bezug auf die Natur und Funktionsweise unbelebter Dinge. »Es gibt viele Ebenen von falscher Erkenntnis«, schreibt der Dalai Lama,

*»wie zum Beispiel die Unfähigkeit zu verstehen, was in der Übung anzunehmen und im täglichen Verhalten abzulegen ist. Aber hier sprechen wir über eine Unwissenheit, welche die Wurzel allen Leidens ist. Diese Unwissenheit besteht in der Ansicht, dass Lebewesen und andere Phänomene inhärent existieren, das heißt in und aus sich selbst heraus. [...] Das ist aber nicht der Fall. Diese buddhistische Argumentation wird durch die Wissenschaft unterstützt. Physiker entdecken heute immer kleinere Bausteine der Materie, können aber immer noch nicht ihre endgültige Natur begreifen. Das Verstehen von Leerheit ist sogar noch schwieriger und tiefgründiger. Je mehr sie betrachten und untersuchen, wie ein unwissendes Bewusstsein sich die Existenzweise von Phänomenen vorstellt, desto mehr werden Sie feststellen, dass Phänomene nicht existieren. Je*

*mehr Sie jedoch betrachten und untersuchen, was ein weises Bewusstsein verstehen, umso mehr werden Sie Bestätigung finden für die Abwesenheit von inhärenter Existenz. Phänomene existieren ohne Zweifel. Die Frage ist, wie sie existieren. Sie existieren nicht aus sich selbst heraus, sondern haben eine Existenz, die auf vielen Faktoren beruht, einschließlich des Bewusstseins, das diese begrifflich denkend interpretiert. [...] Wenn Sie sich in der Entwicklung von Weisheit üben, versuchen Sie, durch Untersuchung die inhärente Existenz des Objektes, das Sie gerade betrachten, zu finden, zum Beispiel von sich selbst, einer anderen Person, Ihrem Körper, Ihrem Geist oder irgendetwas anderem. Sie analysieren nicht nur die bloße Erscheinung, sondern auch die inhärente Natur des Objektes. Dabei finden Sie heraus, dass seine inhärente Existenz unbegründet ist. Die Analyse widerspricht nicht der bloßen Existenz des Objektes. Phänomene existieren in der Tat, aber nicht in der Art und Weise, wie wir uns das denken.«[13]*

Es geht also darum, genau zu erkennen, wie Schwierigkeiten und Leiden anfangen und folglich auch enden können. Diese Erkenntnisse und Einsichten in die Prozesse des Entstehens von Leiden sind es, die mit dem Begriff »Leerheit aller Dinge« verbunden sind.

Doch worin besteht diese Leerheit? Von ihr zu sprechen bedeutet im Sinne der asiatischen Weisheitstraditionen mehr, als nur ein begriffliches Problem zu lösen und eine griffige Definition zu geben. Denn Leerheit bedeutet das Loslassen aller Vorstellungen. Sie ist keine Substanz, kein Etwas, sondern eher ein Prozess. In gewisser Weise kann man von einer Entpersonalisierung sprechen – davon, dass die Grenzen, die harten Konturen des Ich transparent und durchlässig werden. Die Strukturen der Welt, die Geräusche, Gefühle, Wahrnehmungen, auch Gedanken werden bildhaft gesprochen in diese Leere hineingenommen – und kommen zum Schweigen. Diese Ruhe ist eine Erfahrung der Entgrenzung, die einige Forscher durchaus mit analogen Erfahrungen unter Drogeneinfluss vergleichen. In Zürich leitet Franz X. Vollenweider, Facharzt für Psychiatrie und Psychotherapie (FMH) an der Medizinischen Fakultät der *Universität Zürich*, die Forschungsgruppe *Experimentelle Psychopathologie und*

*Brain Imaging*, die der *Psychiatrischen Universitätsklinik Zürich* angegliedert ist. Die am *Heffter Research Center* von Vollenweider geleiteten Versuche und Bewusstseinsstudien, die u.a. mit Psylocibin und Mönchen in tiefer Meditation durchgeführt wurden, brachten eine erstaunliche Übereinstimmung der subjektiven Erfahrungsberichte in Bezug auf das »ozeanische Gefühl«, das beide Gruppen beschrieben. Im Sinn der Meditation ist dieses ozeanische Gefühl, das man – je nach Schule und Ausrichtung – transpersonal nennen könnte, in jedem Fall verbunden mit einer (kontrollierten und kontrollierbaren) Erfahrung von Entgrenzung. Das Selbst wird erfahren als Teil von etwas Größerem. Es wird frei von den Inhalten, die es alltäglich erfassen und quälen. Damit hängt unter anderem die heilsame Kraft der Meditation zusammen. Leere ist die Erfahrung des Nicht-Selbst (*sunyata*), der Entgrenzung – die Erfahrung, dass es kein konstantes Sein, weder eine Eigennatur des Ichs noch eine der Natur außerhalb des Ichs, gibt. Von diesem Standpunkt aus betrachtet ist selbst die beste Erklärung eines Naturwissenschaftlers unzureichend, denn auch er müsste am Ende erkennen, dass selbst das Gehirn ›leer‹ ist: Es hat keine Substanz. Diese Erfahrung des kontinuierlichen Werdens, der Leerheit, ist erschütternd und heilsam zugleich. Eine Vielfalt von Texten des Pali-Kanon (u.a. *Mahasunnata Sutra* und *Culasunnata Sutra*), der *Prajñāpāramitā*-Schriften (allem voran das berühmte Herz-Sutra), der Yogacara-Schule und der Schule des Madhyamaka, des Mittleren Weges, haben versucht, diese Leerheit in Sprache zu fassen. Aus den Worten des großen buddhistischen Gelehrten Nagarjuna, der den Grundstein für die Schule des Mittleren Weges legte, geht klar hervor, dass es Leerheit tatsächlich *gibt*, sie aber ohne Substanz, ohne inhärente Wirklichkeit ist. Obwohl sie erfahren werden kann, kann die Leerheit selber nicht widerspruchslos ausgedrückt werden. Denn jede Ausdrucksweise bedient sich bereits einer bestimmten Form und, in der Sprache Nagarjunas, einer »verhüllten Wahrheit« (*samvriti satya*).

Die Praxis der Weisheit ist in diesem Sinn eine Übung der Leerheit, die in dem Moment beginnt, da wir die Dinge (und nicht uns) betrachten und mit den Dingen gehen, statt ihnen unsere Vorstellungen aufzudrücken.

Was aber bleibt, wenn wir uns von unseren Vorstellungen lösen? Das, was ist. »Diese Welt, wie sie ist – genau das ist Leerheit. *Diese* Welt, genau *dieser* Moment!«[14] Die Weisheitsliteratur vergleicht diese Erfahrung häufig mit dem Empfinden von Schmerzen. Solange wir keine Schmerzen haben und es uns gut geht, merken wir nicht, wie alles funktioniert. Es läuft einfach. Erst in dem Moment, in dem die Schmerzen auftreten, merken wir, dass wir in unserer Funktion eingeschränkt sind. Eine Spaltung entsteht, zwischen uns und dem Schmerz, der doch auch in diesem Moment zu uns gehört. Die Einsicht in diese Spaltung macht einen Unterschied. Wer ›eins‹ ist mit dem Schmerz, der erkennt, wie er mit ihm umgehen muss, statt nur über ihn nachzudenken, sich einen schmerzfreien Zustand vorzustellen und die Spaltung damit zu vergrößern. Wer eins wird mit seinem Leiden, der geht ohne Zögern mit der Realität um. Um zum Beispiel zurückzukehren: Statt zuzusehen, wie jemand leidet und das Blut einfach strömt, handle ich: Ich versorge den am Weg Liegenden oder, psychologischer gesehen, gehe dem »verlorenen« Sohn entgegen, um ihn wieder in die Familie aufzunehmen, den gängigen Moralvorstellungen zum Trotz.

*» Wir leiden alle und stellen endlos Fragen, anstatt zu handeln. Vom Schmerz befreit zu sein bedeutet nicht, dass wir Schmerzen und Leiden verdrängen, sondern dass wir den Pfeil herausziehen. Wir haben kaum eine andere Wahl. Der eingeschlagenen Richtung zu folgen bedeutet völliges Einverständnis mit dem, was ist, ohne auf das Handeln zu verzichten. Völliges Einverständnis ist keineswegs passiv. Akzeptieren Sie die Situation – und verändern Sie sie. Wir müssen sie sogar verändern. Wir haben gar keine andere Wahl, denn das Leben ist nichts als Veränderung.«[15]*

Leerheit bedeutet: Immer damit zu rechnen, im nächsten Augenblick sterben zu müssen, und deshalb das Beste zu geben – in diesem einen Augenblick, der noch ist. Und genau deshalb ist Mitgefühl die Wurzel des weisen Handelns. Es realisiert die Vielheit der Dinge *und* ihre Einheit – ist buddhistisch gesprochen sowohl *Samsara* als auch *Nirvana*. Es bedeutet, in einer dualistischen Welt zu handeln – jedoch so, dass es ihr angemessen ist, indem wir sie zugleich als Einheit und Verschiedenheit sehen.

Was den Weg der Weisheit und damit der Erlösung vom Leiden angeht, entspricht dem Begriff der Leerheit eine Praxis der Abkehr, des Aufgebens und Loslassens unseres Verlangens und unserer Wünsche. Denn sie bedingen das Leiden und führen es fort. Genau das ist mit dem Verlöschen des Nirvana gemeint. Kein jenseitiges Aufgehen, sondern die Aufgabe des Verlangens und des Unwissens, das unser Leiden mit bedingt. Die »Unruhen« des Geistes, von denen der Dalai Lama spricht, die durch Begierde, Hass, Eifersucht, Habgier, Streitsucht und vieles mehr verursacht werden, beruhen auf einem grundlegenden Missverständnis, einem Unwissen über die ›wahre‹ Natur der Dinge, die Leerheit, Selbstlosigkeit ist. Wer diese Selbstlosigkeit verwirklicht hat, der handelt aus Mitleid heraus. In der buddhistischen Terminologie ist mit dem Begriff der Selbstlosigkeit die Vorstellung verbunden, dass der menschliche Geist von Natur aus weder gut noch schlecht ist. Vielmehr ist er verwirrt, überzogen von einer Schicht des Unwissens, die sich jedoch in dem Moment auflöst, in dem der Geist zu seiner wahren Natur (zurück)findet. »Nur wenn die Leerheit während vollständig fokussierter Meditation direkt erkannt und verwirklicht wird«, so der Dalai Lama,

*»gibt es keine falsche Erscheinung. Zu diesem Zeitpunkt ist der Dualismus von Subjekt und Objekt ebenso verschwunden wie die Erscheinung von Vielfältigkeit; nur die Leerheit erscheint. Sobald Sie diese Meditation beenden, scheinen Lebewesen und Dinge wieder fälschlicherweise aus sich selbst heraus zu existieren. Doch weil Sie in der Meditation die Leerheit erkannt und verwirklicht haben, werden Sie den Widerspruch zwischen Erscheinung und Wirklichkeit erkennen. Durch die Meditation haben Sie sowohl den fehlerhaften Modus der Erscheinung als auch den fehlerhaften Modus des Erfassens erkannt.«[16]*

Leerheit und die buddhistische Praxis der Selbstlosigkeit haben demnach mit Moral, Pflichten, Zwängen oder einem Gebot, sich unter allen Umständen altruistisch zu verhalten, nur wenig zu tun. Vorschriften sind, wenn überhaupt, allenfalls Hilfsmittel auf dem Weg – jedoch kein Selbstzweck. Weisheit bedeutet, um die Leerheit aller Dinge zu wissen. Und genau deshalb mit der Komplexität der Welt umgehen zu können.

Selbstlos zu sein und Leerheit zu verspüren – die von jeglichen Formen eines westlichen Nihilismus weit entfernt ist –, das ist ein Ausdruck für die Einheit mit dem Leben. Diese Einheit, die Leerheit, formt sich mit der allmählichen Erfahrung in der Meditation und dem Handeln, das aus ihr erwächst. So entsteht die Freiheit des Weisen. »Die Erleuchtung beeinträchtigt den Menschen ebenso wenig, wie der Mond das Wasser trübt«, schreibt Dōgen im *Genjokoan*. »Ein Mensch hindert die Erleuchtung so wenig wie ein Tautropfen den Mond am Himmel.«

KAPITEL 7:

WEISHEIT UND GLÜCK

## Nachrichten aus der Weltdatenbank des Glücks

Bislang weitgehend unberücksichtigt geblieben, aber für den Alltag von entscheidender Bedeutung, ist die Frage nach dem Zusammenhang von Erleuchtung und Glück. Klar ist, dass keine noch so tiefe Erfahrung von Erleuchtung vor Schicksalsschlägen und Unglück schützt. Was also hat Weisheit mit Gefühl zu tun?

Relativ unbemerkt von der Öffentlichkeit, dafür aber umso stärker unterstützt und gefördert von internationalen Forscherteams, ist in den letzten Jahren eine Internet-Datenbank entwickelt und aufgebaut worden, die vermutlich so viel empirisches Wissen über das Glück enthält, wie niemals zuvor in der Geschichte der Menschheit versammelt wurde. Aufgebaut hat sie der niederländische Soziologe und Sozialpsychologe Ruut Veenhoven. Er hat an der *Erasmus-Universität* in Rotterdam den *Lehrstuhl für Soziale Bedingungen menschlichen Glücks* inne und untersucht seit Jahren die Faktoren, die für subjektive Lebensqualität verantwortlich sind. Die *objektiven* Faktoren sind so offensichtlich wie wenig aussagekräftig: ausreichende Nahrung und Wasser (trinkbares Wasser allein würde jährlich Millionen von Kindern das Leben retten); ausreichende gesundheitliche Versorgung; ausreichende politische, soziale, religiöse und kulturelle Freiheiten sowie die Möglichkeiten zur gesellschaftlichen Mitwirkung und Mitbestimmung; die Achtung der Menschenrechte; Arbeit – für ein gesundes Maß an Lebensqualität wäre das schon genug. Doch dessen ungeachtet gehören zu den weltweit glücklichsten Menschen – das haben mehrere Studien (unter anderem der *London School of Economics*) gezeigt – ausgerechnet die Einwohner eines der ärmsten Länder der Welt: Bangladesh.

Wer also etwas über die subjektiven Bedingungen unseres, das heißt meines ebenso wie Ihres Glücks erfahren will (wir leben beide vermutlich in mehr oder minder ähnlichen äußeren Bedingungen im westlichen Europa), der kommt an Veenhovens »World Database of Happiness« (htt p://www.worlddatabaseofhappiness.eur.nl/) nicht vorbei. Dabei könnte man, sozusagen in einem ersten Anlauf, »Glück« mit einer von Veenhovens Formulierungen zunächst einmal definieren als »den Grad, in dem ein Mensch die allgemeine Qualität seines gegenwärtigen Lebens insgesamt positiv bewertet, mit anderen Worten, wie sehr die betreffende Person das Leben mag, das sie führt.«[1]

Trotzdem würden Sie viele der Ergebnisse, die dort aus Tausenden von Studien und Untersuchungen destilliert worden sind, überraschend finden. Dabei tragen die führenden Forscher weltweit zu diesen Erkenntnissen bei, also Wissenschaftler, deren Karriere nicht zuletzt davon abhängt, verlässliche Daten zu produzieren, sie zu überprüfen und durch neue Studien zu vertiefen. Zu diesen Forschern gehören neben Ruut Veenhoven selbst auch Ed Diener, David Myers, David Lykken, Mihaly Csikszentmihalyi – der ›Erfinder‹ des *Flow* –, Norbert Schwarz, Daniel Kahneman oder auch Geoffrey Miller, Professor für Psychologie an der *University of New Mexico* und Evolutionspsychologe des *University College London.* Die Evolutionäre Psychologie ist ein umfassendes Forschungsprojekt, das die Auswirkungen der Evolution auf die Entstehung und Gestaltung der menschlichen Psyche untersuchen und diese nach Möglichkeit aus einer evolutionsgeschichtlichen Sicht erklären soll. Kein Wunder, dass an diesem umfassenden Projekt eine Fülle verschiedener Disziplinen beteiligt sind, darunter die Sozial- und Lernpsychologie.

Geoffrey Miller ist u.a. Autor von »Die sexuelle Evolution«, einem sehr lehrreichen Buch über Partnerwahl und, im Zusammenhang damit, die Entstehung des Geistes. In seinem gegenwärtigen Forschungsprojekt befasst er sich vor allem im Rahmen der Evolutionären Psychologie mit Glück in Bezug auf unser Verhalten, insbesondere im Bereich Konsum und Marketing.

Hier sind Millers Top Five der Glücks-Erkenntnisse:

Nummer eins: Glück hängt (weltweit!) offenbar, wenn man erst einmal über die Armutsgrenze hinausgekommen ist, in keinem erkennbaren Maß mit Geld, d.h. mit Einkommen und Konsummöglichkeiten zusammen. Auch wenn wir es kaum glauben wollen: Es gibt keinen signifikanten Zusammenhang zwischen Geld und Glück.

Nummer zwei: Weltweit sind die meisten Menschen überraschend glücklich. Genau das hat auch 2007 das Allensbacher *Institut für Demoskopie* (*IfD*) wieder für die hiesigen Verhältnisse bestätigt, als es die aktuellen und individuellen Glücksstrategien der deutschen Bevölkerung untersuchte. Über zwei Drittel der Bevölkerung geben an, glücklich zu sein. Die meisten (84 Prozent) erleben oft glückliche Momente, vor allem im Urlaub (73 Prozent), wenn sie verliebt sind (73 Prozent) oder Zeit mit Freunden verbringen (70 Prozent). Allerdings hat sich, was Deutschland angeht, die Beantwortung der Sinnfrage in den letzten fünfzig Jahren stark verändert. Das Streben nach Glück gewinnt immer mehr an Bedeutung. Heute wird, im Gegensatz zu früher, die Auffassung »Glück schafft Lebenssinn« weitgehend akzeptiert. Es werden im Hinblick darauf sehr wohl ›unguter Egoismus‹ und der Wunsch, glücklich sein zu wollen, voneinander unterschieden. Die Suche nach Glück gehört zum Leben. Es ist, so die Studie, »zu einer Art Grundrecht geworden, sich sein Leben so zu gestalten, dass es Zufriedenheit und Wohlbefinden erzeugt.«

Nummer drei: Nicht nur unterscheiden sich Menschen in ihrer Fähigkeit, Glück zu empfinden, diese Unterschiede bleiben auch während der gesamten Lebensspanne erstaunlich konstant. Es wird angenommen, dass diese Stabilität – trotz der zufälligen Geschehnisse des Lebens – vor allem mit erblichen genetischen Faktoren zusammenhängt. Wie genau, das ist allerdings noch nicht geklärt – und es könnte sich am Ende auch noch als statistischer Irrläufer erweisen, denn bekanntlich nutzt ein Gen wenig, weil der Mensch sich erst in der Interaktion mit der Umwelt entwickelt und seine Verhaltensweisen Struktur annehmen. Um ein einfaches Beispiel anzuführen: Allein die genetischen Anlagen zur Sprache, die uns als eines der Hauptmerkmale von den Affen unterscheiden, nützten uns herzlich wenig, wenn niemand mit uns sprechen, d.h. uns als Mensch begegnen würde. Dass dies geschieht, hat allerdings nichts mit Genen, sondern vielmehr mit Kultur und der Struktur unseres Soziallebens zu tun.

Nummer vier: Entscheidende Lebensereignisse, von denen man einen großen Effekt auf das Glück und Glücksgefühl erwarten würde (ein Lottogewinn, die Vermählung mit dem Traumpartner, Erwerb von Traumauto, Traumhaus etc.) beeinflussen tatsächlich das Leben – aber nur über eine Zeitspanne von etwa sechs Monaten bis zu einem Jahr. Danach entspricht das durchschnittliche Glücksgefühl der Lottogewinner wieder dem, das sie vor ihrem Gewinn hatten. Es scheint, als hätte jeder Mensch eine Art »Sollwert« (»set-point«), der Veränderungen gegenüber ausgesprochen widerstandsfähig ist.

Nummer fünf: All die üblichen Verdächtigen unter den Faktoren, die Glück erklären könnten und von denen wir eigentlich annehmen würden, dass sie mit Sicherheit zum dauerhaften Glück beitragen (wie Alter, Geschlecht, Nationalität, Einkommen, Wohnort, Bildung, Sexualleben etc.), »haben nur triviale Korrelationen mit Glück«. Typischerweise erklären sie nur knapp zwei Prozent der Varianz, d.h. der Abweichung vom Erwartungswert für durchschnittliches Glück. All jenen, die an zu geringem Wohlbefinden und Glück leiden – darunter die zunehmende Anzahl der Menschen, die von klinischen Depressionen und depressiven Verstimmungen betroffen sind –, ist mit ökonomischen oder sozialen Veränderungen offenbar weniger geholfen als mit einer Therapie und vor allem pharmazeutischen Antidepressiva, die sich direkt auf das Belohnungszentrum und die gestörte Serotonin-Ausschüttung auswirken. Nach einer Behandlung von durchschnittlich einem halben Jahr Dauer scheinen die meisten Menschen ihren ›Glücks-Sollwert‹ wieder erreicht zu haben.

Unbestritten ist, dass Glück durchaus mit unserem Lebensstil zu tun hat und auch von dem Bild abhängt, das wir von uns selber haben. Als Faustregel gilt: Je glücklicher jemand ist, umso klarer kann er die Ziele in seinem Leben benennen.

Von Martin Seligman, dem Pionier der Positiven Psychologie – er wurde 1996 zum Vorsitzenden der *American Psychological Association* gewählt –, stammt der Gedanke, dass entscheidend ist, welche Erinnerungen ein Mensch an sein Leben hat. Seligman ist der Überzeugung, dass wir sehr viel mehr unsere Erinnerungen als die Summe unserer Erfahrungen sind. Ähnlich wie Sprache auch nur dann funktionieren kann, wenn ich mich an die Worte und grammatischen Strukturen erinnere, so gilt auch für das Empfinden von Glück, dass wir stets die Vergangenheit

›mitempfinden‹: Wir gleichen stets das, was wir gerade erleben, mit den Erinnerungen an das bisher Erlebte ab. Glück verdankt sich insofern gerade auch den positiven Erinnerungen, getreu dem amerikanischen Sprichwort »Es ist nie zu spät für eine glückliche Kindheit«.

Doch all das bringt uns, wenn wir ehrlich sind, nicht weiter. Man muss nicht besonders weise sein, um zu ahnen, dass der Weisheit letzter Schluss in Sachen Glück woanders zu finden sein muss. Liegt der Schlüssel vielleicht in der Bewältigung eines fundamentalen Traumas – der unausweichlichen Tatsache der Vergänglichkeit, die zutiefst mit unserer Existenz verbunden ist?

Während die buddhistische Tradition die Lösung des Problems eindeutig in dieser Richtung sucht, sind sich die westlichen Philosophien uneins. Gerade in den letzten Jahren sind zahlreiche Bücher über Glück geschrieben worden, einige von ihnen Bestseller. Da sich die westlichen Analysen vor allem auch auf die Sprache und die Verwendungsweisen des Wortes »Glück« beziehen, könnte man einen großen Teil der Diskussion um das Glück mit dem französischen Philosophen und Literaturnobelpreisträger Henri-Louis Bergson (1859–1941), einem Vertreter der sogenannten Lebensphilosophie und Vorläufer des französischen Existentialismus, folgendermaßen zusammenfassen: Das Wort »Glück« wird laut Bergson »gewöhnlich verwendet, um ein komplexes und unbestimmtes Phänomen zu beschreiben, eine jener Vorstellungen, die wir Menschen absichtlich unbestimmt gelassen haben, damit jeder Einzelne sie auf seine ureigene Weise interpretieren kann.«[2] Tatsächlich scheint Glück das zu sein, was Menschen aller Kulturen, Schichten oder Religionen anstreben. Sie wollen glücklich sein – und Leid vermeiden. Allein deshalb ist Glück vielleicht der kleinste gemeinsame Nenner im Leben aller Menschen und eine äußerst vielfältige, offensichtlich jeden Einzelnen betreffende Metapher. Aber weil Glück als Begriff derart uneindeutig ist und sich einer genauen Festlegung entzieht, ist es zunächst nur die höchst komplexe Chiffre für den kleinsten gemeinsamen Nenner des Wollens aller. Dabei bezeichnet Glück, bei aller begrifflichen Offenheit, doch etwas, das in der wirklichen Welt existiert, etwas, das ›natürlich‹ ist. Es *gibt* Glück! Doch was *genau* meint der Begriff?

Offensichtlich etwas Fundamentales, ebenso Biologisches wie Seelisches. Jeder Mensch, vermutlich sogar jedes Lebewesen, will Glück statt Leid. Möglichst lange, möglichst schnell, möglichst intensiv. Und möglichst bequem. Als ob das so einfach sei. Dennoch antworten fast alle Menschen auf die Frage, was sie im Leben wirklich wollen, weiterhin mit »glücklich sein«. Auf die weiterführende Frage, warum sie das denn eigentlich wollen, gibt es keine weitere vernünftige Antwort mehr. Glück ist Glück ist Glück: unser aller höchstes Gut. Insofern ist Glück so etwas wie ein finaler, unhintergehbarer Begriff, ein ›End-Wort‹, mit dem wir im Deutschen allerdings nicht sehr präzise umgehen. Was wir »Glück« nennen, heißt im Englischen einmal »luck«, also Glück des Zufalls, und einmal »happiness«, Glück der Zufriedenheit. Aber es gibt darüber hinaus auch Begriffe wie »blessedness«, »bliss«, »auspiciousness«, »fortune«, »felicity« oder »contentedness«; lauter Variationen, die wir im Deutschen meist auch einfach mit »Glück« wiedergeben. Und dennoch sucht man trotz dieser begrifflichen Einheit eine einheitliche Definition von »Glück« vergebens. Es hat sie bislang nicht gegeben – und es wird sie vermutlich auch in Zukunft nicht geben. Philosophie kann lediglich dabei helfen zu klären, was Glück bedeuten kann – in Ihrem, in meinem Leben. Nach Epikur etwa bedeutet »Glück« im Sinne von *Eudaimonia* ein Glück der Fülle, eine Art grundsätzliche Zufriedenheit, während der Hedonismus das Glück der Lust oder Lebensfreude meint.

Weiter führt uns da der Hinweis, dass sich auch beim Glück zeigt, welche Macht Unterscheidungen und somit Unterschiede haben. Solche Unterschiede – oder präziser: die Wahrnehmung von Unterschieden und Dualitäten – stellen beispielsweise ein Hauptproblem aller Wirtschaftstheorien dar. Diese gehen davon aus, dass gleicher Lohn für alle (auch im Sinne von Belohnung) und damit eine mutmaßlich gerechte Gleichbehandlung automatisch Wohlbefinden und Glück schafft. Das ist, aller Theorie zum Trotz, nachweislich nicht der Fall. Der Effekt von Unterschieden lässt sich bis in die Tiefen des Gehirns hinein messen, wie kürzlich erneut nachgewiesen wurde.[3] Was das subjektive Glück entscheidend prägt, ist nicht das Maß des Konsums, nicht das absolute Gehalt oder das endlich erworbene Haus, sondern vor allem der soziale Vergleich. Der erlebte *Unterschied* macht in Bezug auf das Glück den Unterschied: In einer Umgebung von Millionären beginnt sich der, der vorher mit seinem bescheideneren, aber ausreichenden Einkommen glücklich war, unglücklich zu fühlen. Obwohl er dasselbe *hat* wie vorher, *ist* er nicht mehr derselbe. Der Dualismus, in den er sich selbst begibt, gerät ihm zur Unglücksfalle. Hängt diese Erkenntnis mit einer grundlegenden Erkenntnis, die Weisheit betreffend, zusammen: dass Dualismus, die Zementierung von Unterschieden, einen maßgeblichen Anteil an unserem Leiden und damit an unserem Unglück hat?

## Bodhidharma und das Glück

Bodhidharma, Sohn eines indischen Königs und gebürtiger Brahmane, ist der 28. Nachfolger Buddhas in der indischen Linie und zugleich der erste Patriarch der chinesischen und damit auch all der nachfolgenden, d.h. japanischen, koreanischen, vietnamesischen, thailändischen und vielen weiteren Linien. In gewisser Weise ist er damit für Millionen von Buddhisten die wichtigste Verbindung zum historischen Buddha gewesen. Um seine Person – er hat vermutlich von ca. 440 bis 528 gelebt – ranken sich eine Anzahl von Legenden und Geschichten, von denen viele zu den Klassikern der buddhistischen Überlieferung zählen.[4] Bodhidharma ließ sich nach einer beschwerlichen Seereise von insgesamt drei Jahren – der Landweg nach China war im 6. Jahrhundert durch die Hunnen blockiert – schließlich in den Bergen unweit des Shaolin-Klosters in der zentral gelegenen Provinz Henan nieder. Das berühmte Shaolin-Kloster gilt bis heute als die Keimzelle aller »harten« und »weichen« asiatischen Kampfkünste – von Qigong über Tai Chi bis hin zu den vielen Zweigen des Kung Fu und Wushu, aus denen sich später die heute bekannten Sportarten wie Karate, Kendo oder Aikido entwickelt haben. Die Kampfkünste – die Bodhidharma in der Tat als Künste, d.h. wertvolle Formen der Verwirklichung höchster Erkenntnis und Weisheit ansah – dienten ihm offensichtlich als Begleitung und körperliche Ergänzung der eigentlichen Disziplin, dem Sitzen oder Zazen (chin. *Chan*). Schwerpunkt von Bodhidharmas Lehre ist es, »in die eigene Natur zu sehen«. Dieser Erkenntnis und diesem einen Weg dient laut Bodhidharma letztlich absolut alles, was ein Mensch tut – also nicht nur die Übung der Meditation im eigentlichen Sinn. Gern wird deshalb in der traditionellen Überlieferung vom »Schwert der Weisheit« gesprochen, das die Welt der Illusionen zu zerteilen und jeden dualistischen Gedanken zu zerschneiden in der Lage ist. Doch wie kann diese Weisheit retten und glücklich machen? Verspricht sie nicht eigentlich eher Mühsal und allenfalls Vertröstung?

Die meisten Menschen, die sich von sich aus nach Weisheit und nach Glück sehnen, sind der Ansicht, es handele sich dabei um einen weit entfernten Zustand, vielleicht sogar nur um ein sagenhaftes Drüben, das es nicht gibt und das (falls es überhaupt existiert) unerreichbar ist. Doch je größer das Leiden an der Welt, je größer das verspürte *Unglück* – desto größer wird auch, ungeachtet der Frage nach der Erreichbarkeit eines solchen Glückszustands, die Sehnsucht nach diesem anderen, ›jenseitigen‹ Sein. Damit beginnt die Suche auch vieler Religionen nach einem geeigneten Vehikel, einem tragfähigen Floß, um endlich überzusetzen und an das andere Ufer zu gelangen, in das Land, in dem der biblischen Überlieferung zufolge Milch und Honig fließen und, wieder buddhistisch formuliert, die Erleuchtung nahe ist. Doch wie soll diese Überquerung vor sich gehen?

»Durch Leiden«, lehrte Bodhidharma, »werden wir Menschen angeregt, nach Weisheit zu streben.«[5] Das Leiden allein macht uns zwar noch nicht weise und zunächst auch nicht glücklicher, sondern eher wütender – über uns selbst, das Leben an sich, die Aufgaben und Probleme des Alltags und die anderen Menschen, die uns ständig daran hindern, glücklich zu sein. Aber all das lässt uns, auch wenn diese Ansichten möglicherweise völlig falsch sind, immerhin nach einem Weg suchen. Wir werden »angeregt, nach Weisheit zu streben«. Wo aber ist dieser Weg? Und welcher der vielen Wege führt am Ende auch zum Glück? »Jemand, der den Weg mit Verständnis sucht«, meinte Bodhidharma vor rund 1500 Jahren, »sucht nicht außerhalb seiner selbst. Er weiß, dass sein Geist der Weg ist. Doch wenn er den Geist findet, findet er – nichts. Auch wenn er den

Weg findet, findet er – nichts. Glaubst du, mit Hilfe deines Geistes den Weg finden zu können, gibst du dich einer Täuschung hin. Weisheit und Glück existiert nur, solange man verblendet ist. Ist man erwacht, gibt es keine Buddhaschaft mehr. Wachsein *ist* Buddhaschaft.« Bodhidharma wurde unter anderem berühmt durch seine Antwort auf die Frage des Kaisers, was denn die Essenz des Buddhismus, überhaupt der Erleuchtung, des Glücks und vor allem der Weisheit sei. »Was ist das höchste Prinzip der Weisheit?«, fragte Kaiser Wu von Ljang (464–549). »Wolkenloser Himmel«, gab Bodhidharma zum Missvergnügen des Kaisers zur Antwort, »unendlich weit und leer. Nichts von heilig.« Der Kaiser war verunsichert, fragte nach, um besser zu verstehen. Auf die Frage, wer er sei, antwortete Bodhidharma: »Ich weiß es nicht.« Enttäuscht wandte sich der Kaiser ab. Offensichtlich wusste dieser Mann nicht, wer er war, und verstand seine eigene »wahre Natur« nicht. Bodhidharma verließ den Ort und wanderte weiter. Erst viel später fragte der Kaiser nach, wer dieser Bodhidharma eigentlich sei. Zu spät erkannte er, mit wem er es eigentlich zu tun gehabt hatte und was er in dieser Begegnung hätte lernen können – sagte man Bodhidharma doch die Fähigkeit nach, »unmittelbar auf das Herz der Menschen zu deuten«, wie es im ersten Fall der *Niederschrift vom blauen Fels* heißt.[6]

Das völlige Erwachen, das Abschneiden jeder Illusion im Hier und Jetzt, gleich was jemand tut – ob er schläft oder isst, sein Geschäft verrichtet oder heilige Texte rezitiert, ob er lernt, Experimente macht, Sex hat oder Ski fährt – was immer es auch ist: immer ist hier und jetzt das Erwachen zur eigenen Natur möglich. »Das Wesen des Weges ist die Losgelöstheit«, erklärt Bodhidharma. »Das Ziel derer, die diesen Weg gehen, ist das Freisein von den Bindungen an die Erscheinungsformen.« Weisheit besteht darin, »dem Nichtwissen nicht nachzugeben«, d.h. den vielen Illusionen, die uns um- und denen wir uns hingeben. »Keinerlei Kümmernisse haben« – eine andere Umschreibung für Glück – »ist Nirvana, und im Herzen keine Unterschiede machen ist das andere Ufer. Solange wir verblendet sind, gibt es das sogenannte diesseitige Ufer, doch wenn wir aufwachen, erkennen wir, dass es nicht existiert. Wer dieses Ufer als etwas andres denn jenes Ufer betrachtet, versteht Zen nicht.«

Die Aussage klingt im ersten Moment nihilistisch. Wenn es noch nicht einmal ein ›Anderswo‹, ein Drüben, ein Jenseits gibt: Was bitte bleibt uns dann? Ein ständiges Leben im Unglück? Die Leere jedoch, die Abwesenheit von Gedanken selbst an Helfendes, ist die eigentliche Hilfe. Nirvana ist der Zustand der Befreiung auch vom Unglück – weil Geist, Herz und Körper aufhören, sich zu bewegen, tritt man in diesen Zustand ein. »In Abwesenheit von Täuschungen ist der Geist das Land Buddhas«, erklärt Bodhidharma seinen auf unorthodoxe Weise orthodoxen Standpunkt. »Weil wir unsere Phantasie dazu benutzen, immer neue Ideen und Vorstellungen zu erschaffen, und diese dann für Wirklichkeit halten, leben wir dauernd in der Hölle. Benutzt man den Geist, um Gedanken zu produzieren, ist der Geist dauernd unruhig, und alles bewegt sich. Dann geht man von einer Hölle in die andere. Doch jedes Leiden ist ein Buddha-Same. Das Herz des Weisen ist leer und so groß wie der Himmel.« Demnach liegt die eigentliche Weisheit ebenso wie die wirkliche Erleuchtung in der Abwesenheit selbst der Vorstellung von Erleuchtung und Nicht-Erleuchtung. Doch was hieße das in Bezug auf Glück? Weder Glück noch Nicht-Glück? Und was für ein schwacher Zustand wäre das?

Mit genau dieser Frage kommt der spätere zweite Patriarch und Nachfolger namens Jinko, später auch Meister Eka genannt, zu Bodhidharma, der im Shaolin-Kloster mit dem Gesicht zur Wand meditiert. Als Ausdruck, dass Jinko die Rede von der Meditation als »Schwert der Weisheit« durchaus ernst nimmt und unbedingt von Bodhidharma unterwiesen und als Schüler angenommen werden will, schneidet er sich in der Zen-Geschichte, die u.a. im *Mumonkoan* als Fall 41 überliefert ist, den Arm ab. »Der Geist deines Schülers hat noch keinen Frieden«, sagt er. Das ganze Reden, will er sagen, die Bücher über Weisheit, die erbaulichen Gedanken: All das führt zu nichts. Bodhidharma lehrt ihn daraufhin das direkte, unmittelbare Aufzeigen des Geistes und der Weisheit.[7] »Bringe mir deinen Geist«, erwidert er, »und ich will ihn befrieden.« Bodhidharma scheint sagen zu wollen: Was macht dich so unglücklich? Der Geist, den du glaubst erreichen zu wollen? Dann bringe mir diesen Geist – und ich werde ihn zur Ruhe bringen. Wie sieht er aus? Ist er eckig oder rund, leicht oder schwer? Das Denken, das diese Fragen beantworten will, auch wenn sie noch so verrückt klingen, führt am Ende nicht weiter. Jinko kann den Geist, der ihn in den großen Zweifel stürzt, nicht finden – so wie wir die Ursache unseres Unglücks oftmals nicht finden. Es geht vielmehr um eine Erfahrung – die, um bei der Geschichte Jinkos zu bleiben, unter großen Schmerzen gemacht wird. Der Schlüssel zum Frieden, zum Glück ist diese Erfahrung. Sie verlangt jedoch nach einer anderen Form des Suchens. Zen-Meister Kōun Yamada vergleicht diese Situation mit der eines Menschen auf einer einsamen Insel: »Sobald ihr herausfindet, dass die Insel unbewohnt ist, findet die Sehnsucht, dort einen anderen Menschen zu finden, ein Ende. Wenn ihr das Wünschen beendet, kommt euer Geist zur Ruhe. Ihr seid im Frieden. Sobald ihr erkannt habt, dass euer ganzes Sein leer ist, erfahrt ihr auch, dass es nichts gibt, wonach noch zu suchen wäre. Dann merkt ihr, dass euer Geist gänzlich frei ist von Unruhe und Unbehagen. Gibt es ein größeres Glück?«[8]

Eine ähnliche Einstellung offenbart ein späterer Zen-Meister, Sekitō Kisen, als er auf die Frage »Was bedeutet das Losgelöstsein vom Leiden« so antwortet: »Wer hat dich gefesselt?« Die Replik ist ebenso einfach wie weise. Wenn man glaubt, man sei unfrei, agiert man unfrei. Wenn man glaubt, etwas suchen zu müssen, um glücklich zu sein, ist man unglücklich. Und wenn man wirklich unglücklich ist, dann bleibt man es auch, gleich ob man nun im Lotto gewonnen hat oder nicht. Empirische Untersuchungen belegen das. Ähnliches wie für den erwähnten Lottogewinn gilt für Heirat, Reisen, die man gemacht hat, die neue Arbeitsstelle und vieles mehr. Glück hält nicht an – weil sich irgendetwas immer wieder dazwischenstellt. Dennoch sollte man der Ursache für das empfundene Unglück, das sich immer wieder einstellt, auf den Grund gehen, auch wenn Glück *und* Unglück beide weiterhin zu Gast sein werden.

Jinko jedenfalls sucht die Ursache für sein Unglück – so ernsthaft und verzweifelt, dass er sich den Arm abschneidet. Und doch kann er den Geist, der so dringend Frieden sucht, nirgends finden. Bodhidharma sagt zu ihm: »So habe ich deinen Geist für dich schon zur Ruhe gebracht.« »Weil es so sehr klar ist«, heißt es an einer anderen Stelle im *Mumonkoan*, »dauert es länger, bis man es erkennt. Wenn du sogleich weißt, dass Kerzenlicht Feuer ist, ist das Mahl lange gekocht.«[9] Denken und Philosophieren sind unnütz, wenn es darum geht, das »wahre Selbst« zu finden und zu verwirklichen. Warum? »Weil derjenige, der denkt, selbst diese Wirklichkeit ist. Derjenige, der denkt, kann nicht objektiviert werden. Er ist das denkende Subjekt.«[10] Der Betrachter ist nicht identisch mit dem, was er betrachtet – eine Variante des Qualia-Problems, das bereits in Kapitel 5 angesprochen wurde. Der Forscher, der sein Gehirn betrachtet, ist nicht sein Gehirn. »Aus der Weisheit, die die wirkliche Befreiung von der Illusion einer wie auch immer gearteten Wesenhaftigkeit des Ichs mit sich bringt, entspringt unendliche Barmherzigkeit für alles Lebende – einschließlich des eigenen Selbst.«[11]

Aber was ist unter diesen Umständen dann Glück? Und wichtiger noch: Wie findet man die Wurzel des Unglücks, wenn es doch weder etwas zu finden noch etwas zu beruhigen gibt?


## Die Wurzel des (Un)Glücks

Weisheit im Sinne des Buddhismus basiert auf der Einsicht in die Leere der Dinge. Es ist ein Verständnis der Welt, das darauf gründet, dass alles Seiende ohne Substanz, ohne festen Kern ist. Dort, wo Goethes Pudel einen Kern hat, findet sich bei Joshus Hund Mu – nichts. Die Dinge sind leer – und ebenso unsere Vorstellungen von ihnen. In kaum einem Punkt gehen westliche und östliche Weisheit weiter auseinander – auch wenn der mystischen Tradition eines Meister Eckhart dieser Blick in das Nichts, in die *Wolke des Nichtwissens* (so der Titel eines bekannten und erfolgreichen Buches eines unbekannten Mystikers, das in England 1390 erschien), bestens vertraut ist. Doch was heißt es, von der Leere zu sprechen? Einer der wichtigsten Texte der gesamten buddhistischen Überlieferung, auf den sich alle buddhistischen Schulen und Richtungen beziehen, ist das bereits zitierte Herz-Sutra, das *Sutra der Weisheit* (Sanskrit *Prajñāpāramitā Hrdayasūtra*, japanisch *Hannya Shin-gyō*). Dieses Sutra erläutert den Zusammenhang von Leere und Weisheit, die einander bedingen und wie Zwillinge sind. Warum aber sollte ausgerechnet die Einsicht in die Leere, die auf den ersten Blick zumindest aus westlicher Perspektive deprimierend wirkt, zur Weisheit und diese Weisheit wiederum zum Glück beitragen? Sollte es am Ende vor allem daran liegen, dass, wie Ludwig Wittgenstein formulierte, die Welt des Glücklichen einfach eine andere ist als die des Unglücklichen? Und wird die Kluft, die zwischen diesen Welten zu liegen scheint, durch eine Erfahrung ausgemacht – die Erfahrung der Leere?

Interessanterweise deutet der Satz, der bei Wittgenstein auf den oben zitierten folgt, in eine Richtung, in die weiterzudenken sich lohnt. »Wie auch beim Tod die Welt sich nicht ändert«, fährt Wittgenstein fort, »sondern aufhört. Der Tod ist kein Ereignis des Lebens. Den Tod erlebt man nicht. Wenn man unter Ewigkeit nicht unendliche Zeitdauern, sondern Unzeitlichkeit versteht, dann lebt der ewig, der in der Gegenwart lebt. Unser Leben ist ebenso endlos, wie unser Gesichtsfeld grenzenlos ist. So fühlen wir, dass selbst wenn alle *möglichen* wissenschaftlichen Fragen beantwortet sind, unsere Lebensprobleme noch gar nicht berührt sind. Die Lösung des Problems des Lebens merkt man am Verschwinden dieses Problems.«[12]

»In ähnlicher Weise schreibt Dōgen nahezu 800 Jahre zuvor:

*»Alle Dinge und Phänomene begrenzen sich selbst, aber es gibt keine Begrenzung, die die Dinge und Phänomene einschränken könnte. Ihr müsst selbst erforschen, dass die Zeit von einem Augenblick zum nächsten geht, ohne die Mitwirkung von ›etwas‹, das außerhalb der Zeit ist. Das ganze All bewegt sich nicht und steht auch nicht still, und es strebt weder vorwärts noch rückwärts: Es geht einfach von einem Augenblick zum nächsten. [...] Nach Buddhas überlieferten Worten wird Leben nicht zu Tod, und so sprechen wir vom ›Nicht-Vergehen‹. Leben ist ein Augenblick in der Zeit. Tod ist ein Augenblick in der Zeit.«[13]*

Doch was bedeutet das – das Glück im Augenblick zu finden und ganz in der Gegenwart zu leben? Fest steht, dass es, sosehr sich die Grundgedanken auch ähneln, dennoch einen wesentlichen Unterschied in den westlichen und östlichen Traditionen gibt. Die gleichen Aussagen sind zum einen in eine philosophische Praxis, zum anderen in einen über viele

Jahre sich hinziehenden Prozess der konzentrierten Selbstvergessenheit, des Nicht-Denkens und der Meditation eingebunden. Um diesen Gedanken, der letztlich einer Haltung, einer Lebenspraxis entstammt, verstehen zu können, ist es ratsam, sich vor Augen zu halten, was der Buddhismus zum Thema Glück sagt.

Wenn wir Weisheit verstehen wollen, darin sind sich die buddhistischen Schulen einig, müssen wir das Leiden auf seiner tiefsten Ebene verstehen und durchdringen.[14] Insofern hat Glück tatsächlich, wenn auch indirekt, etwas mit Wissen zu tun. Es ist das Wissen um unser Nichtwissen, unsere Verblendung. Es handelt sich also nicht um ein lexikalisches Wissen, sondern um ein Verstehen der Wurzeln des Leidens. Nach buddhistischer Auffassung ist das Unwissen selbst eine der Hauptursachen des Leidens. Wir leiden in gewisser Weise, weil wir nicht weise sind.

Und weise zu sein bedeutet, die komplexe menschliche Natur bis in die Wurzeln zu verstehen, bis in die grundlegende Wirklichkeit, in unsere Natur hinein, in der unser Leben seine Mitte findet. Weisheit beginnt in dem Moment, in dem wir das Dunkel dieser Unwissenheit erhellen. Dieses Erhellen, das Verschwinden des Unwissens, hat Auswirkungen auf uns. Schließlich sind unsere Handlungen das, was sich aus dem »Wurzelwerk« und dem darauf aufbauenden »Baum« entwickelt. Wenn es gut geht, treiben unsere Handlungen schöne Blüten und verwirklichen, was durch die Wurzeln angelegt ist. Insofern gilt: Weises Handeln ergibt sich aus Weisheit, der Einsicht in die eigene Natur. Und zweitens gibt es eine klare Beziehung zwischen Weisheit und Glück. Matthieu Ricard, der französische Molekularbiologe, der 1979 als tibetischer Mönch ordiniert wurde und ein Meisterschüler des Dalai Lama ist, bringt den Zusammenhang so auf den Punkt: »Weisheit bezeichnet genau jenes Unterscheidungsvermögen, das uns erkennen lässt, welche Gedanken und Handlungen zu echtem Glück beitragen und welche es zerstören. Weisheit beruht immer auf unmittelbaren Erfahrungen, nicht auf Lehrsätzen.«[15]

Doch welche Erfahrungen sind das? Vor allem die vielfältigen Erfahrungen des Leidens und die im Laufe des Lebens gewonnene Einsicht, dass Glück nicht allein durch materielle Umstände erlangt werden kann – sosehr diese auch dazu beitragen. Somit ist der eine Weg zum Glück – der

Weg der Verbesserung äußerlicher Umstände – durchaus sinnvoll, aber nicht einzig erfolgversprechend. Das Problem ist nicht nur, dass materieller Fortschritt neue Probleme schafft, die ihrerseits zu neuem Unglück beitragen. Eine tieferliegende Struktur erlaubt es nicht, die einfache Gleichung aufzustellen: mehr Geld, mehr Wohlstand, mehr erfüllte materielle Wünsche, mehr Freunde und Zuneigung = Glück. Auch dieses Glück ist kein bleibendes. Es kann nicht andauern, es trifft früher oder später mit Notwendigkeit auf sein negatives Gegenstück. Warum? Weil, pointiert gesagt, alles Leben endlich ist. Selbst in der luxuriösesten Umgebung kann das Unglück groß sein – davon leben nicht wenige Boulevardmagazine sowohl im Print- wie im Fernsehbereich. Glück ist ohne ein Grundprinzip des Lebens nicht denkbar: Es kann ohne Wandel weder eintreten noch von Dauer sein.

Das Leiden selbst hat nach buddhistischer Auffassung drei verschiedene Ebenen: Schmerz, Veränderung und die »alles durchdringende Bedingtheit« des Lebens.[16] Die erste Ebene von Leid spielt sich hauptsächlich auf der körperlichen Ebene ab. Schmerz und Unbehagen sind für uns nichts anderes als Leid, gleich ob es sich in physischer, mentaler, emotionaler oder anderer sensorischer Form zeigt. In diesem Sinn leidet, wie es in der Bibel heißt, die »gesamte Kreatur«: Menschen, Tiere, Pflanzen gleichermaßen. Auf einer zweiten Ebene ist Leiden nichts anderes als die vielfältige Erfahrung des Wandels, der uns von der Geburt bis zum Tod begleitet. Doch auch die gesamte Zeit dazwischen ist, Tag für Tag, von Veränderung und Wandel gekennzeichnet. Der Augenblick verweilt – nie! Jeder Moment wird durch den nächsten abgelöst, auch wenn wir sozusagen durch eine Art Wischeffekt diese Augenblicke zu einem einzigen verbinden. Es ist, als würden wir einen schnell vorbeifahrenden Wagen mit einer langen Belichtungsdauer fotografieren. Das Ergebnis ist eine Art Strich, die verwischte Spur einer Bewegung. Erlebnisse, auch des Glücks (aber Gott sei Dank ebenso des Unglücks), vergehen. Nichts ist von unveränderlicher Natur. Die westliche Philosophie hat diesen Satz ins Negative gewendet: Also sei auch die Natur selbst mit ihrer Veränderlichkeit – nichts. Doch dieses Nichts (im Sinne von: Vergänglichkeit, Wertlosigkeit) meint etwas gänzlich anderes als der (positiv besetzte) Begriff der »Leere« (*sunyata*), auch wenn er zuweilen ebenfalls mit »Nichts« übersetzt wird.

Wir alle leiden zutiefst unter dem Wandel. Daran, dass selbst das schönste Geschenk irgendwann die Qualität der Euphorie verliert, mit der es besetzt war. Dass auch Verliebtheit nachlässt. Der Grund für Letzteres – und darüber ist in den letzten Jahren viel geschrieben worden – liegt vor allem in der Veränderung bei der Ausschüttung von Neurotransmittern und Hormonen, die sich nach einiger Zeit umzustellen beginnt. Vergänglichkeit ist ein integraler Bestandteil unseres biologischen Programms. Ohne sie würden wir allerdings auch unsere degenerierten, potentiell gefährlichen Zellen weiter mit uns herumtragen – die jedoch im Normalfall, also wenn unser Immunsystem funktioniert, als fehlerhaft erkannt und durch neue ersetzt werden. Im Laufe einiger Jahre werden alle Zellen unseres Körpers vollständig ersetzt – ohne dass wir diese Veränderung bemerken, während sie geschieht. Wir sehen sie erst dann, wenn wir Monate oder Jahre später in den Spiegel schauen. Das Problem mit der Vergänglichkeit ist, dass selbst der schönste Glücksmoment – eben weil er nicht ewig ist – in sein Gegenteil umschlagen und zu einer Quelle des Leidens werden kann.

Wenn Ihnen das Beispiel der Verliebtheit nicht behagt: Essen ist auch für Sie mit Sicherheit eine Quelle von Wohlbefinden und Glück. Doch übermäßiger Genuss verkehrt sich in sein Gegenteil – einmal abgesehen von den sekundären Folgeerscheinungen. Aus Schmerz und dem Leiden an der Veränderung können weitere Leiden resultieren: Wir werden, weil wir von Schmerzen und damit verbundenen Ängsten geplagt werden, aggressiv. Wir entwickeln Wut und Zorn, schlagen um uns, fügen uns weitere Schmerzen zu, leiden an ihnen umso mehr, quälen oder töten uns und andere. Eine Spirale des Hasses und des Schmerzes, die mit der Veränderlichkeit allen Lebens einhergeht. So schafft Leiden weiteres Leiden.

Auf das Verständnis dieses Zusammenhangs zielt die dritte Ebene des Leidens. Wir werden von negativen Emotionen bedrängt und zuweilen beherrscht. Die Unwissenheit über ihre Entstehung hält uns fest. Ihnen allen gemeinsam ist ein Begehren, zu dem auch frühere Handlungen beitragen. Im Buddhismus kennt man diese Art des Leidens als das Leiden der bedingten Existenz. »Wir sitzen fest in einem Prozess, der anfällig für Leiden ist.«[17] Echte Befreiung, so lautet die Analyse des Buddhismus, gelingt weder durch eine Befreiung vom Leiden der ersten Ebene (Schmerz) noch durch eine Beendigung des Leidens auf der zweiten Ebene (Veränderlichkeit). Wie sollte beides auch möglich sein? Wahre Befreiung vom Leid – und nichts anderes ist Glück, das im Prozess der Erlangung von Weisheit als zunehmendes Wissen um die Entstehung des Leidens und die Möglichkeit seiner Überwindung wächst – kann nur erfolgen durch eine Befreiung von der dritten Ebene: der Ebene der Bedingungen, die sowohl den Schmerz als auch die Veränderlichkeit mitsamt ihren negativen Folgewirkungen schaffen.

Von daher ist es wichtig und ein entscheidender Schritt nicht nur in Richtung Glück, sondern auch hin zur Weisheit, undisziplinierte Geisteszustände zu verringern und Unglück, Missgeschick, selbst Schmerzen und auch der unabänderlichen Veränderlichkeit mit einer positiven Einstellung zu begegnen. In der Meditation wird genau das eingeübt: ein Vorbeiziehenlassen dessen, was Leid verursacht. Meditation ist ein fundamentales Loslassen, aus dem Gelassenheit erwächst. Der Dalai Lama schildert, ähnlich wie buddhistische Meister vor ihm, wie das zu erreichen ist, in Zeiten der Krankheit ebenso wie bei der Konfrontation mit politischer und militärischer Gewalt wie etwa in China. Durch die Übung der Meditation wird die Intensität des Hasses gemindert und seine Macht gebrochen. Doch diese Haltung muss man über Jahre und Jahrzehnte hinweg üben und kultivieren. Es gibt keinen Ausweg aus dem Kreislauf der Veränderungen. Was aber durchaus existiert, ist so etwas wie Linderung. Man kann, obwohl von Veränderung umgeben, gleichsam in einem ›neutralen‹ Gefühlszustand bleiben, vergleichbar mit dem Berg, der ruhig an seinem Platz bleibt, während die Wolken, die Boten permanenter Veränderung, an ihm vorbeiziehen.[18] Aber auch Berge haben sich gebildet – und werden vergehen. Das ist das Grundgesetz des Universums, das zu verstehen und anzuwenden elementar zur Weisheit gehört. Im Buddhismus sind die drei Gifte, die das Leben zerstören, Begierde, Hass und Verblendung. Alle drei gehören zusammen und ergänzen einander. Weisheit ist das, was die Gifte zersetzt – das Gegengift. Die Frage ist nur, wie wir es gewinnen können. Dass alles begrenzt ist, alles Sein ein Ende finden wird, ist ein Gesetz, von dem es keine Ausnahme gibt. Sowohl das Leiden wie auch das Glücklichsein entstehen aus Bedingungen heraus, die ihrerseits eine Vielzahl von Faktoren beinhalten: die Sinnesorgane, die Umwelt, die Gesellschaft, selbst das Wetter. Die klassische Reaktion darauf, die sich in den meisten Religionen findet, etwa im Christentum, im Hinduismus, im Islam, aber auch in vielen vor allem vom Volksglauben durchdrungenen Formen des Buddhismus, ist die Idee, dass es folglich inmitten des Wandels etwas Kontinuierliches geben muss: eine Seele, die unsterblich ist. Eine Substanz oder Energie, die endlos ist. Ein Ich, das weiterexistiert, entweder in einem irgendwie gearteten Jenseits oder als Teil des Kreislaufs der Wiedergeburt. Demgegenüber betont der Buddhismus in seiner ursprünglichen Form, dass es nichts, wirklich nichts gibt, was dem Rad von Geburt und Tod entrinnt. Alles hat früher oder später ein Ende. Doch die Folgerung – und der klassische Ausweg, der seinerseits neues Leiden schafft –, es gäbe eine absolute Wirklichkeit, etwas, das unabhängig von uns ewig existiert, ist nur eine weitere Form des Unwissens. Wenn jemand darangeht, mit noch so großer Gründlichkeit, mit noch so kritischer Analyse nach der Essenz dieses Selbst, dieser absoluten Wirklichkeit, zu suchen, so lehrt der Buddhismus, wird er dennoch unweigerlich feststellen, dass diese nicht gefunden werden kann. Buddhisten lehnen deshalb die Vorstellung von der Existenz eines ewigen, unwandelbaren Prinzips ab und behaupten überdies, dass das Konzept eines Selbst, das solche Merkmale besitzt, ganz und gar ein metaphysisches Konstrukt, eine Fabrikation des Geistes ist.[19] Und jetzt?

Den Ausweg findet nur, wer sich auf den Weg der Weisheit begibt. Dabei ist das Erkennen der unaufhörlichen Veränderung, des Leidens, durchaus der Katalysator, der Menschen dazu bewegt, diesen (eher dornigen als rosigen) Pfad zu betreten. Allmählich wächst dabei die Einsicht in das Störende instabiler Gefühle und Gedanken – und damit der Wunsch, sich davon zu befreien. Doch weder der Geist, der dies durchschaut (das Ich, das weise wird), ist unvergänglich – auch er ändert sich von Moment zu Moment. Noch haben die Dinge, die wir für unveränderlich halten, einen festen, ewigen Kern, eine selbstständige Identität. Alles unterliegt dem

283

Einfluss sich ständig ändernder Faktoren. Insofern ist der Satz, alles Leben sei Veränderung, tatsächlich die knappste Zusammenfassung des Buddhismus. Die ›Therapie‹ besteht in der Kultivierung des sogenannten *Bodhicitta*, des Strebens nach Erleuchtung. Das Wort setzt sich aus den Begriffen *Bodhi* (Erleuchtung) und *Chitta* (Geist, Emotion, Gedanke) zusammen. Dieser »Erweckende Geist« bezeichnet die zentrale Eigenschaft der Weisheit, die aus einer tiefen Erkenntnis des Leidens und der Einsicht in die Leere, in die Nicht-Substanzhaftigkeit und Wandelbarkeit aller Dinge erwächst. Diese Leerheit umfassend zu verwirklichen ist – Weisheit.

Das Ziel ist dabei wohlgemerkt nicht, mit irgendwelchen raffinierten Tricks alle mentale Aktivität zu beseitigen. Das ist weder möglich noch erstrebenswert. Wir können das begriffliche Denken ebenso wenig abschalten, wie wir die Identitätslosigkeit des Seins ohne mentale Aktivität zu erkennen in der Lage wären. Die buddhistische Tradition betont immer wieder die Notwendigkeit klaren analytischen (und damit kritischen) Denkens. Es ist von entscheidender Bedeutung, dass der, der den Bodhicitta übt und kultiviert, mit Intelligenz (und Weisheit) prüft. Die Leerheit zu erkennen schützt nicht vor Irrtümern. Sie muss immer wieder und immer tiefer ausgelotet werden. Der Weg der Weisheit kennt daher kein Ende.[20] Wie die entsprechenden Übungen im Einzelnen aussehen, habe ich bereits im Kapitel über Dōgen kurz zu beschreiben versucht. Sie erschöpfend darzustellen würde ein eigenes Buch über die Art und Weise des buddhistischen Weges und der Meditation erforderlich machen. Den Weg tatsächlich zu gehen, würde aber ohnehin bedeuten, das Buch, das Sie lesen, wegzulegen und mit der Übung zu beginnen. Es geht also in keinem Fall darum, einfach der Autorität einer Schrift oder Lehre zu folgen. Was in Bezug auf Glück und Leid gesagt wurde, »kann im Licht der Vernunft analysiert werden, und die Gültigkeit kann erwiesen werden. Auch die Worte des Buddha stehen der Prüfung offen«, heißt es beim Dalai Lama.

*»Eines der großartigsten Merkmale der buddhistischen Kultur ist, dass der Praktizierende das Recht hat, die Lehren zu prüfen. Auch die Wor-*

*te des Lehrers können geprüft werden. Die buddhistische Annäherung an das Wissen ähnelt der der modernen Naturwissenschaft. Am Anfang sollte man keine endgültige Feststellung über ein umstrittenes Thema treffen, sondern es unparteiisch prüfen. Das Ergebnis sollte durch Analyse erzielt werden, durch Prüfung des Beweismaterials mit dem Verstand. Wir folgen einem spirituellen Pfad auf der Grundlage dieses Faktums und erzielen so ein Resultat. Spirituelle Übung ist keine bloße Erfindung des Geistes, sondern etwas, das tatsächlich existiert. Der spirituelle Pfad besteht aus Aspekten von Methode und Weisheit. Es ist von entscheidender Bedeutung, diese fundamentalen Grundsätze zu verstehen; sie sind keine Produkte der Einbildung von irgendjemandem, sondern entsprechen der Wirklichkeit. Die spirituelle Grundlage bezieht sich auf die innewohnende Natur des Geistes, der über das Potential verfügt, zum Zustand voller Erleuchtung zu erwachen.«[21]*

Wenn es überhaupt so etwas wie Glauben im buddhistischen Sinne gibt, dann ist es der Glaube an die in uns liegende Natur, die in der Lage ist, zu sich selbst zu erwachen. Glaube bedeutet, wenn überhaupt, Vertrauen zu haben in das, was sich aus dem Weg der Weisheit ergibt. Es geht also nicht um ein (intellektuelles) Für-wahr-Halten, sondern um ein tiefes Vertrauen in die eigene Natur. »Dafür haben wir alle ein Gespür«, schreibt Raimon Panikkar. »Wir spüren, wann uns Wissen wirklich bereichert, wann es uns mehr Leben gibt und wann es uns zerstreut und auf Abwege bringt, die wir nicht gehen wollen, obwohl wir es tun – vielleicht wegen des Ansehens oder des Geldes.«[22] In diesem Kontext bezieht sich Weisheit ganz konkret auf all das, was aus den vielfältigen Formen der Aufmerksamkeitsübungen und der Meditation entsteht, die es zuerst zu erlernen, zu üben und nachhaltig zu kultivieren gilt. Während dieses Prozesses erlangt derjenige, der den Weg geht, zunehmend die Gewissheit, »dass Befreiung im Allgemeinen möglich ist und dass dies etwas ist, was innerhalb unseres Bewusstseinsstromes entwickelt werden kann.«[23] Das Ausfallen von Körper und Geist, die völlige Selbstvergessenheit muss durch das Sitzen im Hier und Jetzt, das ich oben beschrieben habe, geübt werden. Auf diese Weise wächst die Einsicht in die eigene Natur. Die

Aufmerksamkeit steigt, die Dumpfheit sinkt. Erregungen werden wahrgenommen, aber ziehen vorbei. Warum sich mit etwas identifizieren wollen, das, wie man selbst, keine Substanz, keine feste Identität hat, sondern Selbst-los, ›leer‹, ist. Was sich ergibt, ist ein Zustand der Klarheit, nicht zuletzt darüber, dass negative Emotionen wie Hass, Selbstsucht, Eifersucht, Gier oder Neid kontraproduktive Effekte hervorbringen, kurz: unglücklich machen. Am Ende der Analyse steht die Einsicht, dass es das Begehren selbst ist, das, genährt aus Unwissenheit, Leiden schafft. Dieses Unwissen ist kein Mangel an Wissen, eine Lücke sozusagen, sondern ein Mangel an Einsicht in das, was ist. Doch es gibt einen Weg, diese Unwissenheit aufzulösen. Das ist die Botschaft des Buddhismus und, so scheint mir, letztlich aller Weisheitstraditionen: dass es diese Befreiung gibt. Zwar kann man Unwissenheit nicht einfach aus der Seele ziehen wie einen Dorn aus dem Fuß. Doch die allmähliche Übung der Meditation hilft, das Wissen um die Unwissenheit zu stärken, Vertrauen zu gewinnen in die eigene Natur und allmählich die Weisheit zu stärken, um die Emotionen und das Leid, das in der Unwissenheit wurzelt, zu schwächen. Gelassene Klarheit stellt sich ein. Dieser Zustand ist, mit den Worten Bodhidharmas, wie ein wolkenloser Herbsthimmel – unendlich weit und leer und klar.

Matthieu Ricard definiert die grundlegende Unwissenheit im Einklang mit der buddhistischen Tradition als das Unvermögen, unsere wahre Natur, die Natur der Dinge, zu erkennen, und damit auch die maßgeblichen Gesetze, die als Ursache und Wirkung von Leid, von Glück und Unglück gelten. In dieser scheinbar solipsistischen Übung – der Erfahrung der eigenen Natur – liegt zugleich der Schlüssel zu einem friedvollen, gütigen Umgang mit anderen. Denn die Erfahrung erschließt die Einheit der fühlenden Lebewesen. Im Kapitel über das Mitleid spielte das Bild von der Mutter und ihrem Kind eine wichtige Rolle. Auch hier gilt: Andere zu lieben bedeutet, sich selbst zu erkennen und in der Folge zu lieben und anzunehmen. Sich selbst zu lieben bedeutet, auch anderen mit Respekt zu begegnen. In beiden Fällen läuft es darauf hinaus, das Leben zu lieben – die wahre Natur, die sich in diesem Leben auf vielfältige Weise äußert. Indem wir andere glücklich machen, machen wir uns glück-

286

lich – und umgekehrt. All das basiert auf der Einsicht in die selbstlose Natur der Welt.

Aber ist die Einsicht in die Vergänglichkeit aller Dinge – die, wenn man sie ernst nimmt, durchaus Angst machen kann –, die Einsicht also, dass alle Dinge von Augenblick zu Augenblick einen Prozess des Wandels durchmachen, der letztlich zu ihrer Beendigung führt: ist sie nicht äußerst verstörend und negativ? Das ist sie nur dann, wenn man die gute Botschaft vergisst, dass die Natur aller Dinge zwar die Leere im Sinne des Substanz- oder Selbstlosen ist, diese Natur aber die Stärke hat, sich selbst zu erkennen, Unwissenheit und Begehren wie Löwenzahn immer wieder an der Wurzel auszureißen – und neu zu erwachen. Das gemeinsame Erwachen der Natur findet seinen Widerhall im *Mitgefühl*, das keine ethische Maxime ist, sondern die Erkenntnis, dass nur im Verbund des Lebens Glück möglich ist.

*»Würde jeder einzelne von uns aus der Tiefe seines Herzens einen Geist kultivieren, der den Wunsch hegt, anderen Menschen und fühlenden Wesen von Nutzen zu sein, dann würden wir ein starkes Gefühl von Zuversicht gewinnen, und das würde uns Seelenruhe verschaffen. Haben wir eine solche Ruhe des Geistes erlangt, dann stört es unsere Seelenruhe nicht, auch wenn das gesamte äußere Umfeld sich gegen uns zu wenden scheint und feindselig ist.«*[24]

Dieser buddhistische Satz ist zugleich eine Antwort auf die biblische Frage des Hiob. Sein Problem besteht nicht nur darin, alles zu verlieren. Im Gottvertrauen könnte er auch damit fertig werden. Hiobs eigentliches Problem ist das Leiden an dem, was ihm seine Freunde, die für ihn wichtigsten Menschen, sagen: »Hättest du nichts Böses getan, hättest du keine Schuld auf dich geladen – all das wäre dir nicht passiert.« Doch Hiob hat keine Schuld. Und dennoch trifft ihn die Vergänglichkeit des Seins mit voller Wucht: Er verliert sein Haus, sein Vermögen, seine Frau, seine Kinder. Und sogar seine Freunde, die ihm einreden wollen, er selbst sei das Problem. Können wir uns Hiob, wie Camus' Sisyphos, dennoch als glücklichen Menschen vorstellen?

Sisyphos, nach Homer der weiseste und klügste unter den Menschen, hat es in der Version Camus' versucht: auf dem Rückweg, während des Abstiegs, frei von dem Stein, den er den Berg hinaufrollen muss. »Diese Stunde, die gleichsam ein Ausatmen ist und ebenso zuverlässig wiederkehrt wie sein Unheil, ist die Stunde des Bewußtseins. In diesen Augenblicken, in denen er den Gipfel verläßt und allmählich in die Höhlen der Götter entschwindet, ist er seinem Schicksal überlegen. Auch er findet, dass alles gut ist. Dieses Universum, das nun keinen Herrn mehr kennt, kommt ihm weder unfruchtbar noch wertlos vor. Der Kampf gegen den Gipfel vermag ein Menschenherz auszufüllen. Wir müssen uns Sisyphos als einen glücklichen Menschen vorstellen.«[25] Erinnert ein solcher Satz nicht an Münchhausens Versuch, sich am eigenen Schopf aus dem Sumpf zu ziehen? Oder gibt es auch aus wissenschaftlicher Sicht zu diesem scheinbar so ideologischen Punkt etwas zu sagen? Etwas, das auch denen helfen könnte, die den Weg der Weisheit nur betreten wollen, wenn er mit harten Fakten gepflastert ist? Es gibt tatsächlich einen solchen Hinweis: die sogenannte »Positive Psychologie«.

## Positive Psychologie, Bewusstseinspolitik, Drogen und die Kultivierung von Weisheit an den Schulen

Positive Affekte, darin sind sich die Psychologen einig, erleichtern es, Handlungen fortzuführen. Zudem ermöglichen positive Gefühle uns den Zugang zu uns selbst und zu unserem Verhalten. Wir sind mehr im Einklang mit uns selbst. Positive Gefühle helfen in entscheidender Weise dabei, einen entspannten Kontakt zur Umwelt, zu anderen Menschen herzustellen. Sie führen dazu, an Aktivitäten teilzunehmen, denen man sonst skeptischer gegenüberstehen würde. Positive Gefühle stellen, entwicklungs- und evolutionsbiologisch betrachtet, eine lebensnotwendige Verbindung zwischen innerer Selbstwahrnehmung und nach außen gerichtetem Verhalten her. Zudem verstärken sie adaptives Verhalten, d.h. die Anpassung an neue, zunächst ungewohnte Situationen und erleichtern das Lernen in solchen Situationen. Sie machen fit für neue Herausforderungen, stärken den Geist und führen nicht nur zu einem offeneren Denken, sondern auch zu einem entsprechend offenen, wohlwollenden Verhalten sich selbst, anderen Menschen und der Umwelt gegenüber. Positive Gefühle machen uns in der Summe nicht nur zufrieden oder glücklich, sondern sind wesentlich für die Entwicklung von Intelligenz, Kreativität und sozialen Bindungen. Insofern bilden positive Gefühle auch keinen Gegensatz zur Vernunft. Glück stört weder den Verstand noch das Gefühl. Die Vielfalt unserer Gefühle ist ebenso wie das Denken Teil einer umfassenderen, letztlich evolutionär begründeten »Logik« und eines komplexen sozialen Verhaltens. Was aber, wenn man keine positiven Gefühle hat?

Als Faustregel gilt selbst in diesem Fall, dass positive Gefühle sich erlernen lassen. Wir können sie ganz bewusst kultivieren und verstärken. Wie Versuche gezeigt haben, führt allein die Aufforderung, sich einen Monat lang täglich zu überlegen, welche positiven Seiten man den während des Tages gemachten Erfahrungen abgewinnen kann, im Vergleich zu einer Kontrollgruppe zu einer nachweisbaren Erhöhung der psychischen Belastbarkeit.[26] Zudem wirken sich positive Gefühle günstig auf ein gestresstes Herzkreislaufsystem aus – was wiederum zu Rückwirkungen auf die Psyche führt. Darüber hinaus hat die Forschung durch verschiedene Versuche mehrfach bestätigt, dass Lernen stets dann besonders erfolgreich und leicht von der Hand geht, wenn es in einer positiven und stressfreien Gesamtsituation stattfindet, die positive Gefühle ermöglicht. Wer lernen will, sollte also für eine möglichst positive Grundsituation sorgen. Herauszufinden, was wirklich Freude macht, ist ein entscheidender Schritt nicht nur zum Glück, sondern auch in Richtung Weisheit, weil man dadurch die Sorte Freude, die wirklich lohnenswert ist, zu unterscheiden lernt von der Sorte, die nicht die Mühe wert ist. Das Kultivieren unserer wahren Interessen, der Fähigkeiten, die zur wahren Freude und zu positiven Gefühlen führen, ist nicht nur der Kern unserer Konzentrationsfähigkeit, die sich auf diese Weise stabilisieren und entwickeln lässt, es ist auch eine Keimzelle für Eigenschaften, die zu Gelassenheit und Freundlichkeit im Umgang führen, d.h. zu Merkmalen, die mit Weisheit in Verbindung gebracht werden. Zufriedenheit macht, anders als häufig angenommen, nicht träge, faul und passiv. Sie ist vielmehr wie eine Grundharmonie, in der sich die verschiedenen Melodien unserer Tätigkeiten optimal entfalten können. Zufriedenheit ist der amerikanischen Psychologin Barbara L. Fredrickson zufolge eine der meistunterschätzten Emotionen in der westlichen Kultur. Zwar stimmt es, dass Menschen, die zu übertriebener Selbstzufriedenheit neigen, sich nicht nur selbst tendenziell schlechter einschätzen, sondern auch oft beispielsweise im Studium schlechtere Noten erreichen. Doch in einer normalen Entwicklung halten sich positive Stimmungen und Ängste, Unsicherheiten und Stress die Waage. Deshalb ist es im Normalfall ratsamer, an einer Erhöhung der Zufriedenheit zu arbeiten, als sich Sorgen um zu viel Zufriedenheit zu machen. Dies gilt vor allem auch deshalb, weil in unseren Erinnerungen hauptsächlich die stark positiven und die stark negativen Erlebnisse gespeichert werden. Weil das so ist, neigen wir dazu, vergangene Erfahrungen, also Erinnerungen, höher zu bewerten als das, was wir unmittelbar in der Gegenwart erfahren. Ein Zuwachs an negativen Emotionen verfärbt demnach die Wahrnehmung der Gegenwart und verhindert deren gelassene Annahme.

Fredrickson, Professorin für Psychologie und Grundlagenforschung positiver Gefühle am psychophysiologischen Labor der *University of North Carolina*, ist eine der führenden Wissenschaftlerinnen auf dem Gebiet der Sozial- und affektiven Psychologie und Mitbegründerin der ›positiven Psychologie‹. Dieser Zweig der Psychologie wendet sich der in der Psychologie zuweilen vernachlässigten Erforschung all dessen zu, was den Menschen stärkt und ihm das Gefühl gibt, sein Leben positiver, glücklicher zu erleben. Positive Psychologie, die wesentlich von dem amerikanischen Forscher, klinischen Psychologen und Präsidenten der *American Psychological Association* Martin E. P. Seligman entwickelt wurde, widmet sich insbesondere der Erforschung positiver Emotionen und befasst sich mit den Auswirkungen, die diese Gefühle auf Persönlichkeit und Charakter haben, etwa indem sie den Ausbau von Stärken und Tugenden fördern. Positive Psychologie erforscht jedoch auch die (positiven) Strukturen in sozialen, politischen, wirtschaftlichen und weiteren Zusammenhängen, die über das individuelle Verhalten hinausgehen. Die

Forschungsergebnisse beruhen, wie in anderen Teilgebieten der Psychologie, auch auf empirischen Untersuchungen, die sich insbesondere auf die Beobachtung von Verhalten und Erleben von Menschen stützen. Inzwischen gibt es an mehreren Universitäten Institute und Fachbereiche, die sich beispielsweise wie an der *University of Pennsylvania* mit der Erforschung, aber auch dem Training und der Einübung von Verfahren Positiver Psychologie befassen.[27] Denn Positive Psychologie zeigt, dass positive Gefühle und ein Zuwachs an Glück (oder, wie es in amerikanischen Studien meist heißt:»well-being«) erlernbar sind.

Um diese Vorgänge überprüfbar zu machen und theoretisch zu erfassen, entwickelte Barbara Fredrickson eine Theorie der Erweiterung und des Aufbaus durch positive Emotionen.[28] Diese »Broaden and Build«-Theorie besagt, dass bestimmte positive Gefühle, obwohl sie wie Stolz, Liebe oder Zufriedenheit klar voneinander unterscheidbar sind, dennoch die Gemeinsamkeit haben, das momentane Gedanken- und Handlungsrepertoire deutlich zu erweitern (»broaden«) und darüber hinaus lang andauernde positive Ressourcen und handlungsleitende Haltungen aufzubauen (»build«), die vom Körperlichen über das Mental-Kognitive bis hinein in psychologische und soziale Areale reichen. Gerade die während einer Phase positiver Gefühle aufgebauten »Quellen« von Handlungen oder Erfahrungen werden als besonders dauerhaft beschrieben. In gewisser Weise dienen Übungen, die mit der Entwicklung von Weisheit einhergehen, daher auch der sich selbst verstärkenden Stabilisierung positiver Grundhaltungen. Negative Emotionen hingegen wirken sich meist sehr unmittelbar auf das adaptive Verhalten aus. Auch sie können über lange Zeit hinweg konstant sein und sich regelrecht ›einbrennen‹, was zu einer entsprechenden Verstärkung weiterer negativer Gefühle führen kann. Diesen Teufelskreis zu durchbrechen, erfordert erhebliche Energie.

Den zahlreichen Untersuchungen von Fredrickson und anderen Forschern zufolge haben positives Denken bzw. positive Affekte folgende Auswirkungen:

1. Menschen mit positiver Grundstimmung zeigen überdurchschnittlich oft Gedankenmuster, die ungewöhnlich sind und eine größere

Offenheit neuen Informationen und Situationen gegenüber erkennen lassen.

2. Menschen mit positivem Grundgefühl zeichnen sich durch einen Zuwachs an Vielfalt von Gedanken und Verhaltensmustern und eine höhere Akzeptanz von Verhaltensmöglichkeiten aus, die von den eigenen abweichen.

3. Während negative Stimmungen dazu führen, bildlich gesprochen zwar die einzelnen Bäume zu sehen, aber den Wald nicht mehr wahrzunehmen, führen positive Emotionen dazu, die Aufmerksamkeit zu erweitern und Dinge ganzheitlicher zu betrachten, etwa Bedeutungen und Sinn auszumachen. Insgesamt beobachteten Psychologen nicht nur ein durch positive Gefühle generell zunehmendes Interesse an der Welt und den Zusammenhängen in ihr, sondern auch einen Zuwachs an intellektueller Komplexität und Weisheit.

Die Schlussfolgerungen der Psychologen sind eindeutig: Wer seine positiven Gefühlszustände aktiv wahrnimmt und auf diese Weise verstärkt, fördert nicht nur sein zukünftiges psychisches Wohlbefinden, sondern auch sein physisches. Wer positive Gefühle kultiviert, der erhöht seine Chancen wesentlich, auch mit negativen, bedrohlichen Situationen zurechtzukommen. Während stressiger Phasen beispielsweise wird die Belastbarkeit ebenso messbar erhöht wie Spannkraft und Stabilität. Das Verhaltensrepertoire wächst an. Die »Erweiterung« des Geistes (»broadmindedness«) und der Gefühle bildet zusammen mit der Fähigkeit, Schwierigkeiten besser zu begegnen, eine Aufwärtsspirale: Beides verstärkt sich wechselseitig. Fredrickson lässt dabei offen, ob sich die im Zusammenhang mit positiven Gefühlen häufig beobachtete Fähigkeit, besser mit Problemen umzugehen, nun der Fähigkeit verdankt, durch positive Gefühle tatsächlich die ursprünglichen Probleme zu lösen, oder ob es eher dazu kommt, durch die positiven Gefühle und die Erweiterung des Denkens, die sich einstellt, ebendiese Lösungen überhaupt erst zu finden. Positive Einstellungen und erfolgreiche Problemlösungen hängen jedoch klar und eindeutig zusammen. Insofern Weisheit eine Form komplexer Problemlösung ist, geht sie in gewisser Weise mit der Entwicklung positiver Gefühle einher. Man könnte es auch so formulieren: Mit zunehmender Weisheit wächst die Möglichkeit, sich von negativen Gefühlen freizumachen und sie »vorbeiziehen« zu lassen. Diese Zusammenhänge überraschen nicht, wenn man für einen Moment an die Funktion negativer Gefühle wie Angst denkt. Angst macht nicht nur fluchtbereit, sondern versetzt den Körper auch in die Lage, schnell und effektiv reagieren zu können, etwa indem Herzfrequenz und Blutdruck und damit auch die Blutzufuhr in Armen und Beinen sich erhöhen. Negative Emotionen sind effiziente, meist erlernte Verhaltensweisen, die dazu dienen sollen, bestimmte Klassen von Problemen (die Bedrohung durch einen Feind beispielsweise) zu lösen statt sie jedes Mal erst neu bedenken zu müssen. Doch gerade deshalb führen negative Gefühle, wo sie vorherrschen, selten weiter. Man kommt aus dem engen Verhaltenskorsett, das in Extremsituationen tatsächlich große Vorteile hat, auch im Alltag nicht mehr heraus. Der Blick verengt sich ebenso wie das Repertoire an Möglichkeiten, sich kreativ und lösungsorientiert zu verhalten. Entsprechend helfen jedoch positive Gefühle entscheidend dabei, sich innerlich weiterzuentwickeln und dies auch äußerlich durch ein entsprechendes Verhalten sichtbar zu machen.

Der Religion kommt dabei eine ambivalente Rolle zu. Denn Gott ist, wie Fredrickson betont, nicht einfach ein »gelassenes, friedliches Gesicht irgendwo in den Wolken, das dem Glück der Menschheit Vorschub leistet und sie ständig ermuntert, einen guten Tag zu haben.« Religion verursacht und verstärkt durchaus auch negative Emotionen und die Art des Umgangs mit der Welt, die das starke Potential haben, Individuen krank zu machen. Positiv kann sich jedoch vor allem der Zug der Religionen auswirken, der den Zusammenhang aller Erfahrung betont und das Gefühl wachsen lässt, es gäbe in allen Erfahrungen, im Leben überhaupt einen Sinn (»a greater meaning«). Dem Leben eine derartige positive Bedeutung, einen Sinn abzugewinnen ist möglicherweise einer der Königswege, um positive Gefühle zu kultivieren. Ob es nicht nur in der Theorie, sondern auch in der empirischen Forschung gelingen kann, säkulare positive Gefühle von religiösen positiven Gefühlen auch in ihren Auswirkungen zu unterscheiden, werden zukünftige Untersuchungen erst zeigen müssen.

In jedem Fall steht fest, dass weniger die Intensität von Gefühlen für das Glück entscheidend ist als vielmehr ihre Frequenz, d.h. die Häufigkeit ihres Auftretens.[29] In gewisser Weise kann Glück selbst sogar verstanden werden als das häufige Auftreten positiver Emotionen und die seltene Anwesenheit negativer Affekte. Die Intensität positiver Erfahrungen wirkt sich jedoch, wie Ed Diener, Ed Sandvik und William Pavot gezeigt haben, weitaus weniger stark auf das anhaltende Wohlgefühl bzw. Glück aus. Entscheidender als die Intensität ist die Häufigkeit, mit der positive Gefühle auftreten. Das erklärt u.a., warum sich emotionale Hochs bald wieder abschwächen und Menschen in Ländern, deren wirtschaftliche Lage aus unserer Sicht weitaus weniger dazu geeignet ist, Glück zu ermöglichen, im Gegenteil durchaus glücklicher sein können als wir selbst. Die Einübung und Kultivierung von positiven Erlebnissen und Stimmungen – wie etwa durch meditative Praxis – spielt auch dabei eine wichtige Rolle, ebenso wie Güte und Freundlichkeit (»kindness«). Beide stehen auch in den Übungen der Aufmerksamkeit im Vordergrund, wie sie etwa die tibetische Meditation kennt, die sich immer wieder auf den zentralen Ausgangspunkt aller Weisheit und Erleuchtung, das Mitleid, bezieht. Untersuchungen eines japanischen Forscherteams zeigten dabei zunächst, dass vor allem Frauen eine empfindliche Antenne für Freundlichkeit und Güte besitzen. Der Studie zufolge hat Güte hauptsächlich drei Komponenten: die der Motivation, zu anderen freundlich zu sein; die der Erkenntnis und Anerkennung der Freundlichkeit anderer; und die des Inkraftsetzens (»enactment«) eines freundlichen Verhaltens im Alltag.[30] Das Forscherteam zeigte nach der Analyse dieser drei Faktoren in einem weiteren Schritt, dass glücklichere Menschen nicht nur freundlicher anderen gegenüber sind, sondern dass auch die auf freundliche und barmherzige (»kind«) Handlungen gerichtete Aufmerksamkeit das subjektive Glücksgefühl von Menschen nachweisbar beeinflusst und stärkt.

Auch wenn in der Studie vor allem Frauen befragt wurden, sind die Ergebnisse allgemein gültig. Eines der überraschendsten Ergebnisse war, dass es keinen Unterschied zwischen glücklichen und unglücklichen Menschen im Hinblick auf ihre Wahrnehmung unglücklicher Erlebnisse gab. Der signifikante Unterschied beider Gruppen lag tatsächlich in der Wahrnehmung der glücklichen Erlebnisse – und die hatten vor allem mit der Freundlichkeit und dem Wohlwollen zu tun, das andere Menschen ihnen gegenüber an den Tag legten – besonders in den Bereichen Familie, Freunde, Lehrer, Arbeit oder Liebesbeziehung. Die Gruppe glücklicher Menschen (gemessen mit der *Subjective Happiness Scale, JSH-Skala*) zeigte in allen drei mit Freundlichkeit verbundenen Aspekten höhere Werte. Was den zweiten Aspekt der Studie betrifft – die Frage, ob das Augenmerk auf die eigene Freundlichkeit eine Auswirkung auf das Glück hat –, zeigte sich auch hier, dass Freundlichkeit ein erheblicher Faktor für das Empfinden von Glück ist. Dies spielte insbesondere in den untersuchten Schulen und Universitäten eine Rolle. Tatsächlich scheint es eine Wechselwirkung zu geben: Denn glücklichere Menschen sind nicht nur freundlicher in ihrem Verhalten, sie reagieren auch auf freundliches Verhalten anderer mit mehr Dankbarkeit. Beide Ergebnisse beziehen sich dabei vor allem auf den ganz alltäglichen Umgang miteinander und nicht auf spezielle Situationen. So wie einerseits motivationale und kognitive Aspekte (etwa auf bestimmte Prozesse und Erfahrungen gerichtete Aufmerksamkeit) nachweisbar zum Erleben von Glück beitragen, stärken positive Gefühle umgekehrt auch ebendiese Aspekte in Bezug auf das zukünftige Verhalten. Glück verstärkt Motivation und die Fähigkeit zur Auseinandersetzung mit der Welt. Beides kann nicht ohne Konsequenzen für die Schule und unsere Ausbildung, d.h. die Kultivierung von Kindern und Jugendlichen sein. Die Fähigkeit, sich auf Glück, Freundlichkeit und andere positive Gefühle konzentrieren zu können, wirkt selbstverstärkend: Freundliche Menschen werden freundlicher, glückliche glücklicher. In gewisser Weise verursachen Haltungen wie Freundlichkeit, die ein typisches Kennzeichen weiser Menschen sind, Glückserfahrungen.

In den zwanziger Jahren zeigten Psychologen, dass der Körper zwar auf eine Fülle negativer Emotionen sehr unterschiedlich reagiert, nicht aber auf unterschiedliche positive Gefühle. Die Wahrnehmung von negativen und positiven Gefühlen scheint in gewisser Weise ungleich verteilt zu sein. Und doch sind die positiven Auswirkungen positiver Affekte langfristig und nach einer Vielzahl von Studien unbezweifelbar. Und vor allem sind sie, wie Weisheit, erlernbar. Möglicherweise gibt es Bezüge zu einem umstrittenen Phänomen: der offensichtlichen Wirkung von Placebos. Denn neuere Untersuchungen etwa des britischen Psychologen Irving Kirsch scheinen zu belegen, dass die Wunder-Droge Prozac mit dem Wirkstoff Fluoxetin als Antidepressivum nicht besser wirkt als eine in gleichem Maß verabreichte Zuckerpille – ein Placebo. Placebos wirken, weil schon die Zuwendung, das mit dem Medikament verabreichte positive Versprechen, der soziale und psychologische ›Kontext‹ des Medikaments (der Zuspruch, dass es eine positive Wirksamkeit zeigt), sich positiv auf das Befinden auswirken. Eine der Konsequenzen, die sich aus der umfangreichen Placebo-Forschung zwingend ergeben – obgleich das deutsche Gesundheitssystem davon noch so gut wie keine Notiz genommen hat – ist es, selbstverständlich auch bei allen herkömmlichen Nicht-Placebo-Medikamenten den (messbar vorhandenen) Placebo-Effekt zu nutzen. Wenn homöopathische Dosen ohne nachweisbare Wirkstoffe einen Effekt erzielen, dann vermutlich vor allem deshalb, weil die Ärzte, die sie verabreichen, sich oftmals mehr als eine Stunde Zeit nehmen, um mit dem Patienten seinen Zustand zu erörtern und die Symptomatik zu erfassen. Allein diese Zuwendung, die sich vom durchschnittlichen Arztbesuch signifikant unterscheidet, hat einen nachweisbar heilenden Effekt, den zu nutzen im Interesse eines jeden Gesundheitssystems (und natürlich der Patienten) sein müsste, auch wenn die Pharmabranche nicht davon profitiert. Vielleicht muss man auch an Prozac, obwohl es wissenschaftlich gut erforscht und als Medikament der Klasse der selektiven Serotonin-Aufnahmehemmer qualifiziert ist, in gewisser Weise ›glauben‹, damit es einen Effekt hat. Man nimmt eine Pille ja nur unter der Prämisse, dass sie hilft – und nicht in der Annahme, dass sie schadet. Doch auch der negative Placebo-Effekt, der etwa durch die Lektüre des sogenannten Beipackzettels ausgelöst werden kann, in dem alle statistisch noch so unbedeutenden Nebenwirkungen erfasst sind, ist messbar und bei der Einnahme mancher Medikamente ein wachsendes Problem. Rechtzeitige und umfangreiche Aufklärung über die tatsächlichen Nebenwirkungen ist deshalb notwendig und kann Millionen sparen, denn viele Patienten kapitulieren angesichts der beschriebenen Nebenwirkungen und nehmen das Medikament unregelmäßig oder überhaupt nicht mehr. Dass Prozac inzwischen im Trinkwasser amerikanischer Großstädte nachweisbar ist, ist eine (unerwünschte) Folge des Glaubens an ein Medikament, der möglicherweise nur ein moderner Aberglaube ist, dass Doping, gleich in welcher Form, der normalste Weg zum Glück sei. Prozac ist gewissermaßen Hirndoping. Zwar würde die Diskussion der Behandlung von Depressionen, für die Prozac entwickelt wurde, eine wesentlich umfangreichere Betrachtung erfordern, die den Rahmen dieses Kapitels über Positive Psychologie sprengt. Eines allerdings lässt sich klar sagen: Die Einnahme von Medikamenten *im Zusammenhang mit einer Gesprächs- oder Verhaltenstherapie* (und zuweilen auch im Kontext anderer Therapieformen) erweist sich in rund 80 Prozent aller Fälle als weitaus wirksamer als die Einnahme eines Medikaments *ohne* diese Betreuung, die über das Wort, d.h. Kommunikation und über Zuwendung und Gespräch funktioniert.[31] Zugegeben: Es ist schwer, wenn nicht unmöglich, die ›objektive‹ Schwere einer Depression tatsächlich exakt zu bestimmen und dann auch mit anderen Fällen zu vergleichen. Fest steht jedoch, dass auch in Fällen von Depression positive Emotionen eine wesentliche Rolle im Krankheitsverlauf und in der Therapie spielen. Dass auch aus diesem Grund Meditationstechniken und Aufmerksamkeitsübungen verstärkt und mit Erfolg in die therapeutische Behandlung aufgenommen wurden, ist – auch bei der Behandlung von Angststörungen – eine naheliegende Konsequenz.

Aus all diesen Beobachtungen ergeben sich klare und eindeutige Folgerungen für eine Bewusstseinspolitik, der das Glück und die Weisheit am Herzen liegen sollten. Beides kommt nicht automatisch – auch nicht mit zunehmendem Alter. Aber Weisheit kann erlernt werden, kann (und sollte!) daher frühzeitig eingeübt und kultiviert werden, sodass sie im Alter wie eine zweite Haut geworden ist, eine in Fleisch und Blut übergegangene, durch viele (auch leidvolle) Erfahrungen gestählte Haltung. Vielleicht entsteht genau so der weit verbreitete Eindruck, dass alte Menschen weiser sind. Sie sind nicht weise, weil das Alter sie weise gemacht hat, sondern weil sie Weisheit rechtzeitig in jüngeren Jahren eingeübt haben. Der Mechanismus der Selbstverstärkung, den die Positive Psychologie eindringlich beschreibt, die Wiederholung positiver Gefühle, Haltungen und Denkweisen, hat ihnen dabei geholfen, auch im Alter noch weise und, im Idealfall, auch glücklicher zu sein als jene, die vor allem negativen Emotionen freien Raum ließen. Weisheit geschieht nicht einfach: Sie muss wie eine Sportart trainiert und immer wieder eingeübt werden. An einer Haltung, die positive Gefühle verstärkt und wachruft, muss man arbeiten. Diese kulturelle Arbeit ist entscheidend für unsere Zukunft und das Klima, in dem wir miteinander umgehen werden. Allerdings gilt es von Anfang an ein Missverständnis auszuschließen. Dass man an positiven Gefühlen und damit auch am Glück durchaus arbeiten kann, bedeutet keineswegs, dass man jedes negative Gefühl (das ja durchaus seinen Sinn hat) einfach »wegarbeiten« könnte oder gar sollte. Besonders fatal ist die Haltung mancher New-Age-Ideologen, die behaupten, man sei nur deshalb erkrankt, weil man selber schuld an der Erkrankung habe. Genau das ist eine in hohem Maße Stress auslösende Haltung. Als ob der, der leidet, nur leiden würde, weil er oder sie sein oder ihr Leid selbst verschuldet hätte! Weit verbreitet war die Ansicht, dass Menschen, die Probleme in sich hineinfressen, Magenkrebs bekommen. Heute ist eindeutig klar, dass dies Unfug ist, weil Magenkrebs durch falsche Ernährung, mangelnde Bewegung und Bakterien, Parasiten bzw. Viren ausgelöst wird. Dennoch bleibt die gute und nicht zu unterschätzende Nachricht, dass nicht nur Glück, sondern auch Verhaltensweisen und Haltungen, die zur Weisheit führen, sich wie Freundlichkeit und Dankbarkeit dem Leben und anderen Menschen gegenüber einüben und erlernen lassen. Es ist, wie der Neurophilosoph Thomas Metzinger immer wieder betont, von entscheidender Bedeutung, schon frühzeitig über den Wert von Bewusstseinszuständen Bescheid zu wissen und sie zu kultivieren. Denn gerade sie bestimmen unsere Handlungsräume entscheidend mit, auch wenn sie als Faktoren der offiziellen Politik nie eigens benannt werden. Sie zu unterschätzen bzw. gar nicht erst in Betracht zu ziehen (oder allenfalls als negative Faktoren im Wahlkampf) ist vielleicht einer der gröbsten systematischen Fehler unserer Politik. Die entscheidende Frage bleibt, welche Bewusstseinszustände wir wie gesellschaftlich fördern und welche wir ablehnen, ächten und unterdrücken wollen.

Ein gutes Beispiel für die Auswirkungen solcher Bewusstseinspolitik ist der Gebrauch psychoaktiver Substanzen. Diese Substanzen wirken, indem sie auf unser Gehirn einwirken und, vereinfacht gesagt, dazu führen, dass die Konstruktionsprozesse, die im Normalfall die uns bekannte Welt aufbauen, verändert, verschoben oder sogar zerstört werden. Dennoch geht es um mehr als nur darum, legale ›gute‹ oder illegale ›ungute‹ Gehirnzustände zu haben, die sich mit Hilfe von (legalen oder illegalen) Drogen bzw. Psychopharmaka erreichen lassen. Erstaunlicherweise macht die Politik sich im Fall von Drogen nicht nur aufgrund der damit verbundenen kriminellen und ökonomischen Aspekte eine Art von Bewusstseinspolitik zu eigen, die sie im Fall von Kultur, Bildung und anderen Bereichen geradezu sträflich vernachlässigt. Dass dieser Aspekt der Politik als Bewusstseinspolitik keineswegs so absurd ist, wie es auf den ersten Blick vielleicht scheinen mag, zeigt die Geschichte der Erforschung psychoaktiver Substanzen. Aufgrund machtpolitischer Interessen wurden die mittels Meskalin, Psilocybin und LSD in den sechziger und siebziger Jahren in Berkeley, Harvard und anderen Universitäten betriebenen Forschungen offiziell verboten. Bekannt ist, dass sie allerdings nicht etwa gestoppt wurden, sondern nun vom amerikanischen Militär und Geheimdienst weitergeführt wurden, allerdings nicht mit dem Ziel, ihre bewusstseinserweiternde Funktion besser zu verstehen, sondern um Drogen zu entwickeln, die Soldaten ausdauernder und angstfreier kämpfen ließen (Drogen dieser Art kamen u.a. in Vietnam und in den beiden Golfkriegen zum Einsatz) und feindliche Agenten und Gefangene aussagebereit machten. Folter wurde durch bewusstseinsverändernde Chemie ersetzt. Bekannt geworden ist u.a. die sogenannte »Operation Artischocke«, ein geheimes Forschungsprogramm des CIA in Deutschland und den USA, ein Nachfolger des Projekts Bluebird, auf das die Operation Mkultra folgte – ein Projekt, das bis in die siebziger Jahre hinein weiterlief und dazu dienen sollte, eine perfekte Wahrheitsdroge und eine Bewusstseinskontrolle zu entwickeln, die insbesondere die Einstellung von sowjetischen Spionen ändern sollte. Solche Drogen wurden an Freiwilligen, aber auch an Gefangenen getestet, die zum Teil schwerste Schäden davontrugen. Eine der Versuchspersonen, Ken Kesey, hielt seine Erfahrungen in dem erfolgreichen Roman *Einer flog über das Kuckucksnest* fest. Gerade »Operation Artischocke« zeigt, wie skrupellos im Namen einer vorgegebenen

Politik auf das Bewusstsein eingewirkt werden sollte, indem man sich das Wissen aus Menschenversuchen der Nazis zunutze machte. Diese Zusammenhänge sind inzwischen ausführlich dokumentiert, auch wenn die Beschaffung von historischen Dokumenten aufgrund der militärischen Geheimhaltung schwierig ist. So testete man im Haus Waldhof in Kronberg/Taunus nahe Frankfurt erstmals 1952 bei Verhören nicht nur Foltermethoden, sondern auch Drogen, um die Gefangenen einer Gehirnwäsche zu unterziehen. Dabei machte man Gebrauch von dem Wissen, das sich nationalsozialistische Ärzte während des Terrors des Zweiten Weltkriegs bereits durch Menschenversuche in den Konzentrationslagern angeeignet hatten, weil sie jenseits aller Menschlichkeit und aller Gesetze experimentierten. Die amerikanische Armee ersparte diesen deutschen ›Forschern‹ die Todesstrafe und beschloss, ihre Ergebnisse stattdessen in geheimen militärischen Operationen zu nutzen. Die Resultate dieser Experimente wirken bis heute in der Kriegsführung nach. Allein das im Kalten Krieg sehr gebräuchliche Wort »Gehirnwäsche« – ursprünglich ein chinesisches Wort, das im Korea-Krieg im Jahr 1950 verwendet wurde – verrät die Absichten einer fehlgeleiteten Bewusstseinspolitik, deren sanftere, gleichsam endogene, von innen verursachte Form der Einwirkung auf die Menschen Propaganda und, in noch milderer Form, der Wahlkampf in den Massenmedien ist.

Dass Bewusstseinspolitik auch im Umfeld des Gebrauchs von Drogen andere Wege gehen kann, lässt sich nicht nur an den Ritualen einer Vielzahl indianischer Stämme und anderer Ethnien belegen, sondern durchaus auch am Leben und den Schriften des über hundertjährigen Chemikers und Entdeckers des LSD, Albert Hofmann.[32] Ganz im Sinne der Konstruktivisten und der Neurowissenschaftler machte Hofmann, der im April 2008 starb, darauf aufmerksam, dass das, was wir »Normalität« oder gar »objektives Wissen« nennen, in Wahrheit nichts anderes als ein (recht begrenztes) Wissen über die Welt in einem bestimmten Gehirnzustand ist, der sich jedoch verändern und transformieren lässt. Genau darauf zielt nicht nur die Bewusstseinspolitik, sondern auch jede Form von Werbung ab, die gleichermaßen eine Veränderung von Einstellungen bewirken und das Verhalten verändern will. Im Grunde gelten die Gesetze einer solchen Einwirkung in einer ganz grundlegenden Weise für jeden Lernvorgang. Jede Erfahrung und jeder Akt des Lernens hinterlässt Spuren im Gehirn. Heute ist klar: Besonders die stark negativen Erlebnisse hinterlassen solche Spuren – beispielsweise Vernarbungen – im Gehirn. Nicht nur für Hofmann, sondern für die modernen Neurowissenschaften ist klar: Wer lernt und das Gelernte behalten will, sei es nun, weil neue Informationen fest verankert werden sollen oder auch die Beherrschung bestimmter Techniken und Verhaltensweisen (prozedurales Wissen), der muss die Biochemie seines Gehirns verändern. Die Zellpopulationen und Verknüpfungen müssen verändert werden, die für das Gedächtnis maßgebend sind – bis hin zum Extremfall der traumatischen Erfahrung, die vor allem im frühkindlichen Gehirn beispielsweise durch sexuellen Missbrauch zu nachweisbaren Vernarbungen des Gehirngewebes und damit zu irreversiblen Fehlfunktionen mit schwersten Folgen führen kann. Diese physische Wirkung des Psychischen ist die Ursache dafür, dass manche frühkindlichen Traumata kaum noch oder gar nicht mehr heilbar sind. Ähnliche Veränderungen wie durch traumatische Erfahrungen, die jedoch meist plötzlich eintreten, lassen sich beim Drogenkonsum beobachten. Heroin wurde bis 1958 in Deutschland verkauft – als orales Schmerz- und Hustenmittel, aber auch bei weiteren Indikationen, darunter Bluthochdruck.

Das einsetzende sogenannte »Craving«, d.h. der allmählich alles beherrschende Wunsch, die Droge wieder anzuwenden, die damit die eigentliche Herrschaft über das Leben übernimmt, hängt vor allem auch mit der Veränderung der Nervenzellverbände und dem Zuwachs an Rezeptoren zusammen. So werden nicht nur neue Verbindungen zwischen Nervenzellen geschaffen – es sterben auch andere ab. Das Gehirn verändert sich wie bei jedem Lernvorgang. Auch wenn es sich hierbei um einen höchst negativen Lernvorgang handelt, wird das Gehirn seiner Aufgabe gerecht und passt sich biologisch an. Diese Veränderung des Gehirns zieht jedoch auch Veränderungen im Verhalten nach sich – ein Kreis, der zu weiteren Rückkopplungen und damit zur Verstärkung führt. In fast allen Fällen laufen die Veränderungen im höchst komplexen und noch nicht in allen Einzelheiten verstandenen Belohnungszentrum auf, das auch für

andere Verhaltensaspekte vom Sex über den Lottogewinn oder Erfolgs-
erlebnisse vielerlei Art bis hin zum harmlosen Lernerfolg in der Schule
zuständig ist. Denn auch Essen oder Sex lösen eine deutliche Zunahme
des Botenstoffs Dopamin aus. Dieser zuweilen als Glückshormon bezeichnete Stoff, für den es unterschiedliche Rezeptoren gibt, wird auch
im sogenannten »Flow-Zustand« ausgeschüttet. Die Dopaminausschüt-
tung beim Gebrauch von Kokain ist jedoch um Zehnerpotenzen höher.
Das Problem ist, dass an sich normale zerebrale Prozesse, die bei vielen
natürlichen Tätigkeiten stattfinden, nun durch abhängigkeitserzeugen-
de Stoffe eingeleitet werden. Viele dieser Vorgänge haben direkt mit dem
Belohnungssystem, andere aber vor allem auch mit Motivation und dem
Gedächtnis zu tun. So erleichtert Nikotin, ein Stoff, der früher als Pesti-
zid zum Pflanzenschutz eingesetzt wurde und auf alle höheren Säugetiere
höchst giftig wirkt (die Dosis einer verschluckten Zigarette kann für ein
Kleinkind tödlich sein), unter bestimmten Bedingungen durch seine Eingriffe in den Gehirnstoffwechsel das Lernen. Doch Nikotin verändert
das Gehirn auch. Raucher haben im Vergleich zu Nichtrauchern doppelt
so viele nikotinische Acetylcholinrezeptoren. Diese sogenannten Trans-
membranrezeptoren binden den Neurotransmitter Acetylcholin (ACh),
der u.a. die Erregung zwischen Nerv und Muskulatur steuert, aber sich
eben auch durch Nikotin aktivieren lässt (eine Wirkung, die durch das
Pfeilgift Curare gehemmt werden kann). Dieser Aufbau von Rezeptoren
ist auch von anderen suchterzeugenden Stoffen wie etwa Heroin bekannt,
das gerade in Kombination mit Alkohol zu einer tödlichen Veränderung
führen kann. Die Erhöhung der Anzahl der Rezeptoren durch den Gebrauch einer Droge erklärt, vereinfacht gesagt, warum häufig (aber nicht
immer) zunehmend größere Mengen dieser Droge benötigt werden, damit die gewünschte Wirkung eintritt.

Zugegebenermaßen ist die Diskussion um Drogen, Bewusstseinspolitik und in diesem Zusammenhang auch Weisheit zweifellos nicht der geeignete Rahmen, um die ökonomisch wie sozial höchst folgenreiche Drogenpolitik als Teil der realen Bewusstseinspolitik (und der Kriegsführung)
des 21. Jahrhunderts in ausreichender und vor allem ausreichend differenzierter Weise zu erörtern. Deshalb nur so viel: Während der Staat be-

302

stimmte Drogen wie Alkohol und Nikotin geradezu fördert und an ihnen verdient (die Werbung für legale Drogen ist erst seit kurzem eingestellt), stehen den Toten, die laut Suchtbericht der Bundesregierung aus dem Jahr 2007 das Rauchen (rund 140.000 Tote) und der Alkohol (geschätzte 40.000 Tote jährlich) direkt fordern, 1296 Tote entgegen, die auf das Konto illegaler Drogen wie Heroin gehen. Zweifellos ist jeder Tote ganz ohne Frage ein Toter zu viel und kühle Rechnerei verbietet sich hier. Und doch kommt man angesichts solcher Werte nicht umhin zu bemerken, wie hoch die Zahl der legalen Drogentoten zur Gesamtheit aller illegalen Drogen vom Heroin über Amphetamine oder Ecstasy zum Opfer Gefallenen ist: Das Verhältnis beträgt 1:138. Die Opfer durch die beiden legalen Drogen Nikotin und Alkohol zu verharmlosen ist ein sträfliches Vorgehen, das jedoch viele Unterstützer findet. Dabei stellte die Bundesregierung 2007 erstmals in bisher nicht gekannter Schärfe klar, dass »mehr als 10 Millionen Menschen Alkohol in riskanter Weise trinken. 1,6 Millionen Menschen gelten als alkoholabhängig. Weitere 1,7 Millionen konsumieren Alkohol auf eine gesundheitsschädigende Weise.«[33] Im Klartext: Die Anzahl der Alkoholsüchtigen beträgt bis zu 10 Millionen Menschen in Deutschland!

Angesichts der hohen Zahlen von Toten durch legale und illegale Drogen – und beide Arten von Substanzen scheinen aus der Perspektive der Weisheit nichts anderes darzustellen als Mittel, um dem Leiden auszuweichen – sollte darauf hingewiesen werden, dass bestimmte Drogen bei Naturvölkern seit Jahrtausenden benutzt werden, ohne dass der Gebrauch psychoaktiver Substanzen zu nennenswerten Suchterscheinungen führt. Damit soll nicht die gesundheitsschädigende Wirkung vernachlässigt werden, die beispielsweise der extensive Gebrauch von Cannabis gerade auf das Gehirn von Jugendlichen oder Pubertierenden hat. Doch Cannabis wird, ebenso wie psychoaktive Pilze, in anderen Kulturkreisen auch ganz anders eingesetzt. Einer der Gründe für das geringere oder sogar gänzlich ausbleibende Suchtverhalten dort ist vermutlich, dass diese Drogen nur innerhalb eines gemeinschaftlichen Rituals eingenommen werden. »Diejenigen aber, die das Ritual weglassen«, schreibt Andrew Weil, Professor für Medizin in Tucson, »und Marihuana immer rauchen, wenn ihnen danach ist, können in eine immer negativere Beziehung zu der Droge geraten.«[34] Weil und viele andere Forscher, darunter der deutsche Ethnopharmakologe und Ethnobotaniker Christian Rätsch, weisen darauf hin, dass ein wesentlicher Aspekt indianischer Rituale die Nutzung veränderter Bewusstseinszustände für positive Zwecke ist.[35] Viele Menschen im Westen, stellte Weil fest, nehmen Drogen jedoch aus einer negativen Motivation heraus – etwa um der Wirklichkeit, in der sie leben, zu entkommen. Heroin beispielsweise mindert den physischen und psychischen Schmerz und macht das Leben zumindest für die Wirkdauer der Droge angenehmer, ja sogar äußerst erstrebenswert, weil auch das Belohnungszentrum aktiviert wird, auf das letztlich alle positiven Reize einwirken. Doch genau diese Wirkung setzt einen fatalen Teufelskreis in Gang. Der Zweck des ritualisierten Gebrauchs ist genau der entgegengesetzte: Er soll einen tieferen Zugang zu der Wirklichkeit ermöglichen, in der man lebt, und die Einsichten, die auf diese Weise gewonnen werden, positiv nutzbar machen. Diese Verwendung positiver Gefühle im Raum der Gemeinschaft, die bei uns fehlt, scheint nach Andrew Weil einer der Schlüsselfaktoren für die Drogenprobleme der westlichen Welt zu sein – ganz abgesehen von den handfesten sozialen und ökonomischen Faktoren wie Beschaffungskriminalität, Verbindung des Drogenhandels zu Waffengeschäften, Menschenhandel, Mord und Prostitution. Die Wirkung der Drogen lässt sich nach Meinung einiger Forscher nicht allein durch die Wirkstoffe selbst begründen, sondern verdankt sich auch dem gesellschaftlichen und kulturellen Umgang mit ihnen. Das sogenannte »Set« kann Menschen dazu bringen, »Empfindungen, die sie sonst in äußerst negativer Weise erleben würden, als Angelpunkt für positive Erfahrungen zu benutzen.«[36] Dabei sollte allerdings beachtet werden, dass ein positiver Nutzwert ausschließlich durch den rituellen Gebrauch natürlicher Drogen unter Anleitung erfahrener Medizinmänner und Schamanen erreicht werden kann.

Doch zurück zum Ausgangspunkt der Bewusstseinspolitik, in der es um den Wert und die Wertung von Bewusstseinszuständen geht. Auch Medien sind, wie die Forschung inzwischen gezeigt hat, Bewusstseinstechnologien, die leider wie Drogen auch ein hohes Suchtpotential aufweisen. Darauf weist der Suchtbericht der Bundesregierung ausdrücklich hin. »Die Psychiater haben einen neuen Fachbegriff für diese Entwicklung: ›Onlinesucht‹«, schreibt Thomas Metzinger.

*»Immer mehr Kinder und auch Studenten leiden unter Aufmerksamkeitsstörungen und sind nicht mehr in der Lage, sich auf altmodische, serielle Informationen zu konzentrieren – die Lesekultur ist auf dem Rückzug. Das bewusstseinsethische Kernproblem besteht hier also darin, den Wert des knappen Guts ›Aufmerksamkeit‹ richtig einzuschätzen. Die Fähigkeit, aufmerksam zu sein, ist eine in der natürlichen Evolution entstandene, kostbare Ressource, die uns unsere Gehirne täglich in begrenztem Ausmaß zur Verfügung stellen. Aufmerksamkeit braucht man, um anderen Menschen (und sich selbst) wirklich zuhören zu können. Aufmerksamkeit braucht man, um Sinnesfreuden genießen zu können, zum Lernen oder um beim Sex, in der Liebe oder in der Natur wirklich da zu sein. Ein gelungenes Leben ist ohne die Fähigkeit, achtsam zu sein, im Grunde nicht denkbar.«*[37]

Doch diese »Achtsamkeit« ist nur sehr bedingt naturgegeben. Sie unterliegt sozialen, vor allem aber kulturellen Prozessen. Zu einer rationalen Bewusstseinspolitik würde daher nicht nur die übliche Trennung von Kirche und Staat gehören (denn auch Religion ist eine Form, das Bewusstsein zu verändern), sondern auch die gezielte positive Nutzung von Freiräumen, die eine Kultur bereitstellt, um eigene Bewusstseinszustände auszuloten und zu einer verantwortlichen Form der Selbsterfahrung zu finden. Die Frage wäre dann, mit Metzinger, wie wir überhaupt richtig mit der Vielzahl unserer möglichen Gehirnzustände umgehen. Welche sind in Ordnung und akzeptabel – und welche nicht? Ein Randaspekt dieser Diskussion ist die (in anderen europäischen Ländern durchaus auch anders beantwortete) Frage, ob es nach allem, was die Schlafforschung über Rhythmen und ihren Zusammenhang mit dem Lebenszyklus herausgefunden hat, tatsächlich verantwortbar ist, Pubertierende um 7.30 Uhr mit der Schule und dort am besten gleich mit einer Klassenarbeit beginnen zu lassen. Das Gehirn eines pubertierenden Jugendlichen hat um diese Zeit nachweisbar etwa dieselbe Aufmerksamkeitsfähigkeit wie ein leicht alkoholisierter Erwachsener um Mitternacht. Erst nach der Pubertät verschiebt sich der Schlafrhythmus wieder und früheres Aufstehen ist leichter möglich, jedenfalls wenn jemand eine »Lerche« ist.

Leider ist die Frage nach der Bewusstseinspolitik in der Öffentlichkeit bislang noch nicht in ausreichender Weise und Schärfe gestellt worden. Wenn einer aufgeklärten Politik, die immer zugleich auch Bewusstseinspolitik ist, am Ausgang aus der (selbst verschuldeten!) Unmündigkeit gelegen ist – warum legt sie dann nicht auch Wert darauf, Kinder in Bezug auf ihre Bewusstseinszustände zu mündigen Menschen werden zu lassen? Warum spielt die Erziehung zum Gebrauch verschiedener Bewusstseinszustände ähnlich selten eine Rolle wie die Förderung der Fähigkeit, auf diese Bewusstseinsveränderungen zu reagieren, etwa indem man Entspannungsübungen, Yoga oder Meditationstechniken erlernt? Während die westliche Wissenschaft den Weg der externen Untersuchung von Bewusstseinszuständen geht, haben eine Vielzahl von Kulturen und Traditionen diese Zustände (im Buddhismus seit 2500 Jahren!) von innen her zu verstehen und für ein positives Leben nutzbar zu machen versucht. »Der Buddhismus strebt nicht im selben Maß wie die westliche Zivilisation nach einer Vermehrung des Wissens über die physische Welt und die belebte Natur«, bemerkt Matthieu Ricard im Gespräch mit Wolf Singer. »Dafür hat er sich fünfundzwanzig Jahrhunderte lang sehr intensiv mit der Erforschung des Geistes beschäftigt und auf empirischem Weg eine Vielzahl von Erkenntnissen gewonnen. Im Laufe der Jahrhunderte haben unzählige Menschen ihr ganzes Leben dieser kontemplativen Wissenschaft gewidmet. Die moderne westliche Psychologie dagegen begann erst mit William James vor wenig mehr als hundert Jahren.«[38]

Im Sinne der Positiven Psychologie und des wünschenswerten Erlernens zumindest von weisheitsrelevanten Fähigkeiten ist es nicht nur ratsam, sondern geboten,»nicht nur Meditationstechniken an Schulen zu lehren, sondern auch autogenes Training, Tagtraum-Techniken wie das katathyme Bilderleben, die Verbesserung des Traum-Erinnerungsvermögens und das luzide Träumen. Dadurch würde es Kindern ermöglicht, auf ungefährliche Weise Grenzerfahrungen zu suchen und in Eigenregie neue Bewusstseinszustände zu entdecken.«[39] Nur ein solches Lernen kann helfen, Grundfähigkeiten auch im Umgang mit der Vielfalt der eigenen Bewusstseinszustände zu erwerben und bestimmte zu kultivieren. All das dürfte entscheidend dabei helfen, einen vernünftigen Bezugsrahmen zu schaffen für spätere Begegnungen mit abweichenden Bewusstseinszuständen, gleich ob sie nun durch legale oder illegale Drogen, durch Sport, Träume, schockartige Erlebnisse, Sex oder andere Tätigkeiten ausgelöst werden. Doch welche Bewusstseinszustände sollen Kindern gezeigt werden – welche nicht? Mit welchen sollen sie lernen sich auszukennen – mit welchen nicht?

Ich glaube, es besteht bei einer rationalen Prüfung nicht der geringste Zweifel daran, dass es ebenso wichtig wäre, die Kompetenz im Umgang mit Medien wie Fernsehen oder Internet zu schulen wie die Fähigkeit, positive Gefühle zu verstärken oder rechtzeitig jene Fähigkeiten zu kultivieren, die zur Weisheit führen. Doch das scheint, aus welchen Gründen auch immer, kein Thema für Schulpolitik zu sein. Um es deutlich zu sagen: Es geht mir nicht darum, in Schulen Zen-Buddhismus zu erlernen. Gerade an Schulen sollte das Erlernen von Glück und Weisheit völlig weltanschauungsfrei (und frei von Parteipolitik) sein. Was ich meine, ist ein Achtsamkeitstraining, vielleicht auch so etwas wie autogenes Training oder Yoga. Nicht erst die Neurowissenschaftler haben gezeigt, wie wichtig das (Auf-)Wachsen nicht nur innerhalb einer menschlichen Gemeinschaft, sondern auch innerhalb einer Bewusstseinskultur ist. Zu diesem Wachsen gehört ein guter Umgang mit dem eigenen Bewusstsein, das gerade in der Zeit des Heranwachsens in ständiger Bewegung ist und sich neu bildet. Die Erfahrungen mit anderen Menschen, mit dem Lernen, mit Wissen, Orientierung, aber auch mit den eigenen, zum Teil sehr aufregenden Bewusstseinszuständen bilden sich notwendig auch im Gehirn ab. Kinder, die alleine mit sich sind oder sich ständig in negativen Affektzuständen bewegen, zu denen auch der Teufelskreis von Angst und Selbstzweifel gehört, laufen daher Gefahr, sich derartige Zustände buchstäblich ins Gehirn zu brennen. Das Gehirn selbst weiß nicht, dass es negative Erfahrungen festschreibt. Gerade die Schule ist jedoch ein extrem hoher Faktor des Unglücks und der Angst für Kinder. Das hat nicht zuletzt auch die erste umfassende quantitative Studie zum Kinderglück in Deutschland ergeben, die 2007 von dem Salzburger Glücksforscher Anton Bucher vorgelegt wurde. Zwar nimmt mit Annäherung an die Pubertät auch das subjektive Unglück zu – wohl vor allem aufgrund der einschneidenden hormonellen und neurologischen Veränderungen. Damit verbunden ist die Frage nach der eigenen Identität, die immer mehr in den Vordergrund rückt. Zunehmend bekommt der soziale Vergleich etwas Beklemmendes. In der Differenz werden nun auch die Grenzen in Bezug auf Herkunft, Ausstattung, Einkommen und Ähnliches wesentlich deutlicher wahrgenommen als in der Kinderzeit. Doch entscheidend für das Glücksgefühl von Kindern bleibt die Empfindung der Schule, die Druck ausüben oder auch abbauen kann. Das reine Lernen für Noten ist motivationspsychologisch denkbar schlecht. Genau wie bei Ganztagsschulen macht es die Mischung aus Lernen und Neugier entwickeln, Arbeit für die Noten und kreativer und sozialer Beschäftigung aus. Klares Ergebnis der Kinderglücksstudie war die Einsicht, dass Kinder, die glücklicher werden wollen, nicht in erster Linie ihre Lebensumstände verändern müssten, sondern ihr Aktivitätsspektrum. »Wenn man Glück direkt anstrebt, verfehlt man es«, sagte Anton Bucher. »Wenn man Aktivitäten pflegt und Kontakte, dann ist Glück ein Beiprodukt.« Bucher legte Wert auf die Feststellung, dass nicht Trauer das eigentliche Gegenteil zu Glück sei, sondern Depression und Gleichgültigkeit. Als Kontrasterfahrung ist Glück immer eingebunden in einen Prozess der Veränderung, von Trauer und Freude. Depression hingegen bedeutet Gleichgültigkeit beiden Zuständen gegenüber. Von Seiten der Eltern sind Lob, Aufmerksamkeit und Hilfestellungen beim Umgang mit den oft rasch wechselnden Gefühlszuständen für das Glück von Kindern äußerst förderlich.

Im Rahmen eines Symposiums anlässlich der Veröffentlichung der Studie trug Ian Morris, Lehrer und Leiter des Philosophie- und Ethik-Departments des *Wellington College* in Crowthorne, Berkshire seine Erfahrungen im Umgang mit Bewusstseinstechniken in der Schule vor.[40] Morris unterrichtet »Well-Being«. Eindruck hinterließ er vor allem mit einer praktischen Übung, die er mit den Teilnehmern eines Seminars (und in England mit seinen Schülerinnen und Schülern) veranstaltete: eine einfache, einführende Übung zum bewussten Atmen. Doch allein diese simple Technik hat einen erstaunlichen Effekt, der für alle deutlich spürbar war und die Stimmung positiv veränderte, in der nun diskutiert wurde – ähnlich wie dies auch in der Schule der Fall ist, wo solche Übungen vor dem Lernen zum Einsatz kommen. Diese und ähnliche Praktiken, die Morris in der Schule einsetzt, beruhen u.a. auf den positiven Erfahrungen, die man mit Yoga und Meditationstechniken an Schulen in Sri Lanka und Thailand sammelte. Dass gerade in asiatischen Kulturen eine Zeit der Übung im Kloster zur Pubertät und den Riten des Übergangs gehörte – die uns in einer Kultur ewiger Pubertät so gut wie vollständig abhanden gekommen sind –, ist sicher kein Zufall. Verschiedenen Untersuchungen zufolge reguliert Meditation u.a. auch die Aktivität der Amygdala, des Mandelkerns, der wesentlich an der Entstehung (und dem Abbau) von Angst beteiligt ist und eine zentrale Rolle bei der emotionalen Bewertung von Situationen spielt. Aber auch abgesehen davon hilft die einfache Übung grundlegender Meditationstechniken allein schon dabei, die Augen buchstäblich neu zu öffnen, nachdem man sie für einige Zeit bewusst geschlossen hat. Dieses bewusste Öffnen, verbunden mit einem Training der Achtsamkeit, hilft nicht nur Jugendlichen zu entdecken, welche inneren Vorstellungen sie quälen, und dadurch zu erkennen, dass es oftmals diese Vorstellungen und nicht die Wirklichkeit sind, von denen die eigentliche Qual ausgeht. Der Buddhismus spricht in diesem Zusammenhang vom Reich der Täuschungen. Erfahrungen dieser Art, die helfen, das Leben wieder positiv zu sehen, gilt es zu kultivieren. Wenn es etwas gibt, für das Bewusstseinspolitik eintreten sollte, dann sind es doch vor allem derartige Erfahrungen. Ein entsprechendes Programm gibt es, wenn auch in kleinem Umfang, inzwischen an einigen englischen Schulen. Unglück, darin folgt auch die konfessionsfreie Schule dem Buddhismus, ist eben oftmals eine Folge falscher Vorstellungen. Gerade deshalb ist es wichtig, diese zunächst überhaupt in ihrer Eigenschaft als reine Vorstellung zu erkennen (d.h. zu erkennen, dass es sich um eine Wirklichkeit nachgeordneter und durchaus beeinflussbarer Art handelt) und sie dann auch in ihrer negativen Wirkung zu durchschauen und entsprechend zu verändern. Nur so kann es im Lauf der Zeit und

309

mit fortschreitender Übung gelingen, sich von falschen Vorstellungen zu befreien und positive Gefühle an ihre Stelle zu setzen.

Dieses kleine Beispiel, das in Deutschland leider seinesgleichen sucht, ist nur eines von vielen, das soll zeigen, welche positive Wirkung der gezielte Einsatz von Methoden hat, die in verschiedenen Kulturen auch dazu dienen, Weisheit zu fördern. Das Unterrichtsfach »Glück« an der Willy-Hellpach-Schule in Heidelberg bildet leider immer noch die Ausnahme, auch wenn die Neugier gewachsen ist und die ersten sehr positiven Ergebnisse dieses bundesweit einzigartigen Experimentes erste Nachahmer zu finden scheinen.[41] Nach alledem ist die Forderung, auch ein religions- und weltanschauungsneutrales Unterrichtsfach »Meditation« einzuführen, nur die notwendige Konsequenz aus der neurowissenschaftlichen Forschung, aus der Glücksforschung und aus den positiven Erfahrungen von Weisheitstraditionen quer durch alle Kulturen. Es sollte ein Unterrichtsfach geben, in dem nicht nur das Lernen gelert wird, sondern zugleich auch die Selbsterfahrung; in dem positive Emotionen systematisch gestärkt und entwickelt und Meditations- und Aufmerksamkeitstechniken erlernt werden, gleich ob diese nun Yoga oder autogenem Training, Zen oder Christentum entstammen – oder aus einer psychologischen Entspannungsmethode entwickelt wurden. Die Basis all dessen ist ohne Frage jedoch die oberste ›soziale Tugend‹, das Mitleid. Nur durch Mitleid erschließt sich letztlich die Welt des Weisen und des Glücks, zu dem nur die Weisheit führen kann. Doch genau dies kann man kultivieren und lernen. Ein Weg, dies zu tun, ist es, konsequent sogenannte »Flow-Erfahrungen« zu suchen und zu kultivieren.

### Glück, Flow und Weisheit

Nur wenige Forscher haben das Phänomen Glück umfassender untersucht als der inzwischen emeritierte amerikanische Psychologe Mihaly Csikszentmihalyi, der lange an der *University of Chicago* lehrte. Er untersuchte Glücksempfindungen in allen Berufsgruppen, Schichten, Altersgruppen, Kulturen und Gesellschaften. Seine Erkenntnisse, die er aus Tausenden von Interviews und anschließenden Tests herausgefiltert hat, sind in seinem inzwischen weltweit anerkannten sogenannten »Flow«-Konzept zusammengefasst. Nach Csikszentmihalyis Auffassung entspricht die Erfahrung des Flow dem, was viele Menschen tatsächlich subjektiv als ihr höchstes Glück beschreiben. Wesentliche Elemente des Glücks, aber auch der Weisheit werden von Csikszentmihalyi mit Flow in Verbindung gebracht. Ein gutes, gelungenes Leben ist demnach ein Leben, dem man (aktiv) einen Sinn gibt, indem man es »in eine nahtlose *flow*-Erfahrung umwandelt. Wer diesen Zustand erreicht, dem mangelt es nie wirklich an etwas. Jemand, dessen Bewusstsein so geordnet ist, braucht weder unerwartete Ereignisse noch den Tod zu fürchten.«[42]

Entscheidend daran ist, dass Csikszentmihalyi zeigen konnte, dass diese Erfahrung des Flow erlernbar ist und kultiviert werden kann. Um sie zu erreichen, ist es zuallererst förderlich, sich ein konkretes Ziel bzw. Ziele zu setzen. Es geht dabei nicht darum, zuerst ein ›höchstes Ziel‹ zu finden, das aller Erfahrung einen Sinn verleiht, um dann über die einzelnen Ziele nachzudenken. Diese Aufgabe wäre vermutlich auch nicht lösbar – denn über die Beschaffenheit eines solchen höchsten Zieles streiten sich die Anhänger nicht nur verschiedener Religionen, sondern auch Weltanschauungen und Philosophien seit Tausenden von Jahren bis heute. Zweitens gehört zum Flow-Erlebnis die Entschiedenheit, sich auf die »Komplexität von Herausforderungen« zu konzentrieren statt primär auf die Inhalte. »Am wichtigsten ist vielleicht nicht, ob jemand materiell oder idealistisch ist, sondern wie differenziert und integriert die Ziele sind, die er in diesen Bereichen verfolgt, wie gut die einzigartigen Charaktereigenschaften und Potentiale entwickelt und wie gut diese Persönlichkeitszüge miteinander verbunden sind.«[43] Die Frage, warum jemand im Unterschied zu anderen Menschen Weisheit erstrebenswert findet, hängt nach Csikszentmihalyi mit der Erfahrung des Flow zusammen, die ihrerseits mit einer Erfahrung der Lebensfreude und des Glücks einhergeht. Die These, dass die Entwicklung von Weisheit vor allem eine Folge der Verarbeitung negativer Erlebnisse ist, scheint sich damit ebenso wenig zu bewahrheiten wie die These, Weisheit sei die Folge eines an Erlebnissen besonders reichen oder, im Gegenteil, asketischen und an Erlebnissen armen Lebens.[44]

Entscheidend ist nach Csikszentmihalyi nicht nur die innerpsychische Interaktion eines Menschen mit seinen Gefühlen *und* seinen kognitiven Fähigkeiten (denn *beides* ist wesentlich für das Entstehen von Weisheit), sondern drittens auch die Kommunikation mit anderen Menschen und die Auseinandersetzung mit den entsprechenden Vorstellungen, Verhaltensmustern bzw. »Memen«, die in einer Kultur festgehalten sind und durch Lernen weitergegeben werden können. Mit dem Begriff des Mems, den der Evolutionsbiologe Richard Dawkins vor über dreißig Jahren in die Debatte einführte, ist eine kulturelle Informationseinheit gemeint, die ähnliche Auswirkungen auf die Gestaltung einer Gesellschaft hat wie die in den Genen chemisch kodierten Instruktionen zum Aufbau eines Organismus. Der Begriff verbindet die Idee des Gens mit dem der Mimesis, der Nachahmung, die ein entscheidender Faktor bei der Verbreitung und der Evolution von Memen in einer Kultur bzw. Gesellschaft ist. Wie ein Gen ist auch ein Mem ein festes Muster von Materie und Information, das jedoch nicht aus einer chemisch-biologischen Ursuppe entstanden ist, sondern gleichsam innerhalb einer kulturellen Ursuppe, also durch intentionale kulturelle Leistung des Menschen. Meme springen, bildlich gesprochen, durch Lernen und Imitation von einem Gehirn zu einem anderen über und erreichen, dass man ähnlich (französisch *même*) denkt, handelt, wünscht.[45] Zur Weisheit gehört deshalb für Csikszentmihalyi nicht nur die persönliche Aneignung, sondern auch die Weitergabe und damit das Erlernen und Kultivieren von Weisheit. Csikszentmihalyis Untersuchungen zeigen wie die anderer Forscher auch, dass Weisheit nicht plötzlich über einen kommt – beispielsweise als Gnade oder Belohnung, weil man ein besonders spiritueller Mensch gewesen wäre –, sondern erlernt wird. Die Kunst, ein gelungenes Leben zu führen oder im Unglück, das das Leben zuweilen bringt, dennoch mit Würde und Gelassenheit, zuweilen sogar Freude zu leben, kann erlernt werden. Insofern macht es wenig Sinn, von einer »Disposition« für Weisheit zu sprechen, der man das damit einhergehende gelungene Leben verdankt. Zufriedenheit und selbst gelassene Heiterkeit auch noch in schwierigen Situationen sind in gewissem Umfang erlernbar. Das Problem unserer Kultur besteht darin, dass uns genau dieses Lernen fehlt. Und auch das ist eine Erkenntnis

Csikszentmihalyis: Weisheit hängt nicht notwendigerweise von der besonderen Fülle oder im Gegenteil Armut an Reizen und Erlebnissen ab – insofern spielt es keine zentrale Rolle, ob jemand im Kloster lebt oder nicht. Entscheidender ist das allmähliche Lernen und Leben in einer Kultur, die verbunden ist mit einer Erfahrung der Freude und des Glücks, die aus der Beschäftigung mit Weisheit resultiert. Es ist diese Erfahrung des Flow, die zum Glück führt. Weisheit zu lernen und zu leben führt nach Csikszentmihalyi zu einer größeren seelischen Komplexität, d.h. einer gleichzeitigen Ausdifferenzierung und Integration von Gefühlen, kognitiven Anlagen, Verhaltensweisen. Sie verändert die Haltung, mit der man anderen Menschen begegnet und eine heitere Freude entwickelt, auch wenn die Lebensumstände wenig erfreulich sein mögen. Für Csikszentmihalyi ist die Freude und Gelassenheit, die mit zunehmender Weisheit einhergeht, sowie die auf dieser Haltung basierende Fähigkeit, sich der Komplexität des Lebens zu stellen, der evolutionsbiologische Grund dafür, dass Weisheit überhaupt angestrebt wird.[46] Und dennoch scheinen wir gerade aufgrund unseres kulturellen Hintergrunds der These von der Erlernbarkeit der Weisheit trotz ihres empirischen Fundaments kritisch gegenüberzustehen. Der Hauptgrund dürfte sein, dass wir keine Kultur und damit keine Tradition der Weitergabe von Weisheit entwickelt haben. Weisheit ist in unserer Kultur noch nicht angekommen.

Sie besteht nicht in einer bestimmten Philosophie oder Weltanschauung, die man erst (womöglich gegen innere Überzeugungen) annehmen müsste, sondern in einer jenseits aller Ideologien erfahrbaren Praxis, eben der von Csikszentmihalyi beschriebenen Flow-Erfahrung. Dass Weisheit mit einer Lösung vieler Lebensprobleme einhergeht – und insofern bereits zu mehr Glück und Glückserfahrungen auch in grundsätzlich eher negativ empfundenen Lebensverhältnissen beiträgt –, hängt nicht zuletzt damit zusammen, dass kein Leben ohne innere Konflikte existiert, d.h. ohne rivalisierende Ansprüche, Wünsche und Haltungen. Diese entspringen nicht nur der Vielzahl der Möglichkeiten, die das Leben bieten mag, sondern entstehen vor allem als Konsequenzen bereits getroffener Handlungen und erworbener Einstellungen. Die zum Teil erhebliche psychische Energie, die auf die Zähmung dieser Widersprüche aufgewendet wird, kann zu Überforderung und großen seelischen Konflikten führen. Der vielleicht einzige zur Integration und damit zur Reduktion solcher innerpsychischen Konflikte führende Weg jenseits von Verdrängung und Abspaltung ist der, zu lernen, zwischen wichtigen und unwichtigen Ansprüchen zu unterscheiden und dann die als wichtig erkannten zu fördern. Aber wie? Nach Csikszentmihalyi verhilft vor allem das Flow-Erlebnis selbst zu einer solchen Stärkung und Integration oder Harmonie, die jedoch nicht Ecken und Kanten wegschneidet und Merkmale einer Persönlichkeit reduziert, sondern ihr im Gegenteil erst die Möglichkeit gibt, ihre eigene Komplexität zu entwickeln und sich offen dem Leben zu stellen, unter dem Vorzeichen positiver Gefühle, die Resultat eines immer besser gelingenden Lebens sind. Für Csikszentmihalyi ist Offenheit gegenüber dem Leben und seiner Komplexität eine der Haupteigenschaften von Weisheit. Flow hilft dabei, diese Integration des Unterschiedlichen im Einssein mit dem, was man konzentriert tut, zu erleben. Allerdings wird dabei das *Erlebnis* von Flow – das selbstvergessene Fließen und Aufgehen in dem, was man tut – leicht verwechselt mit der jeweiligen *Aktivität*, die zu diesem Erleben führt. Doch der Auslöser von Flow ist nicht Flow selbst. Das anzunehmen wäre in gewisser Weise ein Rückfall in magisches Denken – als könne man eine Erfahrung von Glück nur machen, wenn man zuerst bestimmte Dinge tut oder seine Aktivitäten nur in einer bestimmten Reihenfolge oder einer sonstigen Ordnung entsprechend ausführt. Richtig ist jedoch, dass einzelne Aktivitäten durchaus als Tür dienen können, durch die man den Raum betritt, in dem Flow stattfinden kann. Flow selbst ist eine Form des Glücks, von der alle Menschen unabhängig von Kultur, Schicht, Religion oder gesellschaftlichem Status berichten. Arbeit, Sport, Malen, Sex, ein Spaziergang oder ein Gespräch und – was sehr oft berichtet wird – Lesen, ja selbst Büroarbeit können zu solchen Flow-Erlebnissen führen: zu einem Erlebnis, in dem sich alle Fähigkeiten, Gefühle und Gedanken zu einer Einheit verbinden, zu einem Muster, das mit positiven Gefühlen verbunden ist und Unzufriedenheit vertreibt.

Im Laufe seiner Forschung hat Csikszentmihalyi versucht, dieses in allen Berichten vom Glück wiederkehrende oder implizit mit ihnen verwobene Muster zu beschreiben. Die Eigenschaften von Flow sind in vielen seiner Bücher, aber auch in denen anderer Forscher ausführlich beschrieben worden. Deshalb fasse ich die wesentlichen Komponenten der Flow-Erfahrung hier nur kurz zusammen.

Die Erfahrung von Flow tritt erstens dann ein, wenn die Ziele dessen, was man verrichtet, klar sind. Nur dann kann man wissen, was man von Augenblick zu Augenblick tut, und sich ganz in diese Aktivität vertiefen. Das Ziel eines Kletterers ist jedoch nicht in erster Linie das Fernziel des Erreichens eines Gipfels, sondern der jeweils nächste Schritt – eine Denkweise, die auch charakteristisch ist für das Handeln von Weisen. Menschen, die sich nur auf das ferne Ziel konzentrieren statt auf den sich klar abzeichnenden nächsten Teilabschnitt, verpassen häufig die Gelegenheit, »sich an ihrem Tun zu freuen, weil sie ihre Aufmerksamkeit allein auf das Ergebnis richten, anstatt die Schritte auf ihrem Weg zu genießen.«[47] Die überwiegende Beschäftigung mit dem End- oder Fernziel wirkt sich faktisch störend auf das momentane Tun aus. Entscheidend für die Qualität dieses Tuns ist für Csikszentmihalyi daher die Erfahrung im Augenblick seiner Verrichtung, das Aufgehen im Weg und dem jeweils nächsten Ziel. Diese Ziele müssen jedoch klar und greifbar sein – sie dürfen nicht diffus, vage und allenfalls in weiter Ferne erreichbar sein. Auch der längste Weg beginnt bekanntlich mit dem ersten Schritt – und den sollte man, so unbekannt das Ende des Weges letztlich sein mag, klar vor Augen haben.

Zweitens ist für das Einsetzen von Flow-Erfahrungen wichtig, dass die Rückmeldung über die augenblickliche Tätigkeit sofort kommt. Wer joggt, bewegt sich. Und das spürt der Körper unmittelbar. Gleich welche Tätigkeit man aufnimmt: Nur durch unmittelbare Rückmeldung entsteht das Gefühl des Eingebundenseins in das, was man tut. Man sieht, dass das, was man tut, eine Wirkung hat, Konsequenzen für einen selbst und die Umgebung.

Drittens stellt Flow sich nur dann ein, »wenn sowohl die Handlungsanforderungen als auch das Handlungspotential hoch sind und beide in einem ausgewogenen Verhältnis zueinander stehen.«[48] Dieses Verhältnis ist von entscheidender Wichtigkeit. Wer eine zu hohe Handlungsanforderung zu erfüllen versucht, wird mit Angst, negativen Gefühlen und

Stress reagieren – und allein deshalb nicht selten scheitern. Wer hingegen sein eigenes Handlungspotential nicht ausschöpft und sich ständig unterfordert, gerät in einen Strudel negativer Gefühle. Wie das Gleichgewicht jeweils aussieht, hängt von den jeweiligen Umständen ab und lässt sich nicht allgemein bestimmen. Insofern ist dem Flow-Erlebnis inhärent, dass es sich auf immer größere Komplexität zubewegt. In gewisser Weise sind komplexe Aktivitäten gute Flow-Lieferanten: Man kann sich immer wieder neu ausprobieren und doch tiefer und tiefer in einer Tätigkeit versinken. Ein Chirurg bringt seine Fähigkeit, Herzen zu verpflanzen, zur Perfektion, ein KFZ-Mechaniker seine Fähigkeit, Autos zu reparieren; ein Sportler verbessert die Zeit, in der er einen Marathon läuft. Komplexe Tätigkeiten bieten Anreize für eine ›never ending story‹. In dem Maße, in dem die Erfahrung wächst und mit ihr das Handlungspotential, kann man steigenden Handlungsanforderungen begegnen und sie sogar genießen. Das Flow-Erlebnis wird zum Anreiz, sich weiterzuentwickeln und zu höheren Ebenen der Komplexität vorzustoßen. Die Balance von Anforderung und Fähigkeit ist dynamisch; sie kann sich (und zugleich auch das Flow-Erlebnis) höher schrauben. Der Zyklus der Balance zwischen Angst und Langeweile, Über- und Unterforderung, Erregung und Apathie, Besorgtheit und Kontrolle, Angst und Entspanntheit wiederholt sich auf einer höheren Ebene von Komplexität und Flow – und gerade das ermöglicht Wachstum. Csikszentmihalyi erwähnt in diesem Zusammenhang extreme Fälle wie den des kürzlich verstorbenen Wissenschaftlers und Literaturnobelpreisträgers Alexander Solschenizyn, dem es in der Gefangenschaft gelang, durch Gedankenspiele und selbsterdachte Denkaufgaben seine Folter und Gefangenschaft zu überleben. Csikszentmihalyi bemerkt: »Zu den kostbarsten Gaben, die ein Mensch überhaupt besitzen kann, gehört die Fähigkeit, Anregungen in seiner Umgebung zu entdecken, die von anderen vielleicht gar nicht wahrgenommen werden.« Wer diese Anregungen wahrnimmt, findet unabhängig vom Ort, an dem er ist, immer weitere Anreize (»Türen«) , die ihn dazu befähigen, etwas zu tun, das es ermöglicht, Flow zu erleben.

Ein vierter Punkt ist die Fähigkeit zur Konzentration. Diese Fähigkeit steigt mit zunehmender Flow-Erfahrung. Paradoxerweise ist man gerade dann stärker konzentriert, wenn man nicht auf das achtet, was man tut, sondern die Dinge wie von selbst laufen. Ein Bergsteiger, den Csikszentmihalyi zitiert, berichtet, wie ein der Zen-Meditation ähnliches Gefühl wächst, das von einem Anstieg der Konzentration begleitet ist. »Wenn die Dinge automatisch ablaufen, dann geschieht das Richtige, ohne dass man darüber nachdenkt oder überhaupt irgendetwas tut« – eine Haltung, die in ihrer Einheit von Tätigkeit, Gefühl, Denken und Selbstvergessenheit sehr an Eugen Herrigels zentrale Erfahrung in *Zen und die Kunst des Bogenschießens* erinnert. Vielleicht ist Herrigels Buch ohnehin eine der ersten und wichtigsten Beschreibungen dessen, was Csikszentmihalyi später als »Flow« bezeichnete. Den Mystikern verschiedenster Kulturen war es jedenfalls seit Jahrtausenden bekannt und sie haben diese Erfahrung kultiviert. Eigenes Empfinden und Tun, Selbst und Sache, innere und äußere Welt verbinden sich in Momenten der Konzentration, in denen »alles fließt«, zu einer einzigen Erfahrung, in der die Unterschiede zwischen all dem, was ins Gesamterleben einfließt, wie aufgehoben sind. Gegensätze, Polaritäten, Widersprüche sind da – aber sie wirken sich nicht störend aus. Sie sind – in ihrer Differenz – integriert und zu einem Ganzen verwoben. Das Nachdenken über das, was man auf diese Weise getan hat, ist ein weiterer, späterer Schritt – nach dem Ereignis. Csikszentmihalyi zitiert in diesem Zusammenhang den Dichter Richard Jones mit den Worten:

*»Ich habe das Gefühl, dass da Energie durchläuft, und ich blockiere sie nicht und setze ihr nichts entgegen. Eine sehr intelligente Energie fließt durch den Körper, wenn man schreibt, und es ist die Energie, die sich konzentriert und umgesetzt wird, nicht der Geist. Flow tritt ein, wenn ich es dem Schreiber in mir nicht gestatte, sich ins Schreiben einzumischen. Und wie mische ich mich ein? Ich fange an nachzudenken.«*[49]

Ähnliche Beispiele gibt es aus beruflichen Arbeitszusammenhängen ebenso wie aus Spiel oder Sport. Man ist in solchen Momenten in Ekstase, also wörtlich übersetzt »aus sich herausgestellt« und so zugleich tief selbstvergessen.

Damit einher gehen ein fünfter und sechster Punkt: die Empfindung, dass nur die Gegenwart zählt, begleitet von einer Veränderung des Zeitgefühls. Wer völlig in der Gegenwart lebt – also ein Flow-Erlebnis hat –, befindet sich gleichsam in einer anderen Welt. Im Unterschied zu einer Drogenerfahrung besteht das Flow-Erlebnis in der Verrichtung einer selbst gesteuerten Tätigkeit. In Kapitel sieben habe ich auf die Untersuchungen Vollenweiders hingewiesen, die zeigen, dass die Erfahrung des »ozeanischen Gefühls« strukturell durchaus ähnlich ist. Der Unterschied besteht jedoch darin, wie autonom diese Erfahrung ausgelöst wird. Im Falle einer Sucht wird man kaum noch von Autonomie sprechen können. Die Tätigkeiten, die Flow erzeugen, können durchaus anspruchsvoll sein. Zu ihnen zählt auch und gerade die Kontemplation als hoch entwickelte Form der Nicht-Tätigkeit. Flow bedeutet, realen Herausforderungen zu begegnen und dabei reale Fähigkeiten zu entwickeln, die es ermöglichen, immer komplexere Handlungen zu bewältigen bzw. komplexere Zusammenhänge zu sehen. Mag das Erlebnis in seiner Phänomenologie auch einer Drogenerfahrung ähnlich sein (und selbstverständlich ist auch beim Flow-Erlebnis das Belohnungszentrum im Spiel) – Flow bewirkt, im Unterschied zu Drogen, ein kontinuierliches Wachstum, das nicht eingebildet und »exogen«, sondern real und »endogen« ist. Dass sich das Zeitgefühl verändert (wer Schach spielt, hat das Gefühl, dass die Zeit wie im Flug vergeht), ist ein Begleitumstand der Versunkenheit ins Jetzt, das manchmal rasend vergeht und dann wieder ewig zu dauern scheint. Im Flow ticken, wie generell bei der Glückserfahrung, die Uhren anders. Und auch der Weise fühlt sich, in gewisser Weise, der Zeit enthoben.

Siebtens betont Csikszentmihalyi, dass es für den Eintritt einer Flow-Erfahrung wesentlich ist, dass man das Gefühl hat, die jeweilige Situation zu beherrschen, statt Angst vor ihr zu haben. Solange Ziel und Anforderungen klar sind und die notwendigen Fertigkeiten für ihre Bewältigung bereitstehen, kann Flow eintreten. Auch hier trifft die Beschreibung zu, dass man gleichsam außerhalb der Welt ist, deren Anforderungen man mit eigenem Handeln in einer Weise begegnet, dass beides ineinanderfließt, Situation und eigene Reaktion sich ergänzen und harmonisch zusammenspielen. Man bewegt sich im Einklang mit etwas anderem, mit einem anderen Menschen, anderen Umständen, mit Herausforderungen, Gefühlen, der Natur.

All dies läuft achtens in einem Gefühl der Selbstvergessenheit, des »Aussetzens des Ich-Bewusstseins« zusammen. Eigene Probleme, das Umfeld und das Selbst sind vergessen, haben sich gleichsam in nichts aufgelöst. Wir sind eins mit unserem Tun – und erleben ein Gefühl des Glücks. Dabei spielt es keine Rolle, welche Aktivität dorthin führt (obwohl Csikszentmihalyi durchaus der Ansicht ist, dass es Tätigkeiten gibt, die die Aussichten auf Flow verstärken). Flow-Handlungen und -Erlebnisse sind autotelisch: Sie haben ihr Ziel in sich selbst und sind es wert, um ihrer selbst willen getan zu werden. Genau dieser Umstand macht eine externe Belohnung überflüssig: Wir spielen nicht Klavier, um dafür belohnt zu werden, sondern finden im Spiel selbst die Gratifikation. Genau das scheint es zu sein, was Mystiker und Weise in der Erfahrung der Gegenwart, des im Hier-und-Jetzt-Seins so unabhängig werden lässt von externen Faktoren. Gerade weil wir frei davon, frei von äußeren Belohnungen und Wertsystemen, d.h. um der Sache willen handeln, finden wir mehr zu uns selbst.

Festzuhalten bleibt, dass Flow etwas anderes ist als Fun – ähnlich wie Weisheit etwas anderes ist als Wissen. Im Zeitalter des Messens und Gemessen-Werdens stehen auch innere Erfahrungen wie Flow unter skeptischer Beobachtung und einem massiven Druck, sich objektivieren zu lassen. Doch es gibt keine ewig gültigen, zu jedem Zeitpunkt und in jeder Situation anwendbaren Techniken, die zu Flow führen. Wer frei ist – buddhistisch gesprochen: wer die Klarheit der Erleuchtung erlangt hat –, der kann prinzipiell in allem Flow entdecken. Und doch gibt es keine Garantie: Die Türen, die man öffnet und durch die man gehen kann, mögen objektivierbar sein – das, was sich in dem Raum dahinter abspielt, ist es nicht. Wichtig ist, sich selbst immer wieder neue Zugänge zu verschaffen und nicht auszuschließen, dass man eines Tages den Raum durch eine Tür betritt, durch die man nie treten wollte. An die Stelle der eigenen Fixierung auf ein Zugangsmuster sollte Offenheit treten – die Chance für die Entwicklung von Weisheit.

Wenn Flow die Seele befreit, dann nach Csikszentmihalyi nicht auf eine vage, unkritische Weise. »Was wir Seele nennen«, schreibt er, »ist eine Manifestation der Komplexität, die unser Nervensystem erreicht hat. Von einer bestimmten Stufe der Komplexität an stellt jede ›Organisation‹ von Materie Merkmale zur Schau, die auf niedrigen Stufen der Organisation noch nicht existieren.«[50] Diese Beschreibung von Emergenz gilt es im Auge zu behalten, wenn versucht wird, Weisheit gegen einen pragmatischen Materialismus auszuspielen. Was mit »Seele« bezeichnet wird, ist nicht zuletzt die Fähigkeit, lebendig zu sein, d.h. mit den eigenen Energien in den Außenraum zu gelangen. Eine »große Seele« (indisch *Mahatma*) verwirklicht sich durch ein liebevolles, gelassen-großzügiges Verhältnis zu anderen. Sie ist, kurz gesagt, nachhaltig umgesetztes Mitgefühl – der Ausgangspunkt für jede Kultur der Weisheit. Auch insofern ist »nach einem *flow*-Erlebnis die Organisation des Selbst *komplexer* als vorher«, wie Csikszentmihalyi schreibt. »Man könnte sagen, das Selbst reift, indem es immer komplexer wird.« Komplexität ist dabei auf der psychologischen Ebene das Resultat zweier wichtiger Prozesse: »Differenzierung« und »Integration«. Während der eine Prozess auf Wahrnehmung von Details und Vereinzelung zielt, bedeutet der andere das Gegenteil: die Verbindung widersprüchlicher Antriebe und Interessen in sich selbst und mit anderen Menschen, ja mit allem, was zur Umwelt gehört.[51] Komplexität erscheint also nicht als etwas Unerwünschtes – als eine Verkomplizierung des Lebens –, sondern im Gegenteil als eine Struktur, die es ermöglicht, das Leben in seiner Vielfalt zu sehen, zu akzeptieren und zugleich zu einer Einheit, einer harmonischen Verbindung zu finden, nach innen wie nach außen.

Aufgrund wiederholter Flow-Erfahrung wird das Selbst zugleich differenzierter (es taucht sozusagen in immer feinere Verästelungen von Aktivitäten ein, die es zugleich selbst optimiert und verfeinert) und integrierter. Sein Handeln zeichnet sich durch ein höheres Maß von Zusammenhang aus – nicht nur in Phasen hoher Konzentration, sondern zunehmend auch getrennt davon. Ein Selbst, das differenziert ist, ohne integriert zu sein, läuft Gefahr, sich zu verlieren, aufzuspalten und in unlösbare Widersprüche zu verwickeln, die als negative Gefühle erlebt werden. Ein integriertes Selbst hingegen lebt verbunden und insofern ›sicher‹ – doch es fehlt ihm oft an Individualität und dem Mut zur Vereinzelung, zur Bewahrung und Bejahung von Unterschieden. Das Selbst wird, so Csikszentmihalyi, als Folge der Flow-Erfahrungen, die es durchläuft und die es kultiviert, komplexer. Csikszentmihalyis Einsicht entspricht der vieler Weiser, man denke etwa an Dōgens Selbstvergessenheit. »Paradoxerweise lernen wir nur, mehr wir selbst zu werden, wenn wir frei und um der Sache willen handeln.« Aus moralischer Sicht (aber darum noch nicht treffender) formuliert: eben dann, wenn man um der Sache willen und nicht aus niederen Beweggründen handelt.[52] Es gibt keine Rezepte für Flow – man muss nur die Tür aufstoßen.

Unsere Kulturen bergen die Möglichkeiten zur Kultivierung von Weisheit in sich – auch wenn der Weg dorthin nicht ohne Schwierigkeiten ist. Das, was uns fehlt, kann man finden, wenn man die Wege, die zur Weisheit führen, pflegt und Weisheit selbst nicht als Fernziel, sondern als etwas ganz Reales, Alltägliches und Beglückendes betrachtet.

Zusammenfassend lassen sich auf die Frage, wie diese Überlegungen umgesetzt werden könnten, um eine Kultivierung und Förderung von Weisheit in Gang zu setzen, ohne Anspruch auf Vollständigkeit u.a. folgende Punkte nennen:

*Erstens* sollte aktiv daran gearbeitet werden, bereits in der Schule ein Verständnis für Komplexität zu erwerben – sowohl auf intuitiver (emotionaler) wie auch auf analytischer Ebene. Dies kann beispielsweise mit Simulationsprogrammen wie *Ecopolicy* geschehen, das von dem deutschen Biochemiker, Umweltexperten und Autor Frederic Vester entwickelt wurde. Vesters ausgezeichnetes Programm sollte nicht nur als ein Tool für Managementkurse dienen, sondern auch an anderer Stelle, etwa an Schulen, helfen, Einblicke in reale nichtlineare Vorgänge zu gewinnen. Der vernetzte Wirkungszusammenhang, auf dem das Simulationsprogramm aufbaut, beruht auf empirischen Daten und Zusammenhängen etwa zwischen Bevölkerungswachstum und Aufklärung, die je nach Spielweise verändert und den Bedürfnissen angepasst werden können. Im Sinne der Überlegungen von Dörner ist jedes Programm, das hilft, ein Bewusstsein und ein Gespür für die »Logik des Misslingens« zu entwickeln, von unschätzbarem Wert. Vesters »Sensitivitätsmodell« ist bereits in einer Reihe von Zusammenhängen ausprobiert und für verschiedene Studien eingesetzt worden. Eine Weiterentwicklung würde sich lohnen und hilft, bereits Kinder und Jugendliche »komplexitätstauglicher« zu machen.

*Zweitens* sollten speziell für das Zusammenleben Programme entwickelt werden, die uns helfen, besser mit der Komplexität des alltäglichen Lebens und der Beziehungen umzugehen. Solche Programme müssten – in Zusammenarbeit mit Pädagogen, Komplexitätsforschern, Psychologen und anderen Wissenschaftlern – erst erarbeitet werden. Ihr Ziel wäre es, mit der Polarität des Lebens besser umzugehen und Verschiedenheit, aber auch Einheit von komplexen Systemen und menschlichen Beziehungen besser zu verstehen. Zu diesen Programmen gehören vermutlich auch Gespräche mit eigens dafür ausgebildeten Tutoren. Der Vorteil solcher Programme wäre, die individuelle Arbeit wie auch die Arbeit in Gruppen zu stärken. Gerade weil es darum geht, gemeinsam ein Problem zu lösen, für das niemand alleine – gleich welcher Herkunft, Schicht oder Kultur – eine fixe Lösung hat, fördert das Üben den Gemeinschaftssinn und hilft ein Gespür für die Fähigkeiten aller Beteiligten zu entwickeln.

*Drittens* sollten Erkenntnisse der Positiven Psychologie etwa an Schulen bereits in frühen Klassen angewendet werden. Es sollte dabei nicht nur um Kurse gehen, in denen gelernt wird zu lernen, sondern auch, aktiv Glück zu gestalten. Dass dies möglich ist, zeigen Versuche in anderen Ländern und erste Ergebnisse in Deutschland. Zu diesem eher kognitiven Programm gehört auch, Einblicke in die Psychologie zu geben und ein Verständnis für die »ozeanischen Zustände« zu vermitteln, wie sie manche Jugendliche mit ersten sexuellen und auch mit Drogenerfahrungen sammeln, ohne sie jedoch in einem weiteren Zusammenhang verstehen zu können.

*Viertens* sollten Aufmerksamkeits-, Bewusstseins- sowie Atemübungen in den Fächerkanon der Schule aufgenommen werden. Zu solchen »Fächern« könnte beispielsweise auch Yoga gehören, Autogenes Training samt seiner Fortführung in der sogenannten Oberstufe des Autogenen Trainings (beispielsweise mit katathymem Bilderleben), eine Schulung der Körperwahrnehmung, Qi Gong, Tai Chi und andere Techniken, die Körper und Geist, Innen und Außen, Atmung und Bewusstsein, Konzentration und Bewegung, sinnliche Erfahrung und Entspannung zusammenbringen.

*Fünftens* scheint mir die Erfahrung mit Meditationstechniken im engeren Sinn geradezu unverzichtbar zu sein. Dass diese Erfahrung nicht weltanschaulich gebunden sein sollte und es mir nicht darum geht, etwa Zen-Meditation an Schulen zu etablieren, sollte hinreichend deutlich geworden sein.

*Sechstens* scheint mir die Kenntnis von Weisheitsliteratur aus allen Zeiten, Gegenden, Kulturen und Religionen durchaus ebenso elementar zu sein wie die herkömmlichen Unterrichtsfächer Religion, Philosophie oder Ethik. Die Kenntnis von Texten der Weisheitstraditionen hilft nicht nur, das Verstehen dessen, was man erfahren hat, zu vertiefen, sondern auch, die menschlichen Gemeinsamkeiten auszumachen, die man im Gegensatz zur Religion in den Weisheitstraditionen entdecken kann.

Eine Kombination all dieser Elemente oder zumindest doch einiger Übungen sollte unsere Kinder wie auch uns selbst nicht nur komplexitätstauglicher und damit überlebensfähiger, sondern zugleich auch weiser und vermutlich im Umgang miteinander menschlicher machen.

# KAPITEL 8:

## NIKOLAUS VON KUES –
## DER ZUSAMMENFALL DER GEGENSÄTZE

Nachdem in den vorausgehenden Kapiteln sowohl die Verbindung von Weisheit und Erfahrung der Erleuchtung, aber auch von Weisheit und Glück behandelt wurde, geht es in diesem Kapitel um ein christliches Verständnis von Weisheit. Zweifellos war diese christliche Vorstellung ideen- und religionsgeschichtlich nicht nur einer Fülle von Einflüssen ausgesetzt, sondern hat im Laufe der Zeit auch aus eigenem Antrieb eine Reihe von Veränderungen durchlaufen. Nikolaus von Kues ist einer der herausragenden Theoretiker und der anerkanntesten Theologen, die sich mit dem Thema Weisheit befasst haben. Weisheit bildet einen Schwerpunkt im Leben von Nikolaus von Kues, der 1401 in Kues an der Mosel geboren wurde und in Deutschland und Italien lebte, wo er 1464 im umbrischen Todi starb. Von Kues hatte entscheidenden Anteil an den Veränderungen des ausgehenden Mittelalters, das keineswegs völlig abgekoppelt von unserer Zeit ist, sondern bis in die Gegenwart hinein wirkt.

Von Kues bereitete eines der wichtigsten Konzile der christlichen Kirche überhaupt, das Konzil von Basel (1431–1449) bzw. Basel/Ferrara/Florenz, mit vor. Von Kues war es, der den Kaiser von Byzanz dorthin begleitete. Der deutsche Theologe war einer der großen, wenn nicht der größte Universalgelehrte des ausgehenden Mittelalters, war Philosoph, Mathematiker und Astronom, ein Kenner der diagnostischen Medizin, der Arzneikunde und Botanik, ein Kirchenmann und Kirchenpolitiker, der im wissenschaftlichen und geistigen Zentrum der Zeit, in Padua, studierte und das Bild revidierte, das man sich bis dahin von Aristoteles gemacht hatte, dem herrschenden Denkpaten des Mittelalters, von dem alle Theologie und Philosophie seltsam abhängig blieb. Cusanus war der einzige deutsche Kardinal seiner Zeit, zugleich war er Humanist, Schriftsteller, der das Latein der Scholastik hinter sich ließ, und ein Denker, der, wie Cusanus-Kenner Kurt Flasch bemerkte, schon damals in völliger Klarheit begriffen hatte und auch kundtat, dass man den Menschen nicht mit Hilfe einer Schulphilosophie begreifen könne, deren Traditionsverkürzungen, Autoritätshörigkeit und Wirklichkeitsferne er unbarmherzig analysierte. Wie kein anderer machte Cusanus das Scheitern der mittelalterlichen Philosophie deutlich. Es ist kein Zufall, dass sein Sekretär, Giovanni Andrea dei Bussi, nach dem Tod von Cusanus dessen Wunsch entsprechend Kontakt zu Druckern aus dem Umfeld Gutenbergs aufnahm. Bussi richtete nicht nur die erste Buchdruckerei in Italien ein, sondern gab auch dem zu Ende gehenden Zeitalter den Namen, den es bis heute trägt: Media Aetas, Mittelalter.[1]

Das Mittelalter hatte sich und sein Denken in einem Wust von Unterscheidungen verloren, in einer begrifflichen Welt, die sich selber ihre Alternativen schaffte, zugleich aber auch die Wirklichkeit aus den Augen verloren hatte. Als Cusanus am 11. August 1464 in Umbrien starb, vier Tage vor Papst Pius II., hatte der Rheinländer nicht nur die neuen Strömungen des Humanismus und der Renaissance mitgeprägt, sondern auch deren deutsche Entsprechung, den Humanismus, befördert. Für ihn lag die Wahrheit nicht mehr im Dunkeln, wie er kurz vor seinem Tod schrieb. Stattdessen lag sie auf der Straße. Wahrheit und Weisheit waren weithin sichtbar für jeden, der nur zu sehen gewillt war.

Cusanus hinterließ eine Bibliothek, die noch heute mit ihren Werken aus allen Wissensgebieten zu den kostbarsten Privatbibliotheken der Welt zählt. In ihr finden sich Handschriften aus sieben Jahrhunderten aus den Gebieten der Philosophie, Theologie, Mystik, des kirchlichen und weltlichen Rechts, aus Geographie und Geschichte, Medizin und Astronomie. Cusanus' Grab kann man unweit des römischen Kolosseums in der Kirche San Pietro in Vincoli (Der hl. Petrus in Ketten) besichtigen, wo auch Michelangelos berühmter Moses zu sehen ist. Die Einführung des Buchdrucks 1450 in Mainz erlebte Cusanus unmittelbar – nicht nur, weil Bernkastel-Kues einen Katzensprung von Mainz entfernt liegt, sondern auch, weil Cusanus von Anfang 1451 bis März 1452 auf einer großen Legationsreise durch Deutschland war. Ebenso war er Zeitgenosse der Eroberung Konstantinopels durch die Osmanen im Jahre 1453. Diese Ereignisse markieren das Ende des Mittelalters. Das nun folgende Zeitalter wurde durch die infolge des Buchdrucks entstehenden Medien stark verändert, wie auch vom Untergang des Byzantinischen Reiches, dem letzten lebendigen Staatsgebilde aus den Zeiten der Antike. Ähnlich wie in der heutigen Zeit gab es auch damals einen Flüchtlingsstrom auf Italien zu, der auch Gelehrte aus dem orientalischen Raum mit sich brachte. Auch sie veränderten das Denken Europas. Zudem wandelten sich die Handelsrouten und damit die Ströme der Ökonomie. Weil die Handelswege nach Asien blockiert waren, war man gezwungen, über die Seefahrt neue Wege zu beschreiten. Italien wurde wie andere europäische Staaten zu einer Seefahrernation. Von dort aus wurde 1492 die Neue Welt entdeckt, 28 Jahre nach von Kues' Tod. Er war sich stets bewusst gewesen, dass er in einer Zeit des Übergangs lebte.

Am 15. Juli des Jahres 1450 schrieb Nikolaus von Kues in Rieti, der Hauptstadt der gleichnamigen Provinz in Latium, knappe achtzig Kilometer nordöstlich von Rom, seinen ersten Dialog *De Sapiente* (*Über die Weisheit*). An zwei Augusttagen desselben Jahres verfasste er in Fabriano in der Provinz Ancona den zweiten Dialog *Über die Weisheit*. Die Schrift ist in der Form einer Unterhaltung geschrieben, die ein *idiota* führt, »ein armer und ungebildeter Mann«. Sicher nicht zufällig spielt diese Unterhaltung auf dem prominenten medialen Marktplatz der Zeit, dem Forum Romanum. Dort begegnet dieser Laie dem *orator* (Redner), einer typischen Figur des italienischen Quattrocento, einem Leser von Büchern und humanistisch gebildet (wie Cusanus); einem Beamten, vielleicht im Dienst eines Fürsten oder hohen Kirchenmannes. Derjenige, der sein Wissen aus Büchern bezieht, und der Autodidakt stehen einander gegenüber. Am Ende ist es der Laie, der auch in den zeitgleich entstandenen Schriften *De Mente* (*Über den Geist*) und *De Staticis Experimentis* (*Versuche mit der Waage*) den Philosophen belehrt und als Figur drei Dialoge zusammenhält. Ob Cusanus sich selbst mit der Figur des Orators einen Spiegel vorhält, diese also eine Selbstkritik beinhaltet, ist nicht völlig klar.

Wenige Jahre später, kurz nach dem Fall von Konstantinopel, werden dem Gespräch über die Weisheit ähnliche Gespräche über die Religion

(*De Pace Fidei*) folgen. Cusanus behandelt darin auch jene Themen, die Papst Benedikt XVI. in der Regensburger Vorlesung aufgriff und die zu einer Kontroverse führten. Wie genau ist das Verhältnis von Religion und Kultur, wie das Verhältnis zu anderen Religionen und Riten angesichts der Tatsache, dass Gott einzig und der wahre Name Gottes unbekannt und unaussprechlich (»incognitus et ineffabilis«) ist?[2] Wie verträgt sich dies mit der Vernünftigkeit des Glaubens und, in den Worten von Papst Benedikt XVI., mit der »Begegnung zwischen Glauben und Vernunft, zwischen rechter Aufklärung und Religion«? Interessanterweise bezieht sich Papst Benedikt XVI. in seiner umstrittenen Rede über Glaube und Vernunft am 12. September 2006 auf eine Begegnung, die auch Cusanus kennt. Sie stammt, so der Papst, aus dem Dialog, »den der gelehrte byzantinische Kaiser Manuel II. Palaeologos wohl 1391 im Winterlager zu Ankara mit einem gebildeten Perser über Christentum und Islam und beider Wahrheit führte.«[3] Cusanus war selbst 1437 in Konstantinopel, um dort mit dem Sohn von Manuel II. zu verhandeln, den Papst Benedikt XVI. ausdrücklich erwähnt. Manuel II. gilt als einer der gebildetsten byzantinischen Herrscher. Er war Autor zahlreicher Schriften, in denen er sein orthodoxes Christentum mit Entschiedenheit gegen den Katholizismus wie auch gegen den Islam verteidigte. Obwohl Manuel II. in seinen Europareisen Unterstützung für den Kampf gegen die Türken suchte, bot er die Religionsunion mit Rom nicht als Gegenleistung an. Ihm war klar, was sich später nach dem Konzil von Florenz bewahrheiten sollte: dass die Mehrheit der orthodoxen Christen die Union mit Rom keineswegs akzeptierten. Manuel II. übertrug nach einem Schlaganfall die Regierungsgeschäfte auf seinen Sohn Johannes VIII. Palaiologos, den Cusanus zum Konzil von Basel (1431–1445) begleitete. In diesem Konzil ging es neben der Frage der Vorherrschaft des Papstes vor allem um die politisch-militärisch dringend anstehende Frage der Einheit mit den Ostkirchen und der griechisch-orthodoxen Kirche. Johannes VIII. Palaiologos widerstand 1422 und 1442 der türkischen Belagerung von Konstantinopel. Papst Eugen IV. versuchte daher eine Einigkeit mit der orthodoxen Kirche herzustellen, um durch diese Bindung an die römisch-katholische Kirche auch militärische Kräfte gegen die osmanische Bedrohung zu aktivieren. Diese (nicht nur in Konstantinopel) umstrittene Einigung – die letzte, die es gab – wurde 1439 auf dem Konzil von Florenz vertraglich festgelegt, erwies sich jedoch in der Folge als Fehlschlag. Doch gerade die Vereinigung der Ostkirchen mit Rom ist heute für den Papst ein Anliegen mit höchster Priorität. Benedikt XVI. versucht genau an diesen Punkt der Geschichte anzuknüpfen, an dem auch Nikolaus von Kues seine historische Rolle spielte, in einer Zeit, die, wenn auch unter anderen Vorzeichen, von einem »Krieg der Kulturen« oder »Krieg der Religionen« bestimmt zu sein scheint.

Benedikt XVI. spricht in seiner Rede neben den Fragen der Inkulturation des Christentums und des Konfliktes der Religionen, der womöglich mehr noch als heute zurzeit von Cusanus tobte, auch den Humanismus und die Wissenschaften sowie die Weisheitstraditionen und die Frage der Vernünftigkeit des Glaubens an. All dies sind Themen, die Cusanus nicht nur zurzeit des Konzils bewegen, sondern sich wie ein roter Faden durch sein Leben und Wirken bis hin zum Spätwerk ziehen. Cusanus war einer der führenden Konzilsgelehrten, auch wenn das Konzil von Basel 1439 den Mainzer Fürstentag ersuchte, ihn aufgrund seiner geistigen Haltung zu verhaften. Die zwischen 1433 und 1434 entstandene Schrift von Cusanus über das Verhältnis zwischen Konzil und Papst, *De concordantia catholica* (etwa: *Die umfassende Übereinkunft*), kann als frühe Konsenstheorie gelesen und durchaus als ein Vorläufer der Theorie kommunikativen Handelns von Jürgen Habermas verstanden werden.

In der Rede des Papstes vom 12. September 2006 heißt es, wörtlich das Gespräch Kaiser Manuel II. Palaeologos mit dem Perser zitierend: »Zeig mir doch, was Mohammed Neues gebracht hat, und da wirst du nur Schlechtes und Inhumanes finden wie dies, dass er vorgeschrieben hat, den Glauben, den er predigte, durch das Schwert zu verbreiten«. Der Kaiser begründet, nachdem er verbal derart zugeschlagen hat, eingehend, warum Glaubensverbreitung durch Gewalt widersinnig ist. Sie steht im Widerspruch zum Wesen Gottes und zum Wesen der Seele. »Gott hat kein Gefallen am Blut«, sagt er, »und nicht vernunftgemäß, nicht ›σὺν λόω‹ zu handeln ist dem Wesen Gottes zuwider.«

Genau dies ist auch die Frage, die Cusanus umtreibt: Wie ist das Verhältnis von Glaube und Vernunft, Logos und Religion? Cusanus versucht, die Frage nach der *ratio* der Religion – wir würden heute von der Vernünftigkeit der Religion sprechen – neu zu stellen. Er macht dabei geltend, dass man die Gewohnheit an Traditionen nicht mit der Wahrheit selbst verwechseln sollte. Doch während das Argumentationsziel hier die Beendigung der Religionskriege, des Kampfes der Religionen ist, zielt er mit der Schrift *Über die Weisheit* auf eine unvergängliche Weisheit, deren Verwirklichung das glückselige Leben (und einen Frieden der Religionen) ermöglicht. Diese Weisheit enthält alle Geheimnisse des glücklichen Lebens in sich. In der Schrift über die Waage – die in enger Verbindung zur Schrift über die Weisheit steht – wird klar, dass die göttliche Weisheit alle Dinge nach Maß, Zahl und Gewicht ordnet. Während in dieser wissenschaftlichen Schrift die Natur – die nach Cusanus stets den Menschen einschließt! – »unter dem Gesichtspunkt der Quantifizierbarkeit«, also ›weltanschauungsneutral‹ gesehen wird (wobei sowohl Roger Bacon als auch das Denken der arabischen Physiker durchscheinen, mit denen Cusanus vertraut war), entwirft *Über die Weis*heit ein Bild der Zuversicht in Bezug auf die Erkennbarkeit der letzten und entscheidenden Erkenntnisse über unser Leben. In *De Venatione Sapientiae* (*Die Jagd nach der Weisheit*), einer seiner letzten Schriften, die er 1463, ein Jahr vor seinem Tod, verfasste, schreibt Cusanus: »Die Weisheit ist das Ziel unseres Suchens, sie speist den Geist, und sie nährt in unsterblicher Weise.« Die Philosophen, meint Cusanus, sind »nur Jäger nach Weisheit, nach der jeder im Licht der ihm angeborenen Logik in seiner Weise forscht. In den verschiedenen Schlußverfahren sucht nämlich der Geist das Licht der Weisheit, um an ihm zu saugen und sich von ihm zu nähren.«[4] Cusanus beginnt diese spätere Schrift über die Weisheit mit den Worten:

»*Unsere geistige Natur lebt. Sie braucht also Nahrung. Wie aber alles Lebendige von der seiner Lebensform entsprechenden Speise sich nährt, so hat nur die Nahrung geistigen Lebens die Kraft, unsere geistige Natur zu erhalten. Die Lebenskraft regt sich zur eigenen Freude, eine Bewegung, die man Leben nennt. Deshalb muß die Lebensenergie ohne Erneuerung durch eine natürliche, ihr gemäße Nahrung erlahmen oder erlöschen.*«[5]

Weisheit nährt: Sie ist die Kraftquelle des geistigen Lebens, das zum Menschsein dazugehört wie die Natur, deren Teil er ist. In der ersten Schrift über die Weisheit steht der Laie für denjenigen, der Weisheit selber schmeckt, d.h. sie erfährt statt sie nur zu ›erlesen‹. Gleich zu Anfang weist ihn der Redner zurecht: Was für ein ungebildeter und unwissender Mann er sei, der auch noch das Bücherstudium geringschätzt!»Ich sehe, dass du dich mit viel vergeblicher Mühe der Suche nach der Weisheit widmest«, kontert der Laie. »Dich zog die Meinung der Autorität, so daß du wie ein Pferd bist, das von Natur frei, aber mit dem Halfter kurz an der Krippe gebunden ist, wo es nichts anderes frißt, als was ihm vorgeworfen wird.«[6] Der Laie, der *sapientia*, Weisheit sucht, versteht sich auf das *sapere*, das Wagnis des Selber-Denkens. Er entspricht damit dem bekannten Diktum aus den Episteln des Horaz: »Dimidium facti qui coepit habet: sapere aude«. Wer begonnen hat, ist schon fast am Ziel: Wage zu wissen! Kant wird diesen Satz lange Zeit nach Cusanus ganz in dessen Sinn mit »Habe den Mut, dich deines eigenen Verstandes zu bedienen«[7] übersetzen.

»Wenn nicht in den Büchern der Weisen Weisheitsnahrung ist«, kontert der Redner, »wo ist sie dann?« »Du glaubst der Autorität, nur weil jemand ein Wort geschrieben hat«, entgegnet der Laie. »Ich aber sage dir: Die Weisheit ruft draußen auf den Straßen, und es ist ihr Rufen, daß sie selbst in den höchsten Höhen wohnt.« Weisheit wird also keineswegs nur an einem bestimmten Ort, erst recht nicht in Büchern alleine gefunden. Sie ist auch auf den Straßen (*in plateis*), ja überall zu finden (*ubique*), auch auf dem Marktplatz, auf dem beide sich treffen. Voraussetzung dafür, den Ruf der Weisheit zu hören, ist allerdings eine Annäherung an das Leben »ohne neugieriges Wissenwollen«. »Was siehst du, geschieht hier auf dem Markt?«, fragt der Laie den Belesenen. Sie kommen zu dem Schluss, dass sie den Menschen bei der Ausübung seiner Verstandeskraft beobachten, die ihn über die Tiere stellt: Es wird gekauft und gemessen, argumentiert und gehandelt. Doch die Zahlen, das Geld, die Argumente: Alldem geht etwas voraus – ähnlich wie die Zahl zwei sich aus der ihr voraus liegenden Eins ergibt. Das Zusammengesetzte, Spätere kann jedoch das ihm zugrunde liegende Einfache nicht messen. Es verhält sich umgekehrt.

330

»Daraus siehst du, dass das, wodurch, aufgrund wessen und worin alles Zählbare gezählt wird, nicht durch eine Zahl erreichbar ist, und das, wodurch, aufgrund wessen und worin alles Wägbare gewogen wird, ist nicht durch ein Gewicht erreichbar. Dementsprechend ist auch das, wodurch, aufgrund wessen und worin alles Meßbare gemessen wird, nicht durch ein Maß zu erreichen. Die höchste Weisheit ist die, zu wissen, daß in dem vorgetragenen Gleichnis das Unberührbare auf nicht berührende Weise berührt wird. Es ist in gleicher Weise das, wodurch, aufgrund wessen und worin alles Sagbare gesagt wird, und doch durch Sagen nicht zu erreichen. Und weil Weisheit in allem Aussprechen unausdrückbar ist, kann man ein Ende dieser Reden nicht denken. Weisheit ist, was zu schmecken weiß (Sapientia est, quae sapit). So nämlich wie der Duft, vom Duftenden ausgesandt, im anderen aufgenommen, uns zum Laufen lockt, so daß man dem Salbenduft folgend zur Salbe läuft, so lockt uns die ewige und unendliche Weisheit, da sie in allem widerstrahlt, aufgrund eines gewissen Vorgeschmacks der Wirkungen, daß wir in wunderbarem Verlangen zu ihr eilen.«[8]

Ähnlich wie bei Dōgen und im Zen geht es auch Cusanus in seiner Bestimmung der Weisheit um eine grundlegende Erfahrung der Einheit nicht nur der konträren Gegensätze, sondern auch der kontradiktorischen Bedeutungen und Urteile. Es geht, mit den Begriffen des Mittelalters gesprochen, nicht um die Einheit oder den Zusammenfall der *contraria*, der entgegengesetzten Bestimmungen, sondern um die *coincidentia contrariorum*. Damit bezeichnete Cusanus in mehreren seiner Schriften die Idee eines Zusammenfalls der Gegensätze. Die menschliche Vernunft, lehrt Cusanus, sei in der Lage, diesen Zusammenfall der Gegensätze zu erkennen und gleichzeitig zu sehen, dass Gott noch darüber erhaben ist. Denn Gott ist nicht nur Gegensätzlichkeit zu den Gegensätzen – den vielen Dingen der Welt und ihren Widersprüchen: Gott ist zugleich auch Gegensätzlichkeit ohne Gegensätzlichkeit. Sein Denkmodell des *non aliud*, des Nicht-Anderen, klingt beinahe wie eine abendländische Übersetzung des asiatischen Gedankens des Nicht-Zwei. Die Einheit der Gegensätze ist eine ›übervernünftige‹ Einheit – ein Gedanke, der nachweislich durch die Mystik von Meister Eckhart inspiriert ist. Cusanus widerspricht damit bewusst dem Alltagsverstand und will mit seiner Rede von der *coincidentia oppositorum* auf etwas hinweisen, das nicht weniger wirklich ist, aber dem ›gesunden Menschenverstand‹ zunächst verborgen bleibt. Kurt Flasch weist zu Recht darauf hin, dass die Lehre vom Zusammenfall der Gegensätze bei Nikolaus von Kues vor allem eine »argumentierende Anleitung« ist, mit deren Hilfe man eine »Theorie höherer Ordnung« *erfahren* kann. Sie soll uns dabei helfen, uns immer wieder klarzumachen, dass letztlich alle Gegensätze, mehr noch, alles menschliche Denken und Handeln, so entgegengesetzt und widersprüchlich es auch zu sein scheint, eine gegensatzlose Einheit voraussetzen, der sie entspringen. Diese Einheit verkörpern auch wir in letzter Konsequenz selbst – ähnlich wie sich im Zen-Buddhismus die ursprüngliche Buddha-Natur in Stein und Mensch und Wolken von Augenblick zu Augenblick »realisiert«. Jedem Inhalt des Denkens, aber auch jeder sinnlichen Wahrnehmung, jedem Gefühl und jedem Handeln geht nach Cusanus letztlich diese gegensatzlose Einheit voraus. Dies zu erkennen, ist Sinn der sogenannten Koinzidenzlehre – eine Lehre, die nach Cusanus von allgemeiner Anwendungsmöglichkeit ist. Warum aber verwirrt diese Lehre uns, wenn sie doch zeigt, »dass alles menschliche Denken und Handeln eine gegensatzlose Einheit voraussetzt«? Und warum ist diese Einheit, die alles umfasst und in allem erscheint, gewissermaßen also das Alltäglichste überhaupt ist, nicht ohne Mühe zugänglich?

Die Ursache liegt in den Denkformen – ein Punkt, in dem Dōgen und Cusanus trotz der unübersehbaren kulturellen Unterschiede übereinstimmen. »Wir leben in ihr, aber, gelenkt von einer vom Widerspruchsprinzip bestimmten Philosophie, verkennen wir Menschen unseren anwesenden Lebensgrund.« Es sind die Denkformen, schreibt Flasch, »deren Entstehung wir nicht durchschauen und deren Tragweite wir folglich nicht abschätzen«.[9] Infolgedessen legen wir die voraus liegende Einheit einseitig aus. Cusanus erklärt in anschaulicher Weise, was mit der Polarität des Lebens gemeint ist. Wir erkennen bald, dass jede Form von Einseitigkeit nicht das sein kann, was wir suchen. Also werfen wir uns auf die »entgegengesetzte Einseitigkeit, durchschauen aber auch sie bald als unwahr und meinen schließlich, die Wahrheit sei uns unerreichbar. Wir geraten in Aporien, in Ausweglosigkeiten, und dann folgen wir Philosophen, die uns erklären, die Aporetik sei das Wesen der Philosophie.« Cusanus leitet uns mit der Koinzidenzlehre an, dieses Spiel zu durchschauen und unser »Vertrauen in die Wahrheit« wieder herzustellen. Cusanus demontiert damit die mittelalterliche Metaphysik, um das Denken über sich selbst und sein Verhältnis zur Unendlichkeit und Einheit der Welt aufzuklären. Dabei analysiert er das Scheitern nicht, um wie moderne Philosophen den Weg zum Dezisionismus, zum Intuitionismus, zum Willen oder auch zum reinen Glauben (Fideismus) und zur willkürlichen Mystik frei zu machen. Sein Instrument zur Erreichung dieser Freiheit ist, auch wenn es um das Schmecken und Erfahren der Einheit geht, das analytische Denken. Während Weisheit im Buddhismus von vornherein diesen Erfahrungsaspekt betont, weil sie etwas ist, das erfahren werden kann und muss, hat Weisheit in der Konzeption von Cusanus vor allem einen theoretischen Wert – auch wenn sich die Früchte dieser vor allem durch das Denken erreichten Schau auf das Leben auswirken und insofern erfahrbar sind. Der Weg des Cusanus ist ein Weg des Denkens, der doch zugleich das (falsche) Denken hinter sich lassen soll. Insofern ist die Koinzidenzlehre in der Formulierung von Kurt Flasch eine »Theorie des beschriebenen Scheiterns«.

Die dualistischen Aporien, die bei der Auslegung der Einheit unweigerlich entstehen, sind die (scheinbar ausweglosen) Widersprüche und Sackgassen, in die jedes Denken früher oder später führt. Diese Widersprüche nun zum Wesen der Denktätigkeit erklären zu wollen ist das eine (ein Ansatz, der vor allem der akademischen Philosophie nutzen dürfte) – sie aber im alltäglichen Leben auflösen zu wollen, ist etwas gänzlich anderes und eine der wesentlichen Aufgaben von Weisheit. Im Unterschied zu Dōgen versucht Cusanus vor allem, dem denkenden Menschen mit seiner Lehre des Zusammenfalls der Gegensätze ein Konzept an die Hand zu geben, das es möglich macht, das Spiel der Widersprüche theoretisch zu durchschauen, es zu erkennen und zu enttarnen, um auf diese Weise das Vertrauen in den ursprünglichen Zustand wiederherzustellen. Für ihn besteht der Ausweg in der Analyse, nicht aber in der Verdrängung jener Enttäuschung, die durch die Widersprüchlichkeit von Denken und Welt zu entstehen scheint. Damit hat Cusanus eine geradezu moderne Anti-Dogmatik im Sinn: Ein aufklärerisches Denken, das weder bei den Widersprüchen noch bei der falschen Einheit – einer voreiligen Versöhnung der Gegensätze – stehen bleibt. Seinem lobenswert kritischen und in vielem äußerst modern erscheinenden Denkansatz entspricht jedoch keine Praxis der Versenkung, wie es sie, über Jahrhunderte tradiert, im chinesischen Chan- und im japanischen Zen-Buddhismus gab und gibt. Indem Cusanus seine Lehre jedoch nicht nur auf rein begriffliche Arbeit konzentriert – d.h. auf das rein akademische Formulieren von Distinktionen und das Lösen von Widersprüchen –, sondern auch die Richtungen im Auge hat, in die die Glaubenstexte und kanonischen Schriften des Christentums führen wollen, geht Cusanus weit über die Arbeit akademischer Philosophie seiner Zeit hinaus. Allerdings verführen die philosophisch gefärbten Elemente in den religiösen Äußerungen der christlichen Tradition dazu, die heilige Schrift in erster Linie als Text der Belehrungen zu verstehen. Tatsächlich aber soll die Schrift das Fleisch gewordene Wort beinhalten, tiefer in die Sache selbst führen, in die Erfahrung der ursprünglichen Einheit, aus der alles entsteht. Cusanus' Werk der Koinzidenzlehre ist zwar keine Praxis, keine zur Kultur entwickelte Übung des Findens und insbesondere Erlebens der Einheit wie die Meditationstechniken des Yoga und des Chan-Buddhismus. Und doch geht sie über die herkömmliche Philosophie hinaus und knüpft an die Weisheitstraditionen an, indem sie die Einübung in eine neue Form des theoretischen Denkens darstellt, das bereits das grundsätzliche Scheitern der mittelalterlichen Philosophie (und damit des Denkens) samt ihrer Vorläufer mit den Mitteln der damaligen Zeit reflektiert. Darüber hinaus beinhaltet Cusanus' Koinzidenzlehre ein wesentliches Element der Praxis: Cusanus will zeigen, dass diese Erkenntnis zu wissen ist und gemacht werden kann. Er sucht und findet Texte, die sie belegen. Und darüber hinaus entwickelt er eine Haltung des Fragens und des Herangehens an die entscheidenden Probleme des Lebens, die davon geprägt ist, auf den Eigenwillen zu verzichten und Paradoxien durchaus zu erlauben. Die Lehre vom Zusammenfall der Gegensätze ist die denkende Einlö-

334

sung einer Erfahrung, die die Voraussetzung des Lebens, überhaupt aller Erfahrung ist. Festzuhalten für ein heutiges Verständnis von Weisheit, das sich von Cusanus inspirieren lässt, bleiben folgende Punkte:

*Zum einen* ist Weisheit ein *sapere.* Sie hat damit zu tun, sich dem schwierigen Prozess der Selbsterkenntnis und des selber Denkens bzw. selber Erfahrens zu unterziehen. *Sapere* bedeutet nicht nur weise zu sein, Einsicht zu haben, verständig zu sein, sondern eben auch zu schmecken, Geschmack zu haben, von Dingen gegessen und getrunken zu haben. Es geht also nicht um Bücherwissen, sondern um einen direkten Kontakt mit der Wirklichkeit – eine Grundbedingung von Weisheit. Isidor von Sevilla (560–636), einer der bedeutendsten und produktivsten Schriftsteller und Gelehrten des frühen Mittelalters, zugleich der letzte Kirchenvater des Westens, mit dessen Tod die Zeit der sogenannten Patristik endet, (er)fand für den Begriff der Weisheit als *Sapientia* die – möglicherweise sogar korrekte – etymologische Herleitung von *Sapor,* also Geschmack. Lange Zeit spielte diese Vorstellung von der *sapida scientia,* dem schmeckenden Wissen, in der Philosophie und Lyrik der Zeit – etwa in der Mystik der Interpretationen des Hohen Liedes – eine wichtige Rolle. Cusanus hat diese Tradition der *sapida scientia* wieder aufgenommen, die mit Kants *Kritik der Urteilskraft* einen Abschluss findet.

Kants Gedanke soll hier nur angedeutet werden. Ihm geht es im Zusammenhang mit den *Geschmacks*urteilen um die Frage, inwiefern man überhaupt über sie streiten kann. Kant ist der Ansicht, dass dies sehr wohl möglich ist, obwohl es naturgemäß kein objektives Prinzip des Geschmacks geben kann. Nichtsdestoweniger kommt Geschmacksurteilen eine durchaus allgemein gültige und damit rational diskutierbare Qualität zu. Man kann über sie – mit Argumenten – streiten. Nun kann es sein, so Kant in der *Kritik der Urteilskraft,* dass mir jemand ein Gedicht vorliest oder mir ein Schauspiel zeigt und mir das alles nicht gefällt. Der andere aber argumentiert, dass es mir zu gefallen habe, weil es eben bestimmten (möglicherweise erst von ihm selbst aufgestellten) Regeln entspricht. »Mögen gewisse Stellen, die mir mißfallen, mit Regeln der Schönheit zusammenstimmen«, schreibt Kant: »Ich stopfe mir die Ohren zu, mag keine Gründe und kein Vernünfteln hören und werde eher annehmen, daß jene Regeln der Kritiker falsch seien, oder wenigstens hier nicht der Fall ihrer Anwendung sei, als daß ich mein Urtheil durch Beweisgründe a priori sollte bestimmen lassen, da es ein Urtheil des Geschmacks und nicht des Verstandes oder der Vernunft sein soll.«[10] Es kommt also darauf an, selbst zu schmecken, statt von vornherein zu ›wissen‹, wie etwas zu sein hat. Genau das ist der Grund, warum man überhaupt von Geschmacksurteilen spricht. Sogar die Metapher des Gerichts als dem Ort, an dem Urteile gesprochen werden, bekommt in diesem Zusammenhang eine neue Bedeutung. »Denn es mag mir jemand alle Ingredienzien eines Gerichts herzählen und von jedem bemerken, daß jedes derselben mir sonst angenehm sei, auch obenein die Gesundheit dieses Essens mit Recht rühmen; so bin ich gegen alle diese Gründe taub, versuche das Gericht an meiner Zunge und meinem Gaumen: und darnach (nicht nach allgemeinen Principien) fälle ich mein Urtheil.«

Der »Vernunftkünstler« oder »Philodox«, wie Kant ihn nennt, ist jemand, der allein nach spekulativem Wissen strebt. Er ist wie ein Wissenschaftler, der sammelt und agiert, »ohne darauf zu sehen, wie viel das Wissen zum letzten Zwecke der menschlichen Vernunft beitrage; er giebt Regeln für den Gebrauch der Vernunft zu allerlei beliebigen Zwecken.« Davon allerdings unterscheidet sich »der praktische Philosoph, der Lehrer der Weisheit durch Lehre und Beispiel.« Er ist der »eigentliche Philosoph. Denn Philosophie ist die Idee einer vollkommenen Weisheit, die uns die letzten Zwecke der menschlichen Vernunft zeigt.«[11] Diese Weisheit zu erkennen ist allerdings schwer – denn der Blick auf Gott als letzten Zweck und Urbild aller Zwecke, den Cusanus noch haben kann, verbietet sich für Kant. Und doch nimmt Kant einen Gedanken von Cusanus auf. Für diesen gilt, dass die Stufe der Erkenntnis mit Hilfe der Vernunft allein die Stufe ist, »die die Fähigkeit enthält, sich zum Schmecken der Weisheit zu erheben, weil in diesen vernunfthaften Naturen das Bild der Weisheit lebendig ist in vernunfthaftem Leben, dem die Kraft eigentümlich ist, aus sich heraus eine lebendige Bewegung hervorzubringen« und zu Wahrheit und »ewiger Weisheit vorzudringen«.[12] Kant sieht das ähnlich. Auch für ihn hat »das gründlichste und leichteste Besänftigungsmittel aller Schmerzen« Geltung. Es besteht in dem tröstenden Gedanken,

*»den man einem vernünftigen Menschen wohl anmuthen kann: daß das Leben überhaupt, was den Genuß desselben betrifft, der von Glücksumständen abhängt, gar keinen eigenen Werth und nur, was den Gebrauch desselben anlangt, zu welchen Zwecken es gerichtet ist, einen Werth habe, den nicht das Glück, sondern allein die Weisheit dem Menschen verschaffen kann; der also in seiner Gewalt ist. Wer ängstlich wegen des Verlustes desselben bekümmert ist, wird des Lebens nie froh werden.«*

Weisheit ist etwas, das dem Menschen zugänglich ist, das innerhalb seiner Reichweite und ›Gewalt‹ liegt. Nur Weisheit führt dazu, dass der Mensch seines Lebens froh wird. Allerdings führt der Weg dorthin nicht mehr wie noch bei Cusanus über die Erkenntnis der Welt und ihrer Strukturen – also die Wissenschaft –, sondern gründet allein im Wert des Menschen als Person, als freier Endzweck. Der Weg zur Weisheit führt bei Kant am Ende über die Moral.

Auch wenn es philosophisch wird und für einen Moment von Cusanus wegführt (wobei der Gedanke selbst allerdings als eine moderne Weiterführung betrachtet werden könnte), sei mir ein kurzer Exkurs in die Philosophie von Kant gestattet. Seine Überlegungen zu diesem Thema werden bis heute diskutiert und haben, in der ein oder anderen modernen Version, durchaus Bestand, auch wenn man in Bezug auf sie sehr wohl unterschiedlicher Meinung sein kann. Der kurze Exkurs zeigt, wie ich hoffe, wie innig hochtheoretische Überlegungen und Lebenspraxis zueinanderfinden – ohne dass das Denken aufgegeben wird, jedoch auch nicht so, dass es das Leben erschöpfend ausloten könnte.

Kant bemerkt in der *Kritik der Urteilskraft* im letzten Kapitel »Allgemeine Anmerkung zur Teleologie«: Ob man aber nun »aus denselben Datis diesen Begriff eines obersten, d.i. unabhängigen, verständigen Wesens auch als eines Gottes, d.i. Urhebers einer Welt unter moralischen Gesetzen, mithin hinreichend bestimmt für die Idee von einem Endzwecke des Daseins der Welt zu liefern im Stande sei, das ist eine Frage, worauf alles ankommt«. Er beantwortet, anders als Kues, die Frage in Bezug auf Gott negativ. Aus den Fakten, so argumentiert Kant, lässt sich ein solcher Endzweck der Natur nicht ableiten. Weder ein psychologischer

Beweis (Kant spricht an der Stelle tatsächlich von Psychologie) noch etwa der klassische »Beweis« der Unsterblichkeit der Seele führen an dieser Stelle weiter. Doch selbst diese Schlüsse sind nur Analogien, sind »komparativ«, vergleichen Zwecke und Ziele, ohne je ein letztes Ziel oder einen letzten Zweck beweisen zu können. Erstaunlich ist, mit welcher Hellsichtigkeit Kant an dieser Stelle auch das Argument des »Intelligent Designs« ablehnt. Gemeint ist damit die Vorstellung, man könne »wohl alle Vollkommenheit in einer einzigen Welturache vereinigt annehmen«. Intelligent Design – das wäre das Vermögen der »Natur zur Hervorbringung gewisser Formen nach der Analogie mit dem, was wir den Kunstinstinct nennen«. Was aber, wenn es überhaupt keinen Endzweck gibt, der die Hervorbringung der Formen erklären würde? »Ich hätte alsdann zwar einen Kunstverstand für zerstreute Zwecke«, sagt Kant – denn »verstreute« Zwecke sind ja durch eine Analyse der Kausalzusammenhänge in der Natur durchaus zu verstehen. Ich hätte »aber keine Weisheit für einen Endzweck, der doch eigentlich den Bestimmungsgrund von jenem enthalten muß«. Dennoch ist auch für Kant – wie für Cusanus – das Vertrauen in einen solchen Zweck und eine letzte Weisheit weder völlig unbegründet noch sinnlos. Kants Argument allerdings bleibt bis in die Moderne hinein ein Stein des Anstoßes, über den immer wieder diskutiert wird, nicht zuletzt in der aktuellen Debatte um Intelligent Design, aber auch in der politischen Theorie und der Lehre von der Gerechtigkeit. Denn was nach Kant (anders als für Cusanus) dieses Vertrauen in die *Weisheit* ausmacht und rechtfertigt – und Weisheit *ist* erforderlich, nicht nur, weil wir uns nach Weisheit sehnen, sondern auch, weil wir ohne sie letztlich unser alltägliches Leben nicht bewältigen! –, das allerdings »ist von allem, was Naturbegriffe enthalten und lehren können, wesentlich unterschieden.« Anders formuliert: Ein Argument für einen solchen letzten Endzweck – der religiös als Gott bezeichnet wird – findet man weder durch Analyse von Kausalitäten der Welt noch durch Verlängerungen bestimmter Zwecke zu einem Endzweck (man könnte mit Darwin sagen: auch nicht durch Verlängerung evolutionärer Zwecke zu einem Endziel der Evolution). Nach Kant findet man ihn einzig und allein in »praktischer Absicht« durch die Moral und deren Prinzip der Freiheit.

Die Freiheit, die diesen Endzweck verlangt, ist für Kant von ganz anderer »Beweisart« als jedes Prinzip der Naturerkenntnis, oder modern formuliert: anders als jedes reduktionistische Prinzip der Naturwissenschaften. Wenn es darum geht, Weisheit zu erkennen, den »letzten Endzweck, warum die Welt und der Mensch selbst da ist, geschaffen zu sein, kann die Vernunft nicht befriedigen«. Denken und Wissenschaft kommen an ihr Ende. Sie können nicht einholen, was die Idee der Freiheit und die Moral in der Praxis bereits eingeholt haben. Denn Weisheit und Endzweck setzen »einen persönlichen Werth, den der Mensch sich allein geben kann, als Bedingung.« Und diese Bedingung, die fast an Nietzsches Vorstellung vom Willen erinnert, ist so geartet, dass der persönliche Wert, den der Mensch sich gibt, daran geknüpft ist, dass »allein er und sein Dasein Endzweck sein kann«. Kant schreibt abschließend: »In der That bringt also nur der moralische Beweisgrund die Überzeugung und auch diese nur in moralischer Rücksicht, wozu jedermann seine Beistimmung innigst fühlt, hervor; der physisch-teleologische aber hat nur das Verdienst, das Gemüth in der Weltbetrachtung auf den Weg der Zwecke, dadurch aber auf einen verständigen Welturheber zu leiten«.[13] Weisheit gründet sich, nach Kant, in der Struktur der Moral und dem, was den Wert des Menschen als Person ausmacht.

Dieser Gedanke ist durchaus auch ein Leitgedanke des Buddhismus. Mitgefühl, so die tibetische Tradition von Āchārya Kamalashīla und des Mahayana-Buddhismus, ist die einzige Quelle von Weisheit.[14] Die Alten wollten, so Kant, dass man nicht bloß klug redete, sondern auch entsprechend handelte. In seinem letzten großen, nicht mehr vollendeten Werk, das die Forschung seit langem beschäftigt, schreibt Kant am Ende des vierten Konvolutes: »Die Liebe der Weisheit (*philosophie*) ist ein innres Princip des Gebrauchs der Freyheit im Menschen, nicht ein Instrument der Kunst zu beliebigen Zwecken sondern den Menschen ernstlich zu bessern«.[15] Philosophie als Weisheitsliebe ist für Kant also mehr als nur ein Weg der Vernunfterkenntnis.

*»In ›sensu scholastico‹ ist also Philosophie das System der philosophischen Vernunfterkenntnisse aus Begriffen; in ›sensu cosmopolitico‹ aber*

*ist sie die Wissenschaft von den letzten Zwecken der menschlichen Vernunft. Das giebt der Philosophie Würde, d.i. absoluten Werth; und sie ist es, die nur allein innern Werth hat. Philosophie ist die Idee einer vollkommenen Weisheit, die mir die letzten Zwecke der menschlichen Vernunft zeigt.«*[16]

Deshalb ist ein Philosoph auch ein »Meister in Kenntnis der Weisheit« – die ein Ideal bleibt, das es aber unaufhörlich anzustreben gilt.[17] Kant zieht damit, wie Cusanus vor ihm, eine Verbindung zu der Art und Weise, »wie die Alten das Wort verstanden«: Weisheit nicht nur als etwas, das die Erkenntnis als höchstes Gut und Zweck des Menschen greift, sondern zugleich auch als »Anweisung zum Verhalten, durch welches es zu erwerben sei«. Diese Linie und Tradition der Weisheit als praktische Lehre, als anwendbares Verhalten, reicht bis in die heutige Zeit hinein.

Doch zurück zu Cusanus. Auch er hatte die Einsicht, dass der Weg des Denkens zur praktischen Lehre, zur Erfahrung der allumfassenden Einheit führen sollte, von der wir alle leben. In Bezug auf Weisheit kann man daher *zweitens* von Cusanus lernen, dass Weisheit nicht nur irgendwie Geschmack und eigene Erfahrung ist, sondern vor allem in der eigenen Erfahrung der Einheit der Gegensätze besteht. Durch diese Erfahrung findet der Mensch zurück zu seiner ursprünglichen Mitte. Cusanus hat eine Vielzahl von Werken allein dieser Erfahrung und begrifflichen Bestimmung der Einheit der Gegensätze gewidmet. Diese Einheit ist in ganz fundamentaler Weise mit Komplexität verbunden – mit einem Verstehen der *complexio*, der Zusammenfassung, Verknüpfung und Vereinigung des Vielfältigen. Auch wenn wir diese Erfahrung der Weisheit noch nicht selbst gemacht haben sollten, so haben wir von ihr laut Cusanus immerhin – ähnlich wie von der Nahrung – einen gewissen Vorgeschmack (*praegustationem*)[18]. Insofern liegt Weisheit in allem, was uns begegnet. Sie »wird in allem geschmeckt, was man schmecken kann. Sie ist die Freude in allem, das erfreut. Weisheit ist deiner Sehnsucht Erfüllung, Ursprung, Mitte und Ziel«. Daher strebt der Mensch laut Cusanus in jener Speisung, die für ihn, um zu leben, notwendig ist, nur danach, »von dort her gespeist zu werden von wo er dieses geistige Sein hat«. Cusanus vergleicht diese Anziehung, die die Weisheit auf unseren Geist und unser Tun ausübt, mit der Anziehungskraft zwischen Eisen und Magnet. In der Weisheit, nicht im Wissen allein, findet der Geist Erfüllung. Im Eisen ist bereits »irgendein natürlicher Vorgeschmack des Magneten«, schreibt Cusanus. Wäre es nicht so, würde das Eisen sich nicht zum Magneten hinbewegen. Ähnlich verhält es sich mit dem Geist, der die Weisheit erkennt. »Wer nämlich in geistiger Bewegung die Weisheit sucht, der wird, innerlich berührt (*interne tactus*) und seiner selbst vergessen, im Leib gleichsam außerhalb des Leibes, zu der im voraus geschmeckten Süße entrückt. Aller sinnlichen Dinge Gewicht vermag nicht, ihn zu halten, bis er sich mit der ihn anziehenden Weisheit vereint«.[19] Die Beschreibung der Selbstvergessenheit könnte durchaus von Dōgen stammen – bis auf den Nachsatz, der gar nicht nach Dōgen, sondern deutlich nach christlicher Mystik klingt. Und doch stimmen sie später wieder überein, dann, wenn man Geschmack als unmittelbare Erfahrung auch durch die Sinne, d.h. durch Körper und Geist versteht. Der Redner wirft nämlich ein, dass man doch bei aller Liebe zu den guten Gedanken und klug vorgebrachten Argumenten festhalten müsse, dass ein großer Unterschied besteht zwischen dem Geschmack der Weisheit und dem, was über diesen Geschmack vorgebracht, also: bloß gedacht wird. »Schön sagst du das«, antwortet der Laie.

*»Und es gefällt mir, daß ich dieses Wort von dir gehört habe. Wie nämlich alle Weisheit über den Geschmack eines Dinges, das man nie geschmeckt hat, leer und unergiebig ist, bis der Geschmackssinn es berührt, so ist es mit dieser Weisheit, die niemand durch Hören schmeckt, sondern allein der, der sie in innerem Schmecken aufnimmt. Dieser legt Zeugnis ab, nicht von dem, was er gehört hat, sondern was er in sich selbst erfahrungsmäßig geschmeckt hat. Deshalb genügt es für den, der die ewige Weisheit sucht, nicht, das zu wissen, was man über die lesen kann, sondern es ist notwendig, daß er, nachdem er mit Hilfe der Vernunft gefunden hat, wo sie ist, sie zu der seinen macht; gleichwie jemand, der einen Acker entdeckt hat, in dem ein Schatz liegt, sich nicht über den Schatz in einem fremden, nicht ihm gehörenden Acker*

*freuen kann; deshalb verkauft er alles und kauft jenen Acker, um den Schatz in seinem Acker zu haben«.*[20]

Die Anspielung auf das biblische Gleichnis vom Schatz im Acker ist unverkennbar. Cusanus gibt ihm eine auf die Erfahrung hinweisende Deutung. Das Denken, die Vernunft taugt dazu, einen Schatz ausfindig zu machen und ihn zu orten – so wie Bücher und Denken zu verstehen helfen, was Weisheit ist. Doch wirkliche Weisheit will erfahren werden, will mit »innerem Schmecken« aufgenommen werden. In Abwandlung des von Luther so betonten Pauluswortes aus dem Römerbrief, dass der Glaube allein vom Hören kommt (Röm 10.17), scheint Cusanus sagen zu wollen, dass zumindest die Weisheit nicht vom Hören, vom Vernehmen einer Botschaft, sondern aus der Erfahrung kommt. Die Frage des Orators, ob Gott und Weisheit denn dasselbe sei, ist eine mehr oder weniger schwer zu beantwortende theologische – letztlich: dogmatische – Frage. Ihre Beantwortung läuft auf den Abgleich von Bibelzitaten und semantischen Feldern hinaus. Cusanus umkreist sie in immer neuen Bildern und Gleichnissen. Fest steht für ihn jedoch dies: Wenn du weißt, welcher Schatz Weisheit ist, dann kaufe den Acker, in dem dieser Schatz liegt, und mache Gebrauch vom ihm – wozu das biblische Gleichnis ebenfalls rät.

Die Weisheit, die Cusanus vorschwebt, ist dabei zum einen die Erkenntnis der Koinzidenz der Gegensätze, zum anderen aber auch die »Weisheit der Unsterblichkeit« und damit jener Geist, der – einmal angezogen vom Heiligen – »niemals vergehen kann«. Cusanus vergleicht unser Leben in diesem Zusammenhang mit einem Bild. Dieses Bild kommt, wie unser Leben insgesamt, niemals zur Ruhe. »Es sei denn in dem, dessen Bild es ist, von dem es Ursprung, Mitte und Ziel hat« – im Urbild. Dieses Urbild ist die »Wahrheit seines Seins«. Ursprung, Mitte und Ziel des Lebens – davon haben wir bereits einen Vorgeschmack. Und deshalb bewegen wir uns »voller Sehnsucht« dorthin, »bis der Geschmackssinn es berührt.«[21].

Cusanus greift an dieser Stelle – Dōgen hätte sicher von der unverzichtbaren Reise und der Suche nach einem Meister gesprochen – auf ein Bild seiner christlichen Tradition zurück. Man müsse den Acker, von dem

342

man nun weiß, dass der Schatz in ihm liegt, nicht nur wirklich für sich erwerben. Vor allem müsse man zur Entäußerung bereit sein und zur Not »alles Eigene verkaufen«. Die ewige Weisheit will sich nämlich nur dort besitzen lassen, wo der, der sie hat, nichts von seinem Eigenen behalten hat«. Diese Weisheit – die für Cusanus letztlich in Gott ruht – ist »die Gleichheit des Seins selbst, das Wort und der Wesensgrund der Dinge. Sie ist nämlich eine unendliche geistige Gestalt [...] die die Kraft der Einheit heißt«.[22] Nur die Weisheit bewirkt, die Kraft der Einheit selbst dann zu sehen, »während du auf die Zweiheit blickst«.

Noch ein *Drittes* lehrt Cusanus, das bis heute Bestand hat: die Bedeutung der Selbsterkenntnis. Sie ist die Arbeit, die man bewältigen muss auf dem Weg zum »glücklichen Leben, nach dem du verlangst.« Dabei soll man sich, wie der Laie in *Idiota de sapientia* lehrt, nicht von den Autoritäten täuschen lassen. Es geht darum, eigenständig zu denken und selber zu schmecken. Cusanus hatte diese Figur des Laien im Dialog ja erfunden, um seine Distanz zum in seinen Augen bei weitem überschätzten Universitätswissen deutlich zu machen. Wir sollen in Gottes Büchern lesen (*ex die libris*), fordert der Laie. Nicht in denen der Intellektuellen und Akademiker. Und wir sollen es selbst tun und uns das Lesen nicht nehmen lassen. Sein Widerpart im Dialog fragt deshalb etwas hämisch: »Welches sind denn die Bücher Gottes?« »Die er mit dem Finger geschrieben hat«, antwortet der Laie in Anspielung auf die Schöpfung. »Wo findet man die?« »Überall«, ist die Antwort: Auch und gerade auf dem Marktplatz.[23] Diese Forderung, in der Natur – der äußeren wie der inneren – zu lesen, wird wenig später zur Kampfparole der Aufklärung werden. Das Lesen im Buch der Natur – die laut Cusanus Gott »mit dem Finger geschrieben hat« – und das Lesen in den Heiligen Schriften werden gleichberechtigt nebeneinander treten. Dieser Vorgang bedingt die Ablösung der entstehenden Naturwissenschaften aus dem dogmatischen Lehrgebäude der Theologie und ermöglicht es den »neuen Lesern«, den Wissenschaftlern, aus dem Windschatten der Klöster und theologischen Fakultäten hinaus auf den Campus all der Universitäten zu treten, die um die theologischen Lehrstätten herum entstehen. Die Metaphysik, die Aristoteles über mehr als ein Jahrtausend als dominierende Theorie des Seins prägte – ein Sein, das die leblose, rein materielle Welt ebenso umfasst wie die Welt des Lebens, die Biologie, aber auch die Welt der Menschen und sogar Gottes –, geht endgültig ihrem Ende entgegen. Die Spuren dieser Idee, im Buch des Lebens zu lesen, das Gott einst schrieb und das nun entziffert und in unsere Sprache, die Sprache der Mathematik und der Naturwissenschaften, übersetzt werden muss, finden sich bis heute. Die Idee der Lesbarkeit der Welt war über Jahrhunderte eine mächtige Leitmetapher für die Möglichkeit der Erkennbarkeit der Welt und den gesamten Raum des überhaupt Erfahrbaren.[24] Wie weit diese Idee reicht, kann man u.a. an der Tatsache ablesen, dass das Feuilleton der *F.A.Z.* das »Gedicht des Lebens«, die ersten Sequenzen des entschlüsselten genetischen Codes über mehrere Seiten hinweg abdruckte und selbst Wissenschaftler, die es besser wissen müssten, bis heute an der missverständlichen Rede vom Genom als »Sprache des Lebens« und den DNS-Bausteinen als »Buchstaben des Lebens« festhalten.

Bei Cusanus jedenfalls lobt der Laie, in der Formulierung des Cusanus-Experten Kurt Flasch, »diejenigen Denker, die noch keine Tradition vor sich hatten. Sie mussten sich an die Dinge selbst wenden, weil es Bücher noch nicht gab. Sie wuchsen mit ›naturgemäßer Nahrung‹ auf.« An diesem Punkt ließe sich Cusanus problemlos mit Dōgen zusammenbringen. Die Natur, die wahre Natur, ist einerseits uns allen gegeben. Aber wir müssen uns auch, und zur Not mit äußerstem Einsatz, aufmachen, sie zu erkennen und vor allem selbst zu erfahren.

Kant nimmt, wie viele Denker der Aufklärung und westliche Philosophen bis heute, diesen Gedanken auf. Die Suche nach dem Ausgang aus der selbstverschuldeten Unmündigkeit ist zum Synonym für die Moderne geworden. Unmündigkeit ist dabei für Kant »das Unvermögen, sich seines Verstandes ohne Leitung eines anderen zu bedienen«.[25] Nach und nach arbeitet sich der Mensch, so Kant, aus einem Zustand der »Rohigkeit« heraus. Insofern ist und bleibt die Selbsterkenntnis, die »in die schwerer zu ergründenden Tiefen (Abgrund) des Herzens zu dringen verlangt, aller menschlichen Weisheit Anfang.« All das ist bei Cusanus bereits angelegt. Diese Entwicklung wird in der Ideengeschichte noch weitergehen. Denn Kant, der diesen Gedanken auf eine Weise zuspitzt, die

344

Cusanus vielleicht noch Kopfzerbrechen bereitet hätte, klingt bei seinem Aufruf zum Ausbruch aus der Unmündigkeit bereits ein wenig nach Nietzsche. Sie alle wollen etwas einholen, das Cusanus noch ohne großen Selbstzweifel aussprechen und suchen konnte – das Göttliche im Menschen und in sich, das als Weisheit erfahrbar wird. Dass diese Erfahrung und vor allem das Denken dieser Erfahrung bereits damals äußerst schwer war, wusste Cusanus vielleicht besser als alle seine Zeitgenossen. Oder, wie Kant es formuliert:

*»Die Weisheit bedarf beim Menschen zu allererst die Wegräumung der inneren Hindernisse (eines bösen in ihm genistelten Willens) und dann die Entwickelung der nie verlierbaren ursprünglichen Anlage eines guten Willens (nur die Höllenfahrt des Selbsterkenntnisses bahnt den Weg zur Vergötterung).«*[26]

KAPITEL 9:

WEISHEIT UND DUALISMUS – DER WEG DER MITTE

## Die Welt als unsere Welt

Das Kapitel über Dōgen, aber auch das über Nikolaus von Kues haben auf
etwas aufmerksam gemacht, das sich wie ein roter Faden parallel zu den
naturwissenschaftlichen Aspekten der Psychologie, der Neurowissenschaften und der Komplexitätsforschung durch die Überlegungen zum Thema
Weisheit zieht. Der Begriff, der in der christlichen Tradition im Anschluss
an Nikolaus von Kues dafür häufig verwendet wird, ist »Coincidentia Oppositorum«, der Zusammenfall der Gegensätze. Im buddhistischen, taoistischen, aber auch hinduistischen Kulturraum wird hingegen von der Leere gesprochen – und von der Überwindung dualistischen Denkens. Doch
was genau ist damit gemeint? Wie lässt sich dieses dualistische Denken
durch Nicht-Denken (hishiryo) überhaupt überwinden? Und um welche
Erfahrung handelt es sich dabei? Die Überlegungen zu diesem Thema
gehören sicher zu den schwereren Aspekten des Weisheitsthemas. Wer in
die Details dieses Themas einsteigt, wird feststellen, dass es im Osten wie
im Westen dazu eine Flut von Büchern und Abhandlungen gibt, die über
die Jahrhunderte entstanden sind. Das Thema Weisheit und Dualismus ist
vermutlich für ein erstes Verständnis von Weisheit nicht unbedingt grundlegend. Wer schneller lesen möchte, kann es daher überblättern. Am Ende
aber führt die Analyse des Verhältnisses von Weisheit und Dualismus tief
in die Widersprüche unserer Kultur und unseres Denkens hinein – Widersprüche, die uns gefangenhalten und einem freien Umgang mit der Welt
im Weg stehen.

Weisheit steht in enger Verbindung mit dem Zustand unseres Geistes.
Ihn gilt es ja – ebenso wie den Körper – zu kultivieren, um bestimmte
Einflüsse besser zu verstehen und gewissermaßen abfedern zu können.
Sie alle kennen das aus eigener Erfahrung: Fühlen wir uns traurig oder

deprimiert, dann ändert sich unsere Wahrnehmung der Welt erheblich. »Die Welt des Glücklichen ist eine andere als die des Unglücklichen. Wie auch beim Tod die Welt sich nicht ändert, sondern aufhört«, schrieb der Philosoph Ludwig Wittgenstein im letzten Kapitel seines berühmten *Tractatus logico-philosophicus.* Doch wie hängen Geist und Welt zusammen? Aus der Psychologie gibt es inzwischen eine Menge Erkenntnisse darüber, wie etwa Depression und Angst den Menschen verändern und Einfluss auf ihn nehmen. Diese Veränderungen sind sowohl körperlicher – sie reichen von einfachem Schwitzen oder erhöhtem Puls über eine verstärkte Aktivität der Amygdala bis hin zur Bewusstseinsstörung – als auch seelischer Natur. Menschen mit Depressionen neigen beispielsweise im Vergleich zu anderen verstärkt zur »internen Attribution«. Fällt ein Ziegelstein vom Dach, so wird dieses im Grunde vom Ich völlig unabhängige Ereignis sofort auf das eigene Leben bezogen, auf Schwächen, Schuldgefühle oder Ähnliches. Das äußere Ereignis, das losgelöst vom inneren Zustand eintritt, wird mit ebendiesem inneren Zustand verbunden: »Weil ich schuldig bin, ist der Ziegel vom Dach gefallen.« Doch das klärt noch nicht, wie Geist und Welt eigentlich zusammengehören und einander verändern. Sind sie eins oder, wie ein Zen-Buddhist sagen würde, Nicht-Zwei? Und wie ist dieses Verhältnis genau vorstellbar? Und was ist mit dem Zusammenfall der Gegensätze gemeint, von dem Nikolaus von Kues sprach?

Über die Entstehung des Bewusstseins – eines der zentralen, wenn nicht *das* dominierende Thema der Wissenschaften, insbesondere der boomenden Neurowissenschaften, aber auch der Philosophie und der Kulturwissenschaften der letzten zehn Jahre – ist viel geforscht und geschrieben worden. In diesem Kapitel soll es aber nicht um eine weitere Darstellung der gängigen empirischen Theorien, sondern vielmehr um die Entstehung und Bedeutung dualistischen Denkens als einer Grundstruktur unserer Wahrnehmung gehen. Vermutlich lässt sich die Frage, wie die Welt in den Geist kommt und ob sie nicht letzten Endes eine Täuschung ist, nicht abschließend beantworten. Immer wieder haben Philosophen, zuweilen aber auch Wissenschaftler, die These vertreten, dass ein radikaler Skeptizismus (also ein unausrottbarer Zweifel an der

Existenz der Außenwelt) oder Solipsismus (also die Ansicht, dass die Welt eigentlich nur die Vorstellung des eigenen Ichs wäre) letztlich nicht widerlegbar sind. Allerdings werden die meisten zugeben, dass die Konstruktionen, die man bemühen muss, um die Dinge auf diese Weise zu erklären, eben doch sehr angestrengt und ›künstlich‹ wirken. Es muss seltsam sein, der Zahnbehandlung eines anderen Menschen zuzusehen und seine Schmerzen zu beobachten, die man selbst gerade nicht spürt, und doch zugleich der Überzeugung zu sein, dass sowohl der Schmerz des anderen als auch das eigene Nicht-Spüren ein und dieselbe Ursache haben, nämlich ein Ich oder eigenes Bewusstsein, das gerade in diesem Moment beide Zustände ›erfindet‹ und die Welt mit allem, was dazugehört. Wie sollte eine solche Erzeugung der Welt, von allem in der Welt einschließlich aller Menschen, denen man begegnet, geschehen? So schwierig eine solche Erklärung auch sein mag: Schwierigkeiten und anstrengende Inkonsistenzen sind noch kein durchschlagendes Argument für die Unwahrheit einer Theorie. Dschuang Dsi brachte diese Frage im bereits zitierten Schmetterlingstraum zum Ausdruck: Träumte er, als er träumte ein Schmetterling zu sein, tatsächlich von einem Schmetterling – oder ist es in Wahrheit ein Schmetterling, der träumt, wirklich und wahrhaftig Dschuang Dsi zu sein?[1]

Eines aber gilt in jeder Welt, gleich ob sie ›real‹ ist oder die Vorstellung meines eigenen (oder eines anderen) Ichs, ob sie nur der Traum eines Schmetterlings ist oder eines Menschen oder beides bloß ein Traum Gottes: Immer wenn ich auf einer viel befahrenen Straße in einer großen Stadt eine Kreuzung überquere und nicht auf den Verkehr achte, spielen all diese philosophischen Überlegungen und Differenzen keine Rolle. Gleich ob ich Monist oder Marxist, radikaler Idealist, Konstruktivist, Solipsist, Skeptizist oder was auch immer bin: Wenn ich die Ampel bei Rot überquere und der Verkehr schnell und heftig ist, erleide ich einen Unfall, der unter Umständen tödlich sein kann. Wie auch immer ich mir meine Welt gedacht habe: Dann geht nichts mehr, das Spiel ist aus, Game Over.

Insofern lässt sich auf die Frage, ob die Wirklichkeit nur eine Vorstellung ist, zumindest auf pragmatischer Ebene erwidern, dass die Antwort bei der Bewältigung alltäglicher Probleme nicht die geringste Rolle spielt. Ich muss essen, schlafen, auf den Verkehr achten und vieles andere mehr. Die Deutung dessen macht für die Bewältigung des Lebens keinen Unterschied. Geld zu verdienen ist im Traum, wenn er so aussieht wie unser Leben, genauso schwer wie in jenem Leben, das ich mir als real (und nicht als geträumt) vorstelle.

Und doch bedeutet dieser Pragmatismus längst noch nicht, dass die Welt tatsächlich einfach so wäre, wie sie ›ist‹, d.h. wie sie uns erscheint. Jedes Schulkind weiß aus dem Biologieunterricht, dass dies nicht der Fall ist. Das menschliche Auge beispielsweise ist so konstruiert, dass das durch die Linse auf die Netzhaut treffende Bild der Welt zunächst auf dem Kopf steht. Und doch sehen wir die Welt ›richtig‹, obwohl sie sich für das Auge völlig »verkehrt« darstellt. Der Grund dafür, dass wir »richtig« sehen, hängt mit der weiteren Verarbeitung des Bildes, d.h. des optischen Informationssignals ab. Denn das Gehirn korrigiert das »falsche« Bild auf der Netzhaut und stellt die Welt wieder »auf die Füße«, indem es die Bildpunkte gleich einem komplexen Computerprogramm sozusagen Pixel für Pixel umrechnet. Das Ergebnis dieser Arbeit ist unsere Sicht auf die Welt: Eine Welt, die die Summe der Lichtstrahlen, der Funktion unseres Auges und des Nervensystems sowie unseres zentralen Denk- und Bewusstseinsorgans, des Gehirns, ist. Bei diesem hochkomplexen Vorgang passieren zuweilen auch Fehler, etwa wenn jemand rot-grün-blind ist. Bestimmte Informationen werden dann nicht »richtig« verarbeitet. Dadurch, dass wir uns verständigen können, gibt es jedoch Möglichkeiten, diese Fehler zu erkennen und oftmals auch zu korrigieren.

Würden wir in einer Welt agieren, in der alles auf dem Kopf stünde – also in einer unkorrigierten ›Netzhautwelt‹ – dann würden wir uns unter Umständen in manchen Situationen tatsächlich anders und zuweilen vermutlich auch ungeschickt verhalten. Auch eine Schere oder ein Werkzeug für Linkshänder ist eben ein wenig anders konstruiert als eines für Rechtshänder. Das bedeutet: Wir wären vermutlich in einer auf den Kopf gestellten Welt weniger lebenstauglich als in der Welt, die wir heute sehen. Im Grunde ist die Tatsache, dass wir so sehen, wie wir sehen, bereits Beweis genug: Denn warum sonst hätte die Evolution ein kompliziertes

349

Verfahren hervorgebracht, um das Netzhautbild ›umrechnen‹ zu lassen? Was wir heute sehen, ist eine Welt, die wir mit den Mitteln unseres Gehirns nach einer langen Geschichte der Evolution eben so sehen. Dass das Gehirn im Übrigen erst lernen muss, die Welt »richtig« zu sehen, und dann aber auch höchst anpassungsfähig ist, lässt sich leicht belegen: Zum einen entwickelt sich beispielsweise das für uns so wichtige dreidimensionale Sehen beim Kind erst nach einiger Zeit. Sehen und Raumvorstellung müssen erst abgeglichen und der Gesamt-Welt-Erfahrung angepasst werden, ehe ein Kind wirklich in drei Dimensionen sehen und sich orientieren kann. Zweitens zeigte bereits in den zwanziger Jahren ein Experiment mit einer Spiegelbrille die außerordentliche Anpassungsfähigkeit des Gehirns. Die Brille war so konstruiert, dass die Welt bereits auf dem Kopf steht, wenn sie auf das Auge trifft. Damit erscheint das Bild auf der Netzhaut dann so, wie wir unsere Umwelt üblicherweise wahrnehmen, nachdem dieses Bild im Gehirn korrigiert wurde. Im Vergleich zum »normalen« Netzhautbild ist das Bild, das wir mit der Brille sehen, also umgekehrt. Beim Tragen der Brille entsteht so der Eindruck, dass die Welt mit einem Mal auf dem Kopf steht. Nach einigen Tagen mit Orientierungsproblemen rechnet das Gehirn dieses ›falsche‹ Netzhautbild dann jedoch um. Es dauert zwei bis drei Tage, ehe das Gehirn den ersten Eindruck wieder korrigiert hat und wir mit der ›falschen‹ Brille dennoch ›richtig‹ sehen. Ein weiterer, alltäglicher Hinweis auf die Anpassungsfähigkeit (man sagt: Plastizität) unseres Gehirns, das in Echtzeit seine Konstruktion der Welt aufbaut. Ein drittes Beispiel ist der sogenannte »Cocktail-Party-Effekt«, einer von vielen Kontext-Effekten. Obwohl es auf einer Party laut ist und viele Menschen sich gleichzeitig unterhalten, sind wir in der Lage, die Stimme unseres Gesprächspartners allein durch Konzentration aus diesem Kontext herauszufiltern und seinen Worten besser zu folgen als den eventuell genauso lauten Gesprächen der anderen Personen am Nebentisch.

Was so leicht erscheint, stellt Computerprogramme bis heute vor kaum überwindbare Probleme. Bis Roboter beherrschen, was wir nebenbei tagtäglich tun, hat die künstliche Evolution noch einen weiten Weg zurückzulegen.

## Noch einmal: Die Welt unseres Gehirns

Aber das Gehirn leistet noch viel mehr. Um zunächst noch einmal beim Auge zu bleiben und die Komplexität des gesamten Sehvorgangs zu verdeutlichen, genügt es, sich die Vielfalt der verschiedenen beteiligten Zelltypen zu vergegenwärtigen, die notwendig sind, um Farben, Kontraste und Ähnliches wahrzunehmen. Verschiedene Formen von Photorezeptoren gehören dazu. Zu ihnen zählen die Stäbchen (besonders lichtempfindliche Zellen, verantwortlich für das Hell-Dunkel-Sehen) und Zapfen (sie sind für das Farbsehen verantwortlich). Diese wandeln vereinfacht gesagt durch biochemische Reaktionen das physikalische Licht in vom Gehirn ›lesbare‹ Informationen um. Beispielsweise wird das purpurfarbene Sehpigment Rhodopsin beteiligt, das durch Lichteinwirkung farblos wird. Die Bahnen, die von den Stäbchen und Zapfen über weitere Zellen zu den sogenannten Ganglienzellen führen, sind ihrerseits höchst komplex. Und weiter: Wie erkennen wir, was zu einem Gegenstand gehört und was nicht, was also Hintergrund ist und was der Gegenstand selbst? Ganglienzellen beispielsweise erhalten ihre Informationen von annähernd gleichen, jedoch nicht identischen Bereichen auf der Netzhaut. Es gibt immer kleine Unterschiede. Einige dieser Bereiche werden durch ein Signal erregt, andere nicht. Die kleinen Lichtpunkte, die auf die Retina treffen, die ihrerseits weitere Neuronentypen wie Horizontalzellen und Amakrinzellen enthält, bedecken, wenn sie von der Retina aus weitergeleitet werden, am Ende dieser Leitung viel umfassendere, »rezeptive Felder« genannte Bereiche. Diese bestehen aus vielen Ganglienzellen, deren Aufgabe es ist, sogenannte Aktionspotentiale zu erzeugen. Diese Ganglienzellen ignorieren wiederum bestimmte Informationen aus den Photozellen, die ähnlich wie ein Belichtungsmesser arbeiten.[2] Ihre Aufgabe ist es, Unterschiede innerhalb der rezeptiven Felder (gewissermaßen also der Abbildung des Lichts in erste Gehirnsignale) zu verarbeiten. Das tun sie, indem sie beispielsweise den Beleuchtungsgrad zwischen Zentrum und Umfeld dieser Felder vergleichen. Dadurch werden Kontraste erkannt. Die Farben und Formen werden in verschiedenen Bereichen und auf verschiedene Weise verarbeitet. Um es noch komplizierter zu machen: Wahrnehmungsexperimente zeigen, dass Farben auch die Wahrnehmung von Formen beeinflussen können (ein Effekt, den sich die Kunst seit jeher zunutze gemacht hat). Der grundlegende Mechanismus in verschiedenen Bereichen des Gehirns ist stets ähnlich: Durch die Auswahl bestimmter Informationen, die aus den Sinnesorganen kommen, und durch Ausschluss anderer Informationen, die mit den gleichen Sinnesorganen bzw. Nervenbahnen ankommen, findet eine Auswahl bestimmter Merkmale statt. Diese wird dann in einem weiteren Schritt verarbeitet. So schicken die Nervenfasern der Netzhaut-Ganglienzellen ihre Informationen über die sogenannte Sehnervenkreuzung (*chiasma opticum*) zu einem Bereich im Thalamus, dem *Corpus geniculatum laterale* (*CGL*), in dem weitere Verarbeitungen erfolgen.

Durch diese schrittweise Selektion in dafür jeweils spezialisierten Bereichen des Gehirns entsteht allmählich ein Bild der Welt, etwa als Nebeneinander von Formen, die unabhängig vom Grad der Hintergrundbeleuchtung erkannt werden. Wenn nun die an verschiedenen Orten stattfindende Verarbeitung dieser Informationen miteinander vernetzt wird – d.h. die Schichten etwa des visuellen Zentrums verbunden werden mit Bereichen des Gehirns, die für die Wahrnehmung von Gesichtern oder Gefühlen zuständig sind – dann erst entsteht so etwas wie ›soziales Sehen‹, ein komplexer Vorgang, der eine lange Entwicklung hat und erst gegen Ende der Pubertät abgeschlossen ist. Das soziale Sehen bezeichnet die Fähigkeit, etwa in eine Gruppe von Menschen zu treten und sofort ihre Stimmung oder ihre soziale Zuordnung zu erkennen.

Ich führe all dies an, um zu zeigen, wie komplex das Gehirn aufgebaut ist – und wie kompliziert und vielschichtig die Entstehung dessen ist, was wir im Alltag ganz selbstverständlich »die Welt« nennen. Bereits ein »einfacher« Vorgang wie das Sehen ist hochkomplex. Das spiegelt sich bereits auf der unteren Ebene wider – denn um Komplexität erzeugen zu können, brauche ich eine genügend differenzierte Informationslage. So ist die Retina selbst bereits eine komplexe Struktur, die aus drei Lagen, oder Schichten, von Zellen besteht, die wiederum von fünf verschiedenen Typen von Neuronen, d.h. Nervenzellen Gebrauch machen. Diese Verschaltung in Schichten ist so wichtig, weil sich nur auf diese Weise über die sehr komplexen biologischen Strukturen auch Strukturen der Welt und logische Formen abbilden! Wenn zum Beispiel Ebene A gleichzeitig mit Ebene B und Ebene C weiterleitet oder aber Ebene D allein – dann und nur dann wird ein bestimmtes Signal weitergegeben. Das ist ein Beispiel für eine »Und«/«Oder«-Schaltung. Entweder D ›feuert‹ – oder aber alle drei Ebenen A und B und C zusammen. Fällt D aus und dazu noch eine der drei Ebenen, wird kein Signal weitergeleitet. Diese Art der Verschaltung macht höchst komplexe Verrechnungen möglich.[3]

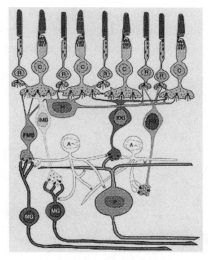

*Die Abbildung zeigt die Zelltypen und Verbindungen in der Retina von Primaten. R bezeichnet die Stäbchen (rods) und C die Zapfen (cones); aus: »Fundamental Neuroscience«, S. 730*

Dabei geht es nicht nur darum, den ›Output‹ der Welt, d.h. die von außen aus der Umwelt einströmende Information zu verarbeiten, die mit Hilfe der Sinnesorgane ins Gehirn gelangt. Auch das Gehirn selbst erzeugt, nachdem es diese Signale in den verschiedenen Schichten des visuellen Systems, den Sehrinden, verarbeitet hat, seinen eigenen ›Output‹, d.h. bestimmte Informationen, die die Ergebnisse einer Verarbeitung sind. Diese ›Eigeninformationen‹ des Gehirns treten nun neben die ›Fremdinformationen‹ aus der Umwelt. Beide sind für das Gehirn einfach nur Signale und Informationen. Die selbst hergestellten ›Rechenergebnisse‹ des Gehirns, die nach dem Herausfiltern verschiedener Merkmale aus dem Gesamtrauschen der Information entstanden sind, werden ihrerseits zur weiteren Verarbeitung im Gehirn herumgeschickt. Stets geht es darum, bestimmte Aspekte oder Muster aus dem Gesamt der Informationen herauszugreifen, noch feiner zu analysieren (d.h. zu unterscheiden) und dann gegebenenfalls weiterzureichen, etwa um Muskeln zu steuern oder einen Gegenstand besser zu erkennen, indem man sich genauer auf ihn konzentriert. So werden in den Nervenbahnen des Occipital-, also des Hinterhauptlappens, in dem sich die verschiedenen Schichten des Sehsystems befinden, immer komplexere Eigenschaften von Objekten verarbeitet.

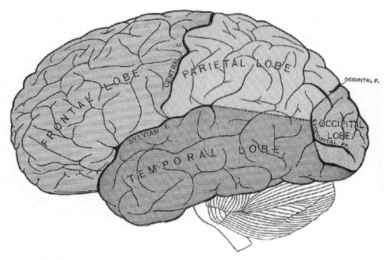

*Einteilung des Gehirns; aus: »Gray's Anatomy«(www.bartleby.com/107/illus728.html)*

Die Nervenbahnen enthalten Nervenzellen des Gehirns, die auf Form, Farbe, Textur und andere Eigenschaften spezialisiert sind. Verarbeiten bedeutet dabei nichts anderes, als dass einzelne Aspekte des Informationsstroms so weitergeleitet werden, dass sie andere Nervenzellen entweder aktivieren oder nicht. Dabei müssen jeweils bestimmte, durch Lernen veränderbare Schwellwerte überschritten werden, damit ein Impuls weitergeleitet wird oder, noch wichtiger, damit überhaupt gehirneigene, vom Gehirn selbst erzeugte Signale entstehen können. Für die Vernetzung der verschiedenen Zentren der Informationsverarbeitung (Areale) sind verschiedene Arten von gehirninternen »Leitungen« zuständig – etwa die kurzen bis langen *Assoziationsfasern*, die innerhalb einer Hemisphäre (Gehirnhälfte) die Areale verbinden.

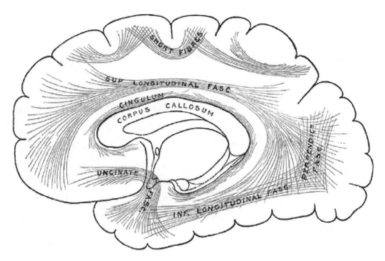

*Assoziationsfasern; aus: »Gray's Anatomy« (www.bartleby.com/107/illus751.html)*

Eine zweite Form der Fasern stellen die *Kommissurfasern* dar, die die entsprechenden Areale der beiden Hemisphären verbinden, darunter insbesondere die Kreuzung der Sehnerven (*chiasma opticum*), die bereits auf mittelalterlichen Darstellungen zu sehen ist, und das *corpus callosum*, eine quer verlaufende, dicke Verbindung, die es in den Gehirnen von Säugetieren gibt und die beim Menschen rund 200 Millionen Nervenfasern dick ist. Ohne diese Verbindung agieren die beiden Gehirnhälften geradezu wie zwei verschiedene Gehirne oder Persönlichkeiten, denn in ihnen finden oftmals sehr verschiedene Prozesse der Verarbeitung statt. Schließlich gibt es drittens die *Projektionsfasern*, die die Großhirnrinde mit tiefer liegenden Arealen verbindet, darunter die sogenannte Pyramidenbahn, die für die Feinmotorik zuständig ist und ihren Ursprung in der Primärmotorischen Rinde des Großhirns hat. Von dort aus erstreckt sie sich bis hin zum Rückenmark. Auf diese Weise interagiert das Gehirn nicht nur auf den ›input‹ der Außenwelt, in die es durch seinen ›output‹ etwa in Form von Muskelbewegungen und Handlungen eingreift: Es ›berät‹ sich auch mit sich selbst und versucht, alle Signale innerhalb seines Systems zu einem einheitlichen Bild der Welt zu verarbeiten.

## Die dualistische Grundstruktur der Welt

Es ist insofern also nicht falsch zu sagen, dass die Welt tatsächlich bis zu einem gewissen Grad eine Konstruktion unseres Gehirns ist. Die Systemtheoretiker sagen daher, dass Welt und Umwelt zweierlei sind: Die Umwelt ist all das, was »außen« ist, aber nie vollständig erkannt werden kann. Die Welt hingegen ist all das, was wir von der Umwelt erkannt haben (das »Konstrukt« der Umwelt) – sozusagen das innere Bild der Umwelt. Während wir die Welt vollständig erkennen können, bleibt uns die Umwelt bis zu einem gewissen Grad immer unerschlossen. Erkenntnis projiziert, so Niklas Luhmann, Unterschiede in eine Realität, die keine Unterschiede kennt.[4] Kant würde sagen, dass wir das »Ding an sich« eben nicht erkennen können. Die Welt ist also eine Konstruktion, eine Vorstellung – die sich allerdings leicht stören und durcheinanderbringen lässt, wie Untersuchungen verschiedener Verletzungen des Gehirns bzw. von Gehirnbereichen zeigen. So makaber es ist: Gerade solche Verletzungen haben wesentlich zum Aufstieg der Neurowissenschaften beigetragen. Denn durch das genaue Studium von Verletzungen insbesondere in den beiden Weltkriegen konnten die Zusammenhänge zwischen der Zerstörung bestimmter Gehirnareale und deren Auswirkungen auf das Bewusstsein und Verhalten studiert werden. Wissenschaftler legten erste »Karten« an, die Auskunft darüber gaben, welche Informationen wo verarbeitet werden und wie weit die jeweiligen Felder der Großhirnrinde reichen.

Eine der Vorstellungen, mit denen wir uns in allem, was wir erfahren, denken, urteilen, tun und *sind*, stets konfrontiert sehen, ist die der *binären Konstruktion der Wirklichkeit* – des Dualismus. Signale werden weitergeleitet oder eben nicht – egal, wie komplex sie zuvor berechnet wurden. Entweder es gibt eine Welt oder es gibt keine. Entweder etwas ist schwarz oder es ist weiß, es ist gut oder es ist böse: So funktioniert nicht nur unsere biologische, sondern auch unsere Einteilung der moralischen, physikalischen und kulturellen Welt. Heilig und profan, Gott oder Teufel, Verblendung oder Erleuchtung, Samsara oder Nirvana, Himmel oder Hölle, Welle oder Teilchen, Energie oder Materie. Die Sonne scheint – oder eben nicht.

Natürlich wissen wir, dass die Welt nicht nur schwarz oder weiß, sondern oftmals grau oder sogar farbig ist und es eine Vielzahl von Abstufungen und Schattierungen gibt. Und dennoch werden all diese verschiedenen Stufen letztlich zu einem Signal ›verrechnet‹, das dazu führt, dass entweder ein Nervenimpuls weitergeleitet wird oder nicht. Auch wenn ich rot sehe, gilt: Dies ist Rot und nicht Nicht-Rot. Wo Rot ist, kann nicht zugleich auch Schwarz sein. Der Nichtwiderspruchssatz des Aristoteles ist das grundlegende Prinzip unseres Denkens. In seiner Metaphysik schreibt Aristoteles: »Doch das sicherste Prinzip von allen ist das, bei dem eine Täuschung unmöglich ist [...] Welches das aber ist, wollen wir nun angeben: Denn es ist unmöglich, dass dasselbe demselben in derselben Beziehung zugleich zukomme und nicht zukomme. [...] Doch wir haben eben angenommen, es sei unmöglich, dass etwas zugleich sei und nicht sei.« In der modernen Aussagenlogik wird der Satz so formalisiert: $(A \wedge \neg A)$. Es gilt nicht bzw. ist nicht der Fall, dass sowohl A wie auch Nicht-A gilt. Das Problem ist, dass dieser Satz, der die Dualität sozusagen im grundsätzlichsten Prinzip des Denkens verankert, eine selbstevidente Schlagkraft zu haben scheint. Er gilt als unwiderlegbar. Oder anders formuliert: Wer diesen Satz leugnet, ist oder wird in gewisser Weise verrückt.

Dass dies so ist, ist kein Zufall, sondern hängt mit der grundlegenden, fundamentalen Struktur unseres Denkens zusammen, die ihrerseits nicht nur eingebettet ist in eine »Logik der Welt«, sondern auch in die

Funktionsweise unserer Sinne, unseres Gehirns und unserer gesamten Biologie. Was die fundamentale Struktur des Denkens selbst angeht, hat diese vielleicht niemand besser zum Ausdruck gebracht als der 1923 im englischen Grimsby geborene Mathematiker, Psychologe, Schachmeister und Schriftsteller George Spencer-Brown. Sein Werk *Laws of Form* (1969) ist die Keimzelle der von Heinz von Foerster, Niklas Luhmann, Humberto Maturana, Francisco Varela und anderen entwickelten Systemtheorie. Als Student in Cambridge arbeitete Spencer-Brown am *Trinity College* mit Ludwig Wittgenstein zusammen und verfasste nach einem Abschluss in Cambridge und Oxford seine Doktorarbeit über Wahrscheinlichkeitstheorie, ehe er dann mit dem britischen Mathematiker und Philosophen Bertrand Russell und später mit dem Psychologen Ronald D. Laing zusammenarbeitete. Zwischendurch war er für die britische Bahn tätig, für die er ein bis heute in Gebrauch befindliches Patent entwickelte, und als Professor in Oxford sowie an der *University of London*. Sein Werk umfasst, neben einigen schriftstellerischen Arbeiten, Mengenlehre, Boolesche Algebra, Logik, Optik und Code-Entschlüsselung.

*Laws of Form* behandelt nicht nur die Logik mit einer neuen Herangehensweise, sondern zeigt auch – und darauf kommt es in diesem Zusammenhang an –, wie elementar Dualismus und Denken zusammenhängen.[5] Interessanterweise stellte Spencer-Brown seinem Buch ein Zitat von Laotse aus dem *Tao Te Ching* voran: »Ohne Namen ist der Anfang des Himmels und der Erde«, was auch als »›Nichts‹ ist der Name des Anfangs von Himmel und Erde« übersetzt werden kann. Dieses Nichts – chinesisch *Wu*, indisch *sunyata*, Leere – ist laut dem *Tao Te Ching* zugleich der namenlose Anfang der Zehntausend Dinge.

Womit beginnt Denken, gleich welcher Art und unabhängig von der Kultur, stets und notwendigerweise? Mit einer Unterscheidung! Mit dem Akt, mit der Operation, etwas von etwas anderem zu unterscheiden. »Wir nehmen die Idee der Unterscheidung«, lautet der erste Satz der *Laws of Form*, »und die Idee der Bezeichnung als gegeben an, und dass wir keine Bezeichnung vornehmen können, ohne eine Unterscheidung zu treffen. Wir nehmen daher die Form der Unterscheidung für die Form.« Jedes Denken ist auf Bezeichnungen, auf Begriffe angewiesen, die wie Formen in der Malerei oder in der Welt ihre Grenzen haben. Es gibt nichts Elementareres für das Denken als eben*dies*. Die Idee der Unterscheidung ist die fundamentalste Idee überhaupt. Jeder Hinweis, jedes Zeigen, dass da ja etwas sei, ist bereits auf eine Unterscheidung angewiesen. Der Prozess des Hinweisens *erfordert* den Prozess des Unterscheidens. Man kann nicht auf etwas zeigen und sagen »Dies da«, ohne »dies da« zugleich zu unterscheiden von allem anderen. Wenn ich auf eine Teetasse zeige: Meine ich dann die Form, die Farbe, den Inhalt, die schöne Beleuchtung oder die Teetasse als Symbol? Die Form der Unterscheidung, das Ziehen einer Grenze, muss für das Denken als die fundamentalste Form überhaupt angesehen werden. *Das Unterscheiden ist die grundlegendste Operation des Erkennens.* Alles Denken, jede Form des Wissens gründet auf ihr.

Und wie wird diese Operation vollzogen? Spencer-Brown ist sehr anschaulich in der Beschreibung. »Eine Unterscheidung wird getroffen«, schreibt er, »indem eine Grenze mit getrennten Seiten so angeordnet wird, dass ein Punkt auf der einen Seite die andere Seite nicht erreichen kann, ohne die Grenze zu kreuzen. Wenn einmal eine Unterscheidung getroffen wurde, können die Räume, Zustände oder Inhalte auf jeder Seite der Grenze, indem sie unterschieden sind, bezeichnet werden.« Das Unterscheiden (*distinctio*) ist eine Handlung (das »Machen« einer *distinctio*), die ihrerseits auf keinem vorgegebenen Unterschied, einer *differentia,* beruht, wie man sie sich beispielsweise in der antiken Philosophie vorstellte als einem in der Welt gegebenen, in den Dingen selbst vorgefundenen Prinzip. Unterscheidungen werden *gemacht*. Sie sind *Handlungen,* die etwas *herstellen*: nämlich Unterschiede. Unterscheidungen ziehen Grenzen zwischen etwas (das bezeichnet und dadurch aus seinem Umfeld herausgehoben wird) und etwas anderem. Es gibt also dreierlei: die *eine* Seite, das Übrige als die *andere* Seite – und die Grenze *zwischen* beiden Seiten. All das ist kein zeitlicher Vorgang, sondern ein Zugleich, ein Verhältnis abhängiger Koproduktion. Deshalb kann Spencer-Brown auch sagen: Etwas wird erzeugt – und Spencer-Brown weist mehrfach darauf hin, dass dies bedeutet, dass wir etwas erzeugen, d.h. eine Gemeinschaft in Kommunikation – durch die Elemente einer dreifachen Identität. »Jede Kennzeichnung impliziert Dualität, wir können kein Ding produzieren, ohne Koproduktion dessen, was es nicht ist, und jede Dualität impliziert Triplizität: Was das Ding ist, was es nicht ist, und die Grenze dazwischen.«[6] Was etwas ist, ist demnach keine rein mentale Entität, sondern eine *Beziehung zwischen Unterschiedenem.*[7] So wie Unterschiede eben unterscheiden, d.h. in Dualität oder Vielheit aufteilen, so schaffen sie auch eine Beziehung: Unterschiede sind relational. Dort, wo eine Unterscheidung getroffen wird, entsteht ein Universum, eine Welt. Mit dem unterscheidenden Denken, das Ding und Nicht-Ding (und Grenze) herstellt, entsteht eine Differenz zwischen *Innen* und *Außen,* zwischen System und Umwelt, zwischen Welt (und Ding) und Umwelt (als Nicht-Ding). Spencer-Brown bezieht die buddhistische Tradition an dieser Stelle ausdrücklich mit ein, nicht nur durch sein Zitat aus dem *Tao Te Ching* gleich zu Anfang seines Buches.[8] Die Entstehung der »zehntausend Dinge« aus dem unterscheidenden Geist ist ein zentrales buddhistisches Thema. Und auch Buddhas Erfahrung der Erleuchtung ist eine derartige »konditionierte Koproduktion« oder auch »Entstehen in gegenseitiger Abhängigkeit« (*Pratītyasamutpāda*): Mit Buddha erwachen zugleich alle Lebewesen zu ihrer wahren Natur, in der sie immer schon verweilen. *Pratītyasamutpāda* wird verwendet, um die Entstehung aller Dinge und damit auch das Entstehen allen Leidens zu untersuchen. Spencer-Brown geht es an dieser Stelle darum, die weitreichenden Konsequenzen eines durch und durch relationalen Denkens deutlich zu machen. Es ergibt sich *logisch* aus Spencer-Browns mathematischen Überlegungen, dass Einheiten (Etwas, ein Ding) nie isoliert entstehen können. »Was ein Ding ist, und was es nicht ist«, schreibt Spencer-Brown, »sind, in der Form, identisch gleich«.[9] Philosophisch formuliert: Alle Existenz ist reine Relationalität – ein Gedanke, der seine historische Vorform in der Vorstellung Luthers findet, dass alles, was die Welt und den Menschen ausmacht, nur dann richtig gedacht und erkannt werden kann, wenn es als Relation, als Beziehung zu Gott gedacht ist.[10] Was bei Spencer-Brown zwingende Logik und mathematisches Kalkül ist, benennt die buddhistische Weisheitstradition im Herz-Sutra so: »Form ist Leere, Leere ist Form.« Das eine ist nicht ohne das andere; das eine ist das andere. Betrachtungsweise und Wirklichkeit sind untrennbar voneinander. Das Universum hat keine Form. Es er-

360

scheint erst, wenn wir Unterscheidungen treffen.[11] Wenn Identitäten nicht
von sich aus, sondern nur durch Unterscheidungen existieren, dann ist
nicht nur klar, dass die Annahme von Substanzen und festen Identitäten
eine Illusion ist, sondern auch, dass alles, alle Identitäten, sich wandeln.
Alles hängt von den Unterscheidungen ab, die wir jeweils treffen. Im
Buddhismus erhält diese Unterscheidung bzw. der Prozess des Unterscheidens auch eine existentielle Dimension, die sehr gut in einem Gedicht von Ryōkan zum Ausdruck kommt.

*»Wo es Schönheit gibt, da gibt es auch Hässlichkeit;*
*Wo es Richtig gibt, da gibt es auch Falsch.*
*Weisheit und Unwissenheit bedingen einander,*
*Illusion und Erleuchtung kann man nicht trennen.*
*Dies ist eine alte Wahrheit, glaube nicht, sie sei erst jetzt*
  *entdeckt worden.*
*›Ich will dies, Ich will jenes‹ –*
*Das ist nichts als Dummheit.*
*Ich will dir ein Geheimnis verraten:*
*›Alle Dinge sind vergänglich!‹«[12]*

Das, was auf der anderen Seite der Grenze ist, ist immer ein unmarkierter Raum, den man dann in einer weiteren Operation weiter unterscheiden kann. »Wenn einmal eine Unterscheidung getroffen wurde, können
die Räume, Zustände oder Inhalte auf jeder Seite der Grenze, indem sie
unterschieden sind, bezeichnet werden.«[13] Diesseits aber erscheint das
Ding als das, was es ist. Die Grenze selbst ist in gewisser Weise der blinde Fleck. »An diesem Punkt«, fährt Spencer-Brown fort, »ist der einzige
Block gegen vollständige Erleuchtung die falsche Annahme (und sie hat
westlichen Philosophen Hunderte Jahre im Nacken gesessen), dass, weil
nichts keine Form hat, keinerlei konditionierte Struktur besitzen kann
und somit nicht Basis beobachtbarer Phänomene sein kann, da beob-
achtbare Phänomene offensichtlich sehr wohl eine konditionierte Seite
haben.«[14] Spencer-Brown hält das für einen folgenschweren Fehler, den
er zu korrigieren sucht.

Seinem logischen Kalkül, dem sogenannten Indikationenkalkül zufolge, das er in *Laws of Form* entwickelte, hat auch das »Nichts« eine konditionierte (bestimmte) Struktur. Das Nichts ist das Andere des Etwas, der unmarkierte logische Raum, der sich vom Etwas, von einem Ding, einem Zustand, einer Identität unterscheidet. Nicht nur das: das Nichts hat, entgegen der Annahme westlicher Philosophie, eine konditionierte Struktur. Was Spencer-Brown damit meint, ist, dass »*wenn* eine Unterscheidung ›in‹ nichts getroffen werden könnte, das Ganze der konditionierten Koproduktion, deren Operation unentrinnbar ist und vollständig sichtbar, unvermeidlich stattfinden würde, und das erkennbare Universum unvermeidlich erscheinen würde«.[15] Raum ist in gewisser Weise das, was erscheint, wenn es eine Unterscheidung gibt. Ähnliches hatte Wittgenstein behauptet: Eine Bezeichnung, eine Bedeutung ist nichts anderes als der Gebrauch eines Wortes in der Sprache. Jede Beschreibung ist in diesem Sinne eigentlich eine Vorschrift, gewisse Unterscheidungen zu treffen – wobei wir, wenn wir sie getroffen haben, irgendwann vergessen, dass wir genau das taten. Und dann glauben wir, fälschlicherweise, die Unterscheidungen lägen wie die Begriffe selbst bereits in der Welt. »Triff eine Entscheidung«, fordert Spencer-Brown seine Leser auf. »Nenne sie die erste Unterscheidung. Nenne den Raum, in dem sie getroffen wird, den Raum, der durch die Unterscheidung geteilt oder gespalten wird.«[16] Ein Raum oder auch ein Zustand wird durch eine Unterscheidung markiert. Der Zustand wird zu einem markierten Zustand. All das, was nicht mit der Markierung markiert wird – die Innenseite der Unterscheidung –, wird »unmarkierter Zustand« genannt. Das »Kreuz« (˥) – Spencer-Browns Symbol für die Markierung bzw. die Operation der Unterscheidung – beinhaltet das, »was auf seiner Innenseite ist, und beinhaltet das nicht, was auf seiner Außenseite ist.« Der senkrechte Strich trennt den Raum – der waagerechte weist auf die Unterscheidung hin. Mit *einem* Symbol werden zwei Zustände voneinander unterschieden. Die Markierung der Unterscheidung ist die eine Seite der Unterscheidung »markiert« und »unmarkiert«. Insofern werden A und ¬ A mit einem Symbol dargestellt: A ist gleichsam innerhalb der Markierung, das Bezeichnete. Und Nicht-A ist das Unmarkierte, das aber zugleich durch dasselbe Symbol bezeichnet wird. Mit ein und demselben Akt der Unterscheidung kann über *beides* gesprochen werden, innerhalb *eines* logischen Kalküls, einer logischen Operation. Das Unmarkierte hat kein Symbol. Die Abwesenheit einer Unterscheidung in diesem Raum macht ja gerade den unmarkierten Zustand aus. »Nenne den Raum, der durch jedwede Unterscheidung gespalten wurde, zusammen mit dem gesamten Inhalt des Raums die Form der Unterscheidung. Nenne die Form der ersten Unterscheidung die Form.«

Die Unterscheidung bringt also beide Seiten zusammen: auf der einen Seite die beiden Unterscheidungen (das Rechts und Links vom Strich, der trennt), auf der anderen Seite die Seite der einen Unterscheidung, in der diese Unterscheidung getroffen wurde. Aus diesem einfachen Kalkül entwickelt Spencer-Brown, zum Missbehagen einiger eher konventionell denkender Mathematiker, die gesamte Algebra. Das Fundament der Mathematik ist dabei nach Spencer-Brown eben nicht numerischer Natur – enthält also noch gar kein Konzept von Zahl und Zahlen. Das Fundament der Mathematik (wie auch der Logik) ist, wie das des Denkens, ein *Akt der Unterscheidung*, den ein Beobachter setzt (der, wenn auch später, ebenfalls Teil des Kalküls von Spencer-Brown und erst recht der Systemtheorie wird). »Die Schwierigkeit ist, die Grundlosigkeit unseres Glaubens einzusehen«, schreibt Ludwig Wittgenstein in seinem letzten Werk *Über Gewissheit*, an dem er noch zwei Tage vor seinem Tod am 29. April 1951 schrieb. Die Zeit der Entstehung von *Über Gewissheit* fällt auch in die Zeit der Bekanntschaft mit Spencer-Brown. Weiter heißt es bei Wittgenstein:

*»›Ein Erfahrungssatz lässt sich prüfen‹ (sagen wir). Was gilt als seine Prüfung? – ›Aber ist dies eine ausreichende Prüfung? Und, wenn ja, muß sie nicht in der Logik als solche erkannt werden?‹ – Als ob die Begründung nicht einmal zu Ende käme. Aber das Ende ist nicht die unbegründete Voraussetzung, sondern die unbegründete Handlungsweise. – ›Ich weiß das alles.‹ Und das wird sich darin zeigen, wie ich handle und über die Dinge spreche. [...] Die Begründung aber, die Rechtfertigung der Evidenz kommt zu einem Ende; – das Ende aber ist nicht, daß uns gewisse Sätze unmittelbar als wahr einleuchten, also eine Art Sehen unsrerseits, sondern unser Handeln, welches am Grund des Sprachspiels liegt.«[17]*

Spencer-Brown würde sagen: So ist es. Menschen handeln. Und indem sie handeln, treffen Sie Unterscheidungen, teilen die Welt ein, bilden Systeme. Immer aber ist die Grundlage ein Dualismus: Eine Seite und die andere Seite und die Markierung selbst, ein Tertium, ein Dazwischen, das beide trennt, zugleich aber auch zusammenbringt (denn alles geht aus einer Unterscheidung hervor), meist aber selber nicht gesehen wird.

Die mathematische Diskussion weiterzuführen – denn Spencer-Browns Ansatz hält noch einige Überraschungen bereit – ist ein vielversprechendes Unternehmen; Niklas Luhmann wurde bis zum Ende seiner Arbeit an der System- und Gesellschaftstheorie nicht müde, auf sie zu verweisen. Doch in Bezug auf die Klärung von Weisheit führt es weiter zu fragen, ob es eine dem Kalkül entsprechende Praxis gibt – ein nichtunterscheidendes Handeln. Genau diese Praxis ist die Praxis vieler mystischen Traditionen. Doch wie sieht diese aus?

### Die nichtdualistische Grundstruktur der Welt – Mu-Erfahrung

Eben hatte ich gesagt, dass eine Leugnung des Satzes vom Widerspruch in gewisser Weise in die Verrücktheit führt. Man gerät in gewisser Weise an die Grenzen der Welt. Tatsächlich aber haben die großen Systeme der indischen und auch der buddhistischen Logik und Philosophie versucht, dieser Dualität ein Prinzip der Nicht-Dualität an die Seite zu stellen. Klassisch ist die Behauptung in den Veden und im Mahayana-Buddhismus, dass Subjekt und Objekt nicht getrennt voneinander sind, ja dass Subjekt und Objekt Nicht-Zwei sind.[18] Das Problem ist, dass diese Behauptung innerhalb des Systems des traditionellen Denkens und Philosophierens keinen Sinn ergibt. Und das hängt mit der Notwendigkeit zusammen, eine nichtdualistische Erfahrung in Sprache, d.h. in einem auf Unterscheidungen basierenden System auszudrücken. Niklas Luhmann und Peter Fuchs formulieren mit Blick auf den Zen-Buddhismus so: »Die Zen-Paradoxie liegt darin, dass jeder Versuch, Differenzlosigkeit zu beobachten, im Moment des Versuches Differenzlosigkeit aufhebt. Zen

364

setzt voraus, dass jede Beobachtung, weil sie Differenz benötigt, verfehlen muss, was Zen meint.«[19] Zen setzt auf die *Erfahrung* mit dem Nicht-Zwei. Mit Hilfe von rationalen Denkmitteln, weder induktiv noch deduktiv – und das ist das klare Ergebnis der Analyse von Luhmann und Fuchs! – lässt sich diese Paradoxie aus der Welt schaffen. Zen ist eine Unterweisungstechnik, die sich das Treffen von Unterscheidungen aufheben will, obwohl sie doch gerade erst das Problem hervorbringen. Das Ziel der Kommunikation im Zen ist das Durchschlagen des dualistischen Knotens – das ein neues Verstehen erzeugt, indem das Denken (besser: der Mensch mit Leib und Seele) in die Paradoxie »springt«.

Ob in der Logik, der Metaphysik oder im alltäglichen Leben – immer setzen wir Unterscheidungen. Unser Geist ist die Grundlage dafür, zwischen einer Umwelt und unserer Welt unterscheiden zu können. Genau damit wird jedoch nicht nur eine theoretische, begriffliche Position markiert, sondern es *geschieht* etwas: Durch die Unterscheidung, durch den Geist wird ein Teil der *einen* Umwelt zu *unserer* Welt. Unterscheiden zu können ist die grundlegende Operation des Menschen (denn die biologischen teilt er weitgehend mit Pflanzen und Tieren). Unterscheiden zu können war in der griechischen Philosophie der Ausgangspunkt des Denkens. Der Begriff ›Kritik‹ leitet sich aus dem griechischen Begriff für Unterscheidung (κρίνω) ab. Die Fähigkeit zur Unterscheidung ist beim Menschen notwendig mit der Tatsache eines Bewusstseins oder Geistes verbunden. Sicher unterscheiden auch Tiere auf ihre Art: zwischen Feind und friedlichem Artgenossen, zwischen Plätzen mit und Orten ohne Futter und Wasser. Inwiefern auch Tiere, insbesondere Menschenaffen, Kategorien bilden können, ist zum Teil noch umstritten. Fest steht, dass das, was Tiere oder wir durch eine Unterscheidung (neu) sehen, sich stets auf *dieser* Seite der Unterscheidung zeigt. Das Universum »an sich«, wie Kant sagen würde, ist eines – aber es ist uns ohne jede Unterscheidung nicht zugänglich. Ohne unsere Unterscheidungen, d.h. ohne unsere Kategorien, ist es das, was es ist: Eines, oder besser Nicht-Zwei. Unsere Umwelt geht jeder Unterscheidung voraus – und übertrifft jede Unterscheidung. Insofern ist sie nicht erkennbar (»Ding an sich«).

Vielleicht ist der buddhistische Begriff der Leere und des Tao, auf den Spencer-Brown wiederholt Bezug nimmt, nichts anderes oder zumindest äquivalent zum Begriff des »unmarked space«, wenn man den eher metaphysisch überformten Begriff der Leere in die Sprache der Logik übersetzt. Leer ist das, worin keine Unterscheidung getroffen wird – ein Raum ohne Linie, ohne Orientierung, ohne Dinge, ohne Anhaltspunkte, eben ohne jede Form von Unterscheidung und daher auch frei von Dualität oder Vielheit. Doch dieser Raum ohne Unterscheidung ist natürlich, von unseren Räumen her gedacht, die bereits Unterscheidungen beinhalten. Ein Raum ohne Unterscheidung wäre also ebenfalls eine Unterscheidung, die das, was sie eigentlich markieren soll, gerade nicht oder nur unscharf markiert. Es ist das Paradox der Mystik, und insbesondere des Zen, dass jeder Versuch, Nicht-Dualität in einer dualen Sprache, d.h. mit an Unterscheidungen orientierten Bildern zu beschreiben, unterlaufen wird. Doch diese Zurücksetzung hat gerade keine frustrierende, zurückweisende, sondern eine aufmunternde Funktion, weil *es* dort etwas gibt, das sich, wie Wittgenstein sagen würde, *zeigt*, auch wenn man es nicht angemessen *sagen kann*. »Zen läßt sich beschreiben als ein Phänomen, das auf eine hochvirulente, weil nicht stillzustellende Paradoxie reagiert«, bemerken Luhmann und Fuchs. »Darauf bezogen, entwickelte sich eine Kommunikationstechnik, die Kommunikation auf der Basis ihrer eigenen Funktionsgrundlagen ad absurdum führt. Dermaßen irritierte und irritierende Kommunikation wird eingesetzt, um eine Initialzündung für psychische Erleuchtungszustände auszulösen.«[20] Die Türe der Kommunikation wird also nicht zugeschlagen. Vielmehr geht es darum, *zu erleben und zu erfahren*, dass sich die Kaskade der Unterscheidungen unterbrechen lässt. Ziel der Übung ist die *selbstgewählte Freiheit von jeder Unterscheidung*. Das Erstaunliche ist, dass Spencer-Brown die logische Notwendigkeit und die Struktur der sich daraus ergebenden Paradoxien in Einklang gebracht hat mit der Struktur der Erfahrung, um die es geht. Vom Tao zu reden mag wie Esoterik klingen. Dahinter steckt jedoch glasklare analytische Logik. Mehr noch: die Grundlage all unseres – auch naturwissenschaftlichen – Denkens. Dieses Denken beruht auf der Struktur von Unterscheidung, die stets den »unmarked space« mitdenkt, über den jedoch auch die Naturwissenschaften immer in Unwissenheit sein werden, bis sie ihn durch weitere Unterscheidungen verkleinern (mit der freilich wiederum neue unmarkierte Räume entstehen).

Die Aufhebung der Unterscheidung ist sowohl eine *Handlung* wie auch eine *Erfahrung*. Sie ist Folge einer Aufhebung des unterscheidenden Denkens – eines bestimmten Handelns also, das sie hervorbringt. Sinnvoll wird diese Struktur erst eingesetzt durch eine Praxis, eine Übung der Meditation. Freiheit von Unterscheidungen lässt sich in der Regel nicht von heute auf morgen bewerkstelligen (obwohl es in den verschiedensten Weisheitstraditionen immer auch Berichte von plötzlichen Durchbrüchen gibt). Meditation als Übung des Nicht-Denkens im Sinne von Dōgen *ist* in gewisser Weise die Einübung in die Erkenntnis der Nicht-Dualität der Welt und die Verwirklichung der *coincidentia oppositorum*, von der Nikolaus von Kues sprach. Diese Erfahrung »Einheit« zu nennen wäre nichts anderes als ein weiterer Dualismus, der mit der Behauptung geschaffen – und in der Tat von vielen *Koans* provoziert – wird, dass Buddha und Berg, Wasser und Stein, Geist und Welt, Mensch und Natur eins sind. Meister Eckhart und andere, christliche oder islamische Mystiker sprachen vom Nichts bzw. der Wolke des Nichts und des Nicht-Wissens, in der die übliche Dualität der Dinge verschwindet. Dieses Nichts ist eine Art, den unberührten, unmarkierten Raum zu denken. Nicht-Wissen darf daher nicht mit Dumpfheit und vagem Denken verwechselt werden. Im Gegenteil: Diese Form des Nicht-Wissens, da sind sich die mystischen und kontemplativen Schulen der Welt weitgehend einig, ist eine Form sehr wachen, klaren Bewusstseins. *Weisheit ist Erkenntnis und das Handeln, das diesem Bewusstsein entspricht und aus der Nicht-Dualität heraus geschieht.* Diese Nicht-Dualität, so behaupten mystische Traditionen nicht nur in Asien, ist der eigentliche Zustand der Welt, das eigene Angesicht vor unserer Geburt. Erst wenn wir die Nicht-Dualität der Welt, der Dinge und Menschen erkennen, wird auch die Ethik auf eine andere Stufe gestellt: Wir handeln nicht gegen andere, weil das unsere *Pflicht* ist, sondern weil wir erkennen, dass der andere und ich *Nicht-Zwei* sind. Der andere und Ich sind untrennbar verbunden. Keiner von beiden, weder der andere noch das Ich, existieren unabhängig voneinander. Die rein mathematischen und logischen Analysen von Spencer-Brown haben das, wie mir scheint, ohne jeden Anflug von Esoterik und New Age handfest nachgewiesen. Diese Einheit der Welt und der Identitäten in ihr ist keine Illusion, nichts, was erst noch zu der Welt hinzutreten müsste, sondern ihr ursprünglicher Zustand als ein System, in dem alles mit allem in Verbindung stehen kann. Es gibt keine Substanzen in unserer Welt, sondern nur Relationen zwischen Etwas, das, wenn es genau beschrieben werden soll, wieder nur als Relation beschrieben werden kann. Man könnte es vielleicht mit Eis und Wasser vergleichen. Beides sind nur graduell unterschiedliche Zustände. Im Grunde sind Eis und Wasser ein und dasselbe, ebenso wie das Meer und die Welle eins sind. Es gibt keine Welle ohne Wasser, ohne Meer. Und weiter. Erst der Finger, der auf den Mond zeigt, macht klar, dass in der Welt der Erscheinungen auch dies gilt: Der Finger, der auf den Mond zeigt, ist nicht der Mond. Und zugleich sind, aus einer anderen Perspektive heraus betrachtet, Finger und Mond Nicht-Zwei: Der Mond und der Finger haben, mit dem Zen-Meister Joshu gesprochen, beide Buddha-Natur. Doch diese ist nicht einfach *da* – sie muss erkannt, verwirklicht und im alltäglichen Handeln umgesetzt werden. Die Übung des Aufwachens, des Abstreifens der Illusion von Dualismus ist die Meditation. Und sie wiederum ist nichts anderes als ein völliges Versinken, ein Eintauchen in das Hier-und-Jetzt. Hier-und-Jetzt heißt fraglose Gegenwart, eine hellwache Selbstvergessenheit, ein Zustand, in dem nicht immer weiter Unterscheidungen gesetzt werden, in dem weder Ich noch Nicht-Ich, weder Subjekt noch Objekt existieren. Diese Erfahrung allerdings muss sich im alltäglichen Leben bewähren, in dem wir ständig Unterscheidungen treffen müssen. Insofern ist diese Erfahrung, wie die Weisheit auch, stets weltbejahend.

Die Formen, so behaupten die Mystiker vieler Traditionen in Ost und West, sind es, die sich verändern wie die Wellen auf dem Meer oder die vielen Spiegelungen des einen Mondes im Wasser. Zwar verändern die Wellen ständig ihre Form und keine ist wie die andere (auch wenn der Bildung von Wellen eindeutige Gesetze zugrunde liegen). Und doch sind all diese Wellen stets das eine: das Meer. Oder, in buddhistischer Terminologie: Alle Erscheinungen sind Buddha-Natur.

Als der später berühmte Zen-Meister Joshu (778–897), über dessen Leben und Wirken es eine Vielzahl von Geschichten und berühmt gewordene *Koans* gibt, gefragt wurde, ob ein Hund Buddha-Natur besitzt, antwortete er: »*Mu*«, »Nichts« oder »nicht« – eine Aufforderung, das dualistische Denken abzulegen. Als junger Mönch kam Joshu zu seinem Lehrer Nasen. Er hatte bereits sein Leben als Gelehrter, als Kenner scholastischer Studien und philosophischer Übungen, hinter sich gelassen. Und doch verstand Joshu nicht, wie er aufwachen sollte. Und das quälte ihn. Eines Tages fragte er seinen Meister Nasen: Was ist eigentlich das Tao?[21] Wörtlich übersetzt bedeutet *Tao* so viel wie »der Weg«, »der Durchgang«. Im Chinesischen bezeichnet das Wort auch den Moralkodex, der sozusagen den Gesetzen des Universums entspricht. Doch das Tao hat, wie es gleich zu Anfang im *Tao Te Ching* heißt – und darauf nimmt auch Spencer-Brown Bezug – keinen Namen. Wenn wir es aussprechen könnten, heißt es, wäre es nicht das wirkliche Tao. Tao ist das chinesische Äquivalent des indischen Begriffs *Prajñā*, die umfassende Weisheit, die alles durchdringt. Die pragmatischer orientierten Chinesen taten sich jedoch schwer mit der stark philosophischen Terminologie der Inder. Die Bedeutung des »Durchgangs« bzw. Weges, durch den man ein- und ausgeht, erschien ihnen wesentlich lebensnäher, realistischer als Begriffe wie *Prajñā* oder *Sunyata* (Leere). Später nahm der Begriff des Tao insbesondere durch die Begegnung mit der buddhistischen Tradition selbst eine komplexe Bedeutung an, die letztlich gleichbedeutend mit der Buddha-Natur verwendet wurde. In den Werken der chinesischen Buddhisten ist zwar noch das Gespür für die Verschiedenheit der indischen Tradition in manchen Aspekten erkennbar – aber der Übersetzungswunsch und die Parallelen zwischen Taoismus und Buddhismus schienen doch zu überwiegen.

Die chinesische Schule des Chih-i (538–597) gründet im Lotus-Sutra und betont zwei wesentliche Aspekte der Schulung von Weisheit: Die Übung der Achtsamkeit in allen alltäglichen Verrichtungen (und nicht nur in der eigentlichen Übung der Meditation) sowie die Einsicht in das

Wesen der vergänglichen Erscheinungen, der tausend Formen. Im *Sho-doka* von Yôka Daishi (665–713) heißt es:

>*Siehst du nicht jenen gelassenen Menschen des Tao, jenseits von Ler-nen und Streben. Er vermeidet nicht eitle Gedanken, noch sucht er die Wahrheit. Die wahre Natur der Unwissenheit ist die Wesensnatur. Wenn du klar und deutlich siehst, gibt es nicht ein Ding: weder Mensch noch Buddha. Ich suche weder die Wahrheit, noch weise ich Täuschungen ab. Ich weiß: Alle Gegensätze sind leer und ohne Form.*«

Diese Leere, das Schwert der Weisheit, zerstört »nutzloses Wissen und Nichtwissen«, schreibt Yôka Daishi.

Joshus Frage nach dem Tao ist also die Frage nach der Erkenntnis der Buddha-Natur, des Wesens aller Lebewesen und Dinge und ihres Ver-hältnisses zueinander. Nasen antwortete: »Tao ist unser alltäglicher Geist.« »Sollen wir uns dann auf ihn richten oder nicht?«, fragt Joshu weiter. Denn augenscheinlich ist ja gerade der alltägliche, dualistische Geist das, was die Fragen verursacht. Doch Nasen meint nicht den verwirrten Geist des Alltags, sondern die alltägliche Sicht von jemandem, der die Welt nichtdualistisch betrachtet: eben vom Standpunkt der Erleuchtung aus. Doch zwischen Erleuchtung und etwas anderem zu unterscheiden ver-ursacht nur weitere Probleme, die nicht durch Denken, also durch wei-tere Unterscheidungen, zu lösen sind. »Wenn du versuchst, dich auf ihn zu richten«, antwortet Nansen daher, »gehst du fort von ihm.« Ähnlich heißt es im *Shodoka*: »Nie getrennt vom Hier und Jetzt fließt es ständig über. Suchst du es, so kannst du es nicht finden. Du kannst es nicht er-greifen, und doch kommst du nicht los davon. Weil du es schon hast, kannst du es nicht erlangen.« Diese Zeilen erinnern auch an die Ein-gangsverse des berühmten ersten Lehrgedichts des Zen überhaupt, der »Inschrift vom Vertrauen in den Geist« (*Shinjinmei*) von Sosan, dem drit-ten Patriarchen des Zen in China (gest. 606):

>*Der höchste Weg ist nicht schwer, wenn du nur aufhörst zu wählen. Wo weder Liebe noch Hass, ist alles offen und klar. Aber schon die kleinste*

*Unterscheidung ist wie der Abstand zwischen Himmel und Erde. Soll Es sich dir offenbaren, lass alle Abneigung beiseite. Der Konflikt zwischen Neigung und Abneigung ist eine Krankheit des Geistes. Wird diese tiefe Wahrheit nicht verstanden, versuchst du vergeblich, deine Gedanken zu beruhigen. Der Weg aber ist vollkommen wie leerer Raum, ohne Mangel und ohne Überfluss. Nur wenn du wählst und zurückweist, geht das So-Sein verloren.«*

Genau um dieses So-Sein geht es: Ein erwachtes, klares So-Sein. Doch wie wissen wir, wann wir erwacht sind? Deshalb fuhr Joshu fort: »Wie können wir wissen, dass es Tao ist, wenn wir es nicht versuchen?« Nansens Antwort, die nicht auf Argumentieren aus ist, sondern aus der Erfahrung der Erleuchtung heraus gegeben wird und in sie münden will, indem er sie Joshu zu vermitteln sucht, antwortet entsprechend scharf: »Tao gehört nicht dem Wissen oder Nicht-Wissen an. Wissen ist Illusion; Nicht-Wissen ist öde Leere. Wenn du wirklich wissend das Tao des Nicht-Zweifelns erreichst, so ist dies wirklich die große Leere, so unermeßlich und grenzenlos. Wie kann es dann Recht und Unrecht im Tao geben?« Bei diesen Worten wurde Joshu plötzlich erleuchtet. Die Gegensätze sind überschritten. Der eine Himmel ist klar und blau, wie Bodhidharma sagt.

In Joshus Mu-Koan, der ersten Geschichte der Sammlung *Mumonkan*, dem auch das Erleuchtungserlebnis von Joshu entnommen ist, heißt es: »Der Hund! Die Buddha-Natur! Die Wahrheit zeigt sich deutlich. Ein Augenblick von Ja-und-Nein – Verloren sind dein Leib und deine Seele«. Auch dieses Zen-Gedicht beschreibt, was sich ereignet, wenn die dualistischen Vorstellungen abhandengekommen sind. Mumon geht so weit zu sagen: Erst wenn du den Buddha, dem du begegnest, getötet hast, d.h. über die Unterscheidungen zwischen Buddha und Nicht-Buddha hinausgegangen bist – erst dann »wirst du gänzlich frei. Du wirst dann wie betäubt sein«, fährt er fort, »wie jemand, der einen wunderbaren Traum gehabt hat: Man selbst weiß es nur, in einem selbst. Plötzlich durchbrichst du die Schranke. Du wirst den Himmel in Staunen versetzen und die Erde erschüttern.« Die grundlegende Weisheit, von der die Texte des chinesischen und japanischen Zen-Buddhismus immer wieder sprechen, meint ebendies: eine Erfahrung jenseits bzw. diesseits von allem Dualismus. Weisheit gründet sich auf die Erfahrung des Nichtdualismus.

Deshalb kommen auch die verschiedenen Richtungen und Praktiken der Meditation, deren Ziel das Erwachen zum eigentlichen nichtdualistischen Zustand, zur Weisheit ist, darin überein, dass der Ausgangspunkt und Motor dieser Weisheit keine Lehre und kein Wissen ist. All das muss man hinter sich lassen, so schwer es auch fallen mag. Weisheit geht es nicht in erster Linie um Erkenntnis, um bestimmte philosophische oder weltanschauliche Sätze, von denen man sagen könnte, dass sie ›wahr‹ sind. Worum es geht, ist vielmehr die Erfahrung des »wolkenlosen, herbstklaren« Bewusstseins: eine Erfahrung der unmittelbaren, nichtdualistischen, konkreten Wirklichkeit. Das Hier-und-Jetzt diesseits bzw. jenseits aller Unterscheidungen. Es gilt, hier und jetzt das Universum zu erfahren. Mit dieser Erfahrung vollzieht sich der Durchbruch. Wie lange das dauert, bis es zum Erwachen kommt, ist nicht absehbar und von Mensch zu Mensch – so er denn übt – verschieden. Es gibt dafür kein Rezept, außer immer und immer wieder weiterzuüben. Das reine Sitzen, von dem Dōgen sprach und das seit der Zeit Buddhas überliefert wurde, das Üben mit Koans, die Konzentration auf den Atem: All das hat stets das eine Ziel, unser dualistisches Bewusstsein auszulöschen. Diese grundlegende Erfahrung des Aufwachens ist für Zen und verwandte Wege der Kontemplation und Meditation wesentlich.

So paradox es zunächst auch klingen mag: Sich von den Unterscheidungen zu trennen, d.h. weder die Täuschungen zu bedauern noch sich sonderlich über Wahrheiten und Einsichten zu freuen, letztlich Subjekt und Objekt, Ja und Nein zu überwinden – genau das führt zum Durchbrechen der Schranke, zum Tao, das wörtlich übersetzt ja den Weg bezeichnet, auf dem man frei ein- und ausgehen kann. In diesem Moment der Ablösung von Unterscheidungen von Subjekt und Objekt, im Moment durchdringender Selbstvergessenheit, verwandelt sich das Selbst und mit ihm die Welt. Wie Buddha sagte – und auch Mumon bezieht sich ausdrücklich in seiner Beschreibung des Erleuchtungserlebnisses darauf: »Alle Wesen auf der Erde haben ihre Augen aufgemacht« und sind erwacht. Nicht das Wissen selbst ist es, das die Veränderung bewirkt – streng genommen gibt es überhaupt nichts »Neues« zu wissen – sondern die Erfahrung, die eine verändernde Kraft hat und sich auf das weitere Leben auswirkt. Weisheit bedarf kontinuierlicher Übung, etwa durch das *Shikantaza*, das Nur-Sitzen.

Darum geht es. Der Weg zur Weisheit ist kein wahlloser, willkürlicher, sondern ein methodischer Weg. Weder tagträumen noch schlafen, weder Gedanken abweisen noch ihnen folgen. Ganz Sitzen ohne Erwartungen – ohne »gaining ideas«, ohne die Vorstellung, etwas zu wollen, wie Zen-Meister Shunryu Suzuki es nannte. Im Augenblick konzentriert zu sein, ohne Nützlichkeitserwägungen. Eine Absicht oder das Ziel, kein Ziel zu haben, führen paradoxerweise nicht weiter, obwohl sie anfänglich vielleicht motivieren, weswegen die indischen Texte häufig davon sprechen, dass das Erwachen mit dem »denkenden Geist« (sanskr. *Citta*, jap. *Ryôchishin*) beginnt.[22] Hier bin ich, dort das Ziel; hier ist meine Natur, dort die Buddha-Natur; hier ist mein illusionärer Zustand, dort die Erleuchtung – all das ist immer noch unterscheidendes, dualistisches Denken. Erst das Nicht-Denken, wie Dōgen und andere es lehrten, führt weiter. Dualistische Gedanken zu unterlassen bedeutet jedoch nicht, alle geistigen Aktivitäten einzustellen – das wäre völlig unmöglich. Es bedeutet jedoch, sich immer weniger vom Strom der Gedanken, in dem ein Gedanke den nächsten und übernächsten auslöst, mitreißen zu lassen. Bildlich gesprochen geht es darum, die Wolken vorbeiziehen zu lassen, bis der Berg sichtbar geworden ist. Diese Übung der Weisheit bedeutet in den Worten von Shunryu Suzuki, einem der bedeutendsten und wirkmächtigsten japanischen Zen-Meister in Amerika,

*»dass Euer Geist den ganzen Körper durchdringt. Eure Aufmerksamkeit folgt Eurer Atmung. Mit Eurem vollen Geist sitzt ihr dann, und die schmerzenden Beine stören euch nicht. Wenn Ihr Euch Sorgen macht, was Ihr tut, ist das dualistisch. Wenn Ihr sitzt, solltet Ihr einfach sitzen. Das ist Zazen. Doch zunächst ist es sehr schwierig, die Dinge anzunehmen, wie sie sind. Doch wenn Ihr Euch nach besten Kräften anstrengt, mit vollem Einsatz von Bewusstsein und Körper Eure Praxis fortzuset-*

*zen, ohne einen Gedanken an Nutzen, dann wird alles, was ihr tut,
echte Praxis sein. Einfach weiterzumachen sollte Eure Absicht sein.
Wenn Ihr etwas tut, so sollte Euer Ziel einfach sein, es zu tun.«*[23]

Dieses einfache Tun begründet auch die Einfachheit und scheinbare Belanglosigkeit der Weisheit: zu schlafen, wenn man müde ist, zu essen,
wenn man hungrig ist. Und dann auch tatsächlich zu essen, wenn man
isst, und nicht zugleich auch fernzusehen, zu lesen, nachzudenken. Auf
diese Weise ist es möglich, selbst in extremen Situationen, die »Leerheit
des Geistes« zu erreichen und sich selbst im Hier und Jetzt zu vergessen.
In der Tradition wird davon gesprochen, die »Erfahrung des ursprünglichen Selbst zu machen«, das sich im Moment des Ganz-da-Seins verwirklicht. Diese Erfahrung ist letztlich allen Formen des Erwerbs von Weisheit eigen. Und sie kann geübt, kann trainiert werden. Diese wird weder
durch eine religiöse Praxis noch durch ein Ritual oder eine Philosophie erzeugt. »Niemand weiß«, schrieb Zen-Meister Koun Yamada (1907–1979),
»warum diese Erfahrung eine derart wundervolle Kraft erzeugt – aber sie
tut es. So seltsam es auch klingen mag: Die Erfahrung dieser Tatsache
des ›Nur-Sitzens‹, des Daseins im Hier und Jetzt, hat die Macht, uns von
der Quälerei des Leidens an der Welt zu befreien.«[24]

Das Erwachen bleibt dabei etwas Höchstpersönliches. Jeder kann und
muss es für sich erleben. »Es«, Tao, die Buddha-Natur, Weisheit oder wie
man diese Erfahrung benennen mag, ist nicht durch Erzählung, durch
Lesen, Denken, Rezitieren übertragbar. Das Erleben ist dabei, auch darin
sind sich die Weisheitstraditionen weitgehend einig, erst der Anfang eines
Weges, der niemals endet. Denn »Weisheit muss kultiviert werden«, wie
Dōgen Zenji sagt. »Weisheit wird hervorgerufen durch Hören, Nachdenken, Üben und Verwirklichen«. Nur dann ist »Weisheit ein kräftiges Boot,
das selbst die See hohen Alters, der Krankheit und des Todes durchkreuzt;
Weisheit ist eine Fackel in tiefster Nacht; eine gute Medizin für alle Kranken, eine scharfe Axt, die den Baum der Täuschungen fällt. Wenn man
die Erleuchtung der Weisheit hat«, schreibt Dōgen, »dann ist man eine
Person, die klar sieht, auch wenn die Augen, die sehen, nur die gewöhnlichen physischen Augen sind. Das ist es, was mit Weisheit gemeint ist.«[25]

Übung und weitere Übung sind auf dem Weg der Weisheit also unerlässlich. Erst dann werden in der Formulierung Dōgens tatsächlich Körper und Geist abfallen

*»und dein ursprüngliches Gesicht erscheinen. Wenn du dies wünschst, arbeite vordringlich am Sitzen in Versenkung. Immer wenn ein Gedanke auftaucht, sei dir seiner bewusst; sowie er dir bewusst ist, wird er verschwinden. Wenn du für einen längeren Zeitraum achtlos gegenüber Objekten bleibst, wirst du auf natürliche Weise vereinheitlicht. Das ist die essentielle Kunst des Sitzens in Versenkung. Sitzen in Versenkung ist das Wahrheitstor zu großer Ruhe und Freude.«*

Dōgen beschreibt die Praxis des Sitzens in Versenkung in seinen *Fukanzazengi*, den Grundsätzen für das Sitzen im Zen, die noch vor dem *Shōbōgenzō* entstanden.

*»Obwohl du stolz auf dein Verständnis und vollgestopft mit Einsicht bist, mit Weisheit, die mit einem Seitenblick schon Bescheid weiß; obwohl du den Weg erlangt hast und den Geist klärst, den Mut aufsteigen lässt, der den Himmel stürmt – du magst den Eingangsbereich erreicht haben, aber immer noch den Pfad zur Befreiung missen. Selbst im Fall jenes Alten Shakyamuni: obwohl er von Geburt an Weisheit besaß, bleibt doch sein sechsjähriges aufrechtes Sitzen kennzeichnend.«*

Nach dem Entwickeln der Konzentration, nach dem Meditieren und der Erfahrung des Durchbrechens, dem Erwachen und Erkennen der eigenen Natur, kommt es darauf an, diese Erfahrung ein Leben lang weiter zu personalisieren und immer mehr in den Alltag einfließen zu lassen.

An dieser Stelle ist es vielleicht notwendig, kurz auf die Frage der Einheit von Subjekt und Objekt einzugehen, gleich wie sie begrifflich gefasst wird. Manche Philosophen behaupten, sie wäre nicht zu fassen, was, bezogen auf Worte, zumal nach der Analyse von Spencer-Brown, tatsächlich richtig ist. Aber es geht nicht (nur) um Theorie und damit sprachliche Darstellung, sondern um Praxis und um eine Erfahrung. Sie zu *deu-*

*ten* ist eine andere Sache, als diese Erfahrung zu *erleben.* Genau das aber ist das Ziel der Weisheitsübung. Yamada Koun Roshi warnt davor, das Problem allein mit dem Kopf anzugehen und philosophisch zu klären. Das Problem ist geradezu systemtheoretischer Natur. Denn derjenige, der über das Problem nachdenkt, ist zugleich auch existent, ist Wirklichkeit, ist Subjekt. Dieses Subjekt kommt aber im Denken selbst nicht vor – es sei denn als Objekt. Ein Vergleich kann das klarmachen.[26] Das denkende Ich oder Subjekt lässt sich mit einem Flugzeug vergleichen, das seinen Ort ständig verändert (nur so kann es fliegen, d.h. sich durch den Unterschied in Raum und Zeit wahrnehmen). Hinter sich zieht das Flugzeug einen Kondensstreifen her, den es – als Objekt – betrachten kann. Ich selbst kann mich betrachten – was, systemtheoretisch gesehen, bereits eine nächste Ebene der Beschreibung ist. Ich kann mir sogar in dem Moment, in dem ich mich betrachte und über mich nachdenke, geistig sozusagen ›zuschauen‹, wie ich mich betrachte – eine Bewegung, die sich immer weiter in Loops und Rückkopplungen des Bewusstseins fortführen lässt. Genau das aber macht das Flugzeug: Es zieht einen Kondensstreifen nach, eine Art Spur seines Dagewesen-Seins. Der Betrachter selbst aber, das Subjekt, ist niemals vollständig identisch mit dem, was es betrachtet. Dieser Betrachter, das Subjekt, erscheint niemals wirklich als Objekt. Allerdings ist eine dualistische Betrachtung zwingend, wenn man sich dem Prozess gedanklich nähert.

Ich werde auf diesen Zusammenhang noch einmal im letzten Kapitel zu sprechen kommen, wenn es um das Gehirn und die Möglichkeit, sich selbst zu erkennen, geht. Meditation wäre jedenfalls vergleichbar mit einem Subjekt, das einfach nicht zum Objekt seiner selbst werden kann, sondern mit ihm bereits identisch ist.

»Erfahren wir die Wirklichkeit, gibt es weder Mensch noch Ding«, heißt es im *Shodoka.* »Denn alles vergeht und plötzlich bin ich im Bereich des Nichtdenkens. Einsicht und Weisheit sind vollkommen klar. Aber das habe ich nicht allein erreicht. Alle Erleuchteten, unzählbar wie der Sand am Ganges, sind von gleichem Wesen.« Das Nachdenken mag zuweilen Gewinn bringen, ebenso wie bestimmte Handlungen. Und doch gleicht all das

*»einem Pfeil, in den leeren Himmel geschossen. Wenn seine Kraft nachlässt, fällt er auf die Erde zurück. Sind beide, Geist und Dinge, vergessen, erscheint die wahre Natur. Die Wahrheit muss nicht verkündet werden; im Grunde ist auch das Unwahre leer (d.h.: nichtdualistisch, ohne Unterscheidung). Ist Beides, Sein und Nicht-Sein, auf die Seite gelegt, ist selbst die Nicht-Leere leer. Weich' ab davon nur um Haaresbreite, und du verfehlst es um tausend Meilen.«*

Nachdenken, sprechen, argumentieren sind völlig in Ordnung – so wie der Gebrauch von Unterscheidungen, von Ja und Nein das Normalste auf der Welt ist. Die Erfahrung selbst aber trifft es nicht. Sie lässt sich durch Argumente, d.h. weitere Unterscheidungen, nicht erreichen. Das ist eines der Paradoxe der Weisheit: Es gibt buchstäblich nichts, keinen Text, den man in die Hand nehmen, kein Ritual, das man nur streng genug befolgen müsste, um sie weiterzugeben. Jede Generation, jeder Mensch ist erneut vollständig mit der Frage nach der wahren Natur, nach dem »Warum« seiner Existenz herausgefordert. Frage und Antwort selbst aber sind, wie jede Wahrnehmung, darauf angewiesen, dass es ein wahrgenommenes Objekt und ein wahrnehmendes Subjekt gibt. Erst wenn die dualistische Struktur überschritten wird – und das ist eben im Denken (im Sinne von Argumentieren, Unterscheiden) nicht möglich, sondern erst in der Erfahrung selbst, die daher Erfahrung des Nicht-Denkens genannt wird – gelangt man zur Sicht des Nicht-Zwei. Manche sprechen stattdessen auch von der Einheit der Welt. Besser aber ist es, wie Yamada Koun Roshi wiederholt lehrte, weder von Eins noch Nicht-Zwei zu sprechen. Die Erfahrung selbst ist noch nicht einmal »eins« (die Erfahrung der Einheit). Die wahre Natur – das ist unsere Natur, die nicht mehr überdeckt, bekleidet ist von unseren Konzepten, Gedanken und Vorstellungen – ist vielleicht einer der Gründe, warum in vielen Schöpfungsmythen der Welt die Menschen im Paradies nackt dargestellt wurden. Erst wenn alle Gedanken und begrifflichen Unterscheidungen, die Dualität, weggefallen sind, tritt, wie die Buddhisten sagen, das wahre Faktum zutage. Obwohl Sitzen immer noch Sitzen, Essen und Schlafen immer noch Essen und Schlafen und auch das Denken Denken ist, ist dennoch durch die Erfahrung all dies alltägliche Tun frei von Verhaftungen. »Ganz natürlich wächst das Haar, und geöffnet sind die Ohren«, heißt es im 90. Fall des *Hekiganroku*. »Zu meiner großen Überraschung«, kommentiert Yamada Koun Roshi, »besteht das Leben des wolkenlos-klaren Himmels in Bergen und Flüssen und der großen weiten Erde.«[27]

Gedanklich mag das schwer nachvollziehbar sein, da die Grundlage der abendländischen Philosophie und des westlichen Denkens ebendiese Dualität, die Unterscheidung von Subjekt und Objekt ist. Es sei dahingestellt, welche Verbindung man zwischen der dualistischen Weltsicht und der Frage von Streit, Konflikt und Gewalt ziehen kann. Die Erfahrung von Nicht-Zwei macht Verhandeln möglicherweise tatsächlich einfacher. Wer relational denkt, sieht Einheit, wo sonst nur Unterscheidung zu sein scheint. Der Turm von Babel beruht, metaphorisch gesprochen, auf der Unterscheidung einzelner Steine. Nur indem man sie auftürmt, sie zu einer neuen Einheit zusammenbringt, kann man hoffen, am Ende eben doch Gott – eine göttliche Sichtweise der Welt – zu erreichen. In der biblischen Erzählung ist Gott selber es, der die Möglichkeiten, diese Einheit zu erreichen und ihm selbst ähnlich zu werden, zerstört, indem er den Menschen die Möglichkeit einer einheitlichen Sprache nimmt. Möglicherweise hat Shakyamuni Buddha tatsächlich historisch diese Erfahrung des Nicht-Zwei als Erster entdeckt und benannt. Seither wird sie von Generation zu Generation weitergegeben. Der Schlüssel zur Weisheit ist dabei die Selbstvergessenheit, die keine einzige Unterscheidung, erst recht nicht die zwischen Ich und Welt, Ich und Nicht-Ich zulässt. Das Selbst zu vergessen, wie Dōgen lehrte, ist identisch damit, im Vollzug – Spencer-Brown würde sagen in einer Operation – die Subjekt-Objekt-Beziehungen zu verlassen und die Welt aus einer anderen Sicht, der Sicht der Leere und des »nichtmarkierten Zustandes«, zu sehen. Auf diese Weise kann die Veränderlichkeit aller Dinge angenommen werden. Besitz zu ergreifen, sich mit einem Moment identifizieren zu wollen hat keinen Sinn mehr, ebenso wenig wie an einer bestimmten Meinung, d.h. Unterscheidung zu haften. Wenn es beim Sitzen nur das Sitzen selbst gibt, fällt das Selbst und mit ihm die Subjekt-Objekt-Spaltung ab. »Körper und Geist fallen aus«, wie Dōgen sein Erleuchtungserlebnis umschrieb. Auch die Trennung von Körper und Geist ist aufgegeben. Die Hindernisse und die Dämonen der Verwirrung und Illusion verschwinden. Die Aufmerksamkeit bewegt sich frei und friedlich. Der Geist ist wie flüssig geworden, ohne Erstarrung, Stau und Blockade. Die Phänomene – all das, was erregt, betrübt, belastet – können vorüberziehen. Und mit ihnen Trauer, Wut, Angst. Ohne den einen Zustand zu unterdrücken – indem man ihn wahrnimmt, dann aber vorbeiziehen lässt –, kommt der nächste. Wenn in diesem Sinne von einem »reinen Zustand der Weisheit« von Augenblick zu Augenblick gesprochen wird, ist damit gemeint, dass es ein Zustand ›jenseits‹ der Unterscheidung ist. Alles, was dem dualistischen Denken verhaftet bleibt, schafft nach buddhistischer Sicht Leiden. Unreinheit in diesem Sinne wäre das, was trennt und Trennungen erschafft – eine Quelle möglicher Konflikte. Das Entscheidende ist, zu sehen, dass nicht nur Unterschiede existieren, sondern auch Nicht-Unterschied. Und neben der Trennung auch Nicht-Trennung. Wer nur die Unterschiede kennt, ist ebenso verloren wie jemand, der nur von der Einheit sprechen würde – denn auch keine Unterschiede mehr zu machen bedeutet, nihilistisch zu sein, an einer Idee zu klammern und die Welt nicht wahrnehmen zu können, wie sie ist. Die Verwirklichung von Trennung und Nicht-Getrenntheit zeichnet den Weisen aus.

Inzwischen haben auch die Naturwissenschaften, denen an einer Angleichung an die Vorgänge der tatsächlichen Komplexität der Welt gelegen ist, das Rechnen mit Unschärfen, die sogenannte *Fuzzy Logic*, entwickelt. 1965 formulierte sie Lotfi Asker Zadeh, der 1921 in der aserbaidschanischen Hauptstadt Baku geboren wurde und zurzeit der Abfassung seiner »Fuzzy-Set-Theory« als Professor für Elektrotechnik in Berkeley arbeitete. Dieser inzwischen höchst erfolgreiche Zweig der Mathematik bzw. der Informatik findet seine Anwendungen beispielsweise in der Steuerung der hochkomplexen U-Bahn in Tokio oder im *Shinkanzen*. Ohne Fuzzy-Control ist die Steuerung moderner Roboter, vollautomatisierter Systeme oder moderner Haushaltsgeräte wie Waschmaschinen nicht zu denken. Sie würden ohne die »Logik unexakter Konzepte«, ohne »unscharfe« Logik, die zwischen Ja und Nein auch Zustände wie »vielleicht«, »ein bisschen« oder »möglich« zulässt, nicht funktionieren können.

Dennoch bleibt unser alltägliches Denken weiterhin von Schwarz und Weiß dominiert. Es ist dualistisch. Dass gerade dieser Dualismus in den für die Existenz entscheidenden Fragen nicht weiterführt und uns sogar in die Quere kommt, ist hoffentlich deutlich geworden. Weisheit hat mit einem Weg aus diesem Dualismus zu tun. Weises Denken ist ein Denken, das diesen Dualismus um der Komplexität der Welt willen übersteigt. Gelegentlich ›denken‹ wir nur dann richtig, wenn wir nicht dualistisch denken. Doch auch das bleibt, ohne die Erfahrung der Erleuchtung, der Weisheit selbst zu sein, nur eine (schräge) Metapher. Den Teufel des Dualismus mit dem Beelzebub des Monismus, der Betonung der Einheit der Welt und aller Dinge, auszutreiben zu wollen, gleicht dem Versuch, den Fundamentalismus der einen Sorte, der sich entschlossen hat, bestimmte Aspekte des Lebens eben nur auf eine bestimmte Weise wahrnehmen zu wollen, durch einen anderen Fundamentalismus auszutreiben, der dies ebenfalls und nur mit anderen Vorzeichen tut. All das wäre kein Gewinn.

## Der Weg der Mitte

Gott sei Dank ist der Ausweg aus diesem Problem des dualistischen Denkens kein Weg, der notwendig auch durch die Schluchten des Dualismus führt und damit immer tiefer hinein in die Abgründe dieser Landschaft. Der Ausweg führt vielmehr über das Handeln und Tun. Wenn die Hand brennt, fragt nicht die Hand als Teil des Körpers den Geist als Teil der Welt des Bewusstseins, worin denn nun das angemessene Handeln besteht. Wenn uns heiß wird, schwitzen wir; und wenn die Hand auf dem Herd zu heiß wird, ziehen wir sie zurück. Dieses Handeln findet diesseits von allen sich daran anschließenden dualistischen Vorstellungen statt. Zwar stimmt es, dass letztlich auch die reine Wahrnehmung (und mit ihr folglich auch die dualistische Wahrnehmung) und erst recht all unser Verstehen zugleich auch ein Handeln sind – das ist die Quintessenz der Analysen des Philosophen Alva Noë aus Berkeley von der *University of California*.[28] Und doch verändert ein anderes Handeln – etwa das der meditativen Praxis – auch diese Wahrnehmung und das Verstehen. Zwar ist die Welt eben nicht einfach gegeben – denn in gewisser Weise ›machen‹ wir sie. Sie ist aber gerade darum auch nicht automatisch auf eine dualistische Weise gegeben und festgelegt. Die Erfahrung der Nicht-Getrenntheit, wie Zen-Meister Bernard Glassman sie nennt, erkennt die beiden Seiten der dualistischen Sicht durchaus – doch relativiert sie sie zugleich als rein konzeptuelles Problem, als Konstrukt. Es ist das eine, ein Hilfsmittel zu benutzen; ein anderes, das Hilfsmittel und die Sache zu verwechseln, um die es geht. Das Erkennen in der Nicht-Getrenntheit ist weder ein Festhalten an der Idee der Verschiedenheit noch an der Idee der Einheit. Wir haben die Vorstellungen von Relativem und Absolutem losgelassen, schreibt Glassman.[29] Dass dies überhaupt möglich ist, ist kein Resultat esoterischen *Denkens,* sondern schlicht ein Ergebnis jahrelangen *Sitzens* in Zazen. Es geht nicht etwa darum, zu einem bewusstlosen Etwas zu werden, einer Art Fisch im Wasser, der zu keinerlei Unterscheidungen in der Lage ist. Es geht vielmehr darum, den Zustand des Erwachens zur Wirklichkeit nicht nur vage zu erfahren, sondern ihn zu erkennen. »Dazu bedarf es eines Sprunges aus der dualistischen Funktionsweise«, schreibt Glassman. »Wir bezeichnen diese Fähigkeit als eine Verwandlung der dualistischen Welt in die Welt der Einheit, während wir in der Welt der Einheit verweilen. Die Klarheit, mit der das erkannt wird, ohne dabei in die Welt der Einheit oder die Welt des Dualismus zurückzufallen, ist ein Maßstab für die Tiefe der jeweiligen Erfahrung.«[30] Der Weise ist der, der sich zwischen diesen Bereichen frei bewegt – und nicht an den Dingen haftet. Genau dieses Anhaften ist der Ursprung aller Illusion – wie auch das *Sandokai* feststellt, eine der zentralen Zen-Schriften von Sekito Kisen (700–790), die bis heute beinahe täglich in den Klöstern rezitiert wird. Nicht das Bewusstsein stellt das Problem dar (dann würde es tatsächlich keinen Ausweg geben, solange wir ein Bewusstsein haben: eine fatale Idee!), sondern die Anhaftung. Uns von ihr zu befreien, können wir jedoch lernen – durch das Handeln, den Weg der Übung, beispielsweise in der Meditation oder der konzentrierten Aufmerksamkeit in unseren alltäglichen Verrichtungen. Die Wirklichkeit selbst als das, was geschieht, ist ja bereits jenseits aller Anhaftung. Wir müssen es lernen loszulassen statt festzuhalten.

*»Die Dinge ereignen, bewegen und verwandeln sich. Wir können sie nicht in einem Schnappschuss festhalten. Doch das ist es, was alle unsere Ideen und Konzepte sind – eine Sammlung von Schnappschüssen. Genau das müssen wir unmittelbar erkennen. Diese Einsicht in die Wirklichkeit der Leerheit, während alle Schnappschüsse die Welt der Form bilden [...] Wir müssen lernen, die Begriffe loszulassen, und aus beiden Positionen zugleich agieren, mal aus der einen, mal aus der anderen, je nachdem, was der Situation und den Umständen gemäß angemessen erscheint.«*[31]

Auch das hatte Laotse behauptet und zur Definition weisen Verhaltens gemacht: Der Weise ist der, der sich frei in allen Bereichen bewegt und an nichts gebunden ist, weder an Himmel noch an Erde. In diesem Sinne gilt: Weise ist, wer sich die Realisation des (nichtdualistischen) Weges zum Ziel gesetzt hat und den Geist der Erleuchtung kultiviert und fördert.[32] Die Grundhaltung dieses Geistes, eine Schulung des Loslassens, ist die primär wichtige Praxis der Weisheit.

*»Sie führt zur Erkenntnis, wie der Geist der Offenheit (Leerheit) beibehalten werden kann. Diese Haltung des Geistes wurde als ›mu-Geist‹, ›Verzicht auf subjektive Betrachtung‹, ›Loslösung von jeglichem Subjektivismus‹ und Ähnliches bezeichnet. ›Das was sich an nichts stützt‹, war ebenso ein wichtiges Schlagwort zur Praxis der* prajñā.«[33]

Dieser Gedanke ist gleichermaßen buddhistisch wie taoistisch und indisch, d.h. ein Gedanke des Yoga. Im Grunde ist er einer der zentralen Gedanken der asiatischen Kulturen überhaupt und zutiefst verbunden mit der Vorstellung von Weisheit. Angemessen ist die Weisheit der Komplexität der Welt u.a. deshalb, weil sie nicht an bestimmten Ideen hängt. Die Einsicht in die Welt in uns darf kein einseitiges Wissen sein. Sie muss sich sozusagen nach den Dingen und nicht nach den Meinungen über die Dinge richten. Sie darf beispielsweise weder von der Idee der Körperlichkeit oder Materie noch von einer Idee des Geistes, auch nicht von einer metaphysischen Idee der Leere abhängig sein. Wenn von der Leere angemessen gesprochen werden kann, dann als einem Konzept der Praxis und Übung. Die wirkliche Einsicht, die Weisheit, ist der Weg der Mitte. Auch aus der Leerheit der Dinge, aus ihrer Nicht-Dualität, darf daher nicht wiederum eine vorherrschende Denkweise werden. In dem Moment, in dem die Erfahrung des Erwachens und der Nicht-Dualität in Sprache gefasst wird, muss sie unter Umständen kritisch negiert werden – ein prinzipiell unabschließbarer Prozess, der zu unserem Leben ebenso dazugehört wie seine (gelegentliche) Unterbrechung. Das Gegenteil eines Satzes ist von der Perspektive der Erfahrung aus zuweilen so wahr wie seine ursprüngliche Behauptung. Die Lösung besteht in der Praxis des Loslassens. Der Begriff der Leere ist nur ein Symbol, eine Abkürzung für das, was mit der jahrelangen Übung des Mu, der Lösung der Frage von Joshu nach der wahren Natur eines Hundes gemeint ist. Dieser Mu-Geist zieht sich quer durch alle Weisheitsschulen: seien sie nun indischer, chinesischer, japanischer, tibetischer, arabischer, jüdischer oder auch christlicher Herkunft. Und gerade aufgrund dieser nichtdualistischen Haltung sind Weisheitsschulen immer wieder Gegenstand von Kritik gewesen. Wer gewinnen will mit seinem Gedankengebäude, mit seiner religiösen Partei oder Vorstellung, der lebt davon, andere zu verdammen, d.h. eine Seite zu verabsolutieren und die Sprache selbst mit ihr. Der Nichtdualismus ist der Schlüssel zur Erfahrung der Weisheit, Gelassenheit die Folge.

*»Festhalten ist genauso verrückt, wie den Druck nicht aus einem Schnellkochtopf entweichen zu lassen – beides führt unweigerlich zur Explosion. Lassen Sie los. Weil wir die Dinge nicht besitzen, bewegen sie sich dorthin, wo sie sich hinbewegen wollen. Wir halten sie fest, weil wir sie zu besitzen glauben. Ein Denken, das in Vorstellungen von Besitz, Haben, oder der Ideen, jemand zu sein, seinen Ausdruck findet, schnürt uns einfach nur ein, wir werden dann wie ein Schnellkochtopf. Lassen Sie los! Wir weigern uns jedoch und halten an allem fest. Wir haften vollständig an unseren Vorstellungen davon, wie die Dinge sind, anstatt sie so zu sehen, wie sie wirklich sind. Aus diesem Grund sind wir unfähig, frei zu handeln, und legen uns selbst Fesseln an. Und fesseln alle Ideen,*

*die wir uns weigern loszulassen. So knebeln wir uns fester und fester – im Namen unserer Ideen, unserer Gefühle, selbst im Namen der Freiheit!«*[34]

Weisheit ist, auch wenn das pathetisch klingen mag, nichts anderes als das ungetrennte Verweilen und Handeln, das Sein im Hier-und-Jetzt einer Wirklichkeit, die sich stets weiter verändert. Weisheit ist insofern die der Komplexität der Welt angemessene Haltung, weil es eine Haltung der Nicht-Getrenntheit von der Welt ist. Das scheint nicht viel. Was also bleibt? Das Leben, wie es ist. Und es ist das Einzige, würde der Weise antworten. Es bleibt dabei. »Leben bedeutet, die Dinge einfach so zu sehen, wie sie sind, als konstanter Fluss der Durchdringung, frei von Widersprüchen, Begrenzungen und Beschränkungen. Wir neigen dazu, diesen Fluss zu leugnen, um weiter an dem festhalten zu können, was wir realisiert haben. Unser größtes Problem besteht darin, unsere Realisation immer wieder loszulassen, damit sie uns nicht daran hindert weiterzugehen. Praxis wird nie an ein Ende kommen.«[35] Darin liegt die Schönheit der Weisheits-Praxis, wenn man so will. Sie werden nie an ein Ende kommen. Es ist nie vorbei. Was bleibt, als Weg der Weisheit, ist letztlich ›nur‹ die Einübung in die nichtdualistische Erfahrung des »Hier-und-Jetzt«. Und eine Gesellschaft, die diese Erkenntnis kultivieren will, wird nicht daran vorbeikommen, beispielsweise Meditationstechniken bereits an Schulen zu unterrichten – jenseits von allen weltanschaulichen oder gar religiösen Gesten, Ritualen, Dogmen oder metaphysischen Theorien. Es geht um nichts anderes als darum, eine höchst natürliche Erfahrung zu machen. Nicht mehr und nicht weniger. Es geht im Grunde, so einfach es klingt, nur darum, richtig sitzen zu können. Alles Weitere ergibt sich.

## Noch einmal: Komplexität, Angemessenheit und die Dynamik der rechten Mitte – Bemerkungen zum ersten Bild des *I Ging*

Wenn Laotse sagt, dass der Weise eben der Mensch ist, der keine Regel hat, dann befähigt den Weisen gerade diese ›Regellosigkeit‹ zum rechten, d.h. angemessenen Umgang mit der Welt. Präziser: mit der stetigen Veränderlichkeit der Welt und der Vielfältigkeit und Komplexität, in der sie uns begegnet. Es geht nicht darum, schreibt Zen-Meister Bernard Glassman, irgendwelche neuen – mutmaßlich weisen – Richtlinien zur Entscheidungsfindung oder für unser Verhalten zu finden. Es geht darum, Zugang zu finden zu dem, was geschieht – sozusagen unverstellt von der Wand unserer Vorstellungen. Im Buddhismus wird diese Haltung des Einswerdens mit den Dingen die Haltung des »Einen Körpers« genannt. Diese »Realisation des Einen Körpers befähigt uns, direkt, unmittelbar und angemessen zu handeln. Was angemessen ist, kann niemand für uns entscheiden, Angemessenheit bedeutet, dass wir so gut wie möglich mit den Dingen umgehen.«[36] Angemessenheit ist keine Frage von »richtig« oder »falsch« – ebenso wenig wie man ein Gedicht nach diesen Kategorien beurteilen würde. Diese Idee der Angemessenheit wäre Resultat einer bestimmten Erwartung (was für den Bereich des Wissens durchaus seine Richtigkeit hat). Weisheit dagegen schließt Wissen zwar nicht aus – ist aber etwas vollständig anderes. Deshalb bedeutet Angemessenheit im Sinne der Weisheit auch ein Handeln aus der Abgelöstheit von Vorstellungen heraus, d.h. als Ausdruck der Nicht-Getrenntheit, des Loslassens des Selbst. Es geht nicht darum, uns vom Wissen zu trennen, sondern nur von der Vorstellung, dass das, was wir wissen, die Welt des Wissens, bereits die Wirklichkeit sei. Ist die Haltung des Nicht-Getrenntseins verwirklicht, kann auch das Wissen seinen richtigen Platz finden. Das Wissen mit all seinen Ideen, Begriffen und Vorstellungen erleichtert dann, um einen Vergleich von Glassman zu benutzen, den Umgang mit der Welt etwa so wie die Kenntnis vieler Sprachen die Kommunikation mit den Menschen. Man ist frei, sie zu benutzen, aber auch frei, die Sprachen zu wechseln.[37] Diese Freiheit gilt es auch im Umgang mit dem Wissen zu erlangen. Obwohl sie so aussieht wie das, was man immer schon gemacht hat, geht ihr doch eine Verwandlung voraus: hin zum Loslassen.

Aber ist das Vorhaben, sich von Vorstellungen zu befreien, nicht eine höchst unpsychologische Idee? Tatsächlich laufen während der Meditation eine Vielzahl mentaler Prozesse ab. Obwohl der Geist ruhig ist, heiter und klar, sind Teile des Gehirns geschäftiger als sonst. Dōgen weist darauf hin, welcher Unsinn es ist, anzunehmen, beim Meditieren ginge es darum, Gedanken und Gefühle zu unterdrücken. Genau das wäre lediglich eine idealistische Doktrin. Im Zazen jedoch geht es gerade darum, die Dinge, den Geist und die Gefühle so zu lassen, wie sie sind. »In den letzten Jahren sagen manche Menschen, die unwissend sind«, schreibt Dōgen, »und denen wir nicht vertrauen dürfen, dass es beim Zazen allein darum gehe, sich zu bemühen, damit sich im Geist nichts mehr rege. Dies sei die wahre Ruhe und Gelassenheit.«[38] Das Gehirn synchronisiert sich, wie im Kapitel über Neurowissenschaften und Meditation beschrieben, auf eine Art und Weise, dass Forscher wie Wolf Singer und andere diese beachtliche Leistung des Gehirns im Bereich von 40 Hz zunächst sogar für ein Artefakt, einen Messfehler hielten. Also: Freiheit von Vorstellungen? Das scheint zunächst schwer verdaulich zu sein. Doch abgesehen davon, dass längst nicht klar ist, was ein Begriff oder was Symbolverarbeitung überhaupt ist und wie sie neurobiologisch und neurochemisch realisiert wird, gibt es auch psychologische Modelle, die helfen, sich die Vorgänge zumindest ansatzweise zu verdeutlichen.[39] Ken Wilber, studierter Biologe und Chemiker und Leiter des inzwischen weithin anerkannten *Integral Institute*, eines 1998 gegründeten Think-Tanks für Philosophie und Psychologie, der akademisch eng mit der *Fielding Graduate University* und der *John F. Kennedy University* zusammenarbeitet, beschreibt den Zusammenhang in seinem Buch *Integrale Psychologie*.[40] Im Zentrum steht dabei die Idee, dass ein Selbst ohne Vorstellung keineswegs einen Rückfall in eine Art Kinderstadium darstellt. Das wäre in der Tat eine abwegige Vorstellung. Dennoch kann man die Entwicklung des Ichs zurückverfolgen und dabei ganz unterschiedliche Phasen ausmachen. Ein kleines Kind ist fast ausschließlich mit seinem Körper identisch. Der Körper *ist* in gewisser Weise das Ich des Kindes. Hat es Hunger, dann erlebt das Kind ›sich‹ und dieses Hungergefühl als Einheit – und schreit. Das Kind als Subjekt und der Körper sind eins, weswegen das Kind als ›Körperselbst‹ nicht wirklich zurücktreten und ›objektiv‹ seine Situation beurteilen kann. Es ›kennt‹ nur die jeweiligen körperlichen Zustände und sieht die Welt als der Körper, der es ist. Eine Rückkehr in dieses Stadium kann nicht der Sinn von Meditation sein. Dieses rückwärtsgewandte Paradies der Einheit – falls es überhaupt ein Paradies ist – ist kein Modell für das erwachsene Ich. In einer zweiten Phase, die mit dem Einsatz des Spracherwerbs beginnt, erhält das Kind mittels der Sprache ein Instrument, um ›sich‹ von seinem Körper zu unterscheiden. Sobald der »verbale« oder »konzeptionelle Geist« (*mind*, wie Wilber sagt) erscheint, beginnt das Kind damit, sich vom Körperselbst zu lösen und sich zunehmend mit dem Geist als Sitz des Selbst zu identifizieren. Das Kind ist nicht nur Körper, sondern auch Gefühl und Gedanke – und mit den Gedanken auch all das, was sich ihm durch Wissen, Nachdenken und Gedächtnis erschließt. Das Kind wird sozusagen zum Geist und beginnt auf diese Weise auch zum ersten Mal, seinen Körper und sich selbst ›objektiv‹ zu sehen, d.h. als »distales Objekt oder Ich«. »Der Körper ist jetzt ein Objekt des neuen Subjektes, des mentalen Selbst. Deshalb wird das Subjekt einer Stufe ein Objekt auf der nächsten.« Denn in genau der Weise, in der der Geist eine Distanzierung oder Unterscheidung von Selbst und Körper brachte, ist es durchaus möglich, eine ebensolche Differenzierung erneut in Bezug auf die Sprache und den Geist einzuleiten. Dies geschieht etwa durch lang anhaltende meditative Praxis. Das mentale Selbst der Sprache und der Alltagsvorstellungen wird dann – wie zuvor der Körper – zu einem »Objekt« von etwas auf einer »höheren« Ebene, die durchaus verschieden und nicht identisch ist mit dem Selbst oder Geist auf der jeweils vorausgehenden Stufe. Wilber und andere schreiben, um diesen GEIST oder dieses SELBST zu unterscheiden, die Worte in Großbuchstaben. Das Gesamtselbst sei eine Mischung, ein komplexes Netzwerk aus diesen verschiedenen Zuständen. Doch es wäre verfehlt zu glauben – und dieser Glaube ist in der westlichen Welt weit verbreitet und hält sich hartnäckig –, dass GEIST nur eine Setzung, eine esoterische Idee ist. Tatsächlich ist es durchaus möglich, die Objektivierung auch des Selbst voranzutreiben – ähnlich wie das Kind durch den Erwerb der Sprache lernt, seinen Körper zu verobjektivieren. Das bedeutet nicht, dass das Körperselbst völlig aufgegeben wird, sondern nur, dass es Teil eines erweiterten Selbst ist. Analoges gilt für den Geist. Diese Erweiterung ist jedoch keine New-Age-Philosophie und setzt keinen religiösen oder weltanschaulichen ›Glauben‹ voraus, sondern ist eine ganz natürliche Erfahrung, die allerdings trainiert und kultiviert sein will. Die alleinige Identifikation mit nur einer

Ebene (etwa mit dem Körperselbst) kann durch einen ganz natürlichen Prozess der Kultivierung – durch das Erlernen der Sprache – unterbrochen werden. Mit Hilfe des Geistes kann ein Kind lernen, das Körperselbst loszulassen. Das Erwachen, von dem die mystischen Traditionen und die Weisheitslehren berichten, scheint nur eine weitere Erfahrung einer solchen Loslösung auf der nächsten Ebene zu sein, der Ebene des Geistes oder des mentalen Selbst. Man könnte sagen, dass das Selbst, wie immer man es auch definiert, sich mit der jeweils nächsten erreichten Ebene identifiziert und seine bisherige Funktionsweise von dort aus relativiert. Diesen Prozess haben unterschiedlichste Psychologen in jeweils anderer Terminologie wiederholt beschrieben. Wo der ›Schwerpunkt‹ des Selbst liegt, hängt offensichtlich entscheidend auch damit zusammen, in welcher Weise die verschiedenen Ebenen kultiviert werden.

In der Sprache insbesondere der buddhistischen Traditionen handelt der Weise, der zum Loslassen Fähige, aus ebendiesem *Geist der Unterschiedenheit* (der Dinge, der Lebewesen und Ebenen, die er anerkennt und wahrnimmt) einerseits, zugleich aber auch aus dem Geist der *Nicht-Getrenntheit allen Seins*, die sprachlich als Erfahrung der Einheit aller Dinge ausgedrückt wird. Die Welt ist der »eine Körper«, heißt es in den buddhistischen Texten: die Verbindung all dessen, was sich von Moment zu Moment ereignet, in einem Fluss. Diese Haltung der Nicht-Zweiheit der Dinge, Prozesse und Ereignisse in der Welt entspringt und entspricht der Haltung des Mitleids, mit dem Buddhisten der Welt zu begegnen suchen. Mitleid ist sozusagen die Praxis des Nicht-Zwei, aber eben auch Nicht-Eins: das Handeln des »einen Körpers« – so als ob alle Dinge unsere Kinder wären.[41] Aus der Einsicht in diese Einheit der Dinge handelt der Weise – gelassen und aufmerksam: und deshalb offen. Nichts, was ihm begegnet, ist ihm wirklich fremd (Nicht-Zwei). Aber er neigt auch nicht dazu, allem, was ihm begegnet, seinen Stempel aufzudrücken (Nicht-Eins). Genau diese aufmerksame Haltung garantiert den angemessenen Umgang mit der realen Komplexität der Welt.

Die Frage, die sich nun stellt, ist, welche Auswirkungen diese Haltung auf die Religion hat. Wenn man die Veränderungen bedenkt, die Meditation in uns auslösen kann, wenn man weiter bedenkt, dass der Weg zur

Weisheit keineswegs ein Weg zu weltabgewandter Askese, sondern im Gegenteil zu einer Erfahrung des Glücks ist, und wenn Weisheit weiter nicht esoterisches Sprechen ist: Ist sie dann nicht schlichte Vernünftigkeit? Oder präziser noch: Vernünftigkeit, die in eine Art religiöse Praxis einbezogen ist? Und wie verträgt sich beides – Religion und Vernunft – in Bezug auf die Weisheit? Genau diesen Punkt möchte ich im letzten Kapitel untersuchen, das sich mit der Verhältnisbestimmung von Weisheit, Vernunft und Religion befasst.

KAPITEL 10:

RELIGION, VERNUNFT, WEISHEIT


**»Wir sind Papst« –**
**Die (scheinbare) Rückkehr der Religion und ihrer Bedeutung**

Ende Februar 1994 trafen sich auf Capri einige der prominentesten Denker und Philosophen Europas, um gemeinsam über ein Problem nachzudenken, das seit nahezu 2000 Jahren die Menschheit bewegt. Die deutsche Öffentlichkeit nahm allerdings erst mehr als ein Jahrzehnt später und damit Jahre nach den Ereignissen vom 11. September von der Fragestellung Kenntnis, die die Philosophen damals umtrieb. Das Thema erreichte sie über die *Bild*-Zeitung. In der Zusammenkunft auf Capri ging es um etwas, das die Philosophen vorsichtig die »Renaissance der Religion« nannten. Erst mit dem Tod von Papst Johannes Paul II. und der Ernennung von Kardinal Josef Ratzinger zum Papst, in den Jahren 2005 und 2006 also, erreichte diese Renaissance Deutschland. Der Weltjugendtag, der 2005 in Deutschland stattfand, war dann der letzte Tropfen, der das angeblich lecke Fass Religion zum Überlaufen brachte. Wobei es manchmal nicht genau auszumachen ist, ob ein Ereignis Ursache der Berichterstattung wird oder umgekehrt durch die Berichterstattung zum Ereignis oder gar zum Trend. Immerhin: Seit 2005 ist die Religion (und mit ihr der Atheismus) zurück. Religiosität ist nicht nur wieder salonfähig, sondern in gewisser Weise mindestens ebenso schick wie Atheismus. Zeitungen und vor allem auch die kirchlichen Akademien des Landes feiern die für sie völlig überraschende, unerwartete Wiederauferstehung der Religion.

Damit rückte für eine gewisse Zeit das bisherige Dauer- und heimliche Hauptthema, die Frage des Verhältnisses von Islam und Christentum bzw. Islam, Christentum und Fundamentalismus, in den Blickpunkt. Für einen kurzen Augenblick hatte es eine gefühlte Vormachtstellung des Islam gegeben, weil mit ihm eine vom Westen zwar als rückständig und unaufgeklärt betrachtete, dafür aber kraftvolle, geradezu jugendlich-lebendige Religion sich den Weg in die Gesellschaft und vor allem auf die Bühne der Politik bahnte. Das Christentum, das seit Jahrzehnten in Dogmen zu ersticken drohte und sich abgesehen von den Zentralriten wie Christmetten, Begräbnissen oder – wenn auch immer seltener – Taufen vor allem auf das Predigen verlegt hatte, setzte seit Jahren bereits nicht nur auf Gefühle allein, sondern auch auf den Verstand. Dieser, und nicht etwa nur die heilende Kraft der eigenen Religion, dient dem christlichen Abendland als Bollwerk gegen den Fundamentalismus. Ein an der Vernunft nicht nur orientierter, sondern mit ihr auf höchster Ebene abgesegneter Glaube scheint eben nicht nur besser vereinbar mit einer von den Wissenschaften dominierten Welt, sondern erweist sich auch als verlässlicher. Gefühle, so die Meinung vieler Theologen, sind eine windige Sache. Und mit den Irrungen und Wirrungen gerade der frömmsten Schäfchen ist nur schwer zurechtzukommen.

Diesem von Rationalität getragenen, bürgerlich gesitteten Glauben schlug und schlägt weltweit die Vitalität des Islam entgegen. 2005/2006 änderte sich die Lage. Die eigene, die christliche Religion schien endlich zurück. Vorbei war die Phase der allzu lähmenden Aufklärung, die in Wahrheit ja nicht nur dem Islam, sondern auch dem eigenen Glauben oder vielmehr den eigenen religiösen Gefühlen das Leben schwer machte und sie weitgehend aus dem öffentlichen Leben verdrängte. Glauben war längst zur reinen Privatsache geworden und damit keine Erfahrung. Erst der öffentlich erlebte Tod eines Papstes als spirituellem Führer der gesamten Kirche vermochte das zu ändern, zumal diesem Ereignis die Einsetzung eines deutschen Theologen, eines eher konservativen, aber intellektuell höchst gewandten und gebildeten Glaubenshüters folgte, der bis zu seiner Wahl amtierender Chef der *Kongregation für die Glaubenslehre* und damit der direkten Nachfolgeinstitution der päpstlichen Inquisition war. »Wir sind wieder da« – dieses Hochgefühl traf mitten in eine eher bedrückte Stimmung, in der man sich gegenseitig beteuerte, dass allen Problemen zum Trotz das Christentum und mit ihm die abendländische Welt vielleicht doch noch nicht ganz verloren sein könnte, oder besser: nicht verloren sein durfte, weil dann schlicht *alles* verloren sei. Diesen Pessimismus war man gewohnt. Schließlich war das Christentum über Jahrhunderte in einen unablässigen Leistungskampf mit der Vernunft verstrickt, hatte sich auf dem fremden Terrain der Rationalität wenn auch keinen Sieg, so doch das Gütesiegel der Stiftung Aufklärung erworben – freilich um den Preis der Lebendigkeit.

Ganz anders die Brüder und Schwestern aus dem Orient, die nun zwar nicht mehr an den spanischen Küsten regierten oder vor Wien standen, aber dennoch allgegenwärtig schienen. Sie sind mitten in der Gesellschaft angekommen, nicht zuletzt aufgrund der großen Zahl von Migranten in Deutschland.

Doch nun endlich konnte auch ein christliches Lebensgefühl wieder reüssieren, auch auf dem Sektor der für die Lenkung des Staates so wichtigen Gefühle. Politische Machträume, seien sie nun real oder imaginiert, haben immer etwas vom Pathos der Erlösung, von dem auch die Religionen sprechen. Nur selten bestimmen nicht diese Erlösungsvisionen, sondern die Ratschläge und Handlungen von Weisen die politische »Leitkultur«. Jetzt galt mit einem Mal, dass auch Religion wieder ein öffentliches Gefühl, gleichsam eine Form nationaler Begeisterung sein durfte, so wie Jahre später der Weltfußball, der in Deutschland zu Gast bei Freunden war. »Wir sind Papst«, titelte *Bild* und brachte diese neue, überschwängliche Stimmung auf den Punkt. Darin schwang etwas Politisches mit. Es war mit einem Mal wieder erlaubt, weltbürgerlich aufzutreten.

Seltsam bleibt, dass all der Euphorie zum Trotz auch in dieser Zeit die großen Untersuchungen über den Glauben der Deutschen keinen Wandel zutage förderten (obwohl es die Öffentlichkeit erstaunte; vermutlich, weil die mediale Wirklichkeit eben doch eine andere ist als die gelebte). Die letzte *Shell*-Jugendstudie von 2006 beispielsweise zeigte erneut, dass trotz Papststerben und Weltjugendtag keine Renaissance der Religion bei den Jugendlichen eingesetzt hat. Ähnliches belegt auch die große Untersuchung über Spiritualität und Religion in Deutschland, die *Identity Foundation* im selben Jahr auf der Basis von tausend persönlichen Interviews durchführte.

Zwar beschäftigt die Suche nach dem Sinn des Lebens nach wie vor viele Menschen. Über sechs Millionen Deutsche messen spirituellen und religiösen Fragen sogar eine große bis sehr große Bedeutung bei. Auch lassen sich fast zwei Drittel der Deutschen von religiösen oder spirituellen Fragen ansprechen. Aber beachtlich ist, dass siebzig Prozent von ihnen über religiöse Fragen nicht einmal im engsten Familien- und Freundeskreis sprechen. Als wirklich atheistisch bezeichnen sich zwanzig Prozent der Bevölkerung. Doch was bedeutet das für den Rest? Dass er religiös ist? In welchem Sinn? Lediglich 0,2 Prozent aller Befragten vertrauen auf das Gebet in grundlegenden Lebensfragen, 41 Prozent sind religiösen Fragen gegenüber gleichgültig. Nur noch jeder Zehnte bekennt sich dazu, ein sogenannter Traditions-Christ zu sein. Ein überraschend widersprüchliches Bild also.

Doch der Widerspruch ist leicht aufzulösen, wenn man bedenkt, dass auch gesellschaftliche Entwicklungen stets mit einer gewissen zeitlichen Versetzung, einer Unwucht in der Bewegung, auftreten. Tatsächlich ist die Religion niemals völlig abgetreten – sie hat lediglich an Bedeutung verloren. Und genau das zeigen die Religionsstudien immer wieder aufs Neue. Wirklich verschwunden war Religion jedoch nie – höchstens »mal weg«, wie Hape Kerkeling sein erfolgreiches Buch betitelte. »Ich bin dann mal weg« bedeutet: Ich bin nicht ständig hier in diesem Laden der Vernunft und Leblosigkeit bei euch – sondern nehme mir eine Auszeit, suche das Leben, gehe mit Humor pilgern, um wieder Boden unter die Füße zu bekommen, um spirituell erfrischt und erneuert zu werden. Die Religion selbst musste gar nicht wiederkehren. Sie war stets geblieben, ob nun in Form orthodoxer Gläubigkeit (ständig abnehmend), einer politisch orientierten Aktion (auch eher abnehmend) oder als pietistische Frömmigkeit bzw. Rheinischer Katholizismus, der bis ins säkulare Feiern hinein spürbar ist.

Der Streit um die Zukunft des christlichen Abendlandes schaffte in gewisser Weise eine Plattform, auf der angesichts eines weltweiten »Kampfes der Religionen« die gefühlt bessere, aber zwischenzeitlich ruhende Religiosität wieder erwachen und damit auch in der Öffentlichkeit wieder deutlicher spürbar werden konnte.

Der große, weltweit durchgeführte Religionsmonitor der *Bertelsmann Stiftung*, der die umfassendste empirische Basis für das Studium gelebter Religiosität darstellt, hat die Omnipräsenz religiöser Gefühle auf eindrückliche Weise belegt – auch wenn diese Religiosität zum Leidwesen mancher Dogmatiker von der vorgeschriebenen Form abweicht.[1] Wenn man Kinder in Europa heute nach Gott fragt, dann erfährt man, dass die wenigsten noch an einen Gott glauben, der wie ein Mensch – oder noch uncooler: wie ein *alter* Mensch – aussieht. Gott ist für sie eher eine Energie: eine Kraft, die in der Natur gegenwärtig und damit eben auch in unserer Gesellschaft und Kultur präsent ist. Neu ist, wenn überhaupt, lediglich die mediale Aufmerksamkeit, die dieses Thema erfährt – und mit ihr der öffentliche Rahmen, in dem Religion sich mit der Zustimmung so unterschiedlicher Meinungsführer wie *Bild*-Herausgeber Kai Diekmann und Jürgen Habermas von der liberalen, gesellschaftsphilosophischen Seite her äußern durfte. Im Begriff der »wiedererwachten« Religion war mitgedacht, dass diese Religion in der westlichen Hemisphäre die Aufklärung ja durchlaufen und es nun am Ende doch geschafft hatte. Diese Form der Religion schien – wenn auch nicht gleich in allem akzeptabel – so doch im Prinzip geläutert zu sein. Wer durch die Hölle der Kritik der reinen Vernunft gegangen und die tausend Tode der Falsifikation gestorben ist, aber immer noch religiös fühlt und lebt, den kann man erlösen. Auf den kann man in einem liberalen Staat, der Werte braucht, bauen.

In seiner Rede zur Verleihung des Friedenspreises des Deutschen Buchhandels stellte Jürgen Habermas fest, dass der moderne Staat es seinen Bürgern und damit auch den Gläubigen unter ihnen zumute, »ihre Identität gleichsam in öffentliche und private Anteile aufzuspalten. Sie sind es, die ihre religiösen Überzeugungen in eine säkulare Sprache übersetzen müssen, bevor ihre Argumente Aussicht haben, die Zustimmung von Mehrheiten zu finden«.[2] Das klingt ein wenig, als seien die religiösen Menschen die Einzigen, die in einer globalen Welt gezwungen wären, ihre nicht immer sofort universal beliebten Meinungen und Ansichten, Stimmungen und Bestimmungen zu ›übersetzen‹. Tatsächlich müssen auch regionale Differenzen in die Sprache der Globalisierung übersetzt werden. Doch in einer Welt wie der unseren, die sich am Ideal des herrschaftsfreien Diskurses ausrichtet und stets um gegenseitige Anerkennung und kognitive Gerechtigkeit bemüht ist, mag das gelingen. Noch einmal Habermas:

> »*Die Suche nach Gründen, die auf allgemeine Akzeptabilität abzielen, würde aber nur dann nicht zu einem unfairen Ausschluss der Religion aus der Öffentlichkeit führen und die säkulare Gesellschaft nur dann nicht von wichtigen Ressourcen der Sinnstiftung abschneiden, wenn sich auch die säkulare Seite einen Sinn für die Artikulationskraft religiöser Sprachen bewahrt. Die Grenze zwischen säkularen und religiösen Gründen ist ohnehin fließend.*«[3]

Habermas fordert Gleichberechtigung und Kooperation auf Augenhöhe. Entgegen aller Erwartungen der 68er-Generation, in der nicht wenige an ein ganz natürliches Aussterben der Religion glaubten, schaffte es das Thema Religion in den letzten Jahren mehrfach auf die Titelseiten der großen Boulevardblätter – nicht zuletzt dank der Unterstützung von Jürgen Habermas. Der Papst, der Dalai Lama, nette Patres, die erbauliche Bücher schreiben oder im Fernsehen moderieren, schlaue Ordensleute, die den Ausstieg wagten und heute Manager beraten, oder eine lebenszugewandte evangelische Bischöfin: Sie und viele andere erscheinen als die Übersetzer, von denen Habermas sprach, und werden nicht nur aus diesem Grund als Kronzeugen der Wiederkehr der Religion gefeiert. Und doch werden mediale Aufmerksamkeit und die Sache selbst – die Rückkehr – miteinander verwechselt. Dass die Medien plötzlich ihr Interesse auf etwas lenken und es damit für die Öffentlichkeit ›entdecken‹, ist längst noch kein Beleg dafür, dass das, was entdeckt wurde, zuvor wirklich nicht mehr existierte und es sich somit um eine genuine Neuentdeckung handelt. Religiöses Leben gab und gibt es indes immer, auch wenn der vorherrschende Eindruck ein anderer sein mag. Hegel hatte schon behauptet, das Grundgefühl seiner Epoche verdichte sich in dem für unsere sogenannte nachchristliche Gesellschaft so zentralen Satz: »Gott ist tot.« Ist unsere Zeit also in dieser Hinsicht tatsächlich anders als die vorausgehenden Jahrhunderte? Wer behauptet, Religion sei verschwunden und die Vernunft eine Erfindung der Neuzeit, der irrt.

## Die Wiederentdeckung der Vernunft
## der (christlichen) Religionen

In seiner berühmt gewordenen sogenannten »Regensburger Vorlesung«, die Papst Benedikt XVI. am 12. September 2006 im Auditorium Maximum der Regensburger Universität hielt und die weltweites Aufsehen erregte – eine, wenngleich Rom es auch anders aussehen lassen wollte, durchaus wohlkalkulierte Wirkung – ging es u.a. um die Bestimmung des Heiligen Krieges.[4] Auf das Zitat von Kaiser Manuel II. Palaiologos, das den Sturm der Entrüstung samt politischer Verwicklungen nach sich zog – eine Drohung der Türkei und die Aufforderung zur Entschuldigung des Papstes etwa – bin ich an anderer Stelle im Zusammenhang mit Nikolaus von Kues bereits näher eingegangen.

*»Zeig mir doch, was Mohammed Neues gebracht hat, und da wirst du nur Schlechtes und Inhumanes finden«, heißt es dort. Der entscheidende Satz jedoch, auf den alles hinausläuft – und dies sagt der Papst selbst ausdrücklich –, lautet: »Nicht vernunftgemäß handeln ist dem Wesen Gottes zuwider.«[5]*

Papst Benedikt XVI. nimmt damit nahezu wörtlich eine Formulierung Kants auf. Dieser schrieb 1793 der Sache nach entsprechend, im Ton aber schärfer: »Eine Religion, die der Vernunft unbedenklich den Krieg ankündigt (und Kant hatte eine Erinnerung an diese Kriege), wird es auf Dauer gegen sie nicht aushalten.«[6] Die Geschichte der Theologie insgesamt als ein Projekt des Nachweises von Rationalität im Glauben und der Vernünftigkeit Gottes zu erzählen stellt keine große Herausforderung dar. Immer ging es um die Auseinandersetzung mit der griechischen, über Jahrhunderte hinweg aufgrund ihrer Schlagkraft verbotenen Philosophie, später um die Auseinandersetzung mit der immer stärker werdenden Wissenschaft und die Erfahrung fremder Religionen. An dieser Stelle ist jedoch interessant, dass dem Credo von Benedikt XVI. nicht nur einige Jahrhunderte Ideen- und Theologiegeschichte vorausgingen, sondern konkret nur zwei Jahre zuvor auch ein höchst persönliches: das Treffen mit Jürgen Habermas am 19. Januar 2004 anlässlich dessen 75. Geburtstages im Juni desselben Jahres. Habermas war es in seiner damals gehaltenen Rede darum gegangen, dass die Solidarität der Staatsbürger »infolge einer ›entgleisenden‹ Säkularisierung der Gesellschaft« massiv gefährdet sein könnte.[7] Der Anknüpfungspunkt für das Gespräch über Offenbarung und Vernunft und damit für die Möglichkeit eines Gespräches mit den Religionen überhaupt sei, so Habermas, »eine immer wiederkehrende Denkfigur: Die auf ihren tiefsten Grund reflektierende Vernunft entdeckt ihren Ursprung aus einem Anderen, dessen schicksalhafte Macht sie anerkennen muss, soll sie nicht in der Sackgasse hybrider Selbstbemächtigung ihre vernünftige Orientierung verlieren.«[8] Dieses Thema hatte Habermas bereits in seine Friedenspreisrede aufgenommen.[9] Mit dem Sinn für den Ursprung in etwas Anderem hängt nicht nur eine Ahnung von Erlösung, sondern auch die Fähigkeit zum Eingeständnis eigener Verfehlung zusammen. Im viel zitierten Kernsatz seiner Rede hielt Habermas fest:

*»Deshalb kann im Gemeindeleben der Religionsgemeinschaften, sofern sie nur Dogmatismus und Gewissenszwang vermeiden, etwas intakt bleiben, was andernorts verloren gegangen ist und mit dem professionellen Wissen von Experten allein auch nicht wiederhergestellt werden kann – ich meine hinreichend differenzierte Ausdrucksmöglichkeiten und Sensibilitäten für verfehltes Leben, für gesellschaftliche Pathologien, für das Misslingen individueller Lebensentwürfe und die Deformation entstellter Lebenszusammenhänge.«*

Können wir manchem wieder einen Sinn geben, sofern wir nur, mit Habermas, übersetzen? Genau das geschieht, wenn Gläubige die Gottesebenbildlichkeit des Menschen in seiner zu achtenden Würde in die Gentechnik-Debatte einbringen.[10] Es versteht sich geradezu von selbst, dass der »ursprünglich religiöse Sinn zwar transformiert, aber nicht auf entleerende Weise deflationiert und aufgezehrt« werden darf. Dass Habermas hier nahezu wörtlich Kant aufnimmt, ist vielen nicht auf den ersten Blick klar gewesen. Dabei bewegt sich Habermas mit seiner so erstaunlich frisch und neu klingenden Forderung haargenau entlang der bereits 1793 von

Kant gezogenen Linie. Im zweiten Entwurf zur Vorrede von *Die Religion innerhalb der Grenzen der bloßen Vernunft* heißt es wörtlich bei Kant:

>*Wenn der Philosoph zum Beweise der Wahrheit seiner angeblich reinen Vernunfttheologie biblische Sprüche anführt, mithin das Offenbahrungsbuch in den Verdacht bringt, als habe es lauter Vernunftlehren vortragen wollen, so war seine Auslegung der Schriftstellen Eingriff in die Rechte des biblischen Theologen, dessen eigentliches Geschäft es ist, den Sinn derselben als einer Offenbahrung zu bestimmen, der vielleicht etwas enthalten mag, was gar keine Philosophie jemals einsehen kann, als auf welche Art Lehren jene auch eigentlich ihr Hauptgeschäfte gerichtet hat.*«[11]

Auffällig ist jedoch nicht nur die Nähe zu Kant, sondern auch, dass Habermas ganz klassisch sozusagen nur die Religionstraditionen, nicht aber die Weisheitstraditionen im Auge hat. Geschieht dies deshalb, weil er Weisheit mehr oder minder versteckt seinem eigenen Unternehmen, dem des kommunikativen Handelns und der Sozialphilosophie, zuschlägt? Und was, wenn es bei dem zu übersetzenden Sinn und den verkapselten Bedeutungspotentialen gar nicht direkt um Ethik und Moral geht – d.h. um einen direkt sichtbaren Wert für die Gemeinschaft –, sondern um persönliche Erfahrungen, etwa um die sehr individuelle Erfahrung eines gelungenen Lebens (auch wenn dieses sich insgesamt wieder auf das Gemeinwohl auswirken kann)?

Der Vorschlag von Kardinal Ratzinger/Benedikt XVI., das Verhältnis der Religionen über die Frage der Moral des »guten Lebens« anzugehen und mit Hilfe der Vernunft zu ermitteln, also ein interkulturelles Gespräch vor allem auch mit dem chinesischen, dem indischen und dem islamistisch geprägten Kulturkreis zu suchen, hört sich an wie ein späteres Echo von Jürgen Habermas. Es ist, als sei in der Person Ratzingers die Nachfolgebehörde der Heiligen Inquisition zur Vernunft gekommen. Das Samenkorn der Diskurstheorie und des von Benedikt XVI. angestrebten Dialogs ist mitten im Allerheiligsten des (katholischen) Christentums aufgegangen. Ratzinger verlieh alldem noch zusätzliche Dramatik, indem er – darin Politikern nicht unähnlich – das Szenario der Bedrohung weiter ausweitet. Einerseits sei Religion, sofern sie jegliche Art von Terror zu legitimieren helfe, schwerlich eine »heilende und rettende Macht«, müsste also unter »Kuratel der Vernunft« gestellt werden.[12] Andererseits mehren sich ebenso dramatisch die Zweifel an der »Verlässlichkeit der Vernunft«. Durch und durch vernunftgeleitet, steige der Mensch hinab in die Brunnenstube der Macht, an den Quellort seiner eigenen Existenz – und entwerfe sich selbst neu im genetischen Experiment. Um die Pathologien der Religion und der Vernunft zu überwinden, müssten beide aufeinander bezogen bleiben. Ein »universaler Prozess der Reinigung« sei notwendig. Nicht anders argumentierte Habermas: Religion und säkulare Vernunft müssten sich in einem unabschließbaren »komplementären Lernprozess« gegenseitig ernst nehmen.

Gewiss ist diese operative Übereinstimmung zwischen Habermas und Ratzinger, der Gleichklang von echter Philosophie (als soziale Hilfestellung) und echter Religion (als soziale und moralische Hilfestellung) bemerkenswert. Sie ist aber auch, zumindest von der Seite des Philosophen, zweckgebunden. Es geht um die Herausforderungen durch Globalisierung, Gentechnik und Terrorismus. Habermas und der Papst antworten auf gleiche Weise: mit Menschenrecht und Menschenwürde, über die sich – dank der Vernunft – Verständigung erreichen lässt. Indem die Wahrheitsfrage zugunsten der Frage nach Moral und politischem Handeln hintenangestellt wird, vollzieht sich auch der leise Abschied vom politischen Universalismus. Auf diese Weise verringert Habermas die Distanz zu Ratzinger/Benedikt XVI. Ganz entspannt konnte der Präfekt als gemeinsame Grundüberzeugung festhalten, dass die säkulare Rationalität ebenso wie die Kultur des christlichen Glaubens »faktisch nicht universell« seien – »Islam und Hinduismus wüssten mit diesen Konzepten wenig anzufangen.« Es scheint tatsächlich, als sei das Problem gelöst. Wer mitmacht, gehört zur Achse der Vernunft – und zu den Verteidigern der Menschenwürde. Mit Hilfe der Wiederentdeckung der Vernunft als das Element, das dem christlichen Glauben, zumindest aus der Sicht der katholischen Kirche, mehr als allen anderen Religionen eigen ist, scheint das Problem des Widerstreits der Religionen gelöst. Ihre Zukunft ist die rational handelnder Menschen und Staaten, denen es gelingt, die notwendigen »Bedeutungspotentiale« in die globalisierte Welt hinüberzuretten.

Auch religiöse Systeme sind am Ende Kommunikationsmodelle, die zeigen, wie man die Welt (besser) verstehen kann. Mag die Wissenschaft ihre Modelle auch kontinuierlich verbessern und in eine mathematische Sprache übersetzen – die Aufgabe der Religionen besteht darin, ihre (alten) Bedeutungspotentiale zu übersetzen. Was die Religionen zu sagen haben, ist im Kern seit Jahrhunderten und Jahrtausenden unverändert: Sie folgen in ihren Empfehlungen einer vernünftigen Lebenssicht und Lebensweise. Dass wir heute biblische Begriffe wie Herr, König, Hirte oder selbst Gott und Schöpfer nicht mehr verstehen und uns mit dem Gotteswahn auseinandersetzen müssen, liegt vermutlich also daran, dass die Deutungen dieser Worte nicht mehr ausreichend und sozusagen unverkapselt zugänglich sind. Wären wir doch rationaler!, scheinen Papst und Habermas sagen zu wollen. Rationaler – und bewahrender! Schließlich haben die Religionen sich entwickelt, weil der Mensch zu Recht nach dem Sinn seines Lebens, dem Sinn der Welt und nach dem Wie eines guten Zusammenlebens fragte und immer noch fragt. Auf diese Weise entstanden die religiösen Modelle. Nun, da sie nicht mehr ausreichend präsent und übersetzt sind, müssen sie mit Hilfe einer zeitgemäßen Vernunft und einer zeitgemäßen Spiritualität neu gefunden werden.

Aber ist es tatsächlich so einfach? Ist die Zukunft der Religion nur ein Übersetzungsproblem – und das heißt in letzter Konsequenz eine Frage der Interpretation? Und führen diese Interpretationen der Religionen am Ende tatsächlich zusammen – sozusagen in eine universale, globalisierte Großinterpretation?

## Die Zukunft der Religionen

1994 folgten der Einladung des *Istituto italiano per gli studi filosofici* nach Capri eine Reihe Philosophen, unter ihnen Jacques Derrida, Gianni Vattimo – er schrieb später zusammen mit Richard Rorty *Die Zukunft der Religion*, eines der besten Bücher zum Thema, oder Hans-Georg Gadamer, der zu dem Zeitpunkt 94 Jahre alt und vielleicht der gelassenste unter ihnen war. Niemand hat es so formuliert – zumal es um philosophisch anspruchsvolle Fragen wie die Deutung des Nihilismus und andere gehen sollte. Doch den Hintergrund dieser komplexen Fragen bildete ein Staunen, das uns auch in den gegenwärtigen Debatten um den sogenannten »Neuen Atheismus«, wie sie von Richard Dawkins, Daniel Dennett, Sam Harris und Christopher Hitchens geführt werden, wieder begegnet. Dieses Staunen wurzelt in dem Umstand, dass trotz Gottes Tod, den Nietzsche doch lautstark und mit guten Argumenten verkündet hatte, die Religionen dennoch fröhlich weiterlebten, so als sei nichts gewesen. Über Jahrhunderte hinweg hatte ein Heer von Philosophen und Wissenschaftlern mit dem Schwert der Aufklärung diesem Tod den Weg bereitet. Hatten all diese Anstrengungen, all diese mal groben und schlagkräftigen, mal feinsinnigen und komplexen Argumente und Erfahrungen tatsächlich nichts verändert? Den Versprechungen der Aufklärung und den subjektiven Überzeugungen der 68er zum Trotz schien und scheint es keineswegs so zu sein, dass die Religion im Laufe von ein, zwei Generationen vollständig und für alle Zeiten von der Erde verschwunden sei. Gadamer bemerkte bei dem Treffen nüchtern, dass das Thema Religion wieder zunehmend in den Blick gerate. Und das keineswegs vereinzelt, sondern als »Religion und die Religionen«, ein Phänomen im Plural. Diese lebendige Vielfalt, die es immer noch gibt, »ist einfach die Gegebenheit, unter der heute das Problem der Religionen in der gegenwärtigen Welt in den Mittelpunkt gerät«, schrieb er wenige Monate nach der Konferenz.[13] Gadamer beklagte, dass an der Konferenz weder eine Frau teilnahm noch, was auch Derrida bedauerte, ein Vertreter des Islam. Aus heutiger Perspektive liest sich das Buch als erstaunlich hellsichtiges Dokument, denn die Ereignisse vom 11. September 2001 waren zu diesem Zeitpunkt noch Jahre entfernt. Gadamer schreibt:

*»Man wird es nicht geradezu ein Zeitalter der Religionskriege nennen, aber die Katastrophe des Zweiten Weltkrieges hatte in Wahrheit doch etwas von dem Wahnsinn eines blutigen Religionskrieges. Das kam in dem*

*Beitrag von Herrn Vattimo immerhin in der Form zur Geltung, dass der dogmatische Atheismus in der Konfliktlage des Zweiten Weltkrieges tatsächlich eine hintergründige Rolle mitgespielt hatte. Dieser Hintergrund hat sich inzwischen so weit verändert, dass er seine alte Stoßkraft nach dem Ende des nationalsozialistischen Rassenwahnsinns und nach dem Ende der sowjetischen Zwangsreligion nicht mehr besitzt.«*

Die Frage ist, was der nun fehlende dogmatische Atheismus bewirken sollte. Waren das Ende des Unglaubens und der Beginn einer neuen Religiosität gemeint? Wäre der eigentliche Unglaube also die Herrschaft einer Vernunft, die die Religion zumindest aus dem öffentlichen politischen Raum auszuschließen wünscht?

Bereits die Alternative Glaube oder Unglaube ist eine bloße Scheinalternative – ebenso wie die Rede vom *leap of faith*, dem »Glaubenssprung«, den man wagen müsse. Diese Ansichten gehen von der theologisch wie philosophisch falschen Voraussetzung aus, es gebe zwei Räume, die ganz eindeutig voneinander getrennt seien: einen Bereich des reinen Glaubens und einen des Unglaubens. Theologisch gesprochen hilft der Glaube immer dem zugleich auftretenden Unglauben – wie dieser den Glauben seinerseits in Frage stellt und in Versuchung führt. Philosophen wie Ludwig Wittgenstein haben seit jeher vehement bestritten, dass Nicht-Glaube überhaupt möglich sei. Man kann nicht nicht-glauben und auch nicht nicht-glauben wollen. Wir haben immer schon einen dem persönlichen Glauben vorausgehenden Glauben in unserer Sprache, in unserer Lebensform und Kultur angenommen. Wir haben Aussagen und Überzeugungen übernommen allein durch die Tatsache, dass wir sprechen. Wir sind, ob wir wollen oder nicht, in eine Sprachgemeinschaft mit gewissen Überzeugungen und in eine wie auch immer geartete Metaphysik hineingeboren. Sie zu untersuchen ist eine lohnende und nicht immer leichte Aufgabe. Der Irrtum besteht in der Annahme, ein gepflegter Unglaube (d.h. die völlige Abwesenheit von Glauben) sei nicht nur realisierbar, sondern zudem auch der Ausweg aus der gegenwärtigen Krise, etwa im sogenannten Kampf der Religionen bzw. Kulturen. Tatsächlich vermeidet Unglaube diesen Kampf nicht – er schürt ihn, nicht zuletzt indem er verbirgt, dass wir stets Glaubenssätze akzeptiert haben, um leben zu können. Wir kommen also nicht umhin, mit dem Glauben (anderer) zu leben – und uns über diesen und den eigenen Glauben Rechenschaft abzulegen. Die Vorstellung, in einer Welt ohne Glauben, einer Welt der reinen Tatsachen zu leben, ist blanker Unsinn. Es gibt keine reinen Tatsachen, bemerkt Nietzsche im Frühjahr 1887, keine Welt der Fakten, ohne jede Beimischung von Glauben und Interpretation. Gegen diesen Positivismus, schreibt Nietzsche,

> »welcher bei dem Phänomen stehen bleibt ›es giebt nur Thatsachen‹, würde ich sagen: nein, gerade Thatsachen giebt es nicht, nur Interpretationen. Wir können kein Factum ›an sich‹ feststellen: vielleicht ist es ein Unsinn, so etwas zu wollen. ›Es ist alles subjektiv‹ sagt ihr: aber schon das ist Auslegung, das ›Subjekt‹ ist nichts Gegebenes, sondern etwas Hinzu-Erdichtetes, Dahinter-Gestecktes [...] Soweit überhaupt das Wort ›Erkenntniß‹ Sinn hat, ist die Welt erkennbar: aber sie ist anders deutbar, sie hat keinen Sinn hinter sich, sondern unzählige Sinne ›Perspektivismus‹. Unsre Bedürfnisse sind es, die die Welt auslegen: unsere Triebe und deren Für und Wider.«[14]

Natürlich ist auch Nietzsches Argument eine Auslegung. Und selbst Wissen bzw. die Wissenschaft ist immer und ausschließlich Interpretation. Paul Feyerabend, ein genauer Beobachter der Wissenschaft, ihrer Methoden und Paradigmenwechsel, sprach in diesem Zusammenhang von der Theorien-Getränktheit aller Erfahrung. Genau dieses Durchsetztsein von Theorie ist einer der Gründe, warum Erfahrung allein keine etablierte Theorie oder Weltanschauung zu Fall zu bringen vermag. Alternative theoretische oder weltanschauliche Perspektiven – der Pluralismus der Interpretationen – sind dafür unumgänglich und spielen im Zweifelsfall eine entscheidendere Rolle.[15] Nietzsches Gedanke ist demnach keineswegs überholt. Im Gegenteil:»Die Interpretation ist die einzige *Tatsache*, von der wir sprechen können« – das Sein der Dinge ist untrennbar mit dem Dasein des Menschen verbunden.[16] Gerade weil die

403

Tatsachen nicht ohne Theorie, d.h. Interpretation sind, stellen die Interpretationen selbst eine entscheidende Tatsache dar. Dass diese Interpretationen der Welt nicht subjektiv sein können, weil sie sich stets auf eine bestimmte Zeit, eine Strömung, Epoche oder Denkrichtung beziehen und damit zwangsläufig intersubjektiv sind, braucht vermutlich nicht eigens betont zu werden. Die Kunst des Interpretierens, die Hermeneutik, ist in diesem Sinn auch keine Philosophie oder spezielle philosophische Richtung, sondern, wie Heidegger treffend und in dieser Konsequenz vielleicht als Erster bemerkte, eine Auslegung bzw. Darlegung des geschichtlichen Daseins selbst – und als solche ein Ende der Metaphysik.

Doch auf diese komplizierte Entwicklung und die Entstehung des Nihilismus als Ende der Metaphysik oder gar auf die Frage nach der Wahrheit eines Glaubens weiter einzugehen führt an dieser Stelle über das eigentliche Thema dieses Kapitels hinaus. Festzuhalten bleibt erstens, dass auch absolute göttliche Offenbarungen, falls es sie geben sollte, im Sinne Nietzsches und seiner Nachfolger nie ohne Übersetzung und Interpretation – und das bedeutet: ohne menschliche Deutung – auskommen könnten. Selbst die Religion steht, so absolut ihre Wahrheit auch behauptet wird, im Pluralismus der Interpretationen. Sie ist, wie die Realität selbst, kein ausschließlich objektiv zu betrachtendes »Ding«. Obwohl dies eine paradoxe Entwicklung zu sein scheint, arbeitet gerade eine Religion wie das Christentum durch ihre Betonung des Glaubens an der Auflösung der Objektivität und der absoluten Ansprüche – ein Umstand, dem Heidegger in seiner Analyse von Nietzsches Theorie des Nihilismus große Aufmerksamkeit zukommen lässt.[17] Folgt man den Analysen von Vattimo, Rorty, Heidegger und anderen, dann ist die Wahrheit des Christentums »die Auflösung des metaphysischen Begriffs der Wahrheit selbst«.[18]

Zweitens gilt es festzuhalten, dass auch der Versuch, mit Hilfe des Begriffs der Rationalität die Auswüchse eines nicht eindämmbaren Glaubens zu kontrollieren, um auf diese Weise zumindest Glaubenskriege in der Zukunft unmöglich zu machen, durchaus praktikabel ist und in der Idee des Laizismus bis heute Früchte trägt. Das Problem der Wahrheitsfrage wird damit jedoch nicht gelöst. Aber vielleicht ist auch das nicht entscheidend. Der Dreißigjährige Krieg war eine für das damalige Europa traumatische Erfahrung. Sicher lässt sich dieser Krieg auch als ein Konflikt zwischen verschiedenen politischen Mächten verstehen. Wahrgenommen wurde er jedoch vor allem als ein Religionskrieg mitten im Herzen des entstehenden Europa. Auch wenn die ursprünglich religiösen Streitigkeiten immer mehr in Vergessenheit gerieten und der Krieg zum Selbstzweck wurde – und infolgedessen Heere von Söldnern hervorbrachte, deren Auskommen darin bestand, vom Krieg zu leben, zu töten und zu rauben – waren es vor allem auch religiöse Differenzen, die am Ende vier Millionen Menschen unmittelbar das Leben kosteten. Die wahre Zahl der Toten ist noch höher. Man darf davon ausgehen, dass in Europa damals rund 18 Millionen Menschen lebten. Vermutlich starb rund ein Viertel der gesamten Bevölkerung an den unmittelbaren Folgen der Schlachten oder an den damit einhergehenden Verwüstungen, Hungersnöten und Seuchen. Das Heil schien also in einer Welt ohne Religion zu liegen, die allein dem Prinzip der Vernunft unterstellt war. Dass auch diese Vernunft auf ihre Weise Kriege hervorbrachte, die noch mehr Menschen das Leben kosten sollten, enthält eine traurige und die vielleicht am schwersten zu verkraftende Wahrheit über den Menschen als Gattung. Fest steht, dass die Antwort auf die fatalen Folgen religiöser Auseinandersetzungen, in die sich leicht machtpolitische Streitigkeiten mischten, unausweichlich und zwingend schien: Allein die Vernunft sollte zur obersten Richterin bestimmt werden.

## Vernunftreligion – Das Projekt Weltethos

Eine Vernunftreligion, wie sie später in Kants Konzeption einer Religion innerhalb der Grenzen der bloßen Vernunft vorgelegt wurde, schien der einzige Ausweg aus dem Dilemma zu sein, weil der Mensch nicht anders kann als glauben. Es galt also, diese Überzeugungen in etwas Vernünftiges zu überführen – in einen vernünftigen Lebensstil, der Grundlage für ein funktionierendes Gemeinwesen sein konnte. Für Kant ist klar, dass dieser Weg nur über die Moral möglich ist:

*»Religion ist (subjektiv betrachtet) die Erkenntnis aller unserer Pflichten als göttlicher Gebote [...] Die natürliche Religion als Moral (in Beziehung auf die Freiheit des Subjekts), verbunden mit dem Begriffe desjenigen, was ihrem letzten Zwecke Effekt verschaffen kann (dem Begriffe von ›Gott‹ als moralischem Welturheber), und bezogen auf eine Dauer des Menschen, die diesem ganzen Zwecke angemessen ist (auf Unsterblichkeit), ist ein reiner praktischer Vernunftbegriff, der, ungeachtet seiner unendlichen Fruchtbarkeit doch nur so wenig theoretisches Vernunftvermögen voraussetzt: dass man jeden Menschen von ihr praktisch hinreichend überzeugen, und wenigstens die Wirkung derselben jedermann als Pflicht zumuten kann.«[19]*

Eine solche Religion ist so beschaffen, sagte Kant, dass sie zwar geoffenbart sein mag – aber »Menschen durch den bloßen Gebrauch ihrer Vernunft auf sie von selbst *hätten kommen können*, und *sollen*«.[20]

Mir scheint, dass Kants Vernunftreligion bis heute die Leitidee ist, die hinter dem »Projekt Weltethos« steckt. Dieses Projekt gilt als eines, das geeignet ist, die Unterschiede der Religionen zu überwinden und ihre gemeinsame Basis freizulegen. Diese Basis liegt Hans Küng zufolge – und hier erweist er sich als ein Schüler Kants – in der Ethik oder besser darin, die Gemeinsamkeit aller Ethiken zu finden, die sich aus den Religionen herauskristallisieren lassen.[21] Die »Erklärung zum Weltethos« ist ein beeindruckendes Dokument, das dem Parlament der Weltreligionen am 4. September 1993 in Chicago vorgestellt wurde.[22] Es lohnt sich, das Dokument ausführlich zu zitieren, weil es eine weitreichende Wirkung gehabt hat. Dieses Projekt ist die Grundlage fast aller Versuche, einen »Dialog der Religionen«, eine intellektuelle Verständigung und Übersetzung, durchaus im Sinne von Habermas, in die Wege zu leiten. Und doch bleibt es dabei: All dies ist letztlich eine Form der Kantschen Vernunftreligion.

*»Wir bekräftigen, dass sich in den Lehren der Religionen ein gemeinsamer Bestand von Kernwerten findet und dass diese die Grundlage für ein Weltethos bilden. Wir bekräftigen, dass diese Wahrheit bereits bekannt ist, aber noch mit Herz und Tat gelebt werden muss. Wir bekräf-*

*tigen, dass es eine unwiderrufbare, unbedingte Norm für alle Bereiche des Lebens gibt, für Familien und Gemeinden, für Rassen, Nationen und Religionen. Es gibt bereits uralte Richtlinien für menschliches Verhalten, die in den Lehren der Religionen der Welt gefunden werden können und welche die Bedingung für eine dauerhafte Weltordnung sind [...] Wir sind Männer und Frauen, welche sich zu den Geboten und Praktiken der Religionen der Welt bekennen. Wir bekräftigen, dass es bereits einen Konsens unter den Religionen gibt, der die Grundlage für ein Weltethos bilden kann: einen minimalen Grundkonsens bezüglich verbindender Werte, unverrückbarer Maßstäbe und moralischer Grundhaltungen [...] Wir sind überzeugt von der fundamentalen Einheit der menschlichen Familie auf unserem Planeten Erde. Wir rufen deshalb die Allgemeine Menschenrechtserklärung der Vereinten Nationen von 1948 in Erinnerung. Was sie auf der Ebene des Rechts feierlich proklamierte, das wollen wir hier vom Ethos her bestätigen und vertiefen: die volle Realisierung der Unverfügbarkeit der menschlichen Person, der unveräußerlichen Freiheit, der prinzipiellen Gleichheit aller Menschen und der notwendigen Solidarität und gegenseitigen Abhängigkeit aller Menschen voneinander.«*

Zwar bezeichnet der Begriff »Weltethos« keine neue Weltideologie oder vereinheitlichte Weltreligion – aber deren empirisch ausmachbare Gemeinsamkeit. Auf die Frage, was den Religionen gemeinsam sei, lautet die Antwort Hans Küngs und anderer prominenter Theologen und Religionswissenschaftler, dass dies eben die (empirisch ausmachbare) Sphäre der Werte sei, die Ethik und die gemeinsamen unverrückbaren Wertvorstellungen und Maßstäbe, die in der Sprache Kants nichts anderes sind als die Benennung von jedermanns menschlichen Pflichten.[23] Unbezweifelbar findet man in verschiedenen Religionen und Kulturen durchaus Werte, die sich gleichen – wie sollte es auch anders sein, geht es doch immer um das Leben von Menschen. Es ist gut, nicht zu töten; es ist gut, den anderen nicht zu bestehlen; es bringt größeren Frieden in einer Gemeinschaft, wenn nicht jeder jedem den Beziehungs- oder Ehepartner ausspannt; es ist in der Regel gut, nicht zu lügen, sondern Konflikte anders zu lösen etc. Was das »Projekt Weltethos« dabei jedoch zu wenig bedenkt, ist nicht nur die prekäre Rolle der Urteilskraft – und damit die Frage, welchen Status die Urteile haben, in denen es um Lebensqualität geht (und im Allgemeinen überhaupt um Qualität und die Frage, was denn »gut« sei). Welchen Status haben die Urteile, die gefällt werden? Sind sie wahr? Geben sie nur einen Konsens wieder? Oder verhandeln sie Plausibilitätsstrukturen? Im Widerstreit der Urteile und der Lebensweisen entgeht den »Monisten« in Sachen Ethik und Pflicht noch ein weiterer, für sie bedrohlicher, sehr ernst zu nehmender Aspekt, auf den bereits Machiavelli aufmerksam machte. Machiavelli untersuchte die Tugenden, die den römischen Staat und das römische Imperium groß gemacht haben, und verglich sie mit den christlichen Tugenden. Der Philosoph und Ideengeschichtler Isaiah Berlin (1909–1997), der in den sechziger Jahren Politische Theorie in Oxford lehrte und von 1974 bis 1978 Präsident der *Britischen Akademie der Wissenschaften* war, ein Bewunderer Kants und John Stuart Mills, beschreibt die für ihn schockierende Einsicht Machiavellis: Die beiden Tugend- und Moralsysteme des antiken Rom und des Christentums sind »nicht miteinander vereinbar«. Machiavelli sieht

> »nirgendwo ein übergreifendes Kriterium, mit dessen Hilfe wir entscheiden können, wie nun das richtige Leben der Menschen beschaffen sein soll [...] Er stellt uns einfach vor die Wahl [...] Hierdurch wurde mir einigermaßen schockhaft klar, dass nicht alle obersten Werte, an die sich die Menschen heute halten und in der Vergangenheit gehalten haben, unbedingt miteinander vereinbar sein müssen. So geriet meine frühere, auf der Idee der ›philosophia perennis‹ gegründete Annahme ins Wanken, dass es zwischen wahren Zielen, zwischen den wahren Antworten auf die zentralen Fragen des Daseins, keinen Konflikt geben könnte.«[24]

Auch wenn meine Skizze des »Projekt Weltethos« vereinfacht sein mag und manches durchaus zu diskutierende Detail vernachlässigt, scheint mir der Trend zu stimmen. Das »Projekt Weltethos« stützt sich auf eine rationale Rekonstruktion von Religion, deren empirischer Boden die mögliche Übereinstimmung von Wertvorstellungen ist. Ob diese tat-

408

sächlich den Kern von Religion ausmachen, sei dahingestellt. Schließlich haben auch die mit den Religionen manchmal lose, manchmal unwiderruflich verbundenen metaphysischen Annahmen und anthropologischen bzw. kosmologischen Implikationen deutlich Einfluss auch auf Moralsysteme und Ethik. Ich möchte dem »Projekt Weltethos« und seinem Zugang zum Problem des Widerstreits der Religionen und Weltanschauungen eine andere Herangehensweise gegenüberstellen und auf diese Weise für eine längst fällige Ergänzung werben: das »Projekt Weltweisheit«.[25]

## Das Projekt Weltweisheit

Meine Überlegungen knüpfen an die Vorstellung des »Hauses der Weisheit« (arabisch: *Bayt al Hikmah*), einer Art von Akademie an, die im Jahr 825 von dem Abbasiden-Herrscher Al-Ma'mun in Bagdad gegründet wurde. Während das Projekt »Weltethos« ein recht spätes Produkt ist, reichen die Wurzeln des Projektes Weltweisheit tiefer. Dieses »Haus der Weisheit« zeigt, wie verschlungen die Pfade der Entwicklung von Religionen und Weltanschauungen sind. Der Begriff »Weltethos« rückt die Vernunftreligion – vorgestellt als ein gemeinsames ethisches Strukturmerkmal aller Religionen – in den Vordergrund. Er betont damit, freudianisch gesprochen, gleichsam den Überbau – und vergisst das Fundament. Der Begriff der »Weltweisheit« hingegen knüpft an die Weisheitstraditionen an, die gleichsam wie unterirdische Flüsse Verbindungen zwischen den einzelnen »Häusern« der Religionen herstellen. Robert Musil beschreibt diesen Zusammenhang einer Veränderung des Denkens und des Zustandes, in den man gerät, bzw. der Erlebnisweise, in der man sich und die Welt verändert wahrnimmt, und die in Büchern der verschiedenen Traditionen mit unterschiedlichen Begriffen so beschrieben werden:

*»Das sind christliche, jüdische, indische und chinesische Zeugnisse; zwischen einzelnen von ihnen liegt mehr als ein Jahrtausend. Trotzdem erkennt man in allen den gleichen vom gewöhnlichen abweichenden, aber in sich einheitlichen Aufbau der inneren Bewegung. Sie unterscheiden*

*sich von einander fast genau nur um das, was von der Verbindung mit einem Lehrgebäude der Theologie und Himmelsweisheit herrührt, unter dessen schützendes Dach sie sich begeben haben. Wir dürfen also einen bestimmten zweiten und ungewöhnlichen Zustand von großer Wichtigkeit voraussetzen, dessen der Mensch fähig ist und der ursprünglicher ist als die Religionen.«*

Dieser »ungewöhnliche Zustand von großer Wirklichkeit« ist das, was Weisheit bezeichnet. Was daraus geworden ist, erscheint Musil jedoch höchst kritikwürdig zu sein. Man habe, sagt er, diesen anderen Zustand entweder für ein Hirngespinst erklärt oder auf den Hund gebracht, der nun Erkenntnisse apportiert, wo es doch ursprünglich um ein anderes Leben und nicht um einzelne Einsichten ging. Musil fährt fort:

*»Die Kirchen, das heißt die zivilisierten Gemeinschaften religiöser Menschen, [haben] diesen Zustand stets mit einem ähnlichen Mißtrauen behandelt, wie ein Bürokrat der privaten Unternehmungslust entgegenbringt. Sie haben dieses Erleben niemals ohne Vorbehalt anerkannt, im Gegenteil, sie haben große und anscheinend berechtigte Anstrengungen darauf gerichtet, an seine Stelle eine geregelte und verständliche Moral zu setzen. So gleicht die Geschichte dieses Zustandes einer fortschreitenden Verleugnung und Verdünnung, die an die Trockenlegung eines Sumpfes erinnert. [...] Also gestattet man den alten Zustand außer in Gedichten nur ungebildeten Personen in den ersten Wochen der Liebe als eine vorübergehende Verwirrung; das sind sozusagen verspätete grüne Blätter, die zuweilen am Holz der Betten und Katheder ausschlagen: wo er aber in sein ursprüngliches großes Wachstum zurückfallen möchte, wird er unnachsichtlich abgegraben und ausgerodet!«*[26]

Im Gegensatz zu einer religiösen Bestimmung des Menschen, die auf einen bestimmten Ritus bzw. bestimmte Dogmen festgelegt ist, geht es bei der Frage nach Weisheit darum, wie der Mensch sich selbst angesichts einer komplexen Natur ursprünglich und ohne dogmatische Festlegung versteht. Wie und wo ist die Natur des Menschen in dieser Natur der Welt verwirklicht? Wie kommt er dahin und spürt, wie in Platons *Timaios* gefordert, dem Notwendigen und dem Göttlichen nach, um zu einem glückseligen Leben zu gelangen? Der Religionswissenschaftler Rémi Brague, Professor für arabische Philosophie in Paris, schreibt:

>*»Ich behaupte, dass während einer langen Periode des antiken und mittelalterlichen Denkens die Haltung, die es dem Menschen erlauben soll, seine volle Humanität auszubilden, zumindest in der vorherrschenden Denktradition als mit der Kosmologie verbunden aufgefasst wurde. Die Weisheit, durch die der Mensch das ist oder sein soll, was er ist, war eine ›Weltweisheit‹. Die Periode, in der dies der Fall war, hat einen Anfang und ein Ende. Sie bildet ein geschlossenes Ganzes, das sich auf dem Hintergrund einer Vor- und einer Nachgeschichte abzeichnet.*[27]

Auch wenn wir uns heute in einer Zeit der (westlichen) Nachgeschichte befinden, die sich durch eine zunehmende Bedeutung der östlichen Weisheitstraditionen auszeichnet, ist das Thema der Weltweisheit längst nicht vom Tisch. Im Gegenteil: Es ist das unbekannteste, in der abendländischen akademischen Welt vielleicht am wenigsten ausgelotete Projekt. Immer wieder gibt es Überraschungen, wenn wir auf die bislang kaum erforschten, tiefer liegenden Verbindungen der Kulturen und Traditionen stoßen. Dass es beispielsweise Handels- und Tauschbeziehungen zwischen dem indischen und dem arabisch-jüdisch-christlichen Kulturkreis gab, steht außer Frage. Aber erst die Analyse der Himmelsscheibe von Nebra hat gezeigt, dass diese Beziehungen sogar zwischen Ägypten und Gebieten im heutigen Ostdeutschland und Südengland existierten – und das lange vor unserer christlichen Zeitrechnung! Der Austausch bezog sich dabei nicht nur auf Metalle, also Stoffe und das Wissen über ihre Fertigung, sondern auch auf Symbole wie das der ägyptischen Himmelsbarke. Weisheit und Wissen, etwa über den Lauf der Gestirne, gingen Hand in Hand, wie die Himmelsscheibe zeigt, die nicht zuletzt auch zur Bestimmung des richtigen Beginns der Aussaat von Getreide diente. Nur wenige Tage Differenz konnten für die Bevölkerung zur Katastrophe werden und das Überleben gefährden. Die Himmelsscheibe von Nebra harmonisiert Mond- und Sonnenkalender und garantiert auf diese Weise eine genauere Bestimmung des Zeitpunktes – denn etwa auf das Ausschlagen bestimmter Pflanzen war kein Verlass, weil der eine Winter strenger als der andere sein konnte und bereits einige hundert Höhenmeter einen Unterschied von mehreren Wochen ausmachen. Auch die Ordnung der Natur und die Ordnung des Menschen galt es zu harmonisieren. »Es ist die Nachahmung der Ordnung vorgängig existierender, nicht zum Menschen gehöriger physischer Realitäten, die dem Menschen hilft, in den Vollbesitz seiner Menschlichkeit zu gelangen. Weisheit wird zur Nachahmung der Welt.«[28] Wie gesagt: Das war eine frühere Epoche, die es jedoch genauer, als das gegenwärtig geschieht, und mit Blick auf eine Vielzahl von Kulturen auszuleuchten gilt. Versuche hat es gegeben – wie etwa Johann Christoph Gottscheds 1733 erschienenes Buch *Erste Gründe der gesamten Weltweisheit* – aber sie blieben Einzelfälle. Einer der Gründe, warum die Bücher von Paulo Coelho weltweit zweistellige Millionenauflagen erreichen, dürfte in seiner Fähigkeit liegen, eine Art von Potpourri der Weltweisheit auf erzählerische Weise zu präsentieren. Ich verzichte hier darauf, an einzelnen Zitaten aus verschiedenen Weisheitsquellen – Texten des Gilgamesch-Epos, der Ma'at-Geschichten der Ägypter, der griechischen Philosophen, der Bibel, der Upanishaden und Veden oder der christlichen, jüdischen und islamischen Mystiker, um nur einige zu nennen – zu zeigen, wie sich die Weisheitstraditionen ähneln und wo sie differieren. Gleichnisse, Einzelaussagen, Geschichten, Lehrgedichte, Sprichwörter und viele andere Textgattungen, die es im Einzelnen genau zu definieren und voneinander zu unterscheiden gilt, vermischen sich auf vielfältige Weise in den Weisheitstraditionen.[29]

In den Textgattungen klingen auch unterschiedliche Betonungen der Weisheitslehren an. So gibt es Weisheitslehren, die eine ewige, ideale, metaphysische Ordnung voraussetzen und sich beispielsweise von den Verhaltensweisen der Tiere oder Gestirne ableiten lassen – was im Extremfall zu einem Aberglauben werden kann, zu einer Gleichsetzung von Weisheit und Astronomie.[30] Und doch lässt sich ein Satz wie der aus der Weisheitstradition des biblischen Buches Kohelet kaum als astrologische Aussage missverstehen: »Die Sonne geht auf und die Sonne geht unter und läuft an ihren Ort, dass sie dort wieder aufgehe.« Dieser Satz sagt vielmehr etwas aus über den Weg des Menschen und das Vertrauen auf den guten Lauf der Dinge (Kohelet 1,4). Es geht nicht um Kosmologie, sondern um den Menschen und seinen Weg in diesem Kosmos.[31] Wechsel und Identität sind nichts, wovor man Angst haben müsste. »Alle Wasser laufen ins Meer«, ein Satz, der wenige Zeilen weiter folgt, ist sicher keine Anweisung für die Schifffahrt, sondern eine Beruhigung für alle die, die an der Vielfalt der Götter und der Wege zu ihnen verzweifeln. Auch dieser Satz spielt auf den Kreislauf der Natur an. Interessant daran ist, dass das Buch Kohelet die Antwort auf eine Notlage darstellt. Es war in Jerusalem eine Art Schulbuch und stellte den Versuch dar, so viel wie möglich von der griechischen Weltdeutung zu gewinnen, ohne dabei die israelitische Weisheitstradition zu verraten. Das Hebräisch, in dem das Buch verfasst ist, unterscheidet sich vom klassischen Hebräisch der Tora. In ihm schlagen griechische Syntax und griechische Bildungssprache durch – eine noch viel stärkere Vermischung, als es heute beim »Denglisch« der Fall ist. Man lernte griechisch zu denken, ohne eine griechische Schule besuchen zu müssen. Die Weisheitstraditionen wurden auf geschickte Weise miteinander verbunden und abgeglichen. Ein griechisches Gymnasium wurde tatsächlich erst 175 v. Chr. gegründet. Diese Bildungsmaßnahme war einer der Gründe für den politischen und bald auch militärischen Aufstand der Makkabäer. »Man sieht den Durchbruch, den das klassische Griechenland darstellt«, schreibt Brague.

> *»Davor fasste die ›Weisheit der Welt‹, da, wo es sie gab, die Welt in Hinblick auf die menschliche Selbstsituierung auf mythische Weise auf; danach beruht die Eingliederung in die kosmische Ordnung auf einer ›bekannten‹ und nicht nur im Mythos erlebten Welt, auf einem zwar rudimentären Weltbild, das aber dennoch mit Mitteln, die in die Zuständigkeit des wissenschaftlichen Wissens fallen, etabliert wurde.«[32]*

Ich selbst würde diesem Bruch, den Brague zu Recht in Bezug auf die Traditionen der Weltweisheit feststellt, einen einheitlichen roten Faden gegenüberstellen: den des Verstehens von Komplexität und des ihr entsprechenden Verhaltens. Nur das Verhalten, das mit ihren Gesetzen in Einklang steht – und etwa in vorgriechischer Zeit mythologisch gedacht wurde –, hat die Chance, seinerseits in dieser komplexen Welt auf Dauer zu bestehen. Dass es nichtkosmische Weisheiten gibt, Weisheiten, die nicht von dieser Welt sind, und solche, die geradezu einen Zusammenfall von Ethik und Weisheit vorauszusetzen scheinen, ist dabei durchaus richtig.[33] Die philosophische Leitfrage ist ja, wie die Welt beschaffen sein muss (die Welt der Natur und die Welt der Menschen), damit Weisheit möglich wird. Damit stellt sich die Frage nach dem Sein auf eine neue (und nicht nur theoretische) Weise. Der Fehler der an der Metaphysik orientierten Philosophie ist es gerade, Welt mit Natur zu verwechseln. »Natur ist selbst ein Seiendes, das innerhalb der Welt begegnet und auf verschiedenen Wegen und Stufen entdeckbar wird.« Das Sein als etwas, das über die reine Beschreibung der Dinge, über Erzählungen von Menschen, Bergen, Bäumen, Gestirnen, Göttern und anderem hinausgeht, lässt sich jedoch auf diese Weise nicht erfahren.[34]

Weisheit beinhaltet diese Frage nach dem Sein und dem Sinn von Sein. Insofern hat Weisheit stets auch mit dem gemeinschaftlichen Miteinander zu tun. Es geht nicht nur um eine ausreichende – etwa naturwissenschaftliche – Kenntnis der Welt, sondern vor allem um wirksame Selbsterkenntnis, die auch eine ethische Komponente hat, ohne dass diese jedoch in einer Moral- und Pflichtenlehre aufgeht. Nicht eine wie auch immer geartete Erkenntnis der Weltordnung geht der Weisheit voraus, so als müsse sich der Mensch dann nur noch den Anordnungen fügen, die aus dieser Ordnung erwachsen. Im Gegenteil ist es erst das weise Verhalten selbst, das diese Ordnung verwirklicht und in gewisser Weise sichtbar macht und herstellt. Dieser sehr moderne Aspekt ist, mehr oder minder deutlich ausgeprägt, immer schon Bestandteil von Weisheitstraditionen. Zweifellos zeigen nicht nur griechische und hebräische, sondern auch taoistische Texte, wie eng die Beziehung zwischen Ethik, Deutung des Kosmos und Anwendung auf alltägliche Situationen ist und Staatskunst, Gemeinschaftskunst und individuelle Lebenshaltung eng miteinander verwoben sind. Denn immer wieder geht es darum, durch weises Handeln die Ordnung herzustellen – ein höchst aktives Element, das selbst bei kontemplativer Ausrichtung noch wirksam wird. Ähnliches gilt auch für die ägyptische Idee der Gerechtigkeit, Ma'at. Darstellungen, die diese auf den ersten Blick so grundverschiedenen Traditionen miteinander vergleichen und die Gemeinsamkeiten mit derselben Genauigkeit und Klarheit würdigen wie die Unterschiede, sind leider selten.[35] Von ihnen wird ein zukünftiges »Projekt Weltweisheit«, insofern es auch ein akademisches Projekt ist, in hohem Maße profitieren.

Dass es Weltweisheit gibt, hängt demnach nicht nur mit der kosmologischen und ethischen, sondern vor allem auch mit der pragmatischen Dimension von Weisheit zusammen, die über rein philosophische oder weltanschauliche Aspekte hinausgeht. Taiji bezeichnet im Chinesischen so viel wie »das eine Gesetz« bzw. das Prinzip der Harmonie und des Zusammenspiels von Yin und Yang. Doch die sich daraus ergebenden zwölf axiomatischen Lehrsätze, die der sagenhafte chinesische Urkaiser Fuxi, der auch als Entdecker der acht Trigramme des I Ching gilt, nach der Meditation über Himmel und Erde entdeckt hat, sind keineswegs bloße Lehrsätze. Vielmehr dienen sie auch als Prinzipien des Verhaltens oder der Bewegung, wie die Praxis des Qigong zeigt.[36] »Der Wunsch, zu ergründen, woraus die Dinge entstanden – was nützt das verglichen damit, ihre Früchte zu kennen und zu ernten. So missachtet der Mensch, was des Menschen ist, und grübelt nach über den Himmel. Das aber heißt, dass er irrend vorbeigeht am Wesen der Dinge.« Ist dieser Satz des Hsün Dse (313–238 v. Chr.) in erster Linie eine philosophische Aussage? Ist »Niemand kann zwei Herren dienen« eine politische Theorie? Zielt die Frage »Wer aber von euch vermag mit seinen Sorgen seiner Lebenslänge auch nur eine einzige Elle hinzuzufügen?« auf eine psychologische oder gar medizinische Einsicht? Weisheit ist all das – und mehr. In der Sprache Hsün Dses geht es um das »Wesen der Dinge« und des Menschen. Indem Weisheit versucht, die Komplexität der Welt und des Ichs (und somit der menschlichen Gemeinschaft) zu organisieren, weist sie eine pragmatische Dimension auf, die über die ethisch-moralische hinausgeht. Einer meiner Lieblingssätze aus dem Brief an die Römer ist ein gutes Beispiel dafür: »Freut euch mit den Freuenden, weinet mit den Weinenden« (Röm 12, 15). Dieser Satz zeigt ohne große Theorie, worin Mitleid besteht. Zugleich spricht er indirekt über die Fähigkeit des Menschen, sich in andere hineinversetzen zu können, beweglich zu sein und zugleich Trauer und Freude mit Gelassenheit zu begegnen. Der Grund ist einfach: So unterschiedlich Menschen auch sein mögen – am Ende teilen sie doch eine Vielzahl entscheidender struktureller Merkmale. Wir alle müssen essen und trinken; wir leiden, wenn wir ausgeschlossen werden aus der Gesellschaft, wir lieben, hassen und sind von sexuellen Bedürfnissen geprägt. Und wir alle sterben – und wissen, dass wir sterben. All dies (und weitere biologische und nichtbiologische Faktoren ließen sich noch anführen) trägt dazu bei, eine Gemeinsamkeit der Weisheitstraditionen herzustellen, auch wenn sie im Laufe der Zeit immer wieder von theoretisch elaborierten Weltanschauungen geschluckt oder in etablierte (und damit bürokratisierte) Religionen integriert wurden. Die Weisheitstraditionen sind die unterirdischen Flüsse, die unsere verschiedenen Häuser, die Oikonomien unseres Lebens und der Lebensstile miteinander verbinden.

Unter Abdallah al-Ma'mun ibn Harun ar-Raschid (786–833), dem siebten Kalifen der Abbasiden, erreichte das Kalifat seinen kulturellen Höhepunkt. Sein »Haus der Weisheit« war ein Ort, an dem die (im Christentum verpönten) hellenischen Schriften in großem Umfang ins Arabische übertragen wurden. Rund neunzig Gelehrte arbeiteten damals zeitgleich und eng miteinander an Übersetzungen: Christen, Araber, Sabäer und Juden.[37] Dem »Haus der Weisheit«, das als Vorbild für spätere Häuser in Cordoba und Sevilla dienen sollte, waren zudem ein Observatorium, ein Krankenhaus, eine Akademie und eine umfassende, mehrsprachige Bibliothek angegliedert. Dabei hatten die Werke Aristoteles' und anderer Denker, Philosophen und Protowissenschaftler der klassischen griechischen Antike starken Einfluss auf die arabischen Gelehrten des Mittelalters. Sie übersetzten und kommentierten insbesondere die Schriften des Aristoteles, die sie dann weiterdachten. Für zweihundert Jahre wurde Bagdad zum Zentrum der gelehrten Welt. Dort wurde ohne intolerante Auflagen der gesamte Schatz der griechischen Philosophie und der Wissenschaften übersetzt mit einem außerordentlichen Einsatz an Arbeitskraft, Zeit und Geld. Die Übersetzung und mit ihr das Wieder-Lebendig-Werden einer auch aus damaliger Perspektive bereits alten Kultur, in deren Zentrum der Gedanke rationaler Auseinandersetzung stand, war ein außerordentliches kulturelles Unternehmen. Statt durch Glauben gebunden zu sein, ließen sich die Gelehrten auf die Welt der Griechen ein, die wie die ihre in sich höchst widersprüchlich war und sich wiederum aus unterschiedlichen kulturellen Quellen speiste. Nach der griechischen war dies sozusagen die orientalische Aufklärung. Mit einem Mal galt universales Wissen, anders als an den damaligen theologischen Hochschulen in Europa, als in hohem Maße erstrebenswert. Im Gegensatz zur europäischen Entwicklung, die stark von den Urteilen und Vorurteilen der Theologen und der Glaubensfunktionäre geprägt wurde, war Aristoteles im arabischen Kulturkreis weder aufgrund seiner kritischen Haltung verpönt noch aus religiösen Gründen verboten. In Europa änderte sich diese Haltung erst, als sich an den Universitäten Naturwissenschaften im eigentlichen Sinn entwickelten, meist aus den theologischen Fakultäten heraus, von denen sie sich dann in einem langwierigen Prozess abspalten bzw. unabhängig machen konnten. Erst dann griffen auch viele europäische Gelehrte selbstverständlicher zu den aus dem Arabischen ›re-importierten‹ Aristoteles-Übersetzungen. In der arabischen Welt war man bereits in den Wissenschaften bewandert, die damals eingeteilt waren in Geometrie und Arithmetik, Optik, Astronomie, die Wissenschaft der Musik, der Gewichte und der nützlichen Erfindungen. Diese sieben bildeten die *ulum riyadiyya*, die mathematischen Wissenschaften, die durch die weiteren Bereiche der Medizin, Jurisprudenz, Staatswissenschaft, Natur- und göttliche Wissenschaft sowie durch die Wissenschaft der Beredsamkeit ergänzt wurden.[38] Verschiedene Enzyklopädien boten den arabischen Gelehrten einen systematischen Überblick über die etablierten Wissenschaftszweige. Die Linie dieser arabischen Philosophie und Wissenschaftslehren führt über verschiedene Entwicklungsschritte bis hin zu den Übersetzungen und Aristoteleskommentaren von Ibn Ruschd, auch Averroes genannt. Er wurde 1126 in Córdoba geboren und starb 1198 in Marrakesch, nachdem er als »der Kommentator« bekannt geworden war – als der spanisch-arabische Philosoph, Arzt, Mystiker und

Gelehrte, der nicht nur eine medizinische Enzyklopädie verfasste, sondern nahezu alle Schriften des Aristoteles übersetzte und auch selbstständig kommentierte. 1210 wurden die Kommentare des Averroes in Paris mit einem Bann belegt, obwohl auch an der dortigen Universität von ihnen Gebrauch gemacht wurde. 1255 wurde ein frischer Aristoteles in Paris gelehrt – neu aus dem Lateinischen übersetzt, begleitet von den arabischen und hebräischen Kommentaren; und frisch auch, weil er kritischer (wir würden sagen »rationalistischer«) war als die domestizierte Variante, die die theologischen Fakultäten lehrten. Dieser ›neue‹ Aristoteles, der seinen Weg von Bagdad und Córdoba nach Paris gefunden hatte, ins damalige Zentrum des kulturellen Lebens, läutete ein Zeitalter rationaler Auseinandersetzung ein. Der arabische Kanon, der nun die Universitäten erreichte, war ein anderer als der, den die westlichen Traditionen bislang gelehrt hatten.[39] Averroes und Gelehrte wie Musa ibn Maymun (Maimonides, geboren 1138 in Córdoba und 1204 in Kairo gestorben) ist es zu verdanken, dass sich eine Form von Vernünftigkeit den Weg bahnte, die auch die Einseitigkeiten des Glaubens in Frage stellte. Anders als Benedikt XVI. zu suggerieren scheint, war das Christentum keineswegs immer auf der Seite des Verstandes und des angemessenen rationalen Handelns – und man muss dabei nicht einmal an die Kreuzzüge oder die Inquisition erinnern. Durch diese Denker fand in Paris ein Durchbruch statt, der seinerseits Gelehrte wie Abelard, Roger Bacon oder auch Albert den Großen anzog, dessen Schüler einer der berühmtesten Denker des Mittelalters war: Thomas von Aquin (1225–1274). Albert der Große (1200–1280) befasste sich wie später Thomas von Aquin und andere seiner gelehrten Zeitgenossen in Paris intensiv mit diesem neuen Aristoteles und mit der jüdisch-arabischen Philosophie. Diese irrwitzigen Wege und Winkelzüge der Ideengeschichte nachzuvollziehen, die die Verbreitung des »rationalistischen« Denkens von Aristoteles genommen hat – trotz kirchlicher (das bedeutet letztlich päpstlicher) Verbote seiner Schriften, ist ein atemberaubendes Projekt, zumal es bis heute seine Schatten auf die Theologie wirft. Man kann daran gut studieren, wie wenig solche Verbote genutzt haben, zumal sie erlassen wurden, gerade weil diese Schriften bereits in Paris so begehrt und verbreitet waren. Am Ende haben sie die Theologie geschwächt, weil sie sich nicht wirklich mit den Schriften hat auseinandersetzen können – mit der Folge, dass ihr seitdem bis in die Gegenwart hinein die Argumente immer weiter auszugehen drohen.

Obwohl diese Entwicklung in der Ideengeschichte Europas meist nachlässig behandelt oder ganz vergessen wird, ging der bekannten europäischen Renaissance des 14. bis 16. Jahrhunderts bereits eine frühmittelalterliche Renaissance voraus. Deren Wurzeln aber liegen eben in Bagdad und später in Córdoba. In Bagdad wurde Hunderte von Jahren vor der europäischen Renaissance bereits eine Wiedergeburt der Antike eingeleitet, weil dort ein ungeheures Zentrum der Geistes- und Naturwissenschaften von bis dahin ungekanntem Ausmaß entstand. Erst allmählich strahlte dieses Zentrum auch auf Europa aus. Dieses Zentrum in Bagdad war im Unterschied zu den europäischen Schulen gerade auch den verschiedenen Weisheitstraditionen gegenüber offen. Dieser Austausch dürfte in der christlich-westlichen Welt bislang kaum ausreichend erforscht und dokumentiert worden sein. Es ist absolut faszinierend, sich mit der spannenden Geschichte des ›Re-Imports‹ der von der katholischen Kirche verbotenen Schriften des Aristoteles über die arabischen Übersetzungen aus Bagdad zu befassen. Manifest wird diese Geschichte für den Zeitraum von ein paar hundert Jahren in Al-Andaluz, dem muslimischen Territorium auf der iberischen Halbinsel, einem blühenden, zu Recht golden genannten Zeitalter einer interreligiösen Gemeinschaft im Süden Spaniens.[40] Ab Mitte des 8. Jahrhunderts bis über das Jahr 1000 hinaus wurde Córdoba zu einem Zentrum nicht nur der muslimischen Welt. Juden, Muslime, Christen und andere Religionsangehörige schufen in dieser Zeit eine Kultur der Toleranz, in der die sonst übliche Trennung der Kulturen aufgrund der religiösen Unterschiede aufgelöst wurde zugunsten einer weiten und umfassenden Kultur, die Elemente all dieser verschiedenen Kulturen integrierte. Der Ausdruck »Ornament der Welt« stammt aus dieser Zeit ebenso wie der bis heute in der arabischen Welt, insbesondere in Literatur und Lyrik bekannte Begriff der »Gärten von Córdoba«, eine komplexe Metapher, die von der Größe der kulturellen Errungenschaften dieser Zeit ebenso durchdrungen ist wie von deren Verlust. Tatsächlich waren nicht nur die Grenzen zwischen den Religio-

419

nen und den Kulturen fließend, sondern auch die Fähigkeiten vieler Menschen, von einer Sprache in eine andere zu wechseln. Widersprüche in der eigenen Identität galten nicht als etwas, das mit Hilfe dogmatischer (und das bedeutet auch: theoretischer und wenig pragmatischer) Rigidität ausgetrieben werden musste. Toledo wurde aufgrund seiner bedeutenden Rolle als Stadt der Übersetzer für einige Zeit zum Zentrum Europas – ähnlich wie Bagdad Ende des 8. Jahrhunderts. Dass die Renaissance all diese Tugenden für sich in Anspruch nahm, hat seine Berechtigung. Falsch ist es jedoch anzunehmen, sie hätte die erste Erleuchtung in eine ansonsten dunkle Welt gebracht. Dass die in mancher Beziehung geradezu moderne Welt des muslimisch-christlich-jüdischen Spaniens zugrunde ging, ist weniger auf einen Mangel an Aufklärung zurückzuführen – eine These, an der bis heute festgehalten wird –, sondern geht vielmehr auf das Entstehen dessen zurück, was später Nationalstaat genannt wurde.[41] María Rosa Menocal weist darauf hin, dass das mittelalterliche Europa wie in Al-Andaluz als ein Ort teilweise aufgelöster intellektueller, kultureller und auch geographischer Grenzen zunehmend unfassbarer und damit eine ähnlich bedrohliche Wirkung entfaltete, wie sie heute die Erweiterung der Grenzen der EU auf viele Europäer hat. Tatsächlich aber scheint, wo es zu Gewaltausbrüchen kam, der religiöse und kulturelle Unterschied keine größere Rolle gespielt zu haben als all die anderen Motive, die jeglicher Vernunft zum Trotz immer wieder zu Ausbrüchen von Gewalt führen. El Cid, der spanische Nationalheld, kämpfte ebenso hart gegen die kastilische Monarchie und war immer wieder Führer muslimischer Armeen.

Was sich durch diese hier nur flüchtig aufgenommene Linie von Bagdad über das maurische Spanien, von Paris und die Schriften Thomas von Aquins über die Renaissance bis hin zur Entstehung der modernen Wissenschaften sagen lässt, ist, dass es nur einen roten Faden gibt: den der Bedeutung eigener Erfahrung und des eigenen Denkens. Überliefert ist u.a. der Satz von Thomas von Aquin, der 1273 alle Arbeit an seinen Schriften einstellte und verkündete: »Alles, was ich geschrieben habe, kommt mir vor wie Stroh im Vergleich zu dem, was ich gesehen habe.« Mit diesem Sehen meinte er keine Theorie mehr im Sinn einer Hypothesenbildung oder einer Verfeinerung eines argumentativen Gebäudes, mit dem er sich ein Leben lang auseinandergesetzt hatte. Mit »Sehen« bezog sich Thomas von Aquin vielmehr auf den griechischen Ursprung des Wortes: die Schau, ein Sehen mit eigenen Augen, das zur mystischen Erfahrung wurde. Einer anderen Version zufolge musste man Thomas von Aquin davon abhalten, seine Bücher zu verbrennen, weil er in seiner Schau erfahren hatte, dass alle Begriffe und Eigenschaften, die Gott zugeschrieben wurden, unangemessen und mehr unähnlich als ähnlich, also falsch sind. Das Kernstück von Aquins Lehre war schließlich die sogenannte Analogielehre, deren Ziel es war, zu klären, was sich mit gutem Grund, d.h. aufgrund rationaler Argumente, von Gott sagen lässt. Auf Thomas von Aquin, der wirkungsgeschichtlich sicher bedeutendste Theologe und Philosoph des Mittelalters, folgte eine Reihe von Mystikern, die mehr auf die Erfahrung von Gott und damit auf persönlich erfahrene Weisheit setzten als auf Theorie und gedankliche Spekulation. Waren es vor ihm Anselm von Canterbury, Bernhard von Clairveaux, Hugo von Sankt Viktor, Hildegard von Bingen oder Franz von Assisi, so folgten ihm Bonaventura (der im selben Jahr 1274 starb), Meister Eckhart, Jan van Ruysbroek, Johannes Tauler, Katharina von Siena, Teresa von Ávila, Johannes vom Kreuz, Jakob Böhme oder Angelus Silesius nach, um nur einige Namen zu nennen, deren Weisheitslehren es verdienen würden, hier ausführlich dargestellt zu werden. Sie alle verbindet die Erkenntnis der Bedeutung und Kraft der eigenen Erfahrung – einer Erfahrung, die das Denken übersteigt. Sie alle erlebten mit dieser Erfahrung eine Veränderung, die sich auch in ihrem Denken und Verhalten niederschlug. Auf diese Weise wurde das Denken tatsächlich zu einem Nach-Denken – einer gedanklichen Auslegung, einem Übersetzen der ihm vorausgehenden eigenen Erfahrung. Die Suche nach Erkenntnis fand weniger beim Lesen, Argumentieren und rationalen Aufklären statt, sondern ereignete sich vor allem als Suche nach dem besonderen Licht. Für die Vertreter der Weisheitstraditionen – hier: der Mystik anstelle der Dogmatik und Theologie – war klar, dass sie von dieser Erfahrung ausgehen mussten, statt sie verleugnen zu wollen, auch wenn man sie als Gelehrter später mit den Mitteln der Vernunft auszuleuchten versuchte.

Anders als bei Hans Küngs »Projekt Weltethos« steht hier die Erfahrung im Zentrum. Ich gebe zu, dass die Strömungen der Weisheit und ihre geschichtliche Entwicklung weit weniger aufgearbeitet sind als die ideengeschichtlichen Entwicklungen der Theologie. An dieser Front gibt es noch viel zu erforschen und zu klären. Doch fest steht, dass dieses Weisheitsprojekt auf andere Aspekte des Lebens gerichtet ist als das Projekt Weltethos, das letztlich einen interkulturellen Dialog sucht, weil es an die Idee einer der Religion übergeordneten rationalen Ordnung und die Klärung von dogmatischen Problemen glaubt. Es orientiert sich nach wie vor an der Idee einer universalen moralischen Gesetzgebung und der damit verbundenen (immer noch Kantischen) Vernunftreligion. Im Dialog der Weisheit stehen weder eine Vernunftreligion noch einzelne dogmatische Lehren im Mittelpunkt, sondern eine transreligiöse Erfahrung (Willigis Jäger). Das »Projekt Weltweisheit« sollte selbst eine Plattform sein, um ebendiese Erfahrungen zu ermöglichen. Gemeinsames Praktizieren ist dabei vermutlich wichtiger als der ohnehin schon oft gepflegte interreligiöse Diskurs. Es wäre wichtig, die zentralen Fragen der Forschung auf die eine Frage des Umgangs des Menschen mit sich selbst hin zu bündeln. Welche Erfahrungen macht der Mensch mit den unterschiedlichen Weisheitstraditionen? Wie lassen sich diese Erfahrungen nutzbar machen, um die Welt besser zu verstehen und nachhaltiger mit ihr umzugehen? Wie lässt sich – und hier berühren sich, wie auch in manch anderen Aspekten, die Projekte Weltethos und Weltweisheit durchaus – die Erfahrung des Mitleids, des gemeinsamen Lebens, zum Ausgangspunkt eines menschlicheren Umgangs miteinander machen? Insofern wird aus Weisheit die entscheidende Lebens-, ja *Über*lebensstrategie, die nicht nur uns Menschen betrifft, sondern letztlich alle Lebewesen auf diesem Planeten, der uns gemeinsam beherbergt. Der Austausch von Weisheitserfahrung dient – mehr als ein theoretischer Diskurs darüber – eben nicht nur dem inneruniversitären Druckluftaustausch, sondern soll aktiv in die Gesellschaft hineinwirken. Weltweisheit ist, ganz im Sinne Peter Sloterdijks, eine Art von »Kulturpädagogik« – eine Übung, die eine Form von Erfahrung und Wissen ist, die auch in Schulen, Firmen und anderen Institutionen bis hinein in die Verwaltung, Politik und Wissenschaft Anwendung finden kann und soll. Sicher könnte es in einer »komparativen Sapientiologie«, um eine dem akademischen Jargon entliehene Formulierung zu gebrauchen, auch darum gehen, die verschiedenen Weisheitsströme der Welt zu sichten und in ihrer geschichtlichen Entwicklung (und vor allem in ihren Überschneidungen) transparent zu machen. Auch ihr Verhältnis zu Religion, Vernunft, Wissenschaft und Kultur (nicht zuletzt auch zu Kunst und Ritualen) könnte neu überdacht und geklärt werden, doch immer steht die Erfahrung im Mittelpunkt. Weisheit ist keine bloße Theorie – ein Umstand, der neue Methodologien und Forschungsansätze erforderlich macht.

Die Weisheitserfahrungen bilden über die Jahrhunderte hinweg den unterirdischen Strom, der still unter den Gebäuden der Religionen (und auch der Vernunft) fließt und sie durch seine zahlreichen Seitenarme miteinander verbindet. Traditionell wird angenommen, der Begriff Gottes spiele dabei eine zentrale Rolle. Möglicherweise aber ist es vielmehr das Ich, das im Zentrum steht. Interessanterweise fällt auf diese Debatte über Religion, Vernunft und Weisheit neuerdings insbesondere aus der Perspektive der Evolutions- und Neurowissenschaften ein anderes Licht.[42] Im Folgenden soll zum Ausklang der seltsame Zusammenhang beleuchtet werden, der zwischen der Erfahrung Gottes und der Erfahrung des eigenen Ichs besteht. Meine These ist, dass beides – die Entstehung der Religion wie auch die Entstehung einer Theorie des Ichs, der Subjektivität – sich vor allem einer Verkennung von Komplexität verdankt.

## Wie Religion und das Geheimnis des Ichs aus der Täuschung über die wahre Komplexität der inneren und äußeren Welt entstehen

Das Ich bzw. sein Vermögen zu Bewusstsein und Erkenntnis und die Existenz Gottes scheinen auf eine tiefe Weise miteinander verbunden zu sein, zumindest sind sie es in der abendländischen Tradition. Bei Descartes wird die Existenz Gottes mit der Funktion des Ichs in eine geradezu wesensnotwendige und beinahe kausal erscheinende Verbindung gebracht. Dass ausgerechnet Descartes' Philosophie des Zweifels an zentraler Stelle auf der Annahme der Existenz Gottes beruht, ist ein sensibler Punkt, der im Alltagsverständnis von Descartes' berühmtem »Cogito ergo sum« meist außer Acht gelassen wird. Diese in der abendländischen Geschichte gepflegte Tradition der Verbindung von Ich und Gott – heute würde man von der Erfahrung des Selbstbewusstseins und der Religion sprechen – ist sicher kein Zufall. Im Fall Descartes' ist der Übergang vom »Ego sum« zum »Deus est« ein notwendiger Schritt im Aufbau einer Metaphysik, die er selbst als Theorie der Erfahrung interpretiert.[43] Die Erfahrung des Selbst im Vollzug ist es, die dem Denken den Übergang erlaubt. Der finnische Philosoph und Logiker Jaakko Hintikka machte darauf aufmerksam, dass Sätze wie »Ich bin« nicht negiert werden können, ohne zu logischen Inkonsistenzen zu führen. Dem entspricht der sogenannte performative, d.h. im Vollzug, im Handeln geschehende Charakter des »ergo sum«. Man kann darüber streiten, ob diesem nun ein Akt der Introspektion und tatsächlichen Selbsterkenntnis zugrunde liegt oder nur eine Erkenntnis gewisser logischer Notwendigkeiten. Descartes selbst stellt ohne Zweifel eine Erfahrung an den Anfang. Doch was genau haben Gott und Ich, bzw. Gott und diese Erfahrung des Ichs – zwei Konzepte, die unterschiedlicher gar nicht gedacht werden könnten – miteinander gemein? Mein Vorschlag ist, das Problem von der Theorie komplexer Systeme aus zu betrachten. Diese Perspektive eröffnet überraschenderweise eine Möglichkeit, die erstaunliche strukturelle Parallele genauer zu verstehen. Worauf ich in diesem Kapitel hinauswill, ist die Frage, ob die Annahme der Existenz geheimnisvoller Wesen wie Göttern, einem Gott oder auch dem Ich vor allem aus einer verzerrten Wahrnehmung beziehungsweise einer Illusion über die wahre Komplexität der Welt entstehen könnte. Die Vorgänge, von denen meine Überlegung dabei ausgeht, sind ebenso alltäglich wie paradox. Was passiert etwa in Ihrem Geist, in Ihrem Gehirn, während Sie diese Zeilen lesen und verstehen? Oder noch einfacher: Was geschieht, wenn Sie diese Zeilen sehen und die Buchstaben wahrnehmen? Im Grunde scheinen dieses Sehen und Wahrnehmen relativ einfache Tätigkeiten zu sein. Und wenn Sie vom Buch aufsehen und Ihre Umgebung wahrnehmen, gelingt Ihnen das ebenso mühelos wie das Lesen. Sie sehen ein Zimmer, womöglich einen Tisch, auf dem Gegenstände stehen, sehen vielleicht ein Fenster oder Ihren Hund, der neben Ihnen auf dem Boden schläft. All das scheint Ihr Gehirn mühelos wahrzunehmen. Um zu verstehen, was sich hinter dieser scheinbar so einfachen Tätigkeit des Sehens verbirgt, lohnt es eine berühmt gewordene Unterscheidung zu bedenken, die der britische Psychologe, Informatiker und Mathematiker David Marr eingeführt hat. Marr gilt als einer der Gründerväter der Disziplin der Neuroinformatik, einer Disziplin, die versucht, die Strukturen der Informationsverarbeitung in unserem Gehirn oder dem anderer Lebewesen zu verstehen. Obwohl Marr 1980 im Alter von nur 35 Jahren an Leukämie starb, hinterließ er ein Modell des Gehirns, das die Prozesse der Informationsverarbeitung während des Sehvorgangs zu erklären versucht und das noch heute in vielem Bestand hat. In Bezug auf die Probleme der Informationsverarbeitung, vor denen ein kognitives System (gleich ob Computer oder Lebewesen) beim Sehen eines Gegenstandes steht, unterschied Marr drei Ebenen. Zunächst die Ebene der Berechnung (»computational level«) – etwa die Konstruktion eines dreidimensionales Bildes aus dem zweidimensionalen, das unsere Retina liefert. Zweitens die algorithmische Ebene (»algorithmic level«), d.h. die Ebene der genauen mathematischen Prozesse, die die Eingangsdaten – das zweidimensionale Bild – in die gewünschten Ausgangsdaten – das dreidimensionale Bild – überführen, und drittens die technische Ebene (»implementational level«), auf der diese Prozesse realisiert werden – was beim Sehvorgang in einem Gehirn und in einem Computer auf durchaus unterschiedliche Weise stattfinden kann. Man könnte sagen, dass Marr eine Ebene der Rechenprozesse, vor denen jedes informationsverarbeitende System steht, von einer Ebene der geistigen Informationsverarbeitung und einer Ebene der Hardware, der materiellen Umsetzung unterscheidet.

Schon das Verrichten der alltäglichsten aller Aufgaben, dem sehenden Wahrnehmen unserer Umgebung, zeigt also, dass sowohl die dazu notwendigen rechnerisch-mathematischen Prinzipien als auch die Vorgänge innerhalb des Gehirns hochkomplex sind. Doch von dieser Komplexität bekommen wir aus unserer Innensicht nicht das Geringste mit. Wir sind

425

damit beschäftigt, die Buchstaben zunächst als Buchstaben zu erkennen, zu Wörtern und Sätzen zusammenzubauen und ihren Sinn zu verstehen. Von all den hochkomplexen Prozessen, die in unserer Hardware – unserem Gehirn – ablaufen müssen, um dieses erkennende Sehen möglich zu machen, bemerken wir nichts. Unser Geist befähigt uns zur Erkenntnis – also dazu, etwas zu sehen, Sätze zu verstehen etc. –, als sei dies die leichteste Übung der Welt. Die wirkliche Komplexität der in uns ablaufenden Vorgänge, die am Ende vielleicht auch ein Verstehen der Komplexität unseres Selbst und der Welt um uns herum möglich macht, bleibt uns verborgen. Sie ist in hohem Maße unbewusst. Das Paradoxe an dieser Tatsache ist, dass wir intuitiv ein völlig falsches Verständnis vom Komplexitätsgrad dieser Vorgänge haben.

Die Illusion, die wir uns bezüglich der Einfachheit des Sehens machen, kann – um zum eigentlichen Thema dieses Kapitels, dem Verhältnis von Religion und Vernunft zurückzukommen – vielleicht helfen, eine andere Illusion weniger überraschend zu finden. Meine Überlegung geht dahin, dass sowohl der Begriff eines Gottes wie auch der des Ichs in gewisser Weise dazu dienen, unsere komplexe und insbesondere nichtlineare Welt einfach und linear erscheinen zu lassen. Die Illusion von Linearität ist offensichtlich notwendig, um einige störende und verwirrende Probleme des Menschen mit sich und seiner Welt aus dem Weg zu räumen. Analog verhält es sich mit dem Sehen: Wüssten wir um die Komplexität dieser Vorgänge und müssten sie beim Sehen nachvollziehen, würden wir inmitten des Waldes von Prozessen keinen einzigen Baum mehr erkennen. Wir wären hoffnungslos überfordert. Faktisch aber sind die meisten dynamischen Prozesse in der Natur nicht nur komplex, sondern auch nichtlinear: die Entwicklung von Gesellschaften und Gehirnen ebenso wie die Evolution von Lebewesen oder die Aufrechterhaltung eines ökologischen Gleichgewichtes.

Auch die Existenz Gottes und die Existenz eines Ichs stehen in diesem erstaunlichen gemeinsamen Zusammenhang des Umgangs mit Komplexität, der sich vielleicht besser verstehen lässt, wenn man sich einen wichtigen Entwicklungsschritt in der Entstehung der modernen Welt vor Augen hält. Vermutlich war der französische Philosoph René Descartes der

Erste, dem diese strukturelle Entsprechung von Gott und Ich in ihrer ganzen Radikalität bewusst wurde. Es lohnt daher, kurz auf Descartes' Gedanken einzugehen.

Descartes selbst beschreibt in seiner 1636 erschienenen berühmten *Abhandlung über die Methode, richtig zu denken und die Wahrheit in den Wissenschaften zu suchen*, wie er von Kindesbeinen an in den Wissenschaften unterrichtet worden sei.[44] Sicher, er habe Glück gehabt, habe Menschen von verschiedenster Herkunft und Temperament an Höfen ebenso wie im Krieg kennenlernen können und dabei Zeit gefunden, das Schicksal der Menschen ebenso wie das große Buch der Natur zu studieren. Er habe seinen Verstand nie für schärfer befunden als den anderer – immerhin sei der gesunde Verstand das, was in der Welt am besten verteilt sei. Dennoch müsse er zugeben, sich zuweilen doch »die schnelle Auffassung oder die scharfe und bestimmte Vorstellungskraft oder das gleich umfassende und schnelle Gedächtnis anderer gewünscht« zu haben. Er könne sich durchaus irren, räumt Descartes ein, und vielleicht sei das, was er für Gold und Diamanten halte, ja in Wahrheit nur Kupfer und Glas. Doch erscheine es ihm als die zuverlässigste Erkenntnis. Bislang, so sein Eindruck, sei auf den unsicheren Unterlagen der Wissenschaften und der Philosophie nichts Dauerhaftes errichtet worden. Selbst im Studium der Morallehren lasse sich nichts Verlässliches finden – ebenso wenig wie im Studium des Buches der Natur. Auch hier herrscht, wie in Philosophie, Ethik und Wissenschaft, die Gegensätzlichkeit der Meinungen vor. Von dieser Erkenntnislage geht Descartes aus in jenen Wintertagen während des Dreißigjährigen Krieges, in denen er aufgrund eines unerwarteten Wintereinbruchs in einem Dorf in der Nähe Ulms festgehalten wird. Während die Welt draußen um das Gleichgewicht der Religionen und der nationalen Mächte kämpft, bleibt Descartes im deutschen Winter »ohne von Sorgen oder Leidenschaften geplagt zu sein den ganzen Tag allein in einer warmen Stube eingeschlossen und fand hier alle Muße, mich mit meinen Gedanken zu unterhalten.« In der Stille fragt er sich nach dem sicheren Fundament der Erkenntnis. Descartes versucht dabei vor allem zu erforschen, wer er ist. »Ich bemerkte«, schreibt er schließlich, »dass in dem Satz: ›*Ich denke, also bin ich*‹, nichts enthalten ist, was mich seiner Wahrheit versicherte, außer dass ich klar einsah, dass, um zu denken, man sein muss. Ich nahm davon als allgemeine Regel ab, dass alle von uns ganz klar und deutlich eingesehenen Dinge wahr sind, und dass die Schwierigkeit nur darin besteht, die zu erkennen, welche wir deutlich einsehen.«[45] Doch was, wenn ein böser Geist oder ein betrügerischer Gott (*genius malignus*) in ihn und uns alle eine Natur der Täuschung hineingelegt hätte, die auch Falsches für richtig hält und uns jede richtige Erkenntnis austreibt? Descartes kommt, wie er in den 1641 erschienenen *Untersuchungen über die Grundlagen der Philosophie, in welchen das Dasein Gottes und der Unterschied der menschlichen Seele von ihrem Körper bewiesen wird* zugibt, daher nicht umhin, auch die Existenz Gottes zu überprüfen. Nur so lässt sich die Möglichkeit eines betrügerischen Gottes ausschließen und damit der letzte Zweifel auch über die Existenz des Ichs überwinden.[46] Selbsterkenntnis und Gotteserkenntnis gehören notwendig zusammen – ein Umstand, der in der nichtakademischen Debatte um Descartes' Erfahrung des Zweifels häufig unbeachtet bleibt. Am Ende ist es die Gotteserkenntnis als etwas Reales, von Gott Stammendes, das allein für Descartes eine absolute Wahrheitsgarantie zu bieten vermag. Irrtümer sind nicht real, weil sie nicht von Gott abhängen, sondern nur einen Mangel an ebendiesem Realen darstellen. Genau genommen führen also weder der radikale Zweifel selbst noch die willkürliche Annahme irgendeines Fundamentes der Erkenntnis weiter. Am Ende ist es die Existenz Gottes, der als vollkommenes und wahrhaftiges Wesen nicht nur die Fähigkeit zur Unterscheidung, sondern auch die Erkenntnis der Wahrheit in uns hineingelegt hat. Gott ist es, der die Kontinuität des Ichs von Moment zu Moment über jeden Zweifel erhaben macht. Gott und Ich bedingen sich der Erkenntnis nach wechselseitig. Gott ist es, der auch im radikalen Zweifel von Moment zu Moment weiterwirkt und den Zweifel gleichsam als bösen Geist aus dem Ich austreibt. Umgekehrt ist es jedoch gerade dieses Selbstbewusstsein des Ichs, das sich im Zweifel auf sich selbst zu gründen versucht, ohne das kein Gott verlässlich zu denken ist.

Von der Theorie komplexer, nichtlinearer Systeme aus betrachtet, gewinnt diese »alte« Verbindung von Gott und Ich (die weit in die Geschichte der Menschheit zurückgeht) jedoch eine völlig neue und überraschende Bedeutung. Die Ausgangsfrage dabei ist, was die Funktion des Ichs begründet, das als Kontinuum vorgestellt wird, als eine Art von »tragender Substanz« des Bewusstseins, die ihre Entsprechung in Gott als schöpferischem, das Universum tragendem Prinzip findet.

Doch der Reihe nach. Nach allem, was wir heute über die Funktionsweise des Gehirns und die Strukturen des Bewusstseins wissen, ist es verwunderlich, wie sich das Gehirn, unser Zentralorgan der Orientierung in der Welt und des Verstehens unserer selbst und des Universums, in Bezug auf sich selbst derart irren kann, wie es offensichtlich der Fall ist. Die Diskrepanz einer »natürlichen« Beschreibung des Gehirns von außen und der subjektiven Erfahrung seiner Funktion von innen werfen laut Wolf Singer

*»die spannende Frage auf, warum ein erkennendes Organ zu unterschiedlichen Schlussfolgerungen kommen kann, je nachdem, ob es sich bei seiner Erforschung auf die Selbsterfahrung oder auf die Fremdbeschreibung durch naturwissenschaftliche Vorgehensweise verlässt. Es ergeben sich daraus zudem eine Fülle äußerst anspruchsvoller wissenschaftlicher Fragestellungen, da es die Organisationsprinzipien zu erforschen gilt, die es möglich machen, dass ein System, das aus 1011 Einzelelementen, den Neuronen, besteht, sich so zu organisieren vermag, dass es trotz seiner dezentralen Struktur in der Lage ist, kohärente Interpretationen seiner Umwelt zu liefern, Entscheidungen zu treffen, angepasste Handlungsentwürfe zu erstellen, komplexe motorische Reaktionen zu programmieren und sich dieser Eigenleistungen zudem gewahr zu werden und darüber berichten zu können. Sich mit diesen Fragen zu befassen und die neuronalen Mechanismen zu identifizieren, die diesen Leistungen zu Grunde liegen, ist eines der großen Projekte der Hirnforschung. Hierbei wird das Gehirn als ein Organ wie jedes andere betrachtet. Die Grundannahme ist, dass sich seine Funktionen in naturwissenschaftlichen Beschreibungssystemen darstellen lassen müssen, da neuronale Prozesse den bekannten Naturgesetzen unterworfen sind. Diese Annahme basiert auf ganz unterschiedlichen, jedoch konvergierenden Argumentationslinien.«[47]*

Wie auch immer die naturwissenschaftlichen Beschreibungen aussehen: Im Wesentlichen ist die Vorgehensweise die von Singer beschriebene. Wir bemühen uns, komplexe Systeme in immer kleinere Untereinheiten zu zerlegen und diese anschließend so vollständig wie möglich zu beschreiben, zu analysieren und dann die Kausalrelationen im Detail ausfindig zu machen.

Doch selbst unser Wissen, dass das Gehirn selbst wie die Welt, die es betrachtet, ein komplexes und nichtlineares dynamisches System ist, durchzieht ein innerer Widerspruch. Singer beschreibt ihn folgendermaßen. Auch unsere Erkenntnis der Komplexität des Gehirns, schreibt er,

> *»ändert nichts daran, dass jeder der kleinen Schritte, die aneinander gefügt die Entwicklungstrajektorien des Gesamtsystems ausmachen, auf neuronalen Wechselwirkungen beruht, die im Prinzip deterministischen Naturgesetzen folgen. Diese Sicht steht im Widerspruch zu unserer Intuition, zu jedem Zeitpunkt frei darüber befinden zu können, was wir als je nächstes tun oder lassen sollen.«[48]*

Die neuronalen Wechselwirkungen, die die emergente Qualität des Bewusstseins erzeugen, unterliegen – soweit man der Gehirnforschung bis zum jetzigen Zeitpunkt Glauben schenken darf – deterministischen Gesetzen. Was so dramatisch klingt und die Neurowissenschaften sofort dem Verdacht eines unangemessenen Reduktionismus und einer ideologischen Ausrichtung verdächtig macht, gilt in völlig unspektakulärer, aber analoger Weise auch für das Wetter. Die wenigen Gleichungen, die notwendig sind, um etwa Luftdruck oder Wind zu beschreiben, sind streng deterministisch – auch wenn das Gesamtsystem, in dem sie arbeiten, nicht deterministisch und nichtlinear ist. Genauso verhält es sich offensichtlich auch mit dem Gehirn oder, auf einer anderen Ebene, mit unserem Bewusstsein.

> *»Dies aber impliziert, dass mentale Prozesse wie das Bewerten von Situationen, das Treffen von Entscheidungen und das Planen des je nächsten Handlungsschrittes auf neuronalen Wechselwirkungen beruhen, die ihrer*

*Natur nach deterministisch sind. Auch wenn es sich bei Gehirnzuständen, die den verschiedenen kognitiven Akten zu Grunde liegen, um dynamische Zustände eines nicht-linearen Systems handeln sollte – was wahrscheinlich ist –, gälte nach wie vor, dass der jeweils nächste Zustand die notwendige Folge des jeweils unmittelbar Vorausgegangenen ist. Sollte sich das Gesamtsystem in einem Zustand befinden, für den es mehrere Folgezustände gibt, die eine gleich hohe Übergangswahrscheinlichkeit aufweisen, so können minimale Schwankungen der Systemdynamik den einen oder anderen favorisieren. Es kann dann wegen der unübersehbaren Zahl der determinierenden Variablen nicht vorausgesagt werden, für welche Entwicklungstrajektorie sich das System »entscheiden« wird. Das System ist aufgrund seiner Komplexität und nichtlinearen Dynamik hinsichtlich seiner zukünftigen Entwicklung offen. Es kann völlig neue, bislang noch nie aufgesuchte Orte in einem hoch dimensionalen Zustandsraum besetzen – was dann als kreativer Akt in Erscheinung tritt.«[49]*

Wie komplex die Dynamik von Gehirnen auch immer ist: Sie ist im Kontext eines evolutionären Prozesses entstanden, der, wie Singer schreibt, »zu immer komplexeren Strukturen führte, aber keine ontologischen Brüche ausweist«.[50] Doch genau das erlebt der Mensch aus der Innenperspektive – ähnlich wie er einen solchen Bruch in Bezug auf den Beginn seiner Existenz und die Existenz des gesamten Universums wahrnimmt. Gott und Ich sind sozusagen Brüche in dem glatten System, das die Evolution hervorgebracht hat. Mehr noch: Gott und Ich scheinen geeignete Prinzipien zu sein, um sowohl in der Innen- wie in der Außenwelt anzunehmen, dass es ein vorgelagertes Prinzip, eine grundlegende Ordnung gibt. So wie Gott die Ordnung des Universums erschaffen hat und, je nach religiöser Vorstellung, auch weiterhin grundsätzlich aufrechterhält, so schafft das Ich die Ordnung im Haus des Bewussten und Unbewussten. Der Determinismus, den die Wissenschaften etwa in den biochemischen Prozessen entdecken und der, wenn man der Theorie komplexer Systeme folgt, zu »emergenten« Systemeigenschaften führt, steht in direktem Widerspruch zum inneren Erleben des Menschen. Und selbst das Gehirn als vermittelnde Instanz scheint sich, auf der Ebene der alltäglichen Erfahrung, anders zu sehen. Das Gehirn ist sozusagen der Sitz des Ichs, so wie der Körper der Platz ist, in dem das Herz seinen Ort findet. Warum existiert dieser Bruch, diese ontologische Diskrepanz in der Wahrnehmung? Warum sind die Perspektiven der ersten und der dritten Person – d.h. einer Person, die einen Menschen oder das Gehirn eines Menschen beobachtet, und einer Person, die sagt, »hier« befände sich mit Gewissheit und verlässlich das Ich, so unterschiedlich?

Was die Hirnforschung über die neuronalen Grundlagen unserer kognitiven Leistungen, ja unseres Bewusstseins behauptet, widerspricht der Intuition in etwa so wie die Behauptung, dass sich Materie in Energie umwandeln lasse und die Materie in ihrem Inneren leer sei (eine Einsicht, die sich zwingend aus der aktuellen Quantenphysik und der Theorie des Aufbaus der Materie ergibt). Unsere eigene Vorstellungskraft irrt offensichtlich fundamental, wenn sie sich auf sich selbst bezieht, d.h. auf die Frage des Ichs und die Herkunft dieses Ichs und der Welt. Der bekannte Religionswissenschaftler Robert Thurman schrieb:

*»Es ist recht diffizil, unserem ›Ich‹ auf die Spur zu kommen, denn in unserer Gesellschaft gibt es keine Gebrauchsanweisung, die wir dafür zu Rate ziehen können. Das ›Ich‹ scheint eine bekannte Größe zu sein. Sein Ursprung ist dagegen schon weniger bekannt. Ich darf das scheinbar so evidente ›Ich‹ nicht als unumstößliche Realität hinnehmen, sondern muss vielmehr herausfinden, auf wen oder was sich das ›Ich‹ bezieht.«[51]*

Tatsächlich hat sich im Laufe der Evolution mit der Zunahme des Volumens der Hirnrinde auch die Komplexität der Vernetzungsmöglichkeiten dramatisch erhöht. Diese Komplexität der dynamischen Zustände, die ein Gehirn einnehmen kann, in dem sich 1011 Nervenzellen mit über 1014 Verbindungen vernetzen, übersteigt nach den bislang geltenden Schätzungen die Anzahl der Atome im Universum (wobei die uns sichtbare Materie, das sei aufgrund der Forschungsergebnisse zur dunklen Materie und Energie zugestanden, nur rund 4 Prozent des gesamten Universums ausmacht). Erstaunlich ist das täuschende Resultat dieser Komplexität. Geht man vom aktuellen Wissensstand aus, dann existiert die

Komplexität des Gehirns ebenso wie die des Universums und lässt sich auch, zumindest rudimentär, beschreiben. Die Innenansicht aber ist eine andere. Mag sein, dass wir es mit dem Ich nicht immer leicht haben und dass es zu Widersprüchen neigt (oder besser: Wir neigen zu Widersprüchen). Aber im Grunde erleben wir dieses Ich doch als konstant – so wie, in der Über-Ich-Welt bzw. Außenwelt, Gott inmitten allen Wandels des Universums als konstant (theologisch gesagt: als verlässlich) angesehen und angebetet wird. Offensichtlich hat sich beispielsweise im Stirn- und Schläfenlappen ein Netzwerk von Neuronen entwickelt, das es uns erlaubt, uns als mit uns selbst identisch zu begreifen. Dies ist die Außensicht – die Sicht der dritten Person – auf die Erfahrung der Innensicht, dass wir im Regelfall mit uns selbst identisch bleiben und einen Bruch in dieser Identität als Krankheit oder bedrohlichen Wandel interpretieren. Objekte sind, dem Verständnis der Neurowissenschaften entsprechend (in gewisser Weise trifft sich diese Sicht mit der ebenfalls intuitiv nicht zugänglichen Sichtweise der Quantenphysik) keine festen Substanzen, sondern »raumzeitlich strukturierte Erregungsmuster« in der Großhirnrinde.[52] Sie entstehen, weil das Gehirn eine Vielzahl von Informationen nicht aus der Außenwelt aufnimmt – Singer schreibt, dass die Verbindungen zwischen den Augen und den Neuronen in der primären Sehrinde gerade ein Prozent der Synapsen ausmachen –, sondern in sich selbst verhandelt und ›verrechnet‹. Singer dazu:

> *»Offensichtlich hat die Evolution das Gehirn mit Mechanismen zur Selbstorganisation ausgestattet, die in der Lage sind, auch ohne eine zentrale koordinierende Instanz Subprozesse zu binden und globale Ordnungszustände herzustellen. Der Vergleich mit Superorganismen liegt nahe. Auch Ameisenstaaten kommen ohne Zentralregierung aus.«*[53]

Die Information ist real verteilt – wird aber subjektiv als kohärent erfahren. Das Gehirn hat kein Zentrum – aber wir erleben uns als Ich –, ebenso wie der Ameisenstaat keine Beamten hat, die Verdikte verkünden und Anordnungen geben, wie man am schnellsten Nahrung finden oder den Bau wärmen könnte. Das Universum hat kein Zentrum – aber wir stellen uns Gott als seine Mitte und seinen Ursprung vor. Die Vergleiche ließen sich beliebig weiterführen, hinter allen steht jedoch ein ähnliches Prinzip: dass etwas als ein raumzeitliches Erregungs- und Energiemuster auftritt, das in sich veränderbar ist, aber als »fest« und »solide«, als kohärent und konstant erlebt wird. Die Welt, in der wir vor einem Computer sitzen und eine Apfelsaftschorle trinken, ist eine Welt, in der Computer solide und Apfelsaftschorlen flüssig sind – nicht aber aus Energiequanten, Quarks und anderen subatomaren Teilchen aufgebaut sind. Es brachte offensichtlich bislang keinen evolutionären Vorteil, sich im Kampf mit einem Säbelzahntiger zu überlegen, dass dieser nur deshalb solide wirkt und zusammengehalten wird, weil die Hadronen, aus denen seine chemischen Bausteine zusammengesetzt sind, der starken Wechselwirkung unterworfen sind. Wir mussten zwar in einer komplexen Welt agieren. Doch evolutionsbiologisch schien es bis vor einigen Jahrzehnten (oder, großzügig gerechnet, Jahrhunderten) nicht von Belang, diese Komplexität tatsächlich komplex zu denken – etwa in der Form, in der die »computational neurobiology« die Codierungen von Gehirnzuständen als hochkomplexe Funktionen berechnet. Die erstaunliche Leistung des Gehirns besteht ja gerade darin, bei einem mehr oder minder linearen Eingang von linear organisierten Sinneseindrücken einen ebenfalls linearen und somit verlässlichen ›Ausgang‹, d.h. ein verlässliches Verhalten zu erzeugen. Die innere Form der Verrechnung ist jedoch hochkomplex und nichtlinear. Nur durch die Nichtlinearität und das gehirninterne ›Rechnen‹ in komplexen Räumen ist es möglich, komplizierte Datenverarbeitung zu vereinfachen – etwa weil das, was auf einer Beschreibungsebene unlösbar erscheint, in einer höherdimensionalen Darstellung einfacher zu lösen ist. Diese im komplexen Raum errechneten Ergebnisse werden dann in einem wiederum linear vermittelten Ergebnis transportiert. Nichtlinearität ist nicht unsere Welt, wenn wir Kaffeetassen aus dem Schrank holen, in Autos steigen und sie fahren, uns verlieben (wobei diese Tätigkeit schon deutlicher nichtlineare und zuweilen bedrohliche Züge annehmen kann) oder im Supermarkt einkaufen gehen. All diese Tätigkeiten suggerieren eine lineare Welt mit klaren Ursache-Wirkungs-Zusammenhängen, in der weder komplexe Dimensionen noch verschränkte Quantenzustände oder die Relativität von Raum und Zeit eine Rolle spielen. Am Ende ist die Zeit selbst eine solche Illusion. Wir erleben sie nur deshalb als nicht umkehrbar, weil unser Gehirn nicht zweimal exakt in ein und denselben Zustand ›zurückfallen‹ kann. Selbst wenn ich mich Tag für Tag an den Urlaub am Meer erinnere, ist der dynamische Zustand, in dem das Gehirn und damit ›ich‹ mich befinde, wenn ich mich erinnere, ein anderer. Das Erstaunliche ist, dass Erinnerung überhaupt funktioniert. Doch aus der Tatsache, dass sie möglich ist, kann man nicht im Umkehrschluss folgern, dass sie nur möglich ist, weil wir uns in denselben Zustand versetzen. Diese These erscheint angesichts der Ergebnisse der Neuroforschung hochgradig unwahrscheinlich. Weil es nicht notwendig war, Komplexität so zu denken, wie die Komplexitätsforschung sie zu denken begonnen hat, konnte das Gehirn auch keine Vorstellung von sich selbst entwickeln, die der Sicht einer dritten Person – also des Forschers von heute – gleicht. Die naturwissenschaftliche Beschreibung trifft in keiner Weise auf die Welt zu, wie wir sie äußerlich und innerlich erleben. Ich, Welt und sogar Gott sind konstant.

Dies entspricht ganz und gar der Struktur linearer Systeme. Sie funktionieren wie Uhrwerke. Sind sie erst einmal aufgezogen, d.h. mit Energie versorgt, laufen sie auf immer gleiche Weise ab. Ein lineares System zu verändern bedeutet, ihm einen neuen Impuls, eine neue Bewegungsrichtung zu geben. Genau diese Funktion hat die Rede von Gott als einem unbewegten Beweger. Wir kommen zu dem Schluss, dass all das, was es im Universum gibt, ›angestoßen‹ worden sein muss; ein Gedanke, der nur innerhalb eines linearen Weltbildes richtig ist. Denkt man in der Struktur komplexer Systeme, dann sind Strukturen und Veränderungen sehr wohl auch ohne einen externen Anstoß möglich. Diese Eigenschaft der Selbstorganisation ist gerade eine der zentralen Eigenschaften komplexer Systeme – und sie hat keineswegs eine mythische oder mystische Qualität. Ähnlich verhält es sich mit dem Ich. Um den Gedanken mit Singer noch einmal zu verdeutlichen:

*»Auf irgendeine Weise müssen die Ergebnisse der verteilten sensorischen Prozesse zusammengebunden werden, weil unsere Wahrnehmungen ko-*

*härent und nicht fragmentiert sind; und auch für die Steuerung des Gesamtsystems und die Koordination von Handlungen scheint eine zentrale Instanz unerlässlich. Wie bereits angedeutet, gibt es aber weder einen singulären Ort, zu dem alle sensorischen Systeme ihre Ergebnisse senden könnten, noch gibt es eine zentrale Lenkungs- und Entscheidungsinstanz. Offensichtlich hat die Evolution das Gehirn mit Mechanismen zur Selbstorganisation ausgestattet, die in der Lage sind, auch ohne eine zentrale koordinierende Instanz Subprozesse zu binden und globale Ordnungszustände herzustellen [...] Es findet sich kein singuläres Zentrum, das die vielen, an unterschiedlichen Orten gleichzeitig erfolgenden Verarbeitungsschritte koordinieren und deren Ergebnisse zusammenfassen könnte.«[54]*

Die Annahme Gottes wie auch des Ichs scheint daher eine ganz natürliche Ursache zu haben: unsere evolutionäre Orientierung in einer scheinbar linearen Welt, die in Wahrheit nichtlinear ist. Genau das erklärt die Widersprüche dieser Welt. Je näher wir an eine nichtlineare Beschreibung, d.h. an ein tatsächliches Verständnis von Komplexität herankommen, umso widersprüchlicher erscheint uns die (immer noch linear gedachte) Welt. Wir unterstellen der Welt eine Linearität, die wir auch in uns selbst – etwa in der Erfahrung des Ichs – machen, die aber Welt und Ich nicht aufweisen. Statt die Komplexität der Welt denken zu können, leiten wir aus der vorgestellten Linearität die – wohltuende, evolutionär durchaus erfolgreiche Vorstellung eines konstanten Ichs (das ein Kind noch nicht hat) und eines Gottes (den das Universum möglicherweise nicht hat) ab. Die zentrale Instanz, die wir in der Wahrnehmung der ersten Person in uns finden (und oftmals, zumindest wenn wir religiös sind, auch in der Welt), existiert nur als erfolgreiches – auch in der Kultur und damit ›objektiv‹ oder besser: ›intersubjektiv‹ erfolgreiches – Konstrukt. Die Information, die das Ich darstellt, ist – wenn man den Ergebnissen der Neurowissenschaften Glauben schenken darf – trotz des philosophischen und theologischen Protestes das Ergebnis eines hochkomplexen raumzeitlichen Erregungsmusters. Dieses hat, wenn wir es abbilden wollen, nichts von einem Ich. Oder von Gott. Es ist ähnlich wie die Stringtheorie eine für die meisten Menschen unverständliche Ansammlung von Codes, Informationen, Wellen und hochdimensionalen Funktionen, die wir nach innen fühlen: als Ich oder als Gott. Dass wir weder das Ich noch Gott je darstellen können und vor allem auch nicht darstellen sollen, ist vielleicht eines der bestgehüteten Geheimnisse linearen Denkens. Es bedeutet, den eingeschlagenen Weg nicht zu verlassen. Denn Ich und Gott wirklich denken zu wollen, führt dazu, dass man angesichts der normalen Welt verrückt würde: Man müsste in der Tat einen nichtlinearen Standpunkt einnehmen, von dem aus betrachtet die Welt eine ganz andere wäre. Stimmt diese Überlegung, dann müsste sich historisch belegen lassen, dass die Kritik an Gottesvorstellungen und an der Vorstellung des Ichs – sozusagen Atheismus und ›A-Ichismus‹ – stets mit dem Erreichen einer weiteren Stufe des Verstehens komplexer Prozesse verbunden ist. Jede Zunahme im Verständnis von Komplexität hinterlässt eine gewisse Ernüchterung und das Gefühl eines Bruchs. Man denkt, man irrt sich, ist vom Wege abgekommen und im wahrsten Sinne des Wortes verrückt. In Wahrheit jedoch hat das Verstehen von Komplexität eine neue Form angenommen. Die ontologischen Brüche sind insofern Informationen, sind Ausformungen komplexer Strukturen. Das zu belegen, bzw. kritisch zu prüfen, erfordert jedoch wesentlich umfangreichere Untersuchungen als die hier vorliegenden, die das Thema nur am Rande streifen.

Zusammenfassend lassen sich aus meinen Überlegungen folgende Punkte ableiten, die in Hinblick auf Weisheit von Bedeutung sind. Ohne einseitig religiöse, philosophische oder wissenschaftliche Festlegung und Definition kann man Weisheit verstehen als eine spezielle Weise des Umgangs mit der nichtlinearen Welt, in der wir leben, auch wenn diese uns im Alltag häufig linear erscheint. Der Weise »sieht« diese Welt in der Alltagswelt. Nur insofern lassen sich Weise als Menschen bezeichnen, die sich in einem »anderen Bereich«, mit einem anderen Zustand auskennen. Die in vielen Kulturen und Religionen verbreitete räumliche Metapher – Kafka sprach vom »Übersetzen« an das andere Ufer, andere vom Jenseits – ist ein Bild dafür, die Welt trotz ihrer linearen Erscheinung als das zu sehen, was sie tatsächlich ist, und ihr so zu begegnen, wie es angemessen ist. Diese Welt ist nicht ›jenseitig‹ und liegt auch nicht ›hinter‹ der Alltagswelt, sondern ist deren eigentliche Struktur. Wir leben tatsächlich in einer komplexen, dynamischen, nichtlinearen, sich in vielen Bereichen ohne unser Eingreifen auf erstaunliche Weise selbst organisierenden Welt, in die wir restlos eingebunden sind. Insofern ist eine solche Sichtweise auch nicht wirklich ›jenseitig‹ und esoterisch, sondern im Gegenteil auf radikale Weise diesseitig und empirisch. Eine Betrachtung der Welt, die ihrer Komplexität Rechnung trägt – und, meiner Ansicht nach, die Sicht des Weisen ist – erscheint, wenn überhaupt, nur von einem sehr rigiden Standpunkt ›linearen‹ Denkens als jenseitig (oder, noch verbreiteter, als abseitig). Dieses Abrücken vom alltäglichen Standpunkt der Betrachtung und damit ein Moment der Freiheit ist vielleicht der Grund dafür, dass Weisheit und Verrücktheit nicht selten als miteinander verwandt angesehen wurden. In den Weisheitstexten ist immer wieder betont worden, wie nahe sich der Weise und der Narr stehen. Zen-Texte, aber auch Texte aus anderen, nichtbuddhistischen Traditionen erzählen mit einer Fülle von Anekdoten, wie erleuchtete Weise für tumbe Toren gehalten werden. Aus der Ferne betrachtet gleichen sich Weiser und Narr. Weisheit ist in den Augen des alltäglichen Verstandes nicht selten verrückt. Allerdings liegt das nicht daran, dass Weisheit wirklich verrückt wäre oder umgekehrt ein Narr klüger wäre als andere Menschen. Die Verwandtschaft erklärt sich alleine dadurch, dass sowohl der Weise wie auch der Narr auf ihre Weise abrücken von einer Sicht des Alltags, die die Dinge als fest, Gott und Ich als statisch und unwandelbar, Welt und Ideen als »Objekte« und »Substanzen« mit einem festen Kern betrachtet. Sowohl der Weise als auch der Narr wissen, dass die Welt nicht einfach so ist, wie sie uns erscheint. Oftmals ist tatsächlich das genaue Gegenteil von dem, was uns als wahr erscheint, der Fall. Aus diesem Grund wirkt die Welt, wie sie ist, zuweilen seltsam verrückt. Es gibt etwas in ihr, das uns leicht entgeht, etwas, das wir – wenn überhaupt – nur mit Mühe verstehen können, auch wenn es tatsächlich da ist und sich zeigt. Ich persönlich würde sagen, dass dieses »es« die wirkliche Komplexität der Welt ist oder zumindest mit jenen Mustern zu tun hat, die sie in unserer Welt und unserem Leben hinterlässt. Man mag diese Sicht wie der amerikanische Philosoph und Neurowissenschaftler Owen Flanagan eine »mysterische« Sicht der Welt nennen.[55] Meiner Ansicht nach ist es vermutlich nur eine sehr empirische, bodenständige und alltagsbezogene Sicht, die anerkennt, dass wir vieles nicht wissen und als Spezies, die nun einmal mit beschränkten Möglichkeiten gesegnet ist, vielleicht auch nie wissen werden. Die Lösung besteht weder darin, alles zu sezieren und auf das Genaueste auseinanderzunehmen, um »es« zu verstehen, noch darin, es allein aus der Ferne mit bewunderndem, aber vagem Blick zu betrachten. Es kommt vielmehr darauf an, das zu verstehen, was sich *zwischen* all diesen Möglichkeiten und Dingen abspielt und eher in ihrer Relation als in ihnen selbst liegt. Denn am Ende ist die Welt weder eine reine Welt des Geistes noch eine Welt der bloßen Materie, weder die Innenwelt aus der Binnensicht des Ichs noch die Außenwelt oder der externe Blick ins Gehirn; weder die Welt der Menschen und Tiere noch die eines Gottes. Die Welt ist ›dazwischen‹. Fest steht nur, dass wir endlich sind und uns zwischen ihren möglichen Polen bewegen, während wir leben. Leben bedeutet sterben zu müssen. Die Welt, in der wir leben, ist ein Prozess kontinuierlichen Wandels, der alles, auch das Ich und Gott (bzw. unsere Vorstellung von ihm) erfasst. Indem der Weise nicht an einem einzigen Modell dieser Welt, nicht an einer Idee allein haftet – und auch nicht an den verführerischen Modellen einer linearen Weltsicht, gleich ob es sich um eine idealistische, materialistische, monistische oder dualistische handelt –, ist er in der Lage, mit komplexen Situationen entspannter und in vielen Fällen auch nachhaltiger umzugehen. Weisheit ist in unserer Lebenswelt die Verwirklichung dessen, was die Wissenschaft in ihrer neutralen Sprache einen optimalen Umgang mit der Komplexität der Welt nennen würde. Dass wir Menschen im Umgang mit Komplexität nicht besonders gut sind, zeigten eine Vielzahl von Untersuchungen. Umso wichtiger ist es, sich damit offensiv zu befassen. Weisheit ist die entsprechende Übung – und zugleich Komplexität im Vollzug, soweit sie dem Menschen überhaupt möglich ist. Möglich ist jedenfalls weit mehr als das, was wir bislang verwirklicht haben. Es *ist* möglich, dass wir uns weiser verhalten, als wir es zurzeit tun, und entschiedener und bewusster aus einer Haltung der Einheit und des Mitleids heraus aufeinander zugehen und miteinander umgehen. Würden wir es in größerem Umfang tun, würde sich unser Leben entscheidend ändern. Weisheit mag etwas sein, was uns gegenwärtig besonders fehlt. Aber sie ist erlernbar. Eine Weisheit, die uns im Alter automatisch zufällt, gibt es nicht – es sei denn, wir haben Weisheit vorher kultiviert und in gewisser Weise auch trainiert. Einer von mehreren klassischen Wegen, Weisheit zu trainieren, ist in fast allen Traditionen und Kulturen die Technik der Aufmerksamkeit, Konzentration und Meditation im weitesten Sinn, deren Wirkungen die Neurowissenschaften nun zu erforschen begonnen haben.

Tatsächlich schwanken wir im Leben ständig zwischen verschiedenen »Attraktoren« und Polen hin und her, nicht nur bei moralischen Fragen. Gut oder böse, rechts oder links, richtig oder falsch, Liebe oder Hass, Ja oder Nein, schön oder hässlich, gerecht oder ungerecht: Wir denken in diesen Polaritäten. Sie bestimmen unser Denken, unsere Wahrnehmung und prägen unser Handeln. Tatsächlich spielt sich das alltägliche Leben jedoch ›zwischen den Polen‹ ab. Die Weisheitstraditionen bieten erprobte Wege an, mit den sich daraus ergebenden Widersprüchen besser umzugehen und ohne Angst im ›Dazwischen‹ zu leben. Seltsamerweise gibt es in unserer Gesellschaft kaum Gebrauchsanweisungen, kaum Hilfe, die man zu Rate ziehen kann. Dem Dazwischen auf die Spur zu kommen ist ähnlich diffizil wie das Ich zu verstehen. Weisheit ist die Kunst, die Mitte zu finden. Es geht dabei nicht um angepasste Mittelmäßigkeit, nicht darum, es jedem recht zu machen, sondern um Gespür für Unterschiede, Einheit und das rechte Maß. Pathetisch gesagt: Es geht um den »Sinn des Lebens«. Die Frage danach ist für niemanden eine Luxusangelegenheit, selbst wenn es so scheint. Mit ihr steht etwas Fundamentales auf dem Spiel: Wie wir mit unserer Endlichkeit, mit der festen Aussicht auf den Tod umgehen.

Aus diesem Wissen um die Vergänglichkeit, das uns oft nur als dumpfe Ahnung begleitet, einem vagen Gefühl, dass das Ende eines Tages kommen wird, entsteht eine Fülle von Ängsten: vor dem Fremden, dem Wandel, vor Krieg, Armut, Hunger, davor verlassen zu werden und vor vielen ganz alltäglichen und oft subjektiv sehr unterschiedlich erlebten Situationen. Am Ende läuft alles darauf hinaus, wie viel Angst wir vor Veränderung haben. Die letzte Veränderung, an die unser Leben grenzt, ist der Tod. Alles, was wir tun, schätzen und beurteilen wir letztlich von diesem Punkt aus, ob wir uns dessen bewusst sind oder nicht, ob wir sorgfältig sind oder im Gegenteil sehr nachlässig mit unserem Leben. Am Leiden an der Vergänglichkeit entscheidet sich auch die Frage nach dem Glück.

Ich habe gezeigt, dass Glück sehr viel mehr mit Weisheit zu tun hat, als wir derzeit glauben. Einen weisen Umgang mit uns selbst, mit unseren Mitmenschen und unserer einen Welt zu lernen bleibt eine der wichtigsten Aufgaben einer jeden Kultur, gleich ob sie vergangen, gegenwärtig oder zukünftig ist. Genau darin besteht die Zeitlosigkeit von Weisheit – und unsere Aufgabe für die Zukunft der Menschheit, seit jeher: und angesichts der Möglichkeiten, die wir heute haben, vielleicht sogar mehr denn je. Ob wir Weisheit fördern oder nicht, ist letztlich eine Frage des Überlebens.

# EPILOG

臨濟義玄 Línjì Yìxuán
(jap.: Rinzai Gigen, gest. 866)

aus dem

臨済錄 Línjì-lù
(jap.: Rinzai-roku)

Weggefährten, haltet euch nicht
   an das,
was ich euch sage!
Weil das, was ich euch lehre,
keine feste Grundlage hat.
Es sind nur Skizzen
Eines Augenblicks im Nichts.
Es sind nur Abbildungen,
eben nicht die Wirklichkeit,
wenn auch mit schönen Farben
   gemalt.
Es sind hohle Lehrgebäude
Wie alle anderen Lehrgebäude
   auch.

Alles sind nur leere Namen,
und selbst die einzelnen
   Buchstaben

dieser Namen
sind leer.
Diese leeren Namen für die
   Wirklichkeit zu halten,
lässt euch einen folgenschweren
   Fehler begehen.

Der Buddha ist ein erdachtes
   Trugbild.
Die Patriarchen sind verkalkte
   Mönche.
Ihr da,
seid ihr nicht alle von einer
   Mutter geboren worden?
Wenn ihr nach dem Buddha
   sucht,
wird euch der Buddha-Teufel
   holen.

Was immer ihr suchen werdet,
es lässt euch leiden.
Hört auf zu suchen.

Für den,
der gefunden hat,
gibt es ein Ende.
Für den,
der noch nicht gefunden hat,
dreht sich das Rad des Lebens
endlos weiter.
Es ist das Gesetz der Weisheit,
der klaren Bewusstheit.

Ehe ihr euch an meine Worte
    hängt,
beruhigt euch lieber
und sucht nach gar nichts.
Hängt euch nicht an das,
was da gewesen ist,
noch an das,
was da kommen wird.
Ihr tut besser daran,
auf diese Weise zu leben,
als zehn Jahre
auf Pilgerfahrt zu gehen.

Nichts ist erstrebenswerter,
als ein Mensch zu werden,
der nichts weiter zu suchen
    braucht.
Verursacht nicht
Unnötigerweise irgendwelche
Wahnvorstellungen,

bleibt einfach nur ihr selbst.

Euer Kopf sitzt doch schon
An der richtigen Stelle.

Viel besser ist es,
nicht weiter zu suchen
und einfach
und offen zu sein.

Was fehlt euch denn?
Die Schüler haben nicht
    genug
Selbstvertrauen.
Sie halten sich lieber
an Namen und Begriffen fest
und versuchen,
deren Bedeutung zu enträtseln.

Mein Verstehen der Dinge heißt:
Alles ist ganz einfach.
Bewahrt eure Natürlichkeit
Und lebt
Das Leben einfacher Entspre-
    chung.
Tragt eure Kleider,
esst, was es zu essen gibt,
sucht nach nichts weiter,
und verbringt euer Leben
auf friedliche Weise.

Alles Leiden entsteht in
Abhängigkeit von eurem Herzen,
welches Wünschen

und Denken ist.
Wenn euer Herz
Zur Ruhe kommt,
wenn Wünsche und Denken
aufhören,
wo gibt es dann noch Leidenschaften,
derer ihr euch bemächtigen
könntet,
wo Leid,
das euch befällt?

Es gibt da keine Mystik
bei der Übermittlung
des Dharmas durch den Buddha
und die Patriarchen.

Je mehr man sucht,
desto weiter kommt man
vom Weg ab.

Wenn es euch gelingt,
euer unruhiges Herz,
euer Denken
ganz zur Ruhe kommen
zu lassen,
dann nennt man das,
was übrig bleibt,
den Baum der Erleuchtung.
Gelingt es euch nicht,
euer Denken ruhen zu lassen,
so werdet ihr
zum Baum der Dunkelheit
und verbleibt

in Unwissen.
Es ist also viel besser,
wenn ihr nach nichts weiter
zu suchen
beabsichtigt
und es auf einfache Weise
so macht:
Wenn ich Hunger
bekomme,
dann esse ich.
Wenn ich müde bin,
dann schlafe ich.
Die Dummköpfe
Lachen mich aus,
die Weisen
verstehen es.

Wenn sich keine einzige Wolke
Vor die Sonne stellt,
dann erstrahlt der ganze
Himmel.


**Meister Ryokan, aus:**
**Alle Dinge …**
**Poetische Zen-Weisheiten**

Gleich einer ziehenden Wolke,
Durch nichts gebunden:
Ich lasse einfach los,
Gebe mich
In die Launen des Windes.

# ANMERKUNGEN

## Prolog

1 Eine der besten Erklärungen für diesen Umstand findet sich bei McGinn, Colin: *Die Grenzen vernünftigen Fragens. Grundprobleme der Philosophie*, Stuttgart 1996, sowie bei McGinn, Colin: *The Making of a Philosopher. My Journey through Twentieth-Century Philosophy*, New York 2002, Kapitel 7. Vereinfacht gesagt zeigt McGinn, dass wir es mit grundsätzlichen Problemen der Grenzen des Erkennens zu tun haben, die mit unserem Wesen – auch in biologischer Weise – zu tun haben. Hinzu kommt, dass sich unsere »letzten« und viele philosophische Probleme der herkömmlichen Methode des »kombinatorischen Atomismus mit gesetzartigen Abbildungen« erfolgreich widersetzen (vgl. McGinn 1996, S. 39 ff).

2 Nach der englischen Übersetzung von Joan Rieck.

3 Kabir: *Im Garten der Gottesliebe*. 112 Gedichte des indischen Mystikers des 15. Jahrhunderts nach der Übersetzung von Rabindranath Tagore, Heidelberg 2005, S. 2.

4 Wittgenstein, Ludwig: *Philosophische Untersuchungen*. Kritisch-genetische Edition, Frankfurt am Main 2001, § 106, 92 sowie 126.

5 So schreibt Ignatius von Loyola beispielsweise in einem Brief an Antonio Brandão vom 1. Juni 1551 über das Gebet der Ordensstudenten: »Man muß auf das Ziel des Studiums achten, um dessentwillen die Studenten keine langen Meditationen halten können. Sie können sich deshalb darin üben, die Gegenwart unseres Herrn in allen Dingen zu suchen, wie im Umgang mit jemandem, im Gehen, Sehen, Schmecken, Hören, Verstehen und in allem, was wir tun; denn es ist wahr, dass seine göttliche Majestät durch Gegenwart, Macht und Wesenheit in allen Dingen ist. Und diese Weise zu meditieren, indem man Gott unseren Herrn in allen Dingen findet, ist leichter, als wenn wir uns zu den abstrakteren göttlichen Dingen erheben und uns ihnen mühsam gegenwärtig machen«, in: Ignatius von Loyola: *Brief und Unterweisungen*, übersetzt von Peter Knauer, Würzburg 1993, S. 350.

6 Daishi, Yôka: *Shôdôka. Satori – Hier und Jetzt*, Übersetzung und Kommentare von Taisen Deshimaru-Rôshi, Berlin 1982, sowie Hübner, Sabine: *Shinjinmei und Shôdôka. Das Löwengebrüll der furchtlosen Leere*. Zwei Ur-Texte des Zen mit Teishô-Kommentaren, Heidelberg 2005.

7    Heidegger, Martin: *Die Grundbegriffe der Metaphysik. Welt – Endlichkeit – Einsamkeit.* Gesamtausgabe Bd. 29/30, II. Abteilung: Vorlesungen 1912–1944. Frankfurt am Main 1992, S. 7.

8    Ebenda, 1992, S. 7.

9    Nietzsche, Friedrich: *Werke.* Bd. 1. Hg. v. Karl Schlechta. München 1954, S. 289.

**Kapitel 1**

1    http://bundespraesident.de/Reden-und-Interviews-,11057.624329/DateV%3d30.0
5.2005

2    Langguth, Gerd: *Horst Köhler.* Biografie, München 2007

3    http://www.bundespraesident.de/Reden-und-Interviews-11057.645252/Bundespr
aesident-Horst-Koehler.htm?global.back=/-%2c11057%2c0/Reden-und-Interv
iews.htm%3flink%3dbpr_liste.

4    So Matthias Horx in seinem Artikel *Die hysterische Gesellschaft,* in: Focus, 7.7. 2008,
S. 90.

5    Malik, Fredmund: *Unternehmenspolitik und Corporate Governance. Wie Organisationen sich selbst organisieren,* Frankfurt am Main / New York 2008, S. 107.

6    Wie sich bald herausstellen sollte, war das politisch am ehesten zu realisierende
Verfahren, die Mitglieder des Weisenrates vom Bundespräsidenten vorzuschlagen
oder aus einem mit ihm eng verbundenen, parteipolitisch nicht festgelegten Gremium heraus zu berufen. Der Kulturweisenrat, sollte er überhaupt Gehör finden,
ist auf eine solche übergeordnete Autorität angewiesen, die zwar nicht qua Aurorität den Weg selbst weist, aber der Sache Gehör verschafft. Ein Kulturweisenrat
würde jedoch nicht nur an höchster Stelle angesiedelt werden müssen, um unabhängig sein, sondern sich auch aus Mitgliedern zusammensetzen, die über jeden
Zweifel erhaben sind. Die Autorität eines solchen Rates wäre also nicht die der politischen oder wirtschaftlichen Macht, sondern die der Macht von Ideen, von
Menschlichkeit und dem Ideal von Weisheit. Der Zufall will es, dass das Bundesministerium für Kultur und Medien das Sekretariat des Ordens Pour le Mérite
führt. Die Konstruktion eines Ordens macht vielleicht zunächst misstrauisch. Tatsächlich wurde dieser älteste deutsche Orden 1740 von König Friedrich II. anlässlich des ersten Schlesischen Krieges gegen Österreich gestiftet. Wie jeder Orden
sollte er besondere militärische Verdienste würdigen. Dennoch verlieh König Friedrich II. den Orden auch für zivile Verdienste, u.a. an seinen Freund Voltaire. Bis
heute hat der Orden Pour le Mérite, dessen Ordensinsignien laut Satzung von
1990 »Eigentum der Bundesrepublik Deutschland« sind und daher nach dem Tod
eines Mitglieds zurückgegeben werden müssen, jeweils 30 deutsche und 30 nichtdeutsche Ordensträger – wobei alle die, die das 80. Lebensjahr überschritten haben, nicht mitgezählt werden. Ohne die Geschichte des Ordens im Detail zu er-

zählen – eine Geschichte, die im Zweiten Weltkrieg beinahe beendet worden wäre, als die Gestapo im Auftrag Görings die Ordensträger überprüfen ließ –, ist es vielleicht nicht unwichtig, daran zu erinnern, dass es Alexander von Humboldt war, der 1842 Friedrich Wilhelm IV., der bis kurz vor seinem Tod im Jahre 1861 König von Preußen war, dazu anregte, eine Art »Friedensklasse« des Ordens zu bilden. Nachdem Humboldt Nord- und Südamerika durchreist und in Paris gelebt hatte, war er selbst seit 1804 Mitglied der *American Philosophical Society*, einer von Benjamin Franklin gegründeten Gesellschaft »for the promotion of useful knowlege«, zur Förderung nützlichen Wissens. Tatsächlich wurde der Gelehrte der erste Kanzler der Friedensklasse des Ordens – des heutigen Ordens Pour le Mérite. Humboldts Vorschlag war es, den Orden in drei Abteilungen zu gliedern: je eine Abteilung der Geisteswissenschaften, der Naturwissenschaften bzw. Medizin und der Schönen Künste. Auf diese Weise wurden Gelehrte wie der Philosoph Friedrich Wilhelm Joseph von Schelling, der Rechtshistoriker Friedrich Carl von Savigny oder der Geologe Christian Leopold von Buch die ersten Träger des Ordens, dessen heutiger »Protektor« bzw. Vorsitzender qua Amt der Bundespräsident ist. Bundespräsident Johannes Rau betonte 2002 anlässlich des 160-jährigen Bestehens des Ordens, dass dieser nicht nur Frauen und Männer »aus Deutschland und aus anderen Ländern ehrt, die durch weit verbreitete Anerkennung ihrer Verdienste in der Wissenschaft oder in der Kunst einen ausgezeichneten Namen haben«. Der Orden stiftet zudem vor allem einen geistigen Austausch zwischen den Menschen, die unsere Zeit entscheidend mitprägen – »in aller Vielfalt der Interessen und Tätigkeiten. Das ist für eine Zukunft nach menschlichem Maß immer wichtiger.« So gehörten und gehören dem Orden u.a. eine Reihe von Nobelpreisträgern an, unter ihnen Theodor Mommsen, Thomas Mann, Albert Einstein, Manfred Eigen (Chemiker), Rudolf Mößbauer (Physiker), Erwin Neher (Biophysiker), Christiane Nüsslein-Volhard (Entwicklungsbiologin), Bert Sakmann (Mediziner), Reinhard Selten (Wirtschaftswissenschaftler und Mathematiker), Günter Blobel (Mediziner, Zellbiologe), der Neurobiologe und Psychoanalytiker Eric R. Kandel, Imre Kertész (Schriftsteller), Robert M. Solow (Wirtschaftswissenschaftler), Jean-Marie Lehn (Chemiker) oder Rolf Zinkernagel (Immunologe). Aber auch Künstler wie Pierre Boulez (Komponist und Dirigent), Alfred Brendel (Pianist), Sofia Gubaidulina (Komponistin), der Dirigent Nikolaus Harnoncourt oder die Schriftsteller Umberto Eco und Hans-Magnus Enzensberger sind Mitglieder des Ordens wie der Soziologe Sir Ralf Dahrendorf oder der englische Architekt Sir Norman Foster, wie Regisseur Wim Wenders, Bildhauer Richard Serra, der Germanist Peter von Matt, der Historiker Fritz Stern, der Physiker Anton Zeilinger (Physiker) oder Paul Baltes, der leider verstorbene Psychologe, Alters- und Weisheitsforscher, der weiter unten in diesem Buch noch eine wichtige Rolle spielen wird.

447

7 Franck, Georg: *Mentaler Kapitalismus. Eine politische Ökonomie des Geistes.* München 2005. S. 242.

8 Franck, Georg: Ebenda, S. 244. Die nächsten Zitate sind den folgenden Seiten aus Francks Buch entnommen.

9 Franck, Georg: Ebenda, S. 257.

10 Heidegger, Martin: *Sein und Zeit,* Tübingen 1979, S. 39 und 191.

11 Wilber, Ken: *Integral Spirituality. A Startling New Role for Religion in the Modern and Postmodern World.* Boston 2006, S. 47 f sowie Appendix III, S. 275–301.

12 Platon: *Der Staat* (*Politeia*), Siebtes Buch, 252.

13 Ebenda.

14 Lutz Hachmeister, ehemals Leiter des Grimme-Instituts und Gründungsdirektor des Instituts für Medien- und Politikberatung in Berlin, beschreibt in seinem Buch *Nervöse Zone* die Stationen dieser Erfolgsgeschichte vom »Sparkassendirektor«, wie manche Politiker Köhler noch in Zeiten vor seiner Wahl nannten, zum »politischen Präsidenten«. Hachmeister, Lutz: *Nervöse Zone. Politik und Journalismus in der Berliner Republik.* München 2007, S. 217–240. Die folgenden Zitate Köhlers sind auf diesen Seiten dokumentiert.

15 Habermas, Jürgen: *Die Wahl ist frei bis zum Schluss,* in: Die Zeit, 13.05.2004, Nr. 21.

16 Der Spiegel, 13.06.2005, Heft 24, S. 33.

17 Ricard, Matthieu: *Glück.* Mit einem Vorwort von Daniel Goleman, München 2007, S. 301 f.

18 http://bundespraesident.de/Reden-und-Interviews-,11057.623373/Grusswort-von-Bundespraesident.htm?global.back=/-%2c11057%2c1/Reden-und-Interviews.htm%3flink%3dbpr_liste%26link.sTitel%3dSchiller.

19 Lasch, Christopher: *The Culture of Narcissism. American Life in an Age of Diminishing Expectations,* New York 1979.

20 Suhr, Dieter: *Entfaltung der Menschen durch die Menschen. Zur Grundrechtsdogmatik der Persönlichkeitsentfaltung, der Ausübungsgemeinschaft und des Eigentums,* Berlin 1976, insb. S. 108 ff.

21 http://bundesrecht.juris.de/ethrg/.

22 So im »Entwurf eines Gesetzes zur Einrichtung des Deutschen Ethikrates (Ethikratgesetz)«, veröffentlicht als Drucksache 546/06 vom 11.08.2006 (also zwei Jahre nach dem Entwurf des Weisenrates), § 4: http://www.umwelt-online.de/PDFBR/2006/0546_2D06.pdf (Stand Juli 2008).

23 Kissler, Alexander: *Kein offenes Geheimnis. Wo ist das Denken am Platz? Bundestag und Regierung streiten um den »Deutschen Ethikrat«,* in: Süddeutsche Zeitung, 07.11.2006, S. 12.

24 Siemons, Mark: *Merkels Verlegenheit. Kultur? Wirtschaft! Deutschlands Imagepflege in China,* in: Frankfurter Allgemeine Zeitung, 27.8.2007.

25 Luhmann, Niklas: *Die Gesellschaft der Gesellschaft.* Bd. 1, Frankfurt am Main 1997, S. 538, 426 f, 185 ff.

26 Mitchell, Sandra: *Biological Complexity and Integrative Pluralism.* Cambridge Studies in Philosophy and Biology, Cambridge 2003.

27 Luhmann, Niklas: *Die Gesellschaft der Gesellschaft.* Bd. 2. Frankfurt am Main 1997, S. 1097.

28 Adorno, Theodor W.: *Negative Dialektik.* Frankfurt am Main 1975, S. 45, 151.

29 Lyotard, Jean-François: *Der Widerstreit.* München 1987, S. 9.

30 Lyotard, Jean-François: (1985), *Der Widerstreit,* in: ders., *Grabmal des Intellektuellen,* Wien, S. 20–25.

31 Allert, Tim: *Ein Land im Praktikum,* in: Brand Eins 6/2007, S. 122–125, S. 124.

32 Ricard, Matthieu: *Glück.* München 2007, S. 341 f.

**Kapitel 2**

1 Dschuang Dsi: *Das wahre Buch vom südlichen Blütenland.* Aus dem Chinesischen übersetzt und erläutert von Richard Wilhelm, München 2008, S. 21, 65.

2 Hanshan: *Gedichte vom Kalten Berg. Das Lob des Lebens im Geist des Zen.* Aus dem Chinesischen übersetzt und kommentiert von Stephan Schuhmacher, Freiamt 2001, S. 48, 65, 123 (Gedichte Nr. 23, 38, 92). Das Zhuang Zi (Dschuang Dsi) ist in der alten, von Schuhmacher abweichenden (neueren) Übersetzung von Richard Wilhelm frei zugänglich unter http://www.zeno.org/Philosophie/M /Zhuang+Zi+(Dschuang+Dsi). Die Geschichte befindet sich in Buch XX Nummer 6 und trägt den Titel *Dschuang Dsi und der König von We.*

3 Hanshan, S. 126 sowie 108, 122 f und 127 (Gedicht 94, 78, 91, 92 und 95).

4 http://www.santafe.edu/. Zur Geschichte des Instituts u.a. Gleick, James: *Chaos: die Ordnung des Universums. Vorstoß in Grenzbereiche der modernen Physik.* München 1988. Für einen ersten Überblick.

5 Luhmann, Niklas: *Die Gesellschaft der Gesellschaft.* Bd. 1, Frankfurt am Main 1997, S. 136. Kompliziert ist seine Theorie, weil Luhmann wohl zu Recht der Ansicht ist, dass Komplexität selbst keine Operation ist, also nichts, was ein System tut, oder etwas, das in ihm geschieht, sondern vielmehr ein Begriff der Beobachtung und Beschreibung – einschließlich der Selbstbeschreibung, die zu einem (komplexen) System mit Beobachter bzw. Beobachtern des Beobachters gehört. Insofern hat Komplexität die Form einer Paradoxie! Zum selben Thema auch die ersten Kapitel von Luhmann, Niklas: *Soziale Systeme. Grundriß einer allgemeinen Theorie,* Frankfurt am Main 1984.

6 Um nur einige Bücher zu nennen, die sich mit diesem Thema befassen: Hilpert, Konrad/Hasenhüttl, Gotthold: *Schöpfung und Selbstorganisation. Beiträge zum Gespräch zwischen Schöpfungstheologie und Naturwissenschaften,* Paderborn 1999;

Krapp, Holger/Wägenbaur, Thomas: *Komplexität und Selbstorganisation. Chaos in den Natur- und Kulturwissenschaften*, München 1997; Krohn, Wolfgang/ Küppers, Günter: *Selbstorganisation. Aspekte einer wissenschaftlichen Revolution*, Braunschweig/Wiesbaden 1990; sowie Wehr, Marco: *Der Schmetterlingsdefekt. Turbulenzen in der Chaostheorie*, Stuttgart 2002.

7  Chemienobelpreisträger Jean-Marie Lehn hat dafür den Begriff der »Supramolekularen Chemie« geprägt.

8  Die beste Analyse der verschiedenen Emergenzkonzepte bislang ist Stephan, Achim: *Emergenz. Von der Unvorhersehbarkeit zur Selbstorganisation*, Paderborn 2005.

9  Mandelbrot, Benoît und Hudson, Richard L.: *Fraktale und Finanzen. Märkte zwischen Risiko, Rendite und Ruin*, München/Zürich 2005.

10  Malik, Fredmund: *Strategie des Managements komplexer Systeme. Ein Beitrag zur Management-Kybernetik evolutionärer Systeme*, Bern/Stuttgart/Wien 2008.

11  Grimm, Volker/Revilla, Eloy/Berger, Uta/Jeltsch, Florian/Mooij, Wolf M./Railsback, Steven F./Thulke, Hans-Hermann/Weiner, Jacob/Wiegand, Thorsten und DeAngelis, Donald L.: *Pattern-Oriented Modeling of Agent-Based Complex Systems: Lessons from Ecology*, in: Science Vol. 310 (11.11.2005), S. 987–991.

12  Die klassische, in der Tat bahnbrechende Untersuchung zu diesem Thema hat der kognitive Psychologe Dietrich Dörner vor allem auch in Simulationsversuchen gewonnen: Dörner, Dietrich: *Die Logik des Misslingens. Strategisches Denken in komplexen Situationen*, Reinbek bei Hamburg 1989.

13  Vgl. Miller, John H. und Page, Scott E.: *Complex Adaptive Systems. An Introduction to Computational Models of Social Life*, Princeton 2007; Eppstein, Joshua M.: *Generative Social Science. Studies in Agent-Based Computational Modeling*, Princeton/Oxford 2006, sowie Wagner, Andreas: *Robustness and Evolvability in Living Systems*. Princeton/Oxford 2005. Die hier angeführten Studien sind alle im Kontext der »Princeton Studies in Complexity« entstanden.

14  Panikkar, Raimon: *Einführung in die Weisheit*, Freiburg im Breisgau 2002, S. 37.

15  *Zen und die Künste. Tuschmalerei und Pinselschrift aus Japan*, Köln 1979, S. 129–143. Die Untersuchung der Partikel der Tuschespuren ist derart eindeutig, dass mit ihrer Hilfe auch Fälschungen entlarvt werden können, weil sie nicht Hakuins mikroskopische Handschrift tragen.

16  Die mehrfach überlieferte Geschichte findet sich u.a. bei Reps, Paul: *Ohne Worte – ohne Schweigen. 101 Zen-Geschichten und andere Zen-Texte aus vier Jahrtausenden*, Bern/München/Wien 1976, S. 24.

17  Luhmann, Niklas: *Die Gesellschaft der Gesellschaft*, Bd. 1, S. 137 f.

18  Ebenda, S. 141.

19  Ebenda, S. 142.

20 Zum Unterschied Deutsche Schule vs. Französische Schule der klassischen Neurologie: Kaplan-Solms, Karen und Solms, Mark: *Neuro-Psychoanalyse. Eine Einführung mit Fallstudien.* Stuttgart 2003, S. 22 ff.

21 Ebenda, S. 25.

22 Ebenda, S. 27.

23 *Das Streitgespräch: Mandelbrot kontra Johanning Robert von Heusinger,* in: Die Zeit Nr. 22, 2006. Zum Thema auch Evertsz, Carl J. G./Hendrych, Ralf/Singer, Peter und Peitgen, Heinz-Otto: *Fraktale Geometrie von Börsenzeitreihen: Neue Perspektiven ökonomischer Zeitreihenanalysen,* in: Mainzer, Klaus: *Komplexe Systeme und Nichtlineare Dynamik in Natur und Gesellschaft. Komplexitätsforschung in Deutschland auf dem Weg ins nächste Jahrhundert,* Heidelberg/Berlin 1999, S. 400–419.

24 Depressionen stellen wie einige andere psychiatrische Störungen ein multifaktorielles, komplexes und vielschichtiges Problem dar, für das es verschiedene Erklärungen gibt, die einander zum Teil widersprechen. So gibt es Theorien von einer kausalen Funktion der Neurotransmitter Serotonin, Noradrenalin und Dopamin, während andere Studien einen Zusammenhang zwischen Amygdala und einer verkleinerten Hippocampusstruktur gefunden haben. Vgl. Mitchell, S. 136 f.

25 Mitchell, Sandra: *Komplexitäten. Warum wir erst anfangen, die Welt zu verstehen.* Frankfurt am Main 2008, S. 16. Vgl. dazu auch Mainzer, Klaus: *Thinking in Complexity. The Computational Dynamics of Matter, Mind and Mankind.* Berlin/Heidelberg/New York 2007, sowie Mainzer, Klaus: *Komplexität,* Stuttgart 2008.

26 Ein Teil des Gespräches wurde am 23.04.2006 auf 3sat unter dem Titel »Der Code des Lebens. Nobelpreisträger Manfred Eigen im Gespräch mit Gert Scobel« ausgestrahlt.

27 Stephan, Achim: *Emergenz. Von der Unvorhersehbarkeit zur Selbstorganisation,* Paderborn 2005. Zum Strukturemergentismus siehe S. 70–72.

28 Mitchell, Sandra (2008), S. 137.

29 Ellis, George F. R.: *Physics, complexity and causality,* in: Nature Vol. 435 (2005), S. 743.

30 Lü Bu Wei: *Chunqiu – Frühling und Herbst des Lü Bu Wei,* in der Übersetzung von Richard Wilhelm unter http://www.zeno.org/Philosophie/M/L%C3%BC+Bu+ Wei/Chunqiu+-+Fr%C3%BChling+und+Herbst+des+L%C3%BC+Bu+ We/Zwei ter+Teil/Buch+XVI+-+Si%C3%A4n+Sch%C3%AF+Lan/1.+Kapitel.

31 Vgl. Mitchell, Sandra (2008), S. 112 ff.

32 Ebenda, S. 21, 30 f.

33 Ebenda, S. 22.

34 Musil, Robert: *Der Mann ohne Eigenschaften.* Reinbek bei Hamburg 1983. Musil spricht mit Blick auf seine Beziehung zu Leona von einer »perspektivischen Verschiebung« (S. 21). Vor allem meint er damit, dass Menschen im Verhältnis zu sich selbst Erzähler seien. »Es ist die einfache Reihenfolge, die Abbildung der überwältigenden Mannigfaltigkeit des Lebens in einer eindimensionalen, wie der Mathematiker sagen würde, was uns beruhigt; die Aufreihung all dessen, was in Raum und Zeit geschehen ist, auf einen Faden, ebenjenen berühmten ›Faden der Erzählung‹, aus dem nun also auch der Lebensfaden besteht. Wohl dem, der sagen kann ›als‹, ›ehe‹ und ›nachdem‹! [...] dieser ewige Kunstgriff der Epik, mit dem schon die Kinderfrauen ihre Kleinen beruhigen, diese bewährteste ›perspektivische Verkürzung des Verstandes‹« ist es, was den Menschen beruhigt und ihm hilft, sein komplexes Leben zu ordnen (S. 648, 650).

35 Für dieses und die weiteren Zitate vgl. Anm. 26.

**Kapitel 3**

1 Baltes, Paul/Reuter-Lorenz, Patricia und Rösler, Frank: *Lifespan Development and the Brain. The Perspective of Biocultural Co-Constructivism,* Cambridge 2006.

2 Dalai Lama: *Die Essenz der Meditation. Praktische Einführung zum Herzstück buddhistischer Spiritualität.* München 2001, S. 93.

3 Hanshan: *Gedichte vom Kalten Berg,* S. 19.

4 Dschuang Dsi: *Das wahre Buch vom südlichen Blütenland,* übersetzt und erläutert von Richard Wilhelm, München 2008, S. 158.

5 Den Vorwurf von Ardelt, das Berliner Modell sei lediglich »kalte Kognition«, widerlegen Baltes und Kunzmann und weisen auf den emotionalen, motivationalen und sozialen Aspekt ihres Weisheitsbegriffes hin: Baltes, Paul und Kunzmann, Ute: *The Two Faces of Wisdom: Wisdom as a General Theory of Knowledge and Judgment about Excellence in Mind and Virtue vs. Wisdom as Everyday Realization in People and Products,* in: *Human Development* 47 (2004), S. 290–299.

6 Vgl. Goldberg, Elkhonen: *Die Weisheitsformel. Wie Sie neue Geisteskraft gewinnen, wenn Sie älter werden.* Reinbek bei Hamburg 2007, S. 187: »Berufliche Kompetenzen spiegeln sich im sogenannten ›stillen‹ oder ›impliziten‹ Wissen (engl. tacit knowledge); darunter versteht man die Art von prozeduralem Wissen, die bei der Lösung von Alltagsproblemen am Arbeitsplatz hilft und nicht im Rahmen der formalen Berufsausbildung vermittelt wird.«.

7 Zur Suizidaufgabe und dem Suizidproblem vgl. Maercker, Andreas: *Existentielle Konfrontation: eine Untersuchung im Rahmen eines psychologischen Weisheitsparadigmas,* Studien und Berichte 62, Berlin: Max-Planck-Institut für Bildungsforschung 1995. Die Hauptergebnisse sind folgende: Intelligenzparameter (Raven-Matrizen für fluide Intelligenz und HAWIE-Wortschatz für verbale Intelligenz)

besitzen einen signifikanten Zusammenhang mit dem Weisheitswert der Suizidaufgabe. Von den Persönlichkeitsvariablen des NEO-PI besteht ein signifikanter Zusammenhang nur mit der Variable Offenheit für Erfahrungen, aber nicht mit Extraversion/Introversion, Neurotizismus, Gewissenhaftigkeit und Verträglichkeit. Der Kreativitätsindex (Durchschnittswert der Parameter: Flüssigkeit, Flexibilität, Originalität) besitzt ebenfalls einen signifikanten Zusammenhang mit dem Weisheitswert der Suizidaufgabe. Einen Zusammenhang mit der Anzahl der Lebensereignisse gibt es ebenso wenig wie einen Zusammenhang zwischen Lebensalter und durchschnittlichem Weisheitswert (S. 107 f.).

8  Staudinger, Ursula/Smith, Jacqui und Baltes, Paul: *Handbuch zur Erfassung von weisheitsbezogenem Wissen*. Materialien aus der Bildungsforschung Nr. 46. Berlin: Max-Planck-Institut für Bildungsforschung 1994 (http://library.mpib-berlin.mpg.de/dl/Materialien/Materialien_046/pdf/Materialien_Bildungsforschung_MPIB_046_deutsch.pdf, Stand August 2008).

9  Baltes, Paul und Staudinger, Ulrike: *Weisheit als Gegenstand psychologischer Forschung*, in: Psychologische Rundschau 47 (1996), S. 57–77.

10  Baltes, Paul und Staudinger, Ulrike: *Wisdom: A metaheuristic (pragmatic) to orchestrate mind and virtue toward excellence*, American Psychologist 55 (1) (2000), S. 122–136.

11  Baltes, Paul und Kunzmann, Ute: *Wisdom*, in: The Psychologist Vol. 16, No. 3 (2003), S. 131–133.

12  Diese Zitate bei Baltes, Paul und Staudinger, Ursula: *Weisheit als Gegenstand psychologischer Forschung*, in: Psychologische Rundschau 47 (1996), S. 57–77.

13  Gigerenzer, Gerd und Selten, Reinhard: *Bounded Rationality. The Adaptive Toolbox*, Cambridge/London 2001, sowie Gigerenzer, Gerd/Todd, Peter M./ABC Research Group: *Simple heuristics that make us smart*, New York 1999.

14  Vgl. Gigerenzer, Gerd: *Bauchentscheidungen. Die Intelligenz des Unbewussten und die Macht der Intuition*. München 2007. Gigerenzer argumentiert aufgrund seiner Forschungsergebnisse, »dass Intuition nicht nur ein Impuls oder eine Laune ist, sondern auch ihre eigene Gesetzmäßigkeit hat.« Sein Buch hat das Ziel, »zunächst die verborgenen Faustregeln zu erläutern, die der Intuition zugrunde liegen, und an zweiter Stelle zu verstehen, wann Intuitionen zum Erfolg oder zum Scheitern führen können. Die Intelligenz des Unbewussten liegt darin, dass es, ohne zu denken, weiß, welche Regel in welcher Situation vermutlich funktioniert« (S. 26 f.).

15  Ebenda, S. 16 f, 23, 47, 25, 27, 29.

16  Zum Schach vgl. Gigerenzer, Gerd/Todd, Peter M./ABC Research Group: *Simple heuristics that make us smart*, S. 13.

17  Gigerenzer: *Bauchentscheidungen*, S. 45.

18 Fliessbach, K./Weber, B./Trautner, P./Dohmen, T./Sunde, U./Elger, C. E. und Falk, A.: *Social Comparison Affects Reward-Related Brain Activity in the Human Ventral Striatum*, in: Science Vol. 318 (2007), S. 1305–1308.

19 Vgl. Stich, Stephen: *The Fragmentation of Reason. Preface to a pragmatic Theory of Cognitive Evaluation*. Cambridge 1990. Jean-François Lyotard hatte Jahre zuvor bemerkt: »Die Sprache ist ohne Einheit, es gibt nur Sprachinseln, jede wird von einer anderen Ordnung beherrscht, keine kann in eine andere übersetzt werden.«: Lyotard, Jean-François: »Nach Wittgenstein«, in: ders., *Grabmal des Intellektuellen*. Wien 1985, S. 68–74, 70.

20 Staudinger, Ursula/Dömer Jessica/Mickler, Charlotte: *Wisdom and Personality*, in: Sternberg, Robert und Jordan, Jennifer: *A Handbook of Wisdom. Psychological Perspectives*, Cambridge 2005. S. 191–219.

21 Vgl. Metzinger, Thomas: *Der Preis der Selbsterkenntnis. Beschert uns die Hirnforschung zusammen mit dem neuen Menschenbild das Ende der Religion?*, in: Gehirn und Geist 7/8 (2006), S. 166–173, 171: »Wir haben eine starke, begrifflich vermittelte Form von Subjektivität in das physikalische Universum gebracht. Wir waren die ersten bewussten Wesen, für die die pure Tatsache ihrer eigenen Existenz zu einem theoretischen Problem wurde. Wir erfanden die Philosophie und später die Naturwissenschaft und entwickelten einen offenen, nachhaltigen Vorgang der Wissensgewinnung durch Gruppen von Wissenschaftlern, die über die Jahrhunderte hinweg immer bessere Theorien über die Wirklichkeit konstruieren. Jetzt treten wir in eine historisch neue Phase ein: Die moderne Bewusstseinsforschung wird die Entstehungsgeschichte des phänomenalen Selbstmodells aufklären und uns dadurch auch tiefere Einsichten in die Bedingungen der Möglichkeit von Wissenschaft selbst liefern. [...] Ich weiß nicht, wie es Ihnen geht – ich persönlich finde das neue Bild des Menschen mehr als ernüchternd, ja fast schon entwürdigend. Es zeigt uns als Wesen, die sich danach sehnen, unsterblich zu sein, aber schrittweise entdecken müssen, dass sie seelenlose Ego-Maschinen sind. Es gibt wirklich keinen Grund, die Evolution zu glorifizieren: Sie hat Milliarden unserer biologischen Vorfahren geopfert. Der Prozess hat uns Gefühle und Interessen verliehen, aber er nimmt keinerlei Rücksicht auf sie. [...] Dieser tiefe existentielle Konflikt ist in unser emotionales Selbstmodell eingebaut, und es sieht so aus, als ob wir die ersten Wesen auf diesem Planeten sind, die ihn auch bewusst erleben können – in der Tat kann man uns als Wesen beschreiben, die die größte Zeit ihres Lebens mit dem Versuch zubringen, diesen Konflikt nicht mehr bewusst zu erleben. Vielleicht macht uns sogar gerade diese Eigenschaft unseres Selbstmodells religiös, denn das Selbstmodell ist im Grunde das Streben nach Unsterblichkeit. Es ist in der Evolution als ein Instrument entstanden, das die Ganzheit des Organismus erhalten soll, seinen inneren Zusammenhalt. Es ist der andauernde Versuch, heil zu sein. Im

denkenden, existentiell verunsicherten Homo sapiens erzeugt es deshalb auch die ständige Versuchung, intellektuelle Redlichkeit zugunsten emotionaler Sicherheit, kritischen Realitätssinn zugunsten schöner Gefühle zu opfern. Und mit Kirche und Theologie gibt es eine ganze Industrie, die genau diese Tatsache seit Jahrhunderten erfolgreich für die eigenen Zwecke der Selbsterhaltung und Machtanhäufung ausnutzt.«.

## Kapitel 4

1  Meister Dōgen: *Shōbōgenzō. Die Schatzkammer des Wahren Dharma-Auges*, übers. v. Linnebach, Ritsunen Gabriele und Nishijima, Gudō Wafu, Bd. 1, Heidelberg-Leimen, Genjō Kōan, 58. Das Wort Shō im Titel bedeutet richtig bzw. wahr, hō bzw. bō bedeutet Dharma (kosmische Ordnung) und gen so viel wie das Auge, der wesentliche Kern einer Angelegenheit. Zō ist der Speicher, die Kammer, in der ein besonderer Schatz aufbewahrt wird. Der seltsame Titel bezieht sich auf die entscheidende Weitergabe des sogenannten Siegels der Erleuchtung, d.h. der Erleuchtungserfahrung von Buddha an Mahākāśyapa. Buddha hielt vor einer Versammlung von Tausenden von Mönchen eine Blume hoch. Nur Mahākāśyapa lächelte. Buddha sagte daraufhin: »Ich besitze die Schatzkammer des wahren Dharma-Auges und den wunderbaren Geist des Nirvānas. Ich übertrage sie Mahākāśyapa.« Der Titel des Werkes bezeichnet somit die Erfahrung der Erleuchtung und die Weitergabe der »schweigenden« Praxis des Zazen, die von Buddha aus bis zu Dōgen in unsere Gegenwart reicht: vgl. die Einleitung von Gudō Wafu Nishijima, S. 8.

2  Vgl. Suzuki, Shunryu: *Leidender Buddha – Glücklicher Buddha*. Zen-Unterweisungen zum Sandokai, Berlin 1998, S. 18.

3  Meister Dōgen (2001): *Shōbōgenzō. Die Schatzkammer des Wahren Dharma-Auges*, übers. v. Linnebach, Ritsunen Gabriele und Nishijima, Gudō Wafu, Bd. 1, S. 313. Andere Übersetzungen sind zu finden u.a. bei Maezumi, Taizen: *Das Herz des Zen*, Berlin 2002, S. 178 f, und Taisen Deshimaru: *Die Lehren des Meister Dōgen. Der Schatz des Sōtō-Zen*, München 1991, S. 37 ff.

4  Meister Dōgen (2003): *Shōbōgenzō. Die Schatzkammer des Wahren Dharma-Auges*, übers. v. Linnebach, Ritsunen Gabriele und Nishijima, Gudō Wafu, Bd. 2, Busshō, S. 45.

5  Zitiert nach: Abt Muho: *Zazen oder der Weg zum Glück*, Reinbek bei Hamburg 2007, S. 17.

6  Vgl. Meister Dōgen: *Shōbōgenzō. Die Schatzkammer des Wahren Dharma-Auges*, übers. v. Linnebach, Ritsunen Gabriele und Nishijima, Gudō Wafu, Heidelberg-Leimen 2003, Bd. 2, Gyōji (2), S. 206 f.

7  Über die Meister und Tradition des chinesischen Chan-Buddhismus gibt die Schrift *Aufzeichnung über die Weitergabe der Leuchte* Auskunft, eine Sammlung von

Lebensgeschichten und Anekdoten der Chan-Meister, die um das Jahr 1004 in China entstand. Eine gute Darstellung und Sammlung einiger der Kapitel aus der *Aufzeichnung über die Weitergabe der Leuchte* ist Chang, Chung-Yuan: *Zen. Die Lehre der großen Meister nach der klassischen »Aufzeichnung von der Weitergabe der Leuchte«*, Frankfurt am Main 2000.

8 Dalai Lama: *Der buddhistische Weg zum Glück. Das Herz-Sutra*, Frankfurt am Main 2004, S. 63.

9 Thich Nhat Hanh: *Der Buddha. Sein Leben, seine Lehren, seine Weisheiten*, Berlin 2002, S. 48.

10 Yūzen, Sōtetsu: *Das Zen von Meister Rinzai. Das Rinzai Roku (Lin Chi Lu) des Lin-chi I-hsüan*, hg. v. Sōtetsu Yūzen, Leimen 1990, S. 58 ff sowie 35.

11 Hanshan: *Gedichte vom Kalten Berg. Das Lob des Lebens im Geist des Zen*, Freiamt 2001, S. 130. Ein ausführlicher Kommentar aller Gedichte und eine Diskussion sowohl der Quellen als auch der Datierung des historischen Hanshan findet sich bei Henricks, Robert G.: *The Poetry of Han-Shan. A Complete, Annotated Translation of Cold Mountain*, New York 1990. Für Henricks steht trotz der starken taoistischen Bezüge fest, dass Hanshan im Geist des Zen-Buddhismus schreibt, S. 11 ff, 18 ff.

12 Meister Dōgen (2001): *Shōbōgenzō. Die Schatzkammer des Wahren Dharma-Auges*, übers. v. Linnebach, Ritsunen Gabriele und Nishijima, Gudō Wafu, Bd. 1, Hokke ten hokke, S. 234 f, sowie insb. Anm. 24 und 60.

13 Yamada Kôun Roshi: *Hekiganroku. Die Niederschrift vom blauen Feld, Die klassische Koansammlung mit neuen Teishos*, ins Deutsche übertragen und hg. v. Peter Lengsfeld, Bd. 1, München 2002, S. 21–30.

14 Zitiert nach: Shibayama, Zenkei: *Zen in Gleichnis und Bild. Eine Blume lehrt ohne Worte*, München 2000, S. 57.

15 Meister Dōgen (2001): *Shōbōgenzō. Die Schatzkammer des Wahren Dharma-Auges*, übers. v. Linnebach, Ritsunen Gabriele und Nishijima, Gudō Wafu, Bd. 1, Ben-dōwa. Ein Gespräch über die Praxis des Zazen, 27–49. Diese wichtige Schrift war in der ersten Ausgabe des Shōbōgenzō nicht enthalten und wurde in der Ära Kanbun (1661–1673) in Kyoto gefunden und dem Shōbōgenzō eingefügt, als in der Ära Genroku die Ausgabe in 95 Kapiteln zusammengestellt wurde.

16 Zen-Meister Keizan Jōkin (1268–1325), der in Dōgens Kloster Eiheiji ausgebildet wurde, ist ein direkter Nachfahre von Dōgen, an dessen kürzeren Texten über Zen er sich offensichtlich auch beim Verfassen seines berühmten *Zazen Yōjinki* (Merkbuch für die Übung des Zazen) ausrichtete. Keizan schreibt dort: »Zazen bedeutet, in das Meer der Buddha-Natur eintauchen und den Leib aller Buddhas manifestieren. Plötzlich offenbart sich der ursprüngliche, wunderbare, lautere und klare Geist, überall leuchtet das anfängliche außerordentliche Licht. Es gibt kein

456

Wachsen noch Abnehmen des Meerwassers, die Wellen kennen kein Zurückwei-
chen. [...] Wer seinen Geist zu öffnen und zu erhellen wünscht, muss die Vielfalt
von Wissen und Verstehen von sich werfen, den Dharma der Welt und den Dharma
des Buddha aufgeben, alle Trübungen abschneiden. Wenn der eine wirkliche, wahre Geist in die Erscheinung tritt, so hellen sich die Wolken der Trübung auf, und
der Mond des Geistes wird aufs neue klar. Der Buddha spricht: Hören und Denken
weilen gleichsam in der Fremde, Zazen ist fürwahr Stillsitzen nach der Heimkehr
ins Vaterhaus. Wahrlich, beim Hören und Denken kommen Lehrmeinungen nicht
zur Ruhe, der Geist bleibt gehemmt, deshalb ist es wie Verweilen in der Fremde.
Beim bloßen Zazen ist alles still und in Ruhe, nichts ist undurchdringlich. Deshalb gleicht es dem Stillsitzen nach der Heimkehr ins Vaterhaus.« Zitiert nach der
inzwischen vergriffenen Übersetzung von Heinrich Dumolin S. J. (http://dogen-
zen.de/cgi-bin/zen?content=show_text&nr=2).

17  Hanshan: *Gedichte vom Kalten Berg*, S. 162.

18  Meister Dōgen (2001): *Shōbōgenzō. Die Schatzkammer des Wahren Dharma-Auges*,
übers. v. Linnebach, Ritsunen Gabriele und Nishijima, Gudō Wafu, Bd. 1, Heidelberg-Leimen, Keisei Sanshiki, S. 111, 115.

19  Bendōwa bedeutet »Gespräch über das Streben nach Wahrheit« oder auch »Gespräch über die Praxis des Zen-Weges«. Genjō Kōan bedeutet wörtlich übersetzt
»das verwirklichte Universum«, wobei der Begriff Kōan sowohl universelle Gesetzmäßigkeit bedeuten kann wie auch offizieller Aushang, d.h. etwas, das für alle
sichtbar ist, weil es bereits bekannt gemacht wurde.

20  Meister Dōgen (2001): *Shōbōgenzō*, Bd. 1, Bendōwa, S. 28.

21  Ebenda, S. 30 f.

22  Eihei Dōgen: *Shōbōgenzō Zuimonki. Unterweisungen zum wahren Buddhaweg*, Heidelberg 1997, S. 46 f.

23  Ebenda, S. 154 f. Über das Leben Myōzens finden sich weitere Details in Dōgens
Schrift *Sharisōdenki*.

24  Diese und die folgenden Zitate – oftmals wörtliche Rede – stammen von Dōgen
selbst. Er hat sie festgehalten in seiner Schrift *Anweisungen für den Koch*. Der Text
findet sich u.a. bei Koshi Uchiyama Roshi: *Zen für Küche und Leben, nach › Tenzo
Kyokun‹ von Zen-Meister Dōgen*, hg., übers., bearb. und mit einer Einführung vers.
von François-A. Viallet, Braunschweig 1976, S. 30 ff. Eine zeitgenössische Interpretation gibt Glassman, Bernhard: *Anweisungen für den Koch. Lebensentwurf eines
Zen-Meisters*, Hamburg 1997.

25  Meister Dōgen (2001): *Shōbōgenzō*, Bd. 2, Gyōji, S. 173.

26  Meister Dōgen (2001): *Shōbōgenzō*, Bd. 2, Gyōji. Die Begegnung mit seinem
Meister Nyojō, unter dem er zur Erfahrung der Erleuchtung erwacht, schildert
Dōgen im zweiten Teil desselben Essays, ebenda, S. 205–210.

27 Aus der Einführung zur deutschen Ausgabe der *Shōbōgenzō*-Übersetzung von Kōsen Nishiyana und John Stevens: Dōgen Zenji (1989): *Shōbōgenzō. Die Schatzkammer des Wahren Dharma*, Bd. 1, S. 14.

28 Meister Dōgen (2001): *Shōbōgenzō*, Bd. 2, Gyōji, S. 207.

29 Ebenda.

30 Zu Dōgens Erleuchtungserlebnis vgl. Dōgen Zenji: *Shōbōgenzō. Die Schatzkammer des Wahren Dharma*, Bd. 1, Zürich 1989, S. 15; Bielefeldt, Carl: *Dōgen's Manuals of Zen Meditation*, Berkeley 1988, insb. S. 25 ff; Taisen Deshimaru: *Die Lehren des Meister Dōgen. Der Schatz des Sōtō-Zen*, München 1991, S. 27; Shimizu, Masumi: *Das ›Selbst‹ im Mahāyāna-Buddhismus in japanischer Sicht und die ›Person‹ im Christentum im Licht des Neuen Testaments*, Leiden 1981, S. 51.

31 Yokoi, Yūhō mit Daizen, Victoria (1976): *Zen Master Dōgen. An Introduction with Selected Writings*, New York/Tokyo, Gakudō Yōjin-shū (Was beim buddhistischen Training zu beachten ist), S. 57.

32 Meister Dōgen (2001): *Shōbōgenzō*, Bd. 1, Bendōwa, S. 46.

33 Ebenda, Genjō Kōan, S. 58.

34 Dōgen Zenji (1989): *Shōbōgenzō*, Bd. 1, Einführung S. 15.

35 Leighton, Taigen Dan und Okumura, Shohaku: *Dōgens Extensive Record. A Translation of the Eihei Kōroku*, hg. v, Leighton, Taigen Dan, Boston 2004, S. 111 (Bd. I, S. 48), sowie Taisen Deshimaru: *Die Lehren des Meister Dōgen*, S. 28.

36 Taisen Deshimaru: *Die Lehren des Meister Dōgen*, S. 81, 113, 51.

37 Dōgen: *Dōgen's Extensive Record. A Translation of the Eihei Kōroku*, übers. v. Taigen Dan Leighton und Shohaku Okumura, Boston, Bd. 1, S. 48. Die berühmte Passage ist auch übersetzt in Eihei Dōgen (1997), *Shōbōgenzō Zuimonki. Unterweisungen zum wahren Buddhaweg*, Heidelberg, S. 8 f.

38 Ein Grund mögen die Schwierigkeiten mit dem Buddhistischen Establishment in Kyoto gewesen sein. Hinzu kam, dass das Hauptquartier der Tendai-Schule in der Nähe seines Tempels lag. Zudem wurde ein großer Rinzai-Tempel namens Tōfukuji gegründet von einem Rinzai-Meister, der wie Dōgen mehrere Jahre in China verbracht hatte und den Dōgen offensichtlich ungehindert sich entfalten lassen wollte. Gelegentlich ist zu lesen, Dōgen sei zusammen mit einem Teil sich abspaltender Tendai-Mönche, von denen er unterstützt wurde, nach Norden gezogen. Dōgen selbst führt jedenfalls einen anderen Grund an: Er liebe nun mal die Täler und Berge, ein Thema, das häufig in seinen Texten aufscheint.

39 Meister Dōgen (2001): *Shōbōgenzō*, Bd. 1, Bendōwa, S. 27 f. Die Erläuterungen der Begriffe sind dem Kommentar Nishijimas auf den Seiten 44 ff entnommen.

40 Ebenda, S. 29 f.

41 Meister Dōgen (2003): *Shōbōgenzō*, Bd. 2, Busshō, S. 41 f.

42 Meister Dōgen (2001): *Shōbōgenzō*, Bd. 1, Bendōwa, S. 33.

43 *Ebd,* S. 31, 39, 41 f.

44 Meister Dōgen (2003): *Shōbōgenzō,* Bd. 2, Busshō, S. 28 f.

45 Meister Dōgen (2001): *Shōbōgenzō,* Bd. 1, Uji, S. 137.

46 Ebenda, S. 139.

47 Suzuki, Shunryu: *Zen-Geist, Anfänger-Geist. Unterweisungen in Zen-Meditation,* Zürich/München/Berlin 1975, S. 65–68. Suzuki, einer der einflussreichsten Zen-Meister Amerikas, macht darauf aufmerksam, dass auch das Handeln Spuren im Denken hinterlassen kann, denen man dann verhaftet ist. Im Grunde ist diese Vorstellung aber naiv – weil die Wirklichkeit der Durchdrungenheit aller Vorgänge und Erscheinungen viel komplexer ist. Selbst wenn man sagt, man habe etwas auf diese und keine andere Weise getan, ist dies in Wirklichkeit »niemals genau das, was sich ereignete. Wenn Ihr derartig denkt, begrenzt Ihr die tatsächliche Erfahrung dessen, was Ihr getan habt.« In Wahrheit ist das, was sich von Augenblick zu Augenblick ereignet, grenzenlos. In Dōgens Worten: »Alle Dinge und Phänomene begrenzen sich selbst, aber es gibt keine Begrenzung, die die Dinge und Phänomene einschränken könnte«: Meister Dōgen (2001): *Shōbōgenzō,* Bd. 1, Uji, S. 140.

48 Meister Dōgen (2001): *Shōbōgenzō,* Bd. 1, Uji, S. 138 f.

49 Ebenda, S. 145, Anmerkung 51.

50 Meister Dōgen (2001): *Shōbōgenzō,* Bd. 1, Einführung S. 11.

51 Zur Geschichte der Entstehung des Textes vgl. Dōgen (2004): *Dōgen's Extensive Record. A Translation of the Eihei Kōroku,* Bd. 8, S.532 ff, Am. 145 f.

52 Meister Dōgen (2001), *Shōbōgenzō,* Bd. 1, Genjō Kōan, S. 58.

53 Leighton, Taigen Dan und Okumura, Shohaku: *Dōgens Extensive Record. A Translation of the Eihei Kōroku,* hg. v, Leighton, Taigen Dan, Boston 2004, Bd. 7, 451, Dharma Gespräch Nummer 506.

54 Zum Beispiel in »Bendōwa« und »Geist hier und jetzt ist Buddha«: Meister Dōgen (2001): *Shōbōgenzō,* Bd. 1, S. 37, 75. Dōgen macht darauf aufmerksam, dass eine weitere Folge dieser falschen Ansicht über Körper und Geist, ewiges Leben und Nirvanā darin besteht, »dass wir glauben, dass wir uns vom Leben und Tod befreien müssen, … dass wir den schweren Irrtum begehen, die Wirklichkeit, die Buddha gelehrt hat, zu hassen«, ebenda, S. 37.

55 Meister Dōgen (2001): Shōbōgenzō, Bd. 1, S. 154.

56 Deshimaru, Taisen: *Die Lehren des Meister Dōgen,* S. 112.


## Kapitel 5

1 Die weiteren methodischen Probleme, die bei den verschiedensten Untersuchungen auftreten, fasst Ulrich Ott so zusammen: »Bei der kritischen Auseinandersetzung mit der Qualität der Forschung treten einige Mängel zu Tage. Als methodische

Mängel sind insbesondere zu nennen: das Fehlen von Kontrollgruppen und -bedingungen, die strikte Trennung in physiologisch versus psychologisch orientierte Studien und eine unzureichende Definition des eigentlichen Forschungsgegenstandes ›Meditation‹. Der zweite gravierende Mangel der Meditationsforschung besteht in einer strikten Aufspaltung in Studien, die entweder physiologische oder psychologische Effekte untersuchen. Neben den methodischen Mängeln bei der Versuchsplanung und Variablenauswahl ist in der empirischen Meditationsforschung ein Theoriedefizit festzustellen. Bereits die grundlegende Unterscheidung zwischen Meditation als einer Methode (›jemand praktiziert Meditation‹) und einem Zustand (›jemand befindet sich in Meditation‹) wird kaum vorgenommen. Diese Sicht der Meditation als einer einheitlichen Bedingung übergeht etwaige individuelle Unterschiede zwischen den Meditierenden. Zudem verkennt eine solche statische Sicht die Dynamik, den Prozeßcharakter von Meditation, wenn beispielsweise über längere Zeitabschnitte gemittelt wird. Im Zeitverlauf einer Meditationssitzung sind gerade Anfänger vermutlich kaum in der Lage, für längere Zeit bei ihrem Meditationsobjekt zu verweilen, so daß es zu einem ständigen Wechselspiel von Sammlung und Abschweifung der Aufmerksamkeit kommt. [...] Als gravierendste Mängel wurden das Fehlen von Kontroll- und Vergleichsgruppen genannt und die einseitige Ausrichtung auf entweder physiologische oder psychologische Variablen«: Ott, Ulrich: *Merkmale der 40-Hz-Aktivität im EEG während Ruhe, Kopfrechnen und Meditation*, Wiesbaden 1999, S. 20 f, 35.

2   von Aquin, Thomas: *Scriptum super libros sententiarum magistri Petri Lombardi episcopi Parisiensis* (1253–1255), Liber 4, distinctio 15, quastio 4, articulus 1, solutio 2, ad primum. »Ad primum ergo dicendum, quod contemplatio aliquando capitur stricte pro actu intellectus divina meditantis; et sic contemplatio est sapientiae actus. Alio modo communiter pro omni actu quo quis a negotiis exterioribus sequestratus soli Deo vacat: quod quidem contingit dupliciter; vel inquantum homo Deum loquentem in Scripturis audit, quod fit per lectionem; vel inquantum Deo loquitur, quod fit per orationem.« Vgl. zur Interpretation Heidegger, Martin: *Einleitung in die Philosophie*, Gesamtausgabe II. Abteilung: Vorlesungen, Bd. 27, Frankfurt am Main 2001, S. 170 f.

3   Bhattacharjee, Yudhijit: *Neuroscientists Welcome Dalai Lama With Mostly Open Arms*, in: Science Vol. 310 (18.11.2005), S. 1104.

4   Eine der frühen Studien, die bereits mit der Meditationstechnik des tibetischen Buddhismus und der Person des Dalai Lama verbunden ist, erschien 1982: Benson, Herbert/Lehmann, John W./Malhotra, M. S./Goldman, Ralph F./Hopkins, Jeffrey/Epstein, Mark D.: *Body temperature changes during the practice of g Tum-mo yoga*, in: Nature 295 (21.01.1982), S. 234–236: »Since meditative practices are associated with changes that are consistent with decreased acti-vity of the sympa-

thetic nervous system, it is conceivable that measurable body temperature changes accompany advanced meditative states. We report here that in a study performed there in February 1981, we found that these subjects exhibited the capacity to increase the temperature of their fingers and toes by as much as 8.3° C.«.

5 Cicerone, Paola Emilia: *Der Grenzgänger*, in: Gehirn und Geist 12/2006, S. 47–49, 47.

6 Vgl. King, Dana E./Everett, Charles J./Mainous, Arch G und Liszka, Heather A.: *Long-Term Prognostic Value of Resting Heart Rate in Subjects With Prehypertension[ast]*, in: American Journal of Hypertension 19 (01.08.2006), S. 796–800, sowie Manikonda, J. P./Störk, S./Tögel, S./Lobmüller, A./Grünberg, I./Bedel, S./Schardt, F./Angermann, C. E./Jahns, R. und Voelker, W.: *Contemplative meditation reduces ambulatory blood pressure and stress-induced hypertension: a randomized pilot trial*, in: Journal of Human Hypertension. Advance online publication (06.09. 2007), doi: 10.1038/sj.jhh.1002275.

7 Solberg, F. E./Ekeberg, O./Holen, A./Ingjer, F./Sandvik, L./Standal, P.A./Vikman, A.: *Hemodynamic changes during long meditation*, in: Applied psychophysiology and biofeedback 29.09.2004 (3), S. 213–221.

8 Davidson, R.J./Kabat-Zinn, J./Schumacher, J./Rosenkranz, M./Muller, D./Santorelli, S. F./Urbanowski, F./Harrington, A./Bonus, K./Sheridan, J. F.: *Alterations in brain and immune function produced by mindfulness meditation*, in: Psychosomatic Medicine 2003 (4), Jul-Aug, 65(4), S. 564–570.

9 Vgl. Schedlowski, Manfred und Tewes, Uwe: *Psychoneuroimmunologie*, Heidelberg/Berlin/Oxford 1996, S. 566–596.

10 Lazar, S. W./Kerr, C. E./Wasserman, R. H./Gray, J. R./Greve, D. N./Treadway, M. T./McGarvey, M./Quinn, B. T./Dusek, J. A./Benson, H./Rauch, S. L./Moore, C. I. und Fischl, B.: *Meditation experience is associated with increased cortical thickness*, in: Neuroreport 16 (17), 28.11.2005, S. 1893–1897.

11 http://www.schmerzliga.de/archiv/titelstory_04_04.html (2004).

12 Newberg, Andrew/D'Aquili, Eugene und Rause, Vince: *Der gedachte Gott. Wie Glaube im Gehirn entsteht*, München/Zürich 2003, S. 173.

13 Eine weitere Studie ist John, P. J. et al.: *Yoga therapy can ameliorate migraine without aura*, in: Nature Clinical Practice Neurology 3 (01.08.2007), S. 419–420.

14 Schmitt, Stefanie: Achtsamkeit. Willkommen im Jetzt, in: Gehirn und Geist 12/2006, S. 40–46, 42.

15 Ott, Ulrich: *Merkmale der 40-Hz-Aktivität im EEG während Ruhe, Kopfrechnen und Meditation*, Wiesbaden 1999.

16 Kraft, Ulrich: *Die neuronale Erleuchtung*, in: Gehirn und Geist 10/2005. S. 12–17, 14. Zu den Gefühlsstilen vgl. Davidson, Richard J.: *Well-being and affective style: neural substrates and biobehavioural correlates*, in: Phil. Trans. R. Soc. Lond. B

(2004) 359, S. 1395–1411, sowie Davidson, Richard J./Scherer, Klaus R. und Goldsmith, H. Hill: *Handbook of Affective Sciences*, Oxford/New York 2003 und Davidson, Richard J. und Harrington, Anne: *Visions of Compassion: Western Scientists and Tibetan Buddhists Examine Human Nature*, Oxford/New York 2002.

17  Vgl. Anm. 8 sowie Kraft, Ulrich: Mönche in der Magnetröhre, Süddeutsche Zeitung (23.03.2005), S. 11.

18  Gelegentlich wurde auch von einer erhöhten Alphawellen-Aktivität bei Meditierenden berichtet: Khare, K. C. und Nigam, S. K.: *A study of electroencephalogram in meditators*, in: Indian journal of physiology and pharmacology 44 (2), April 2000, S. 173–178.

19  Zu den verschiedenen Wellen und den entsprechenden Frequenzen vgl. Wikipedia, Stichwort Elektroenzephalografie: http://de.wikipedia.org/wiki/Elektro enzephal ografie (Juli 2008). Die verschiedenen Wellentypen werden dort der Reihenfolge der Frequenzen entsprechend wiedergegeben. Deltawellen weisen die niedrigste Frequenz mit 0,3 bis 3,5 Hz auf. Deltawellen sind typisch für die traumlose Tiefschlafphase. Ihnen folgen die Thetawellen mit 4–7 Hz. »Als Theta-Welle wird ein Signal im Frequenzbereich zwischen 4 und 7 Hz bezeichnet. Sie treten vermehrt in den leichten Schlafphasen auf und man reagiert nur noch auf wichtige oder starke Umweltreize. Als Alpha-Welle wird ein Signal im Frequenzbereich zwischen 8 und 13 Hz bezeichnet. Ein verstärkter Anteil von Alpha-Wellen wird mit leichter Entspannung, bzw. entspannter Wachheit assoziiert. Beta-Wellen stellen einen bestimmten Ausschnitt aus dem Spektrum des Hirnwellenbildes dar, und nehmen einen Frequenzbereich zwischen 14 und 40 Hz ein. Das Auftreten von Betawellen hat verschiedene Ursachen und Bedeutungen, z.B. kommen Betawellen bei ca. 8 % aller Menschen als normale EEG-Variante vor. Betawellen entstehen aber auch als Folge der Einwirkung bestimmter Psychopharmaka oder kommen im REM-Schlaf vor. Physiologisch treten β-Oszillationen außerdem z.B. beim konstanten Halten einer Kraft auf. Als Gamma-Welle wird ein Signal im Frequenzbereich 41–70 Hz bezeichnet. Sie tritt bei starker Konzentration (z.B. Lernen) auf. Sie sind in einem EEG nicht zu erkennen.« Zu den Theta-Wellen bemerkt Ott (1999), S. 23: »Bei fortgeschrittenen Meditierenden werden wiederholt Epochen (bursts, wörtlich ›Ausbrüche‹, kurze Phasen) von Theta-Aktivität, vor allem im frontalen Bereich, berichtet. Dies gilt gleichermaßen für Meditierende der Transzendentalen Meditation wie für Zen-Mönche. Von den Mustern der Theta-Aktivität, die beim Einschlafen und Dösen auftritt, sollen sich diese Theta-Epochen unterscheiden. Außerdem geben die Meditierenden an, hellwach zu sein. Von dramatischen Erfahrungen scheinen die Theta-Epochen nicht begleitet zu sein. Die Versuchspersonen von Hebert und Lehmann (1977) berichteten von ›friedvollen, angenehmen und wohltuenden Erfahrungen‹ und einem ›Wegdriften‹ oder ›Gleiten‹. In einer Zen-

Studie (1969) korrelierte die Häufigkeit des Auftretens solcher Theta-Epochen mit der Einstufung des Meditationsfortschrittes der Mönche durch ihren Meister.«.

20 Kandel/Schwartz/Jessell: *Principles of Neuroscience*, S. 857 f.

21 Näheres zu dem Vorgang der sogenannten Hyperpolarisation ist u.a. bei Squire/ Bloom/McConnell/Roberts/Spitzer/Zigmond: *Fundamental Neuroscience*, S. 159 ff zu finden. Im Herz gibt es einen sehr ähnlichen Prozess der Depolarisation, der diesmal auf der Ebene von Herzzellen zur Entstehung des Herzschlags bzw. Erhöhung und Erniedrigung der Frequenz des Herzschlags beiträgt.

22 Llinás, R./Ribary, U./Joliot, M. und Wang, X.-J.: *Content and context in temporal thalamocortical binding*, in: Buzáki, G./Llinás, R./Singer, W./Berthos, A./Christen, Y.: *Temporal coding in the brain*, Berlin 1994, S. 251–272.

23 Singer, Wolf: *Der Beobachter im Gehirn. Essays zur Gehirnforschung*, Frankfurt am Main 2002, S. 134–138, sowie Singer, Wolf: *Ein neues Menschenbild? Gespräche über Hirnforschung*, Frankfurt am Main 2003. Weitere Artikel sind auf der Seite http://www.mpih-frankfurt.mpg.de/global/Np/Pubs/singeressays_d.htm und http://www.mpih-frankfurt.mpg.de/global/Np/Pubs/singerjournals_d.htm zu finden (Juli 2008). Vgl. weiter Nase, G./Singer, W./Monyer, H. und Engel, A. K.: *Features of neuronal synchrony in mouse visual cortex*, in: Journal of Neurophysiology 90 (2), August 2003, S. 1115–1123. Epub 2003 Apr; Engel, A. K. und Singer, W.: *Temporal binding and the neural correlates of sensory awareness*, in: Trends in Cognitive Sciences 5 (1), 01.01.2001, S. 16–25; Fries, P./Schröder, J.-H./Roelfsema, P. R./Singer, W. und Engel, A. K.: *Oscillatory neuronal synchronization in primary visual cortex as a correlate of stimulus selection*, in: Journal of Neuroscience 22 (9), S. 3739–3754 sowie Brecht, M/Goebel, R./Singer, W. und Engel, A. K.: *Synchronization of visual responses in the superior colliculus of awake cats*, in: NeuroReport 12, No. 1, S. 43–47.

24 Singer, Wolf: *Der Beobachter im Gehirn*, S. 136.

25 Kraft, Ulrich: *Versunken mit 40 Hertz*, in: Süddeutsche Zeitung, 31.12.2002, S. 21.

26 Aftanas, L. I. und Golosheykin, S. A.: *mpact of regular meditation practice on EEG activity at rest and during evoked negative emotions*, in: The International Journal of Neuroscience 115 (6), Juni 2005, S. 893–909.

27 Aftanas, L. I. und Golocheikine, S. A.: *Non-linear dynamic complexity of the human EEG during meditation*, in: Neuroscience Letters 330 (2), 20.09.2002, S. 143–146.

28 Goldberg, Elkonon: *Die Weisheitsformel. Wie Sie neue Geisteskraft gewinnen, wenn Sie älter werden*, Reinbek bei Hamburg, S. 185.

29 Metzinger, Thomas: Wenn die Seele verloren geht. *Der Fortschritt in den Neurowissenschaften erfordert eine neue Bewußtseinskultur*, in: Die Zeit, 01.11.1996, S. 46 f., sowie Metzinger, Thomas: *Neurobics für Anfänger*, in: Gehirn und Geist 6/2006, S. 68–71.

30 Dazu die *delta*-Sendung auf 3sat vom 22.02.2007. Auf der 3sat-Internetseite des

Archivs der delta-Sendung (zu finden unter www.3sat.de/delta sowie www.3 sat.de/scobel unter »Archiv delta«) zum 22.02.2007: *Genug gelitten – Der Umgang mit dem Schmerz* sind auch die entsprechenden Interviews zu finden.

31 Singer, Wolf und Ricard, Matthieu: *Hirnforschung und Meditation. Ein Dialog*, Frankfurt am Main, 2008, insb. S. 101–108.

32 Singer, Wolf: *Das Gehirn, das Tor zur Welt*, in: Deutsche Forschungsgemeinschaft, Perspektiven der Forschung und ihrer Förderung 2007–2011, Weinheim 2008, S. 74–93, 84.

33 Singer, Wolf und Ricard, Matthieu: 104 f.

34 Er fügt hinzu: »Ist dies nicht der Grund, warum Menschen, denen der Sinn des Lebens nach langem Zweifel klar wurde, warum diese dann nicht sagen konnten, worin dieser Sinn besteht? Es gibt allerdings Unaussprechliches. Dies zeigt sich, es ist das Mystische«: Wittgenstein, Ludwig: *Tractatus logico-philosophicus*, Werkausgabe Bd. 1, Frankfurt am Main 1989, T 6.52 f. Diese Stelle ist für die Frühphilosophie Wittgensteins zentral. Wie im Zen scheint auch Wittgenstein sagen zu wollen, dass sich nicht nur etwas zeigt, sondern dass das, was sich zeigt, wenn die Probleme des Lebens gelöst sind, nichts ist, was man vorzeigen kann. Alles ist, wie es ist: Und es lässt sich nicht sagen, worin dieser Sinn nun besteht, den man zwar gerade erfahren hat, der aber selbst nicht neu ist, sondern als etwas gedeutet wird, dass schon immer da war. Es hat sich »gezeigt« – ohne dass man in der Lage gewesen wäre, es vorher bereits zu sehen oder zu verstehen.

35 Meister Dōgen: *Shōbōgenzō*, Bd. 1, S. 197, 194.

36 Brodbeck, Karl-Heinz: *Hirngespinste. Zur unüberbrückbaren Differenz zwischen Neurowissenschaft und Ethik*, in: Norbert Copray (Hg.): *Ethik Jahrbuch 2004*, Frankfurt am Main 2004, S. 17–31, 21.

37 Wilber, Ken: *Integrale Spiritualität. Spirituelle Intelligenz rettet die Welt*, München 2007, S. 57–78, insb. 65 f.

38 Niklas Luhmann und Peter Fuchs sprechen von einem Nichtbeobachten der Welt: Luhmann, Niklas und Fuchs, Peter: *Reden und Schweigen*, Frankfurt am Main 1989, S. 51.

### Kapitel 6

1 Meister Ryōkan: *Alle Dinge sind im Herzen. Poetische Zen-Weisheiten*, Freiburg 1999, S. 59.

2 Dschuang Dsi: *Das wahre Buch vom südlichen Blütenland*, München 2008, S. 164, 227.

3 Dalai Lama: *Die Essenz der Meditation. Praktische Erklärungen zum Herzstück buddhistischer Spiritualität*, München 2001, S. 23 f.

4 Ebenda, S. 48.

5 Ebenda, S. 69 f.

6 Vgl. ebenda, S. 57 f.

7 Welzer, Harald: *Täter. Wie aus ganz normalen Menschen Massenmörder werden,* Frankfurt am Main 2005.

8 Etwa Ricard, Matthieu: *Glück,* München 2007, S. 263–297.

9 Dalai Lama: *Die Essenz der Meditation,* S. 163.

10 Ebenda, S. 166. Die »transzendentale Weisheit« bezieht sich auf den letzten Satz des Herz-Sutras.

11 Ebenda, S. 79.

12 Ebenda, S. 80 f.

13 Dalai Lama: *Der Weg zum Glück. Sinn im Leben finden.* Hg. v. Jeffrey Hopkins, Freiburg im Breisgau 2002, S. 42, 105 f.

14 Glassman, Bernard (2006), S. 33, 47, vgl. 59.

15 Glassman, Bernard (2006), S. 35, 40 f.

16 Dalai Lama: *Der Weg zum Glück,* S. 108.

**Kapitel 7**

1 Zit. nach: Ricard, Matthieu: *Glück.* Mit einem Vorwort von Daniel Goleman. München 2007, S. 32.

2 Zit. nach: Ebenda, S. 31.

3 Fliessbach, K./Weber, B./Trautner, P./Dohmen, T./Sunde, U. und C. E. Elger: *Social Comparison Affects Reward-Related Brain Activity in the Human Ventral Striatum,* in: Science Vol. 318, S. 1305–1308.

4 Vgl. Schwarz, Ernst: *Das Leben des Bodhidharma. Der Stifter des Zen.* Düsseldorf/ Zürich 2000.

5 Bodhidharma: *Über das Aufwachen,* in: Pine, Red: *Bodhidharmas Lehre des Zen. Frühe chinesische Zen-Texte.* Zürich/München 1990, S. 49–65.

6 Roshi, Yamada Kôun: *Hekiganroku. Die Niederschrift vom blauen Feld.* Die klassische Koansammlung mit neuen Teishos, ins Deutsche übertragen und hg. v. Peter Lengsfeld, Bd. 1, München 2002, S. 21–30.

7 Vgl. Haruhide, Shira: *Absolute Bejahung durch absolute Negation. Zen als sinisierter Buddhismus und seine Bezugnahme auf den Taoismus,* in: Hashi, Hisaki/Gabriel, Werner und Haselbach, Arne (Hg.): *Zen und Tao. Beiträge zum asiatischen Denken,* Wien 2007, S. 99–124.

8 Yamada, Kôun: *Mumonkan – Die torlose Schranke.* Zen-Meister Mumons Koan-Sammlung, neu übertragen und kommentiert von Zen-Meister Kôun Yamada, München 1997, S. 221.

9 Shibayama, Zenkei: *Zu den Quellen des Zen.* Die berühmten Koans des Meisters Mumon aus dem 13. Jahrhundert mit Einführung und Kommentar, München

1986, S. 88. Shibayama kommentiert das Gedicht von Mumon mit einem weiteren Gedicht: »Denke nicht, der Mond ginge auf, wenn die Wolken verschwunden sind. Die ganze Zeit über stand er am Himmel in vollkommener Klarheit«, S. 92.

10 Roshi, Yamada Kôun: *Hekiganroku. Die Niederschrift vom blauen Feld.* Die klassische Koansammlung mit neuen Teishos, ins Deutsche übertragen und hg. v. Peter Lengsfeld, Bd. 1, München 2002, S. 25.

11 Thurman, Robert: *Revolution von Innen. Die Lehren des Buddhismus oder das vollkommene Glück,* München 1999, S. 89.

12 Wittgenstein, Ludwig: *Logisch-philosophische Abhandlung. Tractatus logico-philosophicus.* Kritische Edition hg. v. McGuiness, Brian und Schulte, Joachim, Frankfurt am Main 1989, S. 6, 174 ff.

13 Dôgen Zenji: *Uji (Die Sein-Zeit),* in: *Shôbôgenzô,* Bd 1, S. 139 f sowie Genjô Kôan, S. 58.

14 Dalai Lama: *Der buddhistische Weg zum Glück,* S. 61.

15 Ricard, Matthieu: *Glück,* S. 341.

16 Dalai Lama: *Der Weg zum Glück. Sinn im Leben finden,* hg. v. Hopkins, Jeffrey. Freiburg im Breisgau 2007, S. 33, sowie Dalai Lama: *Der buddhistische Weg zum Glück. Das Herz-Sutra,* Frankfurt am Main 2007, S. 59 ff und Dalai Lama: *Die Essenz der Meditation. Praktische Erklärungen zum Herzstück buddhistischer Spiritualität,* München 2001, S. 67 ff.

17 Dalai Lama: *Der Weg zum Glück,* S. 34.

18 Vgl. Anm. 9.

19 Dalai Lama: *Der buddhistische Weg zum Glück,* S. 97. »Daher lehnen alle klassischen indischen buddhistischen Lehrsysteme (mit Ausnahme einiger Unterabteilungen der Vaibashika-Schule) das Konzept eines substanziell realen, ewig überdauernden Prinzips namens ›Selbst‹ ab [...] Da sie behaupten, dass sich jenseits der körperlichen und geistigen Komponenten kein Selbst finden lässt, schließt dies auch die Möglichkeit der Existenz einer unabhängigen Wirkkraft aus, die diese kontrolliert.«

20 Dalai Lama: *Die Essenz der Meditation,* S. 146.

21 Ebenda, S. 93–96.

22 Panikkar, Raimon: *Einführung in die Weisheit,* Freiburg im Breisgau 2002, S. 37.

23 Dalai Lama: *Die Essenz der Meditation,* S. 100 f.

24 Ebenda, S. 76.

25 Camus, Albert: *Der Mythos von Sisyphos. Ein Versuch über das Absurde,* Hamburg 1977, S. 99–101.

26 Fredrickson, Barbara L.: *Die Macht der guten Gefühle,* in: Gehirn und Geist 6/2003, S. 41.

27 Einen guten Überblick bieten Strack, Fritz/Argyle, Michael und Schwarz, Norbert: *Subjective well-being: An interdisciplinary perspective.* Oxford 2007. Das Buch ist

unter der Internetadresse http://www.opus-bayern.de/uni-wuerzburg/volltexte/20 07/2170/pdf/subjwellbeing.pdf frei erhältlich. Zu den positiven Faktoren innerhalb der Arbeitswelt gehören beispielsweise »1. Joking with the other person. 2. Chatting casually. 3. Discussing work. 4. Having coffee, drinks or meal together. 5. Teasing him/her. 6. Helping each other with work. 7. Asking or giving personal advice. 8. Discussing your feelings or emotions. 9. Discussing your personal life. 10. Teaching or showing the other person something about work.« (ebenda, S. 89).

28 Fredrickson, Barbara L.: *The Role of Positive Emotions in Positive Psychology. The Broaden-and-Build Theory of Positive Emotions*, in: American Psychologist Vol. 56 (2001), No. 3, S. 218–226, sowie Fredrickson, Barbara L.: *How Does Religion Benefit Health and Well-Being? Are Positive Emotions Active Ingredients?*, in: Psychological Inquiry Vol. 13 (2002), Part 3, S. 209–212.

29 Vgl. Diener, Ed/Sandvik, Ed und Pavot, William: *Happiness is the frequency, not the intensity, of positive versus negative affect*, in: Strack, Fritz/Argyle, Michael und Schwarz, Norbert: *Subjective well-being: An interdisciplinary perspective*. Oxford 2007, S. 119–139.

30 Otake, Keiko/Shimai, Satoshi/Tanaka-Matsumi, Junko/Otsui, Kanaka und L. Fredrickson, Barbara: *Happy People become happier through Kindness: A Counting Kindness Intervention*, in: Journal of Happiness Studies Vol. 7 (2006), S. 361–375.

31 Wie wirksam auch in der Interaktion von Patienten mit Ärzten die Kommunikation ist, zeigt ein Forschungsprojekt an der Universitätsklinik Heidelberg. Jana Jünger leitet dort die Projektgruppe für Kommunikations- und Interaktions-Training, aus der heraus sie das Lehrprogramm Medi-KIT entwickelte. Dabei handelt es sich um ein Kommunikations- und Interaktions-Training für Medizinstudenten, in dem Einfühlungsvermögen und Kommunikationsfähigkeit bzw. der Umgang mit dem Patienten, verbessert werden sollen. Weitere Hinweise zum Thema Placebo finden sich auf der Internetseite der Sendung *delta* vom 29.11.2007 (www.3sat.de/delta).

32 Hofmann, Albert: *Einsichten Ausblicke*, Essays, Solothurn 2003.

33 http://www.bundesregierung.de/Content/DE/Artikel/2007/05/2007-05-03-weni ger-drogentote-in-deutschland.html. Der Suchtbericht der Drogenbeauftragten der Bundesregierung vom Mai 2007 ist unter http://www.bmg.bund.de/cln_041/nn 604820/SharedDocs/Download/DE/Themenschwerpunkte/Drogen-und-Sucht/ DrogenSuchtbericht-2007,templateId=raw,property=publicationFile.pdf/Droge nSuchtbericht-2007.pdf zugänglich.

34 Weil, Andrew: *Drogen und höheres Bewusstsein*, Aarau 2002, S. 103.

35 Vgl. Rätsch, Christian: *Enzyklopädie der psychoaktiven Pflanzen. Botanik, Ethnopharmakologie und Anwendungen*, mit einem Vorwort von Albert Hofmann, Aarau 2007. Rätsch weist auf die Kontinuität des Drogengebrauchs in allen Kulturen

der Welt, auf den kulturschaffenden Faktor psychoaktiver Pflanzen und auf die Bedeutung der drei Aspekte Dosis, Set und Setting hin. So unterscheiden Indianer beispielsweise bei sogenannten Zauberpilzen drei Dosierungen: eine medizinische, eine aphrodisische und eine schamanische. Eigene Aufmerksamkeit würde das Ayahuasca-Ritual verdienen, das einen erstaunlichen Zugang zu Wissen über die Natur ermöglicht. Vgl. dazu die faszinierende Studie des an der Stanford University lehrenden Anthropologen Jeremy Narby: Narby, Jeremy: *Die kosmische Schlange. Auf den Pfaden der Schamanen zu den Ursprüngen des modernen Wissens*, Stuttgart 2001.

36 Weil (2000), S. 105.

37 Metzinger, Thomas: *Bewusstseinsethik. Neurobics für Anfänger*, in: Gehirn und Geist 6/2006, S. 70.

38 Singer, Wolf und Ricard, Matthieu: *Hirnforschung und Meditation*, Ein Dialog, Frankfurt am Main 2008, S. 11.

39 Metzinger (2006), S. 71.

40 »The aim of our programme is to equip teenagers with an understanding of how they can improve their chances of experiencing happiness, good health, a sense of accomplishment and lasting companionship. As they gain this understanding, they are taught a set of skills to help them achieve this in a practical way. The lesson themes are structured around students' relationships: between mind and body, between their conscious and subconscious, with people around them, with their past, present, future and fantasy lives, and finally with the natural world.« Zitiert nach http://www.unternehmen.zdf.de/index.php?id=278.

41 Vgl. Gehirn und Geist Nr. 9/2008, S. 53–55.

42 Csikzentmihalyi, Mihaly: *Flow. Das Geheimnis des Glücks*, 5. Aufl. Stuttgart 1996, S. 285.

43 Csikzentmihalyi (1996), S. 291.

44 Csikzentmihalyi, Mihaly und Nakamura, Jeanne: *The Role of Emotions in the Development of Wisdom*, in: Sternberg, Robert J. u. Jordan, Jennifer: *A Handbook of Wisdom*, 2005, S. 220–242. Csikszentmihalyi verweist dabei u.a. auf die Untersuchungen von Kramer (2000) und Lyster (1996).

45 Dawkins, Richard: *Das egoistische Gen*, Reinbek bei Hamburg 1996, S. 308. Dawkins diskutiert den Begriff ausführlich in seinem erweiterten Nachwort »Meme, die neuen Replikatoren«, S. 513 ff. Zum Mem-Begriff auch Csikszentmihalyi, Mihaly: *Dem Sinn des Lebens eine Zukunft geben. Eine Psychologie für das 3. Jahrtausend*, Stuttgart 1995, S. 164 ff, sowie Csikszentmihalyis Artikel im *Handbook of Wisdom*.

46 Dieser Gedanke zieht sich, mehr oder weniger explizit, durch viele der Bücher von Csikszentmihalyi. Die These erscheint wieder in Csikszentmihalyi/Nakamura (2005).

47 Csikszentmihalyi, Mihaly: *Flow im Beruf. Das Geheimnis des Glücks am Arbeitsplatz*. Stuttgart 2004, S. 63.

48  Csikzentmihalyi (2004). Folgende Zitate sind den folgenden Seiten entnommen.
49  Csikzentmihalyi (2004), S. 70.
50  Csikzentmihalyi (2004), S. 194 f.
51  Csikzentmihalyi (1996). Die folgenden Zitate sind diesem Buch entnommen.
52  Csikzentmihalyi (1996), S. 64.

## Kapitel 8

1  Flasch, Kurt: *Das philosophische Denken im Mittelalter. Von Augustin zu Machiavelli*, 2., revidierte und erweiterte Auflage, Stuttgart 2001, S. 605 f, sowie Flasch, Kurt: *Nikolaus von Kues. Geschichte einer Entwicklung*, Frankfurt am Main 1998.
2  Vgl. Flasch (1998), S. 343.
3  Benedikt XVI.: *Glaube und Vernunft. Die Regensburger Vorlesung*, Freiburg 2006, S. 20, 13.
4  Kues, Nikolaus von: *Philosophisch-theologische Werke Lateinisch-Deutsch*, Bd. 4, *De venatione sapientiae*, Hamburg 2002, S. 9.
5  Ebenda.
6  Kues, Nikolaus von: *Philosophisch-theologische Werke Lateinisch-Deutsch*, Bd. 2, *Idiota de sapientia*, S. 5.
7  Kant im Dez. 1783 in seiner berühmten Schrift *Beantwortung der Frage: Was ist Aufklärung*, in: Kant, Immanuel: *Werke*, hg. v. Wilhelm Weischedel. *Schriften zur Anthropologie, Geschichtsphilosophie, Politik und Pädagogik*. Erster Teil, Bd. 9, S. 35.
8  Kues, Nikolaus von: *Philosophisch-theologische Werke Lateinisch-Deutsch*, Bd. 4, *De venatione sapientiae*, Hamburg 2002.
9  Flasch, Kurt: *Nikolaus von Kues. Geschichte einer Entwicklung*, Frankfurt am Main 1998, S. 60–67. Diesen Seiten sind auch die folgenden Zitate entnommen.
10  Kant, Immanuel: *Werke*, hg. v. Wilhelm Weischedel, Bd. 8, *Kritik der Urteilskraft, und Schriften zur Naturphiolosophie*, Kritik der Urteilskraft, § 33, Zweite Eigentümlichkeit des Geschmacksurteils, Darmstadt 1983. ebenso die folgenden Zitate.
11  Kant, Immanuel: *Werke*, hg. v. Wilhelm Weischedel, Bd. 5, *Schriften zur Metaphysik und Logik*, Logik Kapitel: III. Begriff von der Philosophie überhaupt, Darmstadt 1983, S. 447
12  Kues, Nikolaus von: *Philosophisch-theologische Werke Lateinisch-Deutsch*, Bd. 2, *Idiota de sapientia*, Hamburg 2002, S. 26.
13  Kant, Immanuel: *Werke*, Bd. 8, Kritik der Urteilskraft, S. 607–620 (B 469 ff), sowie Kant, Immanuel: *Werke*, Schriften zur Anthropologie, Geschichtsphilosophie, Politik und Pädagogik, Zweiter Teil, Bd. 10, Anthropologie in pragmatischer Hinsicht, § 63, BA 183.
14  Vgl. Dalai Lama: *Die Essenz der Meditation. Praktische Erklärung zum Herzstück buddhistischer Spiritualität*, München 2001, S. 47–63.

15 Kant, Immanuel: *Kants handschriftlicher Nachlaß*, Bd. VIII, *Opus postumum*, Kapitel: 4. Convolut. Lose Blätter, Akademie Ausgabe Bd. XXI, Berlin/Leipzig 1936, S. 492.

16 Kant, Immanuel: *Kants Vorlesungen*, Vorlesungen über Metaphysik und Rationaltheologie, Bd. V, Akademie Ausgabe, Bd. 5 2/1, Vorlesungen über die Metaphysik (Pölitz). Kapitel: 1). *Von der Philosophie überhaupt*, Berlin 532 f.

17 Kant, Immanuel: *Werke*, hg. v. Wilhelm Weischedel, *Schriften zur Ethik und Religionsphilosophie*, Erster Teil Bd. 6, *Kritik der praktischen Vernunft*. A 194 f.

18 Kues, Nikolaus von: *Philosophisch-theologische Werke Lateinisch-Deutsch*, Bd. 2, *Idiota de sapientia.* 1, S. 15 ff: »So hat der Geist sein Leben von der ewigen Weisheit und hat von dieser irgendeinen Vorgeschmack.«

19 Ebenda, 1, 17.

20 Ebenda, 1, 19.

21 Ebenda, 1, 17 und 19.

22 Ebenda, 1,22 und 24.

23 Ebenda, 1, 4. Vgl. dazu Flasch, Kurt: *Nikolaus von Kues. Geschichte einer Entwicklung*, Frankfurt am Main 1998, S. 254.

24 Blumenberg, Hans: *Die Lesbarkeit der Welt*. Frankfurt am Main 1981.

25 Kant im Dez. 1783 in seiner berühmten Schrift *Beantwortung der Frage: Was ist Aufklärung*, in: Kant, Immanuel: *Werke*, hg. v. Wilhelm Weischedel. *Schriften zur Anthropologie, Geschichtsphilosophie, Politik und Pädagogik*. Erster Teil, Bd. 9, S. 53 (A 481).

26 Kant, Immanuel: *Werke*, hg. v. Wilhelm Weischedel, *Schriften zur Ethik und Religionsphilosophie*. Zweiter Teil, Bd. 7, Die Metaphysik der Sitten, Von dem ersten Gebot aller Pflichten gegen sich selbst. § 14, A 104.

**Kapitel 9**

1 Dschuang Dsi: *Das wahre Buch vom südlichen Blütenland*, München 2008, S. 65.

2 Nicholls, John/Martin, Robert und Wallace, Bruce: *Vom Neuron zum Gehirn. Zum Verständnis der zellulären und molekularen Funktionen des Nervensystems*, Heidelberg 2002, S. 394 ff.

3 Squire, Larry/Bloom, Floyd/McConnell, Susan/Roberts, James /Spitzer, Nicholas und Zigmond, Michael: *Fundamental Neuroscience*, 2. Auflage, San Diego 2003, S. 730 f. Zur Komplexität der Verarbeitung im Occipitallappen vgl. S. 1208 ff.

4 Lau, Felix: *Die Form der Paradoxie. Eine Einführung in die Mathematik und Philosophie der »Laws of Form« von G. Spencer-Brown*, Heidelberg 2006, S. 176.

5 Spencer-Brown, George: *Laws of Form, Gesetze der Form*, Lübeck 1999. Dazu Schönwälder, Tatjana/Wille, Katrin und Hölscher, Thomas: *George Spencer Brown. Eine Einführung in die »Laws of Form«*, Wiesbaden 2004, sowie Lau, Felix: *Die Form der Paradoxie. Eine Einführung in die Mathematik und Philosophie der »Laws of Form« von G. Spencer-Brown*, Heidelberg 2006.

470

6 Spencer-Brown, *Gesetze der Form*, S. XVIII.

7 Schönwälder, Tatjana/Wille, Katrin und Hölscher, Thomas: *George Spencer Brown. Eine Einführung in die »Laws of Form«*, S. 67.

8 Lau, Felix: *Die Form der Paradoxie. Eine Einführung in die Mathematik und Philosophie der »Laws of Form« von G. Spencer-Brown*, Heidelberg 2006, S. 173–195.

8 Spencer-Brown, *Gesetze der Form*, S. IX. Zur buddhistischen Komponente vgl. Schönwälder, Tatjana/Wille, Katrin und Hölscher, Thomas: *George Spencer Brown. Eine Einführung in die »Laws of Form«*, S. 35–41, insb. S. 39.

10 Diesen Ansatz führt in aller Konsequenz Peter Knauer durch: Knauer, Peter: *Der Glaube kommt vom Hören. Ökumenische Fundamentaltheologie*, Freiburg 1991.

11 Spencer-Brown: *Gesetze der Form*, S. X.

12 Ryōkan: *Eine Schale, ein Gewand*. Zen-Gedichte von Ryōkan, Leimen 1999, S. 30. Die letzte Zeile des Gedichtes *Alle Dinge sind vergänglich* ist im Grunde die einfachste Grundformel, die allgemeinste Zusammenfassung der Lehren des Buddhismus.

13 Spencer-Brown: *Gesetze der Form*, S. 1.

14 Ebenda, S. IX f.

15 Ebenda, S. X.

16 Ebenda, S. 3.

17 Wittgenstein, Ludwig: *Über Gewissheit*, Frankfurt am Main 1970, § 166, S. 110, 395, 204.

18 Die wohl bis heute umfassendste Studie zur Nicht-Dualität und dem Konzept der Dualität insbesondere in den asiatischen Philosophien und Religionen ist Loy, David: *Nondualität. Über die Natur der Wirklichkeit*, Frankfurt am Main 1988.

19 Luhmann, Niklas und Fuchs, Peter: *Reden und Schweigen*, Frankfurt am Main 1997, S. 54, 46. Zitiert auch bei Lau, Felix: *Die Form der Paradoxie. Eine Einführung in die Mathematik und Philosophie der »Laws of Form« von G. Spencer-Brown*, S. 193.

20 Luhmann, Niklas und Fuchs, Peter: *Reden und Schweigen*, S. 47. »Die Meisterschaft des Meisters beruht indessen darauf, aus dem Allhorizont jeder beliebigen Information diejenigen auszuwählen, die sich scharf der Deutung entziehen, die sehr eindeutig im Kommunikationszusammenhang als sich selbst verschluckende Information imponieren. Und dies mag erklären, warum hier eine reiche Literatur, ausgezeichnet durch vorzügliche Sprachbeherrschung, entstanden ist.« (S. 64).

21 Vgl. Fall 19 des *Mumonkoan*: Shibayama, Zenkei: *Zu den Quellen des Zen. Die berühmten Koans des Meister Mumon aus dem 13. Jahrhundert mit Einführung und Kommentar*, München 1974, S. 174–183, sowie die *Einführung zum ersten, dem Mu-Koan von Joshu*.

22 Dōgen Zenji: *Die Erweckung des Bodhi-Geistes*, in: *Shōbōgenzō* Bd 3., S. 312, 320.

23 Suzuki, Shunryu: *Zen-Geist, Anfänger-Geist. Unterweisungen in Zen-Meditation*, Zürich 1975, S. 43–45.

24 Koun Yamada: *Is Zazen a Religion?*, in: Maezumi, Taizan unf Glassman, Bernie: *On Zen Practice. Body, Breath and Mind*, Boston 2002, S. 73–76, 74.
25 Dōgen Zenji: *Hachidainingaku. The Eight Awarenesses of the Enlightened Person*, in: Maezumi, Taizan und Glassman, Bernie: *The Hazy Moon of Enlightenment*, Boston 2006, S. 41–109, 93.
26 Yamada Kôun Roshi: *Hekiganroku. Die Niederschrift vom blauen Fels*, Bd. 1, München 2002, S. 25.
27 Ebenda, S. 356.
28 Noë, Alva: *Action in Perception*, Cambridge/London 2004.
29 Glassman, Bernard: *Das Herz der Vollendung. Unterweisungen eines westlichen Zen-Meisters*, München 2006, S. 115 f.
30 Glassman (2006), S. 116.
31 Ebenda, S. 65, 123.
32 Vgl. Ebenda (2006), S. 109.
33 Haruhide, Shiba: *Absolute Bejahung durch absolute Negation. Zen als sinisierter Buddhismus und seine Bezugnahme auf den Taoismus*, in: Hashi, Hisaki/Gabriel, Werner und Hasselbach, Arne (Hg.): *Beiträge zum asiatischen Denken*, Wien 2007, S. 99–124, 102 sowie 107.
34 Glassman (2006), S. 61 und vgl. S. 31, 79, 84, 105.
35 Ebenda, S. 128 f.
36 Ebenda, S. 64, 84, 97.
37 Ebenda, S. 97.
38 Dōgen, Zazenshin, in: *Shōbōgenzō*, Bd. 2, Heidelberg 2003, S. 120, 132.
39 Vgl. Magid, Barry: *Ordinary Mind. Exploring the Common Ground of Zen and Psychotherapy*, Somerville 2006, sowie Fromm, Erich, Daisetz Teitaro Suzuki und Martino, Richard De: *Zen-Buddhismus und Psychoanalyse*, Frankfurt am Main 2006 und Goleman, Daniel: *Dialog mit dem Dalai Lama. Wie wir destruktive Emotionen überwinden können*, München/Wien 2003.
40 Wilber, Ken: *Integrale Psychologie. Geist, Bewusstsein, Psychologie, Therapie*, Freiamt 2003. Dort vor allem Kapitel 3 über das Selbst, S. 50 ff.
41 Vgl. Dalai Lama (2001), S. 72, sowie Glassman (2006), S. 64, 31.

**Kapitel 10**

1 Bertelsmann Stiftung: Religionsmonitor 2008, Gütersloh 2007.
2 Habermas, Jürgen: *Glauben und Wissen. Friedenspreis des Deutschen Buchhandels 2001*, Laudatio: Jan Philipp Reemtsma, Frankfurt am Main 2001, S. 21 f.
3 Habermas 2001, S. 22.
4 Wie kalkuliert die Rede war, zeigt der Essay des angesprochenen Religionswissenschaftlers Theodor Khoudry in einer genauen Analyse: Khoudry, Adel Theodor: *Ist*

*Gott ein absoluter, ungebundener Wille? Bemerkungen zum islamischen Voluntarismus,* in: Benedikt XVI.: *Glaube und Vernunft. Die Regensburger Vorlesung,* Freiburg/Basel/Wien 2006, S. 77–96.

5 Benedikt XVI.: *Glaube und Vernunft. Die Regensburger Vorlesung,* Freiburg/Basel/ Wien 2006, S. 16 f.

6 Kant, Immanuel: *Die Religion innerhalb der Grenzen der bloßen Vernunft,* in: Kant, Immanuel: *Werke,* Bd. 7, Schriften zur Ethik und Religionsphilosophie, hg. v. Wilhelm Weischedel, Darmstadt (1983), BA XVIIIf.

7 Habermas, Jürgen und Ratzinger, Joseph: *Dialektik der Säkularisierung. Über Vernunft und Religion,* Freiburg im Breisgau 2005, S. 16 f.

8 Ebenda, S. 29.

9 Habermas, Jügen: *Glauben und Wissen,* S. 21 f.

10 Habermas, Jürgen und Ratzinger, Joseph: *Dialektik der Säkularisierung,* S. 31 ff.

11 Kant, Immanuel: *Zweiter Vorredeentwurf zur Religionsphilosophie v. 1793,* in: *Kants Gesammelte Schriften,* hg. v. der Preußischen Akademie der Wissenschaften, Abt. III: Handschriftlicher Nachlaß, Bd. 20 (III/7): *Bemerkungen zu den Beobachtungen über das Gefühl des Schönen und Erhabenen – Rostocker Kantnachlaß – Preisschrift über die Fortschritte der Metaphysik.* Berlin 1971, S. 434.

12 Kissler, Alexander: *Die Entgleisung der Moderne,* in: Süddeutsche Zeitung, 21.01. 2004, S. 11.

13 Gadamer, Hans-Georg: *Gespräche auf Capri Februar 1994,* in: Derrida, Jacques und Vattimo, Gianni: *Die Religion,* Frankfurt am Main 2001, S. 240–251, 241.

14 Nietzsche, Friedrich: *Nachgelassene Fragmente,* in: Nietzsche, Friedrich: *Kritische Studienausgabe,* hg. v. Giorgio Colli und Mazzino Montinari, Bd. 12, *Nachlaß 1885–1887,* München 1999, S. 315.

15 Oberheim, Eric: *Feyerabend's Philosophy,* Berlin/New York 2006. Vgl. etwa S. 121 f, sowie die Debatte um Inkommensurabilität und »Wider den Methodenzwang«.

16 Vattimo, Gianni: *Das Zeitalter der Interpretation,* in: Rorty, Richard und Vattimo, Gianni: *Die Zukunft der Religion,* Frankfurt am Main 2006, S. 49–63, 50 f.

17 Vattimo, Gianni: *Das Zeitalter der Interpretation,* S. 56 f. In gewisser Weise ist der Nihilismus also die Wahrheit des Christentums (Vattimo, S. 59) – was sich mit Heideggers Analyse trifft: vgl. Heidegger, Martin: *Der europäische Nihilismus,* in: Heidegger, Martin: *Nietzsche II,* Stuttgart 1961, S. 23–229, sowie ders., *Nietzsches Metaphysik,* S. 231–300. Vattimo macht darauf aufmerksam, dass der Satz »Gott ist tot«, der dem Tode Jesu am Kreuz nachgebildet ist, auf Luther zurückgeht – und vermutlich noch weiter auf die frühen Mystiker.

18 Zabala, Santiago: *Eine Religion ohne Theisten und Atheisten,* in: Rorty, Richard und Vattimo, Gianni: *Die Zukunft der Religion,* Frankfurt am Main 2006, S. 11–32, 27.

19 Kant, Immanuel: *Die Religion innerhalb der Grenzen der bloßen Vernunft*, in: Kant, Immanuel: *Werke*. Bd. 7, Schriften zur Ethik und Religionsphilosophie, hg. v. Wilhelm Weischedel, Darmstadt 1983, A 215 f, A 222.

20 Kant, Immanuel: *Die Religion innerhalb der Grenzen der bloßen Vernunft*, A 219.

21 Das »Projekt Weltethos« verdankt sich nicht zuletzt dem Umstand, dass Hans Küng von der katholischen Kirche die Lehrerlaubnis entzogen wurde und die Universität darauf mit einer Fortführung seines ökumenischen Projektes reagierte. Dieses Projekt weitete sich vom Studium zunächst des innerreligiösen Dialoges zum interreligiösen Dialog aus. Wer von oder zu Gott sprechen will, kommt jedoch angesichts des Anspruchs auf Wahrheit und damit eine gewisse Universalität letztlich nicht umhin, auf die Widersprüchlichkeit ebendieser Ansprüche zu reagieren. Zu Recht sah Küng, dass es keineswegs ausreicht, andere religiöse »Dialekte« (evangelisch/katholisch innerhalb des Christentums) zu studieren. Angesichts der Probleme in einer globalen Welt geht es vor allem darum, »andere Sprachen« (die der islamischen, jüdischen, hinduistischen etc. Welt) zu erlernen. Hans Küng hat sich jedoch bis heute einer wirklichen wissenschaftlichen Ausweitung seines Projektes in die Bereiche der Erforschung von (transkultureller, den Religionen zugrunde liegender) Weisheit, aber auch in die der Psychologie oder Neurowissenschaften, weitgehend entzogen. Zwar behandelt er durchaus Themen der Kosmologie oder physikalische Theorien der Entstehung des Universums – schreckt aber vor einer konsequenten psychologischen Interpretation religiöser Erfahrung, wie bereits William James sie skizzierte, oder vor einer pragmatischen Perspektive zurück. Sein Zugang erfolgt in erster Linie über Theorie und den »Dialog der Dogmatik«. Der Nucleus des »Projekt Weltethos« bleibt dabei jedoch seine Rekonstruktion des moralischen Kerns der Religionen, die meines Erachtens nichts anderes will, als das Projekt der Kantischen Vernunftreligion mit modernen Mitteln weiterzuführen.

22 http://www.weltethos.org/pdf_decl/Decl_german.pdf.

23 Im Text der Deklaration heißt es weiter: »Wir, Männer und Frauen aus verschiedenen Religionen und Regionen dieser Erde, wenden uns deshalb an alle Menschen, religiöse und nichtreligiöse. Wir wollen unserer gemeinsamen Überzeugung Ausdruck verleihen:

– Wir alle haben eine Verantwortung für eine bessere Weltordnung.

– Unser Einsatz für die Menschenrechte, für Freiheit, Gerechtigkeit, Frieden und die Bewahrung der Erde ist unbedingt geboten.

– Unsere sehr verschiedenen religiösen und kulturellen Traditionen dürfen uns nicht hindern, uns gemeinsam aktiv einzusetzen gegen alle Formen der Unmenschlichkeit und für mehr Menschlichkeit.

– Die in dieser Erklärung ausgesprochenen Prinzipien können von allen Menschen mit ethischen Überzeugungen, religiös begründet oder nicht, mitgetragen werden.

– Wir aber als religiöse und spirituell orientierte Menschen, die ihr Leben auf eine
  Letzte Wirklichkeit gründen und aus ihr in Vertrauen, in Gebet oder Meditation,
  in Wort oder Schweigen spirituelle Kraft und Hoffnung schöpfen, haben eine ganz
  besondere Verpflichtung für das Wohl der gesamten Menschheit und die Sorge um
  den Planeten Erde. Wir halten uns nicht für besser als andere Menschen, aber wir
  vertrauen darauf, daß uns die uralte Weisheit unserer Religionen Wege auch für
  die Zukunft zu weisen vermag.«

24 Berlin, Isahia: *Das krumme Holz der Humanität. Kapitel der Ideengeschichte*, Frankfurt am Main 1992, S. 21 ff, sowie Magid, Barry: *Ending the Pursuit of Happiness.
   A Zen Guide*, Somerville 2008, S. 100 f.

25 Der Begriff verweist allerdings auf eine eher theoretisch und im engeren Sinn
   philosophisch verstandene Bedeutung, etwa bei Johann Christoph Adelung: »Die
   Weltweisheit, *plur. car.* die Kenntniß der natürlichen Dinge in der Welt, wie und
   warum sie sind, und die Sammlung der dazu gehörigen Vernunftwahrheiten; ein
   Ausdruck, welcher schon vor langen Zeiten statt des ausländischen Philosophie
   eingeführet worden; denn schon im Willeram ist *Weltwiso*, ein Philosoph. Dem
   Baue des Wortes nach ist es eigentlich denjenigen Lehren entgegen gesetzt, welche
   positiven oder willkührlichen Ursprunges sind, wohin besonders die Theologie
   und Rechtsgelehrsamkeit gehören, daher in manchen Fällen auch noch jetzt alle
   übrige Wissenschaften zur Weltweisheit oder Philosophie im weitesten Verstande
   gerechnet werden. Beyde Ausdrücke, sowohl der Griechische, Philosophie, eigentlich Liebe zur Weisheit und Gelehrsamkeit, d.i. zu deutlichen Begriffen, als der
   Deutsche, Weltweisheit, sind freylich sehr unbestimmt; allein in dem Deutschen
   ist das Unbestimmte merklicher und auffallender, als in dem ausländischen, und
   dieß ist vermuthlich die Ursache, warum Philosoph und Philosophie noch immer
   gewöhnlicher sind, als Weltweiser und Weltweisheit. Philosoph hat über dieß noch
   den Vortheil, daß sich davon das Adjectivum philosophisch bilden lässet, welches
   von Weltweisheit nicht angehet; indem weltweise, wenn es auch als ein Adjectivum üblich wäre, sich nur selten für philosophisch würde gebrauchen lassen«.
   Adelung, Johann Christoph: *Grammatisch-kritisches Wörterbuch der Hochdeutschen
   Mundart*. Elektronische Volltext- und Faksimile-Edition nach der Ausgabe letzter
   Hand, Leipzig 1793–1801, http://www.zeno.org/Adelung-1793/A/Weltweisheit,+
   die (Stand: Juli 2008). Mein eigenes Verständnis des Begriffes ist weiter gefasst
   und keineswegs ausschließlich philosophisch – es sei denn, man würde zur »Gelehrsamkeit« nicht nur Naturwissenschaften, sondern auch praktische und lebens-
   weltliche Techniken und Verhaltensweisen wie Aufmerksamkeitsübungen zählen.

26 Musil, Robert: *Der Mann ohne Eigenschaften*, Reinbek bei Hamburg 1981, S. 766.
   Auf den vorausgehenden Seiten beschreibt Musil diesen Zustand sehr präzise, wobei er von Texten der Mystiker verschiedener Traditionen Gebrauch macht.

27 Brague, Rémi: *Die Weisheit der Welt. Kosmos und Welterfahrung im westlichen Denken*, München 2006, S. 11. Bragues Buch stellt sicher die bislang ausführlichste Zusammenschau dieser Weltweisheit dar – eine solide Basis, wie sie für ein noch ausstehendes »Projekt Weltweisheit« auch mit Blick auf andere, nichtwestliche Traditionen wünschenswert wäre.

28 Ebenda, S. 49.

29 Wie vielfältig diese Traditionen allein in Indien und China sind, zeigt der Blick auf zwei mehr oder minder willkürlich ausgewählte Textsammlungen: Michaels, Axel: *Die Weisheit der Upanishaden*, München 2006 und Schwarz, Ernst: *So sprach der Meister. Altchinesische Lebensweisheiten*, Augsburg 1999. Eine hervorragende Einzelstudie bietet von Brück, Michael: *Bhagavad Gītā. Der Gesang des Erhabenen*. Aus dem Sanskrit übersetzt und herausgegeben von Michael von Brück, Frankfurt am Main/Leipzig 2007.

30 Brague, S. 194, 192 f.

31 Lohfink, Norbert: *Kohelet*, Stuttgart 1980, S. 21 f.

32 Brague, S. 112.

33 Ebenda, S. 51, 59.

34 Heidegger, Martin: *Sein und Zeit*, S. 63. Vgl. Brague, S. 289.

35 Ein gutes Beispiel bieten Assmann, Jan/Krippendorff, Ekkehart und Schmidt-Glintzer, Helwig: *Ma'at, Konfuzius, Goethe. Drei Lehren für das richtige Leben*, Frankfurt am Main/Leipzig 2006.

36 Oster, Yürgen: *Qigong der Wudang-Mönche. Zurückkehren zum Ursprung*, Wien/New York 2008, S. 28 ff. Auf den Wudang-Bergen, auch »Berge der Mysterien« genannt, gibt es eine alte taoistische Tradition, die sich dort über Jahrhunderte hielt und verfeinerte. Bekannt wurde der Wudang-Stil der sogenannten inneren Kampfkunst im Westen vor allem durch den Film *Tiger and Dragon* des taiwanesischen Regisseurs Ang Lee.

37 Zu den Sabäern oder Sabiern vgl. Al-Azmeh, Aziz: *Rom, das Neue Rom und Bagdad: Pfade der Spätantike*, Vollständige Druckfassung der zweiten Carl Heinrich Becker Lecture der Fritz Thyssen Stiftung (05.03.2008), Berlin-Brandenburgische Akademie der Wissenschaften und Wissenschaftskolleg zu Berlin, Berlin 2008, S. 37.

38 Vgl. insb. zu den mathematischen Wissenschaften Al-Fārābī: *Über die Wissenschaften. De scientiis*, Lateinisch-Deutsch, Hamburg 2005, Kapitel 3 sowie die Kommentare S. 197–237 und die ausführliche Einleitung. Al-Fārābī gilt in der arabischen Welt als der »zweite Lehrer« – der wichtigste Denker nach dem ersten Lehrer Aristoteles. Al-Fārābī ist etwa um 950 im Alter von achtzig Jahren gestorben. Sein Text ist eine beeindruckende Leistung, die zeigt, wie hoch entwickelt das arabische Denken und die arabische Wissenschaft dieser Zeit waren. Zu den verschiedenen arabischen Enzyklopädien vgl. die Einleitung und einen Überblick unter »Enzy-

klopädien aus dem arabischen Kulturkreis« unter http://de.wikipedia.org/wiki/E
nzyklop%C3%A4dien_aus_dem_arabischen_Kulturkreis.

39 Menocal, María Rosa: *The Ornament of the World. How Muslims, Jews, and Christians created a Culture of Tolerance in Medieval Spain*, New York/Boston 2002.
S. 201–215.

40 Diese steht im Zentrum von Menocals Buch *The Ornament of the World*.

41 Vgl. Menocals Anhang (Reading Group Guide) zu *The Ornament of the World*.

42 Eine hervorragende Übersicht über das Thema gibt Schnabel, Ulrich: *Die Vermessung des Glaubens. Forscher ergründen, wie der Glaube entsteht und warum er Berge versetzt*, München 2008. Der Aspekt der Komplexität stellt allerdings eine Besonderheit meines Buches dar.

43 Röd, Wolfgang: *Descartes. Die Genese des Cartesischen Rationalismus*, München 1982 (2., völlig überarb. und erw. Auflage), S. 102–118, insb. S. 109.

44 Der Text, den ich hier verwendet habe, folgt der frei zugänglichen Übersetzung von Julius Heinrich von Kirchmann aus dem Jahre 1870, der in der Internetbibliothek Zeno unter http://www.zeno.org/Philosophie/M/Descartes,+Ren%C3%A9/Abhandlung+%C3%BCber+die+Methode,+richtig+zu+denken+und+Wahrheit+in+den+Wissenschaften+zu+suchen zu finden ist. Eine neuere Übersetzung ist Descartes, René: *Discours de la méthode. Von der Methode des richtigen Vernunftgebrauchs und der wissenschaftlichen Forschung*, Französisch-Deutsch, Hamburg 1990.

45 Abschnitt 47. In der Meiner-Ausgabe, S. 55.

46 Descartes, René: »Untersuchungen über die Grundlagen der Philosophie, in welchen das Dasein Gottes und der Unterschied der menschlichen Seele von ihrem Körper bewiesen wird«, Abschnitt 39. Ich benutze die ebenfalls frei zugängliche Übersetzung unter http://www.zeno.org/Philosophie/M/Descartes,+Ren%C3%A9/Untersuchungen+%C3%BCber+die+Grundlagen+der+Philosophie von Julius Heinrich von Kirchmann. Eine neuere Übersetzung findet sich in Descartes, René: *Philosophische Schriften*, Hamburg 1996. »So bleibt nur die Vorstellung Gottes übrig, bei der es sich fragt, ob sie von mir selbst hat ausgehen können. Unter Gott vorstelle ich eine unendliche, unabhängige, höchst weise, höchst mächtige Substanz, von der sowohl ich als alles andere Daseiende, im Fall dies bestellt, geschaffen ist. Je länger ich nun auf diese Bestimmungen Acht habe, desto weniger scheinen sie von mir allein haben ausgehen zu können. Deshalb ist nach dem Vorgehenden zu schließen, dass Gott ist. Denn wenn auch die Vorstellung der Substanz in mir ist, weil ich selbst eine Substanz bin, so würde dies doch nicht die Vorstellung einer unendlichen Substanz sein, da ich endlich bin; sie muss deshalb von einer Substanz, die wahrhaft unendlich ist, kommen. Auch darf ich nicht glauben, dass ich das Unendliche nicht als wahre Vorstellung erfasse, und dass es

bloß die Verneinung des Endlichen sei, ähnlich wie ich die Ruhe und die Finsterniss durch die Verneinung der Bewegung und des Lichts erfasse; vielmehr erkenne ich offenbar, dass in einer unendlichen Substanz mehr Realität enthalten ist als in einer endlichen, und dass also die Vorstellung des Unendlichen gewissermaßen der des Endlichen, d.h. die Vorstellung Gottes der von mir selbst in mir vorhergeht. Denn wie wollte ich wissen, dass ich zweifelte, begehrte, d.h. dass mir etwas mangelt, und dass ich nicht ganz vollkommen bin, wenn keine Vorstellung eines vollkommenen Wesens in mir wäre, an dessen Vergleichung ich meine Mängel erkennte?« (Dritte Untersuchung, Abschnitt 60 f.).

47  Singer, Wolf: *Das Gehirn, das Tor zur Welt*, in: Deutsche Forschungsgemeinschaft: *Perspektiven der Forschung und ihrer Förderung* 2007–2011, Weinheim 2008, S. 74–93, 80.

48  Ebenda, S. 81.

49  Ebenda, S. 80 f.

50  Ebenda, S. 80.

51  Thurman, Robert: *Revolution von Innen. Die Lehren des Buddhismus oder das vollkommene Glück*, München 1999, S. 77 f.

52  Singer, S. 83.

53  Ebenda, S. 82.

54  Ebenda, S. 82, 80.

55  McGinn, Colin: *The Making of a Philosopher. My Journey through Twentieth-Century Philosophy*, New York 2002, S. 183.

### Epilog

Yuzen, Sotetsu: *Das Zen von Meister Rinzai, Das Rinzai Roku (Lin-Chi Lu) des Lin-chi I-hsüan*, Leimen 1990, S. 89 f, 58, 59, 37, 68, 36, 68, 84, 73, 68, 62, 93, 91, 69, 92, 94.

Meister Ryōkan: *Alle Dinge sind im Herzen. Poetische Zenweisheiten*, Freiburg 1999, S. 67.

Pflege einen Gedanken,
der an nichts hängt.
(Oder: hege keine Gedanken,
die an etwas hängen.)

*Aus dem VAJRACCHEDIKĀ-*
*PRAJÑĀ-PĀRAMITĀ-SŪTRA*
*oder DIAMANT-SŪTRA*